全国法律专业学位研究生教育指导委员会秘书处推荐教材



总主编 曾宪义 王利明

21世纪法学系列教材

# 民事诉讼法学原理与案例教程

（第三版）

主 编 汤维建

副主编 邵 明 肖建国

撰稿人

汤维建 邵 明 肖建国

陈 巍 刘 静 王彰显

郭士辉 毕海毅

中国人民大学出版社

·北京·

# 编审委员会

# 总　序

曾憲義

在人类文明与文化的发展中，中华民族曾作出过伟大的贡献，不仅最早开启了世界东方文明的大门，而且对人类法治、法学及法学教育的生成与发展进行了积极的探索与光辉的实践。

在我们祖先生存繁衍的土地上，自从摆脱动物生活、开始用双手去进行创造性的劳动、用人类特有的灵性去思考以后，我们人类在不断改造客观世界、创造辉煌的物质文明的同时，也在不断地探索人类的主观世界，逐渐形成了哲学思想、伦理道德、宗教信仰、风俗习惯等一系列维系道德人心、维持一定社会秩序的精神规范，更创造了博大精深、义理精微的法律制度。应该说，在人类所创造的诸种精神文化成果中，法律制度是一种极为奇特的社会现象。因为作为一项人类的精神成果，法律制度往往集中而突出地反映了人类在认识自身、调节社会、谋求发展的各个重要进程中的思想和行动。法律是现实社会的调节器，是人民权利的保障书，是通过国家的强制力来确认人的不同社会地位的有力杠杆，它来源于现实生活，而且真实地反映现实的要求。因而透过一个国家、一个民族、一个时代的法律制度，我们可以清楚地观察到当时人们关于人、社会、人与人的关系、社会组织以及哲学、宗教等诸多方面的思想与观点。同时，法律是一种具有国家强制力、约束力的社会规范，它以一种最明确的方式，对当时社会成员的言论或行动作出规范与要求，因而也清楚地反映了人类在各个历史发展阶段中对于不同的人所作出的种种具体要求和限制。因此，从法律制度的发展变迁中，同样可以看到人类自身不断发展、不断完善的历史轨迹。人类社会几千年的国家文明发展历史已经无可争辩地证明，法律制度乃是维系社会、调整各种社会关系、保持社会稳定的重要的工具。同时，法律制度的不断完善，也是人类社会文明进步的显著体现。

由于发展路径的不同、文化背景的差异，东方社会与西方世界对于法律的意义、底蕴的理解、阐释存有很大的差异，但是，在各自的发展过程中，都曾比较注重法律的制定与完善。中国古代虽然被看成是“礼治”的社会、“人治”的世界，被认为是“只有刑，没有法”的时代，但从《法经》到《唐律疏议》、《大清律例》等数十部优秀成文法典的存在，充分说明了成文制定法在中国古代社会中的突出地位，唯这些成文法制所体现出的精神旨趣与现代法律文明有较大不同而已。时至20世纪初叶，随着西风东渐、东西文化交流加快，中国社会开始由古代的、传统的社会体制向近现代文明过渡，建立健全的、符合现代理性精神的法律文明体系方成为现代社会的共识。正因为如此，近代以来的数百年间，在西方、东方各主要国家里，伴随着社会变革的潮起潮落，法律改革运动也一直呈方兴未艾之势。

从历史上看，法律的文明、进步，取决于诸多的社会因素。东西方法律发展的历史均充分证明，推动法律文明进步的动力，是现实的社会生活，是政治、经济和社会文化的变迁；同时，法律内容、法律技术的发展，往往依赖于一大批法律专家以及更多的受过法律教育的社会成员的研究和推动。从这个角度看，法学教育、法学研究的发展，对于法律文明的发展进步，也有着异常重要的意义。正因为如此，法学教育和法学研究在现代国家的国民教育体系和科学研究体系中，开始占有越来越重要的位置。

中国近代意义上的法学教育和法学研究，肇始于19世纪末的晚清时代。清光绪二十一年（公元1895年）开办的天津中西学堂，首次开设法科并招收学生，虽然规模较小，但仍可以视为中国最早的近代法学教育机构（天津中西学堂后改名为北洋大学，又发展为天津大学）。三年后，中国近代著名的思想家、有“维新骄子”之称的梁启超先生即在湖南《湘报》上发表题为《论中国宜讲求法律之学》的文章，用他惯有的富有感染力的激情文字，呼唤国人重视法学，发明法学，讲求法学。梁先生是清代末年一位开风气之先的思想巨子，在他的辉煌的学术生涯中，法学并非其专攻，但他仍以敏锐的眼光，预见到了新世纪中国法学研究和法学教育的发展。数年以后，清廷在内外压力之下，被迫宣布实施“新政”，推动变法修律。以修订法律大臣沈家本为代表的一批有识之士，在近十年的变法修律过程中，在大量翻译西方法学著作，引进西方法律观念，有限度地改造中国传统的法律体制的同时，也开始推动中国早期的法学教育和法学研究。20世纪初，中国最早设立的三所大学——北洋大学、京师大学堂、山西大学堂均设有法科或法律学科目，以期“端正方向，培养通才”。1906年，应修订法律大臣沈家本、伍廷芳等人的奏请，清政府在京师正式设立中国第一所专门的法政教育机构——京师法律学堂。次年，另一所法政学堂——直属清政府学部的京师法政学堂也正式招生。这些大学法科及法律、法政学堂的设立，应该是中国历史上近代意义上的正规专门法学教育的滥觞。

自清末以来，中国的法学教育作为法律事业的一个重要组成部分，随着中国社会的曲折发展，经历了极不平坦的发展历程。在20世纪的大部分时间里，中国社会一直充斥着各种矛盾和斗争。在外敌入侵、民族危亡的沉重压力之下，中国人民为寻找适合中国国情的发展道路而花费了无穷的心力，付出过沉重的代价。从客观上看，长期的社会骚动和频繁的政治变迁曾给中国的法治与法学带来过极大的消极影响。直至70年代末期，以“文化大革命”宣告结束为标志，中国社会从政治阵痛中清醒过来，开始用理性的目光重新审视中国的过去，规划国家和社会的未来，中国由此进入长期稳定、和平发展的大好时期，以这种大的社会环境为背景，中国的法学教育也获得了前所未有的发展机遇。

从宏观上看，实行改革开放以来，经过二十多年的努力，中国的法学教育事业所取得的成就是辉煌的。首先，经过“解放思想，实事求是”思想解放运动的洗礼，在中国法学界迅速清除了极左思潮及苏联法学模式的一些消极影响，根据本国国情建设社会主义法治国家已经成为国家民族的共识，这为中国法学教育和法学研究的发展奠定了稳固的思想基础。其次，随着法学禁区的不断被打破、法学研究的逐步深入，一个较为完善的法学学科体系已经建立起来。理论法学、部门法学各学科基本形成了比较系统和成熟的理论体系和学术框架，一些随着法学研究逐渐深入而出现的法学子学科、法学边缘学科也渐次成型。1997年，国家教育主管部门和教育部高校法学学科教学指导委员会对原有专业目录进行了又一次大幅度调整，决定自1999年起法学类本科只设一个单一的法学专业，按照一个专业招生，从而使法学学科的布局更加科学和合理。同时，在充分论证的基础上，确定了法学专业本科教学的14门核心课程，加上其他必修、选修课程的配合，由此形成了一个传统与更新并重、能够适应国家和社会发展需要的教学体系。法学硕士和博士研究生及法律硕士专业学位研究生的专业设置、课程教学和培养体系也日臻完善。再次，法学教育的规模迅速扩大，层次日趋齐全，结构日臻合理。目前中国有六百余所普通高等院校设置了法律院系或法律本科专业，在校本科学生和研究生已达二十余万人。除本科生外，在一些全国知名的法律院校，法学硕士研究生、法律硕士专业学位研究生、法学博士研究生已经逐步成为培养的重点。

众所周知，法律的进步、法治的完善，是一项综合性的社会工程。一方面，现实社会关系的发展，国家政治、经济和社会生活的变化，为法律的进步、变迁提供动力，提供社会的土壤。另一方面，法学教育、法学研究的发展，直接推动法律进步的进程。同时，全民法律意识、法律素质的提高，则是实现法治国理想的关键的、决定性的因素。在社会发展、法学教育、法学研究等几个攸关法律进步的重要环节中，法学教育无疑处于核心的、基础的地位。中国法学教育过去二十多年所走过的历程令人激动，所取得的成就也足资我们自豪。随着国家的发展、社会的进步，在21世纪，我们面临着更严峻的挑战和更灿烂的前景。“建设世界一流法学教育”，任重道远。

首先，法律是建立在经济基础之上的上层建筑，以法治为研究对象的法学也就成为一门实践性很强的学科。社会生活的发展变化，势必要对法学教育、法学研究不断提出新的要求。经过二十多年的奋斗，中国改革开放的前期目标已顺利实现。但随着改革开放的逐步深入，国家和社会的一些深层次问题，比如说社会主义市场经济秩序的真正建立、国有企业制度的改革、政治体制的完善、全民道德价值的重建、环境保护和自然资源的合理利用等等，也已经开始浮现出来。这些复杂问题的解决，无疑最终都会归结到法律制度的完善上来。建立一套完善、合理的法律制度，构建理想的和谐社会，乃一项持久而庞大的社会工程，需要全民族的智慧和努力。其中的基础性工作，如理论的论证、框架的设计、具体规范的拟订、法律实施中的纠偏等等，则有赖于法学研究的不断深入，以及高素质人才特别是法律人才的养成，而培养法律人才的任务，则是法学教育的直接责任。

其次，21世纪是一个多元化的世纪。20世纪中叶发生的信息技术革命，正在极大地改变着我们的世界。现代科学技术，特别是计算机网络信息技术的发展，使传统的生活方式、思想观念发生了根本的改变，并由此引发许多人类从未面对过的问题。就法学教育而言，在21世纪所要面临的，不仅是教学内容、研究对象的多元化问题，而且还有培养对象、培养目标的多元化、教学方式的多元化等一系列问题，这些问题都需要法学界去思考、去探索。

中国人民大学法学院建立于1950年，是新中国诞生后创办的第一所正规高等法学教育机构。在半个多世纪的岁月中，中国人民大学法学院以其雄厚的学术力量、严谨求实的学风、高水平的教学质量以及丰硕的学术研究成果，在全国法学教育领域处于领先地位，并开始跻身于世界著名法学院之林。据初步统计，中国人民大学法学院已经为国家培养法学专业本科生、硕士生、博士生一万余人，培养各类成人法科学生三十余万人。经过多年的努力，中国人民大学法学院形成了较为明显的学术优势，在现职教师中，既有一批资深望重、在国内外享有盛誉的法学前辈，更有一大批在改革开放后成长起来的优秀中青年法学家。这些老中青法学专家多年来在勤奋研究法学理论的同时，也积极投身于国家的立法、司法实践，对国家法制建设贡献良多。

有鉴于此，中国人民大学法学院与中国人民大学出版社经过研究协商，决定结合中国人民大学法学院的学术优势和中国人民大学出版社的出版力量，出版一套"21世纪法学系列教材"。自1998年开始编写出版本科教材，包括按照国家教育部所确定的法学专业核心课程和其所颁布印发的《全国高等学校法学专业核心课程教学基本要求》而编写的14门核心课程教材，也包括法学各领域、各新兴学科教材及教学参考书和案例分析在内，到2000年12月3日在人民大会堂大礼堂召开举世瞩目的"21世纪世界百所著名大学法学院院长论坛暨中国人民大学法学院成立五十周年庆祝大会"之时，业已出版了50本作为50周年院庆献礼，到现在总共出版了80本。为了进一步适应高等法学教育发展的形势和教学改革的需要，最近中国人民大学法学院与中国人民大学出版社决定将这套教材扩大为四个系列，即："本科生用书"、"法学研究生用书"、"法律硕士研究生用书"以及"司法考试用书"，总数将达二百多本。我们设想，本套教材的编写，将更加注意"高水准"与"适用性"的合理结合。首先，本套教材将由中国人民大学法学院具有全国影响的各学科的学术带头人领衔，约请全国高校优秀学者参加，形成学术实力强大的编写阵容。同时，在编写教材时，将注意吸收中国法学研究的最新的学术成果，注意国际学术发展的最新动向，力求使教材内容能够站在21世纪的学术前沿，反映各学科成熟的理论，体现中国法学的水平。其次，本套教材在编写时，将针对新时期学生特点，将思想性、学术性、新颖性、可读性有机结合起来，注意运用典型生动的案例、简明流畅的语言去阐释法律理论与法律制度。

我们期望并且相信，经过组织者、编写者、出版者的共同努力，这套法学教材将以其质量效应、规模效应，力求成为奉献给新世纪的精品教材，我们诚挚地祈望得到方家和广大读者的教正。

2006年7月1日

# 序　言

法学教育是高等教育的重要组成部分，是建设社会主义法治国家、构建社会主义和谐社会的重要基础，并居于先导性的战略地位。在我国社会转型的新世纪、新阶段，法学教育不仅要为建设高素质的法律职业共同体服务，而且要面向全社会培养大批治理国家、管理社会、发展经济的高层次法律人才。近年来，法学教育取得了长足的进步，法科数量增长很快，教育质量稳步提高，培养层次日渐完善，目前已经形成了涵盖本科生、第二学士学位生、法学硕士研究生、法律硕士研究生、法学博士研究生的完整的法学人才培养体系，接受法科教育已经成为莘莘学子的优先选择之一。随着中国法治事业的迅速发展，我们有理由相信，中国法学教育的事业大有可为，中国法学教育的前途充满光明。

教育的基本功能在于育人，在于塑造德才兼备的高素质人才。法学教育的宗旨并非培养只会机械适用法律的“工匠”，而承载着培养追求正义、知法懂法、忠于法律、廉洁自律的法律人的任务。要完成法学教育的使命，首先必须认真抓好教材建设。我始终认为，教材是实现教育功能的重要工具和媒介，法学教材不仅仅是法学知识传承的载体，而且是规范教学内容、提高教学质量的关键，对法学教育的发展有着不可估量的作用。

第一，法学教材是传授法学基本知识的工具。初学法律，既要有好的老师，又要有好的教材。正如冯友兰先生所言：“学哲学的目的，是使人作为人能够成为人，而不是成为某种人。其他的学习（不是学哲学）是使人能够成为某种人，即有一定职业的人。”一套好的教材，能够高屋建瓴地展示法律的体系，能够准确简明地阐释法律的逻辑，能够深入浅出地叙述法律的精要，能够生动贴切地表达深奥的法理。所以，法学教材是学生学习法律的向导，是学生步入法律殿堂的阶梯。如果在入门之初教材就有偏颇之处，就可能误人子弟，学生日后还要花费大量时间与精力来修正已经形成的错误观念。

第二，法学教材是传播法律价值理念的载体。好的法学教材不仅要传授法学知识，更要传播法律的精神和法治的理念，例如对公平、正义的追求，尊重权利的观念。本科、研究生阶段的青年学子，正处在人生观、价值观形成的阶段，一套优秀的法学教材，对于他们价值观的塑造和健全人格的培养具有重要意义。

第三，法学教材是形成职业共同体的主要条件。建设社会主义法治国家，有赖于法律职业共同体的生成。一套好的法学教材，向法律研习者传授共同的知识，这对于培养一个接受共同的价值理念、共同的法律思维、共同的话语体系的法律共同体，具有重要的作用。

第四，法学教材是所有法律研习者的良师益友。没有好的教材，一个好的教师或可弥补教材的欠缺和不足，但对那些没有老师指导的自学者而言，教材就是老师，其重要作用是显而易见的。

长期以来，在我们的评价体系中，教材并没有获得应有的注重，对学术成果的形式优先考虑的往往是专著而非教材。在不少人的观念中，教材与创新、与学术精品甚至与学术无缘。其实，要真正写出一部好的教材，其难度之大、工作之艰辛、影响之深远，绝不低于一部优秀的专著，它甚至可以成为在几百年甚至更长的时间内发挥作用的传世之作。以查士丁尼的《法学阶梯》为例，所谓法学阶梯，即法学入门之义，就是一部教材。但它概括了罗马法的精髓，千百年来，一直是人们研习罗马法最基本的著述。日本著名学者我妻荣说过，大学教授有两大任务：一是写出自己熟悉的专业及学术领域的讲义乃至教科书；二是选择自己最有兴趣、最看重的题目，集中精力进行终生的研究。实际上，这两者是相辅相成的。写出一部好教材，必须要对相关领域形成一个完整的知识体系，还要能以深入浅出的语言将问题讲清楚、讲明白。没有编写教材的基本功，实际上也很难写出优秀的专著。当然，也只有对每一个专题都有一定研究，才能形成对这个学术领域的完整把握。

虽然近几年我国法学教育发展迅速，成绩显著，但是法学教育也面临许多挑战。各个学校的师资队伍和教学质量参差不齐，这就更需要推出更多的结构严谨、内容全面、角度各有侧重、能够适应不同需求的法学教材，为提高法学教学和人才培养质量、保障法学教育健康发展提供前提条件。

长期以来，中国人民大学法学院始终高度重视教材建设。作为新中国成立后建立的第一所正规的法学教育机构，中国人民大学法律系最早开设了社会主义法学教学课堂，编写了第一套社会主义法学讲义，培养了新中国第一批法学本科生和各学科的硕士生、博士生，产生了新中国最早的一批法学家和法律工作者。中国人民大学法律系因此被誉为“新中国法学教育的工作母机”。半个多世纪以来，中国人民大学法学院为社会主义法制建设培养了大批优秀的法律人才，并为法学事业的振兴和繁荣作出了卓越贡献，也因此成为引领中国法学教育的重镇、凝聚国内法律人才的平台和沟通中外法学交流的窗口，并在世界知名法学院行列中崭露头角。为了对中国法学教育事业作出更大的贡献，我们有义务也有责任出版一套体现我们最新研究成果的法学教材。

承蒙中国人民大学出版社的大力支持，我们组织编写了本套教材，其中包括本科生用书、法律硕士研究生用书、法学研究生用书和司法考试用书四大系列，分别面向不同层次法科教育需求。编写人员以中国人民大学法学院教师为主，反映了中国人民大学法学院整体的研究实力和学术视野。相信本套教材的出版，一定能够为新时期法学教育的繁荣发展发挥应有的作用。

是为序。

2006年7月10日

# 第三版修订说明

自本教材2012年4月修订后，我国《民事诉讼法》于2012年8月进行了较大幅度的修改，增加了诚信原则、公益诉讼、小额诉讼程序、人民调解协议司法确认程序、担保物权实现程序等内容，修改了包括一审、二审、再审、执行等程序在内的大量内容。2014年10月，十八届四中全会发布的中共中央《关于全面推进依法治国若干重大问题的决定》对法治建设和司法改革进行了顶层设计，其中有大量内容涉及民事诉讼制度的改革与完善，如将立案审查制改为立案登记制、探索检察机关提起公益诉讼试点、人民陪审制度改革、探索审判权与执行权相分离的体制改革试点等。2015年1月，最高人民法院颁布了《关于适用〈中华人民共和国民事诉讼法〉的解释》。随着司法实践的重大变化，理论界的相关成果也相继呈现。为此，有必要对本书进行全面修订。本次修订是在主编汤维建教授的指导下，由博士生王德良、硕士生曾育健、任靖等同学协力完成的。

编　者

2018年5月28日

# 编写说明

近年来，国内针对法学本科教育的民事诉讼法学教材已有不少，但专门针对法律硕士研究生的教材则甚为匮乏。针对中国法律硕士教育的特点，我们编写了本教材。本教材的特色在于：准确介绍现行法律规定；突出体现案例教学特点；力图引导经典文献阅读。

在教材的内容方面，由于法律硕士一般是第一次全面学习民事诉讼法，因而本书的正文部分密切结合最新的法律和司法解释，全面系统地介绍了民事诉讼法基础知识。由此，读者不仅可以掌握基础知识，还能方便地了解查阅现行法律规定。在教材的实用性方面，鉴于法律硕士对实践性的需求较高，本书通过引例和大量的文中案例，提高读者理论联系实际的实践性能力。在教材的理论性方面，专门设计了参考文献和经典导读两个栏目，参考文献是按专题对国内民事诉讼法学研究重要文献的列举，经典导读则是在正文中插入经典著作的相关论述，读者不仅可以了解著名学者们的精彩言论，也能按图索骥，通过阅读这些精心选取的与民事诉讼法学相关的译著，扩充知识面，提升理论层次。不足之处，还望读者批评指正，以期在修订时加以完善。

本书撰写的具体分工为：汤维建（第二编第四章）；邵明（第一编第一章至第三章、第三编第十四章第三节、第四编第十八章至第二十章）；肖建国（第二编第十二章、第五编第二十二章至第二十五章）；陈巍（第二编第五章、第八章、第十一章、第十三章）；刘静（第二编第七章、第三编第十六章、第四编第二十一章）；王彰显（第三编第十七章、第六编第二十六章至第三十章）；郭士辉（第二编第六章、第三编第十四章、第十五章）；毕海毅（第二编第九章、第十章）。本书由汤维建担任主编，邵明和肖建国担任副主编，硕士研究生沈磊、张自合等同学承担了部分文字整理和审校工作。全书最后由主编统稿和定稿。

编写者

2006年6月

# 目　录

## 第一编　总　论

## 第二编 民事诉讼法的基本原则和制度

## 第十三章 期间、送达和诉讼费用



# 第三编 通常程序

## 第十四章 第一审普通程序

## 第十五章 简易程序

## 第四编 特殊程序

# 第五编 执行程序

# 第一编

# 总　论

# 绪 论

# 第一章
# 多元化民事纠纷解决机制

## 参考文献

(一) 著作

1. 江伟主编．民事诉讼法专论．北京：中国人民大学出版社，2005. 1～22页

2. 刘荣军．程序保障的理论视角．北京：法律出版社，1999. 1～57页

3. 范愉．非诉讼解决纠纷机制研究．北京：中国人民大学出版社，2000

4. 邵明．民事诉讼法理研究．北京：中国人民大学出版社，2004. 27～94页

5. 徐昕．论私力救济．桂林：广西师范大学出版社，2015

6. 强世功编．调解、法制与现代性．北京：中国法制出版社，2001

7. 范愉．纠纷解决的理论与实践．北京：清华大学出版社，2007

8. ［美］斯蒂芬·B. 戈尔德堡等．纠纷解决．北京：中国政法大学出版社，2004

9. ［日］小岛武司，伊藤真编．诉讼外纠纷解决法．北京：中国政法大学出版社，2005

10. 孙彩虹．社会转型期我国民事纠纷解决机制研究．北京：中国政法大学出版社，2016

(二) 论文

1. 王亚新．纠纷，秩序，法治．见：社会变革中的民事诉讼．北京：北京大学出版社，2014

2. 陈弘毅．调解、诉讼与公正．见：法理学的世界．北京：中国政法大学出版社，2013

3. 邵明．论我国和谐社会中的民事调解．学术界，2008 (2)

4. 范愉．中国非诉讼程序法的理念、特点和发展前景．河北学刊，2013 (5)

## 参考法规

1991 年《中华人民共和国民事诉讼法》（2017 年修正）第 3 条；1994 年《中华人民共和国仲裁法》（2017 年修正）第 2 条～第 6 条、第 49 条、第 51 条；2005 年《中华人民共和国公证法》（2017 年修正）第 37 条；1993 年《中华人民共和国消费者权益保护法》（2013 年修正）第 39 条；1993 年《中华人民共和国产品质量法》（2009 年修正）第 47 条；2005 年《中华人民共和国治安管理处罚法》（2012 年修正）第 9 条；2003 年《中华人民共和国道路交通安全法》（2011 年修正）第 74 条；1984 年《中华人民共和国专利法》（2008 年修正）第 60 条；1982 年《中华人民共和国商标法》（2013 年修正）第 44 条～第 47 条、第 60 条；1986 年《中华人民共和国土地管理法》（2004 年修正）第 16 条；1994 年《中华人民共和国劳动法》（2009 年修正）第 77 条、第 79 条～第 84 条；1980 年《中华人民共和国婚姻法》（2001 年修正）第 11 条；2007 年《中华人民共和国劳动争议调解仲裁法》；2009 年《中华人民共和国农村土地承包经营纠纷调解仲裁法》。

2002 年国务院《医疗事故处理条例》第 46 条；2002 年司法部《人民调解工作若干规定》。

2002 年最高人民法院《关于审理涉及人民调解协议的民事案件的若干规定》第 9 条；2004 年最高人民法院《关于人民法院民事调解工作若干问题的规定》（2008 年修正）第 4 条；2003 年最高人民法院《关于适用简易程序审理民事案件的若干规定》第 14 条；2009 年最高人民法院《关于建立健全诉讼与非诉讼相衔接的矛盾纠纷解决机制的若干意见》。

## 引例　王某与某公司劳动纠纷

2012 年 7 月，王某被某公司聘任为销售员，但是王某与该公司没有签订劳动合同。之后，王某业绩非常优秀，受到公司的奖励。但是，在 2014 年 5 月到 7 月期间，王某的销售业绩不佳，公司以此为由，减发了王某这 3 个月的工资。2014 年 8 月 2 日，王某要求公司补足所欠工资，公司不同意。经过多次协商，公司仍不补足欠王某的工资。2014 年 10 月 12 日，王某申请劳动仲裁，请求公司补足所欠工资。劳动争议仲裁委员会根据 1994 年《劳动法》（已于 2009 年修正）第 82 条之规定，以王某的仲裁申请超过 60 日期限为由，作出不予受理的决定。

# 第一节　民事纠纷及其解决机制概论

## 一、什么是民事纠纷

民事纠纷，或称民事冲突、民事争议、私权纠纷等，是平等主体之间因侵权、违约或其他事由而发生的，以民事权益、义务或民事责任为内容的法律纠纷。

民事纠纷的主要特性是：

(1) 纠纷主体的平等性，即纠纷主体（民事主体）之间是平等的。

(2) 纠纷内容的民事性，即纠纷的内容主要是有关民事权益、义务或者民事责任的争议。① 至于心理上的愤怒、是否为朋友的争议、自然现象的争议和学术问题的争议等，则非民事纠纷。

(3) 纠纷的可处分性，即基于“私法自治”原则，纠纷主体依法拥有对发生纠纷的民事权益的处分权。这种可处分性引申到民事诉讼中则构成处分原则的内容。但是，包含公益因素的民事纠纷（如有关人们基本法律身份的人事纠纷）多不具有可处分性。

根据民事纠纷的内容，可将其分为：有关财产关系的民事纠纷和有关人身关系的民事纠纷。需要特别说明的是，婚姻纠纷、收养纠纷、亲权纠纷等人事纠纷，它们或是关于人们基本法律身份的纠纷，或是涉及未成年人的保护问题，所以许多国家和地区将此类纠纷作为涉及公共利益的纠纷，在法律上特设人事诉讼程序来处理此类纠纷，比如《日本人事诉讼程序法》《德国民事诉讼法》第六编规定了“家庭事件程序”等。

事实上，有关财产关系的民事纠纷和有关人身关系的民事纠纷往往是交叉并存的，并且财产关系和人身关系的民事纠纷的发生往往互为前提。比如，继承权、股东权等民事权利兼有财产和人身的内容与性质，由此而发生的民事纠纷则兼有财产和人身的内容与性质。

## 二、民事纠纷解决机制概述

所谓民事纠纷解决机制，是指缓解、消除民事纠纷的方式或制度。在不同历史时期和不同国家地区，各种纠纷解决机制的具体形态和特征往往存在着很大的差异。下文主要是就现代社会中民事纠纷解决机制的通常形态和一般特征进行简要阐释。

民事纠纷解决机制，经历了由自力救济到公力救济的演变过程，其中也伴随着社会救济的演化。在现代社会中，自力救济、社会救济和公力救济共同构成了多元化的民事纠纷解决体系。

---

① 在法律特别规定时，民事纠纷的内容也包括对特定事实的争议，比如德、法、日等国民事诉讼法规定，当事人可以提起确认证书真伪的诉讼。

自力救济（又称私力救济），俗称“私了”，比如自决、和解等，是指没有第三者协助或主持，双方纠纷主体依靠自己的力量解决民事纠纷的方式。

社会救济，比如调解、仲裁等，主要是基于双方纠纷主体的合意，依靠社会力量（第三者）来协助或主持解决纠纷的方式或制度。

公力救济，比如行政裁决、民事诉讼等，是指利用国家公权力（如行政权、司法权）解决民事纠纷的方式或制度。

一个理性的社会应当向其成员提供多种民事纠纷解决途径或方式，让纠纷主体根据法律的规定按照自身利益的需求选择相应的民事纠纷解决方式。比如，纠纷主体如果希望其权益能够充分实现，就可以选择诉讼；如果希望维系原有的关系或情感，或者对于权益的要求不是很严格，就可以选择和解或调解。当然，对民事纠纷解决方式的选择适用，也可以或应当设置合理性限制或强行性要求，比如许多国家法律规定，对人事纠纷进行调解是诉讼审判的必经前置程序。①

和解、调解和仲裁等替代性纠纷解决机制（Alternative Dispute Resolution，缩写为ADR）②，不仅分流了许多民事纠纷，在很大程度上减缓民事纠纷对法院和诉讼的压力，而且民间法（地方习惯和行业惯例等）在和解、调解和仲裁领域的适用较民事诉讼的适用更频繁、更深入，能够满足当事人对民间法与国家法的不同需求，也有助于民间法与国家法在民事纠纷解决领域中的协调。在现代法治社会，和解、调解和仲裁应当在法治的框架内建立和运作，它们为当事人提供选择解决纠纷方式的可能性但并非取代民事诉讼。

## 第二节 自力救济：自决、和解

### 一、自决

所谓自决，是指当事人一方自行来解决纠纷或保护权益。自决很难受到正当程序的控制，自决的过程和结果中难免出现强者以其优势强行解决纠纷，从而弱者获得不公平的对待或结果的情况，所以在现代法治社会，当事人一方能够使用的须是法律允许的“自决”方式。

在我国现行民事法律中，当事人可以运用的“自决”方式，主要有：

(1) 当事人的自助行为和自卫行为（包括正当防卫、紧急避险等）。采取此种自决方式，应当符合法律所规定的行为要件。

---

① 我国最高人民法院《关于适用简易程序审理民事案件的若干规定》（2003年）第14条规定，对婚姻家庭纠纷和继承纠纷等，法院在开庭审理时应当先行调解。不能调解或调解失败的，则进行诉讼审判。

② ADR概念源于美国，是20世纪逐步发展起来的，现已是世界上普遍存在的、民事诉讼以外的非诉讼解决纠纷方式或机制的总称。现代ADR在法治发达国家中的发展，是在其民事诉讼制度和法律职业化比较完备的基础上进行的，是为了缓和诉讼迟延和成本高昂而发展的低成本的纠纷解决机制。参见范愉：《非诉讼解决纠纷机制研究》，北京，中国人民大学出版社，2000。

(2) 权利人可以自力行使实体法上的救济权，来保护受到侵害的民事实体权。比如，物权人可以自力行使物上请求权来保护受到侵害的物权；权利人可以自力行使解除权来解除合同[①]等。如果采取此种方式没有达到预期效果，那么权利人可以寻求其他的救济方式。

## 二、和解

### (一) 和解的含义和性质

“和解”，又称“协商”，是以“和”的方式，达到“解”的目的。换言之，是指双方纠纷主体以平等协商、相互妥协的方式和平解决纠纷。如果一方纠纷主体以其优势强行解决纠纷的话，则是压服而不是和解。

和解的主要性质有：

(1) 高度的自治性，即和解是依照双方纠纷主体自身力量解决纠纷，没有第三者协助或主持解决纠纷，和解的过程和结果均取决于双方纠纷主体的意思自治。

(2) 非严格的规范性，即和解的过程和结果不受也无须受规范（尤其是法律规范）的严格制约，既不必严格依据程序规范进行和解，也不必严格依据实体规范达成和解协议。和解通常是以民间习惯的方式或者纠纷主体自行约定的方式进行，甚至可以在请客吃饭、电话交谈中达成协议。

**【经典导读】**

一般来说，对于围绕个人自治原则支配下的民事法律关系发生的纠纷基于纠纷当事人的合意来解决（通过和解解决）是基本的，这种观点具有一定的合理性。连主张为权利而斗争的耶林，也就纯粹的利害问题（自己的所有物被他人善意而非恶意占有时，作为所有权人应该做些什么的问题）而非权利感觉问题说道：“他会衡量了胜诉情况下能获得的利益和费用、劳力，以及败诉的可能性之后，决定是否提起诉讼，或者选择和解的方式，我只能说这完全是合理的。”[②]

### (二) 和解的基本原则

虽然和解具有最高的自治性和非严格的规范性，但是现代法治社会也要求“和解”必须遵守以下基本原则：

(1) 基本自由与基本公平的原则。可否运用“和解”来解决民事纠纷、和解的过程与结果，应当建立在纠纷主体双方自愿与公平的基础上，其间不得存在强迫、欺诈、显失公平或重大误解等内容。

(2) 基本合法的原则。可否运用“和解”来解决民事纠纷、和解的过程与结果，应当符合法律强行规范和遵循社会公共利益。比如，法律禁止当事人通过和解使无效合同成为合法有效的合同；不得以“将你女儿嫁给我儿子”作为达成和解协议的条件或内容等。

由于和解具有最高的自治性和非严格的规范性，所以对“和解”的自由、公平和合法的要求是最基本的。

---

① 参见《合同法》第96条。

② ［日］小岛武司、伊藤真编：《诉讼外纠纷解决法》，丁婕译，27页，北京，中国政法大学出版社，2005。

（三）和解协议的法律效力

在通常情况下，和解协议具有民事合同或民事契约的性质和效力，但是不具有强制执行力。应当注意，一些特殊的和解协议还具有特殊的法律效力，比如破产和解协议、执行和解协议等。

不过，和解协议经过法定（转化）程序而具有强制执行力。比如，仲裁过程中，当事人达成和解协议的，可以请求仲裁庭根据和解协议作出裁决书（也可以撤回仲裁申请）①；民事诉讼中，当事人达成和解协议的，可以请求法院根据和解协议制作调解书（也可以撤诉）②；公证机构根据和解协议，可依法制作公证债权文书等。

## 第三节　社会救济：调解、仲裁

### 一、调解

（一）调解的含义和性质

调解是以“调”的方式达到“解”的目的。“言”与“周”谓“调”，即第三者（调解人）在双方纠纷主体之间沟通信息，摆事实明道理，促成其相互谅解、相互妥协。所谓“解”，是指双方纠纷主体达成解决纠纷的合意。

在调解中，调解人是中立的第三方，可以是国家机关、社会组织或个人。不管调解人是谁，均须遵循调解的性质和原则。我国现行法律规定或允许的调解，主要有：人民调解、法院调解、仲裁调解、行政机关调解、劳动调解、消费者协会调解等。根据我国现行法律的规定，人民调解、行政机关调解、劳动调解、消费者协会调解民事纠纷不得收取任何费用。

调解的主要性质有：

（1）调解人的居中性。即调解人应当公平对待双方纠纷主体，如常言所说的“一碗水端平”。居中调解人的存在，使调解与和解显然区别开来。

（2）纠纷主体的自治性。是否运用调解、如何调解和调解结果如何等，取决于纠纷主体的合意。调解人只能进行“调”，不得强行解决纠纷。

（3）非严格的规范性。调解并不要求严格遵循程序（法）规范和实体（法）规范，具有较高的自治性和灵活性。

尽管调解具有纠纷主体的自治性和非严格的规范性，但是在现代法治社会，调解人和当事人均须遵守以下基本原则：（1）基本自由与基本公平的原则；（2）基本合法的原则。其基本内容与和解的基本原则相同。

---

① 参见《仲裁法》第 49 条。

② 参见最高人民法院《关于适用〈中华人民共和国民事诉讼法〉的解释》（以下简称《民诉法解释》）第 339 条；《关于人民法院民事调解工作若干问题的规定》（2008 年修正）第 4 条。

（二）调解协议和调解书的法律效力

1. 在通常情况下，调解协议具有民事合同或民事契约的性质和效力。当事人各方在调解协议上签名或盖章后，即产生契约的效力。对于调解协议，当事人应当自觉履行，但无权请求法院强制执行。调解的自治性和非严格规范性无从保证其是否遵循基本合法原则、基本自由与公平原则，故不应直接赋予调解协议与法院判决相同的既判力、执行力等。

2. 调解协议经过一定程序转化为特定的法律文书，从而具有与法院判决相同的既判力、执行力等。此种程序用来审查判断调解是否遵循上述两项基本原则。若遵循之，则将调解协议转化为特定的法律文书而具有既判力、执行力等。具体来说：

（1）在民事诉讼中，法院依照基本合法、自由与公平原则进行调解，当事人达成调解协议的，法院根据该调解协议制成调解书，则有与法院判决相同的既判力、执行力等。

（2）在仲裁中，根据《仲裁法》第 51 条的规定，仲裁庭依照基本合法、自由与公平原则进行调解，当事人达成调解协议的，仲裁庭根据该调解协议制作仲裁调解书（或仲裁裁决书），则其有与法院判决相同的既判力、执行力等。

（3）请求法院确认其合法有效。根据《人民调解法》第 33 条的规定，经人民调解委员会调解达成调解协议后，双方当事人认为有必要的，可以自调解协议生效之日起 30 日内共同向人民法院申请司法确认，人民法院应当及时对调解协议进行审查，依法确认调解协议的效力。人民法院依法确认调解协议有效，一方当事人拒绝履行或者未全部履行的，对方当事人可以向人民法院申请强制执行。人民法院依法确认调解协议无效的，当事人可以通过人民调解方式变更原调解协议或者达成新的调解协议，也可以向人民法院提起诉讼。

（4）申请支付令。根据《关于建立健全诉讼与非诉讼相衔接的矛盾纠纷解决机制的若干意见》（以下简称《纠纷解决意见》）第 13 条的规定，对于具有合同效力和给付内容的调解协议，债权人可以向有管辖权的基层人民法院申请支付令；因支付拖欠劳动报酬、工伤医疗费、经济补偿或者赔偿金事项达成调解协议，用人单位在协议约定期限内不履行的，劳动者可以持调解协议书依法向人民法院申请支付令。

（5）申请公证。根据《公证法》第 37 条和《纠纷解决意见》第 12 条的规定，对于经行政机关、人民调解组织、商事调解组织、行业调解组织或者其他具有调解职能的组织调解后达成的具有民事合同性质的协议，可以申请公证；公证机构依照法定程序对该调解协议的合法性、真实性予以证明，并制作公证调解协议，从而具有与法院判决相同的执行力。①

有如下情形之一的，可以起诉（也可申请仲裁）：请求确认调解协议无效的或法院确认调解协议无效的；当事人请求履行调解协议的（即发生争议的）；请求变更或撤销调解协议的等。问题是：是对调解协议还是对原纠纷或原权利义务关系提起诉讼呢？对此，我国现行法律多未作出明文规定。不过，最高人民法院《关于审理涉及人民调解协议的民事案件的若干规定》第 9 条规定，调解协议被法院撤销或者被认定无效后，当事人可以就原

---

① 《公证法》第 40 条规定："当事人、公证事项的利害关系人对公证书的内容有争议的，可以就该争议向人民法院提起民事诉讼。"据此，公证调解协议无既判力。

纠纷起诉。笔者认为，若调解协议是合法有效的，当事人可以根据该协议提起诉讼（仲裁调解书、法院调解书除外）；若调解协议被确认为无效或被撤销的，当事人应就原纠纷提起诉讼。

3. 当事人在调解与和解程序中使用过的证据、对事实所做过的陈述和自认等，其可采性或可适用性在以后的仲裁或诉讼中将被剥夺或被限制。比如，最高人民法院《关于民事诉讼证据的若干规定》（以下简称《民事证据规定》）第67条规定："在诉讼中，当事人为达成调解协议或者和解的目的作出妥协所涉及的对案件事实的认可，不得在其后的诉讼中作为对其不利的证据。"《中国国际经济贸易仲裁委员会仲裁规则》第47条、联合国国际贸易法委员会《国际商事调解示范法》第10条均有如此规定。[①]

《纠纷解决意见》第19条规定，从事调解的机关、组织、调解员，以及负责调解事务管理的法院工作人员，不得披露调解过程的有关情况，不得在就相关案件进行的诉讼中作证；当事人不得在审判程序中将调解过程中制作的笔录、当事人为达成调解协议而作出的让步或者承诺、调解员或者当事人发表的任何意见或者建议等作为证据提出。但是，下列情形除外：双方当事人均同意的；法律有明确规定的；为保护国家利益、社会公共利益、案外人合法权益，法院认为确有必要的。

## 二、仲裁

### （一）仲裁的含义

"仲"乃"居中"之义，所以"仲裁"即居中裁决之义。具体来说，仲裁是指民事纠纷双方主体在民事纠纷发生前或发生后达成协议（仲裁协议）或者根据有关法律规定，将纠纷交给特定的中立的民间组织（仲裁机构）进行审理，并作出具有法律效力的裁决（仲裁裁决）。

仲裁以当事人自愿仲裁为常态。所谓自愿仲裁，是指当事人双方达成仲裁协议，自愿申请仲裁来解决纠纷。但是，近年来许多国家建立了一些特定情形下的强制仲裁，比如我国的劳动争议仲裁，有的国家还规定了产品责任纠纷仲裁、法院附设仲裁等强制仲裁，然而目前这类仲裁的数量很有限。与自愿仲裁不同，强制仲裁因为缺少当事人仲裁协议（即不是当事人自愿选择的），所以仲裁裁决往往缺少终局性，即当事人不服仲裁裁决的可以提起诉讼。

### （二）仲裁的属性

民间性和自治性是仲裁的本质属性，法律性仅为附从属性。法律性并未动摇仲裁的本质属性，否则仲裁将成为诉讼。法律性使仲裁更加正式化和制度化，有利于仲裁更有效地发挥其特有优势。

1. 民间性

仲裁的民间性是指仲裁机构是民间组织或社团法人，仲裁员主要是由当事人选定或约

① 参见邵明：《正当程序中的实现真实》，210～213页，北京，法律出版社，2009。

定的律师、学者和专家等，所以仲裁机构和仲裁员无权以国家公权力强制解决纠纷。

仲裁的民间性决定了仲裁机构之间均是平等的，没有上下级之分，所以与民事诉讼不同，仲裁没有级别管辖，对仲裁裁决不得提起上诉。

仲裁机构和仲裁员的纠纷仲裁权源于当事人的仲裁协议（即仲裁权源于当事人的授权），不过对强制仲裁的纠纷而言，其仲裁权则源于法律的规定。

2. 自治性

当事人的自治性，主要体现为：

（1）是否采用仲裁取决于双方当事人的合意（强制仲裁除外）；

（2）自行商定值得自己信任并对纠纷处理较为便利的仲裁机构；

（3）有权选定或约定仲裁员；

（4）可以约定开庭审理或书面审理、公开开庭或不公开开庭；

（5）可以撤回仲裁申请、可以自愿达成和解协议；

（6）在一定情形中，可以选择仲裁所适用的程序规范和实体规范等。

在自治性方面，与和解、调解有所不同，在仲裁中，即使纠纷主体没有达成合意，仲裁机构也有权作出裁决。

3. 法律性

仲裁的法律性，主要体现为：

（1）许多国家和地区就仲裁制定了法律，比如我国1994年制定了《仲裁法》（2009年第一次修正、2017年第二次修正）；

（2）仲裁的民间性和自治性并不能完全排除仲裁应当遵守当事人选定或者法律规定必须适用的仲裁程序法和民事实体法，尤其不得排除适用强行法规范；

（3）仲裁与民事诉讼（或人民法院）存在着诸多联系（详见第三章）；

（4）仲裁裁决具有与法院判决相同的既判力和执行力。

另外，在民事诉讼中，当事人无须举证证明生效仲裁裁决所确认的事实。

## 第四节 公力救济：行政裁决、民事诉讼

公力救济机制主要包括行政裁决和民事诉讼。按照我国现行法律的有关规定，行政机关或具有行政职能的机构只能对特定的民事纠纷依职权解决。在民事解决纠纷领域，民事诉讼是主要的公力救济机制。

### 一、行政裁决解决民事纠纷

我国许多法律直接规定了行政机关或具有行政职能的机构依职权解决特定的民事纠纷。比如：《土地管理法》第16条；《商标法》第44条～第47条和第60条；《专利法》第

60条；《婚姻法》第11条；《中国互联网络信息中心域名争议解决办法》等。

以行政裁决处理民事纠纷应当采取法律明定原则。法律没有明文规定的，行政机关或具有行政职能的机构不得以行政裁决处理民事纠纷，以免行政机关滥用权力侵害民事纠纷主体的合法权益。在法律没有明文规定的情况下，当事人则只能依法通过和解、调解、仲裁或者民事诉讼来解决民事纠纷。

比如，《产品质量法》第47条规定，因产品质量发生民事纠纷时，当事人可以通过协商、调解、仲裁或者民事诉讼来解决，但是没有规定可由行政机关以行政裁决来处理，那么此类民事纠纷则不得以行政裁决来处理。

以行政裁决处理的民事纠纷，往往具有一定的专业性或公益性（比如有关专利、商标、环境[1]、反垄断、消费者权益的纠纷等）。专业性要求由具有相应职能的行政机关来解决，较能满足纠纷解决的专业性、妥当性的要求。比如，商标争议的专业性为行政裁决增加了正当性，因为处理工业产权方面的争议需要专门知识。

公益性要求以行政裁决来快速处理，较能满足及时保护公益的需要。一般说来，国家行政机关负有维护公益的职责，所以行政裁决的民事纠纷多具有公益性。[2] 至于纯粹私益的民事纠纷由于尊重当事人的处分权而不应以行政裁决来处理，据此我国法律有关赔偿的责任和金额以行政裁决来处理，应当说是不合理的。

## 二、民事诉讼

### （一）民事诉讼的适用范围（参见图1-1）

民事诉讼的适用范围，即法院民事诉讼主管的案件范围或者民事诉讼法的对事效力，是指民事诉讼可以解决哪些事项，或者说民事诉讼法对什么事项发挥规范作用。

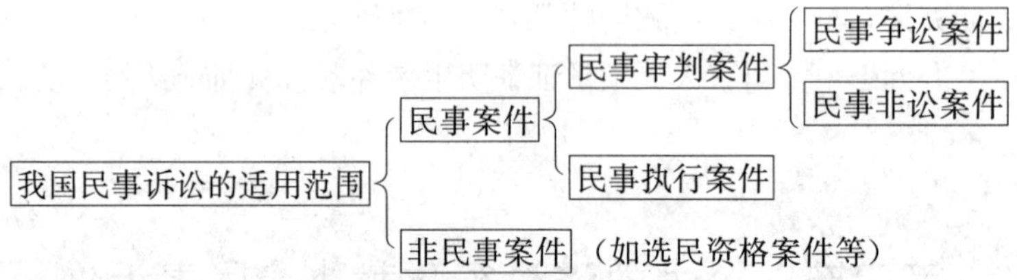


**图1-1 民事诉讼的适用范围**

（1）民事争讼案件，即存在着相互对立的双方当事人（原告与被告）的民事案件。具有可诉性的民事纠纷通过起诉而进入诉讼程序中，则成为民事争讼案件。

（2）民事非讼案件，不具有争议性，只有一方当事人，没有对立的双方当事人或者不存在明确的双方当事人的对立状态（本书第四编对此将详细阐释）。

---

① 有关环境侵权救济的系统而详尽的阐释和讨论，请参见王明远：《环境侵权救济法律制度》，北京，中国法制出版社，2001。

② 行政机关在解决此类纠纷时，应采取职权探知主义，即依职权调查案件事实，不应局限于当事人对事实的陈述和所提供的证据（比如德国《商标法》第59条就作出了如是规定）。

（二）民事诉讼的含义

民事诉讼是法院运用国家司法权解决民事纠纷和处理其他事项的公力救济机制。我们还应当从以下几个角度，来深入理解民事诉讼。

1. 从程序制度和行为活动的角度，理解民事诉讼

从程序制度的角度来看，民事诉讼是指民事诉讼法或民事诉讼程序，即法院根据当事人的请求、利用国家司法权解决民事纠纷和处理其他事项的法定程序。

从行为活动的角度来看，民事诉讼是指法院和当事人依据民事诉讼法和民事实体法、为保护民事权益或解决民事纠纷及其他事项、所实施的一系列诉讼行为或所进行的一系列诉讼活动。

综上，民事诉讼是指法院在当事人参与下运用司法权保护民事权益或解决民事纠纷及其他事项的程序制度和行为活动。

**【经典导读】**

如果原告为实现他（假定的）所拥有的权利需要国家的帮助，通常情况下也即当其他人不自动满足他的权利请求权时，原告将会运用他的司法请求权并向法院请求权利保护。原告所声称的权利是否确实存在，必须——如同已经提及的诉讼一样——由法官确认；这发生在正式的程序——民事诉讼中。参与这样的民事诉讼的人们相互之间处于不同地位，这也使得他们从不同角度来观察具体的诉讼以及具体的诉讼状况。①

2. 从广义和狭义的角度，理解民事诉讼

从广义的角度来说，民事诉讼是指民事审判活动和民事审判程序、民事强制执行活动和民事强制执行程序。

从狭义的角度来说，民事诉讼仅指民事审判活动和民事审判程序。民事审判程序通常包括民事争讼程序和民事非讼程序。具体分析如下（参见图 1-2、图 1-3）：

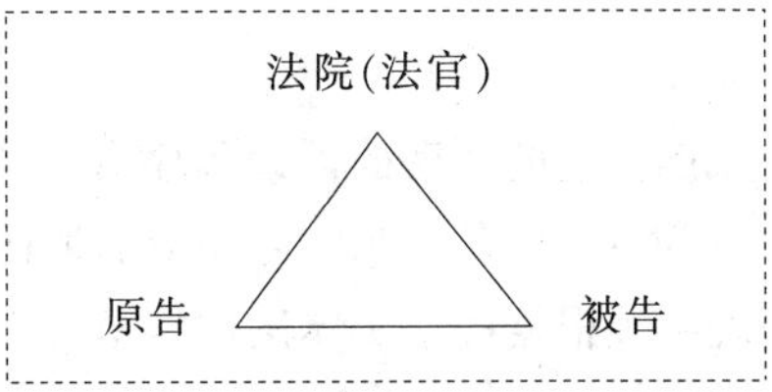


**图 1-2　民事争讼程序的基本构造及原理**

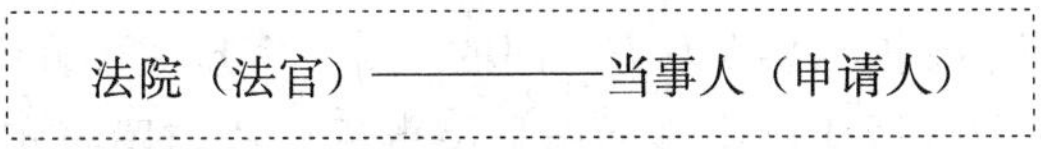


**图 1-3　民事非讼程序的基本构造及原理**

民事争讼活动和民事争讼程序解决的是民事争讼案件。因此：

（1）民事争讼程序包括：初审程序、上诉审程序和再审程序；其基本构造："等腰三

---

① 参见［德］汉斯-约阿希姆·穆泽拉克编：《德国民事诉讼法基础教程》，周翠译，8 页，北京，中国政法大学出版社，2005。

角形”。

（2）民事争讼程序的基本构造原理：法官是中立裁判者，平等对待原告与被告；原告与被告处于平等对抗和合作之态势。

**【经典导读】**

对抗制是美国诉讼制度的基础。基于对抗制，诉讼程序由当事人启动并为当事人所控制。对抗制的典型模式就是，由当事人（原告和被告）承担调查、呈示证据和提出辩论的责任。当事人之间的纠纷通常是由一名法官——一个中立、无偏私的被动的裁判者——倾听当事人双方的陈述，并基于当事人所呈示的内容而作出裁断。法官的作用相当于一个公断人，力图确保律师遵守程序规则。从这一意义上讲，整个的诉讼程序是由当事人，或者更确切地讲，是由律师控制的。①

民事非讼活动和民事非讼程序解决的是民事非讼案件。因此：

（1）民事非讼程序的基本构造：“线型”。

（2）民事非讼程序的基本构造原理：法官中立；只有一方当事人，不存在当事人之间的平等对抗。

### （三）民事诉讼的特性

与其他民事纠纷解决机制相比，民事诉讼具有国家强制性和严格规范性。

#### 1. 国家强制性

作为公力救济的民事诉讼，首先表现出的特性是国家强制性。民事诉讼的国家强制性体现为：

（1）法院代表国家运用审判权来解决民事纠纷和处理其他事项，利用判决来确定纠纷主体之间的民事关系及民事责任的具体承担。

（2）法院判决具有羁束力、确定力、形成力和执行力等强制性国家法律效力。

#### 2. 严格规范性

民事诉讼的严格规范性体现为：

（1）民事诉讼必须严格按照法定的严密的诉讼程序有序进行，法院和当事人及其他诉讼参与人必须按照程序的序位和诉讼的阶段来实施相应的诉讼行为。

（2）在民事诉讼中，法院必须根据民事实体法律规范等对民事纠纷和其他事项作出最终结论（即法院判决）。

在民事诉讼中，通过严格规范性，一方面能够限制法官恣意，保证司法权合法行使；另一方面能够充分审慎地维护当事人双方之间的平等，实现民事诉讼的公正性。

民事诉讼的严格规范性说明：民事诉讼是民事诉讼法与民事实体法共同作用的“场”（借用物理学上“场”的概念）。在民事诉讼领域，民事诉讼法与民事实体法如同“一只鸟的两翼”，相辅相成，共同作用，不可能存在主从关系。

民事诉讼的国家强制性和严格规范性，使得民事诉讼成为民事纠纷的最终解决方式，

---

① 参见［美］史蒂文·苏本、玛格丽特·伍：《美国民事诉讼的真谛》，蔡彦敏等译，29页，北京，法律出版社，2002。

其他国家机关、社会团体和公民无权变更或撤销法院判决。这就是“司法最终解决”原则。

**【经典导读】**

这使我注意到争斗理论所忽视的一点：法庭的判决不仅是私事，它以法庭的命令而告终，这一命令是最严肃的政府行为之一。法庭不仅是政府的一个代理机构，而且要记住：如果该命令得不到自愿的遵守，均会导致动用警察、司法长官乃至军队。法庭的命令事关重大，法庭代表政府，代表有组织的社会。①

## 【问题与思考】

1. 在引例王某与某公司劳动纠纷案中，如果王某不服劳动争议仲裁委员会不予受理的决定，可否向法院起诉？（请参考2007年《中华人民共和国劳动争议调解仲裁法》）

2. 当发生婚姻、收养、监护、扶养等身份关系的纠纷时，纠纷主体可以运用哪些方式来解决？

3. 甲男与乙女系隔壁邻居。因甲时常聚集三朋四友在家打麻将，有时通宵达旦，喧闹声严重影响了乙家正常的休息。乙多次到甲家说明自己身体不好，神经衰弱，且孩子要学习，希望甲夜晚不要扰民。一次甲家正在玩麻将，乙又敲门表示不满。甲认为乙在朋友面前扫了自己面子，遂出言不逊，辱骂乙神经病。乙亦怒斥甲不务正业，像个赌徒。双方由此发生争吵，引来邻里十数人，纷纷劝说双方忍让。甲恼羞成怒，上前拉住乙的衣服说：“我是赌徒，你就是妓女。”乙羞愤不已，转身欲走，但被甲拉住。挣扯间致乙衬衣被撕破，上身部分裸露。乙遭此羞辱之后，神经受到严重刺激，神经衰弱加重，不能正常生活、工作，所在外企因此将其辞退。治病、休养、生活无来源，使乙身心、财产俱遭伤损。后有朋友告诉乙，此事不能作罢，一定要讨个说法。你认为根据我国法律的规定，有哪几种法律途径或方式可供乙选择，以维护其权益。针对本案的实际情况，你认为选择其中哪一种方式处理此事社会效果更好、更具优越性，并请阐明理由。②

① 参见［美］博西格诺等：《法律之门：法律过程导论》，邓子滨译，454页，北京，华夏出版社，2002。

② 参见国家司法考试试题2004年试卷四第7题。

# 第二章 民事诉讼基本范畴

## 参考文献


（一）著作

1. 汤维建．民事诉讼法学．2版．北京：北京大学出版社，2014
2. 刘荣军．程序保障的理论视角．北京：法律出版社，1999
3. 李祖军．民事诉讼目的论．北京：法律出版社，2000
4. 肖建国．民事程序价值论．北京：中国人民大学出版社，2000
5. 江伟，邵明，陈刚．民事诉权研究．北京：法律出版社，2002
6. 刘敏．裁判请求权研究．北京：中国人民大学出版社，2003
7. 李龙．民事诉讼标的理论研究．北京：法律出版社，2003
8. 骆永家．既判力之研究．台北：三民书局，1981
9. ［日］三月章．日本民事诉讼法．台北：五南图书出版公司，1997
10. ［日］高桥宏志．民事诉讼法．北京：法律出版社，2003
11. ［德］汉斯-约阿希姆·穆泽拉克．德国民事诉讼法基础教程．北京：中国政法大学出版社，2005.94～102页
12. ［德］奥特马·尧厄尼希．民事诉讼法．北京：法律出版社，2003.163～171页
13. 邵明．现代民事诉讼基础理论——以现代正当程序和现代诉讼观为研究视角．北京：法律出版社，2011

（二）论文

1. 季卫东．法律程序的意义．见：法治秩序的建构．北京：商务印书馆，2014
2. 陈瑞华．程序价值理论的四个模式．中外法学，1996（2）
3. 王亚新．民事诉讼与发现真实．见：社会变革中的民事诉讼．北京：北京

大学出版社，2014

4. 邱联恭．突袭性裁判．见：民事诉讼法之研讨（二）．台北：三民书局，1996

5. 张卫平．诉讼标的理论．见：民事诉讼：关键词展开．北京：中国人民大学出版社，2005

6. 陈桂明，李仕春．程序安定论．政法论坛，1999（5）

7. 江伟，肖建国．论既判力的客观范围．法学研究，1996（4）

8. 廖永安．论诉的利益．法学家，2005（6）

9. 江伟，段厚省．请求权竞合与诉讼标的理论之关系重述．法学家，2003（4）

10. 廖中洪．反诉立法完善若干问题研究．西南政法大学学报，2008（6）

11. 冉思东．民事诉权制度：一种私权的公力救济．现代法学，2007（2）

## 参考法规

1991年《中华人民共和国民事诉讼法》（2017年修正）第170条、第200条～第204条、第208条；1986年《中华人民共和国民法通则》（2009年修正）第59条；1999年《中华人民共和国合同法》第54条、第122条；1980年《中华人民共和国婚姻法》（2001年修正）第11条；1991年《中华人民共和国收养法》（1998年修正）第25条、第27条、第28条。

2011年最高人民法院《关于审判人员在诉讼活动中执行回避制度若干问题的规定》第6条；1999年最高人民法院《关于严格执行公开审判制度的若干规定》第7条；2000年最高人民法院《关于严格执行案件审理期限制度的若干规定》（2008年修正）第23条；2006年最高人民法院《关于人民法院执行公开的若干规定》。

《美国宪法》第3条；《日本宪法》第32条；《意大利宪法》第24条；《德国民事诉讼法》第136条、第256条、第257条、第322条、第323条、第325条；《日本民事诉讼法》第2条、第114条～第117条、第134条、第135条；《法国民事诉讼法》第14条、第15条、第30条～第32条。

《世界人权宣言》第8条、第10条；《公民权利和政治权利国际公约》第14条；《欧洲人权公约》第6条、第13条。

## 引例 何某诉孙某房屋租赁合同纠纷案

2010年2月13日法院开庭审理何某诉孙某房屋租赁合同纠纷案。法庭调查结束时，审判长宣布休庭，进行合议庭评议，之后法院作出了判决。本案的审理违背了诉讼价值的要求。因为在争讼程序中，对立的双方当事人之间在诉讼中的对抗成为争讼程序的核心，所以双方当事人之间的言词辩论就成为争讼程序必不可少的组成部分和正当程序的必要内容。就本案来说，法庭调查结束后，没有进行法庭辩论就进行合议庭评议并作出了判决，很显然，本案在诉讼程序上违反了辩论原则或者违反了程序参与原则。对此，当事人有权通过上诉或再审来获得救济。

本章阐释民事诉讼目的、民事诉讼价值、民事诉权、诉讼标的、民事之诉、民事诉讼法律关系、民事诉讼行为、诉讼安定、既判力等民事诉讼基本范畴。

民事诉讼目的与民事诉讼价值是民事诉讼基础性原理，是衡量诉讼程序和个案诉讼是否正当的重要标准。民事诉讼目的与民事诉讼价值的关系，可概括为：在正当程序中公正、及时地实现诉讼目的。

民事之诉的本质是请求法院给予诉讼救济。原告提起“诉”的根据在于其享有“诉权”。行使诉权即将民事纠纷引进诉讼而启动诉讼程序，并使民事纠纷转变为民事之诉，原告通过“诉”，向法院明确诉讼保护的对象——诉讼标的，亦即判决既判力的客观范围。

在诉讼中，各诉讼主体依据其诉讼权利及义务实施诉讼行为，并由此而形成各种诉讼法律关系。诉讼安定要求诉讼主体依据法定的诉讼程序步骤有条不紊地实施诉讼行为，禁止法院和当事人随意改变程序。诉讼安定还要求维护判决的确定力，即通过正当程序的审理而作出的判决一旦确定，即意味着该案件审判程序终结。

## 第一节　民事诉讼目的与民事诉讼价值

### 一、民事诉讼目的

民事诉讼目的是指民事诉讼是为了什么而存在或设立的。这可从两个方面来理解：从当事人方面来说，当事人为了什么而进行民事诉讼，即当事人进行民事诉讼的目的；从国家方面来说，国家设立民事诉讼制度一方面要遵从当事人的诉讼目的，另一方面国家可能还有其他的目的，比如维护或实现私法秩序或法律秩序等。

民事诉讼目的是从主观意志的角度来看待民事诉讼的作用，而民事诉讼功能则是民事诉讼本身所固有的、客观存在的作用。民事诉讼目的是民事诉讼功能的主观反映，符合民事诉讼功能所确立的目的才能实现，在此意义上，可以说民事诉讼功能即民事诉讼目的。

人们从事活动或建立制度，通常抱有多个目的，并且在这些目的相冲突时，人们要对之进行调和或平衡。事实上，民事诉讼的功能是多元的，人们对民事诉讼的期望也是多元的。因此，现代民事诉讼目的应是多元的：保护民事权益、解决民事纠纷、维护私法秩序和创造民事实体法规范等。

（一）保护民事权益、解决民事纠纷与维护私法秩序

当民事权益受到侵害时，受害人通过民事诉讼适用民事实体法规范来获得保护。当民事纠纷发生时，纠纷主体通过民事诉讼适用民事实体法规范来得以解决。通过民事诉讼充分保护合法民事权益和妥善解决民事纠纷，均为当事人运用民事诉讼的目的，背离此等目的之诉讼制度必然丧失正当性。

**【经典导读】**

权利是观念上的存在，尽管可以依据无可争论的存在之判断来获取实效性，但是在我们的社会里，很多人都错认为权利本身会自然而然地发生。这种观点是把权利看成是观念上的“动物”，它的作用理所当然地被接受，然而如果轻视权利实现的程序，就会将创造的权利搁置一边。像这样朴实的权利论，将成为实现权利过程中很大的障碍。①

在法律层面，保护民事权益、解决民事纠纷与维护私法秩序是一致的。保护了民事权益即解决了民事纠纷，解决了民事纠纷亦即保护了民事权益。保护了民事权益和解决了民事纠纷，则意味维护了私法秩序。正是保护民事权益、解决民事纠纷与维护私法秩序之间的一致性，才可将三者统一纳入民事诉讼目的体系之中。

（二）创造民事实体法规范或促成民事实体法发展

民事诉讼创造民事实体法规范或促成民事实体法发展，即民事诉讼的造法功能。民事诉讼的此项功能和目的，首先体现在法律发展史上，古罗马法和英美法中重要的私法规则基本上是从诉讼中孕育而生的（即“诉讼法乃实体法发展之母体”）。

**【经典导读】**

程序完备的罗马法庭以及由法学家和辩护者组成的律师阶层是罗马法律机器的两架发动机：在专业阶层的协助和监督之下，程序完备的法庭对法律争议的裁决促进了法律的进步。②

在今天，民事诉讼的此项功能和目的，仍然体现在通过民事诉讼或法院判决确认和保护新兴的正当的民事利益，使其成为新兴的（法律）权利，从而创造出民事实体法规范、弥补了民事实体法漏洞或促成了民事实体法发展。

（三）其他功能和目的

自20世纪后半叶以来，司法的社会功能不断扩大，诸多的社会、政治问题都可通过民事诉讼解决。现代社会的民事诉讼往往需要承担多种社会责任。在社会发展过程中，社会对司法和诉讼日益寄予更高的社会期望。民事诉讼通过正当程序解决公益性纠纷（比如环境权纠纷、消费权纠纷、社会福利权纠纷等），确定公共政策，分配社会资源，推动社会改革。诉讼是国家司法权的行使和法律的实现的重要环节，所以诉讼的最深刻的功能在于维护整个社会的政治秩序和国家权力的合法性。③

---

① 参见［日］小岛武司：《诉讼制度改革的法理与实证》，陈刚等译，2页，北京，法律出版社，2001。

② 参见［美］约翰·麦·赞恩：《法律的故事》，刘昕、胡凝译，148页，南京，江苏人民出版社，1998。

③ 参见范愉：《非诉讼纠纷解决机制研究》，31～35页，北京，中国人民大学出版社，2000。

**【经典导读】**

“程序是法律的中心”这一观念在自治型法的精神气质中占有一个主要部分。对压制的控制开始于信奉规则统治这种观念的发展；程序则随之成为公正使用规则的显而易见的主要保障。从潜在意义上说，压制性权威为“正当程序”所约束。在解决公民之间的纠纷和评估各种有利或不利于国家的要求时，法律体系所提供的最显著、最别具一格的产品就是程序公平。①

虽然民事诉讼诸多目的不可分割地融合在一起，但是，对于当事人而言，保护私权、解决纠纷是其运用民事诉讼的直接目的。国家具有保护国民之责，所以国家设立民事诉讼制度首先应当遵从当事人的诉讼目的。至于私权保护、纠纷解决以外的目的，多由国家来考虑，而不应当将之强加于当事人。一般说来，民事诉讼诸多目的不可分割地体现在同一个诉讼程序或过程中。但是，比较而言，在基层法院的日常审判活动中，保护私权、解决纠纷的目的更为突出和更为重要，而一些国家最高法院司法审查的目的就在于违宪审查或统一法律适用。

## 二、民事诉讼价值

所谓民事诉讼价值，是指民事诉讼对诉讼主体合理需要的积极或正面满足。至于对民事诉讼价值的构成或内容，仁者见仁，智者见智，莫衷一是。我们认为，民事诉讼是诉讼过程与诉讼结果的一体化，由此民事诉讼价值包括程序价值与实体价值。程序价值体现了民事诉讼程序及过程的独立价值，实体价值则体现了民事诉讼（法）实现民事实体法的功能或目的。民事诉讼的程序价值与实体价值之间的关系，亦即民事诉讼法与民事实体法之间的关系。

### （一）民事诉讼的程序价值

民事诉讼的程序价值是民事诉讼程序的内在要求，主要包括程序公正和程序效率等。

#### 1. 程序公正

**【经典导读】**

在希腊人和罗马人以后很久，人们才发现，只有司法权力的分离并独立实施才可以保证法律的公正和平等。假如今天还有人认识不到一桩已完成的事件是没有理由用事件发生之后才发明的法律规则来衡量的，那么他一定是个缺乏理智的人。就像玩扑克牌这样无关紧要的小游戏也能说明这一道理，即便是不太聪明的玩家也明白，在玩过以后再发明游戏规则是多么荒谬。对玩家来说，他们的箴言就是必须在已有的规则指导下玩这种游戏。②

在现代正当程序中，诉讼程序公正的标准或要求主要有：

（1）法官中立。法谚曰：“任何人都不能是自己案件的法官”。法官“中立”是指法官与自己正在审判的案件及其当事人等没有利害关系。保证法官“中立”的程序制度是回避制度。维护法官“中立”，旨在消除法官的偏私或偏见，公平地对待当事人。

（2）诉讼当事人平等（详见本书第四章第二节）。

---

① 参见［美］诺内特、塞尔兹尼克：《转变中的法律与社会》，张志铭译，73页，北京，中国政法大学出版社，1994。

② 参见［美］约翰·麦·赞恩：《法律的故事》，刘昕、胡凝译，104页，南京，江苏人民出版社，1998。

(3) 程序参与。其内容主要是：其一，当事人接受程序通知权（诉讼知情权），即法院必须对当事人进行有效的程序通知，使当事人能够充分及时地了解诉讼程序进行情况。其二，当事人诉讼听审权，即当事人必须充足拥有影响诉讼过程和裁判结果的参与机会或手段，具体说，当事人在诉讼中有权提出诉讼主张和提供事实证据，对方当事人应能对此陈述意见，法院不得将当事人未发表过的意见或未进行过辩论的事实证据作为裁判基础，法院也不得对当事人未发表过意见或未进行过辩论的诉讼主张作出裁判。

**【经典导读】**

我并不是说，美国法律制度对事实真相毫无兴趣，而只是说，求真的目的会与其他目的（比方说，经济性、保护某些自信、助长某些活动、保护某些宪法性规范）相互竞争。一个未能得到足够关注的目的是，诉讼为有真实的或想象的不满者提供了精神宣泄。那些认为自己的权利受到侵犯的人心里都有气，他们希望有个场合来出出这口气。①

(4) 程序公开，即审判公开和执行公开。

2. 程序效率

程序效率追求的是在保证诉讼公正的前提下，及时审判，节约诉讼成本。诉讼成本是指国家或法院、当事人和证人等诉讼参与人进行民事诉讼所耗费的人力、物力、财力和时间等的总和。

法律和诉讼在本质上要求将公正作为其最高价值，但是节约诉讼成本也是国家、当事人等始终如一的要求。法谚云“迟到的正义非正义”，是指应当及时实现正义，迟延实现的正义是残缺的正义甚至是非正义。法谚又云：“迟延的权利保护等于拒绝权利保护。”

如何降低诉讼成本提高诉讼效率呢？对此可从程序制度的设计和适用两个方面来解答。

在民事诉讼程序制度的设计方面，可作如下努力：

(1) 建构公正的诉讼程序。按照公正程序进行审判，能够获得正当性，可以减少不必要的上诉或再审，从而降低诉讼成本。

(2) 根据案件的性质和繁简而设置相应的繁简程序。根据正当程序保障原理和诉讼费用相当性原理，对于诉讼标的较大或案情复杂的案件，适用比较慎重的普通程序来解决，而对于诉讼标的较小或案情简单的案件，适用比较简捷的简易程序来解决。

(3) 建构合理的诉的合并制度。充分运用诉的合并制度，在一个诉讼程序中解决多个纠纷或者多个主体之间的纠纷。

在既定程序制度的前提下，诉讼效率的提高，在很大程度上取决于诉讼主体如何实施诉讼行为。具体说：

(1) 法官应当按照法定程序或者基于诚实信用适时行使审判权或诉讼指挥权，保证诉讼正常顺畅地进行（即法官负有推进诉讼的职责）。比如，尽快立案；引导当事人按法定顺序进行辩论等。

(2) 当事人应当按照法定程序或者基于诚实信用及时实施诉讼行为，即当事人负有促进诉讼的义务或不得阻碍诉讼的义务。为此，在程序制度上设定了期间制度、失权制度、

---

① 参见［美］波斯纳：《法理学问题》，苏力译，259页，北京，中国政法大学出版社，2002。

举证时限制度、真实陈述事实的义务等。

（3）证人、鉴定人等其他诉讼参与人应当按照法定程序或者基于诚实信用及时实施诉讼行为。比如，证人及时出庭并真实作证；鉴定人及时作出科学的鉴定意见等。

3. 程序公正与程序效率

程序公正与程序效率之间存在着一致性。如上所述，按照公正程序进行审判能够提高诉讼效率，缺乏效率的诉讼程序也是不合理的。同时符合公正与效率要求的诉讼程序才是正当程序。

但是，程序公正与程序效率之间也存在着冲突。偏重慎重的普通程序和多审级程序，在保证公正的同时，往往需要付出更多的诉讼成本。偏重简捷的简易程序，在保证效率的同时，可能有失公正。

如何解决这一冲突问题？法律和诉讼的最高价值是公正，所以应在维护程序公正和实体公正的前提下追求诉讼效率。因此，一般说，对于诉讼标的额越大或案情越复杂的案件，当事人和国家就越愿意适用（公正）程序保障比较充分完善的诉讼程序，得到正确判决的可能性也就越大。而对于诉讼标的较小或案情简单的案件，则更应强调经济性地解决。

### （二）民事诉讼的实体价值

民事诉讼的实体价值，在实体方面体现了民事诉讼价值与民事诉讼目的之间的关联性，即实体价值的实现能够充分实现民事诉讼目的。民事诉讼的实体价值是评价和判断民事诉讼程序在实现民事诉讼目的时是否有用或有效的标准。

民事诉讼的实体价值主要包括实体公正，通常是指：（1）裁判结果公正，主要体现为事实认定真实和法律适用正确；（2）执行依据执结，即实现了执行依据所确定的权利。通常所谓的诉讼公正实际上包括程序公正和实体公正。

**【经典导读】**

如果我们把问题变一变，问问为什么人们、官员和其他人都有义务服从司法决定，自然而然的问答（这刚好也是自然法学者给予的回答）是，他们之所以应当服从是因为此决定是公正的。但是，在这个语境中，“公正”又指什么？难道一个决定的公正仅仅由于它出身门第很好？如果有某个制定法或是某个宪法的规定不公正，仅仅忠实于这一不公正的法律渊源是否就会使强制执行这一制定法或宪法规定仍然公正？如果对此作出肯定的回答，就会出现一个悖论，并且还隐含了一个更进一步的悖论，即不公正的决定提供了司法是否具有合法性的检验标准；这个回答提出了要求其他政府部门服从的最强烈主张，因为它显示了法官确实是忠实的代理人(只有这种忠实才可能解说这种令人讨厌的结果)。这就是《一报还一报》中安哲鲁心想的，“是法律，而不是我，在惩罚你的兄弟。/即使他是我亲属、兄弟或我的儿子，/我也会一样对待他”(第2幕，第2场，第84－86行)。①

由于受到主观因素（认识能力等）和客观因素（证据灭失等）的制约，判决所依据的案件事实，通常是“相对真实”的，往往不是案件的本来面目（“绝对真实”）。对于判决

① 参见［美］波斯纳：《法理学问题》，苏力译，173～174页，北京，中国政法大学出版社，2002。

所依据的案件事实，只要达到人们普遍认为是真实的程度，就实现了判决的正当性。

**【经典导读】**

正义有着一张普洛透斯似的脸，变幻无常、随时可呈不同形状，并具有极不相同的面貌。当我们仔细查看这张脸并试图解开隐藏其表面之后的秘密时，我们往往会深感迷惑。从哲学的理论高度上来看，思想家们与法学家们在许多世纪中已提出了许多各种各样的不尽一致的“真正”正义的观点，而这种种观点往往都声称自己是绝对正确的。从社会秩序的实用主义高度上来看，人们也已经采用了许多不同的方法去解决“完美社会”的问题。①

### （三）民事诉讼的程序价值与实体价值

如何理解和处理民事诉讼程序价值与实体价值之间的关系呢？本书从以下三方面进行讨论和阐释。

1. 程序价值与实体价值之间存在着内在关联性

一般说来，符合程序价值的诉讼程序能够产生符合实体价值的诉讼结果或判决结果。在符合程序价值的诉讼中，当事人能够平等和充分地陈述诉讼主张、提出事实证据、进行辩论，从而最大限度地再现案件真实。

从辩证的角度来说，实体价值也会反作用于程序价值。实体价值的及时实现，使人们意识到正当程序的重要性和必要性，从而促成人们对程序价值的积极需求。

2. 程序价值与实体价值各具独立性

程序价值的独立性维护民事诉讼领域中人们所享有的程序性人权，体现了民事诉讼程序及过程的独立价值。同时，体现程序价值的诉讼原则制度，如法官中立原则、公开审判原则、当事人程序参与原则等，有其自身的评价标准，不受实体法的影响。

实体价值的独立性，主要体现为实体价值也有其独立的评价标准。民事诉讼实体价值是否实现或是否具有正当性，其评价标准可以是也应当是实体标准。法院判决所依据的案件事实是否真实，适用实体法规范是否正确，若撇开实体标准则无法进行合理评价和正确判断。

3. 程序价值与实体价值之间的冲突与权衡

体现程序价值的正当程序并不必然能够实现民事诉讼实体价值。民事诉讼中充满了诸多价值间的冲突，比如谋求真实与追求效率之间的冲突、追求实体真实与维护程序公正之间的冲突等。譬如，当事人无正当理由超出举证期限所提供的证据、违反法定程序收集到的证据，纵然具有关联性和真实性，原则上也不被采用。

程序价值与实体价值发生冲突时，则需权衡利弊作出选择。考虑到诉讼程序和诉讼过程的独立价值，考虑到在获得公正判决的概率上正当程序远远高于非正当程序，不应为了追求个案实体价值的实现而放弃程序价值。以放弃程序价值为代价换得个案实体公正，是否符合“两利相比择其重，两害相较取其轻”的权衡标准，不无疑问。历史告知我们：“人类自由的历史基本上是程序保障的历史。”强调和维护正当程序的保障是现代法治的必然内涵。

---

① 参见［美］E. 博登海默：《法理学：法律哲学与法律方法》，邓正来译，252页，北京，中国政法大学出版社，1999。

当然，因维护程序价值而过分牺牲个案实体公正，这样的程序是否具有合理性和正当性也值得怀疑。因此，需要根据具体案情作出合理选择。比如，虽然原则上不采用原告无正当理由超出举证期限所提供的证据，但是若该证据是本案唯一的或重要的证据，若不采用则无法查明案件事实，原告的合法权益就得不到有效保护，此时则应当采用该证据（当然原告应当负担因迟延提供证据所产生的诉讼费用）。同时，在维护程序价值的原则下，通过设置法定程序途径，来纠正个案实体的不公正，比如通过严格的再审程序来纠正实体不公正的判决。

#### （四）实现民事诉讼价值的程序制度

民事诉讼程序原则制度必须体现民事诉讼价值的内涵和要求，民事诉讼价值也必须被具体化为相应的程序原则及相关程序制度。比如，将“法官中立”具体化为回避制度；将“诉讼当事人平等”具体化为诉讼当事人平等原则及相关程序制度；将“程序参与”具体化为当事人的接受程序通知权及相应的送达制度、诉讼听审权及相应的程序制度；将“程序公开”具体化为公开审判原则及相应的程序制度；根据“程序效率”设计提高程序效率的诉讼程序制度。①

同时，要求法院和当事人等遵行民事诉讼价值及相应的程序制度。在民事诉讼中，违背程序价值和实体价值的做法和判决或者违背正当程序审判的，将成为上诉或再审的理由。② 对此，最高人民法院也作过一些司法解释，比如《关于审判人员在诉讼活动中执行回避制度若干问题的规定》（2011 年）第 6 条的规定；《关于严格执行公开审判制度的若干规定》（1999 年）第 7 条的规定（即凡应当依法公开审理的案件没有公开审理的，应当在二审或再审中，撤销原判决，发回重审）。

## 第二节 民事诉权、诉讼标的与民事之诉

### 一、民事诉权

#### （一）民事诉权的内涵

就字面来说，“诉权”是指“可以为诉的权利”。民事诉权是当事人享有的请求国家给予民事诉讼保护的权利。亦即当民事权益受到侵害或者发生争议时，当事人请求国家法院行使司法权来保护民事权益或者解决民事纠纷的权利。

*1. 民事诉权是当事人向法院行使的请求权*

民事诉权是一种特殊的公权，其特殊性主要表现在：（1）民事诉权是当事人向法院行

---

① 最高人民法院为此也作出了积极努力。比如，最高人民法院 2000 年通过了《关于严格执行案件审理期限制度的若干规定》（2008 年修正）。其第 23 条规定：“审判人员故意拖延办案，或者因过失延误办案，造成严重后果的，依照《人民法院审判纪律处分办法（试行）》第五十九条的规定予以处分。”

② 参见我国《民事诉讼法》第 154 条、第 200 条、第 208 条。

使的请求权，而不是向诸如立法机关、行政机关、检察机关、仲裁机构和政党组织等行使的请求权。(2) 民事诉权的内容是请求国家（或法院）通过民事诉讼来保护民事权益或者解决民事纠纷。

民事诉权体现了国民（或当事人）和国家（或法院）之间的公法上的权利义务关系。民事诉权的主体是国民或当事人，义务主体是国家或法院，国家或法院承担着保护诉权的义务或职责，即不得非法拒绝审判。

2. 民事诉权是当事人平等享有的宪法基本权

诉权是宪法赋予当事人请求司法救济的基本权利。法谚有云："有权利必有救济"。宪法和法律赋予国民以自由权、人身权和财产权的同时，也赋予国民在这些权利受到侵害或者发生争议时寻求诉讼救济的权利，所以诉权是一种宪法意义上的救济权。将诉权提升为宪法基本权利，旨在从宪法的高度来保护诉权，也是让法院承担不得非法拒绝审判的宪法义务。

法律平等原则当然也包括了国民平等享有诉权。当发生了特定的民事纠纷需要诉讼救济时，纠纷双方平等享有具体诉权请求法院解决纠纷。对于特定的民事纠纷，当事人一方行使诉权而另一方自愿不行使诉权的，就不能否定诉权的平等享有；双方同时或先后行使诉权，根据一事不再理原则，法院接受一方而否决另一方，也不能因此而认为诉权是不被平等享有的。

法律理论中，有将诉权理解为获得法院裁判的权利、获得正当程序审判的权利等，其内涵主要是人们有权获得依法设立、有管辖权、独立、公正的法院的公正、及时审判。多数人认为，获得法院裁判的权利包括：(1) 诉权（司法救济权）；(2) 当事人双方享有的获得公正审判请求权和获得及时审判请求权。若将诉权与获得法院裁判的权利等同，则势必扩大诉权的内涵，使诉权的内容过分庞大和散漫，从而难以把握诉权含义。

3. 诉权的程序内涵和实体内涵

诉权不是抽象的权利，包含具体的程序内涵和具体的实体内涵。民事纠纷是有关民事权益的争议，与之相对应的是诉权的实体内涵；将民事纠纷引导到诉讼程序中则为诉权的程序功能，体现了诉权的程序内涵。

(1) 诉权的程序内涵

诉权的程序内涵，即在程序上请求法院行使审判权，旨在启动诉讼程序。诉权的程序内涵或程序性质，使诉讼程序的启动具有了程序方面的根据。当事人凭借诉权将民事纠纷引导到诉讼程序中，所以诉权是连接民事纠纷与诉讼程序之间的"桥梁"。从诉权的行使到诉讼程序的启动，可被描述为：行使诉权→提起"诉"；行使起诉权→诉讼程序的启动。

通过这一过程的描述，将"诉权""诉"与"起诉权"统合起来了。在程序意义层面，原告行使诉权的方式是提起"诉"（即起诉），"诉"是以行使起诉权（包括反诉权）的方式提起的。所以，可以认为，行使诉权的方式即行使起诉权。因此，在立法上，通常就起诉权行使要件（即起诉要件）作出明文规定。①

(2) 诉权的实体内涵

① 如我国《民事诉讼法》第119条等。

诉权的实体内涵，是指原告行使诉权或提起诉讼所欲获得的实体（法）上的具体法律地位或具体法律效果。比如，张某行使诉权，请求法院判决“丁某向张某支付某所房屋的价款”；李某请求法院判决“与王某离婚”；徐某起诉的目的是请求法院确认“某个合同无效”。在特定的民事案件中，诉权主体（原告）确定了诉权的具体的实体内容，体现了原告的诉讼目的。

**【经典导读】**

“可审判性”是深深植根于美国诉讼律师头脑中的一个概念。与此含义相同的法律概念可能以不同的表达形式，存在于大多数的法律制度中——即法律并不认可、或者说并不接受“审理”人们所遭受的所有伤害。你可能由于自身的笨拙或白日做梦而在自己的家中跌倒；你可能由于别人看你的方式或所说的不友好的言辞而感到被人蔑视。但如果这就是所发生的一切，那么，法律制度通常不允许给予赔偿。美国律师可能会说你没有“诉因”①。

民事诉讼是实体法和诉讼法综合作用的领域，不能撇开诉讼目的和实体价值来理解诉权的内涵，应当全面理解诉权的程序内涵和实体内涵。从诉讼法与实体法的联结点，来理解民事诉讼目的、价值、诉权、诉讼标的、诉和既判力等问题，则能够营造出统一和谐的民事诉讼理论体系和制度体系及运行机制。

诉权与诉讼权利的联系，主要有：（1）诉权的行使是当事人行使诉讼权利的前提条件，因为诉权的合法行使能够启动诉讼程序。（2）证明权、辩论权等诉讼权利的行使有助于实现诉权的实体内容或行使诉权的目的。

诉权与诉讼权利的区别，主要有：（1）诉权是启动诉讼程序的权利，而诉讼权利存在于诉讼过程中。（2）诉权主体是当事人，而（广义）诉讼权利主体包括当事人、法院和证人等诉讼参与人。（3）与诉权主体相对的是法院，而与诉讼权利主体相对的可能是法院、对方当事人或证人等诉讼参与人。（4）根据一事不二讼原则，同一纠纷的诉权通常仅可一次行使（当事人提起再审之诉是法定例外），而许多诉讼权利（如辩论权、申请回避权等）可由双方当事人多次行使。（5）诉权的实体内涵使其有别于诉讼权利。

在我国，一元诉权说多认为诉权是程序性权利。然而，持此说的学者在认识上又存在着一定的差异。比如，有人认为，诉权是各种诉讼权利的根本依据，各种诉讼权利则是诉权在诉讼各个阶段中的不同表现形态；有人认为，诉权贯穿于民事诉讼过程的始终，是民事诉讼的基础，是连接各诉讼阶段的桥梁，是当事人的各项诉讼权利的概括和集中的体现。②

### （二）民事诉权的保护与滥用诉权的规制③

在现代法治社会，保护民事诉权是当代法律和诉讼程序的改革目标。我国现在所面临的是民事诉讼救济不足和诉权行使资源有限的问题，并不是所谓“诉讼爆炸”的问题。同

---

① ［美］史蒂文·苏本、玛格丽特·伍：《美国民事诉讼的真谛》，蔡彦敏等译，91页，北京，法律出版社，2002。

② 参见江伟、邵明、陈刚：《民事诉权研究》，52～57页，北京，法律出版社，2002。

③ 参见江伟、邵明、陈刚：《民事诉权研究》，第六章“民事诉权的保护与规制”，北京，法律出版社，2002。

时，对滥用诉权的行为又必须予以有效规制。

1. 民事诉权的保护

保护民事诉权既包括保障当事人诉权和便利当事人行使诉权，又包括规制侵害诉权的行为。

(1) 民事诉权制度层面的保护

与民事诉权保护紧密相关的宪法、民事实体法和民事诉讼法以及律师制度等，须是能够促进正义的良法，只有这样的法律才能让当事人放心大胆地予以凭借和利用。

首先应当肯定宪法规范为司法裁判规范，而且当事人能够提起宪法诉讼来保护其受到侵害的诉权。同时，民事实体法应当具有可操作性，使当事人能够据此行使诉权保护其合法权益，并且民事实体法也应当具有合理性，便于当事人行使诉权（比如民事实体法合理分配证明责任，将证明责任倒置给强者，则有利于受害的弱者行使诉权）。

民事诉讼法建构起正当程序，使当事人能够便利地进入诉讼，运用正当程序公正及时地获得诉讼救济，从而有助于当事人亲近诉讼、乐于行使诉权。同时，必须建构合理的法律援助制度，帮助经济贫困的当事人寻求诉讼保护，并且还必须完善律师制度，便于当事人及时获得律师帮助。

(2) 民事诉权实务层面的保护

民事诉权是一种对世权，任何人不得非法侵害诉权或阻碍诉权的合法行使。限于篇幅，在此主要讨论法院保护诉权问题。

**【案例 2-1】章某诉孙某买卖合同纠纷案**

孙某与章某签订了一份水果买卖合同。章某依照合同，将水果运至孙某处。但是，孙某以水果质量有瑕疵为由，没有支付货款，于是两人发生争执。章某一气之下，向法院提起了诉讼，请求法院判决孙某支付货款 2 万元。法院收到章某起诉状之后，经审查发现，起诉状所记载的案件事实模糊不清，于是裁定不予受理。

对于符合起诉要件或诉权行使要件之诉，法院应当及时受理；对于诉的合并和变更，只要符合法定要件，法院就得允许，不得非法增加起诉要件、诉的合并和变更要件。比如，有些法院要求当事人在起诉阶段就必须提出充分的胜诉证据，否则不予受理；有些法院以诉讼文书不能送达、判决不能执行等为由拒绝受理诉讼；等等。应当说明的是，当事人没有行使诉权或提起诉讼的，法院主动揽案，也是对当事人诉权的侵犯，因为当事人拥有行使或不行使诉权的自由。

同时，法院不得以起诉时存在轻微的程序错误为由拒绝受理案件，应当允许原告补正。比如，法律要求原告起诉必须依法提交合法的起诉状。所谓合法的起诉状，是指原告的起诉状应当符合《民事诉讼法》第 121 条的规定。不符合该条规定的起诉状，比如当事人基本情况记载不清的、没有诉讼请求或诉讼请求不明确的、没有记载案件事实或案件事实不清的、诉讼请求与案件事实相互矛盾等，法院应当给予当事人补正的机会。其旨在不因起诉形式条件的缺陷而剥夺当事人的诉权。

为了保障法官独立，一般不允许在诉讼程序外部对法官侵害诉权的行为予以惩治，除非法官侵害诉权的行为非常严重甚至构成犯罪，否则其不被弹劾或治罪。对法院侵害诉权，主要是通过诉讼程序内部来救济的。比如，对于法院非法不予受理或驳回起诉的，当事人可以提起上诉；在民事私益案件，对于法院超出诉讼请求范围作出判决的，当事人可以提起上诉或再审；等等。

2. 滥用诉权的规制

滥用诉权的情形多种多样，比如原告通过行使诉权来侵害对方当事人的合法权益、原告与被告恶意串通以诉讼侵害第三人的合法权益；原告捏造侵权事实，通过诉讼以提高知名度；等等。我国民间也流传着“花上几十元，折腾你半年”“无理乱告状，恶人乱告状”等话语。

应当注意，滥用诉权的构成要件应当是严格的，否则会不当阻碍当事人行使诉权。滥用诉权应当包括如下构成要件：（1）存在主观上的故意，即当事人明知毫无根据却行使诉权，旨在达到非法目的；（2）存在客观行为，即实施了起诉行为。

至于损害结果的存在、滥用诉权与损害结果之间存在因果关系，并非滥用诉权的构成要件。这两个要件与以上所述的两个要件共同构成了因滥用诉权所产生的侵权损害赔偿责任的构成要件。

那么，如何对滥用诉权的行为予以规制呢？笔者建议：（1）滥用诉权若没有造成严重后果的，法院裁定驳回起诉即可，并让其承担诉讼费用。若造成严重后果，法院应当施以罚款等惩处；同时，受害者可以对其提起侵权损害赔偿之诉。（2）当事人双方恶意合谋通过诉讼来侵害第三人合法权益的，在该诉讼中，第三人可以以有独立请求权第三人的身份提起参加之诉；已作出判决或判决在执行中，第三人可以提起异议之诉，请求法院撤销该判决。

## 二、诉讼标的

### （一）诉讼标的之含义

诉讼标的，在国外有“诉讼客体”“诉讼对象”“系争标的”“诉讼物”等称谓。在我国立法上和实务中，诉讼标的是指当事人之间争议的请求法院审判的民事实体法律关系或者民事实体权利。具体解说如下：

（1）诉讼标的是指当事人之间存在的民事实体法律关系或者当事人（原告）所享有的民事实体权利。此处的“民事实体权利”既指所有权、债权、人身权等实质权，又指以权利作用为标准所划分的请求权、支配权和形成权。比如，买方A与卖方B之间存在的货物买卖合同法律关系，或者A所享有的请求B给付合格货物的请求权、B所享有的请求A支付价款的请求权等。

（2）若A与B均履行了合同义务，并未发生争议，则买卖合同法律关系或请求权还不能成为诉讼标的。只有当A与B发生争议，比如因为A没有按照合同支付价款而发生了争议，该买卖合同法律关系或者B所享有的请求A支付价款的请求权才可能成为诉讼标的。

（3）若A与B通过和解、调解或仲裁来解决争议，则A与B之间发生争议的买卖合同法律关系或者B所享有的给付价款的请求权仍然不能成为诉讼标的。只有当B提起民事诉讼请求法院审判该争议时，A与B之间发生争议的买卖合同法律关系或者B所享有的请求

A 支付价款的请求权才能成为诉讼标的。

在上例中，“买卖合同法律关系或请求权”构成了诉讼标的之实体内容，而“请求法院审判”则体现出诉讼标的之程序内容。因此，诉讼标的同时具有实体内容（或实体性质）和程序内容（或程序性质）。

### （二）诉讼标的与诉讼请求

在我国立法上和实务中，诉讼标的不同于诉讼请求，但是两者之间存在着一致性。诉讼请求（或诉的声明）是原告以诉讼标的为基础提出的具体实体请求。[①] 换言之，诉讼请求是指原告获得实体（法）上的具体法律地位或具体法律效果的诉讼主张。具体实体请求即原告行使诉权或提起诉讼所欲获得的具体的实体法律地位或实体法律效果，构成了诉讼请求的实体内容。

1. 给付之诉中的诉讼标的与诉讼请求

**【案例 2-2】王某诉李某侵权损害赔偿纠纷案**

李某打伤了王某，于是王某向法院提起了对李某侵权损害赔偿之诉，请求法院判决李某向王某赔偿医疗费 5 000 元、精神损害费 2 000 元。法律问题：本案的诉讼标的和诉讼请求是什么？

在给付之诉中，诉讼标的是原、被告间所存在的具有给付内容的法律关系或者原告所享有的给付请求权，诉讼请求则是给付什么或给付多少（比如返还某街某号的 3 栋楼房，给付医疗费 5 000 元和精神损害费 2 000 元），至于行为给付之诉的诉讼请求，则要么是请求作为，要么是请求不作为。

在【案例 2-2】中，诉讼标的是王某与李某之间存在的侵权损害赔偿法律关系或者王某所享有的请求李某承担侵权损害赔偿责任的请求权。诉讼请求：王某基于诉讼标的提出的李某赔偿医疗费 5 000 元、精神损害费 2 000 元的具体实体请求。

诉讼标的是诉的质的规定性，所以诉讼标的变更了，则诉（案件）发生了质的变更，是另一诉并非原来的诉。这种情况属于“诉的客观变更”。

给付之诉中，诉讼请求在数量上变更了（减少或增加诉讼请求），属于当事人处分的范畴，并未改变诉或诉讼标的之质的规定性，诉仅发生了量的变更，还是原来的诉。这种情况不属于“诉的客观变更”。

2. 确认之诉、形成之诉中的诉讼标的与诉讼请求

在确认之诉中，诉讼标的是原、被告间所存在的法律关系或者原告所享有的支配权，诉讼请求则是请求法院确认其主张的法律关系存在或者不存在。比如，原告提起确认收养关系之诉，其诉讼标的是原、被告间所存在的收养关系或者原告所享有的对收养关系的支配权，诉讼请求则是原告请求法院确认收养关系存在。

---

① 有学者主张，诉讼标的即诉讼请求，是指原告获得实体（法）上的具体法律地位或具体法律效果的诉讼主张。参见邵明：《民事诉讼法理研究》，125～131 页，北京，中国人民大学出版社，2004。有关诉讼标的之系统讨论，请参见李龙：《民事诉讼标的理论研究》，北京，法律出版社，2003。

在形成之诉中，诉讼标的是原、被告间所存在的法律关系或者原告所享有的形成权，诉讼请求则是请求法院变动法律关系。比如，原告提起离婚之诉，其诉讼标的是原、被告间所存在的婚姻关系或者原告所享有的对婚姻关系的解除权，诉讼请求则是原告请求法院解除婚姻关系（即判决离婚）。

与给付之诉有所不同，在确认之诉和形成之诉中，虽然诉讼标的仍是诉的质的规定性，但是诉讼请求的变更也会改变诉的质的规定性（请思考：这是为什么）。

### （三）识别诉讼标的

一般说来，一个诉讼标的即构成一个诉（案件），诉讼标的不同则是不同的诉（案件）。在一个诉讼程序中，同时存在两个以上的诉讼标的，则构成“诉的合并”或者说“诉的客观合并”。

如何识别或判断诉讼标的呢？通常是根据诉讼标的之实体内容来进行的。比如，A对B同时提起返还借款之诉和解除收养关系之诉。此例中，前诉的诉讼标的之实体内容是借款法律关系，后诉的诉讼标的之实体内容是收养关系。可见，前后两诉的诉讼标的不同，所以构成诉的合并。

有时候，从实体权利的角度，更容易识别诉讼标的。比如，婚姻无效之诉与离婚之诉，若从法律关系的角度，则得出这两个诉的诉讼标的之实体内容均是婚姻关系，但是，若从实体权利的角度，则可得出前诉的诉讼标的之实体内容是当事人的支配权，而后诉的诉讼标的之实体内容是当事人的解除权（属于形成权）。因此，婚姻无效之诉属于确认之诉，而离婚之诉则是形成之诉。

### （四）诉讼标的之功能

诉讼标的之功能或在民事诉讼中的作用，主要有：

（1）诉讼标的是当事人提出诉讼请求的必要基础。诉讼标的和诉讼请求体现了当事人的诉讼目的，两者共同构成了诉权的实体内容，同时也成为法院审判的主要对象。

（2）诉讼标的是判别诉的合并和变更的根据。诉讼标的之合并和变更分别构成了诉的客观合并和诉的客观变更。

（3）法律禁止当事人一事二讼，要求法院一事不再理。判断当事人对某诉是否再行起诉（即一事二讼），根据之一就是前诉与后诉的诉讼标的是否同一，因为诉讼标的是诉的质的规定性，诉讼标的不同则是不同的诉。

（4）诉讼标的决定了判决既判力的客观范围。法院对诉讼标的之合法性判断，构成了判决主文（结论）部分，即既判力的客观范围。

## 三、民事之诉

民事之诉理论和制度主要包括：诉的含义和构成要素、诉的类型、诉的利益、诉的合并与变更等。在此，主要阐释诉的含义和构成要素、诉的类型。其余问题将在本书其他相应部分阐释。

### (一) 民事之诉的含义

民事之诉的含义可作如下理解：

(1)“诉”可为动词，也可称为“诉讼”，比如“甲诉乙房屋买卖合同纠纷案”，其中“诉”即为动词。在英语中，是用 versus（简写为 v. 或 vs.），比如“布朗诉教育委员会案：Brown v. Board of Education（347 U.S. 483：1954）”。

(2)“诉”可为名词，例如给付之诉、确认之诉、形成之诉、侵权之诉和违约之诉等。“诉”与“诉讼”均作名词时，比如提起“诉”与提起“诉讼”，两者的含义基本相同。可以说，作名词时，“诉”即“案件”之义，一个“诉”即一个“案件”，譬如“侵权之诉”亦可称为“侵权案件”。

从名词的角度来界定“诉”，则指特定原告对特定被告、向法院提出的审判特定的实体（法）主张的请求。具体阐释如下：

(1)“诉”依其本质来看，是原告请求法院给予诉讼救济。诉是原告提起的，提起诉的直接目的是请求法院审理和判决特定的实体（法）主张。在民事纠纷解决领域，“诉”是当事人请求“公力救济”的典型方式，即请求法院利用国家审判权来解决民事纠纷和保护民事权益。

(2)“诉”是特定原告对特定被告提起的。在“诉”中，起诉人和应诉人均须是“特定”的，即原告和被告均须是具体的或明确的。在“诉”中，原告与被告对于民事实体权益、义务或责任处于争议状态，彼此间呈现着对抗或对立的态势。[①]

(3)特定的实体（法）主张，构成了诉讼请求之实体内容。特定的实体（法）主张，即原告获得实体（法）上的具体法律地位或法律效果的主张，例如原告请求被告给付某物、原告请求与被告离婚等。

原告提起“诉”的根据在于其享有“诉权”。与诉权的程序内涵和实体内涵相一致，“诉”包含：(1)程序内涵，即原告对于法院审判权行使的请求。诉和诉权的程序性是启动诉讼程序的根据。(2)实体内涵，即诉讼标的和诉讼请求的实体内容。总之，“诉”是实体请求与程序请求的统一体。

### (二) 诉的构成要素及其意义

#### 1. 诉的构成要素

一个完整的诉（案件）必须具备以下构成要素：

(1)诉的主体，即民事诉讼当事人。诉首先是从当事人的角度而言的，是原告基于实体（法）目的而对被告提起的，所以诉的主体是原告与被告。

(2)诉讼标的和诉讼请求。诉讼标的和诉讼请求共同体现当事人提起诉讼的目的，共同构成法院审判的主要对象或主要范围。

(3)案件实体事实。包括民事法律事实（如原告与被告签订合同）和民事纠纷事实

---

① “诉”指的是争讼案件而不是非讼事件，所以“起诉”启动的是争讼程序而不是非讼程序。由于“非讼事件”并非所谓的“诉”，所以非讼程序的启动方式是“申请”而非“起诉”。

（如被告违约）。案件实体事实之所以为诉的一个构成要素，是因为案件实体事实用来支持诉讼标的和诉讼请求，并且使诉特定化或具体化（参见下文“诉的识别”）。

2. 为什么要探讨诉的构成要素：诉的构成要素的意义

诉的构成要素的意义主要有：

（1）以此来判断当事人所提的“诉”是否构成一个完整的“诉”，若不是则法院不予受理。一个完整的“诉”或“案件”必须同时具备以上三方面的要素。

（2）诉的构成要素使“诉”特定化，从而使一“诉”与他“诉”区别开来，以配合“一事不再理”或既判力原则的适用。这涉及诉的识别问题。

（3）根据诉的构成要素来确定诉的合并或者变更。比如，原告或被告是二人或二人以上，则为诉的主观合并；原告或被告发生变更，则为诉的主观变更。

### （三）诉的类型

通常是根据原告诉讼标的之性质和内容，将诉分为给付之诉、确认之诉和形成之诉，分别对应于实体法上的请求权、支配权和形成权。

诉讼标的之性质和内容表明了原告请求法院给予保护的具体形式。原告提起给付之诉旨在获得给付判决，提起确认之诉旨在获得确认判决，提起形成之诉旨在获得形成判决。给付判决具有执行力，而确认判决和形成判决不需执行。

1. 给付之诉

给付之诉，是指原告请求被告履行一定给付义务之诉。比如，原告提起支付价款之诉、返还房屋之诉、禁止侵权之诉等。原告所主张的给付，包括被告的金钱给付、物之给付及行为给付（包括作为和不作为）。民事权利人对民事义务人享有特定的给付请求权，是给付之诉成立的实体（法）基础。

给付之诉可分为现在给付之诉和将来给付之诉。一般认为，前者是指在法庭最后辩论终结时原告请求履行期已到的给付之诉，后者是指在法庭辩论最后终结时原告请求履行期未到的给付之诉。

原告提起给付之诉旨在获得给付判决来保护自己的合法权益。原告提起给付之诉，若胜诉，其判决才是给付判决，具有执行力；若败诉，其判决则是确认判决，没有执行力。因为原告请求给付的前提是其主张的权利或法律关系存在，如果法院判定存在的话，才可判决被告履行给付义务；如果法院判决原告败诉，即认为原告主张的权利或法律关系不存在，从而原告败诉的判决为消极的确认判决。

2. 确认之诉

确认之诉，是指原告请求法院确认其主张的民事法律关系或民事权益存在或不存在之诉。比如，原告请求法院确认他与被告之间存在收养关系等，此为积极确认之诉，即原告请求法院确认其主张的法律关系存在之诉。再如，原告请求法院确认合同无效、原告请求法院确认婚姻无效、原告请求法院确认收养无效等，此为消极确认之诉，即原告请求法院确认其主张的法律关系不存在之诉。

某项法律关系必须是构成民事纠纷或民事诉讼的核心法律关系而不是先决事项，才能对此提起确认之诉。比如，在给付财产之诉中，若原告就该财产拥有所有权则不得提起确认之诉。因为在给付之诉中，当事人诉讼目的是获得给付判决，而确认民事法律关系或民事权益之存在只是作出给付判决的前提，若允许就确认关系提起确认之诉则意味着为获得给付判决而需要提起两个诉，其结果是造成诉讼浪费。

在确认之诉中，不论原告胜诉还是败诉，其判决均为确认判决。但是，如果原告主张民事实体法律关系存在，则其胜诉判决是积极的确认判决，败诉判决却为消极的确认判决；如果原告主张民事实体法律关系不存在，则其胜诉判决是消极的确认判决，其败诉判决却为积极的确认判决。

3. 形成之诉

形成之诉，是指原告利用法院判决变动已成立的民事法律关系或民事权益之诉。形成之诉的实体法基础是原告所享有的形成权。形成之诉的诉讼标的是原告与被告之间存在的民事法律关系或原告拥有的形成权。形成权包括：(1) 使法律关系发生的形成权，如法定代理人的追认权、优先购买权等；(2) 使法律关系变更的形成权，如选择之债的选择权等；(3) 使法律关系消灭的形成权，如终止权、撤销权、解除权等。

当事人行使形成权或提起形成之诉的目的，是使民事法律关系或民事权益的效力发生、变更或消灭。创设另一新的法律关系的形成之诉，可称为创设之诉。在我国，所谓的变更之诉事实上只是形成之诉的一部，没有包括创设之诉的类型。

多数形成权是单纯形成权，即此类形成权是以形成权人单方的意思来行使的，其意思通知到达相对人即发生形成效力，无须相对人的同意和配合。但是，根据我国《民法通则》第 59 条和《合同法》第 54 条的规定，撤销权人应当采取提起形成之诉（或申请仲裁）的方式，变更或撤销可撤销民事行为。另外，若双方当事人之间就应否解除或变更法律关系发生争议，形成权人可以提起诉讼请求法院确认形成效力①，此种具有形成宣告内容之诉可视为形成之诉。② 法院由此而作出的形成判决，其形成力仅存在于当事人双方之间而不及于其他第三人，所以有学者认为，此类形成之诉属于“无广泛效力的形成之诉”，只不过是类似性的形成之诉。③

特定情况下，形成权只能通过司法或诉讼（即形成之诉）途径行使，形成权在形成判决具有既判力之时才能发生效力。这类形成权被称为形成诉权，由于具有对世效力，所以以当事人个人意思表示来变动法律关系是不妥当的，应由法院以形成判决作出统一变动，因此许多国家的法律要求通过形成之诉来行使。这类具有广泛效力的形成之诉集中于有关身份关系的人事诉讼（离婚之诉、解除收养之诉等）、社团关系的公司诉讼（撤销公司股东会决议之诉等）。这些形成之诉，关涉人类社会生活基本的身份关系，或涉及众多人的利害关系，所以在大陆法系被作为涉及公益之诉。其形成判决的既判力和形成力具有对世效力。在我国，这类形成权还可以通过其他法定途径行使。比如，夫妻双方到婚姻登记机

---

① 根据我国《合同法》第 96 条第 1 款的规定，相对人对解除的效力有异议的，解除权人可以提起民事诉讼（或申请仲裁）来确认解除合同的效力。

② 也有学者认为，此种诉讼应当是确认之诉而非形成之诉，法院（或仲裁机构）认为解除的意思表示有效所作出的应当是确认判决（或确认裁决）。不过，解除的效力，仍然是此项意思通知到达对方当事人时即已经发生，并非自判决（或裁决）确定时始发生。参见韩世远：《合同法总论》，612 页，北京，法律出版社，2004。

③ 参见［日］三月章：《日本民事诉讼法》，汪一凡译，59 页，台北，五南图书出版公司，1997。

关自愿离婚。

在形成之诉中，原告胜诉的，即法院承认原告变动已经存在的民事法律关系的请求，此判决为形成判决。形成判决确定时，无须强制执行就自动发生法律关系变动的效果。应当注意，原告败诉的，即法院否认原告变动的请求，实际上法院判决维持民事法律关系的现状，所以此判决是确认判决。

**辨析：形成之诉与确认之诉**

在形成之诉中，当事人对已经成立的或现存的民事法律关系没有争议，而对是否变动现在的民事法律关系存在争议。原告提起形成之诉的目的，是利用法院判决将现在的民事法律关系予以变动。确认之诉是当事人对于现存的民事法律关系是否存在或是否成立存在争议，原告请求法院予以确认。

（四）识别诉

1. 识别诉的通常标准和一般方法

根据诉的构成要素识别诉。在通常情况下，按照以下根据和顺序来识别或区别一“诉”与他“诉”是否相同：

（1）根据诉的主体来识别。诉的主体不同，包括其中任一主体不同和原、被告在他诉中互换地位（如本诉与反诉）等，一“诉”与他“诉”也就不同。其例外，主要有：其一，法定当事人变更的情形。比如，在诉讼中，原告将其债权合法移转给第三人，则第三人代替原告继续诉讼，诉的主体虽有变更但还是原来的诉。其二，必要共同诉讼的场合。比如，对同一纠纷，部分连带债权人提起诉讼，后来全部或其他连带债权人也提起诉讼，前后两诉仍是同一的。

（2）若诉的主体相同，则须根据诉讼标的来判断一“诉”与他“诉”是否相同。诉讼标的不同即是不同的诉。诉讼标的理论中所谓的诉讼标的之识别，实际上是在诉的主体确定的前提下进行的。

（3）在特定情况下还需结合案件的具体事实，来判断一“诉”与他“诉”是否相同。

**【案例 2-3】吴某诉王某离婚纠纷案**

吴某以恶习为由提起与王某离婚之诉，败诉后，吴某又以受虐待为由提起与王某离婚之诉。法律问题：法院应否受理后诉？

在本案例中，前诉和后诉的诉讼标的均为“吴某与王某的婚姻关系”或“吴某拥有的婚姻关系解除权”。不过，前诉的案件事实是“王某有恶习”，而后诉的案件事实是“王某虐待吴某”，在此例中必须依据具体的案件事实，才可区别出两个诉。法院应当受理后诉。

2. 特殊情况，需特殊处理

在特殊情况下，往往需要采取特殊处理方法。

（1）在人事诉讼中，往往需要采取特殊处理方法。

**【案例 2-4】何某诉张某离婚纠纷案**

在同一诉讼程序中何某对张某提起离婚之诉，不过何某同时提出恶习、虐待等多个离婚的事实理由。法律问题：在本案例中，有几个诉？

根据上述诉的识别标准，由于何某提出了两个离婚的事实理由，所以有两个诉。若离婚的事实理由均成立则需作出两个准许离婚的判决，这显然是不合理的。对此，可以采取诉的选择合并处理，即任何一个诉有理由而被判胜诉，其他的诉就无须审判。

还有一种看法是，由于离婚之诉性质的特殊性，依据实体法只能产生一个婚姻关系解除权，至于实体法所规定的离婚理由并非构成不同诉讼的请求原因，而是离婚理由中独立的攻击防御方法①，所以应当做一个诉对待。

(2) 请求权竞合情形中，需要采取特殊处理方法。

**【案例 2-5】李某诉某市公交公司人身侵权损害赔偿纠纷案**

某市市民李某购买车票乘坐该市 212 路公共汽车。在行驶过程中司机突然刹车，致使李某脸部被碰受伤。于是，李某以该市公交公司为被告，向法院提起了人身侵权损害赔偿诉讼，要求法院判决被告赔偿医疗费 1 000 元。后来，原告从被告的答辩状中，得知司机突然刹车是因为一个人在该辆公共汽车前突然横穿马路。原告为了避免败诉，向法院请求变更诉讼请求，即要求被告承担违约责任。

此案例所叙述的案件事实——原告购买车票乘坐公共汽车、在行驶过程中汽车突然刹车致使原告被碰受伤，是未经法律评价的事实，可称为自然事实或生活事实。该事实若经过相应的合同法规范评价，则为违约事实；若经过相应的侵权规范评价，则为侵权事实。据此，被告的行为可能同时构成违约责任和侵权责任，原告可以提出违约之诉（诉讼标的是基于旅客运输合同的请求权或旅客运输合同法律关系）和侵权之诉（诉讼标的是侵权损害赔偿请求权或侵权损害赔偿法律关系），而不受一事不再理或既判力的制约。若原告同时或分别提起违约之诉和侵权之诉，有可能均获胜诉。此种后果蕴含着原告因同一违法行为而获得两次受偿，以及因同一诉讼目的而将被告两次引入诉讼之弊端。

我国对请求权竞合的处理办法主要是：

---

① 在民事争讼程序中，原告（攻击人）与被告（防御人）相互对立。所谓攻击方法（或手段），是指原告为支持其诉讼请求所提出的事实主张以及支持该事实主张的举证。所谓防御方法（或手段），是指被告为反驳或推翻原告的诉讼请求所提出的事实主张和支持该事实主张的举证。比如，原告请求被告支付货款，则须提出攻击方法，即提出权利发生的事实或支持该诉讼请求的事实主张（买卖合同的成立、支付货款期限已到）和提供支持该事实主张的证据；被告可以"否认"这些事实，也可以进行"抗辩"。被告的"抗辩"，即被告提出抗辩事实以推翻原告的诉讼请求。抗辩事实主要有：权利妨碍的事实（诈欺、强迫等）、权利阻却的事实（同时履行的抗辩、留置权的抗辩等）、权利消灭的事实（清偿等）。被告对抗辩事实应当承担举证责任，若该事实属于免证事实（众所周知事实、原告诉讼上自认事实等）则无须被告举证来证明。当然，原告可以否认或推翻被告的抗辩事实。总之，攻击防御方法（或手段）包括当事人支持己方和反对对方的事实主张、举证及否认、抗辩等。

1）由原告就侵权之诉和违约之诉选择其一起诉。我国《合同法》第122条规定："因当事人一方的违约行为，侵害对方人身、财产权益的，受损害方有权选择依照本法要求其承担违约责任或者依照其他法律要求其承担侵权责任。"这种解决办法因赋予原告选择权而获得正当性，并且回避了两诉均获胜的弊端。

2）选择之后，变更诉讼请求。原告作出选择之后，可能会败诉或者不能充分保护自己合法权益，那么可以通过诉的变更来获得保护。比如，若原告选择提起侵权之诉，则有可能败诉，但是原告通过违约之诉则可能胜诉①，那么可以通过诉的变更获得保护，即原告提起违约之诉来替代侵权之诉。

最高人民法院《关于适用〈中华人民共和国合同法〉若干问题的解释（一）》第30条中规定，债权人依照《合同法》第122条的规定向法院起诉时作出选择后，在一审开庭以前又变更诉讼请求的，法院应当准许。② 此条中"变更诉讼请求"，应被理解为：将基于侵权提出的诉讼请求变更为基于违约提出的诉讼请求，或者将基于违约提出的诉讼请求变更为基于侵权提出的诉讼请求，实际上，这种请求的变更是建立在诉讼标的或诉的客观变更的基础上的。

我们认为，在我国现行诉讼标的之制度框架内，还可以采用诉的预备合并或诉的选择合并来处理请求权竞合问题。原告可以同时提起侵权之诉和违约之诉，但是原告必须作出选择：是按照预备合并处理，还是按照选择合并处理。这两种处理办法均可以回避两诉均被判胜诉的弊端，又能够比较全面地保护原告的合法权益。

由于案件的自然事实是同一的，所以应以一个诉或者一个案件对待，即以"案件事实的同一性"为识别或确定诉的标准。这种标准实际上是英美法系识别诉的标准，近年来大陆法系诸多学者也主张采取此标准。如此，当事人只需依据案件"自然"事实提出诉讼请求，至于适用何种实体法规范，则由法官基于维护受害者合法权益、诉讼经济等因素或角度来裁量。

## 第三节 民事诉讼法律关系与民事诉讼行为

民事诉讼法律关系是静态地描述民事诉讼，而民事诉讼行为则是动态地描述民事诉讼。

---

① 这是因为，一般情况下，在责任构成要件方面，侵权损害赔偿责任较违约责任更为严格，那么侵权损害赔偿责任不成立，违约责任却可能成立；在免责事由方面，侵权损害赔偿责任的要多于违约责任的。

② 问题是，在一审开庭以前变更诉或诉讼请求，但是诉讼程序尚未充分展开，原告为获得胜诉而变更诉或变更诉讼请求，其结果可能是原告的合法权益得不到保护。最高人民法院《民事诉讼证据规定》第34条中也规定，当事人增加、变更诉讼请求或者提起反诉的，应当在举证期限届满前（亦即一审开庭前）提出。如此的期限规定，事实上不当地限制了当事人增加、变更诉讼请求或者提起反诉。而国外许多国家允许当事人在原诉言词辩论终结之前，增加、变更诉讼请求或者提起反诉。

## 一、民事诉讼法律关系

### (一) 民事诉讼法律关系含义

民事诉讼法律关系，简称民事诉讼关系，是指受民事诉讼法调整的法院、当事人及其他诉讼参与人之间存在的以诉讼权利和义务为内容的具体社会关系。具体解析如下：

1. 在民事争讼程序中，基本的诉讼关系是“三面关系”

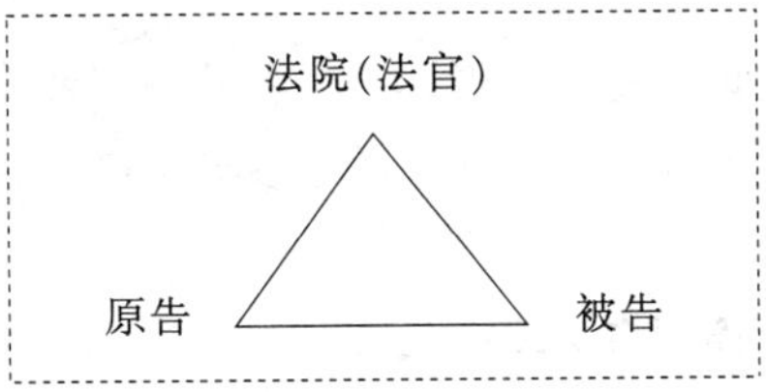


(1) 法官与原告
(2) 法官与被告
}法官审判权与当事人诉讼权：法官中立，公平对待当事人

(3) 原告与被告：争讼法律关系；平等对抗与合作

2. 在民事非讼程序中，基本的诉讼关系是“一面关系”

法院（法官）————当事人（申请人）

法官与申请人：法官审判权与申请人诉讼权

3. 在民事执行程序中，基本的诉讼关系是“三面关系”

(1) 法官与执行债权人
(2) 法官与执行债务人
}法官执行权与执行当事人诉讼权

(3) 执行债权人与执行债务人：对抗与合作

说明：

在诉讼中，对立的双方当事人之间的合作，有助于及时解决纠纷或加快诉讼进程。双方当事人之间的合作最集中体现在诉讼契约（或诉讼协议）方面。诉讼契约是指当事人之间对于诉讼程序的进行和事项以直接发生诉讼法上效果为目的而达成的合意或契约。[①] 根据我国现行《民事诉讼法》的规定，双方当事人之间可以达成如下诉讼契约：管辖协议（即协议管辖）、撤诉契约、选择适用简易程序合意[②]、诉讼和解协议、执行和解协议等。

至于诉讼和解契约、执行和解契约是特殊的诉讼契约，一方面是当事人之间合意处分其实体权益，能够产生实体法律效果，从而与纯粹的诉讼契约（如管辖协议）不同；另一方面可以终结诉讼程序，能够产生诉讼法律效果，从而与民事契约不同。应当注意，只有在法律明文规定的情形中，当事人才可达成诉讼契约。比如，我国现行法中，并未规定不起诉契约，所以当事人不可达成不起诉契约，即便达成也无阻碍起诉的法律

---

① 参见陈桂明、李仕春：《诉讼契约论》，载《清华法律评论》（第2辑），北京，清华大学出版社，1999。

② 参见最高人民法院《关于适用简易程序审理民事案件的若干规定》（2003年）第2条。

效力。

最后，应当明确，由于民事诉讼法是公法，所以受民事诉讼法规范或调整的民事诉讼法律关系属于公法关系。

### （二）民事诉讼法律关系的要素

民事诉讼法律关系的要素是指民事诉讼法律关系必要的构成因素。民事诉讼法律关系是由主体、内容和客体三个要素构成的。

1. 民事诉讼法律关系的主体

民事诉讼法律关系的主体，是指民事诉讼权利的享有者和民事诉讼义务的承担者。主要有：法院、当事人及其诉讼代理人、其他诉讼参与人和检察院等。

**辨析：民事诉讼法律关系主体和诉讼主体**

诉讼主体不是诉讼法律关系主体的简称，而是指诉讼法律关系主体中能够引起诉讼程序发生、发展和终结的主体，比如法院、当事人及其法定诉讼代理人等。诉讼主体具有两个不同于诉讼法律关系主体的基本特征：(1) 诉讼主体在民事诉讼中占有不可或缺的诉讼地位，表现为没有诉讼主体参加诉讼，诉讼将无法进行或失去进行诉讼的意义；(2) 诉讼主体是诉讼的主要行为人，其诉讼行为对诉讼的发生、变更、终结起着决定性作用。诉讼主体一定是诉讼法律关系主体，但诉讼法律关系主体不一定是诉讼主体，比如证人等诉讼参与人是诉讼法律关系主体，但不是诉讼主体。

2. 民事诉讼法律关系的内容

民事诉讼法律关系的内容，是指民事诉讼法律关系主体依据民事诉讼法所享有的诉讼权利和所承担的诉讼义务。在民事诉讼法律关系中，主体不同，所享有的诉讼权利和所承担的诉讼义务也相应不同。

民事诉讼权利是指民事诉讼法律关系主体所享有的可以行使也可以不行使的诉讼权能，表现为权利人可以自己实施一定的诉讼行为，或者权利人可以要求他人作出或不作出一定的诉讼行为。

民事诉讼义务是指民事诉讼法强加于民事诉讼法律关系主体作为或不作为的拘束。这种拘束表现为义务人必须为某个行为或者不得为某个行为，不得随意变更或解除自己所承担的诉讼义务。

3. 民事诉讼法律关系的客体

在我国，民事诉讼法律关系的客体是指民事诉讼法律关系主体享有或承担的诉讼权利和诉讼义务所指向的对象。在大陆法系民事诉讼理论中，“诉讼客体”与审判对象、诉讼标的含义基本相同。大陆法系“诉讼客体”与我国“诉讼法律关系客体”是不同的概念。

法院与当事人之间的诉讼法律关系的客体是案件实体事实和诉讼请求，即是说，法院和当事人是围绕着案件实体事实是否真实和诉讼请求是否合法而行使诉讼权利和履行诉讼义务。法院、当事人与其他诉讼参与人之间的民事诉讼法律关系客体仅是案件实体事实，因为证人等其他诉讼参与人不是当事人，不能提出诉讼请求，只是协助法院、当事人查明案件实体事实。

同时，诉讼法律关系的客体也包括程序事项。比如，就起诉、反诉、上诉等是否合法以及回避申请、诉讼期间顺延申请、管辖权异议、管辖合意、撤回起诉契约等所发生的民事诉讼法律关系，其客体显然不是案件实体事实或诉讼请求，而是程序上的事项。

## 二、民事诉讼行为

### （一）民事诉讼行为的概念和类型

#### 1. 民事诉讼行为的概念

民事诉讼行为（以下简称诉讼行为），是指民事诉讼主体根据民事诉讼法的规定，所实施的能够引起一定的诉讼法上效果的行为。不过，有些诉讼行为不仅能够产生诉讼法效果，也能产生实体法效果，比如诉讼和解协议、执行和解协议、合法的起诉行为（能够产生启动诉讼程序的诉讼法效果和产生中断时效的实体法效果）等。

对于同时能够产生诉讼法效果和实体法效果的行为，是诉讼行为还是私法行为，应视该项行为的主要效果属于诉讼法领域还是实体法领域而定。若诉讼法上的为主要效果而实体法上的为次要效果，即认定该项行为是诉讼行为。当事人行为即使是在诉讼开始以前或在诉讼外实施的，如果该行为主要目的在于发生诉讼法效果，就认定其为诉讼行为。例如，起诉前当事人以书面授予诉讼代理权的行为、合意管辖的行为等。

在民事诉讼中，当事人和法院由于其诉讼地位不同，所实施的诉讼行为亦相应不同。各种诉讼主体的各种诉讼行为结成了相互关联的行为锁链和诉讼关系，推动民事诉讼程序向着判决这一目标而展开。民事诉讼是当事人诉讼行为和法院职权行为的集合。

#### 2. 法院的诉讼行为

法院诉讼行为的最大特性是具有国家行为的性质或者说具有法定的职权性。法院的法定的裁判者的地位决定了法院可实施审理行为、裁判行为和执行行为等。

法院的审理行为，即在审判程序中，法院就程序事项和实体事项进行审查核实的行为。比如，法院审查当事人的起诉、上诉、申请回避等是否具备法定要件；审查核实证据是否具有关联性、真实性和合法性；审查案件事实是否真实；审查诉讼请求是否有理等。

法院的裁判行为，即法院根据审查核实的结果，依法作出是否同意或许可的行为。裁判行为可分为判决、裁定和决定等。

法院的执行行为主要包含：审查当事人执行的申请是否合法；决定采取具体执行措施、实施执行措施；主持和维持执行秩序等。

民事诉讼理论中，往往把法院主持和维持审判程序与执行程序有序及时进行的行为，称为法院诉讼指挥行为。① 例如，法院依职权主动指定或变更期日和期间、宣布开始法庭

---

① 参见骆永家：《法院的诉讼指挥权和当事人的声明权、异议权》，载《民事诉讼法之研讨》（七），台北，三民书局，1998。

审理、主持法庭辩论、裁定中止诉讼程序和恢复中止的程序、宣布终结诉讼等。

3. 当事人的诉讼行为

对于当事人的诉讼行为，可以根据不同的标准予以分类。但是，大陆法系的诉讼行为理论比较重视取效（性）诉讼行为、与效（性）诉讼行为这一分类。

取效性诉讼行为无法单独直接产生行为人所要求的诉讼效果，必须借助法院相应的行为，才能产生行为人所要求的诉讼效果。主要有当事人的申请、主张和举证等行为。例如，当事人申请回避，须法院依法作出同意的决定后，才能产生申请人所要求的效果。再如，被告以原告不适格为由请求法院驳回诉讼、当事人向法院提出调查证据的申请、当事人有关案件事实的主张和举证行为等，均属于取效性诉讼行为。取效性诉讼行为必须且只得向法院实施，法院应当审查取效性诉讼行为是否合法或者有无理由，然后作出是否同意的裁判。

取效性诉讼行为以外的诉讼行为，基本上属于与效性诉讼行为。与效性诉讼行为无须法院同意，就可直接发生诉讼效果。有些与效性诉讼行为是向法院实施的，而有些是向对方当事人或第三人实施（如解除委托诉讼代理的通知等）。有些与效性诉讼行为是单方当事人实施的（如原告放弃或变更诉讼请求、被告承认诉讼请求、当事人放弃上诉等），而有些是双方当事人共同实施的（如协议管辖等）。与取效性诉讼行为不同，对于与效性诉讼行为，法院只是审查其是否具有“有效性”，而不是审查其“合法性”。

有些诉讼行为可同时为取效性诉讼行为和与效性诉讼行为，例如起诉行为，一方面能够产生诉讼程序启动的法律效果（为与效性诉讼行为），另一方面也是取效性诉讼行为（因为提起诉讼须待法院的判决才有意义）。

### （二）民事诉讼行为与私法行为的比较

诉讼行为与私法行为有着诸多区别。在法律规范方面，前者受民事诉讼法规范，后者受民事实体法规范；在法律性质方面，前者具有程序性和公法性，后者具有实体性和私法性；在法律效果方面，前者产生诉讼法上的效果（有些诉讼行为则可同时产生实体法上的效果），而后者产生实体法上的效果；在行为要件方面，前者须由有民事当事人能力和民事行为能力人按照民事诉讼法规定的方式来实施①，后者可由有民事当事人能力、民事行为能力人和限制民事行为能力人实施。

诉讼行为与私法行为还存在着如下两个重大区别②：

1. 原则上，诉讼行为采取“表示主义”，即诉讼行为的有效成立仅以表示行为为准，并不以“意思真实”为诉讼行为生效要件。这主要是基于诉讼程序的顺畅进行和安定性的考虑。诉讼是由前后不断的多个诉讼行为有序构成的，后行的诉讼行为必须以先行的诉讼

---

① 取效诉讼行为合法性要件、与效诉讼行为有效性要件主要有：具有诉讼当事人能力和诉讼能力、诉讼代理人须有合法的诉讼代理权、符合法定的方式。就诉讼行为的方式来说，民事诉讼法明定须以书面为诉讼行为的，就不得以言词为诉讼行为，比如民事诉讼法规定上诉须提交上诉状，否则上诉行为无效；民事诉讼法明定须以言词为诉讼行为的，就不得以书面为诉讼行为，比如民事诉讼法规定法庭审理要遵守言词审理原则，那么诉讼主体只能以言词的方式实施诉讼行为（如陈述事实、进行质证和辩论等）。

② 参见陈荣宗、林庆苗：《民事诉讼法》，3版，551～563页，台北，三民书局，2003。

行为有效为前提才可进行。如果允许当事人以意思瑕疵为由任意撤回或撤销诉讼行为，则不利于诉讼程序的顺畅进行并破坏诉讼程序的安定性。因此，对于诉讼行为，原则上拒绝类推适用民法上的意思瑕疵可撤销等规定。

能否根据诉讼行为的表示主义原则，一律拒绝行为人以受欺诈、受胁迫或意思表示错误等意思瑕疵为由撤销诉讼行为？基于尊重当事人意志的考虑，当事人取效性诉讼行为可自由撤回（如撤回起诉等）。与效性诉讼行为原则上不得任意撤回或撤销。但是，其例外主要有：(1) 比如管辖合意等是在诉讼外实施，对程序安定性的影响不大的；(2) 当事人的自认、原告放弃诉讼请求等对行为人实体利益有重大影响的，可类推适用民法有关意思瑕疵的规定，准许主张其诉讼行为无效或撤销。

2. 诉讼行为原则上不得附条件。由于后行的诉讼行为是建立在先行的诉讼行为之上，所以在诉讼中诉讼行为之间的关系必须确定，若诉讼行为附条件则无法符合诉讼行为之间关系必须确定的要求。诉讼行为如以将来不确定的事项为条件，则该诉讼行为的效果不确定，对方当事人和法院就必须等到该诉讼行为所附条件是否成就之后才可实施后行的诉讼行为，这种情况极不利于诉讼程序的顺畅进行并可导致诉讼的迟延。

但是，也存在着一些例外，比如：(1) 在诉的预备合并之中，允许诉讼行为附条件。诉的预备合并是指在同一诉讼程序中原告同时提起主位之诉和备位之诉，原告请求：若主位之诉败诉的，则可请求就备位之诉进行判决；如果主位之诉获得胜诉，法院不得再就备位之诉作出判决。因此，主位之诉败诉是法院判决备位之诉的停止条件。(2) 在预备申请的情形中，允许诉讼行为附条件。例如，被告请求法院驳回原告之诉，被告同时请求若自己前一请求失败则进行债权抵销。这类附条件的诉讼行为一般不会妨碍诉讼程序的进行，反而更有利于调整诉讼内部关系和诉讼连续进行，并且更有利于当事人诉讼目的之实现。

诉讼行为的确定性是一个很重要的原则，不论是取效性诉讼行为还是与效性诉讼行为，在原则上均须遵循表示主义并且不得附条件。特别是诉讼当事人作出取效性诉讼行为后，法院应当尽可能及时或当庭作出决定，这才符合诉讼行为确定性的要求。

## 第四节　诉讼安定与既判力

### 一、诉讼安定

诉讼安定，是指法官和当事人应当按照法定程序有序地进行诉讼，其诉讼结果（判决）的确定力应得到充分保障。具体分析如下：

(1) 诉讼安定是指诉讼程序的安定，即民事诉讼程序应当是法定的、有序的和明确的。民事诉讼法应当明确规定程序的顺序和衔接，比如初审程序→上诉审程序；审判程序→执行程序；程序的开始→程序的进行→程序的终结。同时，民事诉讼法应当明确规定诉讼行为规范，特别是重要诉讼行为的要件，比如起诉的要件、上诉的期间等。

（2）诉讼安定是指程序运行的安定，即法官和当事人应当按照法定程序有序地进行诉讼。诉讼安定要求与民事诉讼的严格规范性相一致：禁止任意诉讼，即禁止法官和当事人任意或合意变更诉讼程序，必须按照法定的程序顺序和行为要件来实施相应的诉讼行为。①

（3）诉讼安定是指诉讼结果的安定，即充分保证法院判决的确定力。判决的确定力包括形式确定力和实质确定力（详见下文“既判力”部分）。诉讼结果安定所要求的是诉讼程序不能无休止地进行下去，须得有个终结点，即判决确定之时。

诉讼是由前后有序的诉讼程序和诉讼行为构成的，后面的诉讼程序和后行的诉讼行为须以前面的诉讼程序和先行的诉讼行为为基础而展开。若允许任意诉讼，则有损诉讼程序的有序性和明确性，致使无数案件本应适用共同的诉讼程序而被变异，从而阻碍法官和当事人对诉讼程序的运行作出及时预见或合理预测。因此，诉讼安定维护和便于法官与当事人根据法定程序作出合法适当的诉讼行为，推动诉讼程序有序顺畅运行，避免因诉讼程序混乱而造成诉讼迟延。

**【经典导读】**

程序开始之际，事实已经发生，但决定胜负的结局是未定的。这给国家留下了政策考虑的余地，给个人留下了获得新的过去的机会。换言之，程序具有操作过去的可能性；然而，随着程序的展开，人们的操作越来越受到限制，具体的言行一旦成为程序上的过去，即使可以重新解释，但却不能推翻撤回，经过程序认定的事实关系和法律关系，都被一一贴上封条，成为无可动摇的真正的过去。而起初的预期不确定性也逐步被吸收消化。一切程序参加者都受自己的陈述与判断的约束。事后的抗辩和反悔一般都无济于事。申诉与上诉的程序可以创造新的不确定状态，但选择的余地已经大大缩减了。②

## 二、既判力

### （一）既判力的含义

法院判决处于不得通过上诉来变更或撤销的状态，叫作判决的确定。具有确定力的判决，即确定判决。确定判决是国际上通行的概念，而我国称之为生效判决。在我国，生效判决主要有地方各级法院超过上诉期的一审判决、地方法院的二审判决、最高人民法院的一审判决和二审判决。

法院判决的确定力包括形式确定力和实质确定力。形式确定力是指判决所具有的不得以上诉来变更或撤销的效力。形式确定力的发生之时，即判决确定之时。在我国，通常情况下，判决一确定（即一具有形式确定力），就产生既判力、形成力和执行力等。

既判力，即实质确定力或内部确定力，是指确定判决对诉讼标的之判断对法院和当事人等产生的约束力。确定判决对诉讼标的之判断，实际上是对诉讼标的中实体内容（即民

---

① 有学者将程序安定（程序维持原则）作为程序公正的范畴。参见肖建国：《民事诉讼程序价值论》，189～190页，北京，中国人民大学出版社，2000。另有学者将程序安定视为与程序公正、程序效率相对独立的一个程序价值，并认为程序安定包含程序规范的安定和程序运作的安定，其基本要素包括程序的有序性、不可逆性、时限性、终结性和法定性等。参见陈桂明、李仕春：《程序安定论》，载《政法论坛》，1999（5）。

② 参见季卫东：《法治秩序的建构》，19页，北京，中国政法大学出版社，2000。

事实体法律关系或者民事实体权利）所作出的判断（所以既判力被称为实质确定力），为判决的主文部分和既判力的客观范围。

确定判决对诉讼标的之判断，对法院和当事人等的约束力，主要体现在以下两个方面：

（1）既判力的消极效果或消极作用，即当事人等对既判的案件不得再为争执。在制度上体现为：禁止当事人等再行起诉（包括反诉），即一事不二讼；若当事人等再行起诉（包括反诉），则法院一事不再理。

（2）既判力的积极效果或积极作用，即法院在处理后诉时应受前诉确定判决的拘束。在制度上体现为：法院应以前诉确定判决对诉讼标的之判断为基础，来处理后诉；若后诉判决与正确的前诉确定判决相矛盾的，则为再审的理由（但我国尚未如此）。

综上所述，既判力是确定判决对诉讼标的之判断对法院和当事人等产生的约束力，包含着实体内涵（或性质）和程序内涵（或性质）。

在我国，具有既判力的法律文书主要有：（1）我国法院确定判决（非讼判决除外）和我国法院承认或执行的外国法院确定判决。在通常情况下，确定判决要能够对后诉产生既判力，则要求后诉与前诉是同一个诉。（2）具有既判力的其他法律文书。原先，既判力主要处理法院判决的效力问题，如今既判力出现了扩张化现象，其表现之一就是将既判力由法院判决扩张到其他法律文书，比如法院支付令、法院调解书、仲裁裁决书、仲裁调解书等。①

**辨析：既判力与一事不再理**

一事不二讼与一事不再理中的“事”，即“诉”或“案件”之义。一事不二讼与一事不再理本质相同，只是一个问题的两个方面：从当事人的角度说是一事不二讼；从法院的角度说是一事不再理。

一事不二讼或一事不再理的效力有：（1）诉讼系属效力，即对于已经起诉或正在诉讼中的案件，当事人不得再行起诉，若再行起诉法院则不予受理；（2）既判力的消极效果，即对于已经作出确定判决的案件，当事人不得再行起诉，若再行起诉法院则不予受理。

既判力与一事不再理的重合效力是既判力的消极效果。但是，一事不再理的诉讼系属效力不为既判力所包含，既判力的积极效果则为一事不再理所不具有。

### （二）维护确定判决既判力的根据

下文阐释维护确定判决既判力的根据，来解答为什么必须维护既判力。

1. 维护国家法律和法院判决的正当权威。法院判决是经过正当程序审理并由国家法院对当事人之间的民事实体关系作出的最终结论，体现了国家法律和法院判决的正当权威。若确定判决既判力软弱，允许任意变更或撤销确定判决，则必然损害国家法律和法院判决

① 以上法律文书之所以具有既判力，主要理由是，既然对民事纠纷的实体问题已经作出了终局解决，并且这种解决获得国家正式制度上的承认，对此纠纷就不该再由民事诉讼解决。这种做法不仅符合既判力的精神，而且是在民事诉讼制度上对其他解决纠纷方式的尊重和支持。

的正当权威。

2. 维护法律和程序的安定性。既判力禁止就同一案件多次起诉和作出相互矛盾的裁判。若允许任意变更或撤销确定判决，则既使确定判决所确定的当事人之间的民事实体关系和国家法律处于不安定状态，又使诉讼程序处于不安定状态。

3. 实现正当程序保障下的自我责任。诉讼中，既然从实质上保障当事人适时适式提出资料、陈述意见或进行辩论的机会，并且在未被赋予此机会的情况下所收集的事实及证据不得成为判决的基础，那么在充分程序保障之下所得到的判决结果理应由当事人承担，当事人理应遵从判决的既判力。

4. 维护人权。法谚有云："任何人不得因同一案件受到两次侵扰。"如果从维护人权的角度来看，任何人不得无正当理由因同一纠纷而受到两次起诉和审判。因此，就同一争议而言，既然经过正当程序审理并由国家法院作出了确定判决，就不得将同一被告再次或多次拉入诉讼程序进行审判。

5. 提高诉讼效率或实现诉讼目的。若确定判决不具备既判力或既判力软弱，则意味着同一纠纷经过多次诉讼审判，势必造成民事纠纷得不到及时解决或民事权益得不到及时保护，从而背离民事诉讼价值和民事诉讼目的。

由于维护确定判决既判力具有如上主要根据，所以法治国家原理要求充分维护确定判决的既判力。因此，维护既判力是原则。此原则的例外之一是严格的再审。一般来说，相对于破坏法律和诉讼的权威性和安定性而言，在具体案件上忍受错误判决的危害要小得多。在我国，法院、检察院可频繁发动再审程序，判决的既判力因此受到严重破坏。

### （三）既判力的范围

既判力的范围主要包括既判力的时间范围、客观范围和主观范围。

#### 1. 既判力的时间范围

确定既判力的时间范围，其意义主要在于，在时间界限上明确确定判决在何时所确定的实体权利义务对后诉有拘束力。既判力的时间范围，又称既判力标准时，通常为本案最后辩论终结之时。因为判决所判定的是本案最后辩论终结时的实体法律问题，在本案最后辩论终结之后发生的实体争议，由于没有经过当事人的起诉和正当程序的审判，所以不应受既判力的拘束。

#### 2. 既判力的客观范围

既判力的客观范围，即确定判决中哪些判断事项具有既判力，原则上是指判决主文部分。所谓判决主文，是指判决中对诉讼标的之判断部分，即判决结论部分。既判力的客观范围之所以是诉的诉讼标的，主要是因为诉讼标的是诉的质的规定性，是诉讼请求的基础，是当事人请求诉讼救济的实体事项。有时由于判决主文比较简洁，单从判决主文还难以判断既判力的客观范围，所以还要结合判决的事实理由来明确判决主文的具体内容。这与如何识别诉是一致的。

#### 3. 既判力的主观范围

既判力的主观范围，即受既判力拘束的主体，主要包括：法院、当事人和其他人。

由于确定判决是法院和当事人按照正当程序和实体规范共同作用的结果，所以法院和当事人当然接受既判力的拘束。同时，民事诉讼解决的是当事人之间的民事纠纷，确定判决的对象是当事人之间的实体争议，所以除法院以外，既判力的主体范围原则上只限于当事人之间，即既判力的相对性。若既判力及于当事人以外的案外人，由于案外人没有参与诉讼，这实际上是剥夺了此人的程序参与权，从而背离了正当程序保障原理。

但是，既判力的相对性不适用于以下情形：(1) 形成判决的既判力具有对世效力，这属于既判力向一般第三人的扩张。(2) 在某些情况下，既判力扩张到当事人以外的第三人：

其一，在法定的当事人变更情况中，退出诉讼的原当事人。在诉讼程序进行中，比如原当事人将其实体权利义务移转给第三人，原当事人退出诉讼而第三人成为适格当事人，继续原来的诉讼程序，判决的既判力及于第三人和原当事人。

其二，最后辩论终结后，当事人的承继人。这里的承继人，是指在本案诉讼最后辩论终结后，承继当事人实体权利义务的人。比如，当事人死亡或消灭后，承担该当事人实体权利义务的人；因债的移转而承担当事人债权或债务的人。虽然承继人不是当事人，但是由于其承继了当事人的实体权利义务，所以应当接受对该实体权利义务的判决的既判力的拘束。

其三，法律规定的对他人实体权利义务或者财产拥有管理权或处分权的人。比如，破产管理人、代位权人等。讼争的实体权利义务人作为实质诉讼当事人，法院对其实体权利义务或者财产作出确定判决，则其既判力及于上述人员，即这些人员不得以诉讼当事人的身份，就既判的案件再行起诉。

其四，诉讼担当情形中，实体权利义务的归属人。在诉讼担当情形中，形式诉讼当事人（比如财产管理人、遗产管理人、遗嘱执行人、破产管理人、代位权人、撤销权人和股东代位诉讼的股东等）代替讼争的实体权利关系主体，进行诉讼而得到的确定判决，其既判力及于讼争的实体权利关系主体和形式诉讼当事人。

### (四) 有关既判力的特殊问题

#### 1. 判决理由的效力与既判力

所谓判决理由，主要包括得出判决结论的事实根据和法律根据。在此，仅讨论其中的事实根据的效力，即确定判决对案件实体事实的确认所具有的效力。

《民事证据规定》第 9 条规定，生效的人民法院裁判文书确认的事实，当事人无须举证证明。法院确定判决所确认的事实（即已决事实），其真实性由于已经获得证明或确认，所以具有预决效力，即在以后案件中，当事人无须证明法院就得采用。

预决效力不同于既判力：(1) 预决效力针对的是作为诉讼标的和诉讼请求基础的案件实体事实，而既判力针对的是诉讼标的；(2) 已决事实在以后案件中可以再行提供且无须证明，既判力禁止就既判案件再行起诉。

在特殊情形中，判决的理由也得具有既判力，从而构成既判力客观范围的例外。比如，法院对被告诉讼抵销抗辩的判断属于判决理由，但是有关被告诉讼抵销抗辩的判断在获得法院支持的情况下却具有既判力。

**【案例 2-6】林某诉赵某借款纠纷案**

原告林某请求被告赵某偿还借款 30 万元，在诉讼中赵某则抗辩林某欠自己 10 万元并主张抵销这 10 万元；如果赵某抵销抗辩成立，判决在其抵销抗辩范围内具有既判力，即赵某对自己已经抵销 10 万元的债权，不得提起诉讼。如果允许赵某就该 10 万元债权提起诉讼，那么赵某胜诉的话则意味着赵某从林某处共得到 20 万元。这显然是不合理，并且出现了相互矛盾的裁判。①

应当注意，诉讼抵销成立的，判决仅在其抵销抗辩范围内具有既判力。如果法院没同意抵销的，则应当允许被告就未抵销的债权提起诉讼。

2. 部分请求、后发性请求与既判力

与既判力或一事不再理相关的问题是，对部分请求或后发性请求可否起诉以获得救济。从客观层面来看，后发性请求属于比较特殊的部分请求。②

**【案例 2-7】丁某诉郑某人身侵权损害赔偿纠纷案**

2014 年 5 月 1 日，酒后驾车的郑某将行人丁某撞倒，丁某的左臂和头部被撞伤。2014 年 7 月 8 日，丁某以郑某为被告，请求法院判决郑某赔偿医疗费 6 万元、误工费 2 万元、护理费 5 000 元、交通费 600 元、住院伙食补助费 6 000 元和精神损害费 2 万元。2014 年 10 月 11 日，法院判决郑某赔偿以上费用，郑某没有上诉。此后，丁某感觉到视力下降，医院诊断出丁某视力下降是由上次郑某车撞伤丁某头部所致。2015 年 9 月 12 日，丁某以郑某为被告，请求法院判决郑某赔偿治疗视力所付出的费用共计 4.6 万元。郑某在答辩状中，声称法院就侵权案件作出的判决已经产生既判力，所以法院应当裁定驳回丁某的起诉。

在一些案件中，诉讼请求是由多个可分的部分组成，比如本案中，对于同一侵权行为，丁某同时提出多项具体的诉讼请求：医疗费 6 万元、误工费 2 万元等。根据处分原则，丁某可以选择其中一项或几项请求，即提出“部分请求”（有人称“一部请求”）。若丁某明确表示提出部分请求的，或者法官向当事人阐明可以提出全部请求而当事人仍然提出部分请求的，则丁某不得对其余请求另行起诉。根据诉的识别标准来看，对于同一侵权行为，丁某若在前诉中提出部分请求而获得胜诉判决，然后就其余请求提起后诉，前诉与后诉在当事人、诉讼标的和案件事实方面均是同一的，是同一个诉，那么根据既判力或一事不再理，法院应当不受理或驳回后诉。

如果原告并非行使处分权，而是由于比如当事人欠缺法律知识、因诉讼标的额巨大而

---

① 多数人主张，在诉讼中，被告的抵销抗辩属于攻击防御方法。但是，另有学者认为，从理论上说，被告的抵销抗辩实际上是一种相反的债权请求，类似于反诉请求的特殊性，因此具有既判力。

② 不同的看法是，在最初起诉时，原告意识到存在剩余的“部分请求”，而对“后发性请求”则未意识到，由此在处理方法上有所不同。参见［日］高桥宏志：《民事诉讼法》，林剑锋译，97～98 页，北京，法律出版社，2003。

负担不起律师费等正当理由，只提出部分请求的，若不允许当事人就其余请求起诉，特别是在我国法律援助制度和律师制度不健全的情况下，则有违保护当事人合法权益和解决民事纠纷的诉讼目的。因而，在此种情形中，就不能教条地根据诉的识别标准来适用既判力或一事不再理。

对于后发性请求，只要具有正当理由，当事人也没有放弃的，就不应根据诉的识别标准来机械地适用既判力或一事不再理。比如，最高人民法院《关于适用〈中华人民共和国民事诉讼法〉的解释》（以下简称《民诉法解释》）第218条规定："赡养费、扶养费、抚育费案件，裁判发生法律效力后，因新情况、新理由，一方当事人再行起诉要求增加或减少费用的，人民法院应作为新案受理。"我们也可以从另一个角度来解释，即新情况、新理由构成了新的案件事实，那么如上所述，若案件事实不同，则是不同的诉。

后发性请求还包括受害人就后发性损害后果提出的赔偿请求。后发性损害后果因同一侵权行为所致而在法庭言词辩论终结后或在前诉判决确定后发生。很多情况中，当事人不能或难以预料到后发性损害后果，即便能够预料到，受害人也往往需要获得及时保护而等不到后发性损害后果的发生就得提起诉讼。在此情形中，如果受害人没有放弃对后发性损害后果的赔偿请求，就应当允许受害人对后发性损害后果再行起诉。对此，也不能教条地根据诉的识别标准来适用既判力或一事不再理。

最高人民法院《关于审理人身损害赔偿案件适用法律若干问题的解释》（2004年）第19条第2款规定："医疗费的赔偿数额，按照一审法庭辩论终结前实际发生的数额确定。器官功能恢复训练所必要的康复费、适当的整容费以及其他后续治疗费，赔偿权利人可以待实际发生后另行起诉。但根据医疗证明或者鉴定意见确定必然发生的费用，可以与已经发生的医疗费一并予以赔偿。"

就本案例来说，在前诉判决确定后，才产生后发性损害后果，即丁某的视力因被郑某车撞伤头部而下降，为治疗视力下降丁某付出4.6万元的费用。对此，郑某应当承担损害赔偿责任。同时在前诉中丁某并未放弃对后发性损害后果的赔偿请求权，所以法院应当根据《关于审理人身损害赔偿案件适用法律若干问题的解释》第19条第2款的规定，受理后诉。

## 【问题与思考】

1. 根据引例，分析如何纠正违背民事诉讼价值的程序？

2. 在【案例2-1】中，法院没有给予原告补正起诉条件的机会，就裁定不予受理，是否侵害了原告的诉权？

3. 根据【案例2-2】，分析诉的构成要素。

4. 根据【案例2-2】，请思考：

（1）若诉讼标的变更了，比如王某将"侵权损害赔偿法律关系"变更为"买卖合同法律关系"，还是原来的诉（案件）吗？

（2）若诉讼请求变更了，比如王某诉减少诉讼请求只要求李某赔偿医疗费5 000元，或者王某增加诉讼请求要求李某赔偿误工费1 000元，还是原来的诉（案件）吗？

5.2015 年 5 月 12 日，赵某和钱某两人合伙成立一家商店，依法登记并领取了营业执照，但是没有组建一定的组织机构且不具备法人资格。5 月 16 日，赵某和钱某与某工厂签订了一份复印纸买卖合同。赵某和钱某按照该合同的约定，向该工厂交付了货款 2 万元，该工厂按期将复印纸运至赵某和钱某的商店。6 月 10 日，一名顾客在赵某和钱某的商店购买复印纸时，发现复印纸质量有问题，告知赵某。于是，赵某向该工厂要求更换复印纸，但是该工厂认为复印纸质量合格而不予更换。赵某一气之下，在 6 月 23 日，将该工厂告上法庭，请求法院判决该工厂更换复印纸、支付违约金 2 000 元和赔偿损失 1 000 元。6 月 28 日，法院受理了该案。后来，钱某得知该工厂违约，也非常气愤，于是在 7 月 19 日，以该工厂为被告向同一法院提起诉讼，请求法院判决该工厂更换复印纸、支付违约金 2 000 元。

问题：法院应否受理钱某提起的诉讼？

# 第三章
# 民事诉讼法

## 参考文献


（一）著作

1. 刘荣军．程序保障的理论视角．北京：法律出版社，1999.58～102 页

2. 邵明．民事诉讼法理研究．北京：中国人民大学出版社，2004.68～94 页

3. [法] 让·文森，塞尔日·金沙尔．法国民事诉讼法要义．北京：中国法制出版社，2001.44～64 页

4. [德] 米夏埃尔·施蒂尔纳编．德国民事诉讼法学文萃．北京：中国政法大学出版社，2005.125～201 页

5. 杨英馨主编．民事诉讼原理．北京：法律出版社，2003

6. 段厚省，张峰．证明评价原理兼及对民事诉讼方法论的探讨．北京：法律出版社，2011

（二）论文

1. 姜世明．民事程序法发展之宪法要素考量．见：民事程序法之发展与宪法原则．台北：元照出版社，2003.1～50 页

2. [日] 谷口安平．诉讼法乃实体法发展之母法．见：程序的正义与诉讼（增补本）．北京：中国政法大学出版社，2002.59～68 页

## 参考法规

1991 年《中华人民共和国民事诉讼法》（2017 年修正）第 3 条、第 4 条、第 16 条、第 69 条、第 237 条、第 238 条、第 274 条；1999 年《中华人民共和国海事诉讼特别程序法》第 2 条～第 5 条；1994 年《中华人民共和国仲裁法》（2017 年修正）第 2 条、第 3 条、第 5 条、第 9 条、第 20 条、第 58 条～第 65 条、第 68 条、第 70 条～第 72 条、第 77 条；2005 年《中华人民共和国公证法》（2017 年修正）第 1 条、第 2 条、第 4 条、第 6 条、第 11 条、第 16 条、第 36 条、第 37 条、第 40 条；1999 年《中华人民共和国合同法》第 54 条、第 73 条；1980 年《中华人民共和国婚姻法》（2001 年修正）第 11 条、第 32 条、第 34 条；1990 年《中华人民共和国著作权法》（2010 年修正）第 50 条、第 51 条、第 54 条；1989 年《中华人民共和国环境保护法》（2014 年修订）第 64 条、第 65 条。

2001 年最高人民法院《民事证据规定》第 9 条。

《日本民事诉讼法》第 1 条、第 3 条；《俄罗斯民事诉讼法》第 1 条。

## 引例 宪法司法化第一案

齐玉苓和陈晓琪原同是山东省滕州市第八中学初中毕业生。1990 年，17 岁的齐玉苓通过中专预选考试取得了报考统招及委培的资格，而陈晓琪在中专预选考试中落选。同年，齐玉苓被山东省济宁市商业学校录取，但齐玉苓的“录取通知书”却被陈晓琪领走。陈晓琪摇身一变成了“齐玉苓”，并以齐玉苓的名义到济宁市商业学校报到就读。对此齐玉苓并不知情。后来进了工厂又下岗的她，不得不靠卖早点、快餐艰难地维持生计。而冒用齐玉苓名义上学的陈晓琪却一路顺风。1993 年毕业后，陈晓琪以齐玉苓的名义被分配到中国银行滕州市支行工作。据查，陈晓琪是原村党支部书记陈克政之女，她预考落选之后，在有关人员参与下，采取了一系列冒名齐玉苓上学、工作的行动。直到 1999 年，得知真相的齐玉苓以侵害其姓名权和受教育权为由，将陈晓琪、陈克政、山东省济宁市商业学校、山东省滕州市第八中学、山东省滕州市教育委员会告上法庭，要求被告停止侵害，并赔偿经济损失和精神损失。法院在审理过程中产生了争议，层层向最高人民法院请示，最高人民法院作出《关于以侵犯姓名权的手段侵犯宪法保护的公民受教育的基本权利是否应承担民事责任的批复》（现已失效），该批复指出，根据本案事实，陈晓琪等以侵犯姓名权的手段，侵犯了齐玉苓依据宪法规定所享有的受教育的基本权利，并造成了具体的损害后果，应承担相应的民事责任。这一司法解释引起人们极大关注，该案也被称为“宪法司法化第一案”，这表明公民在宪法上所享有的受教育的基本权利可以通过诉讼程序获得保障，体现了宪法司法化的重大意义。2008 年 12 月 18 日，最高人民法院发布《关于废止 2007 年底以前发布的有关司法解释（第七批）的决定》，废止了该司法解释。

# 第一节　总　论

## 一、民事诉讼法的含义与性质

### （一）民事诉讼法的含义

民事诉讼法是国家制定或认可的，规范法院和当事人及其他诉讼参与人进行民事诉讼的程序规范之总和。

民事诉讼法规定了民事诉讼的基本原则和程序步骤、民事诉讼行为的方式和效力等，也规定了法院和当事人以及其他诉讼参与人的诉讼权利和诉讼义务。民事诉讼法既是法院审判民事案件的规范，又是当事人和其他诉讼参与人进行诉讼活动的规范。

民事诉讼法以规范民事诉讼程序和操作技术层面的事项为其主要内容，在程序上规范如何公平、经济地解决民事案件，讲究如何以理性的技术方法解决民事纠纷。民事诉讼法不只是一种操作性或技术性的法律，还含涉追求公正、效率和保护人权等理念和价值取向。

**【经典导读】**

在美国，法学院的学生在毕业之后基本上都作为律师去处理现实问题，因此，民事诉讼法作为一门最基础、最重要学科，成为一年级学生的必修课目。美国人往往理解“程序乃法制度的核心”，其理由就在这里。①

民事诉讼法有狭义和广义之分。狭义的民事诉讼法，或称形式意义上的民事诉讼法，通常是指国家最高权力机关制定的关于民事诉讼的专门性的法律。在我国，狭义的民事诉讼法包括：《民事诉讼法》（2017年修正）、《海事诉讼特别程序法》（1999年）等。

广义的民事诉讼法，或称实质意义上的民事诉讼法，不仅包括狭义的民事诉讼法，而且还包括宪法、法院组织法、民事实体法②和行政法③等有关民事诉讼的规定。需特别强调的是，宪法有关民事诉讼程序的规定，即民事诉讼法的“宪法渊源”。需要说明的是，我国最高人民法院有关民事诉讼程序的司法解释，虽非法律，但因其是从诉讼实务中产生的规则而具有可适用性，故可将其纳入广义的民事诉讼法范畴。

需要注意的是民事诉讼法的“国际化”现象，一些国际条约明确规定有关民事诉讼（法）的基本原则和当事人的诉权及程序基本权等。④ 同时，国际社会还就国际民事诉讼程

---

① 参见［日］谷口安平：《程序的正义与诉讼》，王亚新等译，65～66页，北京，中国政法大学出版社，1996。

② 比如，我国《合同法》第54条规定了有关变更或撤销合同之诉、第73条规定了代位权诉讼等；《婚姻法》第11条、第32条、第34条等；《著作权法》第49条、第50条、第53条等。

③ 比如，《环境保护法》第41条等。

④ 比如，《世界人权宣言》第8条规定，当宪法或法律赋予的基本权利遭受侵犯时，人们有权向有管辖权的法院请求有效的救济。第10条规定，在确定当事人的民事权利与义务或审理对被告人的刑事指控时，人们有权充分平等地获得独立、公正的法院进行的公正、公开的审理。再如，《公民权利和政治权利国际公约》第14条第1款规定：法院面前人人平等，在审理对被告人的刑事指控或确定当事人的民事权利与义务时，人们有权获得依法设立、有管辖权、独立、公正的法院的公正、公开的审理……

序或涉外民事诉讼程序形成一些国际条约。从而，民事诉讼法的渊源既有国内法渊源，又有国际法渊源。

（二）民事诉讼法的性质

民事诉讼法的性质主要是程序性、公法性和强行性。

1. 民事诉讼法具有程序性

民事诉讼法是程序法，是法院和当事人等进行民事诉讼所必须遵行的程序规范，所以说民事诉讼法具有程序性。

民事诉讼法是民事程序法的一种，民事程序法包括：民事实体法中的程序规范[①]；预防民事纠纷和解决民事案件的程序规范。后者包括公证法、调解法、仲裁法、破产法和民事诉讼法等。在预防民事纠纷和解决民事案件的程序法体系中，民事诉讼法处于基本法地位。

**【经典导读】**

程序表现为规范认定和事实认定的过程。但实际上，程序既不单纯取决于规范，也不单纯取决于事实，更不是一种固定的仪式，甚至也不宜过分强调其过程侧面。程序的对立物是恣意，因而分化和独立才是程序的灵魂。分化是指一定的结构或者功能在进化过程中演变成两个以上的组织或角色作用的过程。这些分别项目各自具有特殊的意义，因而要求独立地实现其价值。于是明确相互之间的活动范围和权限就成为题中应有之义。分化和独立会带来这样一种现象：为了达成一定目的而进行的活动，经过不断反复而自我目的化。这种现象被称为功能自治(functional autonomy)。程序中的功能自治性是限制恣意的基本的制度原理。[②]

2. 民事诉讼法具有公法性

与民事实体法不同，民事诉讼法规范的是作为公力救济的民事诉讼，属于公法范畴，具有公法性。

法院的司法权与当事人的诉权、诉讼权利均为公权，它们按照民事诉讼法，相互作用，共同促成民事诉讼有条不紊地运行。其中，在法院与当事人之间、当事人之间所形成的诉讼关系是公法关系，而不是私法关系。不能因为民事诉讼所解决的是私权纠纷、保护合法私权和尊重当事人在诉讼中的意思自治，就否定民事诉讼法的公法性。也必须明确，民事诉讼法虽为公法，但与刑事诉讼法不同，其属于民事法的范畴，而刑事诉讼法与刑法同为刑事法。

同时，当事人诉讼行为所产生的效力、法院判决所具有的效力，是公法上的效力，原则上不许法院、当事人随意变更或撤销。

3. 民事诉讼法具有强行性

如上所述，民事诉讼的严格规范性首先要求法官和当事人应当按照法定程序有序地进行诉讼，禁止法官和当事人任意诉讼，此即诉讼安定性，而民事诉讼法主要是以强行规范

---

① 民事实体法中的程序规范，比如合同法中的合同订立程序、合同撤销程序、合同解除程序、合同变更和转让程序，公司法中的公司设立程序、公司合并或者分立程序等。

② 参见季卫东：《法治秩序的建构》，15～16页，北京，中国政法大学出版社，2000。

来维护民事诉讼的安定性。由此，民事诉讼法具有强行性，属于强行法。

在维护诉讼安定性的前提下，民事诉讼法通过任意规范赋予法院程序裁量权和当事人程序选择权，以缓和安定性对诉讼程序带来的僵化，旨在方便当事人诉讼和法院审判。在民事诉讼领域，安定性和强行性是原则性要求，而任意性和灵活性则是例外。

我国现行《民事诉讼法》于1991年4月9日公布，同日正式生效；于2007年10月28日进行了第一次修正，修正部分的内容自2008年4月1日起施行；于2012年8月31日进行了第二次修正，第二次修正部分的内容自2013年1月1日起施行；于2017年6月27日进行了第三次修正，第三次修正部分的内容自2017年7月1日起施行。所以，现行《民事诉讼法》的时间效力范围从1991年4月9日始，其中第一次修正部分从2008年4月1日始，第二次修正部分从2013年1月1日始，第三次修正部分从2017年7月1日始。

## 二、民事诉讼法的效力范围

### (一) 民事诉讼法的空间效力

民事诉讼法的空间效力，是指民事诉讼法作用或适用的空间范围或地域范围。

《民事诉讼法》第4条规定："凡在中华人民共和国领域内进行民事诉讼，必须遵守本法。"但是我国缔结或参加的国际条约与我国民事诉讼法有不同规定的，适用该条约的规定，我国声明保留的条款除外。因此，我国民事诉讼法的空间效力及于我国整个领域，即我国的领土、领空、领海以及领土的延伸部分（如我国驻外使领馆、航行或停泊于国外或公海上的我国飞行器或船舶等）。

根据《民事诉讼法》第16条的规定，民族自治地方的人民代表大会根据宪法和民事诉讼法的原则，为了适应当地民族的具体情况，可以制定变通或补充的规定。此变通或补充的规定，虽然仅适用于该民族自治区的范围，但也是我国民事诉讼法的有机组成部分。因此，不能认为，我国民事诉讼法的空间效力不及于民族自治地方。

### (二) 民事诉讼法的时间效力

民事诉讼法的时间效力，是指民事诉讼法在什么时间范围内具有规范效力，包括何时生效、何时失效以及有无溯及力等事项。

在新民事诉讼法施行前受理的案件，已按旧法进行的诉讼程序和诉讼活动仍然有效，不因新法的施行而无效。不过，新法施行后，尚未审结的案件，则适用新法。其主要理由是，旧法已经失效而新法开始施行，并且新法比旧法更合理正当，更有利于公正及时解决民事纠纷和保护民事权益。

### (三) 民事诉讼法的对人效力

民事诉讼法的对人效力，是指民事诉讼法对什么人有效，即适用于哪些人。

根据《民事诉讼法》第4条的规定，诉讼当事人不论其国籍如何，只要在我国领域内进行民事诉讼，就必须遵守我国民事诉讼法。据此，我国民事诉讼法的对人效力包括：

（1）在我国进行民事诉讼的我国自然人、法人和其他组织。

（2）在我国进行民事诉讼的外国人、无国籍人、外国法人和外国其他组织。

（3）在我国进行民事诉讼的国际组织及其公务人员。

（四）民事诉讼法的对事效力

民事诉讼法的对事效力，即法院民事诉讼主管的案件范围或民事诉讼的适用范围，是指民事诉讼法对什么事发生规范作用（参见第一章第四节中“民事诉讼的适用范围”部分）。

## 第二节　民事诉讼法与宪法

民事诉讼法的宪法化问题可直接转化为民事诉讼法与宪法的关系问题。民事诉讼法与宪法的关系问题是一重大问题。在法治社会，宪法具有最高权威地位，民事诉讼法理所当然地遵行宪法。宪法在承认国民主权的同时，也保障国民享有生存权、自由权、财产权及诉权等基本权利，而民事诉讼法就是通过具体的程序规则保障上述基本权利的实现。在现代法治社会，如何从宪法的角度来考察民事诉讼问题，在民事诉讼（法）领域如何充分实践宪法的精神、原则和规范，是完善我国宪法和民事诉讼法所必须认真面对的问题。

对于民事诉讼法的宪法化问题或者民事诉讼法与宪法的关系问题，我们拟就以下几个问题进行探讨：民事诉讼（法）目的，民事诉讼或审判的基本原则，当事人的诉权、程序基本权和法院的司法权，诉讼安定性等。这些问题的制度性规定，有的为宪法直接载明的规定，有的则是宪法精神原则的衍生。

### 一、民事诉讼（法）目的

确立我国民事诉讼目的，首先应当依从社会发展状况。同时，还应当从宪法理念来研究民事诉讼目的理论，或者从民事诉讼目的来看待宪法理念是如何实现。

宪法是确立民事诉讼（法）目的的根本法律依据。宪法保障国民享有自由权、人身权和财产权等基本权利。民事诉讼（法）的目的则在于极力保障宪法所确立的法目的的实现，或者说民事诉讼法目的应在宪法所确立的目的的框架内进行。这一点须始终贯彻于民事诉讼的立法和运作之中。

现代民事诉讼的目的应是多元的：私权保护，解决纠纷，维护和统一法律秩序，促进政策形成，以及维护整个社会的政治秩序和国家权力的合法性，等等。一般而言，民事诉讼的诸多目的不可分割地融合在一起。国家具有保护国民之责，所以国家设立民事诉讼制度首先应当遵从当事人的诉讼目的：私权保护、解决纠纷。

## 二、民事诉讼或民事审判的基本原则

我国民事诉讼或民事审判的基本原则，有的直接为宪法所规定（如独立审判原则、公开审判原则等），有的则是宪法原则的具体化（如诉讼当事人平等原则等）。因此，可以说，这些原则既是宪法原则，又是诉讼法原则。

各国宪法普遍规定法官独立原则，我国宪法则规定法院独立。法官独立在现代法治国家已成为一种较为普遍的现实。1987 年的《世界司法独立宣言（草案）》和 1993 年的《审判独立原则声明（草案）》明确规定，法官自由地根据其对事实的评价和对法律的理解而对案件秉公裁判，不受来自各方（包括他的司法界同行和上级）的限制、影响、诱导、压力、威胁或干预。《关税与贸易总协定》第 10 条第 3 款要求，解决有关纠纷的法庭和程序应当是独立的。

审判公开不仅包括形式上的公开，即案情、审判人员、审理过程和判决结果的公开，还包括实质上的公开，即法官对其形成和作出判决的过程和理由应当予以公开、明晰的阐明（有些国家的宪法规定，法院应当担负附裁判理由的义务）。公开审判的例外须由法律明确规定，以免滥用“例外”而损害公开审判原则。

几乎所有国家的宪法都对平等原则作了规定，确立了国民平等地位和国民待遇原则，亦即规定了平等权。平等权在民事诉讼中则体现为诉讼当事人平等原则。该原则强调在平等的环境中当事人进行诉讼并赢得诉讼。该原则不仅强调平等保护当事人之间的实体利益，还强调平等维护当事人之间的程序利益（降低当事人诉讼成本）。

## 三、当事人的诉权、程序基本权和法院的司法权

诉权的“宪法化”，是现代宪法发展趋势之一。许多国家宪法直接或间接规定当事人享有诉权或司法救济权。比如，《日本宪法》第 32 条规定：“任何人在法院接受审判的权利不得剥夺。”《意大利宪法》第 24 条规定：“任何人为保护其权利和合法利益，皆有权向法院提起诉讼。”我国宪法事实上承认当事人的诉权，不过我们认为，我国宪法应当明确规定当事人享有诉权，突显诉权的宪法性地位和价值。

无论是从宪法的角度，还是从正当程序的角度来看，都应当强调诉讼当事人的程序主体地位并应当赋予当事人充分的程序基本权。当事人程序基本权包括程序参与权、程序选择权、公正程序请求权和获得及时裁判权等。程序参与权包括接受程序通知权、诉讼听审权等。程序选择权是指，在民事诉讼法规定的范围内，当事人有选择诉讼程序及其他程序事项的权利，换言之即当事人对诉讼程序及其他程序事项的处分权。当事人公正程序请求权是当事人要求法院依据法律就当事人的请求进行公正审判的权利。获得及时裁判权是当事人要求法院在法律规定的期间内及时完成审理行为和审结案件的权利。

最后，从宪法和法治国家的公共职能立场出发，法院司法权的行使必须遵循宪法，司法权的意义主要在于保障当事人的诉权、程序基本权和实体权益。

**【经典导读】**

毫无疑问，追求权利是无数美国人的神圣愿望。美国人十分热衷于维护自己的权利，而不论它是基本权，还是对人身伤害提起诉讼的权利。权利意识在美国或许以夸张的形式表现出来，但是它又似乎不是哪个国家独特的要素。可以论证，这实际上是一种一般性法文化，并普遍存在于所有的现代产业化的福利国家。这种文化虽在调节上存有差异，有时表现为相当大的差异，但更值得强调其中一些共通的要素，而这一点却经常被忽略了。①

### 四、诉讼安定性

诉讼安定性（可预测性）的宪法要求包括程序运行的稳定性和诉讼结果的安定性。诉讼安定从技术层面来要求法官和当事人遵守正当程序和保障程序价值的实现。这是因为诉讼安定禁止法官和当事人任意诉讼，要求法官和当事人必须遵行法定的诉讼程序。比较而言，诉讼安定主要是从技术性角度来体现诉讼程序的形式特性，而正当程序和程序价值主要是从道德性角度来体现诉讼程序的内涵要求。

诉讼安定维护和保障司法的权威和法律的安定。诉讼结果既然是经过正当程序审理并由国家法院作出的最终结论，就得维护其安定性或稳定性。若允许任意变更或撤销“确定判决”，则会使该判决所确定的民事实体关系处于不安定或不稳定的状态，也因此而损害司法判决的权威和民事法律的安定。

许多国家的宪法就诉讼安定性作出了明确的要求，比如《西班牙宪法》第 9 条第 3 款就法的安定性作出了保障性的规定。法治国家原理要求以判决确定力制度实现法律、诉讼和判决的安定性，比如在德国和奥地利，保障判决确定力的重要根据就是法治国家原理。我国也应当从法治国家原理的角度，在宪法层面保障法的安定性或诉讼安定性。

## 第三节　民事诉讼法与民事实体法

在现代法治社会，摆正民事诉讼（法）与民事实体法的关系，是合理建构民事诉讼乃至整个法律制度和理论体系的前提。下文，首先阐释民事诉讼（法）与民事实体法之间的合理关系，然后讨论民事诉讼（法）的独立品质。

### 一、民事诉讼（法）与民事实体法之间的关系

有关民事诉讼（法）与民事实体法之间的关系，在不同历史时期呈现出不同形态，对

---

① 参见［日］小岛武司等：《司法制度的历史与未来》，汪祖兴等译，20～21 页，北京，法律出版社，2000。

此也存在着不同的认识。

在自由资本主义时期，强调私法自治和私法至上，而公法及其观念和理论不甚发达，诉讼法仅被作为实体法的一个组成部分，人们普遍认为诉讼无非是借助法院的力量实现实体法规定的权利的单纯技术程序而已。因此，当时的诉讼观是私法一元观或实体法的诉讼观，即仅从实体法立场理解诉讼问题。

随着社会和法律，尤其是公法及其观念和理论的发展，人们抛弃了私法诉权理论而主张公法诉权理论（从公法立场认识诉权）。建立在公法诉权说基础上的诉讼法属于公法的范畴，它是与实体法相独立的法律部门。正是公法诉权说的提出才使得诉讼法成为独立的法律部门。这一时期的诉讼观，早期是诉讼法一元观（即单从诉讼法立场分析诉讼问题）。

我国历史上也有人强调诉讼（法）的重要性，比如，沈家本曾说过："刑律不善不足以害良民，刑事诉讼律不备，则良民亦罹其害。"但是，总体上说，我国古代就实体法和程序法而言，还是"重实体轻程序"。甚至今天还有许多人将民事诉讼法看作是民事实体法的助法和实现法。这种看法属于工具主义程序理论，又称结果本位主义。①

如今，人们认识到仅从诉讼法立场分析诉讼问题也是不合理的，于是人们主张二元诉讼观，重视民事诉讼中民事诉讼法与民事实体法之间相辅相成和相互协作的关系。同时，人们认识到，在现代法律体系和现代法治社会及现代民事诉讼中，民事诉讼法与民事实体法如同"一只鸟的两翼"，相辅相成地维护着当事人的实体权益和程序权益。

**【经典导读】**

如果将法律理解为社会生活的形式，那么作为"形式的法律"的程序法，则是这种形式的形式，它如同桅杆顶尖，对船身最轻微的运动也会作出强烈的摆动。②

**【经典导读】**

然而，缺乏程序要件的法制是难以协调运行的，硬要推行之，则极易与古代法家的严刑峻法同构化。其结果，往往是"治法"存、法治亡。因此，程序应当成为中国今后法制建设乃至社会发展的一个真正的焦点。③

### （一）民事诉讼（法）实现民事实体法，民事实体法通过民事诉讼来具体实现

民事实体法一方面规范日常生活关系，具有社会规范或者生活规范的功能；另一方面，在民事诉讼中，法院必须依据民事实体法对案件的实体问题作出判断，所以民事实体法又具有裁判规范的功能。如果民事诉讼（法）不具有实现民事实体法这一功能，尤其在民事实体法体系较为完善和强调依法审判的今天，民事诉讼（法）存在的价值和合理性将令人怀疑。作为社会规范的民事实体法具有抽象性，经过民事诉讼在当事人之间确定并执行其具体的民事实体权利义务，从而实现民事实体法。民事实体法规范通过诉讼这一特殊的法律空间，才使其成为法律规范和裁判规范而与道德规范等相区别。诉讼（程序）是现代社会中的实体权利得以实现的依托，是实体法规范实施的机制。仅从这一方面来说，没

① 参见陈瑞华：《程序价值理论的四个模式》，载《中外法学》，1996（2）。

② 参见［德］拉德布鲁赫：《法学导论》，米健、朱林译，120页，北京，中国大百科全书出版社，1997。

③ 参见季卫东：《法治秩序的建构》，10页，北京，中国政法大学出版社，2000。

有程序的法律制度是不存在的。

民事诉讼是双方当事人对其纠纷进行动态的、能动的交涉过程，法院只是对这种交涉结果以裁判的形式表达和固定起来。在诉讼过程和法院裁判中，民事实体法规定的裁判标准与民事诉讼法规定的诉讼形式在民事纠纷的解决过程中相互渗透，共同作用，决定着当事人双方的法律地位和法院裁判的结果。① 民事实体法固然是法官判断形成的依据，可是如果该判断不是在符合诉讼规则的程序之内完成，换言之，即判断不是在正当程序中作出的，那么判断就不具有公权判断的效力。② 民事诉讼是实体法和诉讼法共同作用的“场”③，诉讼法和实体法在民事诉讼领域中是相互协作的关系。在作为处理具体案件的法律规范这一点上，诉讼法和实体法的目的是相同的，即维护实体权益和解决民事纠纷等。

**【经典导读】**

法律制度的法官中心论，在英美法系的法律思想中，或许是最被竭力鼓吹的。尽管埃利希宣称全部法律生活的中心不是法庭，而其他许多作者仍然认为法官——引用威廉姆·布兰克斯通的话——是法律的保管者，是活着的圣谕。本世纪（20世纪）初享有盛誉的美国最高法院法官奥列佛·温德尔·霍姆斯雄辩地把法律定义为：是法院将要作出的判决的预言。霍姆斯的宣言奠定了20世纪上半叶风靡美国的“实在主义”法学流派。他们强调法律最坚固的形式是根据司法实践所作的理解，而不是根据规则来理解。司法预言的崇拜，或许在美国法学家约翰·切普曼·格言的观点中得到了最为有力的表达，可以说达到了顶点：即使是由立法机关颁布的制定法也不是法律，而仅仅是法的渊源，因为法律的意义和法律的效力，只有在法院审理案件中才能最终确定，司法判决构成了法律本身。④

（二）民事诉讼（法）具有生成民事实体法规范和促进民事实体法发展的功能

民事诉讼创造民事实体法规范或促成民事实体法发展，即民事诉讼的造法功能。民事诉讼的此项功能和目的，首先体现在法律发展史上，古罗马法和英美法中重要的私法规则基本上是从诉讼中孕育而生的（即“诉讼法乃实体法发展之母体”⑤）。

比较完备的民事实体法规范体系建构以后，通过诉讼来创造或生成实体法规范的功能受到了削弱。但是，在今天，民事诉讼的此项功能和目的，仍然体现在通过民事诉讼或法院判决确认和保护新兴的正当的民事利益，使其成为新兴的（法律）权利，从而创造出民事实体法规范、弥补了民事实体法漏洞或促成了民事实体法发展。对于现行实体法还未承认的正当利益给予诉讼保护，特别是20世纪以后现代型诉讼的大量涌现，民事诉讼促进实体权利生成的功能比较明显。民事诉讼通过造法功能，将社会生活中自然生成的某些规则上升为国家的法律，从而避免或缩小法律与社会之间的断裂或距离。

---

① 参见汤维建：《市场经济与民事诉讼法学的展望》（上），载《政法论坛》，1997（1）。

② 参见江伟、刘荣军：《实体法与诉讼法的关系要论》，载陈光中、江伟主编：《诉讼法论丛》（第3卷），北京，法律出版社，1999。

③ 江伟、邵明、陈刚：《民事诉权研究》，374～375页，北京，法律出版社，2002。

④ 参见［英］科特威尔：《法律社会学导论》，233页，北京，华夏出版社，1989。

⑤ ［日］谷口安平：《程序的正义与诉讼》（增补本），59～68页，北京，中国政法大学出版社，2002。

**【经典导读】**

社会生活的日益复杂化，权利的触角也不断延伸，人们就将法院视为实现这些权利的保护神，许多闻所未闻的权利形态被人们提上法庭寻求救济。如此带来的结论是，法院在保障（和确定）基本权方面所发挥的作用堪称20世纪社会发展史上一个最令人惊奇的侧面。[①]

在最高人民法院公布《关于确定民事侵权精神损害赔偿责任若干问题的解释》（2001年）之前，就出现了因侵害隐私、遗体等而提出精神损害赔偿的案件。[②] 根据《法国民法典》第1384条的规定，法国法院通过诉讼判例发展了事故法，事故法远比民法典编纂者设定的损害赔偿制度更合理、更可取。[③] 在德国，正统观念否认法官造法的权力，但是倘若没有法官大胆地造法，1900年《德国民法典》则不会存留至今。[④] 现代工业国家（如德国）的重要生活领域几乎完全或者部分地由法官法调整。[⑤]

## 二、民事诉讼（法）的独立品质

以上关于民事诉讼（法）促进和创制民事实体法发展的功能实际上也体现了民事诉讼（法）所具有的独立价值，然而民事诉讼（法）的独立品质却不仅仅如此。

首先，民事诉讼（法）所具有的独立品质或独立价值，表现在民事诉讼法维护民事诉讼领域当事人所享有的程序性人权（即程序基本权）。在现代法治社会，只有经过正当法律程序才能剥夺国民的人身权和财产权，诉讼和审判作为公民权利实现的最终和最重要的手段，是现代法治社会所不可或缺的极其重要的领域。因此，平等和充分维护这个领域中当事人的人格尊严和程序基本权，则是民事诉讼（法）所具有的独立品质或独立价值。

其次，有些民事诉讼（法）独有的原理和程序制度具有历史延续性，民事诉讼（法）的正当性和合理性有其自身的评价标准。比如，法庭辩论（程序）可以追溯到古罗马的法定诉讼的原告和被告之间的抗辩方式；再如，英美法系国家的陪审制度自13世纪正式形成至今一直被沿用着。体现程序价值的诉讼原则制度，比如法官中立原则、公开审判原则、当事人程序参与原则等，有其自身的评价标准，不受实体法的影响；再如，一般说来，在争讼程序中有辩论的程序比无辩论的程序更加合理正当。

最后，诉讼程序的设置除了考虑如何充分实现实体法目的以外，还要考虑程序因素。实体法往往只注重衡量当事人之间的实体权利义务关系，而诉讼制度的运用除了以实体法为裁判规范外，还要将当事人使用诉讼程序所支出的成本或诉讼效率等诉讼法上的因素考虑在内。比如，诉讼当事人平等原则的确立不仅应当考虑当事人之间实体利益的平等保

---

① 参见［日］小岛武司等：《司法制度的历史与未来》，汪祖兴等译，18页，北京，法律出版社，2000。

② 参见唐德华主编：《最高人民法院〈关于确定民事侵权精神损害赔偿责任若干问题的解释〉的理解与适用》，北京，人民法院出版社，2001。

③ 参见［德］K. 茨威格特、H. 克茨：《比较法总论》，潘汉典等译，175～177页，贵阳，贵州人民出版社，1992。

④ 参见宋冰编：《读本：美国与德国的司法制度及司法程序》，462页，北京，中国政法大学出版社，1998。

⑤ 基于权利分立说，许多国家的通说否定法官造法。但是，通说也不否认最高法院或终审法院的判决在实际上具有约束力。有关德国法官造法的情况，参见［德］魏德士：《法理学》，丁晓春、吴越译，104～113、348～404页，北京，法律出版社，2005。

护，还应当考虑当事人之间程序利益的平等维护。

**【经典导读】**

程序一方面可以限制行政官吏的裁量权、维持法的稳定性和自我完结性，另一方面却容许选择的自由，使法律系统具有更大的可塑性和适应能力。换言之，程序具有开放的结构和紧缩的过程；随着程序的展开，参加者越来越受到“程序上的过去”的拘束，而制度化的契机也由此形成。程序开始于高度不确定状态，但其结果却使程序参加者难以抵制，形成一种高度确定化的效应。因此，如果我们要实现有节度的自由、有组织的民主、有保障的人权、有制约的权威、有进取的保守这样一种社会状态的话，那么，程序可以作为其制度化的最重要的基石。[①]

## 第四节　民事诉讼法与其他关系法

民事诉讼法除与宪法和民法存在着紧密关系外，还与其他关系法（如刑事诉讼法、行政诉讼法、仲裁法、公证法、调解法、破产法等）存在着密切关系。限于篇幅，本节着眼于预防民事纠纷和解决民事案件的程序法体系，主要讨论在我国民事诉讼法与仲裁法、公证法之间的关系。至于调解法，由于我国至今尚无单独的调解法典，同时考虑到第一章对于调解与诉讼的关系已有所阐释，所以在此不再讨论民事诉讼法与调解法之间的关系。

### 一、民事诉讼法与仲裁法

民事诉讼法和仲裁法都是处理民事纠纷的程序法。不过，民事诉讼法属于公法，体现了民事诉讼的国家强制性，而仲裁法并非公法，体现了仲裁的民间性和自治性。

在民事纠纷解决领域，我们更应当注重民事诉讼法与仲裁法之间的关联性。根据我国民事诉讼法和仲裁法的有关规定，两者的关联性主要体现在以下方面：

#### （一）在适用案件方面，民事诉讼法和仲裁法有相通之处

1. 合同纠纷和其他财产权益纠纷同时具有可诉性和可仲裁性，当事人可以选择提起诉讼或申请仲裁，若申请仲裁则采取“一裁终局”。但是，有关婚姻、收养、监护、扶养、继承纠纷属于民事诉讼法适用范围，却不属于仲裁法适用范围。

就某项民事纠纷而言，若当事人达成仲裁协议的，则只能由仲裁机构受理。仲裁协议无效或被撤销的，法院才可受理。若原告向法院起诉前未声明有仲裁协议，法院受理的，被告在首次开庭前未对法院受理该案提出异议的，视为放弃仲裁协议，法院继续审理。

仲裁裁决或仲裁调解书生效后，当事人就同一纠纷向法院起诉的，法院不予受理，但是仲裁裁决或仲裁调解书被法院撤销或者裁定不予执行的，当事人就该纠纷可以根据重新

---

① 参见季卫东：《法治秩序的建构》，11页，北京，中国政法大学出版社，2000。

达成的仲裁协议申请仲裁，也可以向法院起诉。

2. 对于劳动争议，按照我国现行有关法律的规定，采取强制仲裁。不过，对仲裁裁决不服的，当事人可以向法院提起诉讼；对当事人的仲裁申请，劳动争议仲裁委员会不予受理或者逾期未作出决定的，当事人可以就该劳动争议事项向法院提起诉讼。

3. 农村土地承包经营纠纷，可以向农村土地承包仲裁委员会申请仲裁，也可以直接向法院起诉。当事人不服仲裁裁决的，可以自收到裁决书之日起 30 日内向法院起诉。逾期不起诉的，裁决书即发生法律效力。

尚需说明的是，《民事证据规定》第 9 条规定，已为仲裁机构的生效裁决所确认的事实，在以后的民事诉讼中若需采用，当事人无须举证证明（当事人有相反证据足以推翻的除外）。

### （二）民事诉讼法或法院对仲裁的支持

民事诉讼法或法院对仲裁的支持，主要有：

1. 财产保全、行为保全和证据保全。仲裁过程中，当事人申请财产保全或行为保全的，仲裁委员会应当将该申请依照民事诉讼法的有关规定提请法院决定是否执行；当事人申请证据保全的，仲裁委员会应当将该申请提请证据所在地的法院决定是否执行。

2. 对仲裁裁决书和仲裁调解书的执行。一方当事人不履行仲裁裁决书和仲裁调解书的，另一方当事人可以依照民事诉讼法的有关规定向被执行人住所地或被执行财产所在地的中级人民法院申请执行。[①] 当事人对发生法律效力的农村土地承包经营纠纷的调解书、裁决书，可以向被申请人住所地或者财产所在地的基层人民法院申请执行。

### （三）民事诉讼法或法院对仲裁的监督

民事诉讼法或法院对仲裁的监督，主要有：

1. 对仲裁协议效力异议的处理。当事人对仲裁协议效力有异议的，可以请求仲裁委员会作出决定或者请求法院作出裁定；一方请求仲裁委员会作出决定，另一方请求法院作出裁定的，由法院裁定（《仲裁法》第 20 条第 1 款）。

2. 法院撤销仲裁裁决或不予执行仲裁裁决，两者的法定理由基本一致。当事人依据《仲裁法》第 58 条和第 59 条的规定，自收到裁决书之日起 6 个月内，可以向仲裁委员会所在地的中级人民法院申请撤销仲裁裁决。用人单位根据《劳动争议调解仲裁法》第 49 条的规定，可以自收到仲裁裁决书之日起 30 日内，向劳动争议仲裁委员会所在地的中级人民法院申请撤销裁决。在强制执行中，当事人可以根据《仲裁法》第 63 条和第 71 条、《民事诉讼法》第 237 条和第 274 条、《关于适用〈中华人民共和国仲裁法〉若干问题的解释》第 29 条的规定，向被执行人住所地或者被执行的财产所在地的中级人民法院申请裁定不予执行。[②]

---

① 参见最高人民法院《关于适用〈中华人民共和国仲裁法〉若干问题的解释》（2008 年修正）第 29 条。

② 《仲裁法》第 64 条规定，一方当事人申请执行裁决，另一方当事人申请撤销裁决的，法院应当裁定中止执行；法院裁定撤销裁决的，应当裁定终结执行；撤销裁决的申请被裁定驳回的，法院应当裁定恢复执行。

## 二、民事诉讼法与公证法

公证是指公证机构（公证处）根据自然人、法人或者其他组织的申请，依照法定程序对民事法律行为、有法律意义的事实和文书的真实性、合法性予以证明的活动。公证是预防纠纷、减少诉讼的有效方式之一。我国2005年颁布了《公证法》（2017年修正）。

### （一）民事诉讼法与公证法的区别

民事诉讼法与公证法之间的区别，主要有：

1. 是否为基本法不同。在解决和预防民事纠纷的民事程序法中，民事诉讼法是基本法，而公证法则非基本法。

2. 调整的主体不同。与法院和法官不同，公证法调整的主体包括公证协会、公证机构、公证员。公证协会是公证业的自律性组织和社会团体法人，依据章程开展活动，对公证机构、公证员的执业活动进行监督；公证机构是依法设立，不以营利为目的，依法独立行使公证职能、承担民事责任的证明机构①，对公证员的执业行为进行监督；公证员则是符合《公证法》规定的条件，在公证机构从事公证业务的执业人员。

3. 调整的客体不同。民事诉讼法调整的客体是民事诉讼（包括审判和执行），而公证法规范的是公证机构的证明活动，公证属于国家的证明行为，具有非讼性，公证机构与申请人之间的关系是非讼法律关系。

4. 程序不同。民事诉讼程序包括审判程序（争讼程序、非讼程序）和执行程序，其具体步骤或具体构造，均有别于公证程序（参见《公证法》第四章“公证程序”）。

5. 法律文书不同。民事诉讼最终的法律文书主要是判决，而公证的则是公证证明书。

### （二）民事诉讼法与公证法的联系

民事诉讼法与公证法之间的联系，主要有：

1. 公证事实在民事诉讼中无须举证证明。《民事诉讼法》第69条、《公证法》第36条、《民事证据规定》第9条中均规定，经过公证的民事法律行为、有法律意义的事实和文书，人民法院应当作为认定案件事实的根据，但有相反证据足以推翻该项公证的除外。

2. 保全证据。《公证法》第11条规定，根据自然人、法人或者其他组织的申请，依照法定程序对民事诉讼证据提供公证的方式予以保全。公证保全的证据在民事诉讼中无须质证，法院即可采用，但应当允许对方当事人提出异议。

3. 对公证书的内容有争议，可以提起民事诉讼。《公证法》第40条规定，当事人、公证事项的利害关系人对公证书的内容有争议的，可以就该争议向人民法院提起民事诉讼。

4. 公证债权文书的强制执行力。对经公证的以给付为内容并载明债务人愿意接受强制执行承诺的债权文书，债务人不履行或者履行不适当的，债权人可以依法向有管辖权的人

---

① 《公证法》第43条规定：“公证机构及其公证员因过错给当事人、公证事项的利害关系人造成损失的，由公证机构承担相应的赔偿责任；公证机构赔偿后，可以向有故意或者重大过失的公证员追偿。当事人、公证事项的利害关系人与公证机构因赔偿发生争议的，可以向人民法院提起民事诉讼。”

民法院申请执行；若债权文书确有错误的，人民法院裁定不予执行，并将裁定书送达双方当事人和公证机构。

## 【问题与思考】

1. 学术争议为什么不能以民事诉讼来解决？

2. 有关损害赔偿的性质，在大陆法系基本上采取“补偿性”的观点，而“惩罚性”损害赔偿的观点在英美法系已有二百多年的历史。为什么会存在这么大的差别？在英格兰，是由陪审团决定案件事实和损害赔偿数额。在通常情况下，陪审团成员比之职业法官，更倾向于感情用事，对于受到伤害的受害人往往给予更多的同情，从而导致损害赔偿数额常常超出实际受损数额。而英格兰职业法官通常认为，陪审团比法官更了解纠纷，更有资格确定损害赔偿数额，所以不愿轻易推翻陪审团的裁决。随着时间的推移，这一做法及其实体法规范得以确立并被其他英美法系国家所接受。大陆法系的法律传统和规范出发型的思维方式要求法官依据成文法作出判决，而反映19世纪私法自治的大陆法系成文法强调“补偿性”损害赔偿，并且大陆法系由职业法官决定案件事实和损害赔偿数额，所以大陆法系在立法上和诉讼中通常实行的是“补偿性”损害赔偿制度。①

根据以上分析，试论民事诉讼法与民事实体法的关系。

① 当然，英美法系对于“惩罚性”损害赔偿也有不同的看法，而大陆法系也有采用“惩罚性”损害赔偿的做法（如消费者保护法即有这方面的规定）。

# 第二编

# 民事诉讼法的基本原则和制度

# 第四章
# 民事诉讼法的基本原则

## 参考文献

（一）著作

1. 章武生等．司法现代化与民事诉讼制度的建构．北京：法律出版社，2000.170～206页

2. 杨荣馨主编．民事诉讼原理．北京：法律出版社，2004.96～128页

3. 江伟主编．民事诉讼法学原理．北京：中国人民大学出版社，1999.303～324页

4. 常怡主编．比较民事诉讼法．北京：中国政法大学出版社，2002.282～320页

5. 江伟主编．民事诉讼法专论．北京：中国人民大学出版社，2005.213～238页

6. 王亚新．对抗与判定．北京：清华大学出版社，2002. 第四章

（二）论文

1. 陈桂明．诉讼法典要不要规定基本原则——以现行《民事诉讼法》为分析对象．现代法学，2005（6）

2. 汤维建．论民事诉讼中的诚信原则．法学家，2003（3）

3. 何文燕．调解和支持起诉两项民诉法基本原则应否定．法学，1997（4）

4. 刘学在．我国民事诉讼处分原则之检讨．法学评论，2000（6）

5. 占善刚．诉讼权利平等原则新论．法学评论，1999（2）

6. 邵明．民事争讼程序基本原理论．法学家，2008（2）

7. 邵明．论民事诉讼程序参与原则．法学家，2009（3）

8. 张卫平．民事诉讼中的诚实信用原则．法律科学（西北政法大学学报），2012（6）

9. ［日］谷口安平．民事诉讼的纠纷解决过程．见：程序的正义与诉讼．北京：中国政法大学出版社，2002

## 参考法规

1991年《中华人民共和国民事诉讼法》（2017年修正）第5条～第16条。

## 引例　甲副食品商店诉乙烟酒供应公司损害赔偿案[1]

1990年9月上旬，甲副食品商店从“全国商情”中获悉某市乙烟酒供应公司可供名酒“五粮液”2 000瓶，每瓶价格为65元。为迎接国庆节的到来，满足市场的需要，该副食品商店派人开车到乙烟酒供应公司处将2 000瓶“五粮液”酒运回，并付清13万元货款。但在销售时，被工商行政管理局以“销售冒牌‘五粮液’酒”的理由，查封尚未售出的一千多瓶“五粮液”酒，并处以5 000元的罚款。据此，甲副食品商店诉至人民法院，要求将假酒退还给乙烟酒供应公司，返还货款，并赔偿损失。人民法院受理本案后，经过认真的调查与鉴定，发现这2 000瓶“五粮液”虽然不是四川省“五粮液”酒厂生产的，但符合中档酒以上的度数与标准，可以饮用。经法院调解，双方之间达成一致调解协议：甲副食品商店将库存的一千余瓶“五粮液”酒撕下商标自行销售；乙烟酒供应公司赔偿经济损失5万元。本案经人民法院调解，甲副食品商店放弃退还假酒、返还货款的诉讼请求，转而接受了自行销售撕去标签的白酒并接受5万元经济损失的赔偿，这实际上是当事人处分自己民事实体权利的做法。这个案例体现了民事诉讼中法院调解原则和处分原则的适用。

# 第一节　民事诉讼法基本原则概论

民事诉讼法基本原则是我国民事诉讼法的有机组成部分，是民事诉讼主体在诉讼中必须共同遵守的根本行为准则。基本原则是民事诉讼性质和特点的集中反映，指导着整个民事诉讼活动，反映了民事诉讼的目的，是其他民事诉讼具体程序和制度产生的依据。

---

① 参见王敬藩主编：《民事诉讼法教学案例》，46页，北京，中国政法大学出版社，1999。

## 一、民事诉讼法基本原则的概念和特征

民事诉讼法的基本原则是指民事诉讼法所确立或体现的、反映特定国家、特定时期民事诉讼法的本质和基本内容的根本行为准则。民事诉讼法基本原则有如下特点：

### （一）规范性

民事诉讼法的基本原则具有行为规范的基本要素，法院可据此行使审判权，当事人及其他诉讼参与者可据此行使程序性权利。这使得民事诉讼基本原则与民事诉讼法的目的、任务、价值等纯理念性的抽象内容区别开来。后者不具有规范性。但民事诉讼法基本原则具有的规范性与具体程序规则的规范性还不完全相同，前者是概括的规范性，是诸多规范性的总和；后者是具体的规范性，是各个规范性的特定化表现。

有观点认为民事诉讼法基本原则是抽象的、不确定的，因而只有指导性，而不具有可操作性，其本身不是法律规范，所以不具有规范性的特点。[①] 实际上，基本原则已经具有了诉讼权利或诉讼义务的明确含义，也蕴含着相应的诉讼后果，对诉讼法律关系的主体行为有着实际的影响和作用，不失为一种行为规范。这种行为规范的属性还不仅仅局限于司法领域，对于立法行为也有规范性的作用。只是有的基本原则的抽象性程度较高，规范性不明显。规范性程度的高低，反映了基本原则之间的层次和涵盖面的差异，但无论其规范性程度如何，都不能否认其基本原则的属性。所以，基本原则具有的规范性是一种概括和模糊的规范性。

### （二）本原性

民事诉讼法的基本原则不仅自身是行为规范，而且它还是其他具体行为规范的源泉，其他具体行为规范是从基本原则中派生出来的，是基本原则的具体化表现。这说明民事诉讼法基本原则具有双重功能：作为行为准则的功能和作为生成行为准则的功能。对前一个功能，可以看作为基本原则的根本准则性；对后一个功能，可以看作为基本原则的基础性。这两个方面合在一起，则为民事诉讼法基本原则的本原性。

### （三）始终性

由于民事诉讼法基本原则具有基础性和根本性，因而它便获得了效力上的全面渗透性和贯彻始终性。民事诉讼法基本原则是其他具体规则的源泉性规则，在它派生出其他规则的过程中，其效力便随之而伸展、蔓延、渗透，依据某项特定的基本原则所派生的具体规则扩展到哪里，基本原则的效力便延伸到哪里。由于诉讼程序是依赖于具体规则而构成的，具体规则是连接诉讼程序的枢纽，因而诉讼程序便因具体规则的密布而使得基本原则的效力覆盖了其全部范围。当然，对于基本原则的始终性或效力的扩张性，不能作机械的理解，认为基本原则的效力必定完整地贯穿始终而绝对不能有所中断。就基本原则与具体

---

① 参见徐国栋：《民法基本原则解释——成文法局限性之克服》，19 页，北京，中国政法大学出版社，1992。

规则的关系而言，有的基本原则从诉讼程序的一开始便发挥作用，直到诉讼程序终结为止；有的基本原则等到诉讼程序的中间阶段才发挥作用，该作用力一直持续到诉讼程序的终结；有的基本原则则起始于诉讼程序的开端而在诉讼程序的中间便丧失其调整力；还有的基本原则其作用力产生于诉讼程序的中间，也消失于程序的终结之前；等等，不一而足。发挥作用的时间或阶段的长短无关紧要，要紧的是基本原则必须是规则的规则，而且具有重要性。

### （四）指导性

民事诉讼法基本原则是具体规则的源泉，因而对具体规则而言，基本原则为指导性规则；同时，在具体规则未被设定的领域或地带，基本原则起着调整行为者行为的作用，这对行为者而言，便为基本原则的指导性。

### （五）概括性

民事诉讼法基本原则是诸多具体规则之源，因而必定是抽象的、概括的。正因为基本原则具有概括性，它才有较为广泛的覆盖性，它能够在诉讼程序的全部阶段或重要阶段发挥实际的作用。同时，因为基本原则是概括的，因而它也是相对模糊的，其内容具有较大的弹性和伸缩性。基本原则的这个属性或特点，不仅为它继续生成具体规则提供余地和可能，同时还为法院灵活司法提供了契机和依据。

### （六）稳定性

基本原则是民事诉讼法基本性质和实质内容的负载者，只要民事诉讼法的基本性质和实质内容不变，基本原则也不会发生变化。基本原则发生变化了，就说明民事诉讼法的构架和本质发生了变化；民事诉讼法的构架和本质欲发生变化，必然要体现在其基本原则的变化上。

## 二、民事诉讼法基本原则的功能

民事诉讼法基本原则具有以下功能：

### （一）立法准则的功能

民事诉讼法基本原则确立了民事诉讼法的基本性质、基本内容和基本框架，民事诉讼法的具体内容就是依据民事诉讼法的基本原则而展开的。立法者在立法时应首先确立其基本原则，然后在科学设定基本原则体系的基础上，逐渐展开其内容，形成民事诉讼法的各项制度和程序。这说明，在民事诉讼立法中，从立法逻辑上说，基本原则必须率先得到确立，然后再由此演绎出制度、规则和程序等。可见，民事诉讼法基本原则对立法者而言具有指导意义。

### （二）行为准则的功能

如前所述，民事诉讼法基本原则具有规范性的特点，它是诉讼法律规范体系的一个有机组成部分，因而它具有行为准则的功能，当事人、法院和其他诉讼参与人依据基本原则可以实施相应的诉讼行为，这种相应的诉讼行为不会因为缺乏具体规则的调整而变得无效。

### （三）表征民事诉讼基本模式的功能

众所周知，各国民事诉讼模式不尽一致。根本原因在于其所赖以存在的政治、经济、文化等背景和基础不同，但直接原因在于各国民事诉讼法所确立的基本原则相异。基本原则及其所构成的体系不同，民事诉讼程序的结构模式便有所区别；民事诉讼模式不同，必然落实和体现在基本原则的区别之上。民事诉讼基本原则发生了变化，而且这种变化达到了一定的程度，民事诉讼程序的基本模式便也相应地发生了变化。基本原则和基本模式是互为决定、相互影响的，从立法逻辑上说，是基本原则决定了诉讼模式，正是在基本原则既定的前提下，民事诉讼模式才成为特定的样式；但民事诉讼模式作为一种观念形态的预设，也为民事诉讼法基本原则的确立提供了框架。虽然不是每一项基本原则都直接与民事诉讼模式相关，但真正意义上的基本原则应当能够在一定程度上有助于民事诉讼模式的建构。

### （四）创造性司法的功能

就民事诉讼法的立法模式而言，在“规则模式论”中，基本原则并无一席之地，法官必须严格依规则而司法。但在“原则—规则模式论”中，基本原则发挥着重要的作用，其中突出的一点便是它为司法者能动地司法或创造性司法提供了广阔的领域和空间。成文法具有天然的局限性，实体法是这样，程序法也是如此，各国民事诉讼法繁简程度的不同以及篇幅大小的不一状况，本身就说明民事诉讼法必然有程度不同的漏洞存在。在民事诉讼具体规则未能为特定的民事诉讼行为提供合法与否的依据时，唯一能补充该程序网络漏洞的便是其基本原则。具体程序规则发生冲突或出现盲点的地方，正是基本原则发挥作用的场所。有了基本原则的指导，法院方能在具体规则发生冲突时作出正确的、适当的选择；也正是有了基本原则的指导，法院才能在缺乏具体规则调整的情形下仰赖基本原则以济其穷。同时，任何程序规则相对于个案而言都是一般性的规范，将这种一般性的规范适用于个案当中从而形成最为适当的个案规则，法院也要依赖于基本原则的指导。

**【经典导读】**

作为一般条款的诚实信用、权利滥用、正当事由或重大事由等概念本身并不具有明确的内容，只是在每个个别的案件处理中由法官赋予其具体含义。与英美法相比，可以说这是一种衡平法现象。今天，法官借助这种一般条款，通过解释以至创制法律来适应社会和价值观的变化、对付不断产生的新事物，也得到了广泛的承认。在包括日本在内的大陆法系各国，判例作为法源的地位更加巩固，从而显出与英美法接近的明显趋势。①

### （五）监督司法的功能

法院行使审判权，当事人行使诉权，其过程及其结果是否与民事诉讼法相符合，除依

① 参见［日］谷口安平：《程序的正义与诉讼》，王亚新等译，7 页，北京，中国政法大学出版社，1996。

赖具体的程序规则加以监督与审核外，就是按照基本原则实施审判的监督权。上级法院是如此，最高法院也是如此。尤其是，作为监督司法的民事诉讼法基本原则不仅包括该法所确立的基本原则，而且还指宪法性基本诉讼原则。有时，国际法上的基本诉讼原则也成为实施司法监督的根据。司法水准的高低，在相当大的程度上是由司法者对基本原则的把握和运用来决定的。

### （六）弘扬司法理念的功能

司法理念是司法文化的积淀，具有主流性、前瞻性和开拓性的特征。这些理念是依赖民事诉讼法的基本原则来表现和弘扬的。每一个基本原则，都体现或负载着一个或若干特定的司法理念与司法价值。由这些基本原则，不仅诉讼法律关系的主体，而且社会中的一般公众均可不同程度地理解和评价特定民事诉讼法的内容和性质。

## 三、民事诉讼法基本原则的体系和分类

民事诉讼法基本原则体系是一个由若干原则组成的整体或统一体，它形成一个如同板块结构式的制度框架，在特定价值目标的支配下相互牵制、支持、制约着。对于特定的一项基本原则，在其含义和性质解说上，既要单独地看它的内容和运作方式，也要将它置于原则体系的高度去审视观察其内在特点和完整含义。也就是要用个别性和整体性相结合的方法，对民事诉讼法基本原则作出理解，加以运用。

我国民事诉讼立法在基本原则一章中罗列了至少18项原则。就这些条文是否构成了民事诉讼法的基本原则，学界争议很大。对于民事诉讼法基本原则可以从不同的视角进行各种形式的分类。我国学界通说认为可以以由什么样的法律加以规定为标准，对基本原则进行分类。以此为标准，民事诉讼法基本原则可以分为两大类型：一是由《宪法》和《人民法院组织法》所确立的适用于民事诉讼的基本原则，包括：（1）民事案件的审判权由人民法院行使的原则；（2）人民法院依照法律规定对民事案件独立进行审判的原则；（3）以事实为根据、以法律为准绳的原则；（4）对于诉讼当事人在适用法律上一律平等的原则；（5）使用民族语言文字进行诉讼的原则；（6）民族自治地方制定补充或变通规定的原则。由于以上原则是由《宪法》和《人民法院组织法》规定的，因而适用于人民法院行使审判权所审理的所有案件及其程序，包括刑事诉讼程序、行政诉讼程序和民事诉讼程序。正因如此，理论上将它称为“诉讼法上的共有原则”。对于这些共有原则，三大诉讼法分别根据各自的特点又予以了具体的规定和表述，形成了各有特色的共有原则。二是由民事诉讼法所规定的仅适用于民事诉讼的基本原则，这些原则被称为“民事诉讼法中的特有原则”。民事诉讼法中的特有原则包括：（1）诉讼权利平等原则；（2）法院调解原则；（3）辩论原则；（4）处分原则；（5）检察监督原则；（6）支持起诉原则。① 但事实上，严格地说，以上所谓民事诉讼法的特有原则仅仅是与刑事诉讼法相比较而体现出来的，对于民事诉讼法和行政诉讼法而言，其中诉讼权利平等原则、辩论原则和检察监督原则又属于它们之间的

① 参见柴发邦主编：《民事诉讼法学新编》，87页，北京，法律出版社，1992。

共有原则。

《宪法》和《人民法院组织法》所规定的基本原则一般是从法院行使审判权角度加以规定的，因此多为审判活动的调整原则；而且，由于《宪法》和《人民法院组织法》均为法律效力位阶最高或较高之法，因而它们所确立的基本原则对三大诉讼法而言更具有立法准则的功能，任何诉讼法均要当然地接受这些基本原则的调整，而无论其是否在本法中有明文规定。同时这些共有原则还往往成为最高人民法院对地方各级人民法院、上级人民法院对下级人民法院行使审判监督权的最终依据。

## 第二节　诉讼权利平等原则

### 一、诉讼权利平等原则的含义

《民事诉讼法》第8条规定："民事诉讼当事人有平等的诉讼权利。人民法院审理民事案件，应当保障和便利当事人行使诉讼权利，对当事人在适用法律上一律平等。"这就是当事人诉讼权利平等原则。

当事人诉讼权利平等原则是民事诉讼中的一项基本原则，也是最为基础的原则，同时也表现出了民事诉讼法的鲜明特征，显示出了与其他诉讼，尤其是与刑事诉讼的重大区别。所谓当事人诉讼权利平等原则，是指民事诉讼中当事人具有相同的诉讼地位，并具有相同或相等的诉讼权利和诉讼义务的诉讼原则。该原则在民事诉讼中具体表现为如下方面。

#### （一）民事诉讼当事人具有平等的诉讼地位

民事诉讼中当事人的地位平等首先体现为一种平等理念。即无论是原告、被告还是第三人，无论是实体权利的享有者还是实体义务的承担者，也无论是外国人还是本国人及无国籍人，不管其民族、性别、职业、社会出身、政治背景、宗教信仰、文化程度、经济状况差异和优劣，在民事诉讼中一律平等。① 民事诉讼中的原告和被告是诉讼中相互对立的双方，但是二者只是称谓上的不同，在诉讼地位上并没有优劣之分。原告与被告的确定与区分只是一种假定，是根据谁先起诉加以确定的，与实体权利的真正享有尚不能画等号，原、被告双方都可能最后胜诉。因此，在民事诉讼法中，双方当事人应当享有平等的诉讼地位。法院对双方当事人应当一视同仁，不应存有偏见或采取区别对待的方法。

#### （二）诉讼当事人双方所享有的权利所承担的义务是同等的或对等的

这包括两方面含义：其一，诉讼中双方当事人享有相同的诉讼权利。比如双方当事人都享有辩论权、委托代理权、提供证据权、查阅案件材料权、进行和解权、请求调解权、

---

① 参见江伟主编：《民事诉讼法学》，97页，上海，复旦大学出版社，2003。

上诉权和申请执行权等。其二，当事人双方享有相对等的权利。由于原告和被告在诉讼中具有身份上的差异，他们之间的诉讼地位虽然是平等的，但诉讼权利在表现上可能不完全一致，比如起诉权由原告享有，而被告则不享有，但被告人享有答辩权和提出反诉的权利，而这种权利原告又不享有。再如，原告在确定管辖法院上有一定的选择自由，相应的，被告就有提出管辖权异议的权利。原、被告诉讼权利虽然不一致，但确是对等的，因而决定其诉讼地位是平等的。

### （三）对当事人双方在适用法律上一律平等

在民事诉讼活动中，不管当事人有何社会地位，属于何种民族、种族，在适用法律、作出裁决时，都只能依据法律的规定，而不能考虑任何其他因素。只有这样，才能保证最后的结果符合实体公正的要求，真正保证当事人平等地位的实现。适用法律上的平等性包括适用诉讼法上的平等和适用实体法上的平等。

### （四）人民法院应当保障诉讼当事人双方平等权利的实现

民事诉讼法上的双方当事人诉讼地位、诉讼权利义务的平等只是书面上的规定，为双方当事人的平等提供了法律前提。但是现实中双方的平等必须要有制度的现实保障。如果只停留在书面上的规定，则只能是一种价值的追求，而不具有现实的意义。首先，法院要为当事人双方提供平等充分行使诉讼权利的环境，提供充分的制度保障。其次，法官在审判案件过程中，必须保持中立，对双方当事人的主张给予同等重视，才能实现诉讼当事人的平等。法院的保障是当事人地位平等原则的内涵之一。

## 二、诉讼权利平等原则的法理基础

### （一）是宪法上平等原则的具体体现

我国《宪法》第33条规定："凡具有中华人民共和国国籍的人都是中华人民共和国公民。中华人民共和国公民在法律面前一律平等。国家尊重和保障人权。任何公民享有宪法和法律规定的权利，同时必须履行宪法和法律规定的义务。"宪法是我国的根本大法。它规定了公民的最基本的权利和义务。作为宪法在具体法律制度上的具体化，民事诉讼法规定了平等原则，以实现"公民在法律面前一律平等"。没有诉讼权利的平等，适用法律的平等便难以最终实现。可见，宪法上的平等原则是民事诉讼法上的平等原则之根本依据。

### （二）是程序公正的基本要求

程序公正是司法公正的重要指标，程序不公正，司法也就不可能公正。要实现程序公正，必须要满足能够确保程序公正实现的要素。当事人在诉讼中保持地位上的平等性，是程序公正的基本要素之一；缺少了当事人之间地位上的平等性，程序公正就无从谈起，司法正义也就无法实现。可见，当事人诉讼地位平等原则是实现程序公正的前提条件和基本保障。

### （三）是民事实体法上的私权平等和主体地位平等的必要要求

《民法总则》第4条规定："民事主体在民事活动中的法律地位一律平等。"任何自然人、法人在民事法律关系中都平等地享有权利，其权利平等地受到保护。作为民事实体法的自然延伸，平等原则也是民事诉讼的基本原则。作为程序法的民事诉讼法应当反映和体现民事实体法的内在精神和基本要求，民事诉讼法的一个十分重要的功能就是保障当事人民事实体权利的切实实现。如果在民事诉讼中当事人不平等，那么民事实体法上的平等就是一句空洞的口号，不可能得到实现。因此，民法上的平等原则是民事诉讼法上的平等原则的实体依据。

## 三、诉讼权利平等原则的完善

我国民事诉讼法虽然规定了诉讼当事人双方权利平等原则，但是立法上对该原则的落实和贯彻本身就不够彻底，双方当事人的诉讼权利和诉讼义务有失去平衡之处；同时，立法上也缺乏法院保障双方平等权利实现的具体规定与措施，使平等原则难以落到实处。对此，可以从以下几个方面完善充实诉讼权利平等原则。

### （一）完善相关立法规定

民事诉讼法应当规定，原告撤诉应当取得被告的同意，从而确保被告能够充分地行使诉讼防御权，要求法院驳回原告提出的轻率之诉或无理之诉。而且基于撤诉视同自始未起诉这一诉讼原则的规制，原告在撤诉后就同一争议再次向法院起诉的，法院仍须受理从而开始新的一轮诉讼，这对被告来讲又意味着要支出一笔新的诉讼成本，自然于其极为不公。虽然法院要经过审查最后决定是否准许撤诉，但法院也只是在其准许原告撤诉有使得违反法律禁止性规定之行为得不到纠正之虞的情形下，才不准许原告的撤诉申请。① 要取消对必须到庭的被告实施拘传的规定，因为对缺席法庭的原告最多仅作出视为撤诉的处理。这样规定的结果，就是在民事诉讼法具体的内容上贯彻体现了诉讼权利平等原则。

### （二）完善民事诉讼法上的各项保障性制度

我国虽然在法律的规定上确立了平等原则，但是事实上由于当事人经济状况、对法律知识的了解程度以及有无律师代理等方面的不同，在现实中，他们的权利与地位存在着很明显的不平等状况。比如有的当事人经济状况十分困难，他们有时就会负担不起律师代理费用，而不能获得律师的帮助，这样他们很可能在诉讼当中处于不利地位。因此，必须加强配套制度建设，例如法律援助制度和诉讼费用缓、减、免制度等。

法官在审判案件当中，要合理地行使指挥权与阐明权，以提示当事人注意某些事实问题与法律问题，使当事人不至于因为缺乏相应的诉讼技能而导致最后的败诉。法院适度行使阐明权不会导致平等原则的丧失，恰恰相反，这是为了使平等原则获得切实的贯彻和体

---

① 参见占善刚：《诉讼权利平等原则新论》，载《法学评论》，1999（2）。

现。这就是说，当事人之间诉讼地位的平等，不是形式意义上的平等，而是实质意义上的平等。只有做到实质意义上的平等，当事人地位平等原则才具有实际的意义和价值。我们所要的当事人平等，是实质意义上的当事人平等，而不是仅仅局限于形式上的平等。

## 第三节　法院调解原则

《民事诉讼法》第 9 条规定："人民法院审理民事案件，应当根据自愿和合法的原则进行调解；调解不成的，应当及时判决。"这一条规定确立了我国民事诉讼程序中的调解原则。

### 一、我国调解原则的历史变迁

自古以来中国就重视道德教化的作用，强调"和为贵"。诉讼制度的建立以化解纠纷为目标，因此调解在我国古代的诉讼当中有着十分重要的地位。进入现代社会，调解第一次以民事诉讼法条文形式出现是在国民党政府于 1935 年颁布的第二部民事诉讼法中。该法明确规定了法院调解制度，分为强制调解和任意调解。我国现行诉讼调解制度的直接渊源是新民主主义革命时期的诉讼调解制度。创立于陕甘宁边区、后来成为中华人民共和国民事审判工作标本的"马锡五"审判方式，就是将调解作为审理民事案件的一种主要方式。后来陕甘宁边区政府提出了"调解为主、审判为辅"的方针，并规定了调解的三条原则，即：调解必须双方自愿，不能强迫；调解必须遵守政府政策法令，照顾进步习惯；调解不是诉讼的必经程序。

**【经典导读】**

中华人民共和国的各种纠纷是被作为有可能激化转变为暴力事件、流血事件的东西来理解的，报道、统计的方法也足以此为前提。所以，解决纠纷也被纳入多种含义。只确认具体问题上的个别权利、义务关系是不够的，还要求修复当事人及其周围人的人际关系，不仅仅是法律上的纠纷，也可以换言之，是要解决社会上存在的所有争端。一方面包含着教育的意义，另一方面包含着治安的意义，这种解决纠纷的状态就由来于此。本书所要强调的是：如果说理者不去解决纠纷，即使确认了权利、义务关系，反而甚至会导致出现流血事件，这种中国的纠纷认识以及纠纷本身决定了与其相对应的解决纠纷的状态。①

中华人民共和国成立以后，调解在诉讼程序中的作用仍十分突出。1963 年第一次全国民事审判工作会议提出了"调查研究、就地解决、调解为主"的民事审判方针，1964 年又将其发展为"依靠群众、调查研究、就地解决、调解为主"的十六字方针。这一审判工作方针，对我国的民事审判活动产生了深远的影响。1979 年我国开始起草《民事诉讼法（试

---

① 参见［日］高见泽磨：《现代中国的纠纷与法》，何勤华等译，212 页，北京，法律出版社，2003。

行)》，在立法的过程中对“调解为主”的原则进行了反思。反思的结果认为，应当摒弃“调解为主”的说法。因为强调“调解为主”，弦外之音就是“审判为辅”，而在以行使审判权为主要使命的法院强调审判为辅，则显然是不适合的，也是与民事诉讼的内在规律相违背的，所以在1982年颁布的《民事诉讼法（试行)》中对“调解为主”的提法进行了修改，取而代之的表述是“着重调解”。较之“调解为主”的说法，“着重调解”显然有淡化调解之意，因而可以说这是我国民事诉讼改革过程中的一个进步。但是，“着重调解”原则仍有调解优先、调解为主的潜在含义，所以原有的弊端仍没有得到根本解决，实践中仍过分追求调解的结案率。于是到1991年4月9日，修订后的《民事诉讼法》将“着重调解”又改为“根据自愿和合法的原则进行调解”的原则，强调了法院调解的合法性与自愿性，摆正了调解与审判之间的关系。

但是，无论立法上对调解原则如何表述，在实践中，尤其在广大的边远地区，调解依然被看作是解决民事纠纷的重要机制，而且，从将来的发展趋势看，调解制度具有极大的潜力和永恒的魅力。

## 二、确立调解原则的原因

在我国，从古代到现代如此看重调解、强调调解，是有深层次的原因的。这既有传统文化方面的原因，也有民族心理定式方面的原因，还有现实制度、体制等方面的原因。原因是各种各样的，也是方方面面的。

1. 从文化的视角看，调解与中国的传统文化、民族心理相联系。中国儒家的纲常伦理深深地渗入社会生活的各个方面，而调处息讼是儒家礼教的要求。这种文化传统使调解的作用经久不衰，在诉讼中实行调解也被当事人视为当然而予以接受。

2. 从纠纷所处的领域来看，调解与私法自治原则、当事人处分原则的精神是相一致的。在民事诉讼中，法律允许当事人对自己的民事权利和诉讼权利自由处分，从而互谅互让，为调解结案提供了可能。在法院主持调解以解决民事纠纷的过程中，当事人可以对所适用的法律形成较为统一的认识，双方就权利义务达成一致，从而形成调解协议。

3. 从民事诉讼目的论上看，调解与民事诉讼目的和任务是一致的。民事争议的解决不仅意味着争议前当事人之间法律关系的简单恢复，而且也意味着确立一种双方当事人认可的新型权利义务关系状态，并消除当事人之间的对抗和紧张。调解无疑有利于此目的的实现。

4. 从调解自身的优势看，通过调解解决纠纷，比通过诉讼或审判解决纠纷，更加彻底、灵活，而且更加节省成本。比如说，通过调解解决纠纷，当事人就失去了继续上诉的必要与可能，再审程序一般也不会被当事人加以利用。尤其是，通过调解解决纠纷，当事人通常都会自觉履行调解的协议，而无须进入强制执行程序，这样就省去了许多道程序，从而节省了许多诉讼时间和费用。可见，法院调解是快捷、经济的处理纠纷的方法和机制，值得推崇。

**【经典导读】**

调解并不意味着在降低成本的前提下尽量实现审判式的纠纷解决，而应该只是从侧面促使当事者自主解决纠纷的制度装置。在社会生活的一切场合中，在人们之间无时不在进行的无数个自主的处理、解决过程中，调解的功能应该只是对那些一时陷入困难的自主解决给以援助，并在当事者恢复对等对话的可能性之后使其重新回到社会中去。①

## 三、调解原则的主要内容

一般认为我国的调解原则包括以下几方面内容：

1. 人民法院审判民事案件，应当根据需要和可能，对双方当事人进行调解。对于能够调解的案件，可以进行调解，但是调解并非解决民事纠纷的必经程序，也不必然成为某一类案件的结案方式。

2. 人民法院应当根据自愿和合法的原则进行调解。自愿是指能否进行调解和调解能否达成协议，均需征得当事人双方同意。合法是指人民法院进行调解必须遵守民诉法规定的程序，达成协议的内容必须不违反民法等实体法的强制性规定。

3. 调解贯穿于审判程序的各个阶段。不论是第一审程序，还是第二审程序、再审程序；不论是按普通程序，还是按简易程序审理的案件，只要是能够调解的案件，人民法院都可以进行调解。

4. 调解和判决都是人民法院解决民事纠纷的方式，它们之间难分优劣，调解一般应当先行，调解不成的，应当及时判决。

5. 民事权利具有可处分性的特点，人民法院对大多数民事案件都可以进行调解，但是有一些特定的案件由于本身性质上的特点，不适宜采用调解的方式。根据《民诉法解释》第 143 条，下列三类案件不适用调解：(1) 适用特别程序和督促程序、公示催告程序的案件；(2) 婚姻等身份关系确认案件；(3) 其他依案件性质不能进行调解的案件。

## 四、调解原则理论探讨与完善

### (一) 法院调解原则的理论争议

法院调解原则是我国民事诉讼法中一项颇具特色的制度和原则，在我国民事诉讼机制的演变史上曾大起大落，忽冷忽热，其功能和地位始终未能趋于稳定。法院调解原则何去何从，也是一个远未达成共识的、需要深入研究和广泛探讨的重大课题。对于调解原则，学术界提出的问题主要有：

1. 法院调解原则是否属于民事诉讼法的基本原则？有学者认为，首先，调解的本质属性是自愿，任何一方当事人不同意就不能进行调解。这一本质属性决定了调解的适用具有局限性，既不能适用于所有的民事案件，也不可能对整个民事诉讼起指导作用，更不能统率其他规则。其次，无论调解是否达成协议，只要双方进行了自愿协商活动，其实质都是当事人对自己的民事权利和诉讼权利的一种处分行为。从这个意义上说，自愿合法的调解

---

① 参见［日］棚濑孝雄：《纠纷的解决与审判制度》，王亚新译，51～52 页，北京，中国政法大学出版社，2004。

实际上已为民事诉讼的处分原则所包容，不具有独立的原则性价值。所以调解不能作为民事诉讼的一项基本原则，只能是一种制度。①

2. 调解原则是否与法院行使审判权的性质相冲突？有学者认为，把法院调解作为民事诉讼和民事诉讼法的一项基本原则，与人民法院的职能相悖，这等于从根本上否定了法院是行使审判权的机关这一本质特征。而且，当前的立法对法院调解的规定缺乏科学性，调解不符合我国法律规定的公开审判的原则。将法院调解上升为民事诉讼法的一项基本原则，法律科学依据尚嫌不足。②

如前所述，调解原则在我国有丰富的社会基础和深厚的文化底蕴，是与我国主流文化相适应的，公民都普遍接受了这一项基本原则。从实践中看，调解原则只要注意其自愿性的贯彻，就能够发挥其积极机能，而自愿性问题是可以通过诉讼程序的科学设置加以解决的。从各国民事诉讼法发展的大趋势看，法院参加和主持调解的做法方兴未艾，也可以说是一个新的全球化的趋势。因此，我们的基本观点是对调解制度加以改革与完善。

### （二）调解原则的完善

1. 调解必须建立在当事人自愿的基础之上。尽管调解是民事诉讼中处理案件的方式之一，但是从根本上说，是以判决方式还是以调解方式结案，选择权应归属于当事人，法院不能强制当事人选择调解的方式结案。在调解中，当事人作出权利处分也必须是出于自愿，不能强迫当事人作出处分。为此要从机制上改变“以判压调”的现象，同时改变或摈弃将调解结案率作为衡量法官工作业绩的标准之做法。

**【经典导读】**

一些学者据此批评说，推崇调解的结果不过是向因缺乏资源而不能通过审判购买正义的人们推销质次价廉的“正义”而已。在审判外的交涉中本来就无力实现自己权利的人们，即使到了调解的场合再次提出自己的主张，只要对方有拒绝的权利也就不得不再次碰壁，或者反而被迫接受不明不白的妥协。如果想克服这样的局限，担任调解的第三者只好或者把立足点移向较弱的当事者一方以补充其交涉能力的不足，或者就干脆把自己认为是正确的解决方案压给当事者双方，强行要求他们的承认。但是，在本来不存在必要的程序装置来使第三者判断和强制过程正当化的调解中，第三者的这种做法会被认为是依仗赤裸裸的权力强加个人，从而引起对调解的正义性的更大疑问。③

2. 调解必须遵循合法的原则进行。采用调解的方式处理民事纠纷，对案件事实和法律适用的要求虽然不像判决的那样严格，但是这并不意味着在调解中案件事实的准确认定就不重要，也不意味着就可以不管实体法上的规定，随意处理。

3. 必须正确处理和把握调解与判决之间的关系。判决与调解都是法院审结案件的方式，不存在优劣之分。法院在审理案件时，不能一味地偏重调解，而应当根据当事人的意

---

① 参见何文燕：《调解和支持起诉亮相民事诉讼法基本原则应否定》，载《法学》，1997（4）。

② 参见邵俊武：《民事诉讼中法院调解原则的再认识》，载《政法论坛》，2000（1）。

③ 参见［日］棚濑孝雄：《纠纷的解决与审判制度》，王亚新译，47页，北京，中国政法大学出版社，2004。

愿和案件的具体情况，选择恰当的方式。当选择调解方式时，如果调解不成，应当根据法律的规定及时作出判决，不能久调不决，影响诉讼效率。

## 第四节 辩论原则

我国《民事诉讼法》第12条规定："人民法院审理民事案件时，当事人有权进行辩论。"这一条规定确立了我国民事诉讼的辩论原则。

### 一、我国民事诉讼中的辩论原则的含义

#### （一）辩论原则的概念

辩论原则是指民事诉讼中当事人就争议的事实问题和法律问题有权在法院主持下进行辩论，说明论证本方主张的真实性、合法性，并反驳对方当事人意见与主张，以维护其合法权益的原则。辩论原则一方面确立了当事人在诉讼中的辩论权，使当事人通过行使辩论权，证明自己的主张，反驳对方的主张，保护自己的权益；另一方面，也使人民法院承担了保障当事人行使辩论权的义务，是审判公正性与合理性的内在要求。

**【经典导读】**

信息成本高也许可以解释在法律和政治上为什么都看重对抗制。我们无须接受法律人的关于谎言竞争会产生真理的神秘信念（这种竞争更可能让人头昏脑涨而不是产生知识），但我们可以接受：想到他人可能反驳，这就会震慑不诚实的修辞，这就减少了听众受骗的可能性。由于不诚实的收益减少了，竞争的言者就更可能限定自己说一些有道理的或至少是似是而非的要点。我们可以预料，当听众是专家因此不大容易被操纵时，就会更少依赖对抗性程序；有人建议科学家按律师的程序来构建科学家的程序，这种建议太蠢了。①

#### （二）辩论原则的内容

我国民事诉讼中的辩论原则包含以下几项内容：

1. 辩论原则存在的前提是当事人辩论权的享有。辩论权是民事诉讼中当事人的一项至关重要的权利。辩论权是指当事人为维护自己的权益，就案件争议的事实和法律问题，各自提出自己的主张和依据，互相进行反驳答辩的权利。②

**【经典导读】**

要想在与法律有关的职业中取得成功，你必须尽力培养自己掌握语言的能力。语言是律师的职业工具。当人家求你给法官写信时，最要紧的就是你的语言。你希望使法官相信你的理由

---

① 参见［美］波斯纳：《超越法律》，苏力译，576页，北京，中国政法大学出版社，2001。

② 参见江伟主编：《民事诉讼法学》，99页，上海，复旦大学出版社，2003。

正确，所依靠的也正是你的语言。当你必须解释成文法的某一款或规章的某一节时，你必须研究的还是语言。你一定要靠分析语言，才能发现句子的含义，并且要逐字逐句地分析；直到最后一个音节。当你必须书写遗嘱或合同时，你务必仔细选择措辞，你一定要看到将来——设想各种可能发生的偶然情况——然后运用适当的语言为各种意外做好准备。你的委托人的未来，可能就根据你所使用的语言而定。①

2. 辩论原则贯穿于民事诉讼的各个阶段，包括一审程序、二审程序和再审程序。民事诉讼中除了特别程序之外，都适用辩论程序。从诉讼一开始，双方当事人就有权就事实的认定与法律的适用问题，收集提供证据，陈述事实，说明理由，从而论证本方诉讼请求的合法性与正当性，反驳对方的诉讼请求。辩论原则最集中体现在法庭辩论阶段，但是当事人之间的辩论并不局限于此阶段。在诉讼的各个阶段，当事人都可以进行辩论。

3. 当事人辩论的内容包括实体和程序两个方面。实体事项主要是指当事人之间民事法律关系本身的事实问题以及相关的法律适用问题，例如民事法律关系成立与否、是否存在免责事由、应当适用何种法律等。实体方面的问题往往也是辩论的中心事项。程序性事项也是辩论内容的重要事项，例如当事人是否具有诉讼行为能力、代理人的授权委托书是否存在瑕疵，主审法官以及其他相关人员是否需要回避、法院对本案是否享有主管权或管辖权等。

4. 辩论可以由本人进行也可以由代理人进行，辩论既可以通过言辞的方式也可以通过书面的方式进行。无论是当事人本人还是法定代理人或诉讼代理人，都可以按照法律的规定行使辩论权，以保障当事人的合法权益。在法庭辩论阶段，当事人主要是通过言辞的方式来行使辩论权。而在其他阶段，当事人行使辩论权主要是通过书面的形式，例如原告的起诉状、被告的答辩状都是书面形式的辩论。书面方式和言辞方式的辩论各有优缺点，应当相互结合进行。由于现代诉讼制度实行言辞审理主义，因而辩论主要通过口头的形式进行。

5. 人民法院必须保障当事人双方充分进行辩论。一方面，法院应当保持中立，让当事人在平等的基础上，充分阐述他们的观点及见解；另一方面法院应当为当事人辩论权的行使提供客观的物质条件与机会。对辩论权的保障是法院的一项重要审判职责，法院应当充分行使阐明权和诉讼指挥权，确保当事人辩论权的全面实现。如果法院违背了此项保障义务，使当事人难以行使辩论权，则应被认定为程序严重违法行为，当事人可以以此为理由提出上诉或申请再审。

**【案例】胡阿宝诉金玉枝归还借款案②**

1995 年 7 月 15 日，原告胡阿宝向人民法院起诉要求被告金玉枝归还借款人民币 10 万元，同时提供借据原件一张，上面载明："今借胡阿宝人民币壹十万元整，借款人金玉枝，1994 年 3 月 12 日"。同年 7 月 18 日，审判员张某打电话询问金玉枝是否向胡阿宝借钱 10 万元并写有借据一事时，金玉枝答复曾有此事。据

① 参见［英］丹宁：《法律的训诫》，杨百揆等译，3 页，北京，群众出版社，1985。

② 参见王敬藩主编：《民事诉讼法教学案例》，45 页，北京，中国政法大学出版社，1999。

此，审判员张某认为本案事实清楚，便电话通知金玉枝7月21日上午9点开庭审理本案，既没有向金玉枝送达起诉状副本，也没有给被告15天的答辩期限。本案开庭时，金玉枝由于对案情一无所知，面对原告胡阿宝提供的借据，没有作出有理有据的辩驳。庭审后金玉枝回家找到了她曾写给原告的借款10万元的原始借据，便在同年8月3日送到审判员张某手中。经有关部门对原告提供的借据进行笔迹鉴定，发现该证据系他人仿冒被告书写的伪证，而人民法院判决被告金玉枝偿还原告胡阿宝人民币10万元的判决书已打印出来，马上要送达双方当事人。本案中，审判员张某通过电话简单询问了被告有关情况，便口头通知被告于某日到庭应诉，没有向被告送达起诉状副本，违反了《民事诉讼法》第125条“人民法院应当在立案之日起五日内将起诉状副本发送被告，被告在收到之日起十五日内提出答辩状”的规定，实际上剥夺了被告在审前准备阶段的辩论权，被告因此无法了解原告的诉讼请求以及依据的事实和证据，无法为开庭审理作出充分适当的准备，势必影响被告在庭审中辩论权的正常行使。

## 二、我国辩论原则与大陆法系辩论主义的区别

辩论原则在古罗马帝国时期就已经出现，它要求法院审理民事案件时，应容许当事人相互辩论，法官根据辩论情况作出判决。在中世纪欧洲的罗马教会式诉讼制度中，因采取秘密和书面审理的方式，基本上不存在当事人之间的辩论，也就谈不上将辩论作为民事诉讼的一项基本原则了。随着资本主义革命的爆发，人权保护日益受到重视，西方国家逐渐以辩论式诉讼替代了先前的纠问式诉讼，辩论也被确立为民事诉讼的一项基本原则，并不断地得以完善。大陆法系将此原则称为“辩论主义”。

辩论主义是同职权探知主义相对应的一项基本原则，是当事人主义民事诉讼模式的必然结果。辩论主义主要包括以下三项内容：(1) 直接决定法律效果发生或消灭的事实必须由当事人主张，法院必须依照当事人所主张的事实作出判决。法院不得随意变更或补充当事人的主张，不得将当事人未在辩论中提出的事实作为最后裁判的依据。(2) 当事人一方所主张的事实，如果为另一方当事人所承认，法院必须予以认定并作为裁判的依据。(3) 法院只能对当事人在辩论过程中提出的证据进行调查，以确认当事人之间所争议的事实。

我国民事诉讼的辩论原则秉承的是苏联和东欧各国民诉法的规定。1923年制定的《苏俄民事诉讼法典》中的许多条文规定了当事人行使辩论权以及人民法院保证当事人辩论权的行使，并通过辩论查明案件真实情况的内容。① 苏联和东欧的诉讼法学者认为“资本主义国家的辩论原则体现着资产阶级的民主，是为资产阶级的利益服务的”②，因而从社会主义国家民主原则出发，在维护社会主义公有制的基础上确立了辩论原则。我国现行民事诉讼法中的辩论原则就是借鉴苏联和东欧的法律制定的，同大陆法系的辩论主义有很大的区

① 参见［苏联］克列曼：《苏维埃民事诉讼法》，84～87页，北京，法律出版社，1957；陈桂明：《诉讼公正与程序保障》，69页，北京，中国法制出版社，1996。

② 柴发邦：《民事诉讼法》，89页，北京，法律出版社，1987。

别，主要体现在：

1. 二者所依附的诉讼模式不同。大陆法系的辩论原则依附于当事人主义的诉讼模式，是当事人的主导作用在审理对象问题上的反映。我国的辩论原则最初规定在1982年颁布的试行民事诉讼法中，是职权主义诉讼模式下的辩论原则，现行民事诉讼法虽然弱化了职权因素，但是与当事人主义仍有相当大的距离。[①]

2. 大陆法系的辩论主义是约束性的辩论主义，而我国的辩论原则是非约束性的辩论原则。大陆法系的辩论主义要求法官作出的裁判必须以当事人在辩论中提出的诉讼资料为基础，法官必须尊重当事人对审理对象所作的选择，不得在当事人所主张的证据与事实之外，主动收集证据提出事实。我国的辩论原则则是一种非约束性的原则，它没有规定当事人的辩论对法官作出裁判的效果，也没有规定法官审理的对象只能以当事人在辩论中提出的事实和证据为限。

我国民事诉讼所确立的辩论原则同大陆法系所言的辩论主义存在着很大的差异，也正是这些差异凸显出我国辩论原则所存在的最主要问题，就是当事人的辩论对法院的裁判不具有约束力，这也是同我国民事诉讼所属的职权主义诉讼模式相一致的。

## 三、我国辩论原则的完善途径

完善我国的民事诉讼辩论原则就是要吸收大陆法系辩论主义的合理内核，并根据诉讼制度的现代发展，完善我国的法律规定。

1. 明确规定法院的裁决只能根据双方当事人辩论的请求和事实作出，不能超越当事人辩论的内容作出裁决，即规定当事人的辩论内容对法院裁决的约束性。只有这样，才能体现当事人对于民事诉讼进行的主导地位，而不仅仅是将其作为法院了解案件情况的一个信息渠道。

2. 诉讼中的证据只能由当事人自行收集，法院不得主动依职权收集证据。法院只能对当事人提出的证据进行调查和认定。对于当事人确实无法收集到的证据，可以申请法院收集，但是这种情况要受到严格控制，不得随意使用。

3. 民事诉讼中要承认自认的效力，建立自认法则。所谓自认法则是指当事人认可了对自己不利的事实，那么这一事实便可作为裁判的根据。这是大陆法系辩论主义的基本要求，而我国现行的民事诉讼法对自认法则未作出规定，只是从免除举证责任的角度对当事人的陈述作了规定，即一方当事人对另一方当事人陈述的案件事实或提出的诉讼请求，明确表示承认的，可免除当事人的举证责任，但《民诉法解释》第92条第3款规定："自认的事实与查明的事实不符的，人民法院不予确认"，可见这些陈述的事实也必须经过查证属实，才能作为认定事实的根据。我国现行的民事诉讼法没有规定自认对当事人和法院的约束力。建立自认原则，既尊重了当事人的诉讼主体地位，又符合诉讼效益原则。

4. 对辩论原则的完善不能局限于传统的辩论主义，应当吸取西方当事人主义的先进成

① 参见江伟主编：《民事诉讼法学原理》，315页，北京，中国人民大学出版社，1999。

果。社会在逐步地现代化，法律亦如此，西方的辩论主义也是在不断进化的。传统的辩论主义完全强调当事人的主导作用，法院是完全消极的。这就难免出现两个弊端：一是当事人恶意诉讼，违背真实义务；二是法院过于消极，完全任由当事人控制，可能导致诉讼拖延，并可能导致诉讼结果违背实体正义。所以现代的辩论主义补充了新鲜的内容，就是强调当事人的诚信义务与法官的阐明权。诚信义务要求当事人进行诉讼，不得滥用法律赋予的诉讼权利，不允许其基于恶意目的，故意作虚伪陈述，以迟延诉讼，或以投机心理获取胜诉结果，违背诚信的要求。而法官的阐明权则是指在当事人主张的事实不明确时，法院可以令当事人作适当的解释或补充陈述，或者令当事人举证。

**【经典导读】**

我国（指日本）在辩论主义基础尚未成熟的情况下就实现了近现代诉讼制度，这样一来，反而会产生基于裁判所放任、不干涉以及当事人怠慢而形成的诉讼迟延等现象，进而使本来作为解决纠纷最合理手段的辩论主义沦为一种存在诸多缺陷的不合理制度。通过大正十五年的法改正而实现的辩论主义修正——释明权强化或职权证据调查等措施，可以说早在旧《民事诉讼法典》实施当时就潜藏着其萌芽。①

## 第五节　处分原则

我国《民事诉讼法》第 13 条第 2 款规定："当事人有权在法律规定的范围内处分自己的民事权利和诉讼权利。"

### 一、处分原则的含义和内容

#### （一）处分原则的含义

处分原则是指民事诉讼当事人有权在法律规定的范围内自由处置自己的民事实体权利和民事诉讼权利的原则。

民事诉讼之所以实行处分原则是由民事法律关系的特点和民事权利的性质决定的。民事法律关系是平等主体之间关于财产和人身方面的权利义务关系，民事权利义务一般同国家利益和社会公共利益没有直接的关系。法院允许民事主体自由处分自己的民事权利，体现了对当事人主体地位的尊重，体现了私法意思自治的精神。民事诉讼权利是法律从民事诉讼的实际需要出发赋予诉讼当事人在诉讼中实施特定诉讼行为的可能性。民事诉讼权利是民事权利在诉讼中的延伸，也是其实现的手段。强化当事人的诉讼权利并尊重当事人行使诉讼权利的自由，也是诉讼民主的一个要求。

---

① 参见［日］柴野义新：《转变时期的民事裁判制度》，林剑锋译，128 页，北京，中国政法大学出版社，2005。

**【经典导读】**

意思自治，指的是个人从根本上能够以自己的意思来营造自己居于其中的社会空间。这样的原则在全社会规模上成立的前提在于，承认存在着不受任何权力干涉的、纯粹是个人的领域，在其中个人能够完全按其自由意愿生活。这就是古典意义上的自由问题，在以法律来保障自由的情况下，意思自治的范围与给予每个人的权利外延完全一致。①

（二）处分原则的内容

我国民事诉讼的处分原则包括以下内容：

1. 处分的对象包括民事权利和民事诉讼权利。

对民事权利的处分主要体现在三个方面：（1）原告在提起诉讼时可以自由地确定请求司法保护的范围，并有权选择保护的方法。比如当事人因合同纠纷向法院起诉要求保护其权利时，当事人既可以选择要求继续履行，也可以选择要求对方支付违约金或者予以赔偿，还可以同时提出几种请求；既可以对其全部损失要求赔偿，也可以只就其中的部分损失要求赔偿，这种选择权在当事人手中。（2）对于诉讼请求，原告一方可以作出放弃、变更，也可以扩大或缩小诉讼请求的范围，被告一方可以全部或部分承认对方的诉讼请求，也可以决定是否就此提起反诉。（3）在诉讼进行当中，双方当事人可以对各自的诉讼主张作出让步，进行和解或者接受法院的调解。

对民事诉讼权利的处分主要体现在以下几个方面：（1）诉讼启动选择权。这是指实体争议发生之后，是否选择诉讼程序解决纠纷提起诉讼，完全由当事人来决定。当事人的起诉是诉讼程序开始的前提。（2）攻防手段选择权。这是指民事诉讼过程中，采取什么样诉讼策略、手段，由当事人自主决定。比如当事人可以选择在诉讼中提出哪些证据，提出什么事实，如何进行辩论。这些都是处分权的处分对象。（3）程序终结选择权。在诉讼进行过程中，当事人可以通过撤诉、进行和解、申请法院调解等方式终结诉讼程序。（4）后续程序的选择权。这是指在一定诉讼程序结束之后，当事人可以决定是否提起上诉，是否申请再审，是否申请强制执行等。②

对民事权利和民事诉讼权利的处分并不是截然分开的，很多时候都是相互关联的。在民事诉讼中，处分实体权利都是通过处分诉讼权利实现的，但是诉讼权利的处分却并不一定会导致实体权利的处分。例如当事人选择提出某项证据以证明其诉讼请求，是对诉讼权利的处分，但是这本身并不导致其民事权利的处分。

2. 当事人处分权的行使必须是其真实意思的表示。任何违背当事人真实意思作出的处分行为，都不能产生行使处分权的效力。这些情形包括：当事人被强迫、受欺诈或者重大误解等。

3. 民事诉讼中当事人行使处分权并不是绝对的。如果当事人处分权的行使违反国家利益或者社会公共利益，则不得行使。

---

① 参见［日］棚濑孝雄：《纠纷的解决与审判制度》，王亚新译，117页，北京，中国政法大学出版社，2004。

② 参见江伟主编：《民事诉讼法学》，102页，上海，复旦大学出版社，2003。

## 二、我国民事诉讼中当事人处分权与法院审判权的关系

在民事诉讼中，与当事人处分权相对应的是法院的审判权。民事诉讼活动就是这两种权利相互作用的过程。处分权与审判权在民事诉讼中不是孤立的，而是相互作用、相互影响的。我国民事诉讼中处分权与审判权的关系主要体现在以下几方面：

### （一）当事人处分权是法院审判权的合理制约

诉讼程序的开始、法院审判权的行使取决于当事人的起诉行为，法院审判权行使的具体范围局限于当事人提出的请求事项和争议的事实，而且法院的审判权也会因当事人的撤诉行为而终止。这都体现了处分权对审判权的制约。处分权对审判权的制约并不都具有同样的效果，而是存在着程度上的差异的。某些处分行为对于审判权的制约具有绝对性，比如当事人是否起诉，是否接受调解、是否提起上诉、是否申请执行等都对法院的审判权具有绝对的制约作用。而另一些处分权的行使则不具有绝对性，虽然在通常的情况下它们能够决定审判权的运作。比如当事人选择撤诉，要经过法院的准许才能产生终止诉讼的效果，如果法院不同意当事人撤诉，则不能撤诉。而在再审程序中，如果法院认为原审生效判决有错误，即使当事人没有申请再审，也可以主动提起再审程序。

**【经典导读】**

作为律师党派性伦理之基础的委托人自主的观念，实际上渗透到了美国社会的各个角落。在美国，父母从孩子小时候开始就培养他（她）的独立人格。而在 ADR 运动中，美国也不同于日本，美国的调解人无论如何都会尊重当事人的意志，而绝不会在道德上把自身置于优先地位。这种文化上的差异，很多人都观察到了。而这种社会，也可以说是川岛所描绘的理想的市民社会形象，即因为意识到自己是自由的主体所以尊重他人的自由、以人格的相互尊重作为基础的社会吧。①

### （二）审判权指导、监督处分权的行使

人民法院在行使审判权之时，对当事人处分权的行使也具有指导和监督的作用，一是保障当事人的合法权益，二是保证诉讼活动的顺利进行。处分权的不当行使，可能会损害到对方当事人的合法利益，最主要的是当事人行使处分权有时会损害社会公共利益和国家利益，这时法院就不能坐视不管，要通过行使审判权来指导和监督处分权的行使，保证诉讼公正和社会公正的实现。例如当法院发现双方当事人恶意串通，一方为逃避法院的强制执行而承认另一方主张的虚假债务时，应不受这一处分行为的限制而依法作出判决。

### （三）审判权应当保障处分权的实现

由于在我国的民事诉讼中，法院的审判权仍居于主导地位，而且当事人的权益也要通过法院行使审判权作出判决得以最终实现，那么审判权对处分权的保障作用就十分重要。审判权的不当行使会侵犯当事人的处分权，例如当事人双方并不自愿进行调解，而法院为

---

① 参见［日］棚濑孝雄：《现代日本的法和秩序》，易平译，124页，北京，中国政法大学出版社，2002。

了片面追求调解结案率，强迫当事人接受以调解的方式结案，这就严重侵犯了当事人的处分权。审判权应当保障处分权的实现，而不能干涉处分权的行使。

## 三、我国民事诉讼处分原则存在的缺陷与完善

### (一) 我国处分原则的非约束性特征

处分原则虽然是我国民事诉讼的基本原则，但是我国的处分原则同西方传统上的处分原则还是有着很大的区别的。在我国，处分原则的含义一般是指，当事人有权在法律规定的范围内处分自己的民事权利和诉讼权利。而传统的处分原则一般是指“当事人有权决定诉讼的开始、诉讼的对象及终了诉讼的诉讼原则”。从各国的理论与立法规定来看，二者在含义上的最大区别在于，前者仅从当事人“权利”的角度来定义，而后者不仅从当事人权利的角度而且从该权利的行使效果之角度予以解读。就是说，在我国，当事人的“处分权”，仅仅是当事人的一种权利，而这种处分权对法院却未必具有约束力。也就是说，我国民事诉讼法虽然规定了当事人“有权”处分自己的民事权利和诉讼权利，但却没有规定相应的法律后果，因而其处分行为对人民法院往往并没有约束力。对此，我国台湾地区诉讼法学者陈荣宗教授曾指出：“他们规定的法条（指我国大陆的民事诉讼法——引者注），大部分都是要提供当事人去遵守，好像不是针对法官应该如何遵守而规定。此种规定的结果，使法官是否遵守民事诉讼法之规定，变成不重要。对于法官所做的规定，几乎都相当于我们这里（指我国台湾地区——引者注）所谓的‘训示规定’，而不是‘效力规定’。”①

相比较而言，在西方国家，当事人的处分行为对法院具有约束力。这种效力不仅表现在诉讼程序的启动、审判对象及其范围的确定、诉讼的终了等各方面，而且体现在诉的变更与追加、诉讼上的和解、撤诉、认诺等具体制度之中。② 正是因为存在上述区别，我们将我国民事诉讼法所规定的处分原则称为非约束性的处分原则，而将其他大多数国家和地区的相应原则称为约束性的处分原则。

我国民事诉讼处分原则的非约束性，从理论渊源上可以上溯至列宁的国家干预理论。列宁认为：“我们不承认任何‘私人’性质的东西，在我们看来，经济领域中的一切都属于公法范畴，而不是什么私人性质的东西。我们容许的资本主义只是国家资本主义……因此必须：对‘私法’关系更广泛地运用国家干预；扩大国家废除‘私人’契约的权力；不是把罗马法典，而是把我们的革命的法律意识运用到‘民事法律关系’上去……”③ 既然代表国家的法院对于个人的私权利有干预权，当事人的处分行为自然就无法取得约束法院的效果。

### (二) 我国处分原则的缺陷

我国处分原则的缺陷主要有以下几种表现：

1. 诉讼的提起并不完全取决于当事人的意思，法院上门揽案的情况在实践中屡有发

---

① 台湾地区“民事诉讼法”研究基金会：《民事诉讼法之研讨（四）》，278页，台北，三民书局，1993。

② 参见刘学在：《我国民事诉讼处分原则之检讨》，载《法学评论》，2000（6）。

③ 《列宁选集》，3版，修订版，第4卷，633～634页，北京，人民出版社，2012。

生，这侵犯了当事人的处分权。另外，法院和检察院都可以依职权提起民事案件的再审程序，而不以当事人申请再审为必要条件。

2. 人民法院作出的裁决并不局限于当事人所提出的诉讼请求范围。法院如果认为“确有主动保护当事人合法权益的必要，可以依职权将当事人在诉讼中没有主张的实体权利纳入审判范围。因此，一审法院有权超出原告的数额进行审理和判决”①。

3. 对于认诺和放弃诉讼请求的法律效力没有明确规定。民事诉讼法虽然规定了“原告可以放弃或者变更诉讼请求。被告可以承认或者反驳诉讼请求，有权提起反诉”，但是对于当事人的放弃或承认对法院最后作出裁决有无约束力却没有规定。

### （三）我国处分原则的完善

完善我国的处分原则的核心就是规定当事人处分权对法院审理案件的约束力。如在诉讼的提起上，是否提起诉讼由当事人自己决定；在再审提起的程序上，规定只有当事人提出申请，法院才能进行民事案件的再审，如果涉及社会公共利益，可以由检察院提起抗诉发动再审程序。对于法院作出裁决的范围应当规定只能局限于当事人提出的诉讼请求范围之内而不能超越。对于当事人对诉讼请求作出的放弃或认诺，人民法院应当将其作为裁判的基础判令该当事人败诉。应注意的是，当事人的放弃或认诺必须是在法庭审理过程中或在准备程序中向法院作出的，而且是针对诉讼请求本身的，而不是案件事实的。

# 第六节　支持起诉原则

我国《民事诉讼法》第 15 条规定：“机关、社会团体、企业事业单位对损害国家、集体或者个人民事权益的行为，可以支持受损害的单位或者个人向人民法院起诉。”对于这一条规定，理论界将之确定为支持起诉原则。支持起诉原则也是我国民事诉讼法所独有的基本原则，是针对我国国家的具体情况所作出的规定。

## 一、支持起诉原则的意义

民事纠纷是民事主体之间的私权纠纷，民事诉讼通常也只能由具有利害关系的诉讼当事人提起，以保护其合法权益。但是有时候当事人的私权会涉及社会公共利益和国家利益。随着社会的发展，出现了大量的现代性诉讼，以环境污染与消费者权益保护诉讼和大面积的侵权诉讼为代表。现代诉讼的被告大多是从事社会公共事业的团体或大型的社会集团，而原告是一般的单个自然人。原、被告双方的力量悬殊，由于各种原因，利益受害者很可能不向人民法院起诉，这不仅放弃了他们自身的权利，而且放纵了侵害人的违法行

① 顾培东等：《经济诉讼的理论与实践》，33 页，成都，四川人民出版社，1988。

为，损害了社会公共利益。而且当前我国公民和法人的法律素质普遍较低，掌握的法律知识很少，对自己的合法权益保护以及怎样保护缺乏正确的认识，有必要由有关的机关社会团体和企业事业单位支持他们提起民事诉讼，以保护其合法权益。正是基于以上原因，我国建立了支持起诉原则。

其意义在于：一是有利于维护国家、集体和个人的合法权益，鼓励各种社会力量同侵犯民事权益的违法行为作斗争，使他们不逃脱法律的制裁，维护社会主义法制的尊严；二是有利于发扬社会主义道德风尚，建设社会主义精神文明，扶助弱小，扶持正义，使合法的民事权益能够受到法律的保护，体现了我国社会主义社会人与人之间的新型关系。

**【经典导读】**

因为是独立个人的参与，社会就呈现出众多微妙的差异，这构成了现代法律的特色——这种微妙差异就是众所周知的“歧视”。一方面，刑事或民事案件里的个人只要遇上具有法人资格的团体，无论是公共组织还是私人组织，他的处境就很不利，这仅仅是因为个人是“无组织的”(组织性歧视)。另一方面，无论对手是否是组织团体，个人仅仅依靠自身力量与其相抗衡，就会遇到许多无能为力的事。这里指的个人包括，少数人群体、穷人、失业者、“另类”人群等。他们完全可以联合起来组成团体（如民族团体、人权组织、劳工联盟等）来代表个人，但通常他们却不这样做。因为没有团体的帮助，他们很少能够在法律纠纷中争取到他们所想要得到的。①

## 二、支持起诉的条件和方式

### （一）支持起诉的条件

支持起诉的原则并不是在任何时候都适用的，它的适用也要具备特定的条件：

1. 支持起诉的案件必须是侵权行为引起的民事案件，也就是说加害人的行为必须是侵犯了国家、集体或者个人的民事权益，构成了侵权行为。如果不是民事侵权案件，仅仅是一般的民事争议，当事人可以自行处分自己的诉权，则无须机关、团体、企事业单位支持其起诉。

2. 有权支持起诉的只限于机关、团体、企事业单位，不包括个人。个人不能成为支持起诉的主体。

3. 支持起诉的前提条件是利害关系人没有提起诉讼。如果利害关系人已经起诉，则不存在支持起诉原则的适用，也就没有支持起诉的必要了。

### （二）支持起诉的方式

我国《民事诉讼法》并没有规定支持起诉的具体方式，可以说，支持起诉原则在具体规定上并没有体现。实践中，支持受害者起诉的方式主要是启发和鼓励受损害的单位或个人向法院起诉。同时，当被支持者决定起诉后、正式起诉前，支持的单位可以从道义上、物质上和法律上给予帮助。例如，可以只因受害者到有关部门和人民法院反映情况，选派有法

---

① 参见［美］唐·布莱克：《社会学视野中的司法》，郭星华等译，47～48页，北京，法律出版社，2002。

律知识的人充当被支持者的诉讼代理人，为其提供法律帮助。[①]

支持起诉原则是我国民事诉讼中一项饱受争议的原则。许多学者对这一原则提出质疑。有的学者认为，首先，民事诉讼法关于支持起诉的规定对民事诉讼全过程并无指导作用。既然立法把“支持”限定于“起诉”，那么最多也只是在起诉和受理阶段有一定的意义。其次，我国民事诉讼法关于支持起诉的规定不具体。对于支持起诉的条件、方式、程序、支持人的诉讼地位等都未作任何规定，其可行性、操作性不强。所以支持起诉原则不能成为我国民事诉讼的基本原则。[②] 有学者也认为，应当取消这一原则，理由是：第一，支持起诉的行为发生在诉讼开始之前，诉讼尚未开始，不能受到诉讼法基本原则的约束。第二，按现行民事诉讼法的立法精神，支持起诉原则规范和制约的主体是机关、社会团体、企业事业单位，这些单位与案件没有利害关系，不是诉讼当事人，而民事诉讼法的基本原则是指导诉讼活动的准则，不应约束诉讼参与人之外的其他人。第三，机关、社会团体、企业事业单位支持受害者向人民法院起诉，可由所在单位根据其工作性质和特点作出要求，不需要法律特别的规定。第四，受损害的主体没有向人民法院起诉，根据民事诉讼法的基本原理，是当事人自由处分自己民事实体权利和民事诉讼权利的一种表现，如再以种种方式来支持或动员其起诉，可以认为是对当事人处分权行使的干涉。第五，支持起诉原则确定十多年来，在实践中没起到什么作用，形同虚设。[③] 可以说，这些论述是有一定道理的，我国在民事诉讼法中对支持起诉原则进行规定之时主要是考虑到民事诉讼现实的需要，为了保障当事人能够依靠法律实现自己的权益，而缺少理论上的论证。而且在民事诉讼法的分则中又没有作出具体规定，以保障这一原则得到切实的贯彻，所以该原则在实践中所起的作用不太显著。民事诉讼的研究者和立法者必须加强理论研究，为支持起诉原则提供理论支持，并完善具体的规定，保障这一原则能够在实践中切实起到作用，否则这一原则将会受到更大的争议。

## 三、支持起诉原则与法律援助

法律援助制度，又称为法律扶助制度，是国家为了保证法律赋予公民的各项权利在现实生活中切实得以实现，对需要采用法律救济手段捍卫自己的法定权利不受侵害，但又因经济困难无力支付诉讼费和法律服务费用的当事人（如残疾人、妇女、儿童、老人、智力低下者等），以及某些特殊案件的当事人，提供免费、减费法律服务或者减免诉讼费用以保障其司法权得以实现的一项法律制度。法律援助制度的本质是，国家以为被援助对象提供经济帮助为途径，从而保证法律赋予每位公民的合法权利真正得以实现，完善“法律面前人人平等”的一项构架法律制度。它是完善社会保障法律体系的重要措施。

法律援助制度同支持起诉原则在范围上有着交叉的关系。一方面，民事法律援助制度主要针对的是公民关于赡养费、抚养费、抚育费、劳动报酬、工伤的案件，有一定的特定性，范围小于支持起诉原则所包括的范围；另一方面，法律援助制度当然不局限于支持起

① 参见何文燕、高合明主编：《民事诉讼法学新论》，74页，长沙，中南工业大学出版社，1997。

② 参见何文燕：《调解和支持起诉两项民诉法基本原则应否定》，载《法学》，1997（2）。

③ 参见王琦：《民事诉讼法基本原则若干问题的思考》，载《海南大学学报》，2003（2）。

诉，还包括起诉之后的诉讼的各个阶段的援助活动。

完善民事法律援助制度，有利于完善支持起诉原则。最主要的就是加大律师事务所对民事权利受害人在物质和法律上的帮助，比如减免律师代理费用，提供法律咨询，代拟法律文书等。完善民事法律援助对于支持起诉原则有着十分重要的意义。

## 第七节　诚实信用原则

民事诉讼中的诚实信用原则是指法院、当事人以及其他诉讼参与人在审理民事案件和进行民事诉讼时必须公正和诚实、善意。[①] 2012 年修改后的我国《民事诉讼法》将诚实信用原则规定为基本原则，《民事诉讼法》第 13 条第 1 款规定："民事诉讼应当遵循诚实信用原则"，这一原则的确立，缓和了各诉讼主体间的对立与冲突，有利于协同诉讼关系的建立。

### 一、诚实信用原则确立的依据

诚实信用原则原本是民法的一项基本原则，这一原则能够超越民法的界限适用于民事诉讼法领域，可以说是现代法律制度发展的规律性表现和必然产物。诚实信用原则能够在民事诉讼法中得以确立，主要有以下两方面原因：

#### （一）民事诉讼法和民法之间内在的关联

如果民事诉讼法中没有诚实信用原则的要求，则民事实体法中的诚实信用原则就不可能得到真正的落实和贯彻，这是由民事诉讼法所具有的工具性价值决定的。从立法的一贯性和体系性上着眼，必然要在立法上认可民事诉讼中的诚信原则，才能保证诚信原则的贯彻始终。而民事诉讼中的诚实信用原则，首先就成为对当事人诉讼行为的诚信要求。

#### （二）适应新型诉讼模式的需要

诚实信用原则并不是在任何诉讼模式中都有存在的可能和必要的。在职权制模式下，法官在诉讼程序中占有主导地位，诉讼制度主要都是对法官如何进行审判的规定，对诉讼当事人的规定较少，尤其是对诉讼权利的规定更少，而对于法官则根据审判法和法院组织法来规范，因而诚实信用原则在职权制下并不具有必然性。随着职权制在现代社会的日渐衰微，对抗制日益成为被世界各国民事诉讼制度所青睐的选择，诚实信用原则也进入人们的视野。事实上，诚实信用原则是在对抗制诉讼模式的基础上发展起来的，对抗制诉讼模式的预先存在是诚信原则得以生成的逻辑前提。在对抗制或当事人主义诉讼模式下，当事

① 参见王福华：《民事诉讼诚实信用原则论》，载《法商研究》，1999（4）。

人是诉讼程序的主导者，当事人的诉权对法官的审判权具有最大限度的制约作用。但是同时，当事人的诉讼权利被滥用又成为一个重要的问题，这导致当事人诉讼地位的不平衡，也影响了诉讼效率性和司法权威性。为了克服此种诉讼流弊，现代国家民事诉讼法都不约而同地引进了本属于私法领域的诚信原则。诚信原则在民事诉讼中得以确立，减缓了当事人主义诉讼模式中固有的对抗性色彩，加强了当事人在行使诉讼权利过程中的合作与协调。

现代世界各国的民事诉讼实践发展证明，确立诚实信用原则为大势所趋。1885 年的《奥地利民事诉讼法》、1911 年的《匈牙利民事诉讼法》和 1933 年修改的《德国民事诉讼法》都规定，当事人或其代理人恶意陈述虚伪事实，或妨碍对方当事人的陈述，提出无理争辩及提出不必要的证据时，法院可以处以罚款。美国的《联邦民事诉讼规则》、日本的《民事诉讼法》、我国民国时期的《民事诉讼法》也都有类似规定。在德国，人们已不再把民事诉讼视为当事者之间对立抗争的关系，而是将其作为协同关系来把握，并使这种思想崭露头角，造成所谓债权法上概念的信义原则与诉讼发生了结合。① 诚信原则支配下所形成的诉讼模式可以称为“协同型诉讼模式”或“协同主义诉讼模式”。在否定之否定的层面上，协同主义诉讼模式较之当事人主义和职权主义诉讼模式而言，乃处在更高的境界。毋宁认为，前者乃是后二者的优势综合的产物。②

## 二、诚实信用原则具体适用的形式

根据诚实信用原则适用主体的不同，可以将诚实信用原则的适用分为三种情况：

### （一）对当事人的制约

诚实信用原则对当事人的制约表现在，它要求当事人在实施诉讼行为时必须诚实和善意；否则法院有权干预，甚至确认当事人的诉讼行为无效。该原则对当事人在程序方面的要求具体表现在以下几方面：

1. 对不正当诉讼行为的禁止。即当事人不得以不正当的手段形成有利于自己的诉讼状态。例如，以不正当的手段改变连结点骗取审判管辖；以不正当的理由获得财产保全和先予执行以及重复诉讼的行为。

2. 对诉讼权利滥用行为的禁止。即要求当事人不得滥用诉讼权利，故意拖延诉讼。例如，滥用回避请求权、鉴定申请权、反诉权，干扰诉讼的顺利进行，这些当事人诉讼权利的滥用是明显违背诉讼诚实信用原则的。民事诉讼法授予当事人及法院以权能，但这并不能保证这些权能本身都被按规定的目的行使，因而有运用诚实信用道德性准则规范的必要。

3. 对伪证的禁止。即要求当事人不得使用不正当的手段让证人作假证。对此我国民事诉讼法有类似的规定。伪证行为均属于违反诚实信用原则之表现。此外，当事人在承认对

---

① 参见［日］谷口安平：《民事诉讼中的诚实信义原则》，载《程序的正义与诉讼》（增补本），168 页，北京，中国政法大学出版社，2002。

② 参见汤维建：《论民事诉讼中的诚信原则》，载《法学家》，2003（3）。

方陈述的事实时，应当实事求是，不得作虚伪承认。一旦法院发现当事人所承认的事实不存在时，应当否定该承认的法律效力。

4. 对反言的禁止。即当事人在诉讼中不得故意作相互矛盾的陈述。学理上认为，禁反言原则的适用须具备三个条件：当事人前后实施了矛盾的行为；对方当事人相信了前一行为；如果认可后一矛盾行为，对方当事人则必受利益上的损失。《民诉法解释》第229条和第342条明确了对禁反言规则的适用，当事人在审理前准备阶段认可的事实和证据不得随意推翻，当事人在二审程序中对一审已经实施的行为不得随意反悔。

5. 对当事人实施诉讼突袭行为的禁止。主要是举证突袭的行为，这被普遍认为违反了民事诉讼程序性公正要求。在诉讼推理过程中赋予当事人充分陈述、提出诉讼资料、质证、答辩的机会和条件，是程序保障和程序性公正的必然要求。如果一方当事人未经合法程序即用未公开的诉讼证据向另一方当事人实施突然攻击，使该当事人没有进行防御的机会，而在诉讼中处于劣势，是最明显的违反诚实信用义务的行为。

6. 对扰乱诉讼秩序的禁止。当事人在诉讼中违反诉讼程序、扰乱法庭秩序等行为使诉讼难以正常地进行，既侵犯了对方当事人的合法权益，也侵害了司法权威性，是违反诚实信用的行为，应当予以禁止。对扰乱诉讼秩序的行为采取民事强制措施也是暗合了诚实信用原则的。

### （二）对其他诉讼参与人的制约

1. 诉讼代理人不得在诉讼中滥用和超越代理权；在代理权限内进行诉讼代理行为，对委托人和法院要诚实。

2. 证人不得作伪证。尤其在我国目前当事人自带证人到庭的情况下，有必要建立证人宣誓制度，强调证人的真实义务和协助义务。

3. 鉴定人不得作与事实不符的鉴定意见。

4. 翻译人员不得故意作同原陈述或原文意义不符的翻译。

### （三）对法院的制约

1. 滥用审判权的禁止。法官在对实体问题和程序问题进行自由裁量时，应当忠实地行使裁量权，即不得滥用司法裁量权。法官在民事诉讼中要认定事实，适用法律，按照一定的程序审理案件，如果他们对审判权进行滥用的话，就会侵害诉讼当事人及其他参与人的合法权益。例如法官在审判中剥夺当事人及其诉讼代理人辩论的机会与权利，无故延期开庭，中止审理等，都是违反诚实信用原则的表现。法官滥用自由裁量权就是违背诚实信用原则。

2. 判断证据方面的诚实信用的要求。法官在判断证据时，应当实事求是，不得对当事人提出的证据任意加以取舍和否定。实际上法官在判断证据时也同样存在自由裁量，对法官自由裁量的约束原则同样是诚实信用原则。

3. 审判突袭的禁止。法官在审理案件时，应充分地尊重当事人的程序权利，为当事人提供陈述主张和事实的机会。不得实施突袭性裁判。法官在认定事实和适用法律作出最终的裁判之前以适当的方式公开自己的内心判断和心证，以防止当事人没有任何准备，受到突袭性的打击。

## 【问题与思考】

1. 我国民事诉讼辩论原则与当事人主义诉讼模式下的辩论原则有何不同？

2. 处分原则与当事人主义诉讼模式下的处分主义有何不同？处分原则在民事诉讼各阶段如何体现？

# 第五章
# 民事审判的基本制度

## 参考文献


（一）著作

1. 常怡主编．比较民事诉讼法．北京：中国政法大学出版社，2002. 321～336页
2. 江伟主编．民事诉讼法学原理．北京：中国人民大学出版社，1999. 325～334页
3. 杨荣馨主编．民事诉讼原理．北京：法律出版社，2004. 325～352页
4. 王琦．中国陪审制度研究．西安：西安出版社，2003
5. 左卫民等．合议制度研究：兼论合议庭独立审判．北京：法律出版社，2001

（二）论文

1. 张晋红．审判长制度与合议制度之冲突及协调——兼论合议制度的立法完善．法学评论，2003（6）
2. 张永泉．论合议庭制度．法律科学，2001（5）
3. 刘楠．论主审法官制．现代法学，1998（6）
4. 苏力．基层法院审判委员会制度的考察及思考．见：北大法律评论．第1卷·第1辑．北京：法律出版社，1998
5. 何家弘．陪审制度纵横论．法学家，1999（3）
6. 孙斌．英国陪审制度今昔．比较法研究，1991（4）
7. 林永谋．德国陪审、参审采行之理念上观察．法令月刊，46卷（1）
8. 温晋锋．我国司法回避的制度检视．政法论坛，2004（6）
9. 洪艳蓉．司法改革中的律师回避问题．法学，2001（7）
10. 傅郁林．论民事上诉程序的功能与结构——比较法视野下的二审上诉模

式．法学评论，2005（4）

11. 章武生．我国民事审级制度之重塑．中国法学，2002（6）

12. 王娣．我国民事审级制度之重构与优化．政法论坛，2002（4）

13. 杨荣新．重构我国民事诉讼审级制度的探讨．中国法学，2001（5）

14. 邵俊武．论审判过程中的传媒活动．法学评论，2002（5）

15. 卞建林．媒体监督与司法公正．政法论坛，2000（6）

16. 黄双全．论公开审判制度的完善．中国法学，1999（1）

17. 左卫民．论公开审判．社会科学研究，1999（3）

18. 程味秋，周士敏．论审判公开．中国法学，1998（3）

19. 廖永安，李世锋．我国民事合议制度之运行现状——以一个欠发达地区基层法院的民事审判为考察对象．社会科学，2008（4）

## 参考法规

1991 年《中华人民共和国民事诉讼法》（2017 年修正）第 39 条～第 47 条。2015 年最高人民法院《关于适用〈中华人民共和国民事诉讼法〉的解释》第 43 条～第 49 条；1999 年最高人民法院《关于严格执行公开审判制度的若干规定》；2013 年最高人民法院《关于人民法院在互联网公布裁判文书的规定》（2016 年修订）；2002 年最高人民法院《关于人民法院合议庭工作的若干规定》；2001 年最高人民法院《关于适用〈中华人民共和国婚姻法〉若干问题的解释（一）》第 9 条。

## 引例　我国第一例法院审判的现场直播

北京市第一中级人民法院（以下简称北京市一中院）在全国法院系统中率先对公开审判制度的具体形式进行了探索。该院于 1998 年 6 月 10 日向社会承诺公开审判的公告和旁听证作为中国法制进程的见证被中国历史博物馆收藏，1998 年全国高考政治试卷中也出现了以北京市一中院公开审判为内容的考题。1998 年 7 月 11 日，中央电视台首次向全国电视观众现场直播了北京市一中院审理的一起著作权侵权案件的庭审实况，这次直播被誉为“中国民主与法制建设进程中的又一个里程碑”。许多媒体对此给予高度评价，认为庭审直播是审判公开制度的创新和典范，是我国司法史和新闻史上的一个创举，是具有里程碑意义的事件。但这种公开的方式也引起一些争议，有学者对此种公开审判的方式提出了质疑。① 该学者认为，各国都对法院庭审的

① 参见贺卫方：《对电视直播庭审过程的异议》，载《中国律师》，1998（9）。

现场直播采取了非常严格的禁止态度。通常报纸对报道法庭场景所用的图片都只能是法庭速写师提供的速写画，而不是照片（法庭之内不许拍照），电视直播就更是一桩难以实现的事情了。如举世闻名的辛普森案件，其刑事审判的直播可以说是美国司法历史上破例的举动，主要原因是这位黑人橄榄球明星实在是闻名遐迩，电视直播可以有相当大的观众规模。同时，加利福尼亚又是通过立法使电视直播成为可能的几个州之一。当然要使可能性变成现实还必须得到当事人双方的同意以及法官本人的许可。另外，直播过程还要受到法官严格的监控和种种苛刻的限制，例如不允许陪审团成员的身影出现在屏幕中，镜头不得对准当事人的笔记，等等。即便如此，这次现场直播仍然在法律界引起了很大争议，结果，第二次以辛普森为被告的民事审判就没有进行电视直播。

## 第一节　合议制度

### 一、合议制度的概念

合议制度，是指由 3 名以上的法官或者陪审员组成合议庭，代表法院行使审判权，对案件进行审理并作出裁判的诉讼制度。

我国的审判组织制度包括合议制和独任制两种基本形式。独任制是由一名法官对案件审理并独立作出裁判的制度。合议制是相对于独任制而言的，由 3 名或者 3 名以上的法官或者陪审员组成合议庭进行审判。合议庭的成员人数必须是单数。合议制度的宗旨是在审判活动中发挥多人的集体智慧，避免由一人审判可能出现的偏颇和失误，被视为保证审判质量和案件正确处理的重要方式。根据我国《民事诉讼法》第 39 条的规定，除适用简易程序和特别程序审理的民事案件采用独任制外，其他案件一律采用合议制。

### 二、人民陪审员制度

我国的陪审制度最早出现在清末修律时期，但当时仅有立法，未能施行。20 世纪 30 年代民主革命时期，革命根据地的工农民主政权从事审判活动时就采用了人民陪审员制度。中华人民共和国成立后，人民陪审制得以延续和发展，1979 年颁行的《人民法院组织法》规定“第一审案件实行人民陪审员陪审的制度”，1983 年改为“人民法院审判第一审案件，由审判员组成合议庭或者由审判员和人民陪审员组成合议庭进行”。此后，我国民事、刑事和行政诉讼法分别在审判组织部分作出了关于采用人民陪审员制度的规定。①

人民陪审员制度具有多种功能。人民陪审员作为普通民众的一员参与到审判活动中去，凭借其常识和日常生活经验，可以促进裁判更加符合公众标准，“在一定程度上抑制专业法官囿于专业的视角或行业的利益所出现的某些（职业）偏向”②；对于一些具有特殊专业背景的疑难案件，具备专业知识和技能的人民陪审员可以发挥其专业优势，协助法官解决审判中的专业疑难问题；通过人民陪审员向广大人民群众进行法制宣传教育，有利于及时化解纠纷，促进社会和谐的构建；人民陪审员在审判活动中可以监督法官的行为，增强审判程序的透明度和廉洁性；人民陪审员的参与能够分担法官的部分工作量，有利于缓解司法资源的紧张状况，提高司法效率。

**【经典导读】**

在19世纪，伴随着对法官腐败的指控，由12人组成的陪审团显然是一个更为诚实、可靠的纠纷解决方法，因为很难会在没有被人发现的情况下去贿赂12个陪审员甚至是一个陪审员。而且，正如许多人指出的，12个脑袋要好过1个脑袋。陪审团提供了大量不同的经历和观点，这与单个法官的单片思路正好形成对比。不断听取同样案件的法官会变得筋疲力尽，而且会基于先前的案件产生偏见，这样就很难带着新鲜无偏见的耳朵去听取证据。③

关于人民陪审员的适用范围，除适用简易程序审理和法律另有规定的案件外，人民法院审理的社会影响较大的民事一审案件由人民陪审员和法官组成合议庭进行；一审的民事案件原告或者被告向法院申请由人民陪审员参加合议庭审判的，也由人民陪审员和法官组成合议庭审理。在人民陪审员的选任方面，人民陪审员统一以基层人民法院院长提请同级人民代表大会常务委员会任命的方式产生，并有教育程度、品德状况等方面的具体要求。另外，法律明确规定禁止某些可能有利害关系、影响案件公正审理的人员担任人民陪审员。人民陪审员的职权比较广泛。人民陪审员依法参加合议庭审判案件，除不得担任审判长外，与法官有同等权利，对事实认定和法律适用问题独立行使表决权。

陪审制度最早起源于公元前5世纪至公元前6世纪的雅典，是对当时盛行的神明裁判的否定，也是民主政治体制的产物。现代意义上的陪审制度有两种基本形式：陪审团制度和参审制度。陪审团制度起源于11世纪初的英国，传入美国后得到充分的发展，形成了如今影响深远的英美法系“陪审团”模式。英美法系的陪审团成员由随机抽取的普通公民组成，入选的资格并不严格，不需要具备专业的法律知识。陪审团和法官存在分工，陪审团专门行使事实裁定权，法官只负责在陪审团认定事实的基础上作出法律裁决。以法国为代表的大陆法系的陪审制度采取的是“参审制”。1791年法国曾借鉴英国经验确认了陪审制

---

① 为了强化人民陪审制度，切实发挥人民陪审员的作用，我国第十届全国人大常委会第十一次会议于2004年8月28日通过《关于完善人民陪审员制度的决定》，该决定自2005年5月1日起施行，这是我国第一部关于人民陪审员制度的单行法律。同年12月13日，最高人民法院、司法部又联合发布了《关于人民陪审员选任、培训、考核工作的实施意见》，配合人民陪审员的各项具体制度建设。

② 贺卫方：《恢复人民陪审制度?》，载《南方周末》，1998-10-23。

③ 参见［美］史蒂文·苏本、玛格丽特·伍：《美国民事诉讼的真谛》，蔡彦敏等译，239页，北京，法律出版社，2002。

度，但随后逐渐演变为“参审制”，通常是由两名外行人与一名专业法官组成合议庭审理案件。外行人与专业法官享有同等的权利，并同时参与对案件事实的判断与对法律加以适用的各个环节。我国的人民陪审员制度总体上属于大陆法系的“参审制”。

## 三、合议庭的组成

合议制度的组织形式是合议庭。合议庭是指对某个具体的民事案件，由 3 名或者 3 名以上的审判人员或者陪审员组成，专门负责对该案进行审理并作出裁判的组织。合议庭总是针对具体案件而言。由于不同审级的案件类型和审判任务有所不同，合议庭的组成人员因审级的不同而存在区别。

### （一）一审合议庭

适用普通程序的一审合议庭的组成有两种情形：一种是由审判员和陪审员共同组成合议庭，另一种是全部由审判员组成合议庭。法院在审判实践中究竟采用哪一种方式组成合议庭，应当根据案件的类型和实际需要来确定。从审判实务看，法院邀请陪审员参加审判的案件范围比较广泛，特别是在审理那些专业性和技术性较强的案件时，一般会邀请有关专业人士作为陪审员参加审判。

### （二）二审合议庭

第二审审理的对象与初审不同。一审法院需要对当事人双方的争议进行裁判，而二审除继续审理当事人的争议外，还承担着审查一审裁判认定事实和适用法律是否正确的任务。此外，二审裁判是发生法律效力的终审裁判，因此，对二审合议庭的组成人员的要求应当高于对一审的要求。基于二审的功能和定位，《民事诉讼法》第 40 条规定，二审的合议庭完全由法官组成。

### （三）发回重审、再审合议庭

二审法院发回重审的案件，仍然是一审案件，合议庭应当按一审程序的规定组成。为避免一审法官的成见，促使原审裁判的错误得到纠正，重审的合议庭必须另行组成。即原审参加合议庭的法官或人民陪审员，一律不得作为重审案件的合议庭成员。

再审案件适用的程序取决于原作出生效裁判的审级。原来是第一审的，按第一审程序审理；原来是第二审的，按第二审程序审理。再审合议庭的组成也取决于原来的审级，原来是第一审的，按第一审程序组成合议庭；原来是第二审的，按第二审程序组成合议庭。再审案件的合议庭也必须另行组成。

上级法院发现裁判确有错误而提审的案件，为第二审案件，应当按第二审程序的规定由法官组成合议庭。

## 四、合议庭的活动原则

合议庭须由一名成员来担任审判长，负责主持对案件的审理。《民事诉讼法》第 41 条规定，当院长或庭长为合议庭成员时，由院长或庭长担任审判长；院长或庭长不是合议庭成员时，由他们指定一名法官担任审判长。人民陪审员不得担任合议庭的审判长。

合议庭的成员应当自始至终地参与审判活动，中途不得无故退出或更换。合议庭的审判活动实行民主集中制原则。合议庭成员不论是院长、庭长还是一般的法官或人民陪审员，均依法享有同等的权利，有权案件的事实认定和法律适用问题独立发表意见。在对案件进行评议时，合议庭实行少数服从多数的原则。评议应制作案件评议笔录，由合议庭全体成员签名。评议中的不同意见，必须如实记入笔录。将不同意见记入笔录，既尊重了合议庭成员的权利，也反映了合议庭成员对案件的不同意见。法院的裁判虽然是按照多数意见作出的，但有时少数意见恰恰代表了对案件的正确认识。笔录中记载的少数意见，有利于二审或再审法院发现并及时纠正原审裁判中的错误。

### 五、合议庭与审判委员会

审判委员会是依照《人民法院组织法》在法院内部设立的领导审判工作的机构，其法定职能之一是讨论重大疑难案件。审判委员会是我国独有的审判组织形式，长期以来学界对于审判委员会的功能和定位存在争议。审判委员会如果作为一种讨论疑难案件的常设机构，可以聚集法院优秀法官的知识和经验，群策群力发挥集体智慧的力量；但如果审判委员会取代合议庭，成为事实上的案件裁判者，则会出现“审者不判，判者不审”的情形，这不仅违背了审判独立原则，也可能导致徇私枉法现象的发生。在民事审判中，必须正确处理审判委员会与合议庭的关系。审判委员会不能替代合议庭行使审判权；不能“先定后审”，将裁判结果定下来后再将案件交给合议庭审理；也不能将大多数案件都拿到审判委员会来讨论决定，否则，合议庭的审判职能就无法正常行使。

## 第二节　回避制度

### 一、回避制度的概念

回避制度，是指审判活动中，法官和其他有关人员具有法律规定的不宜参加审理的情形时，退出对某一案件审理或与审理有关的活动的制度。

回避制度是现代各国普遍适用的一项诉讼制度，这一制度源于英国普通法上“自然正义”的基本要求，即任何人不得做自己案件的法官。回避制度把存在可能影响案件公正审理情形的法官和其他有关人员排除出审判的过程，一方面可以切断徇私舞弊的机会，保证审判结果的公正性；另一方面也可以消除当事人的疑虑，保证审判过程的公正性。

### 二、回避制度的适用对象

我国《民事诉讼法》第44条规定，审判人员、书记员、翻译人员、鉴定人、勘验人具有法定情形的，应当回避。其中审判人员的范围，《民诉法解释》第 48 条规定，包括参与本案审理的人民法院院长、副院长、审判委员会委员、庭长、副庭长、审判员、助理审判员和人民陪审员。在执行程序中，执行人员的回避参照适用有关审判人员的回避的规定。

## 三、回避的事由

回避制度在一定程度上是对法院审判权的限制。为使回避适用人员明确在哪些情况下应当回避，也为了使当事人知道自己在哪些情形下有权申请回避，法律将应当回避的情形一一加以规定。我国《民事诉讼法》第 44 条规定的应当回避的法定情形包括：(1) 是本案的当事人或当事人、诉讼代理人的近亲属。根据司法解释，近亲属通常是指配偶、父母、子女、兄弟姐妹、祖父母、外祖父母、孙子女、外孙子女。(2) 与本案有利害关系。这是指案件处理的结果会直接或间接地影响到法官或其他有关人员的利益。(3) 与本案当事人、诉讼代理人有其他关系，可能影响对案件的公正审理。其他关系指除上述关系外的与本案当事人之间存在的足以影响案件公正审理的关系，如师生关系、同学关系、朋友关系等。(4) 审判人员接受当事人、诉讼代理人请客送礼，或者违反规定会见当事人、诉讼代理人的，当事人有权要求他们回避。若审判人员有该行为的，应当依法追究法律责任。

自 2015 年开始实施的《民诉法解释》第 43 条及第 44 条进一步细化了回避的法定事由：(1) 是本案当事人或者当事人近亲属的；(2) 本人或者其近亲属与本案有利害关系的；(3) 担任过本案的证人、鉴定人、辩护人、诉讼代理人、翻译人员的；(4) 是本案诉讼代理人近亲属的；(5) 本人或者其近亲属持有本案非上市公司当事人的股份或者股权的；(6) 与本案当事人或者诉讼代理人有其他利害关系，可能影响公正审理的。

审判人员有下列情形之一的，当事人有权申请其回避：(1) 接受本案当事人及其受托人宴请，或者参加由其支付费用的活动的；(2) 索取、接受本案当事人及其受托人财物或者其他利益的；(3) 违反规定会见本案当事人、诉讼代理人的；(4) 为本案当事人推荐、介绍诉讼代理人，或者为律师、其他人员介绍代理本案的；(5) 向本案当事人及其受托人借用款物的；(6) 有其他不正当行为，可能影响公正审理的。

## 四、回避的方式与程序

回避的方式有两种：一种是自行回避，即遇有法定的回避事由时，由法官或其他有关人员主动要求回避。另一种是申请回避，即由当事人或其诉讼代理人向法院提出申请，要求法官或其他有关人员回避。适用回避制度的人员在发现自己存在法定的回避情形时，应当主动地向审判长、院长或审判委员会提出回避请求；当事人或其诉讼代理人认为他们有法定的回避情形时，有权向法院申请回避。

当事人或者其诉讼代理人提出回避申请的时间，一般在开庭之时。法院按普通程序审理案件时，一般应在合议庭组成后的 3 日内将合议庭成员告知当事人。开庭审理时，审判长依法要询问当事人是否申请回避。当事人如申请回避，就应在此时提出。但有时当事人在审理开始后才得知有应当回避的情形，为确保审判的公正，也可在法庭辩论终结前申请回避。

当事人申请回避，可采用口头或书面两种方式。不论采用何种方式，均应当说明申请的理由。这是为了防止当事人滥用申请回避的权利，导致诉讼的迟延。

**【案例5-1】孙国胜诉雀巢公司案**

2004年10月22日，孙国胜在某连锁店购买雀巢公司生产的雀巢全脂甜奶粉和雀巢能多健2（较大婴儿及幼童奶粉）各一袋。次日，他服用后有腹胀腹泻症状，停用后症状消失。孙国胜认为雀巢能多健2奶粉标示名称不符合国家标准，怀疑是用大豆磷脂替代了牛奶做主要原料，但产品标签上并未明示，剥夺了消费者的知情权。2004年11月8日，孙国胜将雀巢奶粉制造商及销售商告到了河南省平顶山市卫东区人民法院，要求法院判令被告向其公开道歉并赔偿各项损失九百余元。11月16日，平顶山市卫东区人民法院受理了此案。11月30日，雀巢公司向平顶山市卫东区人民法院提交了反诉状，要求法院判令被反诉人消除影响，为反诉人恢复名誉并通过《中国青年报》等36家媒体向反诉人赔礼道歉。这起案件引起全国众多媒体和消费者的关注。

孙国胜状告雀巢公司奶粉一案在河南省平顶山市卫东区人民法院审判庭公开审理。当审判长询问当事人是否提出回避申请时，原告孙国胜首先要求合议庭两位组成人员回避。法庭休庭合议后，合议庭驳回了原告的请求。继续开庭后，原告又提出请求卫东区人民法院集体回避，他陈述了自己的理由：法院袒护被告，推诿受理本案和相关另案，违法受理被告所提出的反诉等。原告认为，“没有程序的公正，就没有审判的公正。卫东区人民法院若审理此案，其判决很可能枉法”。合议庭休庭合议，再一次驳回了原告的回避请求，法庭继续开庭。在随后的当事人陈述、法庭调查、法庭辩论等庭审程序中，原告孙国胜一直保持沉默，既不陈述自己的请求，也不向法庭提供自己的证据，对法警传递的被告所提供的证据不进行质证。庭审结束后，孙国胜声称自己沉默是表达对法院拒绝其回避申请的不满和抗议。最后一审法院判决原告败诉。本案中原告的回避申请屡屡被驳回，根本原因在于原告未能说明理由和提供必要的证据来支持其理由。

回避申请提出后，除案件需要采取紧急措施外，被申请人员在回避与否的决定作出前，应当暂停参与案件的审理工作。但案件需要采取紧急措施的除外。此处需要采取紧急措施，包括人民法院接受当事人的申请或依职权决定，需要立即采取财产保全措施、行为保全等情形。

对当事人等提出的回避申请，法院应进行审查，并在申请提出的3日内以口头或书面方式作出决定。决定回避的权限依被申请回避人员的不同而异：院长担任审判长时的回避，由审判委员会决定；审判人员的回避，由院长决定；其他人员的回避，如书记员、翻译人员、鉴定人、勘验人的回避，由审判长决定，在实行独任审判时，则由独任法官决定。另外，根据《民诉法解释》的规定，审判人员有应当回避的情形，没有自行回避，当事人也没有申请其回避的，由院长或审判委员会决定其回避。

回避是保证审判公正的一项重要制度，申请回避是当事人依法享有的一项重要诉讼权利。为保障回避的正确适用，维护当事人的这一诉讼权利，法律对法院驳回回避申请的决定设置了救济措施。《民事诉讼法》第 47 条规定，申请人对决定不服的，可以在接到决定时申请复议一次。复议期间，被申请回避的人员不停止参与本案的审理工作。法院对复议申请，应当在 3 日内作出复议决定，并通知复议申请人。

## 五、回避制度及违反回避制度的效果

根据《民诉法解释》第 45 条，在一个审判程序中参与过本案审判工作的审判人员，不得再参与该案其他程序的审判。但是发回重审的案件，在一审法院作出裁判后又进入第二审程序的，原第二审程序中合议庭组成人员不受前款规定的限制。

违反回避制度应当属于严重违反程序规则的行为，依据《民事诉讼法》第 200 条第 7 项的规定，违反回避制度：(1) 若当事人上诉，二审法院可以裁定撤销原判发回重审；(2) 对已经生效的法律文书可以作为抗诉或申请再审的法定理由。

# 第三节　公开审判制度

## 一、公开审判制度的概念和意义

公开审判制度，是指法院对民事案件的审理过程和判决结果向社会公众公开的制度。

公开审判是相对于秘密审判而言的，是诉讼制度文明和进步的标志。封建专制社会的司法，审判多在秘密状态下进行。秘密审判在资产阶级革命时期被视为维护专制统治的工具和措施，受到进步思想家的猛烈抨击。资产阶级革命胜利后，公开审判作为一项司法原则，取代了秘密审判，成为诉讼制度中的一项重要原则。公开审判逐步成为现代各国诉讼法中的一项普遍而重要的制度。

公开审判制度的意义在于：首先，它有利于促进和保障司法公正。这一制度将审判活动置于公众和社会的视野之下，增强了审判活动的透明度，能够促使法官依法公正审判，防止秘密审判可能出现的“暗箱操作”导致的不公正裁判；其次，公开审判对当事人及其他诉讼参与人也具有约束作用，能够促使当事人据实陈述案情和促使证人如实提供证言；最后，公开审判有利于进行法制宣传教育，可以使公众受到生动而形象的法制教育，公开审判的过程，就是通过具体案例进行法制宣传教育的过程。

## 二、公开审判制度的内容和要求

### (一) 公开审理

公开审判制度包含两方面的内容：一是向群众公开，允许群众旁听案件的审判活动；

二是向社会公开，允许社会公众旁听，允许新闻媒体采访和报道（但录音、录像、摄影、转播庭审实况必须经法院许可）。

公开审判的案件，除合议庭评议不公开外，整个审判的过程均应当公开。依法不公开审理的案件，判决必须公开宣告。对公开审理的案件，为了便于群众参加旁听和新闻媒体采访报道，我国《民事诉讼法》第136条规定，法院应当在开庭三日前公告当事人的姓名、案由和开庭的时间与地点。最高人民法院《关于加强人民法院审判公开工作的若干意见》（2007年）就审判公开作出了具体规定和要求。

公开审判与开庭审理有密切联系。有公开审判必然有开庭审理，因为案件只有开庭审理，公众才有机会参与旁听，新闻记者才能够采访报道。但开庭审理并不等同于公开审判，开庭审理的案件并非一定都会公开审理。开庭审理的案件中有一些依法不公开审理的案件，但不公开审理并不是不开庭审理，只是公众参与庭审的权利受到限制。

### （二）公开宣判

将案件的审判结果向社会公开，是公开审判制度的必然要求。根据《民事诉讼法》第148条的规定，无论案件是否公开审理，判决均应公开宣告。

### （三）裁判文书公开

公开审判制度还要求裁判文书向社会公众公开。公众可以查阅发生法律效力的判决书、裁定书，但涉及国家秘密、商业秘密和个人隐私的内容除外。调解协议内容不公开，但为保护国家利益、社会公共利益、他人合法权益，人民法院认为确有必要公开的除外。

通过裁判文书的公开，可以展示法官对案件事实认定及法律适用的判断过程，使当事人及社会公众了解法官审理案件的整个心证过程。这不仅有利于增强法院裁判文书的说理性，提高裁判的可接受度，进而化解败诉当事人的不满心理，降低案件上诉率；而且有利于通过增强社会的监督，促进司法公正，提高司法的公信力。

裁判文书的公开有如下两种方式：

1. 允许社会公众查阅生效裁判文书

根据《民诉法解释》第254条及第255条的规定，公民、法人或者其他组织申请查阅发生法律效力的判决书、裁定书的，应当向作出该生效裁判的人民法院提出。申请应当以书面形式提出，并提供具体的案号或者当事人姓名、名称。

对于查阅判决书、裁定书的申请，人民法院根据下列情形分别处理：（1）判决书、裁定书已经通过信息网络向社会公开的，应当引导申请人自行查阅；（2）判决书、裁定书未通过信息网络向社会公开，且申请符合要求的，应当及时提供便捷的查阅服务；（3）判决书、裁定书尚未发生法律效力，或者已失去法律效力的，不提供查阅并告知申请人；（4）发生法律效力的判决书、裁定书不是本院作出的，应当告知申请人向作出生效裁判的人民法院申请查阅；（5）申请查阅的内容涉及国家秘密、商业秘密、个人隐私的，不予准许并告知申请人。

2. 人民法院在互联网上公布裁判文书

为贯彻落实审判公开原则，规范人民法院在互联网公布裁判文书工作，促进司法公正，提升司法公信力，最高人民法院于 2013 年 11 月 21 日颁布《关于人民法院在互联网公布裁判文书的规定》（2016 年修订）。该规定要求，人民法院应当依法、全面、及时、规范地在互联网公布裁判文书。但是，有下列情形之一的，不在互联网上公布：（1）涉及国家秘密的；（2）未成年人犯罪的；（3）以调解方式结案或者确认人民调解协议效力的，但为保护国家利益、社会公共利益、他人合法权益确有必要公开的除外；（4）离婚诉讼或者涉及未成年子女抚养、监护的；（5）人民法院认为不宜在互联网公布的其他情形。

为便于人民法院裁判文书的发布，最高人民法院已在互联网上设立了中国裁判文书网（http：//wenshu. court. gov. cn/Index），统一公布各级人民法院的生效裁判文书，便于公众对裁判文书的查询。

## 三、公开审判制度的例外情形

公开审判可以产生多方面的积极意义，但对有些民事案件进行公开审理，却会给国家或当事人的利益造成重大损害。考虑到这一情况，现代各国诉讼法在确立公开审判制度的同时，均规定了不公开审理的例外情形。我国民诉法规定的不公开审理的案件包括：

1. 涉及国家机密的案件。国家机密一般是指关系到国家利益和安全的秘密事项，包括军事方面的秘密、科技方面的秘密、经济方面的秘密等。在案件涉及国家机密时，保守国家机密比公开审判更为重要。

2. 涉及个人隐私的案件。个人隐私是指自然人私生活中不愿公开的内容。为了保障社会成员私生活的安宁与自由，为了避免私生活受到他人的干扰和窥探，现代各国的法律一般都承认和保护隐私权。涉及个人隐私的案件不公开审理，正是保护隐私权在民诉法中的体现。

**【案例 5－2】某女教师诉某校长性骚扰案**

2006 年 2 月 7 日，某女教师状告某校长性骚扰案一审宣判，被告某小学原校长胜诉。这是我国立法禁止性骚扰以来的首例性骚扰案。2005 年 8 月，原告以人格尊严权纠纷为由起诉被告，称从 1999 年 9 月开始，被告就经常以言语和行为对其进行性骚扰，还长期向其发送大量内容淫秽的手机短信息。被告的行为使自己患上神经衰弱并影响了夫妻感情，请求法院判令被告向其道歉并赔偿精神损害赔偿金 1 万元。法院受理后，以涉及个人隐私为由不公开审理了此案。法院不公开审理的决定是符合法律规定的。

3. 法院根据当事人的申请，决定不公开审理的离婚案件和涉及商业秘密的案件。离婚案件可能涉及夫妻间的私生活和其他不愿让外人知道的事。商业秘密包括处于秘密状态的技术信息和经营信息，这些秘密能够给拥有它们的当事人带来经济上的利益，一旦在诉讼中公开，就会给当事人的经济利益造成损失。所以，民诉法允许当事人对这两类案件向法院申请不公开审理，法院接到申请后应对公开审理带来的利益和造成的损失进行考量，然后作出是否公开审理的决定。一般而言，除非有重大理由，法院应当尊重当事人的选择，作出不公开审理的决定。

4. 根据《民诉法解释》第146条，人民法院审理民事案件，调解过程不公开，但当事人同意公开的除外。调解需要当事人互谅互让，达成一致意见，若在调解过程中允许案外人旁听，可能会增加当事人的顾虑，不利于调解协议的达成。

依法可以不公开审理的案件，不公开仅指案件审理的过程不公开，判决结果必须公开，应当公开向社会公众宣告。

## 第四节　两审终审制

### 一、两审终审制的概念

两审终审制，是指民事案件经过两级法院审理就告终结，二审裁判产生终审法律效力的制度。我国的法院分为四级：基层人民法院、中级人民法院、高级人民法院、最高人民法院。在这四级法院中，除最高人民法院受理的第一审案件实行一审终审外，其余三级法院受理的第一审案件均实行两审终审。

国外法院一般实行三审终审制，即案件经过三级法院审理后才告终结。第三审一般为法律审，只审查下级法院的裁判适用法律有无错误。我国在中华民国时期实行的是三审终审，新民主主义革命时期革命根据地的法院也实行三审终审。中华人民共和国成立后，我国开始实行两审终审，但在例外情况下允许有第三审，可以对二审裁判上诉至最高人民法院。1954年，我国颁布了《人民法院组织法》，正式确定了两审终审制，从此我国的民事诉讼完全实行两审终审，但我国香港、台湾、澳门地区的民事诉讼仍实行三审终审。

### 二、我国实行两审终审制的理由

我国实行两审终审制的理由主要有：第一，可以减少当事人的讼累，方便当事人进行诉讼。我国地域辽阔，一些地方交通不方便，若实行三审终审，审级过多，会延长审结时间，使民事关系长期处于不稳定状态，会给双方当事人造成人力、物力、时间上的浪费。第二，可以使高级人民法院和中级人民法院摆脱审理具体案件的工作负担，集中精力搞好审判业务的指导监督。第三，我国的审判监督程序可弥补审级过少的不足，对确有错误的已生效裁判，当事人可以通过审判监督程序申请再审，法院也可以利用审判监督程序予以纠正。第四，第三审仅作书面审和法律审，对案件事实部分不予过问，因而作用极为有限。①

---

① 参见柴发邦主编：《民事诉讼法学新编》，119页，北京，法律出版社，1992；江伟主编：《民事诉讼法学原理》，333页，北京，中国人民大学出版社，1999。

## 三、我国两审终审制适用的例外

1. 适用的法院：根据《法院组织法》的规定，最高人民法院审判的民事案件一审终审。

2. 适用的程序：根据《民事诉讼法》的规定，小额诉讼程序一审终审。

3. 适用的案件：(1) 无民事权利义务争议的非讼案件，即特别程序、督促程序和公示催告程序审理的案件。(2) 诉讼案件中依实体性质不适宜上诉的案件。如依据最高人民法院《关于适用〈中华人民共和国婚姻法〉若干问题的解释（一）》第9条规定，有关婚姻效力的判决一经作出，即发生法律效力。

## 四、我国两审终审制的缺陷与完善思路

目前，我国大部分学者认为我国独特的两审终审制虽有现实理由，但也有弊端。主要表现在：首先，由于大多数民事案件的终审法院为中级人民法院，中级人民法院在我国法院系统中级别较低，水平也较低，致使有错误的裁判难以通过上诉得到纠正，同时也造成了适用法律因地而异，不利于法律的统一适用；其次，一审法院的法官与二审法院的法官在感情上较为亲近，二审法院的法官在审理上诉案件时容易作出偏向一审法院的处理，尤其是那些在作出一审裁判前向二审法院作过请示汇报的案件，更无法通过上诉纠正其错误；最后，实行两审终审使终审法院靠近案件发生地、当事人所在地，终审法院的法官在处理案件时容易受到人情关系的干扰，容易造成地方保护主义。

为克服两审终审制度的弊端，学界有观点认为，应对现行的两审终审制进行改革，建立有限的三审终审制。即法律可规定部分案件，如争议标的数额大的案件、涉及社会公益的案件、集团诉讼案件、判决无独立请求权第三人承担民事责任的案件等，可以上诉到第三审，第三审原则上为法律审。所谓法律审，是指上诉审法院只审查原审裁判在法律适用上是否正确，而不审查和重新认定事实问题。为防止当事人滥用第三审程序，保障通常由最高法院担任的第三审的统一法律见解功能的正常发挥，各国普通采取了严格限制提起第三审上诉的做法。据学者统计，国外限制第三审上诉的措施有14种之多，其中以上诉额之限制、原第二审法院之许可上诉、第三审法院裁量受理上诉、限制以判决违背法律为理由等方法，效果最为显著。[①] 另外，对于简单的民事案件，为节约司法资源，避免滥诉，在当事人自愿的前提下，也可以实行一审终审。

## 【问题与思考】

1. 回避制度所需要的理由是否需要证明？这种证明需要达到何种程度？请结合本书证据部分的

① 参见沈达明编著：《比较民事诉讼法初论（上）》，287页，北京，中信出版社，1991。

知识进行分析。

2. 对于我国的陪审制度，学界存在很多争议，有学者认为法律是专业性的活动，需要长时间的训练和经验积累，而陪审员作为法律的“门外汉”，无法担当起裁判的重任。试思考法官专业化、精英化和陪审员平民化之间的关系。

3. 审判公开的一个重要表现是对庭审现场进行现场直播。新闻媒体的介入一方面增强了审判的公开性，但另一方面也出现了对“法院作秀”“媒体干扰司法”的质疑，试思考新闻媒体和司法独立之间的关系。

# 第六章 主管与管辖

## 参考文献

(一) 著作

1. 江伟主编. 民事诉讼法专论. 北京：中国人民大学出版社，2005.108～161页
2. 黄川. 民事诉讼管辖研究. 北京：中国法制出版社，2001
3. 孙邦清. 民事诉讼管辖制度研究. 北京：中国政法大学出版社，2008
4. 郭晓光. 民事诉讼管辖实证研究. 北京：中国政法大学出版社，2016

(二) 论文

1. 江伟，廖永安. 我国民事诉讼主管之概念检讨与理念批判. 中国法学，2004 (4)
2. 蔡虹. 人民法院主管若干问题研究. 法商研究，2001 (5)
3. 李浩. 论改进管辖制度与克服地方保护主义. 法学家，1996 (5)
4. 李浩. 民事诉讼专属管辖制度研究. 法商研究，2009 (2)
5. 张家慧. 俄罗斯民事诉讼中的管辖. 法律适用，2003 (5)

## 参考法规

1991年《中华人民共和国民事诉讼法》(2017年修正) 第3条、第6条、第17条～第38条、第124条、第127条、第177条、第214条；1994年《中华人民共和国劳动法》(2009年修正) 第79条。

2015年最高人民法院《关于适用〈中华人民共和国民事诉讼法〉的解释》第1条～第42条、第82条、第211条、第215条、第216条、第531条、第532条、第533条；1994年最高人民法院《关于在经济审判工作中严格执行〈中华人民共和国民事诉讼法〉的若干规定》第1条～第5条、第7条；2009年最高人民法院《关于审理民事级别管辖异议案件若干问题的规定》。

我国台湾地区“民事诉讼法”第1条、第10条、第12条、第13条、第15条、第18条、第19条、第21条、第23条、第568条。

《日本民事诉讼法》第1条、第5条、第6条、第24条、第33条；《德国民事诉讼法》第23条、第24条、第29条、第36条、第37条、第281条、第603条、第605条；《法国民事诉讼法》第46条。

## 引例　王春立等诉北京民族饭店侵犯选举权案[①]

王春立等16人原系北京民族饭店员工。1998年下半年，北京市西城区人民代表大会换届工作开始，由选民选举新一届人大代表。10月，北京民族饭店作为一个选举单位，公布了其选民名单，其中确定了该16名员工的选民资格。后因该16名员工与北京民族饭店的劳动合同届满，双方解除了劳动关系，该16名员工离开了北京民族饭店。1998年12月15日，新一届人大代表换届选举开始，北京民族饭店没有通知这些应在原单位选举的员工参加选举，也没有发给他们选民证，致使该16名员工未能参加选举。为此，王春立等16人向北京市西城区人民法院提起诉讼，状告北京民族饭店侵犯其选举权，要求判令被告依法承担法律责任，赔偿经济损失200万元。北京市西城区人民法院认为，该诉讼请求依法不属于人民法院受案范围。因而作出裁定：对其起诉不予受理。王春立等人不服一审裁定，提起上诉。北京市第一中级人民法院作出终审裁定：驳回上诉，维持原裁定。

这是我国第一起见诸报端的宪法诉讼案件。从受诉人民法院最终拒绝受理该起案件的情况看，似乎可以察觉出“司法惯例不能以宪法为直接裁判依据”的端倪。然而，从现行法和宪法的角度说，法官在依照法律独立行使审判权中所指的“法律”当然也应包括宪法，法院对侵犯依宪法制定的部门法规定的权利都可以进行救济，却对侵害宪法规定的权利不能给予救济，这种说法违反法律适用的逻辑。[②] 就本案而言，应当认为侵害政治权利也是一种侵权，因政治权利受到侵害而提起的精神损害的争议是具有诉的利益的。肯定侵害公民政治权利引起的民事诉讼案件具有诉的利益，就解决了民事案件进入诉讼程序的第一个问题，也就是案件属不属于法院的司法管辖权行使范围问题，即民事诉讼主管问题。

---

① 参见董时：《法院该不该受理选举权官司——16名下岗工人告出法律空白点》，载《中国青年报》，1999-04-20。

② 参见江伟、邵明、陈刚：《民事诉权研究》，384页，北京，法律出版社，2002。

# 第一节 民事诉讼主管

## 一、民事诉讼主管概述

民事诉讼的主管，是指人民法院与其他国家机关、社会团体之间解决民事纠纷的分工和权限。从审判权的角度讲，民事诉讼主管的范围就是人民法院在民事诉讼中的受理案件范围；从诉权角度讲，民事诉讼主管的范围则体现为诉权行使的案件范围。可以说，被排除在民事诉讼主管范围之外的纠纷，人民法院就无从行使民事审判权，纠纷主体也就不享有诉权。在民事诉讼中之所以发生主管问题，根本原因在于，当发生民事纠纷时，纠纷主体寻求法律救济的途径和手段，并非只能通过人民法院诉讼来解决，还存在着诉讼外纠纷解决机制，如行政、仲裁、调解等。划分人民法院与其他国家机关、社会团体之间解决民事纠纷的分工和权限，有利于它们之间明确自己的职责范围，防止出现纠纷处理中的争抢和推诿现象，也有利于纠纷主体合理行使诉权。因此，民事诉讼法主管问题，是人民法院正确行使审判权的重要前提，同时也是当事人进行民事诉讼的基本保障，具有极其重要的意义。

## 二、民事诉讼主管的标准

不同于行政诉讼法对受案范围采用的列举方式，现行《民事诉讼法》对民事诉讼主管采用了法律关系的性质这一标准。《民事诉讼法》第3条规定："人民法院受理公民之间、法人之间、其他组织之间以及他们相互之间因财产关系和人身关系提起的民事诉讼，适用本法的规定。"以发生争议的实体法律关系是否属于民事关系作为划分主管范围的标准，体现了民事诉讼法重在保护私权、稳定私法关系的特征，具有高度的概括性和科学性。

## 三、民事诉讼主管的范围

依据上述标准，平等主体之间发生的财产权和人身权纠纷，属于人民法院民事诉讼主管的范围，除此之外，依劳动法等特别法律规定，人民法院民事诉讼主管范围还包括劳动纠纷等。具体而言，我国人民法院主管的民事案件主要包括以下几类：

1. 由民法调整的物权关系、债权关系、知识产权关系、人身权关系等引起的纠纷案件等。

2. 由商法调整的商事关系引起的纠纷案件。如海事海商案件、股东权益纠纷案件、信用证纠纷案件等。

3. 由经济法调整的经济关系中属于民事诉讼性质的纠纷案件。如因环境污染引起的损害赔偿案件、因不正当竞争引起的损害赔偿案件等。

4. 由劳动法调整的应由人民法院受理解决的劳动争议案件。根据劳动法的规定，劳动争议案件经劳动争议仲裁委员会仲裁是提起诉讼的必经程序。当事人不服劳动争议仲裁委员会作出的裁决，依法向人民法院起诉要求解决的劳动争议，主要表现为：（1）劳动者与用人单位在履行劳动合同过程中发生的纠纷；（2）劳动者与用人单位之间没有订立书面劳动合同，但已形成劳动关系后发生的纠纷；（3）劳动者退休后，与尚未参加社会保险统筹的原用人单位因追索养老金、医疗费、工伤保险待遇和其他社会保险费而发生的纠纷。最高人民法院《关于审理劳动争议案件适用法律若干问题的解释（一）》还规定了人民法院应当依法受理劳动争议的其他情形，比如劳动争议仲裁委员会以当事人的仲裁申请超过60日期限为由，作出不予受理的书面裁决、决定或者通知，当事人不服而依法起诉的情形。

5. 由法律作出特别规定应按民事诉讼法予以解决的特殊案件。如选民资格案件、宣告失踪或宣告死亡案件、认定公民无民事行为能力或限制民事行为能力案件和认定财产无主案件等特殊案件，由人民法院适用民事诉讼特别程序解决。

**【案例6-1】蒋某诉成都某银行“身高歧视”侵权纠纷案**[①]

2001年12月，成都某媒体刊登了中国人民银行成都分行的招录广告，其中规定招录对象条件之一为“男性身高168厘米，女性身高155厘米以上”。蒋某为2002年普通高校应届毕业生，虽符合规定的招录报名资格的其他条件，但因身高不够而被排除在报名对象之外。对此，他感觉到自己受到了歧视，为此将招工方中国人民银行成都分行告上了法庭。成都市武侯区人民法院受理了该案。

20世纪以来，民事纠纷和民事诉讼领域发生了众多变化，涌现出大量的现代型纷争和新型纠纷。这些纠纷或侵害的事实往往无法被纳入现行法律所承认的权利体制或框架之中，然而，事实上又必须对这些纠纷和侵害予以保护和解决。因此，应将具备诉的利益的民事纠纷，纳入人民法院按照民事诉讼法主管的范围之内。[②] 本案中，原告仅仅由于身高的原因，被排除在招录报名对象的范围之外，被告招工方的行为侵犯了原告享有的依法担任国家公职的平等权与政治权利，在现实生活中，这样的案例经常可见。但平等权既不是财产权，也不是人身权，这就产生了法律缺位的问题。人民法院理应受理此案，给当事人提供一条法律救济途径，而不能因法律缺位而拒绝审判。有学者进一步提出，根据现代法治原则，任何社会主体的民事实体权益受到侵损或发生争议，均有权通过诉讼获得公正、及时的救济。[③]

回到本章的引例中去，16名原告因为选举权受侵犯而起诉要求赔偿损失，人民法院以于法无据为由作出了不予受理的裁定。遗憾的是，两级人民法院对于“在宪法上有充分依据，实体法上却没有明确规定”的案件都不敢或不愿受理。在人民法院不予受理的情况

① 参见王锋：《是身高不够，还是宪法意识不强?》，载《法制日报》，2002-01-27。

② 在日本学者谷口安平看来，诉的利益概念不仅是掌握着启动权利主张进入诉讼审判过程的关键，而且也是通过诉讼审判后而创制实体法规范这一过程的重要开端。参见［日］谷口安平：《程序的正义与诉讼》，王亚新等译，158～166页，北京，中国政法大学出版社，1996。

③ 参见江伟、邵明、陈刚：《民事诉权研究》，184～185页，北京，法律出版社，2002。

下，同时又没有其他途径提供救济，原告的选举权自然会形同虚设。很显然，假如以诉的利益去认定此案，上述原告当然享有诉权。

## 四、人民法院民事诉讼主管与其他国家机关、社会团体主管民事纠纷的关系

现实生活中的民事纠纷种类繁多，繁简不一，纠纷主体除了可以向人民法院提起民事诉讼寻求救济以外，还可以依法向其他国家机关、社会团体申请解决，由此构成了多元化的纠纷解决机制。但具体到每起纠纷发生后，民事主体选择纠纷解决方式并非完全任意，人民法院行使民事审判权也必须兼顾与其他国家机关、社会团体间的主管关系问题。处理好这种关系，是正确行使人民法院主管权的前提。

### (一) 人民法院与人民调解委员会主管民事纠纷的关系

人民调解委员会是调解民间纠纷的群众性组织。根据《人民调解工作若干规定》(自2002年11月1日起施行) 的规定，人民调解委员会调解的民间纠纷，包括发生在公民与公民之间、公民与法人和其他社会组织之间涉及民事权利义务争议的各种纠纷，但法律、法规规定只能由专门机关管辖处理的，或者法律法规禁止采用民间调解方式解决的，或人民法院、公安机关、其他行政机关已经受理或解决的纠纷除外。人民法院主管民事纠纷的范围大于人民调解委员会的主管范围。纠纷发生后，人民调解委员会不得因未经调解或者调解不成而阻止当事人向人民法院起诉。当事人不履行调解协议或者达成协议后又反悔，经督促仍不履行人民调解协议的，人民调解委员会应当告知当事人可以就调解协议的履行、变更、撤销向人民法院起诉。最高人民法院《关于审理涉及人民调解协议的民事案件的若干规定》规定，经人民调解委员会调解达成的、有民事权利义务内容、并由双方当事人签字或者盖章的调解协议，具有民事合同的性质。当事人一方向人民法院起诉，请求对方当事人履行调解协议，请求变更或者撤销调解协议，或者请求确认调解协议无效的，人民法院应予受理。

### (二) 人民法院与仲裁机构主管民事纠纷的关系

仲裁是指争议双方在争议发生前或发生后达成协议，自愿将争议交给第三者作出裁决，双方有义务执行的一种解决争议的方法。[①] 仲裁机构在我国称为仲裁委员会。[②] 根据我国仲裁法的规定，平等主体的公民、法人和其他组织之间发生的合同纠纷和其他财产权益纠纷，可以仲裁，但婚姻、收养、监护、扶养、继承纠纷及依法应当由行政机关处理的行政争议不能仲裁。由此可见，可以通过仲裁方式解决的争议事项的范围，明显小于人民法院民事诉讼主管的范围，而且具有可仲裁性的争议事项都可以纳入人民法院主管范围。

对于人民法院和仲裁机构都可以主管的民事纠纷，究竟归谁主管取决于当事人的意思自治。具体来说，当事人达成仲裁协议的，只能由仲裁机构受理，人民法院不得受理，但

---

① 参见《中国大百科全书（法学卷）》，807页，北京，中国大百科全书出版社，1984。

② 《中华人民共和国仲裁法》于1994年颁布以后，带有官方色彩的仲裁机构仅指劳动争议仲裁委员会、人事争议仲裁委员会，其余的仲裁委员会都是民间性组织。

仲裁协议无效的除外。仲裁裁决作出后，当事人就同一纠纷向人民法院提起诉讼的，人民法院不予受理。仲裁裁决被人民法院依法裁定撤销或者不予执行的，当事人就该纠纷可以根据重新达成的仲裁协议申请仲裁，也可以向人民法院起诉。当事人达成仲裁协议，一方向人民法院起诉时未声明有仲裁协议，人民法院受理的，而另一方当事人在首次开庭前未对人民法院受理该案件提出异议的，视为放弃仲裁协议，人民法院应当继续审理。

人民法院与劳动争议仲裁委员会在主管劳动争议方面的关系体现为：劳动争议案件发生后，不能直接进入诉讼程序，必须首先经过劳动争议仲裁委员会的仲裁程序，即遵循"先仲裁后诉讼"的原则。劳动争议发生后，当事人可以向本单位劳动争议调解委员会申请调解；调解不成，当事人一方要求仲裁的，可以向劳动争议仲裁委员会申请仲裁。当事人一方也可以直接向劳动争议仲裁委员会申请仲裁。对仲裁裁决不服的，可以向人民法院提起诉讼。劳动争议仲裁委员会为纠正原仲裁裁决错误重新作出裁决，当事人不服，依法向人民法院起诉的，人民法院应当受理（详见《劳动争议调解仲裁法》）。

**【案例 6-2】高某诉某公司劳动合同纠纷案**[①]

原告高某于 1995 年 10 月入职被告沃尔玛商业咨询（深圳）有限公司工作，双方最后一份劳动合同的期限至 1999 年 10 月 25 日。被告在员工手册中规定："诚实的信誉是沃尔玛最大的财富之一。同样，你诚实的信誉也是你的最大财富之一。你的行为应始终符合职业规范，在你的行为中及与他人做生意的过程中，应采取正确的判断。任何形式的不诚实行为，都将导致解雇。"入职时，原告已阅读员工手册，并确认已经完全理解员工手册的内容。1999 年 8 月 20 日，因次日需召开产品推介会，原告委托同事在沃尔玛珠江百货有限公司自购了两条卷纸。中午下班时，被告防损部员工向某发现原告拿着的两条卷纸上的标签与其所出示的自购卷纸的电脑小票不符，经证实，原告所拿的系被告公司的样品卷纸。原告解释说拿错了，被告认为原告试图将属于被告公司之商品带离办公室，即向原告发出解聘信。原告即向深圳市劳动争议仲裁委员会申请仲裁，该仲裁委员会裁决驳回原告要求继续工作的请求，原告不服，诉至深圳市罗湖区人民法院。

本案是因用人单位解除劳动合同引起的劳动争议，根据相关法律规定，争议发生后，员工应该申请劳动争议仲裁委员会仲裁，如对仲裁裁决不服，可以由人民法院进行最后的认定。本案遵循了劳动仲裁的法定前置程序，因而在争议解决程序上是正确的。目前，对人事争议的处理也遵循同样的程序。

### （三）人民法院与其他行政机关主管民事纠纷的关系

其他行政机关是指乡（镇）人民政府以外的行政机关。行政机关在其职权范围内有权处理部分民事权益纠纷。分析二者的主管关系时，大致可分为两种情形：

---

① 参见深圳市罗湖区人民法院编著：《民商事审判精选案例评析》，530～531 页，深圳，海天出版社，2004。

1. 行政机关的先行处理是提起诉讼的必经程序。如根据《商标法》第 44 条和第 45 条的规定，对已经注册的商标有争议的，可以自该商标经核准注册之日起 5 年内，向商标评审委员会申请裁定；当事人对商标评审委员会作出维持或者撤销注册商标的裁定不服的，可以向人民法院提起行政诉讼。由此，行政机关的处理是向人民法院提起诉讼的前置性程序，基于司法最终解决的原则，当事人不服行政处理的结果的，仍有权启动诉讼程序。

2. 行政机关的处理并非诉讼前的必经程序，当事人可自由选择由谁主管；如一方当事人请求行政机关处理，另一方当事人请求人民法院处理，则遵循“人民法院主管优先”的原则。

(1) 由当事人请求行政机关调解，调解不成的可以提起民事诉讼。如根据《专利法》第 60 条的规定，管理专利工作的部门应当事人的请求，可以就侵犯专利权的赔偿数额进行调解；调解不成的，当事人可以依照《民事诉讼法》向人民法院起诉。

(2) 由当事人选择向人民法院提起民事诉讼或是请求行政机关处理；若选择后一种方式，当事人对处理结果不服的则可以提起行政诉讼。如根据《专利法》第 60 条的规定，管理专利工作的部门处理专利权侵权纠纷时，认定侵权行为成立的，可以责令侵权人立即停止侵权行为，当事人不服的，可以自收到处理通知之日起 15 日内依照《行政诉讼法》向人民法院起诉。

## 第二节　管辖总论

### 一、管辖的概念

民事诉讼中的管辖，是指各级人民法院之间和同级人民法院之间受理第一审民事案件的分工和权限。在民事诉讼中，在确定某一纠纷属于人民法院主管范围以后，随即面临的问题是，该纠纷应该具体由哪个人民法院来行使审判权，解决此问题离不开民事诉讼中的管辖制度。在落实管辖人民法院的过程中，首先要确定由哪一级人民法院受理，即确定在最高人民法院、高级人民法院、中级人民法院和基层人民法院四级人民法院之间受理第一审民事案件的分工和权限；其次要在同级人民法院中进一步确定由哪个具体人民法院行使民事审判权。

正确、科学地解决管辖问题，有利于当事人正确行使起诉权，有利于人民法院之间在受理案件时规范有序，不致发生互相推诿和争抢管辖现象，也有利于上级人民法院对下级人民法院的管辖监督。

### 二、确立管辖的原则

《民事诉讼法》确立管辖制度时主要依据以下几个原则：

1. 便利当事人诉讼原则。我国《民事诉讼法》规定大多数第一审民事案件由基层人民法院管辖，就是出于便利当事人进行诉讼的考虑。

2. 便利人民法院审判原则。只有便利人民法院进行审判和执行裁判，才能保证诉讼程序的高效率运行。

3. 保证各级人民法院工作负担的均衡原则。根据我国《民事诉讼法》的规定，人民法院的级别越高，承担的指导、监督下级人民法院审判业务的工作负担越重，因此，各级人民法院受理的一审民事案件的数量应体现工作负担的均衡原则，第一审民事案件的管辖应主要集中在基层人民法院。

4. 维护国家主权原则。在涉外民事诉讼中，管辖权范围大小的确定，关系国家主权的利益维护问题，应尽可能在合理的范围内拓宽涉外民事诉讼中的管辖权范围。

5. 原则性与灵活性相结合原则。为体现便利当事人起诉和便利人民法院审判的原则，我国民事诉讼法对管辖的规定力求全面、明确。但在某些特殊情况下，为公正、灵活地解决案件管辖权问题，应赋予上级人民法院以裁定方式确定管辖问题的权限。

## 三、管辖恒定

### （一）管辖恒定的概念

所谓管辖恒定，是指确定案件的管辖权，以起诉时为标准，起诉时对案件享有管辖权的人民法院，不因确定管辖的事实在诉讼过程中发生变化而影响其管辖权。管辖恒定是诉讼经济的必然要求，可以有效避免因管辖变动引发的司法资源浪费，减少当事人的讼累，提高诉讼效率。

### （二）管辖恒定的种类

管辖恒定包括以下两种：

1. 级别管辖恒定，是指级别管辖按起诉时的诉讼标的额确定后，不因诉讼过程中标的额增加或减少而变动。

2. 地域管辖恒定，是指地域管辖按起诉时的标准确定后，不因诉讼过程中确定管辖的因素的变动而改变。

**【案例 6-3】陈某诉韩某、水某人身损害赔偿纠纷案①**

两被告韩某、水某系夫妻。2003 年 1 月 23 日，两被告与某家政服务有限公司签订协议书，约定该公司为两被告提供保姆，并约定如更换保姆或对保姆不满意的，雇主应将保姆送回该公司。之后该公司派原告陈某之女已年满 16 周岁的邵某到两被告家做保姆。半个月后，邵某向两被告辞工，两被告答复第二天将其送回家政服务公司。同日晚 21 时 30 分许，邵某在两被告所住的 A 市 B 区富田花园 7 栋天台坠落死亡。原告认为，其女儿是辞工不成跳楼自杀的。自杀前在天台上

① 参见深圳市罗湖区人民法院编著：《民商事审判精选案例评析》，129～130 页，深圳，海天出版社，2004。

痛哭，被告不及时采取措施，事发后又不及时抢救、报警，两被告有过错。故向A市B区人民法院起诉要求两被告赔偿其丧葬费、交通费、死亡补偿费等。庭审中，两被告住所地搬迁至C市D区。据此，两被告要求A市B区人民法院移送管辖至C市D区人民法院，B区人民法院没有采纳，而是继续审理案件。

B区人民法院的处理便涉及管辖恒定制度。我国《民事诉讼法》对管辖恒定没有明确的规定，《民诉法解释》第37条～第39条对管辖恒定作了以下规定：(1) 案件受理后，受诉人民法院的管辖权不受当事人住所地、经常居住地变更的影响。(2) 有管辖权的人民法院受理案件后，不得以行政区域变更为由，将案件移送给变更后有管辖权的人民法院。判决后的上诉案件和依审判监督程序提审的案件，由原审人民法院的上级人民法院进行审判；上级人民法院指令再审、发回重审的案件，由原审人民法院再审或者重审。(3) 人民法院对管辖异议审查后确定有管辖权的，不因当事人提起反诉、增加或者变更诉讼请求等改变管辖，但违反级别管辖、专属管辖规定的除外。人民法院发回重审或者按第一审程序再审的案件，当事人提出管辖异议的，人民法院不予审查。本案例中，依两被告住所地确定管辖法院之后，不因诉讼过程中两被告住所地搬迁而使管辖法院发生变动，体现了管辖恒定的原则。

## 四、共同管辖与选择管辖

共同管辖与选择管辖是相辅相成的两个概念，两者的着眼点不同而已。共同管辖着眼于人民法院，是指根据法律的规定两个以上的人民法院对同一诉讼都有管辖权，选择管辖则着眼于当事人，是指两个以上的人民法院对同一诉讼都有管辖权时，当事人拥有选择权，可任选其中一个人民法院进行诉讼。可见，共同管辖是选择管辖的前提，选择管辖是共同管辖的落实，换句话说，如果不赋予当事人选择管辖的权利，共同管辖的规定便失去意义。

审判实务中，共同管辖的发生，主要是基于主体因素、客观因素或主体与客观因素并存等三种情况。现分别举例示之：如同一案件有多个被告，其住所地分别位于不同的人民法院辖区内，则发生基于主体因素的共同管辖；如侵权纠纷案件中，侵权行为发生地与侵权结果发生地不同，则发生基于客观因素的共同管辖；如铁路运输合同纠纷案件中，同一被告有多个住所地或经常居住地，运输始发地不同于目的地，则发生基于主体与客观因素并存的共同管辖。

**【案例6-4】董某诉A公司、B公司产品责任纠纷案**①

2000年3月15日22时左右，原告董某从位于同市E区的被告A实业有限公司，购买了住所地在同市F区的被告B啤酒有限公司生产的一箱玻璃瓶装啤酒，当晚原告与同事、亲朋好友在同市C区红巷路1385号店铺内吃饭时，一只啤酒瓶发生爆炸，酒瓶碎片将原告的右眼炸伤。原告先后向C区人民法院、E区人民法院提起诉讼，要求判令被告A公司和B公司连带赔偿原告董某医疗费、交通

① 参见深圳市罗湖区人民法院编著：《民商事审判精选案例评析》，382～383页，深圳，海天出版社，2004。

费、精神抚慰金等。C区、E区两个人民法院先后分别立了案，后E区人民法院将案件移送给了C区人民法院。

本案涉及共同管辖与管辖权冲突的问题。共同管辖的情况发生后，当事人可以择一进行诉讼，一旦当事人作出了选择，被选人民法院的管辖权就被确定了下来，当事人的选择权也归于消灭。但如果原告先后向几个有管辖权的人民法院提起诉讼，或双方当事人分别向几个有管辖权的人民法院提起诉讼，就涉及管辖权的冲突问题，根据我国《民事诉讼法》第35条的规定，两个以上人民法院都有管辖权的诉讼，原告可以向其中一个人民法院起诉；原告向两个以上有管辖权的人民法院起诉的，由最先立案的人民法院管辖。同时为了规范共同管辖人民法院之间的关系，《民诉法解释》第36条规定，两个以上人民法院都有管辖权的诉讼，先立案的人民法院不得将案件移送给另一个有管辖权的人民法院。人民法院在立案前发现其他有管辖权的人民法院已先立案的，不得重复立案；立案后发现其他有管辖权的人民法院已先立案的，裁定将案件移送给先立案的人民法院。最高人民法院《关于在经济审判工作中严格执行〈中华人民共和国民事诉讼法〉的若干规定》（1994年12月）第1条进一步规定，两个以上人民法院对同一案件都有管辖权并已分别立案的，后立案的人民法院得知有关人民法院先立案的情况后，应当在7日内裁定将案件移送先立案的人民法院。对为争管辖权而将立案日期提前的，该院或者其上级人民法院应当予以纠正。

具体到本案中，C区为侵权行为地，E区为产品销售地，根据《民诉法解释》第26条，因产品质量不合格造成他人财产、人身损害提起的诉讼，产品销售地、侵权行为地的人民法院都有管辖权。本案中，C区、E区两个人民法院都有管辖权，并都已分别立案。后立案的E区人民法院在得知C区先立案的情况下，裁定将案件移送给C区人民法院的做法，无疑是正确的。

## 第三节　级别管辖

### 一、级别管辖的概念

级别管辖，是指按照一定的标准，划分上下级人民法院之间受理第一审民事案件的分工和权限。由于我国的级别管辖制度是在四级人民法院之间分配一审案件，因而显得尤为复杂。

### 二、各级人民法院管辖的第一审民事案件

**【案例6-5】浮山航运公司诉人保青岛分公司船舶保险合同纠纷案**[①]

原告巴拿马浮山航运有限公司所属的“浮山”轮是由被告中国人民保险公司

① 参见《中华人民共和国最高人民法院公报》，2004（6）。

青岛市分公司承保一切险加战争险的船舶，保险期内与塞浦路斯籍船舶“继承者(M. V. SUCCESSOR)”轮发生碰撞。原告为此向“继承者”轮船东赔偿经济损失35万美元，另外还支付了17万余元新加坡币的法律费用。对此保险事故，被告以两船舶没有接触不是碰撞为由，拒绝承担保险赔偿责任。原告因与被告发生船舶保险合同纠纷，向青岛海事法院提起诉讼，请求判令被告给付折合人民币406万元的保险赔偿和相应利息。

本案涉及级别管辖的问题。根据我国《民事诉讼法》第17条～第20条、《民诉法解释》第2条的规定，大多数的第一审民事案件由基层人民法院管辖，除非法律另有规定。(1) 中级人民法院管辖的第一审民事案件的范围包括：1) 重大涉外案件，是指争议标的额大，或者案情复杂，或者居住在国外当事人人数众多的涉外案件；2) 在本辖区有重大影响的案件；3) 最高人民法院确定由中级人民法院管辖的案件，主要包括专利纠纷案件由知识产权法院、最高人民法院确定的中级人民法院管辖，海事、海商案件由海事法院管辖等。(2) 高级人民法院管辖在本辖区内有重大影响的第一审民事案件（诉讼标的额大，或者诉讼单位为省、自治区、直辖市以上）。(3) 最高人民法院管辖的第一审民事案件有两类：1) 在全国有重大影响的案件；2) 认为应当由本院审理的案件。故本案例中，由青岛海事法院管辖船舶保险合同纠纷（海事法院的级别属于中级人民法院），符合我国《民事诉讼法》关于级别管辖的规定，是正确的。

## 三、确定级别管辖的标准

我国确定级别管辖的标准较为复杂，我国《民事诉讼法》将案件的性质、简繁程度、影响范围三者结合起来作为划分级别管辖的标准，简称“三结合”标准。而外国设置级别管辖的标准一般都是以争议标的数额作为依据的，如德国规定初级人民法院管辖1 500马克以下的一审案件和某些较为简单的案件。法国的一审民事案件由第一级人民法院管辖，第一级人民法院中又分为大程序人民法院和程序人民法院，前者受理争议标的额1万法郎以上的案件，后者受理1万法郎以下的案件。日本的一审民事案件原则上由简易人民法院和地方人民法院受理，简易人民法院管辖争议标的额90万日元以下的案件，超过90万日元的，则由地方人民法院管辖。争议标的额90万日元以下的不动产案件，地方人民法院和简易人民法院共同享有管辖权。非财产诉讼，争议标的额视为超过90万日元，由地方人民法院管辖。[①]

我国有学者认为，采用“三结合”标准比单纯依靠争议标的数额更为合理，因为案件的难易程度，并不决定于争议金额或者价额的大小，而要受诸多因素的制约，比如案件的性质、案情繁简以及社会影响等，都制约着整个案件，而不能以一定的数额加以衡量。[②]然而，无论采取哪一种标准，都不能回避标准本身的确定性问题，它直接关系到当事人或

① 参见［日］兼子一、竹下守夫：《民事诉讼法》，19页，北京，法律出版社，1995。

② 参见柴发邦主编：《民事诉讼法学新编》，129页，北京，法律出版社，1992。

人民法院能否很容易地判断出某一诉讼应当由哪一级人民法院管辖。我国在适用“三结合”标准判断级别管辖问题时，仍然会遇到如何判断简单与复杂、涉及面宽窄、处理结果影响大小这些困难问题，造成了级别管辖的不安定和少数人民法院随意确定级别管辖的结果。因此有学者建议，我国将来对《民事诉讼法》进行修订时，应当借鉴按照争议标的数额划分级别管辖这一世界上通行的做法。①

管辖权转移是对级别管辖的补充和变通规定，我国《民事诉讼法》第38条规定了两种情形的管辖权转移，一种是经上级人民法院决定或者同意，将其管辖的第一审民事案件交给下级人民法院审理，另一种是上级人民法院将下级人民法院管辖的第一审民事案件调上来由自己审理或者下级人民法院报请上级人民法院审理自己管辖的一审案件。我国有的学者将前者称为“下放性转移”，将后者称为“上调性转移”②。上调性转移是合理的和必要的，可以在一定程度上解决司法实践中出现的一些特殊情况，同时可以弥补单一的“争议标的额标准”的机械性。尤其是在审判实践中，管辖权转移的原因主要在于，案件虽属下级人民法院管辖范围，但案件影响较大，或者在执行政策法律时与有关部门争议很大，或者由下级人民法院审理可能使案件处理有失公平或产生不良影响。③

在审判实践中，由于民事诉讼法对级别管辖的规定不够周密，加上地方保护主义的存在，给规避级别管辖的行为留下可乘之机。例如在开庭审理中，原告有权增加诉讼请求，被告有权提出反诉，第三人有权提出与本案有关的诉讼请求，这就完全有可能使争议标的的数额超出受诉人民法院级别管辖的权限。为了堵塞立法上的漏洞，同时也是为了保障另一方当事人的诉讼利益，最高人民法院《关于审理民事级别管辖异议案件若干问题的规定》明确指出：当原告增加诉讼请求金额致使案件标的额超出受诉人民法院级别管辖权限时，被告提出管辖权异议，请求上级人民法院管辖的，人民法院应当审查并作出裁定。异议不成立的，裁定驳回；异议成立的，裁定移送有管辖权的人民法院。对于人民法院的裁定，当事人有权在10日内向上级人民法院提起上诉，第二审人民法院应当依法审理并作出裁定。

## 第四节　地域管辖

### 一、地域管辖概述

确定某一纠纷案件应由哪个人民法院管辖，首先要解决级别管辖问题，其次要在同一级别人民法院中确定由哪个具体人民法院管辖，即要落实地域管辖的问题。所谓地域管辖，就是确定同级人民法院在各自辖区内受理第一审民事案件的分工和权限。从我国《民事诉讼法》的规定来看，当事人的住所地、诉讼标的或诉讼标的物等在哪个人民法院的辖

① 参见李浩：《民事诉讼级别管辖存在的问题及其改进》，载《现代法学》，1996（4）。

② 柴发邦主编：《中国民事诉讼法学》，155～156页，北京，中国人民公安大学出版社，1992。

③ 参见齐树洁：《民事程序法》，104页，厦门，厦门大学出版社，2002。

区内，民事诉讼就由该辖区人民法院管辖。德国民事诉讼法、日本民事诉讼法及我国台湾地区的“民事诉讼法”均将诉讼当事人因人或物与特定人民法院相关联而产生的隶属关系称为审判籍，并规定诉讼由审判籍所在地的人民法院管辖。

## 二、一般地域管辖

一般地域管辖，是指以当事人的所在地与人民法院的隶属关系来确定诉讼管辖。一般地域管辖实行“原告就被告”的原则，特殊情况下实行“被告就原告”的原则。“原告就被告”就是以被告住所地来作为确定管辖的标准，这样一方面保障被告免受不当诉讼的侵扰，防止原告滥用诉权，另一方面也有利于传唤被告、财产保全及将来执行工作的顺利进行。

**【案例 6-6】郑雪峰等诉江苏省人民医院医疗服务合同纠纷案**①

两原告郑雪峰（女）、陈国清系夫妻关系，因生育障碍来到江苏省人民医院就医。2002 年 9 月 9 日，两原告与人民医院签订了“试管婴儿辅助生育治疗协议和须知”。人工辅助生育存在多种治疗技术，“单精子卵腔内注射”技术（简称 ICSI 技术）和“体外受精和胚胎移植”技术（简称 IVF 技术）都是人工辅助生育的技术手段，“协议和须知”中没有明确约定人民医院将采取哪一种技术为原告进行治疗。郑雪峰按 ICSI 技术实际交纳了检查费，人民医院根据原告当时的情况，擅自改变治疗技术方案，实际采取了 IVF 技术并导致治疗失败。故原告向被告住所地即江苏省南京市鼓楼区人民法院提起了诉讼。

此案涉及一般地域管辖的规定。《民事诉讼法》第 21 条规定：对公民提起的民事诉讼，由被告住所地人民法院管辖；被告住所地与经常居住地不一致的，由经常居住地人民法院管辖。对法人或者其他组织提起的民事诉讼，由被告住所地人民法院管辖。同一诉讼的几个被告住所地、经常居住地在两个以上人民法院辖区的，各该人民法院都有管辖权。其中，公民的住所地是指公民的户籍所在地；法人的住所地是指法人的主要营业地或者主要办事机构所在地（法人或其他组织的主要办事机构所在地不能确定的，法人或其他组织的注册地或者登记地为住所地）；公民的经常居住地是指公民离开住所地至起诉时已连续居住一年以上的地方，但公民住院就医的地方除外。② 故上述案例中，原告与被告发生医疗服务合同纠纷后，原告向被告住所地人民法院提起诉讼，符合一般地域管辖的规定。

依《民诉法解释》的相关规定③，双方当事人均被注销户籍的，由被告居住地人民法院管辖。当事人的户籍迁出后尚未落户，有经常居住地的，由该地人民法院管辖；没有经常居住地的，由其原户籍所在地人民法院管辖。双方当事人都被监禁或者被采取强制性教育措施的，由被告原住所地人民法院管辖。被告被监禁或者被采取强制性教育措施一年以上的，由被告被监禁地或者被采取强制性教育措施地人民法院管辖。双方当事人均为军

① 参见《中华人民共和国最高人民法院公报》，2004（8）。

② 参见《民诉法解释》第 4 条。

③ 参见《民诉法解释》第 5 条、第 6 条第 2 款、第 7 条、第 8 条、第 11 条、第 12 条第 2 款。

人或者军队单位的民事案件由军事法院管辖。夫妻双方离开住所地超过一年，一方起诉离婚的案件，由被告经常居住地人民法院管辖。对没有办事机构的个人合伙、合伙型联营体提起的诉讼，由被告注册登记地人民法院管辖。没有注册登记，几个被告又不在同一辖区的，被告住所地的人民法院都有管辖权。

可见，一般情况下，确定管辖应适用被告住所地人民法院管辖的原则，而“被告就原告”原则作为一种例外规定，是对一般原则的必要的、有益的补充。《民事诉讼法》第22条就此例外情况作出了规定，下列民事诉讼，由原告住所地人民法院管辖；原告住所地与经常居住地不一致的，由原告经常居住地人民法院管辖：对不在中华人民共和国领域内居住的人提起的有关身份关系的诉讼；对下落不明或者宣告失踪的人提起的有关身份关系的诉讼；对被采取强制性教育措施的人提起的诉讼；对被监禁的人提起的诉讼。

《民诉法解释》进一步规定①，追索赡养费案件的几个被告住所地不在同一辖区的，可以由原告住所地人民法院管辖；夫妻一方离开住所地超过一年，另一方起诉离婚的案件，由原告住所地人民法院管辖；夫妻双方离开住所地超过一年，一方起诉离婚的案件，被告没有经常居住地的，由原告起诉时被告居住地的人民法院管辖；被告一方被注销城镇户口的，由原告住所地人民法院管辖；不服指定监护或变更监护关系的案件，由被监护人住所地人民法院管辖。

从比较法的角度来考察，各国尤其是德、日等国关于“被告就原告”的规定多见于身份关系的诉讼。如根据《日本民事诉讼程序法》第1条第1款的规定，如果夫妻不曾有过共同住所，不管夫妻哪一方起诉，原告方所在地人民法院都有管辖权。而根据《德国民事诉讼法》第606条第2款的规定，婚姻事件之诉中，如果被告居住地不在国内，由专属于原告的居住地人民法院管辖。

## 三、特殊地域管辖

特殊地域管辖是相对于地域管辖而言的，也称作特别管辖，是指以诉讼标的所在地、法律事实所在地为标准确定的管辖，是在当事人住所地之外寻求与案件联系更为密切的联系因素来确定的管辖。

我国《民事诉讼法》第23条至第32条规定了10种特殊地域管辖的诉讼类型：

1. 因合同纠纷提起的诉讼，由被告住所地或者合同履行地人民法院管辖。

**【案例6-7】吴某与王某买卖合同纠纷案②**

居住在甲市的吴某与居住在乙市的王某在丁市签订了一份协议，吴某将一幅名人字画以10万元的价格卖给王某并约定双方在丙市一手交钱一手交货，后吴某翻悔并电告王某自己已将字画卖给他人。王某若想追究吴某的违约责任，应向何地法院起诉？

---

① 参见《民诉法解释》第6条第1款、第9条、第10条、第11条、第12条。

② 参见国家司法考试试题2003年试卷三第25题。

本案关涉合同争议地域管辖，根据《民诉法解释》第 18 条的规定，因合同纠纷提起的诉讼，如果合同没有实际履行，当事人双方住所地又都不在合同约定的履行地的，应由被告住所地人民法院管辖。本案中，甲市法院有管辖权。

对如何确定合同履行地的问题，最高人民法院陆续出台了一系列司法解释、批复和复函[①]，加强了对审判实务的指导。主要有：

(1) 因合同纠纷提起的诉讼，如果合同没有实际履行，当事人双方住所地又都不在合同约定的履行地的，应由被告住所地人民法院管辖。

(2) 合同约定履行地点的，以约定的履行地点为合同履行地。合同对履行地点没有约定或者约定不明确，争议标的为给付货币的，接收货币一方所在地为合同履行地；交付不动产的，不动产所在地为合同履行地；其他标的，履行义务一方所在地为合同履行地。即时结清的合同，交易行为地为合同履行地。

(3) 财产租赁合同、融资租赁合同以租赁物使用地为合同履行地，但合同中对履行地有约定的除外。

(4) 以信息网络方式订立的买卖合同，通过信息网络交付标的的，以买受人住所地为合同履行地；通过其他方式交付标的的，收货地为合同履行地。合同对履行地有约定的，从其约定。

(5) 因财产保险合同纠纷提起的诉讼，如果保险标的物是运输工具或者运输中的货物，可以由运输工具登记注册地、运输目的地、保险事故发生地人民法院管辖。因人身保险合同纠纷提起的诉讼，可以由被保险人住所地人民法院管辖。

(6) 因股东名册记载、请求变更公司登记、股东知情权、公司决议、公司合并、公司分立、公司减资、公司增资等纠纷提起的诉讼，由公司住所地人民法院管辖。

(7) 债权人申请支付令，由债务人住所地基层人民法院管辖。

(8) 借款合同的贷款方与借款方均应按照合同约定分别承担贷出款项与偿还贷款及利息的义务，贷款方与借款方所在地都是履行合同约定义务的地点。依照借款合同的约定，贷款方应先将借款划出，从而履行了贷款方所应承担的义务。因此，除当事人另有约定外，确定贷款方所在地为合同履行地。

(9) 鉴于我国证券回购业务事实上存在着场内和场外交易两种情况，因此确定证券回购合同履行地应区分不同情况予以处理：凡在交易场所内进行的证券回购业务，交易场所所在地应为合同履行地；在上述交易场所之外进行的证券回购业务，最初付款一方（返售方）所在地应为合同履行地。

(10) 购销合同的双方当事人在合同中约定了交货地点，且依据合同中约定的交货地点交付了部分货物，虽然其余货物没有按合同约定的交货地点履行，仍应以合同约定的交货地点确定管辖权。

---

① 《民诉法解释》第 18 条、第 19 条～第 23 条、最高人民法院经济审判庭《关于购销合同的双方当事人在合同中约定了交货地点，但部分货物没有在约定的交货地点交付，如何确定管辖权问题的复函》（1995 年 7 月）、最高人民法院《关于如何确定借款合同履行地问题的批复》（1993 年 11 月）、最高人民法院《关于如何确定证券回购合同履行地问题的批复》（1996 年 7 月）、最高人民法院《关于经济合同的名称与内容不一致时如何确定管辖权问题的批复》（1996 年 11 月）。

此外，如果经济合同的名称与内容不一致时，应当以该合同约定的权利义务内容确定合同的性质，从而确定合同的履行地和人民法院的管辖权。合同的名称与合同约定的权利义务内容不一致，而且根据该合同约定的权利义务内容难以区分合同性质的，以及合同的名称与该合同约定的部分权利义务内容相符的，则应以合同的名称确定合同的履行地和人民法院的管辖权。

除法国外，我国台湾地区和日德两国均规定合同纠纷只能由履行地人民法院管辖。①

2. 因保险合同纠纷提起的诉讼，由被告住所地或者保险标的物所在地人民法院管辖。

因保险合同纠纷提起的诉讼，如果保险标的物是运输工具或者运输中的货物，由被告住所地或者运输工具登记注册地、运输目的地、保险事故发生地的人民法院管辖。对保险合同纠纷规定的特殊地域管辖是我国《民事诉讼法》的专有规定，日本、德国、法国等国以及我国台湾地区对保险合同纠纷的地域管辖都是依合同纠纷管辖来确定的，并未作出单独的特别规定。

3. 因票据纠纷提起的诉讼，由票据支付地或者被告住所地人民法院管辖。

根据最高人民法院《关于审理票据纠纷案件若干问题的规定》（2008 年 12 月调整）第 6 条，票据支付地是指票据上载明的付款地，票据上未载明付款地的，汇票付款人或者代理付款人的营业场所、住所或者经常居住地，本票出票人的营业场所，支票付款人或者代理付款人的营业场所所在地为票据付款地。代理付款人就是付款人的委托代理人，是指根据付款人委托代为支付票据金额的银行、信用合作社等金融机构。从其他国家和地区确定类似诉讼地域管辖的立法例上考察，日本确定为票据或支票支付地法院，我国台湾地区确定为票据付款地法院，德国确定为票据支付地法院或被告普通审判籍所在地法院，因此票据诉讼以支付地或被告住所地确定地域管辖，符合立法通例，也具有现实操作的便利性和合理性。

4. 因公司设立、确认股东资格、分配利润、解散等纠纷提起的诉讼，由公司住所地人民法院管辖。

根据我国《公司法》的规定，公司以其主要办事机构所在地为其住所。《民诉法解释》第 22 条规定，因股东名册记载、请求变更公司登记、股东知情权、公司决议、公司合并、公司分立、公司减资、公司增资等纠纷提起的诉讼，依照《民事诉讼法》第 26 条的规定确定管辖。

5. 因铁路、公路、水上、航空运输和联合运输合同纠纷提起的诉讼，由运输始发地、目的地或者被告住所地人民法院管辖。

任何一个运输合同，都存在运输始发地和目的地，将之作为确定地域管辖的连结因素，能够方便当事人举证，也便于人民法院查明案情。铁路运输合同纠纷及与铁路运输有关的侵权纠纷，由铁路运输人民法院管辖。

6. 因侵权行为提起的诉讼，由侵权行为地或者被告住所地人民法院管辖。

侵权行为地，既包括侵权行为实施地，也包括侵权结果发生地。当二者不一致时，两

---

① 参见《法国民事诉讼法》第 46 条、我国台湾地区“民事诉讼法”第 12 条、《日本新民事诉讼法》第 5 条、《德国民事诉讼法》第 29 条第 1 款。

个地方的人民法院都有权管辖因侵权行为提起的诉讼。为特殊保护消费者利益，便于其诉讼和人民法院进行审理，《民诉法解释》第 26 条特别规定，因产品、服务质量不合格造成他人财产、人身损害提起的诉讼，产品制造地、产品销售地、服务提供地、侵权行为地和被告住所地人民法院都有管辖权。鉴于专利侵权案件的特殊性，最高人民法院通过复函规定，未经专利权人许可，以生产经营为目的的生产制造和经营销售专利产品的行为，是经常发生的两种专利侵权行为，专利权人或者利害关系人就销售行为提起的专利侵权诉讼案件，销售地人民法院有管辖权。

7. 因铁路、公路、水上和航空事故请求损害赔偿提起的诉讼，由事故发生地或者车辆、船舶最先到达地、航空器最先降落地或者被告住所地人民法院管辖。

我国法律之所以对因水路及航空事故请求损害赔偿规定特别审判籍，是为了将之与一般的侵权纠纷相区别，体现出其特殊性，更加方便人民法院审理和执行。而日、法、德等国并未对此种侵权行为作出专门规定，我国台湾地区“民事诉讼法”第 15 条第 3 款则规定，因航空器飞航失事或其他空中事故，请求损害赔偿而涉及诉讼的，可以由受损害航空器最初降落地或者加害航空器被扣留地的人民法院管辖。

8. 因船舶碰撞或者其他海事损害事故请求损害赔偿提起的诉讼，由碰撞发生地、碰撞船舶最先到达地、加害船舶被扣留地或者被告住所地人民法院管辖。

海事纠纷专业性强，与一般侵权纠纷相比较，有其明显的特殊性，将因海事损害事故请求损害赔偿的诉讼管辖以专门的条款加以规定，符合国际立法惯例。

9. 因海难救助费用提起的诉讼，由救助地或者被救助船舶最先到达地人民法院管辖。

船舶及其运载的货物、人员及其他财产在航行中遭遇海难时，其他船舶对其施救的行为，称为海难救助。实施救助的船舶有权根据实际情况请求被救助船舶给付一定的报酬，即救助费用。此类案件由救助地和被救助船舶最先到达地人民法院管辖，便于人民法院审理和执行。

10. 因共同海损提起的诉讼，由船舶最先到达地、共同海损理算地或者航程终止地的人民法院管辖。

船舶货物在海上运输中遭遇自然灾害、意外事故或其他特殊情况时，为了解除共同危险，在合理范围内不得已而造成的特殊损失和支出的特殊费用即共同海损，应由受益者按照被保全的财产价值的比例来分摊。为了便于人民法院查明案件事实、采取强制措施及执行，法律对此类诉讼作出如上规定。

## 四、专属管辖

专属管辖，是指法律规定某些特殊类型的案件专门由特定的人民法院管辖。专属管辖具有排他性，既排除任何国内其他人民法院和外国法院的管辖，也排除当事人以协议方式变更管辖。当一般地域管辖和特殊地域管辖所确定的连结点与专属管辖相冲突时，应服从于专属管辖的规定，但专属管辖的效力不涉及级别管辖，运用专属管辖确定管辖时仍要遵守级别管辖的相关规定。

我国《民事诉讼法》第 33 条规定了三类属于专属管辖的诉讼：

1. 因不动产纠纷提起的诉讼，由不动产所在地人民法院管辖。

不动产是指不能移动或移动后会降低乃至丧失其价值的财产，如土地及土地上的建筑物、河流、滩涂等。规定不动产诉讼由不动产所在地人民法院管辖，便于案件的审理、财产保全和执行。将不动产纠纷规定为专属管辖，也是各国立法的通行做法。《民诉法解释》第28条规定，所谓不动产纠纷，是指因不动产的权利确认、分割、相邻关系等引起的物权纠纷。农村土地承包经营合同纠纷、房屋租赁合同纠纷、建设工程施工合同纠纷、政策性房屋买卖合同纠纷，按照不动产纠纷确定管辖。不动产已登记的，以不动产登记簿记载的所在地为不动产所在地；不动产未登记的，以不动产实际所在地为不动产所在地。

对于不动产分属于不同人民法院辖区时，如何确定专属管辖，我国《民事诉讼法》未作出明确规定，我国司法实践中，一般赋予当事人选择管辖人民法院的权利。我国台湾地区和德国分别采用了不同的处理方法，前者允许当事人在数个有专属管辖权的法院之间选择起诉的法院①，后者规定由上级法院指定管辖。

2. 因港口作业中发生纠纷提起的诉讼，由港口所在地人民法院管辖。

我国的港口所在地人民法院是指海事人民法院。《海事诉讼特别程序法》第7条规定，因沿海港口作业纠纷提起的诉讼，由港口所在地海事法院管辖。

3. 因继承遗产纠纷提起的诉讼，由被继承人死亡时住所地或者主要遗产所在地人民法院管辖。

由于继承遗产纠纷既涉及人身权，又涉及财产权，所以法律规定此类诉讼由被继承人死亡时住所地或者主要遗产所在地人民法院管辖，便于案件的审理和执行。②

为体现我国国家主权原则，《民事诉讼法》第266条规定，因在中华人民共和国履行中外合资经营企业合同、中外合作经营企业合同、中外合作勘探开发自然资源合同发生纠纷提起的诉讼，由中华人民共和国人民法院管辖。对于此类属于中华人民共和国人民法院专属管辖的案件，当事人不得用书面协议选择其他国家法院管辖，但协议选择仲裁裁决的除外。

## 五、协议管辖

协议管辖，又称合意管辖或约定管辖，是指双方当事人在民事纠纷发生之前或之后，以书面方式约定诉讼的管辖人民法院。协议管辖是当事人行使处分权的内容之一，体现了民事诉讼制度的灵活性和民主性。协议管辖虽然赋予了当事人选择地域管辖的权利，但与选择管辖有着质的区别：选择管辖进行选择的基础和前提是共同管辖，协议管辖可以在共同管辖之外选择管辖人民法院；选择管辖只需原告单方作出选择，不需经对方同意，而协议管辖成立的基础是双方当事人的合意。

---

① 参见王甲乙等：《民事诉讼法新论》，30～31页，台北，广益印书局，1983。

② 在继承遗产诉讼中涉及不动产的情况下，是优先适用不动产专属管辖还是继承遗产专属管辖，尚存不同看法。学者们多认为，继承遗产诉讼不仅涉及财产权问题，还涉及其他相关问题，如确定继承时间的开始、查明继承人与被继承人的身份关系等，因此无论不动产是否为被继承人的主要遗产，均应适用继承遗产专属管辖的规定；而最高人民法院在1986年11月14日《关于李桂莲诉夏传叶房屋纠纷案管辖问题的批复》中对于是否应按继承遗产确定管辖的请示，指出本案诉讼标的主要是房屋，属于不动产诉讼，应由不动产所在地人民法院专属管辖。

我国《民事诉讼法》第34条规定，合同或者其他财产权益纠纷的双方当事人可以书面协议选择被告住所地、合同履行地、合同签订地、原告住所地、标的物所在地等与争议有实际联系的地点的人民法院管辖，但不得违反本法对级别管辖和专属管辖的规定。所谓书面协议，是指合同中的协议管辖条款或者诉讼前达成的选择管辖的协议。《民诉法解释》第30条规定，“根据管辖协议，起诉时能够确定管辖法院的，从其约定；不能确定的，依照民事诉讼法的相关规定确定管辖。管辖协议约定两个以上与争议有实际联系的地点的人民法院管辖，原告可以向其中一个人民法院起诉。”

**【案例6-8】阿拉山口欣克公司诉宁夏秦毅公司买卖合同纠纷管辖权异议案**[①]

阿拉山口欣克有限责任公司与宁夏秦毅实业集团有限公司在签订买卖合同中达成书面协议：合同执行中如发生纠纷，双方应友好协商解决，如协商不成，双方可向各自住所地人民法院起诉。诉讼期间，宁夏秦毅公司提出管辖权异议，认为上述有关协议管辖约定违反了最高人民法院《关于适用〈中华人民共和国民事诉讼法〉若干问题的意见》（现已失效）第24条的规定，应当认定无效，请求将本案移送到作为合同履行地或被告所在地的宁夏回族自治区的高级人民法院处理。新疆维吾尔自治区高级人民法院经审查认为，根据最高人民法院《关于合同双方当事人协议约定发生纠纷各自可向所在地人民法院起诉如何确定管辖权的复函》的规定，双方合同中有关协议管辖的约定有效，应以此确定本案管辖，遂裁定驳回宁夏秦毅公司的管辖权异议。宁夏秦毅公司不服该民事裁定，向最高人民法院提起上诉。

按照本案合同中有关“合同在执行中如发生纠纷……双方可向各自住所地人民法院起诉”的约定，虽然双方均有权提起诉讼，其住所地的人民法院亦分别享有管辖权，但根据最高人民法院《民诉法解释》第36条的规定，任何一方提起诉讼且为其住所地人民法院立案受理后，另一方住所地的人民法院，不得再重复立案，从而排斥了另一方住所地人民法院的管辖。故该项约定的实质是选择原告住所地人民法院管辖。该项约定不但不属于“选择《民事诉讼法》第35条规定的人民法院中的两个以上人民法院管辖”的情况，而且完全符合《民事诉讼法》有关协议管辖的规定，应当认定有效并据以确定本案的管辖。因此，一审法院裁定驳回宁夏秦毅公司的管辖权异议根据充分，适用法律正确，应予维持。

从相关法律规定来分析，我国国内民事诉讼协议管辖的适用条件主要有：

**（一）明示协议管辖的适用条件**

1. 协议管辖只能在合同纠纷和其他财产权益纠纷中适用，身份关系纠纷不得适用协议管辖。[②]《民诉法解释》第34条规定，当事人因同居或者在解除婚姻、收养关系后发生财产争议，约定管辖的，可以适用《民事诉讼法》第34条的规定确定管辖。

2. 协议管辖只限于对第一审案件管辖的选择，当事人对二审案件和再审案件无权进行

---

① 参见《中华人民共和国最高人民法院公报》，2005（8）。

② 我国国内民事诉讼协议管辖范围仅限于合同之诉中，但涉外民事诉讼的协议管辖范围除合同之诉外，还包括其他财产权益之诉。将协议管辖的适用范围限定在合同之诉的法律规定，已明显落后于现实需要。

协议管辖。这也符合世界各国的立法通例。

3. 协议管辖是要式行为，必须采用书面形式。当事人可以在订立合同时约定协议管辖，将协议管辖作为合同的条款内容，也可以在合同订立后、诉讼发生前以书面形式约定协议管辖。《民诉法解释》对管辖协议作了以下补充规定：（1）管辖的书面协议，包括书面合同中的协议管辖条款或者诉讼前以书面形式达成的选择管辖的协议。（2）合同转让的，合同的管辖协议对合同受让人有效，但转让时受让人不知道有管辖协议，或者转让协议另有约定且原合同相对人同意的除外。（3）经营者使用格式条款与消费者订立管辖协议，未采取合理方式提请消费者注意，消费者主张管辖协议无效的，人民法院应予支持。

4. 当事人必须在法定范围内进行选择。我国《民事诉讼法》明确规定可供当事人选择的人民法院只限于原告住所地、被告住所地、合同签订地、合同履行地和标的物所在地等与争议有实际联系地的人民法院，超出此范围的选择应认定为无效。《民诉法解释》第30条规定，根据管辖协议，起诉时能够确定管辖法院的，从其约定；不能确定的，依照民事诉讼法的相关规定确定管辖。管辖协议约定两个以上与争议有实际联系的地点的人民法院管辖，原告可以向其中一个人民法院起诉。《民诉法解释》第32条规定，管辖协议约定由一方当事人住所地人民法院管辖，协议签订后当事人住所地变更的，由签订管辖协议时的住所地人民法院管辖，但当事人另有约定的除外。

5. 协议管辖的人民法院必须是明确的、唯一的。如果所选的人民法院不明确或不唯一，则选择归于无效。我国台湾地区有学者认为，合意不限于唯一人民法院，合意数人民法院为其管辖人民法院者，亦无不可，但若泛称任何第一审人民法院均有管辖权，而未具体特定者，应不生合意之效力。[①] 也有学者提出，指定之方法，以可得特定为已足，不必指名为某某地方人民法院，即以某高等人民法院辖区内之地方人民法院为范围，亦不失为一定。[②]

6. 不得违反级别管辖和专属管辖的规定。当事人在协议选择管辖人民法院时，只能变更第一审的地域管辖，不得将依法由基层人民法院管辖的诉讼通过协议变更为由中级人民法院甚至高级人民法院管辖，或者将原本由中级人民法院管辖的诉讼约定由基层人民法院管辖，以免造成审级关系的混乱。专属管辖作为法定强制性管辖，更不允许当事人随便以协议的方式加以变更。

7. 协议管辖必须采取书面的方式。[③] 当事人既可以在书面合同中依法协议选择管辖的人民法院，也可以在合同签订后、纠纷发生前签订书面管辖协议。如果协议管辖的条款作为合同的内容之一，其效力不受合同效力的影响，在合同被认定为无效的情况下，该条款仍然发生效力。

---

① 参见王甲乙等：《民事诉讼法新论》，35页，台北，广益印书局，1983。

② 参见黄栋培：《民事诉讼法释论》，54页，台北，五南图书出版公司，1982。

③ 我国民事诉讼法对涉外民事诉讼既规定了民事协议管辖，又规定了默示协议管辖，而对国内民事诉讼，只规定了明示协议管辖。明示协议管辖是要式法律行为，当事人双方必须有约定管辖的书面协议，默示协议管辖则不需要当事人达成书面协议，从原告向无管辖权的人民法院起诉，人民法院受理后被告不对管辖权提出异议并应诉答辩，则可推断双方当事人均同意由该人民法院管辖。

### (二) 默示协议管辖的适用条件

《民事诉讼法》第127条第2款规定，“当事人未提出管辖异议，并应诉答辩的，视为受诉人民法院有管辖权，但违反级别管辖和专属管辖规定的除外。”

可见，默示协议管辖的适用应当同时满足以下条件：

1. 法院已经受理了原告的起诉。该受诉人民法院，可以是对案件有管辖权的人民法院，也可以是对案件没有管辖权的人民法院。

2. 被告在答辩期内没有就受诉法院对案件的管辖权提出异议；

3. 被告以出庭、就案件实体内容进行答辩和陈述、提出反诉等方式进行了应诉答辩；

4. 受诉法院受理的案件不得违反级别管辖和专属管辖规定。

《民诉法解释》第35条规定，当事人在答辩期间届满后未应诉答辩，人民法院在一审开庭前，发现案件不属于本院管辖的，应当裁定移送有管辖权的人民法院。

随着社会经济的迅猛发展，我国有关协议管辖的立法规定日益显得苛刻和滞后，重构协议管辖制度逐渐成为学界的共识。有学者对修改协议管辖的立法设想进行了描述：当事人可以同时协议选择两个以上人民法院，并依顺序确定争议的实际管辖人民法院；对格式合同中的协议管辖条款，法律须作必要的限制以保护消费者等弱势群体的利益。另外，现行法关于涉外案件与国内案件协议管辖的规定，在适用范围、可选择的人民法院、是否允许默示协议管辖等方面都存在着差异，对这种人为造成的不平等也应予以修改。①

## 第五节 裁定管辖

裁定管辖是相对于法定管辖而言的，是指依据人民法院的裁定确定诉讼的管辖。裁定管辖作为法定管辖的必要补充，主要发生于以下三种情况：移送管辖、指定管辖和管辖权转移。

### 一、移送管辖

移送管辖，是指人民法院在受理民事案件后，发现自己对案件并无管辖权，依法将案件移送给有管辖权的人民法院审理。移送管辖与管辖权转移不同，移送管辖是人民法院受理案件后的自我纠错办法，移送的是案件，不涉及管辖权的变动；而管辖权的转移则不同，其转移的是对案件的管辖权，直接涉及管辖权的变动。

《民事诉讼法》第36条规定，人民法院发现受理的案件不属于本院管辖的，应当移送

---

① 参见肖建国：《管辖制度与当事人制度的重构》，载《人民法院报》，2004-02-11。

有管辖权的人民法院，受移送的人民法院应当受理。受移送的人民法院认为受移送的案件依照规定不属于本院管辖的，应当报请上级人民法院指定管辖，不得再自行移送。《民诉法解释》第211条规定，对本院没有管辖权的案件，告知原告向有管辖权的人民法院起诉；原告坚持起诉的，裁定不予受理；立案后发现本院没有管辖权的，应当将案件移送有管辖权的人民法院。

由此可见，移送管辖必须符合以下三个条件：

1. 人民法院已受理了案件。管辖权的有无是人民法院在立案阶段的一项首要审查内容，没有管辖权就没有审判权，如果在对案件尚未受理时发现自己无管辖权，应当告知原告向有管辖权的人民法院起诉。[①] 只有人民法院在受理案件以后发现自己对案件没有管辖权，才发生移送管辖的问题。

2. 移送的人民法院对案件没有管辖权。[②] 如果移送的人民法院对案件有管辖权，则无权移送管辖，但可构成管辖权的转移。受诉人民法院对案件无管辖权，在承认协议管辖的立法例，如在日、德等国及我国台湾地区，可以通过被告的应诉答辩行为使人民法院获得管辖权。我国不存在默示协议管辖，所以受诉人民法院对案件无管辖权时，就必须移送管辖。

3. 受移送人民法院对该案有管辖权。只有将案件移送给有管辖权的人民法院，才能真正落实移送管辖的目的，使《民事诉讼法》关于管辖的规定得到正确执行。

**【案例6－9】曾某诉刘某离婚移送管辖案**[③]

> 原告曾某（女）与被告刘某于1990年5月经人介绍认识，同年11月4日登记结婚。婚后初期夫妻感情较好，于1991年9月生育一男孩。原、被告在共同生活后期，因原告怀疑被告与其他女性有婚外恋而产生夫妻矛盾，双方经常吵闹，在吵打中致原告一次轻伤、两次轻微伤。双方产生矛盾后，双方单位领导曾经进行调解。原告于2004年5月与被告分居生活，同年7月向被告单位所在地甲市乙区人民法院起诉，要求与被告离婚。人民法院受理案件后发现自己对案件并无管辖权，遂将案件移送至被告住所地即甲市丙区人民法院。

该案中，甲市乙区人民法院受理此案后，发现不属于本院管辖，即移送给有管辖权的人民法院，符合《民事诉讼法》关于移送管辖的规定，因而是正确的。

符合上述三个条件的案件应当移送，但移送管辖受到以下情形的限制：（1）受移送的人民法院不得以任何理由拒绝接受移送，即使认为自己对移送来的案件没有管辖权，也不得再自行将案件移送给其他人民法院，只能报请上级人民法院指定管辖。之所以这样规定，是为了避免人民法院之间对同一案件以此为借口互相推诿。（2）有管辖权的人民法院受理案件后，根据管辖恒定原则，其管辖权不受行政区域变更、当事人住所地或居所地变动的影响，不得以上述理由移送管辖；两个以上人民法院对案件都有管辖权时，应当由先立案的人民法院具体行使管辖权，先立案的人民法院不得将案件移送给另一有管辖权的人

① 参见《民事诉讼法》第124条第1项。

② 移送的人民法院对案件没有管辖权，既包括地域管辖权，也包括级别管辖权。

③ 参见深圳市罗湖区人民法院编著：《民商事审判精选案例评析》，445页，深圳，海天出版社，2004。

民法院。

移送管辖通常发生在同级人民法院之间，用来纠正地域管辖发生的错误，但有时也可能发生在上下级人民法院之间。被告在提交答辩状期间提出管辖权异议，认为受诉人民法院违反级别管辖规定，案件应当由上级人民法院或者下级人民法院管辖的，受诉人民法院应当审查，并在受理异议之日起 15 日内作出裁定，异议不成立的，裁定驳回；异议成立的，裁定移送有管辖权的人民法院。在管辖权异议裁定作出前，原告申请撤回起诉，受诉人民法院作出准予撤回起诉裁定的，对管辖权异议不再审查，并在裁定书中一并写明。提交答辩状期间届满后，原告增加诉讼请求金额致使案件标的额超过受诉人民法院级别管辖标准，被告提出管辖权异议，请求由上级人民法院管辖的，人民法院应当按照上述程序审查并作出裁定。上级人民法院根据《民事诉讼法》第 39 条第 1 款的规定，将其管辖的第一审民事案件交由下级人民法院审理的，应当作出裁定。当事人对裁定不服提起上诉的，第二审人民法院应当依法审理并作出裁定。对于应由上级人民法院管辖的第一审民事案件，下级人民法院不得报请上级人民法院交其审理。被告以受诉人民法院同时违反级别管辖和地域管辖规定为由提出管辖权异议的，受诉人民法院应当一并作出裁定。当事人未依法提出管辖权异议，但受诉人民法院发现其没有级别管辖权的，应当将案件移送有管辖权的人民法院审理。对人民法院就级别管辖异议作出的裁定，当事人不服提起上诉的，第二审人民法院应当依法审理并作出裁定。对于将案件移送上级人民法院管辖的裁定，当事人未提出上诉，但受移送的上级人民法院认为确有错误的，可以依职权裁定撤销。①

## 二、指定管辖

指定管辖，是指上级人民法院在法定情形下以裁定指定下级人民法院对某案件实施管辖权。根据《民事诉讼法》第 36 条、第 37 条的规定，指定管辖适用于以下三种情形：

1. 受移送的人民法院认为对受移送的案件无管辖权。我国《民事诉讼法》规定，移送管辖只能够移送一次，受移送的人民法院即使认为自己也无管辖权时，也不得再自行移送，应当报请上级人民法院以裁定方式指定管辖。

2. 有管辖权的人民法院由于特殊原因，不能行使管辖权。这里的“特殊原因”，既有可能是法律上的原因，比如受诉人民法院的法官都应实行回避制度，也可能是事实上的原因，比如受诉人民法院所在地发生了严重的自然灾害，以致无法办公。

3. 人民法院之间因管辖权发生争议，无法通过协商解决。人民法院之间可能因管辖权问题发生争抢和推诿现象，一般应先由争议双方协商解决；协商解决不了的，报请它们的共同上级人民法院指定管辖。②《民诉法解释》第 40 条规定，发生管辖权争议的两个人民

---

① 参见最高人民法院《关于审理民事级别管辖异议案件若干问题的规定》(自 2010 年 1 月 1 日起施行)。

② 在因管辖权发生争议而指定管辖时，如果争议人民法院中有的有管辖权，有的没有管辖权，一般应该指定有管辖权的人民法院管辖；如果都有管辖权，一般应指定最方便审理和执行的人民法院管辖。这两种情况下，能否指定争议人民法院之外的无管辖权的人民法院管辖，有学者提出，应事先征求当事人的意见，以充分保护当事人合法权益及克服地方保护主义。参见史长青、郑莹主编：《民事诉讼法案例教程》，64～65 页，北京，北京大学出版社，2004。

法院因协商不成报请它们的共同上级人民法院指定管辖时，双方为同属一个地、市辖区的基层人民法院的，由该地、市的中级人民法院及时指定管辖；同属一个省、自治区、直辖市的两个人民法院的，由该省、自治区、直辖市的高级人民法院及时指定管辖；双方为跨省、自治区、直辖市的人民法院，高级人民法院协商不成的，由最高人民法院及时指定管辖。依照上述规定报请上级人民法院指定管辖时，应当逐级进行。

**【案例 6－10】孔某诉某建筑工程队财产损害赔偿纠纷案**①

孔某在 A 市甲区拥有住房 2 间，在孔某外出旅游期间，位于 A 市乙区的建筑工程队对孔某隔壁李某房屋进行翻修；在翻修过程中，施工队不慎将李某家的山墙砖块碰掉，砖块落入孔某家中，损坏电视机等家用物品。孔某旅游回来后发现此情，遂交涉，但未获结果。孔某向乙区法院起诉。乙区法院认为甲区法院审理更方便，故根据被告申请裁定移送至甲区法院，甲区法院却认为由乙区法院审理更便利，不同意接受移送。如何处理本案的管辖?

本案中，两个人民法院就管辖权问题发生了争议，如果双方协商不成，应报请上级人民法院指定管辖。根据法律规定，报请指定管辖时，如双方为同属一个地、市辖区的基层人民法院，由该地、市的中级人民法院及时指定管辖；同属一个省、自治区、直辖市的两个人民法院，由该省、自治区、直辖市的高级人民法院及时指定管辖；如双方为跨省、自治区、直辖市的人民法院，高级人民法院协商不成的，由最高人民法院及时指定管辖。另外，报请上级人民法院指定管辖时，应当逐级进行。根据《民事诉讼法》第 36 条的规定，人民法院发现受理的案件不属于本院管辖的，应当移送有管辖权的人民法院，受移送的人民法院应当受理。受移送的人民法院认为受移送的案件依照规定不属于本院管辖的，应当报请上级人民法院指定管辖，不得再自行移送。

需要注意的是，上级人民法院指定管辖后，应书面通知报送的人民法院和被指定的人民法院。报送的人民法院接到通知后，应及时告知当事人。两个以上人民法院之间对地域管辖有争议的案件，有关人民法院均应当立即停止进行实体审理，并按相关法律规定解决管辖争议。协商不成报请共同上级人民法院指定管辖的，上级人民法院应当在收到下级人民法院报告之日起 30 日内，作出指定管辖的决定。

**【案例 6－11】李有良诉相关主体赔偿财产损失案**②

居住在甲市 A 区的乔小伟从事汽车修理业，其所开的汽车修理铺位于甲市 C 区。该汽车修理铺的个体工商户营业执照所登记的业主是居住在甲市 B 区的其兄乔大伟，乔大伟实际上并不经营汽车修理。乔小伟为了承揽更多的业务，与位于甲市 L 区的乡办集体企业正华汽车修理厂签订了一份协议，约定乔小伟的汽车修理铺可以以正华汽车修理厂的名义从事汽车修理业务，乔小伟每年向正华汽车修

① 参见国家司法考试试题 2002 年试卷三第 72 题。

② 参见国家司法考试试题 2002 年试卷四第 8 题。

理厂交管理费 2 万元。2002 年 1 月，常年居住在甲市 D 区的乔小伟雇用的修理工钱财旺，为居住在甲市 E 区的客户李有良修理一辆捷达车。修好后，钱财旺试车时，不慎将车撞到了一棵大树上，造成汽车报废，钱财旺本人没有受伤。相关各方就如何赔偿该汽车损失发生纠纷，未能达成协议。现李有良拟向人民法院起诉。哪些法院对本案有管辖权？就此同一纠纷，若李有良向有管辖权的法院都提起诉讼，应如何确定案件的管辖法院？若有管辖权的法院之间就本案管辖权问题发生了争议，应如何确定管辖法院？如果有管辖权的人民法院之间就管辖权问题发生了争议，在争议未解决之前，其中一享有管辖权的人民法院对案件作出了判决，对此判决及判决所涉及的案件应如何处理？

本案是侵权责任和违约责任的竞合。甲市 A 区、B 区、C 区与 L 区法院皆有管辖权。李有良可以侵权起诉，《民事诉讼法》第 28 条规定："因侵权行为提起的诉讼，由侵权行为地或者被告住所地人民法院管辖。"侵权行为地在甲市 C 区，三被告住所地分别在甲市 A 区、B 区与 L 区。李有良亦可以违约起诉，《民事诉讼法》第 23 条规定："因合同纠纷提起的诉讼，由被告住所地或者合同履行地人民法院管辖。"本案的合同履行地在甲市 C 区。两个以上人民法院都有管辖权的诉讼，原告可以向其中一个人民法院起诉；原告向两个以上有管辖权的人民法院起诉的，由最先立案的人民法院管辖。人民法院之间因管辖权发生争议，由争议双方协商解决；协商解决不了的，报请它们的共同上级人民法院指定管辖。根据最高人民法院《关于在经济审判工作中严格执行〈中华人民共和国民事诉讼法〉的若干规定》第 4 条，两个以上人民法院如对管辖权有争议，在争议未解决前，任何一方人民法院均不得对案件作出判决。对抢先作出判决的，上级人民法院应当以违反程序为由撤销其判决，并将案件移送或者指定其他人民法院审理，或者由自己提审。

## 三、管辖权转移

管辖权转移，是指根据上级人民法院决定或同意，将案件的管辖从原来有管辖权的人民法院转移至无管辖权的人民法院，使无管辖权的人民法院因此而取得管辖权。管辖权转移一般在直接的上下级人民法院之间进行，是对级别管辖的个别调整和变通适用。[①]

管辖权转移与移送管辖虽然都属于裁定管辖，但二者有着本质的区别：首先，管辖权转移一般发生在上下级人民法院之间，而移送管辖一般发生在同级人民法院之间，偶尔也发生在上下级人民法院之间。其次，管辖权转移移送的是管辖权，而移送管辖移送的是案件而非管辖权。再次，管辖权转移一般包括上级人民法院决定、下级人民法院报送与上级人民法院同意两种情形，而移送管辖只是以裁定方式表现的单方行为，无须经过受移送人民法院的同意。

---

① 因为管辖权转移是对级别管辖的变通适用，所以一般认为，对于只规范地域管辖的专属管辖而言，也可以在直接上下级人民法院之间适用管辖权转移。

根据我国《民事诉讼法》第38条的规定，管辖权转移包括两种情形：

1. 向上转移。其又包括两种情形：一是上级人民法院认为下级人民法院管辖第一审案件应当由自己审理时，有权决定把案件调上来自己审理；二是下级人民法院对它所管辖的第一审民事案件，认为需要由上级人民法院审理的，可以报请上级人民法院审理，上级人民法院同意后，管辖权向上转移。

2. 向下转移。上级人民法院在受理案件后如果发现案情简单、更适宜下级人民法院审理的，可以决定把管辖权转移给下级人民法院。但下放性转移也有其不利影响，司法实践中，可能出现任意降低案件级别管辖的情形，从而弱化民事案件应有的级别管辖程序保障，扩大审理中地方保护主义的影响，损害诉讼当事人的程序权益。因此应严格限制管辖向下转移的案件类型。《民诉法解释》第42条规定，可以依照《民事诉讼法》第38条第1款的规定，在开庭前交下级人民法院审理的案件如下：（1）破产程序中有关债务人的诉讼案件；（2）当事人人数众多且不方便诉讼的案件；（3）最高人民法院确定的其他类型案件。不仅如此，人民法院交下级人民法院审理前，还应当报请其上级人民法院批准。上级人民法院批准后，人民法院应当裁定将案件交下级人民法院审理。

我国《民事诉讼法》规定上级人民法院可以把第一审民事案件交由下级人民法院审理，但究竟可以交由下几级人民法院审理尚不明确。最高人民法院《关于执行级别管辖规定几个问题的批复》（1996年5月）对此予以明确规定："按照级别管辖规定应当由上级人民法院管辖的案件，上级人民法院交由下级人民法院审理的，该下级人民法院不得再交其下级人民法院审理。"

3. 管辖权转移的救济。上级人民法院和下级人民法院之间进行管辖权转移时，受诉人民法院应当作出裁定。当事人对裁定不服提起上诉的，第二审人民法院应当依法审理并作出裁定。

## 第六节 管辖权异议

管辖权异议，是指当事人向受诉人民法院提出的该院对案件无管辖权或者向受诉人民法院对上级/下级人民法院进行管辖权转移而提出的主张。管辖问题的复杂性使得当事人和人民法院之间有时会就管辖问题发生争议，管辖权异议制度就给当事人提供了一个表达不同意见的机会，以确保人民法院审慎地对待管辖问题，也体现了对当事人诉讼权利的尊重。各国立法大都对此作出了规定。

### 一、管辖权异议的条件

《民事诉讼法》第127条规定，人民法院受理案件后，当事人对管辖权有异议的，应当在提交答辩状期间提出。人民法院对当事人提出的异议，应当审查。异议成立的，裁定将案件移送有管辖权的人民法院；异议不成立的，裁定驳回。该法条规定了管辖权异议的适用条件，即管辖权异议的主体、客体和时间。具体而言，管辖权异议的条件包括：

1．管辖权异议的主体应是本案当事人。由于诉讼程序是由原告启动的，所以一般情况下原告不会再就管辖问题提出不同主张，提出管辖权异议的在审判实务中多为被告。有学者认为，原告在下列情况下应当具有提出管辖权异议的权利：(1) 诉讼开始后被追加的共同原告认为受诉人民法院无管辖权而提起管辖权异议；(2) 受诉人民法院确认被告管辖权异议成立，或认为本院无管辖权而依职权将案件向其他人民法院移送。

关于第三人能否成为管辖权异议的主体，最高人民法院在《关于第三人能否对管辖权提出异议问题的批复》(1990年7月) 中指出，有独立请求权的第三人主动参加他人已开始的诉讼，应视为承认和接受了受诉人民法院的管辖，因而不发生对管辖权提出异议的问题；如果是受诉人民法院依职权通知他参加诉讼，则他有权选择是以有独立请求权的第三人的身份参加诉讼，还是以原告身份向其他有管辖权的人民法院另行起诉。无独立请求权的第三人参加他人已开始的诉讼，是通过支持一方当事人主张，维护自己的利益。由于他在诉讼中始终辅助一方当事人，并以一方当事人的主张为转移，所以他无权对受诉人民法院的管辖权提出异议。《民诉法解释》第82条也规定，无独立请求权的第三人在一审中无权对案件的管辖权提出异议。

但学界有不少人提出应当赋予无独立请求权第三人对管辖权提出异议的权利。理由是：无独立请求权第三人参加诉讼后可能形成两个诉，即原、被告之间的本诉和第三人与其所参加一方当事人之间的参加之诉。当被参加一方当事人败诉，人民法院直接追究第三人的民事责任时，参加之诉即告发生。而在参加之诉中，无独立请求权第三人实质上处于被告地位，因此第三人应当享有被告所享有的提出管辖权异议的权利。另外，无独立请求权第三人制度在设计上有很多缺陷，容易为地方保护主义等不良审判倾向所利用。通过无独立请求权第三人提出管辖权异议的方式，可以对其进行有效地遏制，从而保证诉讼程序的公正性。① 还有学者提出，应修改完善《民事诉讼法》第56条的规定，把受诉人民法院对被告与无独立请求权第三人之间的参加之诉有管辖权，作为判决该第三人承担民事责任的必要条件。②

2. 当事人只能对第一审民事案件的管辖权提出异议，对第二审民事案件不得提出管辖权异议。由于第二审人民法院的确定是依据一审案件的管辖，法律已赋予当事人在一审程序中提出管辖权异议的权利，因而在二审程序中当事人无权再提出异议，但当事人可以一审人民法院无管辖权为由主张第一审人民法院违反法定程序，要求案件发回重审。

审判实务中，对于移送管辖、指定管辖这两种情形能否提出管辖权异议，我国法律均无明确规定。对于第一种情形，学界一般认为，当事人没有提出管辖权异议，受诉人民法院发现自己无管辖权而将案件移送给另一个人民法院，当事人可以对新受诉人民法院提出管辖权异议；而如果受诉人民法院在当事人提出异议后，裁定管辖权异议成立并将案件移送其他人民法院时，提出异议的当事人对于移送管辖不服的，有学者认为，应当赋予其对移送管辖裁定的上诉权。③ 对于第二种情形，存在两种对立观点，有的认为当事人不能对

① 参见朱丹、高明生、陈派清：《无独立请求权的第三人可以提出管辖权异议》，载《法学》，1995 (6)。

② 参见江伟主编：《民事诉讼法学原理》，372页，北京，中国人民大学出版社，1999。

③ 参见章武生：《民事案件管辖权异议初探》，载《法学研究》，1993 (6)。

指定管辖提出异议，它只是人民法院内部的分工和协商问题；有的认为法律并没有禁止对指定管辖提出异议的权利，当事人对其认为不合理的指定管辖有权提出异议。对于管辖权转移，最高人民法院《关于审理民事级别管辖异议案件若干问题的规定》明确规定当事人有权提出异议。

3. 提出管辖权异议的时间应在提交答辩状期间。《民事诉讼法》第127条规定，人民法院受理案件后，当事人对管辖权有异议的，应当在提交答辩状期间提出。《民诉法解释》第223条规定，当事人在提交答辩状期间提出管辖异议，又针对起诉状的内容进行答辩的，人民法院应当依照《民事诉讼法》第127条第1款的规定，对管辖异议进行审查。当事人未提出管辖异议，就案件实体内容进行答辩、陈述或者反诉的，可以认定为《民事诉讼法》第127条第2款规定的应诉答辩。

## 二、人民法院对管辖权异议的处理

受诉人民法院收到当事人提出的管辖权异议后，应当认真进行审查。异议成立的，裁定将案件移送有管辖权的人民法院。当案件属于共同管辖时，人民法院在移送前应征求原告的意见，否则会剥夺原告选择管辖法院的权利。异议不成立的，裁定驳回。当事人对裁定不服的，可以在10日内向上一级人民法院提出上诉，第二审人民法院应当作出书面裁定。根据最高人民法院《关于审理民事级别管辖异议案件若干问题的规定》第1条，被告在提交答辩状期间提出管辖权异议，认为受诉人民法院违反级别管辖规定，案件应当由上级人民法院或者下级人民法院管辖的，受诉人民法院应当审查，并在受理异议之日起15日内作出裁定。异议不成立的，裁定驳回；异议成立的，裁定移送有管辖权的人民法院。

**【案例6-12】张东诉李莉欠款纠纷管辖权异议案**[①]

原告张东与被告李莉是丙县同乡。1995年二人在丁县相识，1996年起双方开始同居生活，当时双方均是已婚。1997年10月起，原告张东承租某商业城的店铺，被告对原告店铺的开业和经营有过帮助。1999年8月23日，原告出具欠条一张给被告，内容为："李莉在张东的店铺帮忙做事，李莉要求张东支付人民币10万元，此款由张东支付，明年年底前付清。"后又加上括号注明"2001年12月31日付清"字样。1999年12月，双方正式分手。原告张东认为，自己于1999年8月作出的欠款承诺是有前提、有代价的，但时至今日，被告李莉的行为表明原告继续履行该承诺书没有必要，也显失公平。故请求被告李莉户籍所在地即丙县人民法院撤销原告对被告已作出的欠款承诺行为。李莉在答辩期间提出管辖权异议，认为自己8年前已离开丙县而在丁县居住了多年，此案应由丁县人民法院管辖。丙县人民法院审查后，裁定驳回异议。被告李莉不服，10日内向上级人民法院提出上诉，二审人民法院后作出终审裁定：撤销一审裁定，本案移送丁县人民法院管辖。

---

① 参见 http：//www. chinacourt. org。

本案中，被告李莉的住所地在丙县，而经常居住地在丁县，根据相关法律规定，二者不一致时，应由丁县人民法院管辖。一审人民法院即丙县人民法院裁定驳回异议，当事人对裁定不服提出上诉，二审人民法院作出终审裁定，认为一审人民法院即丙县人民法院应将案件移送给丁县人民法院管辖，是正确的。

一、二审人民法院驳回管辖权异议的裁定发生法律效力后，当事人就人民法院的管辖权问题申诉，不影响人民法院对案件进行审理。人民法院对案件作出的判决发生法律效力后，如果当事人对驳回管辖权异议的裁定和判决一并申诉的，人民法院经过复查，发现管辖确有错误但判决正确的，应当不再变动；如经复查，认为管辖、判决均确有错误，应按审判监督程序处理。经过再审或者提审，原判决或裁定均被撤销的，应将案件移送有管辖权的人民法院审理。

## 【问题与思考】

1. 刘某系吉林省红石林业局基建处职工。1989 年 8 月，其受基建处委托，从单位借款 15 000 元负责处理一起交通事故。事后其未能及时报销冲账。到了 1997 年，基建处采取扣刘某工资的办法逐月冲其挂账欠款，刘某对此做法不服，双方发生纠纷。本案是否存在平等主体间的债权债务关系？是否属于人民法院民事案件的主管范围？

2. 住在 A 地的甲与住在 B 地的乙签订了一份拖鞋销售协议，双方约定交货地点为 C 地。后来在交付过程中，因拖鞋质量问题发生争议。甲向 A 地的人民法院提起诉讼，要求予以解除合同并赔偿损失。乙在答辩期内因山路塌陷被迫困在 B 地，等道路抢修完毕，15 日的答辩期已过。人民法院对乙逾期提出的管辖权异议是否应当进行审议？如果人民法院拒绝，是否可以推论出默示协议管辖存在的合理性？如果人民法院要保障乙提出管辖权异议的权利，其法律依据是什么？

3. 1998 年 5 月，济南某化工厂（以下简称济南厂）与南京某化学制品公司（以下简称南京公司）在无锡签订了一份化工原料买卖合同，双方约定在 1998 年 7 月至 12 月之间由济南厂用罐装车分三批向南京公司发运化工原料共 30 吨，货到付款。同年 7 月，济南厂向南京公司发运首批原料 10 吨，并在货到后第三天收到该批货款 30 万元。8 月初，市场上该化工原料价格上扬，济南厂便不再发货。南京公司因缺乏生产原料，几近停产。几经催促未果，无奈南京公司只得向上海某化工厂以高于市场价 5%的价格购买此种化工原料 20 吨。同年 9 月底，由于生产厂家太多，此种化工原料价格下跌，济南厂马上一次性发货 20 吨，并在装车待运前通知南京公司接货。南京公司立即通知济南厂，要求不要发货并解除双方签订的买卖合同。济南厂不同意，理由是合同中并无履约的具体期限，于是强行发货。货到南京后，因无处贮存，南京公司只得将此批化工原料转让给武汉某化学品公司，谁知承运此批货物的南京某运输公司的货轮在安庆江面撞上重庆轮船公司正常行驶的客轮，货轮上部分化工原料泄漏到江面，污染了沿江贝类养殖场。同年 10 月初，济南厂向南京公司催要货款，双方产生争议。根据上述情况，回答①：

（1）如果济南厂起诉南京公司，要求给付货款，哪一法院具有管辖权？

（2）如果济南厂向有管辖权的法院起诉，南京公司应诉答辩，后庭审中南京公司主张起诉前双

① 参见律师资格考试试题 2000 年试卷三第 86～90 题。

方曾以传真方式进行协商，合意由上海市仲裁委员会仲裁，并出示了相应的证据。此时审理本案的人民法院应作何处理？

（3）如果济南厂与南京公司合意由某仲裁委员会裁决纠纷，作出裁决后，济南厂申请人民法院执行，南京公司申请撤销该裁决，此时人民法院应如何处理？

（4）如果南京公司与南京某运输公司订有运输合同，现双方就此合同产生了争议，对此争议哪些法院有管辖权？

（5）如果沿江受到化工原料污染的贝类养殖户欲对南京某运输公司提起损害赔偿诉讼，哪些法院有管辖权？

# 第七章

# 当事人

## 参考文献

(一) 著作

1. 沈达明编著. 比较民事诉讼法初论. 北京：对外经贸大学出版社，2015

2. 汤维建. 美国民事司法制度与民事诉讼程序. 北京：中国法制出版社，2001. 358～414 页

3. 汤维建. 美国民事诉讼规则. 北京：中国检察出版社，2003. 79～135 页

4. 徐昕. 英国民事诉讼与民事司法改革. 北京：中国政法大学出版社，2002. 81～114 页

5. 肖建华. 民事诉讼当事人研究. 北京：中国政法大学出版社，2002. 1～396 页

6. 法国新民事诉讼法典. 罗结珍译. 北京：中国法制出版社，2008

7. 刘荣军. 程序保障的理论视角. 北京：法律出版社，1999. 166～187 页

8. 吕太郎. 民事诉讼之基本理论（一）. 北京：中国政法大学出版社，2003. 32～129 页

9. ［日］谷口安平. 程序正义与诉讼（增补本）. 王亚新，刘荣军译. 北京：中国政法大学出版社，2002. 167～229 页

10. ［日］高桥宏志. 民事诉讼法制度与理论的深层分析. 林剑峰译. 北京：法律出版社，2003. 131～173 页

11. ［德］尧厄尼希. 民事诉讼法. 27 版. 周翠译. 北京：法律出版社，2003. 72～75，125～144 页

12. ［日］中村英郎. 新民事诉讼法讲义. 陈刚等译. 北京：法律出版社，

2000.50～102 页

13. ［美］史蒂·文苏本等．美国民事诉讼的真谛——从历史、文化、实务的视角．蔡彦敏，徐卉译．北京：法律出版社，2002.170～203 页

14. ［德］狄特·克罗林庚．德国民事诉讼法律与实务．刘汉富译．北京：法律出版社，2000.259～329 页

15. ［意］莫诺·卡佩莱蒂等．当事人基本程序保障权与未来的民事诉讼．徐昕译．北京：法律出版社，2000.11～65 页

16. ［美］杰克·H. 弗兰德泰尔等．民事诉讼法．夏登峻等译．北京：中国政法大学出版社，2003. 第 6 章“当事人合并与请求的合并”，第 16 章“特殊程序：集团诉讼、派生诉讼以及确定竞合权利诉讼”

17. 刘显鹏．民事诉讼当事人失权制度研究．武汉：武汉大学出版社，2013

**(二) 论文**

1. 赵信会，李祖军．无独立请求权第三人制度的内部冲突与制衡．现代法学，2003 (6)

2. 肖建华．群体诉讼与我国代表人诉讼比较研究．比较法研究，1999 (2)

3. 江伟，单国军．论民事诉讼中无独立请求权第三人的确定．中国人民大学学报，1997 (2)

4. 王青方．无独立请求权第三人参诉方式之我见．法学评论，1995 (4)

5. 肖建华．论我国无独立请求权第三人制度的重构．政法论坛，2000 (1)

6. 徐昕．民事诉讼中的当事人．司法改革论评，2002 (3)

7. 张晋红．有独立请求权第三人与必要共同诉讼人的界限及其认定．法商研究，1996 (5)

8. 齐树洁，苏婷婷．公益诉讼与当事人适格之扩张．现代法学，2005 (5)

9. 赵钢．从司法解释与现行立法之抵触看无独立请求权第三人诉讼地位之窘困及合理解脱．法学，1997 (11)

10. 王国征．论无独立请求权的第三人．法学家，1998 (4)

11. 章武生．我国无独立请求权第三人制度的改革与完善．法学研究，2006 (3)

12. 张卫平．中国第三人撤销之诉的制度构成与适用．中外法学，2013 (1)

## 参考法规

1991 年《中华人民共和国民事诉讼法》（2017 年修正）第 48 条～第 56 条。2015 年最高人民法院《关于适用〈中华人民共和国民事诉讼法〉的解释》第 50 条～第 82 条、第 284 条～第 303 条；1989 年《中华人民共和国环境保护法》（2014 年修订）第 58 条；1993 年《中华人民共和国消费者权益保护法》（2013 年

修正）第 47 条；1999 年最高人民法院《关于适用〈中华人民共和国合同法〉若干问题的解释（一）》；2009 年最高人民法院《关于适用〈中华人民共和国合同法〉若干问题的解释（二）》；1994 年最高人民法院《在经济审判工作中严格执行〈中华人民共和国民事诉讼法〉的若干规定》第 9 条～第 11 条；2006 年国务院《诉讼费用交纳办法》；1993 年最高人民法院经济庭《关于主管单位的上级主管部门应否作为诉讼当事人的复函》。

**引例　洛伊斯诉埃弗莱斯铁矿公司案①**

1984 年，美国明尼苏达州埃弗莱斯铁矿公司的女矿工洛伊斯·詹森，起诉对性骚扰态度冷漠的公司。从第一次提交起诉状到令她心力交瘁的三次审判，历经 15 年，她最终赢得了这场美国历史上第一例性骚扰集团诉讼。在经过了 5 年的诉讼之后，詹森和她的同事终于得到消息说她们的性骚扰案已经被赋予集团诉讼资格。尽管 10 年之后这家铁矿公司才同意和解，该案最终成为现代性骚扰立法的基础。罗森鲍姆法官将该案件认定为集团诉讼的判决。它使通常由势单力薄的个人对更强有力的对方提起的个人诉讼成为一个重要的公民权利问题，它使沉默的劳动妇女能够通过集体商议获得要求变革的扩音器及一个促使变革实现的杠杆，从而改善了数百万劳动妇女的日常生活状况。

# 第一节　当事人概述

## 一、当事人和正当当事人

### （一）形式上的当事人的概念

我国传统当事人诉讼理论和现行立法规定采取的是“实体当事人”的概念和标准，认为诉讼当事人是指因民事权利义务关系发生纠纷，以自己名义进行诉讼，并受法院裁判拘束的直接利害关系人。《民事诉讼法》第 119 条规定：“原告是与本案有直接利害关系的公民、法人和其他组织。”随着诉讼法与实体法的分离，当事人也从实体当事人概念的桎梏下挣脱出来，成为一个纯粹诉讼法上的概念②，即形式上的当事人。形式上的当事人是指起诉状上列明的原告和被告。形式上的当事人的构成要件如下：

---

① 参见《〈洛伊斯〉作者访谈录：创立先例的代价》，见 www.women.sohu.com。

② 参见柴发邦主编：《中国民事诉讼法》，202 页，北京，中国人民公安大学出版社，1992。

1. 以自己的名义起诉或应诉；

2. 是向法院请求解决民事纠纷或保护民事权益的人及其相对方；

3. 在诉状中明确表示。

(二) 正当当事人的概念

正当当事人，也称当事人适格，是指在特定诉讼中真正有资格作为原告或被告起诉或应诉，并受本案判决拘束的一种法律上的地位。

当事人适格与形式上的当事人是两个既有联系又有区别的概念，前者侧重于当事人在诉讼中与一定诉讼标的或者一定法益的关联性，而后者则侧重于强调当事人提起诉讼的自由，即只要是在原告起诉书当中所列的原告与被告，便可视为是本案之当事人。对当事人是否适格的判断和认识是随着案情的逐步明确、审判者对实体权利义务的认识而不断变化的，它最终的确定是生效的判决书，受本案裁判拘束的人即为本案的正当当事人。形式上的当事人属于诉讼成立要件，如有欠缺，就可以因诉不合法，由法院裁定驳回起诉。而正当当事人则属于实体权利保护要件，如有欠缺则以请求无理由，法院可判决驳回诉讼请求。

**【经典导读】**

这套理论下（指当事人适格），对个人或集体享受的经济利益大开方便之门，与此同时对公众或大部分公众“零散性”的利益给予不当的区别对待。比如，即使议会试图制定法律保护环境，希望在产业界利益和公众享受美好环境间寻求平衡点，但如果仅有产业方被授予将政府行为诉诸司法统制的权利，那仍是一种严重的不公平现象。近年来，许多国家为纠正公共性不正当行为（public wrongs），倾向于同时赋予私人以提出诉讼的权利，不强调适格理论，其中的一点理由即在于此。①

(三) 正当当事人的确定

1. 法人和直接责任人

(1) 法人和内部工作人员。如果内部工作人员的行为是职务行为给他人造成损害，则法人是适格当事人；如果是非职务行为造成损害，工作人员自己为适格当事人。

(2) 冒用法人名义对外从事民事活动引起的争议，直接责任人为适格当事人。

(3) 以尚未成立或终止后法人的名义从事活动引起的争议，直接责任人为适格当事人。

**【案例 7-1】马某诉希望股份有限公司合同纠纷案**

陈某、赵某和徐某准备共同出资成立一个希望股份有限公司，在希望股份有限公司尚未依法办理注册登记手续，领取营业执照之前，陈某、赵某和徐某就开始以希望股份有限公司的名义与马某进行民事活动。此时，如果发生纠纷案件，

---

① 参见［意］莫诺·卡佩莱蒂编：《福利国家与接近正义》，刘俊祥等译，83页，北京，法律出版社，2000。

则应当由陈某、赵某和徐某三个责任人作为当事人进行诉讼。还有的时候，法人已经终止，但有关责任人仍然使用诸如法人原有公章、银行账户、盖章的空白合同文书等对外从事民事活动。此时，实际上是在使用已经终止的法人的名义对外进行民事活动，一旦发生纠纷案件，也应当由责任人作为当事人进行诉讼。

2. 雇主与雇工

雇主与雇工的问题可以参照法人和内部工作人员的关系，其确定标准是雇工的行为性质。如果雇工在从事雇佣活动过程中给他人造成损害，则雇主是适格当事人；如果雇工擅自从事非雇佣活动给他人造成损害，则雇工是适格当事人。

3. 出资、开办新法人

因法人出资成立新法人或者上级单位开办新法人引起的民事争议，关键是看出资人是否存在出资资金问题上的过错。出资人有资金过错的，应当在其过错范围内和新法人承担连带责任；没有过错的，则以新法人为适格当事人。

**【案例7-2】甲公司与乙公司出资人责任纠纷案**

甲公司与乙公司联合出资成立丙公司，丙公司与丁公司在民事活动的过程中发生争议。如果丁公司起诉丙公司承担民事责任，作为出资人的甲公司与乙公司是否为本案适格当事人、是否承担相应的民事责任的关键，在于甲公司与乙公司是否存在出资不足、资金不到位或者抽逃资金等出资问题上的过错。如果甲公司与乙公司已经按照协议出资足额到位，并且不存在出资过错，则甲公司与乙公司不是本案适格当事人；如果甲公司与乙公司存在出资过错，那么有过错的甲公司与乙公司均是本案的适格共同诉讼人，在其过错范围内承担连带民事责任。

4. 特殊情形下当事人的确定

原则上，直接发生纠纷的行为人为当事人。最高人民法院《民诉法解释》规定了在以下特殊情形下，当事人的确认，需进行变通，以适应社会经济生活的需要。

（1）法人非依法设立的分支机构，或者虽依法设立，但没有领取营业执照的分支机构，以设立该分支机构的法人为当事人。

（2）法人或者其他组织的工作人员执行工作任务造成他人损害的，该法人或者其他组织为当事人。

（3）提供劳务一方因劳务造成他们损害，受害人提起诉讼的，以接受劳务一方为被告。在劳务派遣期间，被派遣的工作人员因执行工作任务造成他人损害的，以接受派遣的用工单位为当事人。当事人主张劳务派遣单位承担责任的，该劳务派遣单位为共同被告。

（4）在诉讼中，个体工商户以营业执照上登记的经营者为当事人的，有字号的，以营业执照上登记的字号为当事人，但应同时注明该字号经营者的基本信息，营业执照上登记的经营者与实际经营者不一致的，以登记的经营者和实际经营者为共同诉讼人。

（5）在诉讼中，未依法登记领取营业执照的个人合伙的全体合伙人为共同诉讼人。个人合伙有依法核准登记的字号的，应在法律文书中注明登记的字号。全体合伙人可以推选代表人，被推选的代表人，应由全体合伙人出具推选书。

（6）经人民调解委员会调解达成协议后一方当事人反悔的，另一方当事人应以对方为当事人。

（7）村民委员会或者村民小组与他人发生民事纠纷的，村民委员会或者有独立财产的村民小组为当事人。

（8）法人或者其他组织应登记而未登记，行为人即以该法人或者其他组织名义进行活动的，行为人为当事人。

（9）行为人没有代理权、超越代理权或者代理权终止后以被代理人名义进行民事活动的，以行为人为当事人。

（10）法人或者其他组织依法终止后，行为人仍以其名义进行民事活动的，行为人为当事人。

（11）对侵害死者遗体、遗骨以及姓名、肖像、名誉、荣誉、隐私等行为提起诉讼的，死者的近亲属为当事人。

### （四）当事人的更换

当事人的更换是指在诉讼过程中，人民法院发现起诉或应诉的当事人不是本案的正当当事人，通知有关的正当当事人参加诉讼，而要求非正当当事人退出诉讼的一种活动。在我国司法实践中，人民法院有更换当事人的做法，认为法院在审理中查明了应承担责任的正当被告以后，在征得原告同意的情况下更换被告，有利于对受害者予以确实的司法救济，可以彻底解决纠纷，保障当事人合法权益。

根据有关司法解释，当事人的更换应当注意以下问题：

1. 更换非正当的被告应当以原告提出申请或者更改诉状为前提。开庭审理前，被告一方被确认为非正当被告，原告没有申请或者不同意更换被告的，法院应当裁定驳回起诉。有正当被告资格的案外人不愿意参加诉讼居于被诉地位的，人民法院应当通知其参加诉讼。

2. 更换非正当当事人应当在第一审开庭审理之前进行。如果法院在开庭审理中发现当事人为非正当当事人，可以直接判决驳回诉讼请求。

3. 更换非正当当事人应当由受诉人民法院作出裁定。更换当事人后，诉讼应当重新开始。原当事人的诉讼行为对更换后的当事人不发生效力。被更换的当事人，再次就同一诉讼标的起诉时，将不被法院接受，即该裁定产生“一事不再理”的效果。

4. 法院不能更换原告，使被告陷入屡次被讼的境地，不公平地加重被告的负担。

### （五）正当当事人范围的扩大

我国现行《民事诉讼法》规定：“原告是与本案有直接利害关系的公民、法人和其他组织”。这表明我国立法把“直接利害关系”作为判断正当当事人的标准。随着社会经济关系和民事法律关系的复杂化，民事诉讼应当扩大正当当事人的范围，才能有效地解决争议。

1. 完善诉讼担当制度

诉讼担当是指案件的实体权利义务关系人因故不能以当事人身份进行诉讼，由与案件无直接实体权利义务关系的第三人代替其以当事人资格进行诉讼，但实体权利义务仍归属于直接实体权利义务关系人的制度。常见的诉讼担当主要有以下几种：基于身份权和继承权等权利，为维护死者或胎儿的民事权益而成为当事人；基于财产代管权，为维护财产所有人或财产经营人的民事权益而充任代位当事人，如失踪人的财产代管人、破产案件中破产企业的清算组织；法人被撤销的情况下成立的清算组接替原来的公司继续进行诉讼，如果没有成立清算组，则由决定撤销的机构接替被撤销的公司继续进行诉讼。

2. 完善诉讼权利承担制度

诉讼权利义务的承担，是指在民事诉讼过程中，由于特殊原因的出现，一方当事人的诉讼权利义务转移给案外人，由案外人承受原当事人的诉讼权利义务，作为当事人继续进行诉讼。诉讼权利的承担应当具备三个条件：一是要有特定的事由存在；二是要有法定的接替诉讼的人存在；三是要有继续进行诉讼的必要和可能。

根据《民事诉讼法》及其相关规定，实践中存在以下几种诉讼权利承担的情况。

（1）自然人权利义务的承担

在民事诉讼中，如果出现自然人死亡的情况，可能而不是必然发生诉讼权利义务的承担。涉及自然人的诉讼有两种情况：一种是基于债而产生的债权债务纠纷案件，另一种是基于身份而产生的纠纷案件。对于前者，如甲和乙之间，甲向人民法院起诉，要求乙偿还借其的1万元钱，甲死亡，则由死者的合法继承人承受原当事人的诉讼权利义务继续进行诉讼。对于后者，如甲的母亲向人民法院起诉，要求甲每月向其支付赡养费500元钱，甲死亡，其身份关系自然就灭失了，基于身份关系而产生的纠纷案件自然也就无须再解决，当然不能发生权利义务承担。

（2）法人诉讼权利义务的承担

法人的终止通常包括法人的合并、分立。法人分立有两种情形，企业分立时对原企业的债务承担有约定，并经债权人认可的，按照当事人的约定处理；没有约定或者约定不明，或者虽然有约定但债权人不予认可的，分立后的企业应当承担连带责任。[①] 法人合并有两种情形：一是新设式合并；二是存续式合并。只要法人合并，就由合并后的新法人接替原法人继续进行诉讼。

## 二、民事诉讼权利能力和民事诉讼行为能力

### （一）民事诉讼权利能力

民事诉讼权利能力，又称当事人能力，是指能够成为民事诉讼当事人所应具备的法律上的资格。《民事诉讼法》第48条规定："公民、法人和其他组织可以作为民事诉讼的当事人"。在我国，公民、法人、其他组织均具有诉讼权利能力。根据《民事诉讼法》第5条的规定，外国人、无国籍人以及外国的企业和组织在我国进行民事诉讼的，享有与我国公民、法人和其他组织同等的诉讼权利、义务。

---

① 参见最高人民法院《关于审理与企业改制相关的民事纠纷案件若干问题的规定》第12条、第13条。

民事诉讼权利能力与民事实体法上的权利能力存在密切联系，凡是具有民事权利能力的主体，都具有相应的诉讼权利能力。同时，诉讼权利能力的取得和消灭与民事权利能力的取得与消灭也是相适应的。根据民法的有关规定，公民的民事权利能力始于出生，终于死亡，其诉讼权利能力的开始和终止与此相同。法人的诉讼权利能力同样是自该法人成立时开始，至其终止时终结。

在特殊情况下，没有民事权利能力的人，也可能依法享有独立的诉讼权利能力，主要包括：（1）其他组织[①]；（2）依法宣告失踪人的财产代管人；（3）遗产管理人、遗嘱执行人；（4）为保护死者名誉权、著作权而提起诉讼的死者的近亲属；（5）清算组织。

### （二）民事诉讼行为能力

民事诉讼行为能力，是指当事人亲自进行诉讼活动，以自己的行为行使诉讼权利和承担诉讼义务的能力。民事诉讼行为能力与民法上的行为能力相对应，有完全民事行为能力的人是有诉讼行为能力的人；无民事行为能力或者限制民事行为能力人是无民事诉讼行为能力的人。我国公民的诉讼行为能力自成年（年满18周岁）时开始，至死亡、宣告死亡或宣告无行为能力时终止。16周岁以上不满18周岁的公民，以自己的劳动收入为主要生活来源的，视为有诉讼行为能力。未成年人、精神病人，由于无行为能力或者行为能力受到限制，而没有诉讼行为能力。他们作为当事人参加诉讼，由其法定代理人代为进行诉讼活动。

法人和其他组织的诉讼行为能力与其诉讼权利能力一样，自成立时开始，于终止时消灭。法人诉讼行为能力由其法定代表人来实现。其他组织的诉讼行为能力于该组织依法成立时产生，于该组织终止时消灭，其诉讼活动由其主要负责人代为进行。

**【案例7-3】姚某诉王某侵权案**

在放学回家的路上，7岁的姚某与8岁的王某路过一个工地时，王某催促姚某赶快走，并猛推了一下走在前面的姚某，致使姚某摔倒，头碰在路边的一块石头上，经医院诊断姚某为轻度脑震荡。就姚某的医疗费及营养费问题，姚某的父亲与王某的父亲发生了争执。如果需要起诉到法院，姚某和王某虽然不满18岁，但具备诉讼权利能力，能作为本案适格的原告和被告。由于他们不具有诉讼行为能力，因而其父母应当作为法定诉讼代理人参加诉讼。

---

① 《民诉法解释》第52条规定，不具有法人资格的“其他组织”是具有民事诉讼主体地位的，该组织在民事诉讼当中可以以当事人身份进行诉讼。这里的“其他组织”是指合法成立、有一定的组织机构和财产，但又不具备法人资格的组织，它包括：依法登记领取营业执照的个人独资企业；依法登记领取营业执照的合伙企业；依法登记领取我国营业执照的中外合作经营企业、外资企业；依法成立的社会团体的分支机构、代表机构；依法设立并领取营业执照的法人的分支机构；依法设立并领取营业执照的商业银行、政策性银行和非银行金融机构的分支机构；经依法登记领取营业执照的乡镇企业、街道企业以及其他符合本条规定条件的组织。诉讼中其他组织由其主要负责人进行诉讼（《民事诉讼法》第48条第2款），不具备法人资格的其他组织，以其主要负责人为法定代表人；在诉讼中，其他组织的主要负责人更换的，由新的主要负责人继续进行诉讼，并应向人民法院提交新的主要负责人身份证明书，原主要负责人进行的诉讼行为有效。

## 三、当事人的权利和义务

### (一) 当事人的诉讼权利

1. 程序参与权，包括接受诉讼通知权、诉讼听审权等。接受诉讼通知权，是指当事人应当充分了解诉讼程序进行的情况的基本诉讼权利。为使裁判具有正当性，必须对当事人进行有效的程序通知。诉讼听审权应当包括以下基本内容：当事人在审判程序中有权提出申请、主张事实和提出证据，对方当事人应能对此陈述意见；即使法院依职权调查时，原则上不允许把当事人未提出的事实和证据作为裁判的基础。

2. 程序选择权，指在民事诉讼法规定的范围内，当事人有权选择诉讼程序及其他程序事项，具体包括：当事人可依自己的意愿决定是否行使起诉权、答辩权、反诉权、上诉权、申请再审权，是否提出撤诉等。

3. 公正程序请求权和获得及时裁判权。当事人公正程序请求权，是指当事人要求法院及法官就当事人的请求进行公正审判的权利。公正审判包含审判程序公正和审判实体结果公正。前者的内容和要求主要有：法官中立原则、当事人平等原则、程序参与原则、审判公开原则。审判实体结果公正，通常是指裁判结果公正，主要体现为事实认定真实和法律适用正确。获得及时裁判权，是指当事人有权要求法院在法律规定的期间内及时审结案件的权利，是强调诉讼经济的权利，追求的是在保证诉讼公正的前提下，尽可能地节约当事人和国家的诉讼成本。①

### (二) 当事人的诉讼义务

根据我国民事诉讼法的有关规定，当事人应当承担如下诉讼义务：

1. 依法行使诉讼权利。当事人必须按照民事诉讼法的规定行使诉讼权利，禁止诉讼权利滥用，禁止以不正当手段形成有利于自己的诉讼状态。

2. 遵守诉讼秩序，不得实施妨害民事诉讼的行为。

3. 履行发生法律效力的判决书、裁定书和调解书等。

# 第二节　诉讼第三人

## 一、概述

### (一) 概念和意义

我国《民事诉讼法》第56条规定，第三人是指对于他人之间的诉讼标的认为有独立请求权的，或者虽然没有独立请求权，但案件的处理结果与其有法律上的利害关系的，而参

---

① 参见邵明：《民事诉讼当事人的程序基本权》，载《法制日报》，2002-08-20。

加到正在进行的诉讼中去的人。第三人制度是各国民事诉讼法上的一项重要制度，德国、日本以及我国台湾、澳门地区称之为“诉讼参加人”，而英美法系国家以及我国《民事诉讼法》称之为“第三人”。

### （二）第三人的分类

我国《民事诉讼法》第56条规定，第三人包括有独立请求权的第三人和无独立请求权的第三人。前者是指对于他人之间的诉讼标的认为有独立请求权的第三人。有独立请求权的第三人参与到他人的诉讼中去之后，其诉讼地位等同于原告，享有独立的当事人的诉讼权利并承担相应的诉讼义务，以本诉的原告和被告为被告。无独立请求权的第三人对他人未决案件之诉讼标的虽无任何独立请求权，但是却与他人之间案件的处理结果存在着法律上的利害关系。该第三人在诉讼当中不具有独立的原告或被告之诉讼地位，而是辅助其中的一人参加诉讼。

## 二、对我国两种第三人制度的比较

1. *参加诉讼的根据*

有独立请求权的第三人参加诉讼的根据，一是对未决案件的诉讼标的的全部或一部分提出独立的诉讼请求；二是主张由于诉讼结果而使自己权利受到损害。对于前者，根据我国《民事诉讼法》第56条第1款的规定，对当事人双方的诉讼标的，第三人认为有独立请求权的，有权提起诉讼。例如，丙主张自己是甲乙之间争议房屋的全部或部分使用权人，丙就是典型的对未决案件的诉讼标的的全部或一部提出独立的诉讼请求的有独立请求权的第三人。后者主张由于诉讼结果而使自己权利受到损害，如某农户与村委会签订协议承包果园，村委会要求解除合同，农户向人民法院起诉村委会，与农民签有技术服务合同的农技站参加诉讼，请求农户承担违约责任。该类诉讼在日本被称为“诈害防止参加”。我国民事诉讼法未将“诈害防止参加”作为第三人提起独立参加诉讼的根据。如能确认这种情况下第三人提起的独立参加之诉，对于维护诚实信用的市场交易秩序，保障第三人利益，防止债务人恶意转移财产，都具有积极意义。

无独立请求权的第三人参加诉讼的根据是，对他人之间的诉讼标的虽然没有独立请求权，但是案件的处理结果与其有法律上的利害关系。所谓法律上的利害关系，是指第三人的民事权利义务将受到他人案件处理结果的影响，表现在两个方面：一是三个主体之间存在两个内容、客体相牵连的法律关系；二是无独立请求权的第三人与本诉一方当事人之间的法律关系有发生争议的可能，并且该争议直接影响本诉当事人之间的法律关系。

**【案例7-4】某商店诉加工厂买卖合同案**

加工厂与钢厂之间签订钢材购销合同，约定钢厂向加工厂交付一批不锈钢。后来加工厂将该批钢材加工成不锈钢制品卖给商店，商店在销售过程中发现不锈钢制品存在质量问题，向人民法院起诉加工厂。钢厂可以作为本案的无独立请求权第三人。

**【案例 7－5】钢厂与机械厂代位权诉讼案**

钢厂将一批价值 210 万元的钢材卖给贸易公司，贸易公司拖欠其货款未支付。但是贸易公司曾将一台价值 180 万元的机械设备卖给机械厂，机械厂拖欠贸易公司 180 万元的设备款也未支付。债权人钢厂基于合同法所确定的代位权，直接以机械厂为被告向人民法院提起代位权诉讼，要求机械厂向其支付拖欠的 180 万元。在这一诉讼中，应将贸易公司作为本案的无独立请求权的第三人，因为贸易公司是否对机械厂享有 180 万元的到期债权，直接决定着原告钢厂是否有权提起代位权诉讼，这里贸易公司与本案的处理结果之间存在的是一种法律上的利害关系。

在司法实践中，法院任意追加无独立请求权第三人造成该第三人无端遭受损失这一状况十分普遍。最高人民法院于 1994 年在《关于在经济审判工作中严格执行〈中华人民共和国民事诉讼法〉的若干规定》中明确禁止法院将具备"与原被告双方争议的诉讼标的无直接牵连和不负有返还或者赔偿等义务的人，以及与原告或被告约定仲裁或有约定管辖的案外人，或者专属管辖案件的一方当事人"等情形的人列为无独立请求权第三人。

为了确保无独立请求权第三人的合法权益，防止人民法院错定、滥定无独立请求权第三人，除了以上司法解释的限制以外，还必须为无独立请求权第三人建立普遍的程序保障机制，有学者提出了建立无独立请求权第三人诉讼主体资格异议制度①，即被人民法院通知参讼的"无独立请求权第三人"或其法定代理人，认为人民法院对其主体资格的认定有错误的，有权提出异议的制度。异议一经提出，人民法院应在合理期限内作出裁定。如异议成立，人民法院应裁定撤回通知，若异议不成立，则驳回其异议申请。对于裁定不服的，无独立请求权第三人可以提起上诉。对其上诉，二审人民法院必须在一审终结前作出裁定。②

2. 参讼条件

有独立请求权第三人参加诉讼的条件有两个：一是对本诉的当事人争议的诉讼标的，主张独立的请求权。所谓独立的请求权，是指第三人所主张的请求权既不同于本诉原告向被告所提出的请求权，也不同于被告向原告提出的反诉请求权，是直接针对本诉的原告与被告的。二是其所参加的诉讼正在进行。所谓正在进行的诉讼应从何时起到何时止，法律没有具体规定。从第三人的参加性来看，应当从原告和被告的确定时起，即自被告应诉时起，至审理终结前止。有独立请求权第三人以起诉的方式参加诉讼，这就要求有独立请求权第三人在起诉时必须符合民事诉讼法对起诉的有关规定。

无独立请求权第三人参加诉讼的条件主要有：（1）存在参加诉讼的根据，即他人案件的处理结果与其有法律上的利害关系；（2）他人之间的诉讼正在进行。

3. 参讼方式和诉讼地位

我国《民事诉讼法》第 56 条第 1 款规定，对当事人双方的诉讼标的，第三人认为有独

---

① 参见廖永安：《论对无独立请求权第三人的法律保护》，载《法律适用》，1995（1）。

② 参见廖永安：《论民事诉讼中无独立请求权的第三人》，见中国民商法律网。

立请求权的，有权提起诉讼。因此，有独立请求权的第三人是诉讼的当事人，在诉讼中的地位相当于原告。有独立请求权的第三人所提起的诉讼请求是直接针对本诉的原告和被告的，其参加诉讼的方式是提起诉讼。有独立请求权的第三人参加的诉讼中，实际上形成了两个独立之诉的合并审理：一是原告与被告之间已经开始但尚未结束的本诉；二是有独立请求权的第三人以本诉的原告与被告为被告的参加之诉。

根据我国民事诉讼法的规定，无独立请求权第三人参加诉讼的方式主要有申请参加诉讼和通知参加诉讼：无独立请求权第三人可以向法院申请参加诉讼和由法院通知无独立请求权第三人参加诉讼。

4. 诉讼权利

有独立请求权第三人处于参加之诉的原告地位，并享有原告享有的除提出管辖权异议以外的所有权利，包括放弃、变更、承认诉讼请求或者提出撤诉等。根据我国民事诉讼法及其相关规定，有独立请求权的第三人有权撤销参加之诉，而本诉的原告同样有权在有独立请求权第三人参加诉讼后，撤销本诉；原告撤诉后，第三人之诉不受影响。

无独立请求权的第三人是诉讼中的当事人，但与原告、被告以及有独立请求权的第三人不同。无独立请求权第三人的诉讼权利具体分为三种：无独立请求权的第三人可以独立行使的诉讼权利为一般性的诉讼权利，如提供证据、委托诉讼代理人、参与庭审、进行辩论等权利。无独立请求权第三人无权行使的诉讼权利，包括无权对案件提出管辖权异议，无权放弃、变更诉讼请求或者申请撤诉。无独立请求权第三人附条件行使的诉讼权利主要包括上诉和签收调解书两项，根据最高人民法院《民诉法解释》第 82 条及第 150 条的规定，无独立请求权的第三人是否享有这两项诉讼权利取决于其是否直接承担案件的民事责任，如第一审判决责令无独立请求权第三人承担民事责任，则其有权上诉；如当事人之间的调解协议确定无独立请求权第三人承担民事责任，则需要征得该第三人的同意并同时送达第三人，第三人在调解书送达前反悔的，人民法院应当及时判决。此外，根据《民诉法解释》第 81 条第 2 款，第一审程序中未参加诉讼的第三人，申请参加第二审程序的，人民法院可以准许。

## 第三节　共同诉讼人

### 一、共同诉讼概述

#### （一）共同诉讼的概念

共同诉讼是指当事人一方或者双方为两人以上，其诉讼标的是共同的或者同一种类，人民法院合并审理的诉讼，也称为主观的诉之合并。通过共同诉讼制度，可以在一个程序中一并解决涉及多数当事人的纠纷或多个纠纷，从而节省诉讼成本，提高诉讼效率。同时，也避免了法院对同一案事或同类事件作出多个可能相互抵触的裁判的结果。

（二）共同诉讼的要件

形成共同诉讼需要在实体上和程序上分别具备一定的条件。形成共同诉讼的实体要件，要求人数众多的一方当事人与诉讼标的之关系为以下任一种：

1. 共同诉讼人对诉讼标的有共同的权利义务；

2. 诉讼标的权利或义务基于同一之事实上及法律上原因，多数人一同起诉或被诉；

3. 诉讼标的之权利或义务系同种类且事实上及法律上同种类，多数人一同起诉或被诉。

形成共同诉讼的程序要件，要求加以合并的各个当事人之诉应当同时满足以下条件：

1. 法院就该数诉讼均有管辖权；

2. 该数诉讼应当按照同种类诉讼程序进行；

3. 法律没有强制性的禁止该数诉讼合并的规定。

（三）共同诉讼的种类

按照大陆法系的共同诉讼理论，共同诉讼分为普通共同诉讼和必要共同诉讼。所谓普通共同诉讼，指各共同诉讼人与相对人间有各自的诉讼请求存在，且其所得判决效力互相无关，即诉讼标的对于各共同诉讼人而言，不必合一确定。所谓必要共同诉讼者，指诉讼标的对于共同诉讼人必须合一确定，或共同诉讼人必须一同起诉或一同被诉。必要共同诉讼又分为固有之必要共同诉讼和类似之必要共同诉讼。固有之必要共同诉讼者，指依法律之规定，必须数人一同起诉或一同被诉，当事人才为适格当事人，且诉讼标的对于数人必须合一确定。固有之必要共同诉讼之认定基本上有两种类型：（1）诉讼标的的处分权或管理权必须由数人全体共同行使才合法，个人无权单独为行使。（2）使他人间权利义务关系发生变动的形成诉讼，诉讼标的为形成权，起诉时须由数人全体或对数人全体为行使，始为合法。固有之必要共同诉讼，以有关身份关系之诉讼为最多。类似之必要共同诉讼，指数人之诉讼标的虽不必一同起诉或一同被诉，而有选择进行单独诉讼或共同诉讼的自由，但是，一旦选择进行共同诉讼，则其诉讼标的对于共同诉讼人全体必须合一确定，不能作出相异判决。在固有之必要共同诉讼中，因为诉讼标的同一，当事人若未被全部概括，会出现当事人不适格；类似之必要共同诉讼却不产生把一部分人漏掉就会导致当事人不适格的问题，因权利主张所依据的基础相同，在判决时应该在这个基础上作相同的权利存在与否的认定，否则判决会不合理。[①] 因此，普通共同诉讼和必要共同诉讼的关键区别在于，判决的效力是否及于每个共同诉讼的当事人；固有之必要共同诉讼和类似之必要共同诉讼的关键区别在于每个共同诉讼当事人是否必须参加诉讼。

我国《民事诉讼法》第52条也将共同诉讼分为普通共同诉讼和必要共同诉讼，分类标准和大陆法系的分类标准基本相同，但是没有再将必要共同诉讼划分为固有之必要共同诉讼和类似之必要共同诉讼。原告一方有二人或二人以上共同参与诉讼，称为积极的共同诉讼。被告一方有二人或二人以上共同参与诉讼，称为消极的共同诉讼。如果原告和被告两

---

① 参见姚瑞光等：《类似必要共同诉讼问题之研究》，载《法学丛刊》，1983（10）。

方都有二人或二人以上共同参与诉讼，则为“混合的共同诉讼”。

## 二、普通共同诉讼

### （一）普通共同诉讼的形成要件

普通共同诉讼，是指当事人一方或者双方为二人以上，其诉讼标的是同一种类，人民法院认为可以合并审理，而且当事人也同意合并审理的诉讼。普通共同诉讼人之间没有共同的权利义务，对其中一个诉讼标的所作出的判决，其效力也不及于其他共同诉讼人。普通共同诉讼，既可以单独起诉，也可以共同起诉。普通共同诉讼应当符合以下条件：

1. 诉讼标的为同一种类。
2. 同一法院对该共同诉讼拥有管辖权。
3. 可适用同一诉讼程序。
4. 法院认为符合简化诉讼程序的目的，可以合并审理。
5. 当事人同意合并审理。

### （二）普通共同诉讼的独立和关联

普通共同诉讼制度有利于人民法院尽快审理同一种类的多个案件，有利于实现经济诉讼的目的。但普通共同诉讼毕竟是一种可分之诉，其独立性表现在以下三个方面：

1. 一般诉讼行为的独立。普通共同诉讼人只对自己实施的诉讼行为负责，其中任何一个共同诉讼人的诉讼行为对其他共同诉讼人均不发生效力。例如，共同诉讼人一人撤回诉讼请求的效力只及于自己，不影响其他共同诉讼人继续进行诉讼。

2. 特殊情形的独立。如普通共同诉讼人一人出现诉讼中止、未按时参与庭审等特殊情况，不影响其他共同诉讼人。

3. 裁判的独立。人民法院的审查应当分别进行，并可以作出实体结果完全不同的裁判。

普通共同诉讼人之间的独立性对整个诉讼而言并不是绝对的。普通共同诉讼人之间也存在一定的联系，主要表现在：普通共同诉讼人中一人在诉讼中的作为或不作为对法院在认定其他共同诉讼人的请求或答辩内容时具有证明作用。正是由于普通共同诉讼人的独立性，普通共同诉讼人能够互为证人。

## 三、必要共同诉讼

### （一）必要共同诉讼的要件

必要共同诉讼人之间诉讼标的之共同性，往往是由实体法律关系所决定的。必要共同诉讼人在实体法律关系中存在着共同的利害关系，即享有共同的权利或承担共同的义务，因此，要求当事人必须合一起诉或合一应诉，法院合一审理和判决。法院分别审理会将同一实体法律关系人为地加以分割，一方面不利于查明事实、适用法律，另一方面也有可能造成相互矛盾的判决。

构成必要共同诉讼必须具备两个条件：一方或者双方当事人为二人以上；诉讼标的是共同的。诉讼标的共同，即当事人所涉及的实体法律关系必须是同一的，包括一个民事法律关系导致的共同权利义务和同一事实或法律上的原因而导致的共同权利义务。必要共同诉讼人必须共同参加诉讼，发现未参加的，法院可以通知参加。原告不参加且未明确表示放弃权利的，仍作为共同原告看待，被告则可缺席判决。通常来说，必要共同诉讼的标的之共同可以基于三个原因而产生：其一，特定身份形成的共有关系，一是基于婚姻家庭关系而形成的特定身份；二是基于法律上的共有权关系而形成的特定身份。其二，数人共同实施对他人的侵权行为或者数人分别实施了可能会给他人造成损害的行为，无法确定哪个侵权行为或者危险行为造成了受害人的具体损失，就应将所有实施侵权行为或者危险行为的数人作为共同诉讼人进行诉讼。其三，存在内部合同关系形成的是可分的权利义务关系，则应当成为必要共同诉讼人。

### （二）必要共同诉讼的分类

按照诉讼标的的权利义务本身是共同的，还是形成诉讼权利义务的原因是共同的，可以将必要共同诉讼划分为权利义务共同型必要共同诉讼和原因共同型必要共同诉讼两种类型。

1. 权利义务共同型必要共同诉讼，是指由实体法决定的、共同诉讼人对诉讼标的具有共同的权利或义务。常见的有以下两种情形：一是共同诉讼人之间存在着权利义务共同关系，如夫妻对其财产的共有、知识产权人对知识产权的共有等。二是共同诉讼人之间因连带债权或者连带债务而具有的共同权利或义务，涉及连带债权人对债务人的请求或者债权人对连带债务人的请求而发生的诉讼时，就构成必要共同诉讼。

2. 原因共同型必要共同诉讼，指共同诉讼人之间本无共同的权利或义务，仅仅因为某同一事实或法律的原因，才使共同诉讼人之间具有共同的权利或义务。如数个化工厂共同向河流排污，造成下游养猪场的猪大量死亡，养猪场向该数个上游化工厂提起损害赔偿诉讼，即属原因共同型必要共同诉讼。

### （三）必要共同诉讼与相关诉讼的区别

必要共同诉讼与普通共同诉讼的区别主要体现在以下几个方面：首先，必要共同诉讼的诉讼标的是共同的；而普通共同诉讼的诉讼标的是同一种类的。其次，在是否追加共同当事人的问题上，必要共同诉讼的当事人没有参加诉讼，法院应当追加当事人。如果是必要共同原告，当事人已明确表示放弃实体权利的，可不予追加；既不愿意参加诉讼，又不放弃实体权利的，仍追加为共同原告。再次，在是否合并审理的问题上，必要共同诉讼是一种不可分之诉，案件必须合并审理；普通共同诉讼是一种可分之诉，案件可以分别单独审理，也可以合并审理，其合并必须要经过法院和当事人双方的同意。

必要共同诉讼的原告与有独立请求权的第三人的区别体现在：

1. 参加诉讼的根据不同。必要共同诉讼的原告基于共同请求权而参加诉讼；而有独立请求权的第三人基于自己独立的请求权而向原、被告提起诉讼。

2. 参加诉讼的程序不同。必要共同诉讼的原告可以一同起诉，也可以在诉讼程序开始后参加；有独立请求权的第三人只能在本诉开始之后，才能参加到他人已开始的诉讼中。

3. 诉讼地位不同。必要共同诉讼的原告具有利益一致性，追求原告的胜诉。有独立请求权的第三人则追求自己的胜诉，此外，无论是原告胜诉，还是被告胜诉，都将损害其权益。

4. 请求权的性质不同。必要共同诉讼的原告的请求权是原告的一致的请求权，有独立请求权的第三人的请求权是独立于原告且与原告的请求权有所冲突的。

5. 诉的合并种类与参加诉讼的强制效力不同。必要共同诉讼是诉的主体的强制合并。有独立请求权的第三人的合并不具有强制性。

### （四）必要共同诉讼的特殊法定情形

根据《民诉法解释》和《担保法》等的相关规定，下列情形应为必要共同诉讼人参加诉讼：

1. 以挂靠形式从事民事活动，当事人请求由挂靠人和被挂靠人依法承担民事责任的，该挂靠人和被挂靠人为共同诉讼人。

2. 个体工商户营业执照上登记的经营者与实际经营者不一致的，以登记的经营者和实际经营者为共同诉讼人。

3. 在诉讼中，未依法登记领取营业执照的个人合伙的全体合伙人为共同诉讼人。

**【案例 7-6】青青农场诉喜洋洋快餐店拖欠货款案**

段某、戴某和王某三人签订合伙协议开办一家喜洋洋快餐店。三人各自出资15万元作为喜洋洋快餐店的资产，并在南京路租赁一间门面房作为经营场所。喜洋洋快餐店在经营过程中拖欠青青农场的货款，为此双方发生争议。在此案中，区别个人合伙与合伙组织的关键在于三点：其一，合伙组织是否依法成立；其二，合伙人签订合伙协议后，是否各自出资形成合伙组织的独立财产；其三，合伙组织是否有一定的组织机构。案中，喜洋洋快餐店符合前述三个条件，如果青青农场提起诉讼，则应当以喜洋洋快餐店为被告，而不应以段某、戴某和王某为共同被告。

4. 企业法人分立。企业法人分立的，因分立前的民事诉讼活动发生的纠纷，以分立后的企业为共同诉讼人。

5. 借用业务介绍信等业务凭证。借用业务介绍信、合同专用章、盖章的空白合同书或者银行账户的，出借单位和借用人为共同诉讼人。因为借用业务介绍信实际上是借用了一个法人的名义，出借人与借用人之间必然形成了一种不可分的权利义务关系。

6. 承担连带责任的代理关系。代理关系中的被代理人和代理人承担连带责任的，为共同诉讼人。

7. 保证关系中的共同诉讼人。关于因保证合同纠纷提起的诉讼，债权人向保证人和被保证人一并主张权利的，法院应将保证人和被保证人列为共同被告；债权人仅起诉保证人的，除保证合同明确约定保证人承担连带责任的外，人民法院应当通知被保证人作为共同被告参加诉讼。

8. 共有财产权受到他人侵害，部分共有权人起诉的，其他共有权人为共同诉讼人。

### （五）必要共同诉讼人之间的关系

必要共同诉讼除了原、被告之间的外部关系外，还必须考虑必要共同诉讼人之间的内部关系。必要共同诉讼人的关系包括两种：一是外部关系，即必要共同诉讼人与对方当事人之间的关系。在外部关系问题上，共同诉讼人处于共同的权利义务关系状态，一致对外。二是内部关系，即共同诉讼人之间的关系，主要体现在其中一人的诉讼行为对他人的效力问题。

《民事诉讼法》第52条第2款规定，共同诉讼的一方当事人对诉讼标的有共同权利义务的，其中一人的诉讼行为经其他共同诉讼人承认，对其他共同诉讼人发生效力。这种承认包括明示承认和默示承认。只要共同诉讼人未对其他共同诉讼人实施的诉讼行为表示异议，即表明该共同诉讼人已经承认。共同诉讼人可就分歧意见进行协商，形成一致意见，即“协商一致”原则，这要求各共同诉讼人之间的行为必须协商一致，否则不发生法律效力。必要共同诉讼中的一人发生诉讼中止的事由，其效果（如法院裁定中止诉讼）也及于其他共同诉讼人。但协商一致原则并非适用于所有场合。例如，一审判决之后，共同诉讼人中的一人对判决不服提起上诉，如果上诉后为不可分之诉，其效力不管其他共同诉讼人是否承认，其上诉行为的效力都及于共同诉讼人全体。

### （六）必要共同诉讼人的追加

必要共同诉讼是一种不可分之诉，因此，要求共同诉讼人必须一同起诉或者一同应诉。必要共同诉讼人没有独立的诉讼实施权，如果只有其中一部分共同诉讼人起诉，在理论上就被认为起诉的共同诉讼人不适格。人民法院在受理案件时，发现有共同诉讼人没有参加诉讼的，就应当依职权通知未参加诉讼的共同诉讼人参加诉讼，即当事人的追加。

必要共同诉讼人的追加方式有两种：一是法院依职权进行；二是法院根据当事人的申请追加。根据《民诉法解释》第73条，当事人主动申请参加到共同诉讼中来的，受诉法院应进行审查，申请理由成立的，书面通知被追加的当事人参加诉讼；申请理由不成立的，裁定驳回。应当追加的共同诉讼人，如果是被告，而被告又不愿意参加诉讼的，同时又不适用拘传的，可缺席判决。如果追加的共同诉讼人为原告，而该原告又不愿意参加诉讼，但又不明确表示放弃权利的，仍应作为共同原告处理。

在不同程序中，发现遗漏应当共同进行诉讼的当事人，根据我国民事诉讼法及其相关规定，有不同的处理方式：在一审中，除非原告当事人明确表示放弃其实体权利，否则人民法院应当直接予以追加；该被追加的当事人既不愿意参加诉讼，又不放弃实体权利的，仍追加为共同原告，其不参加诉讼，不影响案件的继续审理。在二审中，人民法院发现有应当参加诉讼的必要共同诉讼人未参加，可以根据当事人自愿的原则予以调解；调解不成的，发回重审。发回重审的裁定书中不列应当追加的当事人。在审判监督程序中，人民法院发现一审、二审程序均遗漏了必须参加诉讼的当事人，可以根据当事人自愿的原则予以调解，调解不成的，裁定撤销一审、二审判决，发回原来的第一审人民法院重审。

**【案例 7-7】齐氏兄弟法定继承纠纷案**①

齐老汉去世后，他的 7 个儿子因遗产继承发生纠纷，诉至法院。小儿子齐七告大儿子齐大侵犯了他的继承权。法院受理本案后，通知其余 5 个儿子应诉，其中齐三和齐四明确表示放弃实体权利，不参加诉讼；齐二和齐五根本不表态；齐六愿意参加诉讼。本案中应列谁为原告？

根据最高人民法院《民诉法解释》第 70 条、第 74 条的规定，在继承遗产的诉讼中，部分继承人起诉的，人民法院应通知其他继承人作为共同原告参加诉讼；被通知的继承人不愿意参加诉讼又未明确表示放弃实体权利的，人民法院仍应把其列为共同原告。人民法院追加共同诉讼的当事人时，应通知其他当事人。应当追加的原告，已明确表示放弃实体权利的，可不予追加；既不愿意参加诉讼，又不放弃实体权利的，仍追加为共同原告，其不参加诉讼，不影响人民法院对案件的审理和依法作出判决。本案中齐七、齐六、齐二、齐五应列为共同原告，齐三和齐四不参加诉讼不影响案件审理。

## 第四节 代表人诉讼

我国民事诉讼法上多数人诉讼制度的产生直接源于司法实践，1985 年 3 月安岳县 1 569户稻种经营户诉县种子公司水稻制种合同案一般被认为是中国最早、最为典型的群体诉讼案例，在这之后，全国范围内陆续发生了各种各样的群体纠纷，而当时的民事诉讼法（1982 年试行《民事诉讼法》）所规定的共同诉讼已远不能解决现实当中的实际问题。基于司法实务界迫切的立法需要以及理论界的强烈呼吁，现行《民事诉讼法》在制定时，在借鉴美国的集团诉讼制度以及日本的选定当事人制度的基础上，结合中国的具体情况，明确规定了我国的代表人诉讼制度，为民事审判解决群体性纠纷案件提供了法律依据。陆续颁布的司法解释又对诉讼代表人制度进行了完善和补充，形成了我国的代表人诉讼制度。

### 一、代表人诉讼制度概述

#### （一）概念

代表人诉讼，是指具有共同或同种类法律利益的一方当事人人数众多，且不能进行共同诉讼时，由其代表人进行诉讼的一种制度。②

① 参见律师资格考试试题 2000 年试卷二第 16 题。
② 参见章武生：《代表人诉讼制度初探》，载《河南大学学报》（社科版），1999（3）。

### （二）适用代表人诉讼的条件

我国适用代表人诉讼一般要求具备以下几个条件：

1. 当事人人数众多。按照最高人民法院《民诉法解释》第 75 条的规定，当事人的人数众多人数一般指 10 人以上，不可能同时参加诉讼。人数没有上限限制，人数越多，越能够发挥代表人诉讼制度的功效。

2. 诉讼标的相同或属于同一种类，当事人之间在法律上具有共同利益或者处于相同情况，而且不属于非法人团体。《民诉法解释》第 76 条规定："依照民事诉讼法第五十三条规定，当事人一方人数众多在起诉时确定的，可以由全体当事人推选共同的代表人，也可以由部分当事人推选自己的代表人；推选不出代表人的当事人，在必要的共同诉讼中可以自己参加诉讼，在普通的共同诉讼中可以另行起诉。"又根据《民事诉讼法》第 52 条的规定，诉讼标的是共同的，属必要的共同诉讼；诉讼标的是同一种类的，属普通的共同诉讼。在人数确定的代表人诉讼中，有诉讼标的是共同的和同一种类的两种情况。前者如 30 人共同承包的果园被化工厂排放的工业污水污染所引起的侵权诉讼，此时，该 30 人因存在内部不可分合同关系而形成权利义务的不可分状态。后者如因食品生产商向 100 家超市迟延交付中秋月饼而引起的超市与生产商之间的诉讼，100 家超市和食品生产商之间存在的仅仅是同一种类的诉讼标的而已。根据《民事诉讼法》第 54 条的规定，在人数不确定的代表人诉讼中，只有诉讼标的是同一种类的情况，如因虚假广告、环境污染、产品质量等引起的多数人诉讼。

3. 诉讼代表人适格，即诉讼代表人能够公平和充分地维护群体成员的利益。诉讼代表人能够善意、公正地维护其他集团成员的合法利益，并为其他成员所信赖。诉讼代表人必须具有相应的智力水平和文化、法律知识以及诉讼能力。

## 二、代表人诉讼的分类

如前所述，代表人诉讼可以按照两种标准进行划分。按照起诉时人数众多的一方当事人的人数是否已经确定，可以分为起诉时人数确定的代表人诉讼和起诉时人数不确定的代表人诉讼。按照人数众多的一方当事人之间的关系是普通共同诉讼还是必要共同诉讼，可以分为标的是同一的代表人诉讼和标的是同种类的代表人诉讼。我国立法是首先取前一种分类，再在人数确定的代表人诉讼中作后一种方式的第二次划分。

起诉时人数确定的代表人诉讼和起诉时人数不确定的代表人诉讼的区别如下：

#### 1. 诉讼代表人产生的程序不同

在起诉时人数确定的代表人诉讼中，诉讼代表人既可以由多数人一方的全体当事人推选共同的代表人，也可以由部分当事人各自推选自己的代表人；推选不出代表人的当事人，在必要的共同诉讼中可由自己参加诉讼，在普通的共同诉讼中可以另行起诉。而人数不确定的代表人诉讼的代表人的产生，分为三个步骤：首先，由当事人推选代表人；其次，当事人推选不出的，可以由人民法院提出人选与当事人协商；最后，法院和当事人协商不成的，由人民法院在起诉的当事人中指定代表人。在司法实务中，以所有的利害关系人的名义起诉的人，法院审查认可其代表人资格后，代表人诉讼即可成立。如果起诉时人数特别众多，没有推选代表人，人民法院就在其中指定代表人，只要多数当事人一方无人对代表人的资格提出异议，就表示认可其代表人资格。不过，由于代表人诉讼是以诉讼标的同一或同类为前提的，它也要遵循共同诉讼的一般法则。如代表人诉讼中诉讼标的是共同的，任一当事人可以自己参加诉讼；如果代表人诉讼中诉讼标的是同类的，有关利害关系人既可以参与代表人诉讼，也可以单独起诉。

2. 裁判效力范围不同

人民法院所作出的裁判，对于人数确定的代表人诉讼而言，对诉讼代表人及其代表的在法院登记权利的当事人有效。对于人数不确定的代表人诉讼，则不仅对诉讼代表人及其所代表的在法院登记权利的当事人有效，而且还可以对在法定时效内起诉的人有效，但并不是直接及于未参加登记的权利人。登记者应当证明自己的权利，证明不了的不予登记，可另行起诉。未登记的权利人如果能够在诉讼时效内提起诉讼，并证明本案属于已作出判决的代表人诉讼的情形，且法院认定其诉讼请求成立的，裁定适用法院对先前发生的代表人诉讼作出的判决。但是，应当保障该起诉人充分的辩论权和上诉权等，而不是不加详细审理就直接适用代表人诉讼的判决。

## 三、我国代表人诉讼的特殊程序

1. 受理

人民法院受理代表人诉讼不仅要审查代表人诉讼是否具备一般的起诉要件，还要审查其是否符合代表人诉讼的要件。不符合代表人诉讼要件的，裁定不予受理。但是这并不排斥多数人分别行使诉权，单独提起诉讼。

2. 公告

人数众多一方在起诉时，其人数不确定的，人民法院可以发出公告，说明案件情况和诉讼请求，并通知有关利害关系人向人民法院进行登记。公告主要起送达作用，以通知当事人案件已经开始；同时，通过通知当事人到人民法院登记，又起着确定人数的作用。

3. 登记

权利人在公告期内向法院进行登记，并证明其与对方当事人之间的法律关系为何种状况。证明不了的，不予登记，当事人可以另行起诉。没有登记的权利人无权选任或被选任为诉讼代表人，并且法院之判决仅对参加登记的权利人发生效力，没有登记的权利人在诉讼时效期内起诉的，若其主张成立，则适用法院先前之判决。

4. 代表人的产生、变更及权限

（1）产生。对此已经在人数确定的代表人诉讼与人数不确定的代表人诉讼的区别中加以论述。

（2）变更。诉讼代表人死亡或者由于其他正当理由不宜作为诉讼代表人的，可以重新确定。诉讼代表人不合格的，群体成员有权要求撤换之，法院也可以裁定重新确定。

（3）权限。人数确定的代表人诉讼和人数不确定的代表人诉讼，诉讼代表人的权限是相同的。按照法定程序推选或者商定代表人后，即由代表人代表群体成员参加诉讼，而被代表的群体成员则脱离诉讼。诉讼代表人的权限因其所行使诉讼权利性质的不同，法律对其具体要求也有所不同。对于一般性诉讼权利，诉讼代表人可以根据自己的意志行使，并且其行使诉讼权利所产生的后果对被代表的当事人有效；但是对于特殊性诉讼权利，如变更、放弃诉讼请求或者承认对方当事人的诉讼请求，进行和解，必须经被代表的当事人同意。诉讼代表人行使特殊诉讼权利所产生的法律后果，经被代表当事人同意后对其有效；如果被代表的当事人不同意，则该行为所产生的后果仅对代表人本人及其对方当事人有效。

**【案例7-8】乘客诉航空公司集团诉讼案**

这是一起因海南至北京的末班航班被取消引起的民事诉讼。该航班总计售票236张，人民法院受理案件并发出通知与公告后，在法院登记权利的有202人，后当事人推选甲、乙、丙三人作为诉讼代表人进行诉讼。在诉讼过程中，三个代表与航空公司在法院的主持下进行调解并达成协议，即航空公司向乘客赔礼道歉，并给大家赠送纪念品。对于这一实体结果，未亲自参加诉讼的当事人表示同意，愿意接受赔礼道歉并领取纪念品。

## 四、我国代表人诉讼制度修正的基本课题

实践表明，我国的代表人诉讼制度当前已经广泛地适用于因产品责任引起的损害赔偿纠纷、因污染环境引起的损害赔偿纠纷、农村承包合同或农副产品收购合同，因一方不履行或片面撕毁、变更合同引起的群体性纠纷等领域，在扩大司法解决纠纷、共同保护社会弱者的利益，促进市场经济的良性发展等方面具有重要的作用与意义。其特殊功能主要体现在：

1. 代表人诉讼通过代表制使多数诉讼主体得以高度合并，各个主体的诉讼请求得以集中行使，扩大了同一诉讼空间的主体容量，有效地解决了现代纠纷中争议主体众多与诉讼空间容量的矛盾。

2. 代表人诉讼有效地克服重复诉讼而引起的法院裁判的矛盾，保证了法院判决对于相同事实认定和处理的同一性、确定性。

3. 民事群体诉讼制度通常用以保护具有“巨额少量”特征的权利，能够及时保护众多的“少量、弱小”权益的受害者，兼顾制裁违法之加害人与保护被害之弱者，扩大了司法保护合法权益的广度和深度。

如果仍然将代表人诉讼按照实体和程序一分为二，前述司法功能的转变实际上可以简单地看作是通过司法这样一种途径将价值、观念渗透入国家、社会生活，而代表人诉讼更是这样一种途径中的重要力量。法院在代表人诉讼中，不仅要在实体上考虑各种价值的取舍与衡平、对实体法律的突破或是修正，更要通过正当合理的程序设计将之合法化。由于代表人诉讼的复杂多样，程序法的技术设计无论如何精巧，也不可能使之与实践灵活对应，唯一可以仰仗的是法院在此间发挥比在一般诉讼中更加合理、广泛而非宽泛的管理作用。

代表人诉讼改变了传统的诉讼模式，将众多个别当事人集合为集团的力量，并将其目标直指大型企业、公共事业、政府决策，许多成功的代表人诉讼，都可能影响甚至推动相关基本权利保障、公共利益的经济政治决策。从前述洛伊斯诉埃弗莱斯铁矿公司案可以看出，即便是在诉讼制度发达、民权保护较为充分的美国，因为集团诉讼往往涉及立法空白，所以，当事人个人付出的代价是巨大的，其效益更多地表现为立法的进步和权利的拓展。然而，由于依赖个案的诉讼毕竟不可能从根本上改变资源分配和权力配置的格局，反而经常会引起权力之间的冲突和政策的混乱，因而代表人诉讼所得到的政府资助和支持非常有限。因此，中国代表人诉讼制度及实践还面临着以下两个主要的基本课题，亟待解决。其一，改变中国的法院对代表人诉讼相对拒斥的态度。其二，完善代表人诉讼制度的程序设计，改变我国代表人诉讼制度的两个不协调环节：一是代表人诉讼制度对社会利益保护不够，与群体诉讼制度侧重保护社会利益不协调；二是法院在代表人诉讼中的“无所事事”与代表人诉讼的复杂无序不协调。随着利益主体关系的变迁、经济全球化和加入WTO带来的挑战，一方面，必须强调我国代表人诉讼制度对于公共利益和对若干公民基本权利的保护，并防止某些实力雄厚的企业对广大消费者权利的侵害。另一方面，必须明确、合理地设置人民法院对代表人诉讼的若干管理功能，使之具有相对广泛的裁量权和有力的诉讼指挥权，有效地推进代表人诉讼的进行并克服群体诉讼本身的负面作用。

**【经典导读】**

集团诉讼案件如果没有起诉者存在便无法走上法庭。如果律师再缺乏倡导一部分人积极进行起诉活动的魅力，那么集团诉讼只能是埋藏在泥土里的宝石，将永远无法出现灿烂的光彩。加上律师不受人们的信赖，利用法律服务困难等原因，一旦出现没有人聘用律师的局面，集团诉讼就会成为人们观赏的教条，无法发挥其效力。①

## 第五节　公益诉讼

### 一、民事公益诉讼概述

所谓公益诉讼，就是指以保护公共利益为目的的诉讼。公益诉讼不同于私益诉讼之处，在于前者保护的对象为涉及公共利益的事项。公共利益应当包含两层含义：社会公共利益以及国家利益。

2012年《民事诉讼法》修订的一大亮点，是吸收我国近十年来公益诉讼实践的经验，将民事公益诉讼制度纳入法律，其第55条规定：“对污染环境、侵害众多消费者合法权益等损害社会公共利益的行为，法律规定的机关和有关组织可以向人民法院提起诉讼。”《民事诉讼法》第55条的前瞻性及开放性使其在公共利益的保护方面即便是在全世界的范围

① 参见［日］小岛武司：《诉讼制度改革的法理与实证》，陈刚等译，57页，北京，法律出版社，2001。

内，也是具有独特优势及中国特色的。

## 二、民事公益诉讼与民事私益诉讼的区别

### （一）直接目的不同

民事公益诉讼以维护公共利益为目的，而传统的民事私益诉讼以维护私人利益为目的，这是最显著差别。

在域外理论源起方面，无论是德国传统意义上的“团体诉讼”（Verbandsklage），还是日本程序法中的“现代型诉讼”（現代型訴訟），抑或是印度所称的“社会行为诉讼”（Social Action Litigation），必须意识到，“民事公益”才是整体公益诉讼的价值内核。民事公益诉讼不再纠结于私人争端，而是震慑危害公益的法治利器。相对而言，民事私益诉讼则完全围绕私人间的民事关系。虽然某些时候，私益诉讼牵涉过多个体，形成“聚集的私益”，在某种程度上“接近”公益的“本质”，但此私益诉讼之所以起诉，其目的仍是围绕特定个体维权而非某公共整体。

### （二）诉讼功能不同

二者另一大差异在于诉讼功能。传统私益诉讼主要是民事私益的一种救济机制，而公益诉讼不仅是公共利益的救济机制，也是公益损害的预防机制。传统私益诉讼主要针对已经发生的损害后果做事后性纠纷解决，而公益诉讼的诉求内容不仅仅局限于过去。它的提起不以发生公益的实损为前提，仅要求在判断后存在合理危险即可。这是因为公益问题的严重性和公益损害的潜在性，一旦公共利益的实质性损害已经造成，那么损失将难以弥补。尤其是在环境类型案件中，环境的变化危害大、延续久且势头难以提前捕捉。环境污染使生态系统退化和崩溃以及让居民身体健康恶化，需经过较长的潜伏时期，若未能第一时间迅速阻止，不可逆的灾难后果将难以挽回。

### （三）原告范围不同

适格当事人的范围，是民事公益诉讼最首要的问题，也是民事公益诉讼相比于传统私益诉讼的特殊性所在。民事私益诉讼的起诉主体必须是与案件有直接利害关系的公民、法人或其他组织。而公益诉讼的起诉主体不限于与案件有直接利害关系的主体，只要是公共利益遭受了损害，任何法律规定的起诉主体都有权提起公益诉讼。传统民事诉讼法采取的是民事诉讼原告一元论，对原告资格的认定是：原告是与案件有直接利害关系的公民、法人和其他组织。立案登记时对原告的起诉进行形式审查的内容之一就是原告与本案是否有直接的利害关系，只有公民、法人和其他组织在自己的民事权利受到侵犯时才可以以原告身份向人民法院提起诉讼。

而民事公益诉讼却采取原告多元化的观念，提起公益诉讼的主体并不要求与案件有直接的利害关系，任何法定的机关和组织出于保护公共利益的目的都可以提起诉讼。也正是因为如此，公益诉讼的主体呈现出与传统私益诉讼不同的广泛性与多层次性。而不同身份的原告，自身实力、地位相差悬殊，因此不同的主体提起公益诉讼，也可能导致诉讼结果

相差万别。

### （四）程序机理不同

由于二者的重要差异是公益实质涉及众多利害关系人的利益及社会的稳定，因而在公益诉讼中，需平衡公平正义与个人处分的关系。为避免原告不力或与被告私下勾结减损社会公共利益的维护，应限制当事人部分处分权限，法院理所应当享有更多的职权，采纳职权探知主义。

也有学者从民事诉讼法理学的“程序法理二元分离适用论”来剖析这两个诉讼程序机理的差异。[①] 民事案件可分为诉讼案件与非讼案件，就非讼事件的实质而言，应当包括公益性浓厚的事件[②]，那么公益诉讼宜依非讼法理来处理：（1）处分原则受到限制或者排除；（2）采纳职权探知主义，不适用辩论主义；（3）不适用法院调解；（4）原则上不采取公开审理原则，审理采用书面形式，不展开言词辩论。[③]

## 三、民事公益诉讼的类型[④]

### （一）普通的公益诉讼与特殊的公益诉讼

公益诉讼依其所分布的领域有普通与特殊之分。普通的公益诉讼产生于普通的民事法律，由普通的人民法院审理；特殊的公益诉讼产生于特殊的民事法律，由特殊的或专门的人民法院审理。公益诉讼一般属于普通的公益诉讼，只有法律有明文规定时才有所谓特殊的公益诉讼产生。相较于普通的公益诉讼而言，特殊的公益诉讼主要有这样几个特点：一是管辖特殊。比如，按照《民诉法解释》的规定，因污染海洋环境提起的公益诉讼，由污染发生地、损害结果地或者采取预防污染措施地的海事法院管辖，据此规定，该类公益诉讼的地域管辖不同于普通的公益诉讼的地域管辖。二是程序特殊。比如，由海事法院管辖的公益诉讼，在程序规则上，则应适用《海事诉讼特别程序法》的有关规定，包括保全、禁止令等。三是法院特殊，特殊的公益诉讼由专门的人民法院管辖，除《民诉法解释》涉及的海事领域公益诉讼由海事法院管辖外，其他的特殊公益诉讼也由特殊的专门法院管辖，如涉及铁路运输合同纠纷或铁路侵权纠纷所产生的公益诉讼，由铁路运输法院管辖；涉及知识产权方面的公益诉讼，由知识产权法院管辖等。特殊的公益诉讼若无特别规定，则适用普通公益诉讼的程序规则，将来有必要时，最高人民法院可考虑效仿环境资源公益诉讼，就其他公益诉讼制定专门的司法解释。

### （二）机关公益诉讼和团体公益诉讼

根据《民事诉讼法》第55条的规定，公益诉讼的起诉主体为“法律规定的机关和

---

① 参见宋朝武：《论公益诉讼的十大基本问题》，载《中国政法大学学报》，2010（1）。

② 参见邱联恭：《诉讼法理与非讼法理的交错适用》，载《民事诉讼法之研讨》（二），445页，台北，三民书局，1990。

③ 参见江伟：《民事诉讼法学原理》，19～21页，北京，中国人民大学出版社，1999。

④ 参见汤维建：《评司法解释中的公益诉讼》，载《山东社会科学》，2015（7）。

有关组织”，这就依其身份产生了“机关公益诉讼”和“团体公益诉讼”的分别。机关公益诉讼的主体为“法律规定的机关”和“人民检察院”，行政机关是否属于“法律规定的机关”取决于法律的明文规定。“团体公益诉讼”的主体则为“有关组织”。环境公益诉讼中，根据《环境保护法》第58条的规定，提起公益诉讼的社会组织应当符合下列条件：(1) 依法在设区的市级以上人民政府民政部门登记；(2) 专门从事环境保护公益活动连续五年以上且无违法记录。最高人民法院《关于审理环境民事公益诉讼案件适用法律若干问题的解释》第3条将前述“设区的市级以上人民政府民政部门”解释为是指设区的市，自治州、盟、地区，不设区的地级市，直辖市的区以上人民政府民政部门。该解释第4条对社会组织予以了界定，即社会组织章程确定的宗旨和主要业务范围是维护社会公共利益，且从事环境保护公益活动的，可以认定为《环境保护法》第58条规定的“专门从事环境保护公益活动”。所谓无违法记录，解释为“社会组织在提起诉讼前五年内未因从事业务活动违反法律、法规的规定受过行政、刑事处罚的”情形。消费者权益公益诉讼中，根据《消费者权益保护法》的规定，对侵害众多消费者合法权益的行为，中国消费者协会以及在省、自治区、直辖市设立的消费者协会，可以向人民法院提起诉讼。

### (三) 单一的公益诉讼和联合的公益诉讼

在人民法院受理公益诉讼案件后，享有提起公益诉讼权的其他机关或组织也有可能会提起公益诉讼。对此，《民诉法解释》规定可以将它们引入诉讼，成为公益诉讼的共同原告，这就提出了一个公益诉讼的共同诉讼问题。应当说，公益诉讼并不存在如同私益诉讼一样的共同诉讼。因为公益诉讼的事实基础是单一的，损害公共利益的行为具有确定性和唯一性，因而就一个损害公益的行为和事实，只能提起一个公益诉讼。因此，如果有适格主体先行提出了公益诉讼，则起诉在后的其他适格主体不得提出重复的公益诉讼，而只能采用公益诉讼的主观合并形态，将起诉在后与起诉在先的起诉主体作为共同原告对待，其实质在于由他们作为联合主体提起同一个公益诉讼。因此，司法解释应当作出一项除权程序的规定。依此规定，人民法院在受理公益诉讼案件后，应当发布公告，使社会公众周知公益诉讼的启动与发生，并在公告中载明参加公益诉讼的权利主体和时间，逾期则不得参加公益诉讼；与此同时，人民法院对于已知的对本案也同样享有公益诉权的适格主体应当发出通知，通知其参加诉讼。社会公众在公告发出后以及适格主体在收到通知后，逾期没有声明参加公益诉讼，则产生失权效果，不仅在本诉讼中不得参加，在本诉讼结束后，也受“一事不再理”原则的制约和拘束，不得另行提出同一件公益诉讼。

### (四) 和解型的公益诉讼与裁判型的公益诉讼

公益诉讼涉及国家和社会公共利益，而该利益与提起公益诉讼的主体不具有直接的关联，因而在公益诉讼中始终存在一种危险，就是如果法院把关不严，则有人便可能利用公益诉讼，通过和解或调解乃至撤诉的合法形式，达到损害公益补助私益的目的。因此，在公益诉讼中应当同时并重两大原则：一是法院职权干预的原则，二是不适用和解、调解的原则。这两项原则是有关联的。法院职权干预的目的不仅仅在于探求公益诉讼的客观真相，更为重要的还在于防止诉讼中当事人双方进行暗中利益勾兑从而达到损公肥私的目的。因此，如果公共利益受到侵权损害，则该公共利益应当受到司法救济的完全回复，而不应基于任何目的对此作出让步；反之，如果公共利益确未受损，则也应明确诉讼所指之行为有继续存在的法律权利，而无妥协的法律空间。正因如此，各国立法均明文规定公益诉讼中原则上不得进行和解和调解。虽然公益诉讼不得进行和解与调解是一项基本原则，但凡原则皆有例外。在特殊情形下，公益诉讼经过严格的诉讼程序，如果确实不至于损及公共利益，经过双方同意，通过和解与调解的形式以了结公益诉讼，也属未尝不可。其原因主要在于：所谓公益诉讼，一般乃属定格于某种类型的公益诉讼，而其所涉及的公共利益也仅属公共利益网络中的一种，在各种公共利益发生价值冲突时，所涉讼的公共利益就需要作出适当妥协。此外，由于公益诉讼中往往也涉及私权利益，比如损害赔偿等，这类诉请可适用私益诉讼中的基本原则，包括处分原则等，因而也有通过和解或调解加以解决之可能。私益诉讼通过和解或调解得到了解决，公益诉讼则不一定同时通过和解或调解得以解决。公益诉讼中的和解与调解需要通过公告的形式，引入社会公众对此进行监督和审察，以过滤和排解确属损害社会公共利益的和解与调解行为。将公告作为法院行使职权进行监督和审查的前置程序是有必要的，这既有助于完善公益诉讼的社会监督机制，又强化了公益诉讼通过和解与调解加以解决的正当性与合法性依据。

## 四、民事公益诉讼的程序特则

### （一）原告范围

关于公益诉讼的原告范围，《民事诉讼法》第55条的规定为“法律规定的机关和有关组织”。《民诉法解释》对此仍延续该规定，未对其做进一步延伸，但《环境保护法》《消费者权益保护法》及相关司法解释对“有关组织”的条件作出了详细界定。

1. 环境公益诉讼

（1）依法在设区的市级以上人民政府民政部门登记的社会团体、民办非企业单位以及基金会等。

（2）专门从事环境保护公益活动连续五年以上且无违法记录。

2. 消费公益诉讼

中国消费者协会以及在省、自治区、直辖市设立的消费者协会。

此外，《民诉法解释》第287条规定，在案件受理后，依法可以提起诉讼的其他机关和有关组织，可以在开庭前向人民法院申请参加诉讼。人民法院准许参加诉讼的，列为共同原告。

### （二）起诉条件

《民诉法解释》第284条规定，环境保护法、消费者权益保护法等法律规定的机关和有关组织对污染环境、侵害众多消费者合法权益等损害社会公共利益的行为，根据《民事诉讼法》第55条规定提起公益诉讼，符合下列条件的，人民法院应当受理：

（1）有明确的被告；

（2）有具体的诉讼请求；

（3）有社会公共利益受到损害的初步证据；

（4）属于人民法院受理民事诉讼的范围和受诉人民法院管辖。

### （三）案件管辖

《民诉法解释》第285条规定：

（1）公益诉讼案件由侵权行为地或者被告住所地中级人民法院管辖，但法律、司法解释另有规定的除外。

（2）因污染海洋环境提起的公益诉讼，由污染发生地、损害结果地或者采取预防污染措施地海事法院管辖。

（3）对同一侵权行为分别向两个以上人民法院提起公益诉讼的，由最先立案的人民法院管辖，必要时由它们的共同上级人民法院指定管辖。

### （四）诉讼程序与行政程序的衔接

《民诉法解释》第286条规定，人民法院受理公益诉讼案件后，应当在10日内书面告知相关行政主管部门。

### （五）公益诉讼与私益诉讼的关系

《民诉法解释》第288条规定，人民法院受理公益诉讼案件，不影响同一侵权行为的受害人根据《民事诉讼法》第119条规定提起诉讼。

### （六）处分权的限制

#### 1. 和解、调解的限制

《民诉法解释》第289条规定，对公益诉讼案件，当事人可以和解，人民法院可以调解。当事人达成和解或者调解协议后，人民法院应当将和解或者调解协议进行公告。公告期间不得少于30日。公告期满后，人民法院经审查，和解或者调解协议不违反社会公共利益的，应当出具调解书；和解或者调解协议违反社会公共利益的，不予出具调解书，继续对案件进行审理并依法作出裁判。

#### 2. 撤诉的限制

《民诉法解释》第290条规定，公益诉讼案件的原告在法庭辩论终结后申请撤诉的，人民法院不予准许。

### （七）裁判效力

《民诉法解释》第291条规定，公益诉讼案件的裁判发生法律效力后，其他依法具有原告资格的机关和有关组织就同一侵权行为另行提起公益诉讼的，人民法院裁定不予受理，但法律、司法解释另有规定的除外。

# 第六节　第三人撤销之诉

## 一、第三人撤销之诉的概述

随着经济社会的不断发展，出现了虚假诉讼与恶意诉讼的情况，它们侵蚀着司法的公信力。不仅如此，目前我国司法实践中裁判的确定效力并未绝对化，确定的裁判不仅约束着双方当事人，还时常波及未受正当程序保障的第三人，严重损害案外第三人的合法权益。

因此，2012 年修订的《民事诉讼法》在第 56 条中增加了第 3 款："前两款规定的第三人，因不能归责于本人的事由未参加诉讼，但有证据证明发生法律效力的判决、裁定、调解书的部分或者全部内容错误，损害其民事权益的，可以自知道或者应当知道其民事权益受到损害之日起 6 个月内，向作出该判决、裁定、调解书的人民法院提起诉讼。人民法院经审理，诉讼请求成立的，应当改变或者撤销原判决、裁定、调解书；诉讼请求不成立的，驳回诉讼请求。"第 56 条对第三人撤销之诉的条件、提出期限、管辖、法律效果等作了规定，然而仅一个条文的规定仍然十分粗糙混乱。2015 年颁布的《民诉法解释》进一步细化了第三人撤销之诉的程序特则。

## 二、第三人撤销之诉的程序

### （一）案件范围

《民诉法解释》第 297 条规定了不适用第三人撤销之诉的情形。对下列情形提起第三人撤销之诉的，人民法院不予受理：

1. 适用特别程序、督促程序、公示催告程序、破产程序等非讼程序处理的案件；
2. 婚姻无效、撤销或者解除婚姻关系等判决、裁定、调解书中涉及身份关系的内容；
3. 人数不确定的代表人诉讼中，未参加登记的权利人对代表人诉讼案件的生效裁判；
4. 公益诉讼中损害社会公共利益行为的受害人对公益诉讼案件的生效裁判。

### （二）起诉条件

1. 在法定期间内起诉：自知道或者应当知道其民事权益受到损害之日起六个月内。
2. 法院有管辖权：向作出生效判决、裁定、调解书的人民法院起诉。
3. 提供存在下列情形的证据材料：

（1）因不能归责于本人的事由未参加诉讼。根据《民诉法解释》第 295 条，因不能归责于本人的事由未参加诉讼，是指没有被列为生效判决、裁定、调解书当事人，且无过错或者无明显过错的情形。包括：1）不知道诉讼而未参加的；2）申请参加未获准许的；3）知道诉讼，但因客观原因无法参加的；4）因其他不能归责于本人的事由未参加诉讼的。

（2）发生法律效力的判决、裁定、调解书的全部或者部分内容错误。

（3）发生法律效力的判决、裁定、调解书内容错误损害其民事权益。

### （三）受理审查

《民诉法解释》第 293 条规定，人民法院应当在收到起诉状和证据材料之日起 5 日内送交对方当事人，对方当事人可以自收到起诉状之日起 10 日内提出书面意见。

人民法院应当对第三人提交的起诉状、证据材料以及对方当事人的书面意见进行审查。必要时，可以询问双方当事人。

经审查，符合起诉条件的，人民法院应当在收到起诉状之日起 30 日内立案。不符合起诉条件的，应当在收到起诉状之日起 30 日内裁定不予受理。

### （四）审判组织与当事人

《民诉法解释》第 294 条规定，人民法院对第三人撤销之诉案件，应当组成合议庭开庭审理。

《民诉法解释》第 298 条规定，第三人提起撤销之诉，人民法院应当将该第三人列为原告，生效判决、裁定、调解书的当事人列为被告，但生效判决、裁定、调解书中没有承担责任的无独立请求权的第三人列为第三人。

### （五）第三人撤销之诉对原生效裁判执行的影响

《民诉法解释》第 299 条规定，受理第三人撤销之诉案件后，原告提供相应担保，请求中止执行的，人民法院可以准许。

### （六）第三人撤销之诉的裁判

1. 撤销对象

《民诉法解释》第 296 条规定，《民事诉讼法》第 56 条第 3 款规定的判决、裁定、调解书的部分或者全部内容，是指判决、裁定的主文，调解书中处理当事人民事权利义务的结果。

2. 裁判结果

《民诉法解释》第 300 条规定，对第三人撤销或者部分撤销发生法律效力的判决、裁定、调解书内容的请求，人民法院经审理，按下列情形分别处理：

（1）请求成立且确认其民事权利的主张全部或部分成立的，改变原判决、裁定、调解书内容的错误部分；

（2）请求成立，但确认其全部或部分民事权利的主张不成立，或者未提出确认其民事权利请求的，撤销原判决、裁定、调解书内容的错误部分；

（3）请求不成立的，驳回诉讼请求。

对前款规定裁判不服的，当事人可以上诉。

原判决、裁定、调解书的内容未改变或者未撤销的部分继续有效。

## 三、第三人撤销之诉与其他救济程序的关系

### （一）第三人撤销之诉与原审当事人申请再审之间的关系

《民诉法解释》第 301 条规定，第三人撤销之诉案件审理期间，人民法院对生效判决、裁定、调解书裁定再审的，受理第三人撤销之诉的人民法院应当裁定将第三人的诉讼请求并入再审程序。但有证据证明原审当事人之间恶意串通损害第三人合法权益的，人民法院应当先行审理第三人撤销之诉案件，裁定中止再审诉讼。

《民诉法解释》第 302 条规定，第三人诉讼请求并入再审程序审理的，按照下列情形分别处理：

（1）按照第一审程序审理的，人民法院应当对第三人的诉讼请求一并审理，所作的判决可以上诉；

（2）按照第二审程序审理的，人民法院可以调解，调解达不成协议的，应当裁定撤销原判决、裁定、调解书，发回一审法院重审，重审时应当列明第三人。

### （二）第三人撤销之诉与案外人执行异议之间的关系

《民诉法解释》第 303 条规定，第三人提起撤销之诉后，未中止生效判决、裁定、调解书执行的，执行法院对第三人依照《民事诉讼法》第 227 条规定提出的执行异议，应予审查。第三人不服驳回执行异议裁定，申请对原判决、裁定、调解书再审的，人民法院不予受理。案外人对人民法院驳回其执行异议裁定不服，认为原判决、裁定、调解书内容错误损害其合法权益的，应当根据《民事诉讼法》第 227 条规定申请再审，提起第三人撤销之诉的，人民法院不予受理。

### 【问题与思考】

1. 我国 1982 年试行的《民事诉讼法》规定了非正当当事人更换制度，但 1991 年《民事诉讼法》中取消了这一制度，根据我国民事诉讼的实践，试分析在实践中当事人更换制度有无设立的价值。

2. 试述无独立请求权第三人参加诉讼的法律根据和诉讼地位。

3. 梁平是个体茶商，家住 B 市 F 区。1998 年 8 月，梁平为扩大经营规模，向家住 B 市 E 区的朋友董声华借款 15 万元，董声华要求其提供担保，梁平找来了家住 B 市 G 区的朋友黄荣生。梁平、黄荣生与董声华签了一份借款合同，合同约定：梁平向董声华借款人民币 15 万元，1999 年 7 月月底之前还清，黄荣生对梁平的借款提供担保，对还款承担一般保证责任。梁平、黄荣生及董声华均在合同上签了字，梁平因经营严重亏损，至 1999 年 8 月仍未偿还董声华的钱。现董声华就该借款纠纷向法院起诉。问①：

（1）在本案中，可否单独将梁平或黄荣生作为被告，为什么？

（2）对本案依法享有管辖权的人民法院是哪些（个）？为什么？

① 参见律师资格考试试题 1999 年试卷四第 6 题。

# 第八章
# 诉讼代理人

## 参考文献


(一) 著作

1. 常怡主编. 比较民事诉讼法. 北京：中国政法大学出版社，2002. 385～391 页

2. ［日］高桥宏志. 民事诉讼法制度与理论的深层分析. 林剑锋译. 北京：法律出版社，2003. 第 6～9 章

(二) 论文

1. 程汉大. 英国二元律师制度的起源、演变与发展走向. 甘肃社会科学，2005 (4)

2. 李宝岳. 律师刑事豁免权研究. 政法论坛，2004 (4)

3. 张红. 浅析代理权的审查. 四川大学学报（哲学社会科学版），2004 (1)

4. 肖建国，黄忠顺. 诉讼实施权理论的基础性建构. 比较法研究，2001 (1)


## 参考法规

1991 年《中华人民共和国民事诉讼法》(2017 年修正) 第 57 条～第 62 条。

2015 年最高人民法院《关于适用〈中华人民共和国民事诉讼法〉的解释》第 83 条～第 89 条。

### 引例 李某诉王某离婚案

李某与王某于2000年登记结婚，婚后夫妻感情较好。2012年6月，李某到外地出差，因交通事故被撞伤，经治疗生活仍不能自理，神志不清，被依法认定为无行为能力人。2014年元旦以后，李某的母亲蔡某发现儿媳王某经常早出晚归，不照顾李某也不管家务，遂以王某有外遇，夫妻感情破裂为由，代理李某向人民法院提起离婚诉讼，要求与王某离婚。本案的关键是无行为能力人能否作为原告提出离婚诉讼。离婚请求必须由当事人一方亲自提出。婚姻关系不同于一般民事法律关系，其具有严格的身份专属性。婚姻的缔结与解除，只能由当事人本人亲自作出意思表示，任何人不能强迫和代理。可见，任何第三人（包括离婚诉讼中的代理人）都不能对他人的婚姻作出是否同意解除的表示。另外，无行为能力人不能作为离婚诉讼的原告。他人代替本人提出离婚诉讼，所诉并非体现本人意志，属无效的民事诉讼行为。离婚的意思表示必须由婚姻当事人本人亲自实施，他人无权代理。本案中，原告的母亲不具备法定代理人资格。根据《民法通则》第17条的规定，无行为能力或限制行为能力的成年人，其法定监护人顺序是：配偶，父母，成年子女，其他近亲属……本案被告王某作为原告的配偶，是第一顺序监护人，其依法享有和行使监护权，并承担对原告的抚养、监护职责。因此，在王某不放弃配偶监护权，又没有因损害被监护人合法权益而被人民法院撤销监护人资格的情况下，其他人不能取代其监护人的地位，行使监护权。只有被告王某才具备法定代理人的资格，也只有在王某主动提出离婚即放弃配偶监护权的前提下，原告的母亲才能取得监护人和法定代理人的资格。本案中虽然王某同意离婚，但其是作为被告的身份出现，原告的母亲在无资格代理的情况下，代为提出离婚，也超出了监护范围。因此，本案应驳回原告起诉。

## 第一节 民事诉讼代理制度概说

### 一、诉讼代理制度的本质、内容和作用

#### （一）诉讼代理制度的本质和内容

诉讼代理是指符合代理条件的非诉讼当事人，以当事人的名义，在法律规定或者当事人授权的范围内，代理当事人一方进行诉讼活动。诉讼代理制度是当事人为了维护自己的民事权益而借助他人寻求司法保护的一种诉讼制度。

### (二) 诉讼代理制度的作用

诉讼代理制度在民事诉讼中具有重要作用。一方面，诉讼代理制度保证了民事诉讼的正常进行。无民事行为能力人和限制民事行为能力人无诉讼行为能力，但作为民事主体，他们难免要与他人发生民事纠纷，需要起诉或应诉，如果没有诉讼代理制度，无诉讼行为能力人的诉讼就无法进行。另一方面，诉讼代理制度有助于保护诉讼当事人的权益。随着我国民事诉讼体制的转型，当事人的地位虽然提高了，但他们在诉讼中的责任也随之加重，如果不能及时、有效地实施诉讼行为，比如有效取证并按时举证，就很有可能为此而承担不利的诉讼结果。特别是近年来国家颁布的法律、法规越来越多，民事纠纷中涉及的法律问题也越来越复杂，尤其是那些知识产权、金融方面的新型案件，涉及复杂的技术、经济上的专业问题。因此对当事人来说，寻求诉讼代理人，尤其是熟谙法律专业知识、熟悉诉讼程序和技巧的律师的帮助是极为重要的。

**【经典导读】**

由于复杂且具有高度专门性的民事诉讼程序以规格化的反复的方式处理大量的案件，为了保证这种程序顺利进行，熟悉法律并有实务经验的专门家进行参与就成为必要。律师正是出于这种需要而经过长期严格的训练培养出来的专门人材。在应当有他们参与的地方，却只有不错法律和程序的当事者带着大概一生只此一次的纠纷闯进来，裁判官与书记官的为难也是可想而知的了。①

## 二、诉讼代理人的概念、特征和种类

### (一) 诉讼代理人的概念

诉讼代理人是以当事人的名义，在法定或者授权的权限范围内，为当事人的利益进行诉讼活动的人。被代理的一方当事人称为被代理人。诉讼代理人代理当事人进行诉讼活动的权限，称为诉讼代理权。

### (二) 诉讼代理人的特征

1. 具有诉讼行为能力。诉讼代理人是在代理权限范围内帮助当事人实施各种诉讼行为，这就要求诉讼代理人必须具备完全的诉讼行为能力，否则就无法履行代理职责。可见，具有诉讼行为能力，是诉讼代理人的一个重要特征。

2. 以被代理人的名义，并且是为了维护被代理人的利益而进行诉讼活动。诉讼代理人不是案件的当事人，与案件争议的权利义务关系没有利害关系，他参加诉讼完全是为了给被代理人提供诉讼上的帮助。因此，诉讼代理人必须以被代理人的名义，并且为了维护被代理人的利益进行诉讼活动，而不能以自己的名义，为了维护自己的利益进行诉讼活动。

3. 在代理权限范围内实施诉讼行为。诉讼代理权有一定范围的限制，诉讼代理人在代

---

① 参见［日］谷口安平：《程序的正义与诉讼》，王亚新等译，75页，北京，中国政法大学出版社，1996。

理权限范围内实施的诉讼行为才是诉讼代理行为，才产生诉讼代理的法律后果。诉讼代理人超越代理权实施的诉讼行为不是诉讼代理行为，不产生诉讼代理的法律后果。

4. 诉讼代理的法律后果由被代理人承担。诉讼代理的法律后果，包括程序性的后果和实体性的后果。前者如因代理当事人申请撤诉被法院批准而结束诉讼程序，后者如因代理当事人承认对方的诉讼请求而被法院判决承担某种民事义务。诉讼代理行为只要在诉讼代理权限范围内，其法律后果就应由被代理人承担，而不由诉讼代理人承担。诉讼代理人超越诉讼代理权实施的诉讼行为则不是诉讼代理行为，其法律后果只能由诉讼代理人自己承担，除非被代理人对越权的诉讼代理行为予以追认。

诉讼代理的内容，根据当事人的地位，可以分为代为诉讼行为和代受诉讼行为。前者是主动的诉讼行为，如代为起诉，代为提供证据、陈述事实，代为变更或者放弃诉讼请求等；后者是被动的诉讼行为，如代为应诉，代为答辩，代为接受对方当事人的给付等。

民事案件中双方当事人利益相冲突的特点决定了诉讼代理人在同一案件中只能代理一方当事人，而不能同时代理双方当事人，也不能在担任一方当事人诉讼代理人的同时又是该诉讼的对方当事人。

### （三）诉讼代理人的种类

根据我国民事诉讼法的规定，诉讼代理人分为法定诉讼代理人和委托诉讼代理人两种。这是以诉讼代理权发生的原因为标准划分的。法定诉讼代理权基于民事实体法律规定的监护权而发生，委托诉讼代理权基于委托人的授权而发生。

法定诉讼代理人是对无民事行为能力人和限制民事行为能力人由法律专门设定的诉讼代理人，由监护人担任。我国立法上有“指定诉讼代理人”的概念，这是因为在诉讼实务中，有时监护人之间可能互相推诿，法定诉讼代理人无法确定。此时法院就有指定法定诉讼代理人的必要。另外，也存在着诉讼发生前监护人尚未确定，因而诉讼代理人也无法确定的情况。对这种情况，根据《民诉法解释》的规定，可由有监护资格的人协商确定，协商不成的，由法院在他们之中指定诉讼中的代理人。当事人如果没有《民法通则》第 16 条第 1 款、第 2 款或第 17 条第 1 款规定的监护人的，法院可指定依照《民法通则》规定有监护职责的组织担任诉讼期间的法定代理人。法院是在有监护资格的人或有监护职责的组织中指定了法定诉讼代理人，所以被指定者仍然是法定诉讼代理人而不是指定诉讼代理人。因此，指定诉讼代理人是法定诉讼代理人制度的延伸和补充，不是一种独立于法定诉讼代理人和委托诉讼代理人的诉讼代理人类型。

## 三、诉讼代理制度的立法概况

关于诉讼代理人的诉讼地位，各国在立法上也有区别。苏联的俄罗斯、乌兹别克、哈萨克等加盟共和国的民事诉讼法，都不把诉讼代理人列为案件参加人。德国、日本的民事诉讼法也不承认诉讼代理人是诉讼参加人。而乌克兰共和国则将诉讼代理人列为案件参加人。我国民事诉讼法也将诉讼代理人作为诉讼参加人，并设专节规定。

关于诉讼代理人应当具备何种资格，各国立法颇不一致。有的采律师诉讼主义，也称强制律师诉讼主义，规定实行合议制审判的案件，必须以律师为诉讼代理人。有的采任意诉讼主义，规定以当事人本人进行诉讼为原则，以律师代理诉讼为例外，同时还允许委任非律师之人代理诉讼。至于非律师代理人为内国人、外国人或者是无国籍人，则不加以限制。基于民事诉讼的处分原则，是由当事人自行诉讼还是委托律师或其他人代理诉讼，原则上应当由当事人根据案件情况和自己的经济承受能力自行决定。我国现行民事诉讼法即采取了此种做法。

## 四、民事诉讼代理人与民事代理人、刑事诉讼辩护人的区别

### （一）民事诉讼代理人与民事代理人的区别

民事诉讼代理人与民事代理人存在着明显的共同之处，如代理人都必须有行为能力，代理人都必须以被代理人的名义从事活动，都是为了维护被代理人的利益，代理人都必须在代理权限范围内进行代理，代理的法律后果都是由被代理人承担等。但是民事诉讼代理人与民事代理人代理的内容和后果不同。在民事诉讼代理中，代理人所代理的是民事诉讼行为，其后果是导致代理人和被代理人同法院之间民事诉讼法律关系的发生、变更和消灭；在民事代理中，代理人所代理的是民事法律行为，其后果是导致被代理人与第三人之间民事法律关系的发生、变更和消灭。

### （二）民事诉讼代理人与刑事诉讼辩护人的区别

民事诉讼代理人与刑事诉讼辩护人存在以下主要区别：

1. 产生原因不同。民事诉讼代理人基于当事人的委托或者法律的直接规定而产生；刑事诉讼辩护人基于被告人的委托或者法院的指定而产生。

2. 适用对象不同。民事诉讼代理人适用的对象很广泛，包括原告、被告和第三人；刑事诉讼辩护人适用的对象只限于刑事案件的被告人。

3. 职责不同。民事诉讼代理人的职责较为广泛，可以在代理权限范围内实施各种诉讼行为，包括处分当事人的实体权利；刑事诉讼辩护人的职责相对比较简单，主要是根据事实和法律，提出证明犯罪嫌疑人、被告人无罪、罪轻或者减轻、免除其刑事责任的材料和意见。

4. 参加诉讼的时间不同。在民事诉讼中，诉讼代理人一般在法院受理案件之后介入诉讼，开始诉讼代理活动；在刑事诉讼中，公诉案件自案件移送检察机关审查起诉之日起辩护人即可介入诉讼，犯罪嫌疑人需要聘请律师提供法律帮助的，可在其被侦查机关第一次讯问或者采取了强制措施时提出；自诉案件的被告人有权在法院受理案件后委托辩护人介入诉讼。

5. 指定诉讼代理人和指定辩护人的产生不同。民事诉讼的指定诉讼代理人是在监护人无法确定的情况下，法院在符合监护人资格的主体中指定一个具体的主体作为诉讼代理人，而刑事诉讼的指定代理人则与法律援助制度密切相关，是针对特定的案件为被告人选派一个指定的辩护人以维护其合法权利的制度。两者存在本质的区别。

## 第二节 法定诉讼代理人

### 一、法定诉讼代理人概说

#### （一）法定诉讼代理人的含义

法定诉讼代理是指根据法律的直接规定而发生的诉讼代理。依照法律规定取得诉讼代理权的人，称为法定诉讼代理人。法定诉讼代理是立法上为无诉讼行为能力的人设立的一种代理制度。而无诉讼行为能力的人又包括无民事行为能力的人和限制民事行为能力的人。

#### （二）法定诉讼代理人的范围

我国《民事诉讼法》第 57 条规定：“无诉讼行为能力人由他的监护人作为法定代理人代为诉讼。”也就是说，民事诉讼中的法定诉讼代理人，必须是对被代理人享有监护权的人。对无诉讼行为能力人享有监护权的人，包括与无诉讼行为能力人有身份关系的亲属和对无诉讼行为能力人有监护责任的其他监护人。我国《民法总则》第 27 条和第 28 条分别对未成年人和精神病人的监护人的范围作了明确规定。

1. 未成年人的监护人

未成年人的监护人首先是父母，父母死亡或者没有监护能力的，由下列人员中有监护能力的人担任监护人：祖父母、外祖父母；兄、姐；其他愿意担任监护人的个人或者组织，但是须经未成年人住所地的居民委员会、村民委员会或者民政部门同意。

**【案例 8-1】周童诉林晨人身损害赔偿案**[①]

周童（5岁）星期天和祖母李霞去公园玩，游戏过程中周童将林晨（6岁）的双眼划伤致使林晨的右眼失明、左眼视力下降。林晨的父亲林坷要求周家赔偿林晨的医疗费、伤残费共计6万元。周童的父亲周志伟以周童是未成年人为由拒绝赔偿。林家无奈只好诉至法院。本案诉讼参与人地位如何确定？

根据《民事诉讼法》第 57 条的规定，无诉讼行为能力人由他的监护人作为法定代理人代为诉讼。本案原告是林晨，其父林坷是林晨的法定代理人，被告是周童，其父周志伟是周童的法定代理人，李霞是证人。值得注意的是，根据《民法通则》第 133 条的规定，无民事行为能力人、限制民事行为能力人造成他人损害的，由监护人承担民事责任。但赔偿责任承担主体与诉讼主体不一致，周童之父周志伟是责任的承担主体，但诉讼当事人仍然是周童。

---

① 参见国家司法考试试题 2002 年试卷三第 22 题。

2. 精神病人的监护人

可以担任无民事行为能力或者限制民事行为能力的精神病人的监护人的顺序是：(1) 配偶；(2) 父母、子女；(3) 其他近亲属；(4) 其他愿意担任监护人的个人或者组织，但是须经被监护人住所地的居民委员会、村民委员会或者民政部门同意。根据《民法总则》第29条至第33条的规定，被监护人的父母担任监护人的，可以通过遗嘱指定监护人。依法具有监护资格的人之间可以协议确定监护人。协议确定监护人应当尊重被监护人的真实意愿。对监护人的确定有争议的，由被监护人住所地的居民委员会、村民委员会或者民政部门指定监护人，有关当事人对指定不服的，可以向人民法院申请指定监护人；有关当事人也可以直接向人民法院申请指定监护人。居民委员会、村民委员会、民政部门或者人民法院应当尊重被监护人的真实意愿，按照最有利于被监护人的原则在依法具有监护资格的人中指定监护人。指定监护人前，被监护人的人身权利、财产权利以及其他合法权益处于无人保护状态的，由被监护人住所地的居民委员会、村民委员会、法律规定的有关组织或者民政部门担任临时监护人。监护人被指定后，不得擅自变更；擅自变更的，不免除被指定的监护人的责任。没有依法具有监护资格的人的，监护人由民政部门担任，也可以由具备履行监护职责条件的被监护人住所地的居民委员会、村民委员会担任。具有完全民事行为能力的成年人，可以与其近亲属、其他愿意担任监护人的个人或者组织事先协商，以书面形式确定自己的监护人。协商确定的监护人在该成年人丧失或者部分丧失民事行为能力时，履行监护职责。

### （三）法定诉讼代理的特点

法定诉讼代理与委托诉讼代理相比，具有以下几个特点：

1. 代理权产生的根据法定。法定诉讼代理之所以发生，既不是基于当事人本人的意志，也不是基于代理人的意志，而是基于法律的明确规定。法定诉讼代理权以民事实体法规定的监护权为基础。

2. 被代理的对象特定。法定诉讼代理是专门为无诉讼行为能力的人设立的一种诉讼代理制度，设立法定诉讼代理制度的目的在于保护无诉讼行为能力人的合法权益，由无诉讼行为能力人的监护人担任诉讼代理人并认真履行诉讼代理职责，不仅是法律赋予他们的一项权利，而且也是他们对社会应尽的一种义务。有诉讼行为能力的人由于可以正确表达自己的意志和判断自己行为的后果，不需要法定代理人代理诉讼，可以根据自己的意志自行诉讼或者委托诉讼代理人代为诉讼。

3. 代理人的范围固定。即法定诉讼代理人的范围只限于对被代理人享有法定的监护权的人或者组织，其他人不能担任法定诉讼代理人，法院也不能指派一名律师作为当事人的法定诉讼代理人。

### （四）法定诉讼代理人与法定代理人、法定代表人的区分

民事诉讼的法定诉讼代理制度与民事法律上的法定代理制度在代理的对象和代理人的范围上保持一致，但它们毕竟是两种性质不同的代理制度。前者是代理当事人进行诉讼法

律行为，后者是代理当事人为民事法律行为；前者受民事诉讼法调整，后者受民事实体法调整。这就决定了民事诉讼活动中的法定代理，在代理人的地位、作用、权限以及代理权发生和消灭的原因等方面，均有别于民事活动中的法定代理。因此，应在称谓上严格将这两种代理人区别开，前者称为法定诉讼代理人，后者称为法定代理人，而不能笼统地都称为法定代理人。

无诉讼行为能力人的法定诉讼代理人与法人的法定代表人有相同点：其一，两者的代理权或代表权都是根据法律的规定发生的，而不取决于当事人的意志。其二，两者都以其所代理或代表的当事人的名义参加诉讼活动，而不是以自己的名义参加诉讼活动。其三，两者行为的后果均归属于被代理或被代表的当事人，而不由代理人或代表人承担。二者的不同点在于：其一，产生的基础不同。法定诉讼代理人的代理权产生于监护权；法定代表人的代表权产生于职务上的职权与职责。其二，代理或代表的对象不同。法定诉讼代理人代理的对象是民事诉讼中的自然人；法定代表人代表的对象是法人。其三，履行职责的时间不同。法定诉讼代理人只限于在诉讼过程中履行代理职责，而且还须以被代理人在此期间无诉讼行为能力为前提；法定代表人始终代表法人履行职责，不管是否发生诉讼。其四，可更换性不同。法定诉讼代理人不能被其所代理的当事人更换；法定代表人可以被其所代表的当事人更换。

## 二、法定诉讼代理人的代理权限和诉讼地位

### （一）法定诉讼代理人的代理权限

法定诉讼代理人的代理权限非常广泛，凡是被代理人依法享有的诉讼权利，法定诉讼代理人都有权代为行使；凡是被代理人应履行的诉讼义务，法定诉讼代理人都有义务代为履行。法定诉讼代理人既可以代理当事人处分诉讼权利，也可以代理当事人处分实体权利。法定诉讼代理人所为的一切诉讼行为，均应视为被代理人本人所为，与被代理人本人所为的诉讼行为产生同等效力。

### （二）法定诉讼代理人的诉讼地位

由于法定诉讼代理人的代理权限非常广泛，因而法定诉讼代理人在诉讼中处于与当事人类似的诉讼地位。但必须明确，法定诉讼代理人在性质上不是当事人，而是诉讼代理人。

## 三、法定诉讼代理权的取得和消灭

### （一）取得法定诉讼代理权的方式

法定诉讼代理权产生的基础是民事实体法规定的监护权，法定诉讼代理人包括与被代理人有身份关系的亲属和对被代理人有监护责任的其他监护人。因此，法定诉讼代理人代理当事人进行诉讼时，应当向法院提交身份证明书，用以证明自己的身份以及同被代理人

之间存在的监护与被监护的关系。经法院审查属实并记录备案，诉讼代理权即告成立，代理人便可以作为法定诉讼代理人进行诉讼活动，无须另外办理诉讼代理手续。

### (二) 法定诉讼代理权的消灭

法定诉讼代理权的消灭，是指法定诉讼代理权限因为缺乏获得代理权限的根据而丧失或者被剥夺。原因包括：第一，被代理人具有或者恢复了民事行为能力，法定诉讼代理的原因不复存在而引起诉讼代理权的消灭，如被代理的未成年人已经成年，被代理的精神病人恢复了健康等。第二，法定诉讼代理人丧失或者被依法撤销了监护人的资格。前者如基于收养关系和婚姻关系而取得的法定诉讼代理权，因收养关系或婚姻关系的解除而消灭；后者如作为法定诉讼代理人的监护人不履行监护职责或者侵害被监护人的合法权益，根据有关人员或者有关单位的申请，已被法院撤销监护人的资格。第三，法定诉讼代理人死亡或者丧失诉讼行为能力。第四，被代理的当事人死亡。

## 四、指定诉讼代理人

法定诉讼代理权基于法律的直接规定而发生，无诉讼行为能力人的监护人以法定诉讼代理人身份参加诉讼，这既是他们依法享有的一项权利，又是他们对被代理人和社会应尽的一项义务。因此，法定诉讼代理人不应推卸自己的诉讼代理责任。但是，在审判实践中，当无诉讼行为能力人的监护人有两个或者两个以上时，他们可能因为各种原因，如担心影响自己的工作或者增加自己的负担而互相推诿诉讼代理责任。为了保障诉讼活动的正常进行，保护无民事行为能力人和限制民事行为能力人的利益以及社会公共利益，我国《民事诉讼法》第 57 条规定：“法定代理人之间互相推诿代理责任的，由人民法院指定其中一人代为诉讼。”这就是指定诉讼代理人制度。

在司法实践中，人民法院从被代理人的法定代理人之中指定诉讼代理人时，应当考虑法律所规定的监护人的顺序、监护人的监护能力以及监护人与被监护人的关系等因素。法院指定法定诉讼代理人的决定具有法律效力，被法院指定的诉讼代理人必须履行诉讼代理责任，而不得再以各种理由推诿和拒绝代理诉讼。

# 第三节 委托诉讼代理人

## 一、委托诉讼代理概说

### (一) 委托诉讼代理人的含义和适用范围

委托诉讼代理是指根据民事诉讼当事人的明确授权委托而发生的诉讼代理。接受被代理人的授权委托代为进行诉讼活动的人，称为委托诉讼代理人。在委托诉讼代理关系中，由于诉讼代理人的选任和代理权限都以委托人，即案件当事人的意志为转移，并且代理人与被代理人之间必须达成合意，因而委托诉讼代理又称“意定代理”或者“约定代理”。委托诉讼代理是民事诉讼代理制度中最主要和最常见的代理方式，具有广泛的适用性。

根据《民事诉讼法》第58条第1款的规定，可以委托诉讼代理人的人，只限于当事人和法定诉讼代理人，其他人无权委托诉讼代理人。当事人包括原告、被告和第三人。他们可以是公民，也可以是法人和其他组织。如果当事人是无民事行为能力人或者限制民事行为能力人，则应由当事人的法定诉讼代理人代替当事人委托诉讼代理人。

### （二）委托诉讼代理的特点

委托诉讼代理与法定诉讼代理相比，主要有以下特点：

1. 诉讼代理权基于委托人的授权而产生。也就是说，诉讼代理权不是根据法律的直接规定发生的，而是建立在委托人授权的基础上的，委托人出具的授权委托书便是诉讼代理人取得代理权的依据。但是，委托人的授权委托书也要为代理人所接受。这表明在委托人与代理人之间存在着关于代理诉讼的一种合意。这种合意既包括委托人授权委托的意思表示，也有受托人同意接受委托的意思表示。

2. 诉讼代理事项和诉讼代理权限，除法律有特别规定外，由委托人决定。委托诉讼代理人只能在委托人委托代理的事项范围内从事诉讼活动；诉讼代理人也只能在委托人授权的权限范围内代理这些事项。当然，在某些特殊情况下，委托人的授权也会受到法律的限制。例如，根据民事诉讼法的规定，在离婚案件的代理中，离婚或者不离婚的意见，就只能由当事人自己向法院表达，而不能由诉讼代理人代为表达，即使当事人对诉讼代理人有特别授权也不允许。

## 二、委托诉讼代理人的范围和人数

### （一）委托诉讼代理人的范围

我国民事诉讼法没有对委托诉讼代理人的资格作限制性规定，可以担任委托诉讼代理人的范围十分广泛。根据《民事诉讼法》第58条第2款的规定，可以被委托担任诉讼代理人的范围是：

1. 律师、基层法律服务工作者。

2. 当事人的近亲属或者工作人员。根据《民诉法解释》第85条及第86条，与当事人有夫妻、直系血亲、三代以内旁系血亲、近姻亲关系以及其他有抚养、赡养关系的亲属，可以当事人近亲属的名义作为诉讼代理人；与当事人有合法劳动人事关系的职工，可以当事人工作人员的名义作为诉讼代理人。

3. 当事人所在社区、单位以及有关社会团体推荐的公民。根据《民诉法解释》第87条的规定，有关社会团体推荐公民担任诉讼代理人的，应当符合下列条件：

（1）社会团体属于依法登记设立或者依法免予登记设立的非营利性法人组织；

（2）被代理人属于该社会团体的成员，或者当事人一方住所地位于该社会团体的活动地域；

（3）代理事务属于该社会团体章程载明的业务范围；

（4）被推荐的公民是该社会团体的负责人或者与该社会团体有合法劳动人事关系的工作人员。

此外，专利代理人经中华全国专利代理人协会推荐，可以在专利纠纷案件中担任诉讼代理人。

由此可见，在我国，委托诉讼代理人的范围是十分广泛的。一方面，我们十分重视律师代理诉讼的作用，将律师列为委托诉讼代理人的范围之首。另一方面，我们又不将委托诉讼代理人局限于律师的范围，而允许非律师担任委托诉讼代理人。

**【经典导读】**

历史上，君主疑忌律师的事例真是不胜枚举。1713 年，普鲁士国王弗里德利克·威廉一世登基后，钦定了律师充当辩护人的数字，并亲自选定他们的服装。他于 1739 年发布的敕令，清楚地表明他对律师的藐视：

凡胆敢惑众军心，怂恿他人为区区人事，如请求赦免等，呈递诉状或任何诉讼案卷之辩护人，检察员以及法案起草者，将与狗类一并绞死，绝不宽恕。钦此。[①]

### （二）委托诉讼代理人的人数

我国《民事诉讼法》第 58 条第 1 款规定：“当事人、法定代理人可以委托一至二人作为诉讼代理人。”但对当事人的诉讼代理人为二人时如何行使诉讼代理权，法律无明文规定。结合司法实践，凡是当事人委托两人代理诉讼时，必须由委托人明确每个诉讼代理人的代理事项和代理权限，以免造成诉讼代理人之间因意见不一致而影响诉讼的正常进行。

## 三、委托诉讼代理人的代理权限和诉讼地位

### （一）委托诉讼代理人的代理权限

委托诉讼代理人的代理权限取决于委托人的授权。委托诉讼代理人只能在当事人或者法定诉讼代理人授权的范围内进行诉讼代理活动。委托诉讼代理人超越被代理人授权范围实施的诉讼行为，只有得到被代理人的追认才有效，否则属于无效的代理行为，应由代理人自己承担法律后果。

根据委托诉讼代理人的代理行为对委托人实体利益的影响程度不同，委托人对诉讼代理人的授权分为一般授权和特别授权两种。一般授权的，诉讼代理人只能代为一般的诉讼行为，如起诉、应诉，对管辖权提出异议，收集、提出证据，询问证人，进行辩论，申请回避，申请财产保全和证据保全等，而无权处分委托人的实体性权利。特别授权的，则可以代为实施对委托人的实体权利有重大影响的诉讼行为。根据我国《民事诉讼法》第 59 条第 2 款的规定，诉讼代理人代为承认、放弃、变更诉讼请求，进行和解，提起反诉或者上诉，必须有委托人的特别授权。也就是说，以上权限属于特别授权的范围，诉讼代理人要实施上述几项代理行为，必须由委托人在授权委托书中特别注明。未特别写明的，只能视为一般授权，诉讼代理人无权代为实施这些诉讼行为。根据最高人民法院的司法解释，授

---

① 参见宋冰编：《读本：美国与德国的司法制度及司法程序》，214 页，北京，中国政法大学出版社，1999。

权委托书仅写明“全权代理”而无具体授权的，仍属于一般授权，诉讼代理人无权代为承认、放弃、变更诉讼请求，进行和解，提起反诉或者上诉。

**【案例8-2】马律师的代理权限**①

郑某因与某公司发生合同纠纷，委托马律师全权代理诉讼，但未作具体的授权。此种情况下，马律师在诉讼中的权限是什么？

根据《民诉法解释》第89条的规定，当事人向人民法院提交的授权委托书，应在开庭审理前送交人民法院。授权委托书仅写“全权代理”而无具体授权的，诉讼代理人无权代为承认、放弃、变更诉讼请求，进行和解，提起反诉或者上诉。

### （二）委托诉讼代理人的诉讼地位

委托诉讼代理人在诉讼中的地位与法定诉讼代理人的有所不同，他不能取得相当于当事人的诉讼地位，而只是具有独立诉讼地位的诉讼参加人。委托诉讼代理人的独立性主要体现在：第一，可以在委托人的授权范围内独立地发表自己的意见；第二，有权拒绝委托人无理的要求，或者辞去委托；第三，法院在审理案件的过程中，必须专门向诉讼代理人通知一定的事项和送达某些法律文书。

**【经典导读】**

因此说，正义，或者是正确的结果，并不是任何一方律师的职责。每个律师的职责都是帮助他或她的客户获得对客户自己最有利的诉讼结果，而不论该结果在抽象意义上是否是最公平。这种制度基于下述理论，即有两个或多个律师都是一心一意地追求他们自己客户的利益的情况下，他们之间的相互对抗会导致最佳的结果，即使它不是一个完善的结果，许多人断言它至少比其他诉讼制度可能产生的结果要好。②

永远不要责备一位律师将诉讼当作一场游戏，无论你如何以此指责一位法官。律师是自身超脱的，一个人若全身心投入到他人的困难之中，将这些困难采纳为自己的困难，则他将被这些困难吞没。他必须站在自身个性的高地上，不仅为了保护自己，还为了给他的当事人所想要的东西。③

## 四、委托诉讼代理权的取得、变更、解除和消灭

### （一）委托诉讼代理权的取得

委托诉讼代理权是基于委托人的授权而发生的。《民事诉讼法》第59条第1款规定：“委托他人代为诉讼，必须向人民法院提交由委托人签名或者盖章的授权委托书。”可见，向法院提交由委托人签名或者盖章的授权委托书，是受托人取得委托诉讼代理权的法定方式。授权委托书作为受托人取得委托诉讼代理权的凭证，人民法院应当对其进行认真审

① 参见国家司法考试试题2004年试卷三第37题。

② 参见宋冰编：《读本：美国与德国的司法制度及司法程序》，201页，北京，中国政法大学出版社，1999。

③ 参见［美］博西格诺等：《法律之门：法律过程导论》，邓子滨译，446页，北京，华夏出版社，2002。

查。授权委托书经人民法院审查认可后，受托人即取得了诉讼代理权，成为诉讼代理人，可以开始诉讼代理活动。

此外，根据《民诉法解释》第 88 条的规定，诉讼代理人除提交授权委托书外，还应当按照下列规定向人民法院提交相关材料：

（1）律师应当提交律师执业证、律师事务所证明材料；

（2）基层法律服务工作者应当提交法律服务工作者执业证、基层法律服务所出具的介绍信以及当事人一方位于本辖区内的证明材料；

（3）当事人的近亲属应当提交身份证件和与委托人有近亲属关系的证明材料；

（4）当事人的工作人员应当提交身份证件和与当事人有合法劳动人事关系的证明材料；

（5）当事人所在社区、单位推荐的公民应当提交身份证件、推荐材料和当事人属于该社区、单位的证明材料；

（6）有关社会团体推荐的公民应当提交身份证件和符合《民诉法解释》第 87 条规定条件的证明材料。

**【案例 8-3】陈某诉诉讼代理人朱某无权代理赔偿案**

2009 年 5 月江苏省赣榆县人陈某因车祸致伤，经法院审理判决肇事的江苏大丰市刘某共赔偿其损失 14 780 元。在诉讼中，陈某认识了朱某，并委托其代理诉讼。后朱某从陈某处拿走了一、二审判决书、陈某的身份证及申请执行的相关费用。朱某自己填写了一份特别授权委托书，并向法院申请执行。法院受理后将案件移送执行庭执行。2011 年 6 月在法院的主持下，朱某与刘某之妻达成执行和解协议，即刘某一次性给付陈某现金 7 500 元，余欠款 7 280 元陈某自愿放弃。朱某以特别授权代理人身份在该协议上签字，并领取了 7 500 元。之后朱某未及时将已领款之事告知陈某，陈某自行去法院询问，法院告知已被其代理人领走，并出示了委托书。陈某认可在诉讼中委托过朱某，但称执行中的委托书不是他签名授权，且没让朱某做主放弃余款。2013 年 3 月陈某找到朱某，从其处拿回 7 500 元，并以朱某无权代理、放弃余款给其造成损失为由诉至法院，要求朱某赔偿其损失 9 000 余元。法院经调解，由朱某共赔偿陈某各项损失 5 373 元。

本案的关键是朱某是否得到了当事人的授权而放弃余款并领取 7 500 元执行款。执行案件中，只有作为特别授权的代理人才有权代为申请执行、进行执行和解、撤回执行申请、代领执行兑现款等特别授权诉讼活动。本案中，朱某只有证实自己已经取得了当事人陈某的特别授权，才能确定自己作出放弃余款的决定是合法的。由于朱某未能提供有效证据证明其处分行为是在权限范围内进行的，而且执行中的委托书不是陈某的亲笔签名，没有合法的授权，故其无权代表陈某作出放弃部分执行标的款的和解决定，其放弃行为属于越权代理，在未能得到委托人陈某事后追认的情形下，由此产生的后果应由朱某负责。

为了保证委托人出具的授权委托书的真实性与合法性，《民事诉讼法》第 59 条第 3 款还特别规定："侨居在国外的中华人民共和国公民从国外寄交或者托交的授权委托书，必须经中华人民共和国驻该国的使领馆证明；没有使领馆的，由与中华人民共和国有外交关系的第三国驻该国的使领馆证明，再转由中华人民共和国驻该第三国使领馆证明，或者由当地的爱国华侨团体证明。"

授权委托书是委托诉讼代理人进行诉讼代理活动的证明文书。根据《民事诉讼法》第59条规定，授权委托书必须记明委托的事项和权限。如果一方当事人同时委托二人代理时，授权委托书应分别记明他们各自代理的事项和权限。

### （二）委托诉讼代理权的变更和解除

委托诉讼代理权的变更是指委托诉讼代理人取得诉讼代理权后，在诉讼过程中，委托人基于一定原因，扩大或者缩小原来的诉讼代理权限。所谓委托诉讼代理权的解除，是指在委托诉讼代理关系成立后，委托人收回诉讼代理权或者代理人放弃诉讼代理权而使得双方的诉讼代理关系中止。根据《民事诉讼法》第60条的规定，诉讼代理人的权限如果变更或者解除，当事人应当书面告知人民法院，并由人民法院通知对方当事人。否则，诉讼代理权的变更或解除对人民法院和对方当事人不发生效力。在诉讼代理权未变更、解除前，委托诉讼代理人已经实施的诉讼代理行为仍然有效。

### （三）委托诉讼代理权的消灭

委托诉讼代理权可以因各种原因而消灭。委托诉讼代理权的解除是导致委托诉讼代理权消灭的原因之一，但委托诉讼代理权的消灭还包括其他原因。委托诉讼代理权解除是人为的选择，而委托诉讼代理权的消灭则既有人为的原因，也有非人为的原因。导致委托诉讼代理权消灭的原因有：（1）诉讼结束，代理人已经履行完毕诉讼代理职责；（2）被代理人死亡或者丧失诉讼行为能力，诉讼无继续进行的必要或者需要等待新的法定诉讼代理人确定诉讼代理人；（3）代理人死亡或者丧失诉讼行为能力，已不可能履行代理职责。

## 五、转委托诉讼代理

转委托诉讼代理，是指委托诉讼代理人接受诉讼代理的委托后，在诉讼过程中，又将诉讼代理的部分或者全部事项再委托他人代理。实施转委托行为的人称为转委托人，接受转委托代理诉讼的人称为转委托诉讼代理人，也叫复代理人。转委托诉讼代理，也称为复代理。对于委托诉讼代理人接受代理诉讼的委托后是否可以再转委托，我国民事诉讼法未作明文规定。我们认为，认定转委托代理是否合法有效的关键是看其是否有利于维护当事人的利益。如果转委托是因为转委托人不能尽职尽责地履行委托职责而寻求转委托诉讼代理人的帮助，这种情形应当是合理的。另外，由于委托代理本身是建立在委托人与委托诉讼代理人之间信任的基础上，因而诉讼代理人接受委托后，如无特殊情况，应认真履行诉讼代理职责，而不宜再将诉讼代理权转委托他人行使。这些特殊情况须是转委托人基于特殊原因不能或者不方便履行诉讼代理职责，而转委托诉讼代理人有能力弥补诉讼代理人的缺陷，并且转委托代理的权限不得超越委托人原来授予的权限。另外，为保证当事人的合法利益，须取得委托人的事先同意或者事后认可。

## 六、离婚案件中关于委托代理的特别规定

委托诉讼代理人在授权范围内所为的诉讼行为被视为被代理人本人所为，其法律后果归属于被代理人。因此，通常情况下，民事案件的当事人委托了诉讼代理人的，本人既可以出庭，也可以不出庭。但离婚案件的代理情况比较特殊，我国《民事诉讼法》第62条对离婚案件的代理特别规定："离婚案件有诉讼代理人的，本人除不能表达意志的以外，仍应出庭；确因特殊情况无法出庭的，必须向人民法院提交书面意见。"

这一规定包括两层含义：第一，当事人的出庭义务。离婚案件的当事人即使有诉讼代理人的，原则上当事人仍应亲自出庭，只有不能正确表达自己意志的当事人才可以不出庭。第二，特殊情况下的书面说明义务。能够正确表达自己意志的当事人确因特殊情况无法出庭的，必须向人民法院提交书面意见，以便能使法院充分考虑当事人的意愿，对案件作出正确处理。所谓"书面意见"，是指不出庭的当事人对离婚或不离婚以及对子女抚育、财产分割的意见。这一规定的实质，是基于离婚案件的特殊性而对离婚案件中诉讼代理权的一种限制。

法律之所以作此规定，一方面是因为离婚案件涉及的是身份关系，直接决定了作为社会最小单位的家庭的存废，社会影响较大，法院应当十分慎重地处理。为谨慎起见，必须由当事人本人亲自表达意见，而不宜由诉讼代理人转达。另一方面，从审判的实际需要看，离婚案件以夫妻感情是否确已破裂作为应否判离的标准，而感情问题通常非常复杂微妙，只有当事人自己才能说清楚。因此，只有双方当事人都出庭，才能帮助审判人员对感情是否破裂的问题作出正确判断。

## 【问题与思考】

1. 请列出委托诉讼代理人在诉讼程序的各个阶段的特别授权的授权内容的规范格式。
2. 分析各种诉讼代理人的代理权限和诉讼地位。

# 第九章 民事诉讼证据

## 参考文献


（一）著作

1. 沈达明编著．英美证据法．北京：对外经济贸易大学出版社，2015

2. 汤维建．民事程序法论丛——民事证据立法的理论立场．北京：北京大学出版社，2008

3. 汤维建主编．民事诉讼法案例分析．北京：中国人民大学出版社，2002.139～162页

4. 江伟主编．证据法原理．北京：中国人民大学出版社，2004.336页以上

5. 何家弘主编．新编证据法学．北京：法律出版社，2000

6. 刘金友主编．证据法学．北京：中国政法大学出版社，2001

7. 毕玉谦．民事证据原理与实务研究．北京：人民法院出版社，2003

（二）论文

1. 江伟，吴泽勇．证据法若干基本问题的法哲学分析．中国法学，2002（1）

2. 汤维建．关于证据属性的若干思考和讨论——以证据的客观性为中心．政法论坛，2000（6）

3. 张晋红，易萍．证据的客观性特征质疑．法律科学，2001（4）

4. 李浩．民事证据立法与证据制度的选择．法学研究，2001（5）

5. 王亚新．证人出庭作证的一个分析框架——基于对若干法院民事诉讼程序的实证调查．中国法学，2005（1）

6. 齐树洁，张冬梅．完善我国民事诉讼证人制度的思考．华侨大学学报，2000（4）

7. 李浩．民事诉讼非法证据排除规则探析．法学评论，2002（6）
8. 韩波．宽容的界限：事实认定中的非法证据排除．清华法学，2008（6）
9. 汤维建．不断完善中的民事诉讼证据制度．人民法院报，2003－08－05
10. 江伟，徐继军．在经验与规则之间——论民事证据立法的几个基本问题．政法论坛，2004（5）
11. 李浩．当事人陈述：比较、借鉴与重构．现代法学，2005（3）
12. 李浩．民事证据法的目的．法学研究，2004（5）
13. 常怡．论电子证据的独立性．法学，2004（3）
14. 邵明．论民事诉讼证据裁判原则．清华法学，2009（1）
15. 邵明．我国民事诉讼当事人陈述制度之“治”．中外法学，2009（2）

## 参考法规

1986 年《中华人民共和国民法通则》（2009 年修正）；1991 年《中华人民共和国民事诉讼法》（2017 年修正）第 63 条～第 81 条；2015 年最高人民法院《关于适用〈中华人民共和国民事诉讼法〉的解释》第 90～124 条；2005 年《中华人民共和国电子签名法》（2015 年修正）。

2002 年国务院《医疗事故处理条例》第 20 条～第 34 条。

2001 年最高人民法院《关于民事诉讼证据的若干规定》（2008 年调整）；2005 年《关于司法鉴定管理问题的决定》（2015 修正）；1997 年《香港特别行政区证据条例》。

## 引例 陈涛诉李勃债务纠纷案①

债权人陈涛和债务人李勃有长期的业务往来，双方的习惯是每年结算一次，陈涛、李勃之间有几十万元的债权债务的关系。陈涛向法院起诉，诉称：×年×月×日，陈涛、李勃在陈涛的办公室结算债务金额，算毕，陈涛要求李勃重新签欠条，李勃说要看一下上一张欠条的格式，趁陈涛不备突然将欠条撕碎。陈涛立即叫来自己的工人将李勃按住，同时报警。现陈涛请求李勃立即偿还××万元，所附证据有二，一为被陈涛重新粘好的欠条，二为派出所录的一份李勃的口供。被告李勃未提出书面答辩状，只是口头向法院提出双方计算利息过高、部分债的内容涉及非法土地转让，应属无效等意见。开庭审理中，被告突然提出了几张有原告签名的收条，以此证明其在

① 参见王铮、刘鹏：《理性的证明——个案分析民事诉讼证据制度的若干问题》，见中国民商法律网，2002－03－19。

×年×月×日已还了钱。原告陈述，他与被告算账时，被告要求他打个条以方便被告记账，于是，原告每算完一笔账就打个收条，全部算完后，再由被告打一张总的欠条，两人以此为习惯近十年，近十年来两人一直以这种方式算账。结果，原告一审败诉。对于本案的判决，大部分人都会认为原告输得太亏，因为这与我们日常的经验逻辑有太大的出入，相信判案法官也会认为原告输得不合理，但这就是证据的力量。只要纠纷交予公权力解决，就要依照法定的程序进行，遵守事先确定的规则，就如行驶在轨道上的列车一样，不能出轨随意行驶。在诉讼中，通常情况下，当本人主张利己的事实时，不仅应当举出相关证据来证明，而且提出的证据还必须符合有关证据规则，否则就要承担败诉风险。

## 第一节　民事诉讼证据概述

### 一、民事诉讼证据的概念

引例案件庭审中，被告对原告出示的派出所录的口供提出了异议，被告称，他是在受到威胁和恐吓的情况下，违背自己的意愿承认了欠款一事。那么，考虑这份口供内容的真假，以及法官是否会采纳的情况，将会出现四种可能：不被采纳的真实的口供，被采纳的假口供，不被采纳的假口供，以及以暴力、胁迫手段取得的真实的口供。在四种情况中，法官应该采纳什么样的证据，不应该采纳什么样的证据，哪种是我们诉讼法上所说的证据？证据材料是否就是法律上的证据？这些问题归结到一点，那就是到底什么是证据？

从学理层面讲，有关证据的定义各种各样①，其中较具代表性的观点有：事实说、根据说、统一说、定案证据说等。事实说②认为，证明案件真实情况的一切事实都是证据，这也是立法实务界的通说；根据说③认为，证据是证明案件事实或者与法律事务有关之事实存在与否的根据；统一说④认为，证据是经过查证属实可以作为定案根据的，具有法定形式和来源的，证明案件真实情况的一切事实；而定案证据说⑤则认为证据是在诉讼过程中可用以证明案件真实情况的材料。

综观上述各种不同观点，尽管学术角度各异，但实质上无非集中在一点，即证据内容

① 关于证据定义，有事实说、根据说、统一说、定案证据说、事实和材料说、材料说、方法说、结果说、原因说、证明说、反映说、信息说、综合说、两义说、多义说等。参见江伟主编：《证据法原理》，3页，北京，中国人民大学出版社，2004。

② 参见江伟主编：《证据法学》，206页，北京，法律出版社，1999。

③ 参见何家弘主编：《新编证据法学》，99页，北京，法律出版社，2000。

④ 参见刘金友主编：《证据法学》，115页，北京，中国政法大学出版社，2001。

⑤ 参见陈一云主编：《证据学》，99页，北京，中国人民大学出版社，2001。

和证据形式的关系。证据内容是有关的事实，而证据形式是有关的材料。到底应以事实为着眼点，还是以材料为着眼点？我们知道，诉讼证明是一个动态的过程，什么样的证据材料可用作定案依据，只有在判决时才能确定。在此之前，定案证据与证据材料没有区别。因此，正是定案证据与证据材料之间的界限导致了不同学说的产生。换句话说，正是对证据内容和形式的界限划分才导致了不同证据学说的产生。

比较而言，“统一说”在以上各种学说中最具包容性，它既吸取了事实说主张的事实内容因素、根据说主张的材料形式因素，又包括了定案证据说所强调的证明功能因素，同时它较好地解决了证据的内容和形式，以及证据材料和定案证据之间的辩证关系。因此，依“统一说”，我们可以将证据定义为：所谓证据，是指依法能够用来定案的一切事实，它是事实内容、材料形式和证明功能诸要素的统一体。

综上，引例债务纠纷案的四种选项中的不被采纳的真实口供，被采纳的假口供，甚至是不被采纳的假口供，依不同的学说标准都有可能被称为证据，但它们能否作为定案根据，是否属实，则因当事人、法官或旁观者各自的理性判断不同而呈现差异。按“统一说”的标准来看，只有依法能够用来定案的事实，即只有被采纳的真实的口供才称得上严格意义上的证据。但由于人们习惯于用证据一词称呼证据材料和证据，甚至民诉法在使用证据时也未加区别，因而读者在见到证据一词时，应注意在特定语境中的含义。至于法官以取得方式非法为由排除的口供是不是证据，这个问题涉及证据的“合法性”问题，下文将专门阐述。

## 二、民事诉讼证据的属性

所谓属性，指事物本身所具有的本质和特点。证据的属性则是证据这个概念内涵的具体化，是证据赖以构成的诸要素，同时也是判断某物是否为证据的标准，是证据区别于其他非证据事物的标志。但是，证据究竟有哪些属性？法学界一直有争论，我国学者对于证据的属性曾先后提出过数十种概念。[①] 目前比较统一的说法是证据具有客观性、关联性和合法性，即“三性说”[②]。客观性、关联性、合法性是构成一个证据的必要条件，三者必须同时具备。只要缺乏其中一个特性，我们就称其不具备证据资格，就没有证据能力，当然也就不能作为定案的依据。

### （一）客观性

根据辩证唯物主义的物质观，客观性是指物质的客观实在性，即物质独立于意识存在的属性。这是所有物质所具有的共同属性。因此，证据也必须具备客观性，这是证据最重要的属性，缺乏这个属性，证据便不成其为证据。这里包含三方面的含义：

第一，证据所反映的内容必须是真正发生过的事实，或者将来必然要发生的事实，它是不以人的意志为转移的真实的事实，不是凭空杜撰出来，或猜测、虚构的主观之物。比

---

① 如客观性、关联性、合法性、多样性、两面性、制约性、真理性、证明性、可采性、阶级性等。参见汤维建：《关于证据属性的若干思考和讨论——以证据的客观性为中心》，载《政法论坛》，2000（6）。

② 江伟主编：《证据法原理》，9页，北京，中国人民大学出版社，2004。

如证人所提供的证词，该证词的内容必须是真的，不是假的，必须是客观存在的事实，是在一定时间、空间和条件下发生的，无论当事人及人民法院审判人员的意志如何，均不改变。

第二，证据的内容必须是客观的，而不是说证据内容的载体必须是客观的。比如，书证上所反映的内容必须符合客观真相，必须是确有其事的。

第三，它表明案件事实的认定具有可靠性。从人类历史上说，人们认识案件事实的方法并非证据一种，除证据外，还存在过诸如神明裁判的方法、决斗裁判的方法等其他的方法。运用这些方法也能在一定程度上认识案件事实，但往往不够准确、全面，因而具有主观主义、武断主义、片面主义和形式主义的特点。与其他任何方法相比，利用证据来认识和确定案件事实是最可靠的，也是最坚实、最有说服力的。

因此，说客观性是证据的本质属性，是毫无疑义的。但同时我们要分清客观性与真实性的区别。一般认为，客观性就是真实性，但进一步分析，“真实”的要义是指人的认识符合事物的本来面目，即主观符合客观。从这个意义上讲，真实性与客观性还是有区别的。客观性偏重于实物证据的属性，而真实性偏重于言词证据的属性。

证据具有客观性，但我们对于证据的客观性要作辩证的、唯物的理解，不能认为证据就是纯粹客观的产物，而与主观性毫不相关。任何事物只有被人们感知之后才有其价值，不被人们所认知的东西，我们是无法知悉它的价值的。凡被人们认识的东西都具有主观性，证据也是人们在认知后才揭示出它的客观真实性的。因此证据的客观性并非纯粹，它既有主观性的一面，也有客观性的一面，是主观和客观相互结合统一的产物。①

综上，对待证据的客观性，要结合真实性和主观性一起来考虑，不能人为割裂，简单地、浅显地加以论述。准确把握客观性这一特征，将有助于证人、当事人向法院提供真实的证据，也有利于法官及时、全面、真实地审核证据材料和认定案件事实，无论是从诉讼效率角度而言，还是从体现公正的意义上讲，这都是非常重要的。

引例中，在原告将纠纷诉至法院后，原、被告之间的债权债务关系便成既定事实，不会再发生任何变化，尽管诉讼终局可能会因诉讼双方证据力量对比发生各种可能的结果。如证明原、被告之间的债权债务关系成立的欠条、收条，以及有关财务账册等，这些都是在案件发生、发展过程中留下的痕迹、物品、文件。不但这些痕迹、物品、文件是客观存在的，不可改变的，而且它们所反映的内容是客观事实，不是伪造的。原、被告双方作为案件发生的当事人，他们的亲身经历是客观存在的，他们对事件的陈述也应是客观真实的，其才能被作为证据使用。因此，在诉讼过程中，能够成为证据的，必然是客观存在的、确定的事实。一旦证据本身或其内容不是客观的，而是伪造的或者是虚假的，便不具备客观性。

### （二）关联性

任何事物或事实都与案件事实有一定程度的联系，但事物间联系的紧密程度是不同

---

① 言词证据是证据中主客观结合的典型。参见何家弘主编：《新编证据法学》，106页，北京，法律出版社，2000。

的，性质上也有区别。联系的程度不同，证据的证明力便有所不同。关联性越强，证明力就越大。反之，关联性越弱，证明力就越小。

《美国联邦证据规则》第401条是最典型的实在法规定：关联性是指“证据具有某种倾向，使决定某项诉讼中待确认的争议事实的存在比没有该证据时更有可能或不可能”①。我国大陆法学界认为，证据的关联性，指的是作为证据内容的事实与案件事实之间存在某种联系。关联性侧重的是证据与证明对象之间的形式性关系，即证据相对于证明对象是否具有实质性，以及证据对于证明对象是否具有证明性。所谓实质性，就是指证据欲证明的主张指向的是对案件裁判具有法律意义的待证事实。至于何为案件待证事实，主要由实体法所决定，通过当事人的诉讼主张表现出来。所谓证明性，指所提出的证据支持其欲证明的事实主张成立的倾向性，是依据逻辑或者经验而使欲证明的事实主张更为可能或更无可能的能力。影响当事人主张的事实存在的可能性的证据，就具有证明性。

关联性是证明性和实质性的结合。其中，证明性是由证据与案件之间客观存在的逻辑联系所决定的，体现的是证据与案件之间的逻辑联系，因而可以说是证据的自然属性。案件待证事实主要是由实体法所决定的，证据必须能够证明对案件裁判具有重要意义的待证事实主张才具有实质性。从这个意义上讲，实质性体现的则是实体法对证据的要求。可以说，证明性涉及的是逻辑问题，实质性涉及的是实体法问题。证明性和实质性相结合，证据才具有关联性。它们作为关联性的两个基本构成要素，无论欠缺二者中的哪一个要素，证据的关联性都不成立。②

证据的关联性到底应该达到一种什么限度，必须与具体的事实情景联系起来加以界定。这就存在一个证据可采性的问题。证据的可采性是英美法国家在证据法中所采用的一个概念，具体指证据必须为法律所容许，才能用于证明案件中待证事实的定案根据。③ 可采性是同证据排除规则密切联系在一起的概念。法官正是根据各项证据排除规则来决定证据的可采性问题的。立法者根据司法经验的积累，规定了一些证据排除规则，排除那些一般不具有关联性的证据，比如相似事实证据、过去事实证据、品格证据、意见证据等。凡是没有关联性的证据皆不具有可采性，但是，有关联性的证据在有的情形下也不具有可采性，即证据关联性的例外，例如属于国家绝对保密性的证据。

关联性既是证据的重要特征，也是事实材料作为证据的必要条件。关联性这一特征，对司法实践具有非常重要的意义。当事人及诉讼代理人应收集与证明对象具有关联性的证据材料，并积极阐明其与证明对象间的内在联系。法官对证据材料进行审查、判断时，自然也要把与证明对象无关联的材料排除掉。

引例案中，与原、被告之间的债权债务关系直接相关的事实，我们称之为具有关联性，如欠条、收条、有关财务账册，以及双方业务往来合同等，在诉讼中双方当事人应注意收集。而有些材料虽然也具有客观性，是客观存在的事实，但与双方的债权债务没有任何直接的关联，我们称之为不具有关联性，当事人即便收集了很多这样的证据，法官在审查判断时也将弃之不用。如双方业务合作期间算账所用的计算器、双方业务的具体标的、

---

① 江伟主编：《证据法原理》，14页，北京，中国人民大学出版社，2004。

② 参见汤维建、卢正敏：《如何确认证据“关联性”》，载《人民法院报》，2004-06-09。

③ 参见沈达明编著：《英美证据法》，21页，北京，中信出版社，1996。

乙将欠条撕碎当天的天气情况以及其家庭经济状况等。

（三）合法性

合法性是指诉讼证据必须是按照法律的要求和法定程序而取得的事实材料。关于证据的合法性，我国学界一直存在争论，有的人认为它是证据的本质特征或基本要素之一，合法性与客观性和关联性一起，构成了证据的三属性，这就是我们常说的“三性说”[①]。还有一部分人始终坚持认为，合法性不是证据的本质属性之一，证据不需要具备合法性就能发挥证明作用，此说被称为“二性说”[②]。目前多数认为，合法性是证据的本质属性之一，没有合法性，不能构成证据。这是因为，合法性是证据客观性的法律保障。客观性和关联性是内容，合法性是形式，证据的合法性是证据内容和形式的统一要求，是客观性和关联性对证据应有属性的要求。[③]

证据的合法性包括合证据法、合实体法以及合程序法三个层次。[④] 首先，证据的表现形式必须符合证据法律制度所规定的证据的一般表现形式，也即属于民诉法所规定的七种证据，这是证据形式的一般合法性。这种合法性为合证据法。其次，证据的表现形式必须符合实体法律规范所要求的证据的特殊表现形式，如书面证据、公证证据、登记证据等。这种合法性为合实体法。最后，证据必须符合程序法的要求，即合程序法。合程序法的内容又包括两个层次：一是合程序法的原则规定，任何证据的收集都必须符合法定程序，必须依法收集，非法收集的证据不能成为定案根据等；二是合程序法的具体规定，如鉴定意见的收集过程、勘验笔录的收集过程、证人证言的收集过程等，都有具体的程序规定。此外，程序法尚对证据的提供程序、证据质证程序、证据的认定程序作了具体规定，这些规定都是证据具有合法性的表现。例如，立法规定未经质证的证据不能作为证据使用。

1995年3月6日，最高人民法院作出法复［1995］2号《关于未经对方当事人同意私自录制其谈话取得的资料不能作为证据使用的批复》，该批复指出：“证据的取得必须合法，只有经过合法途径取得的证据才能作为定案的根据。未经过对方当事人同意私自录制其谈话，系不合法行为，以这种手段取得的录音资料，不能作为证据使用。”这个司法解释可以视为我国非法证据排除规则的端倪，但从审判实践来看，对民事证据作这样的规定过于严厉。《民事证据规定》进一步完善和明确了非法证据的判断标准，将非法证据限定在“以侵害他人合法权益或者违反法律禁止性规定的方法取得的证据”的范围。这就明确了判断非法证据的两条标准：

其一，看取证行为本身是否侵害了他人合法权益。比如在他人住房或卧室内安装窃听器、摄像机、对他人的通话实施监听、用高倍望远镜偷窥他人住房内或工作室内的隐私、擅自开拆他人信函或其他邮寄物品、未经企业许可越墙偷拍企业有关情况等，这些都属于采用侵犯他人人格权、隐私权、商业秘密权等重要民事权益的方式所收集的证据。

其二，看取证行为本身是否违反了法律禁止性规定。这里的“法律”应当从广义上理

---

① 江伟主编：《证据法学》，217～218页，北京，法律出版社，1999。

② 陈一云主编：《证据学》，104页，北京，中国人民大学出版社，2001。

③ 参见樊崇义主编：《证据法学》，50～51页，北京，法律出版社，2001。

④ 参见汤维建：《关于证据属性的若干思考和讨论——以证据的客观性为中心》，载《政法论坛》，2000（6）。

解，包括宪法、法律、行政法规、地方性法规以及司法解释等一切具有法律效力的规范性文件。比如采取抢劫、盗窃、抢夺、侵犯他人住宅等暴力方式所获得的证据，采用非法限制他人的人身自由、威胁、恐吓、打击报复等方法所收集的证据，这些属于采用刑事违法行为所收集的证据，自然应当排除。另外还有违反国家保密法、违反公序良俗、采用有伤风化的方式所收集的证据，如侵入、破坏他人祖庙收集证据、未经许可拍摄他人裸露的照片等，均应予以排除。

再回到引例案件中派出所录的口供上，如能证实这份口供是被告在受到威胁和恐吓的情况下作出的，即派出所是以暴力、胁迫手段，迫使被告违背自己的意愿承认了欠款一事，那么这份口供内容本身就是假的。即使被告确实是因惧怕刑事追究作出的真实的意思表示，法官也应将之排除，不予采纳，因为它是以违反法律禁止性规定的方法所取得的。通过这一点，我们可以看到：无论证据的内容是真是假，只要获得手段非法，就应按非法证据排除规则将之排除。

## 第二节 民事诉讼证据的分类和种类

从哲学层面讲，证据概念和属性是有关证据共性的原理，而证据类别是有关证据个性的原理。学理上普遍注意区分证据的种类和分类，证据的分类多注重学理性，而证据种类具有法定性和实践性。证据种类法定性和实践性，一方面是指人们对证据种类的划分往往以实在法有关证据种类的规定为基础，即往往得到了立法的认可，在立法上予以明确，另一方面证据种类的这种划分又直接对司法实践产生着指导性和决定性作用。

### 一、民事证据学理上的分类

目前学理上提出的证据分类不胜枚举，纵横交错，令人眼花缭乱。① 不但各国证据理论对民事证据的分类方法不同，一个国家也可能存在多种理论分类。例如在美国，有一种证据分类方法是将证据形式与证据类型分别开来，从证据形式上将它们分为物证、书证和言词证据，从证据类型上将它们分为直接证据、情况证据、补强证据和辅助证据。美国学理对证据的另一种分类是将证据分为物证、书证、确证、科学证据、传闻证据、品格证据、习惯证据和类似事实证据。英国学理则倾向于将证据分为直接证据与间接证据、原始证据与传闻证据、第一位证据与第二位证据、推定（初看）证据与终局证据。并且认为，从实质上分属于上述各种证据之一的证据，必须具有或者必须纳入能向法院提出的各种证据形式，即：口头证据、文书证据、实物证据。② 我国香港地区证据法因属英国普通法系，

---

① 参见江伟主编：《证据法原理》，27页，北京，中国人民大学出版社，2004。

② 参见沈达明编著：《英美证据法》，27～28页，北京，中信出版社，1996。

又受中华法系历史的影响，既没有像英美法系那样的理论分类，也没有像大陆民事诉讼法一样，将能够向法院提出的各种证据形式作出罗列式规定。[①] 香港回归祖国后，依基本法有关规定，《香港特别行政区证据条例》诞生，其体例仍保持原来普通法系特色，并无专章对证据种类进行规定。[②]

我国学界目前普遍接受的分类有：本证和反证、原始证据和传来证据、直接证据和间接证据、言词证据和实物证据等。[③] 具体如下：

1. 本证与反证

按照证据与举证责任的关系，证据可分为本证与反证。本证是指能够证明负有举证责任一方当事人所主张的事实的证据，反证是指由对方当事人为阻止本证举证成功而提出的证据，目的在于证明对方主张和事实不存在或者真伪不明。反证一般都是在本证对待证事实进行证明之后才有提出的必要。理论上区分本证与反证的意义是在于落实举证责任，明确举证顺序，这有利于审判人员审查判断证据，作出裁判。

2. 原始证据与传来证据

按照证据的来源，证据可分为原始证据与传来证据。原始证据是指直接源于待证事实的证据，传来证据是指经过复制、传抄、转述等中间环节而形成的证据。《民事证据规定》第 77 条规定，原始证据的证明力一般大于传来证据。这是因为传来证据经过一些中间环节，出现差错的可能性就加大。但并不能因此否定传来证据的作用。它对发现与收集原始证据，对验证、核实原始证据的真伪都有重要作用；在不可能获得原始证据时，经查证属实的传来证据，同样可以用作认定案件事实的根据。

3. 直接证据与间接证据

根据证据与案件主要事实之间的关系，证据可分为直接证据和间接证据。直接证据是指能够单独证明主要案件事实的证据，间接证据是指不能单独直接证明案件主要事实的证据，它只有与其他证据相结合经过推理才能证明主要案件事实。《民事证据规定》第 77 条规定，直接证据的证明力一般大于间接证据。

间接证据具有以下几个特点：一是依赖性，每一个间接证据必须依赖其他证据，和其他证据结合起来才能具有证明作用，其本身没有单独的证明作用。二是关联性，间接证据和案件事实之间具有一定的联系，间接证据的作用取决于它与案件事实之间的客观联系，没有关联性的证据不能作为证据纳入诉讼证明活动之中。三是排他性，各个间接证据的结合证明的事实必须是互相一致的，不能互相矛盾，必须是排除了其他的可能性，才能使用。间接证据的以上特点，决定了在运用间接证据时必须有一个分析判断推理的复杂过程。间接证据的特点，决定了在运用间接证据证明案件事实时，必须有足够的数量，使证据形成一个完整的、严密的和排他的证明锁链。

在审判实践中，由于间接证据的特殊价值，因而也不能低估间接证据的作用。因为很

---

① 参见汤维建、单国军：《香港民事诉讼法》，186 页，郑州，河南人民出版社，1997。

② 参见《香港特别行政区证据条例》，1997 年 6 月 30 日。

③ 参见卞建林主编：《证据法学》，235～236 页，北京，中国政法大学出版社，2000；刘金友主编：《证据法学》，196～224 页，北京，中国政法大学出版社，2001；何家弘主编：《新编证据法学》，119～121 页，北京，法律出版社，2000。

多案件都是没有直接证据的或者直接证据本身需要其他证据证明。间接证据是鉴别直接证据的一种重要手段，是直接证据的有力助手和可靠的佐证。而在没有直接证据时，从间接证据证明的事实可以推导出待证事实，并且在很多情况下，通过间接证据可以发现直接证据。在具体的案件中，直接证据和间接证据往往互相结合，共同证明案件的事实情况。

**【案例 9－1】陈文涛诉李先楚借款纠纷案**①

在陈文涛诉李先楚借款纠纷一案中，有以下几个证据：(1) 陈文涛出具的由李先楚签名的借条一张。该借条内容为：今借陈文涛人民币 3 000 元整，一个月内返还。1999 年 3 月 20 日。(2) 李先楚的同事乔生明的证言。乔生明证明，他在 1999 年 3 月 21 日听李先楚说，李先楚向陈文涛借了 3 000 元钱，准备到外地去旅游时用。(3) 李先楚向受诉人民法院所作的陈述。李先楚说："我在 1999 年 3 月 20 日向陈文涛借了 3 000 钱，但我在 5 月份就还给他了，当时我向他要借条，他说借条丢了。他给我写了一张收条，但收条我现在找不着了。" (4) 李先楚的朋友张明向受诉人民法院提出的证言：李先楚在 1999 年 3 月月底与张明到五台山旅游时向张明说，这次出来玩的钱是向别人借的。在上述证据中，哪些是证明李先楚向陈文涛借了 3 000 元钱这一事实的直接证据？

直接证据是指能够单独证明主要案件事实的证据，本案中主要案件事实是李先楚是否向陈文涛借了 3 000 元钱，从证据的内容上来看，陈文涛提供的借条、乔生明的证言都证明了这一事实的存在，李先楚的陈述虽主张钱已经还清，但也承认在 2009 年 3 月 20 日向陈文涛借了 3 000 元钱这一事实。对于李先楚是否向陈文涛借了 3 000 元钱这一证明对象而言，这三份证据都是直接证据。而张明的证言没有明确指明这笔钱是向谁借的，只是一份间接证据，可以和其他证据结合起来证明李先楚向他人借过钱这一事实。

## 二、我国民事立法的证据种类

在我国，通常根据证据的存在形式或表现形式，可将证据分为言词证据和实物证据。②言词证据的种类主要有证人证言、鉴定意见和当事人陈述。实物证据的种类主要有物证、书证、视听资料和勘验笔录。③

有观点认为，目前我国这种证据种类的划分过于简单且有不合理之处，可操作性不强，给法官和当事人运用诉讼证据带来诸多不便。④ 首先，划分标准过多。民事诉讼法规定的七类诉讼证据，有些是以证据形式为标准进行划分的，如书证、视听资料、证人证言等；有些是以证据方法为标准进行划分的，如书证、物证、鉴定意见、勘验笔录等；有些是从当事人提出证据的角度进行分类的，如书证、物证、视听资料、证人证言、鉴定意见

---

① 参见律师资格考试试题 1999 年试卷二第 60 题。

② 参见江伟主编：《证据法原理》，284 页，北京，中国人民大学出版社，2004。

③ 参见《民事诉讼法》第 63 条。

④ 参见谭秋桂、冯林：《对民事诉讼证据概念和分类的再思考》，载《法学评论》，1999 (1)。

等；有些是从法院使用、审查、判断证据的角度进行划分的，如当事人陈述、勘验笔录等。在法律中可以对诉讼证据进行多层次区分，但每一种划分应坚持一个标准。其次，这种划分也没有区分不同效力的诉讼证据。我国所有的诉讼证据都没有区分最佳证据和一般证据，所有诉讼证据的效力都是平行的，如书证的原件的效力与复印件、节录本的效力并无差异，对直接证据的效力与间接证据的效力也没有区分，不能适应诉讼证据种类的变化发展。最后，我国的法律对诉讼证据种类的划分缺乏适当的灵活性和开放性。随着科技的发展和社会生活实践的变化，诉讼证据的种类也应随着这种变化而作出相应的调整，如电子证据问题。

下面按我国《民事诉讼法》对证据种类的划分进行分述：

### (一) 言词证据

言词证据，是以证人、鉴定人和当事人对案件事实陈述的内容来揭示案件真相，以人的陈述为存在形式或表现形式的证据。

#### 1. 证人证言

证人证言是指自然人对其亲身感知的事实向执法机关所作的陈述。证人就案件事实提供的证言只能就其感知的内容如实陈述，包括嗅觉、听觉、视觉、触觉等感知印象。原则上，不能在感知的基础上作进一步的推测、判断、评价，否则就不具有证据资格。证人证言是检验一个国家诉讼模式的重要标志，它在整个证据种类系统的地位、收集和审查判断方式，直接体现各种诉讼主体在诉讼过程中的职能、角色和地位的配置模式。英美法系国家中对证人的询问和反询问是最能体现当事人主义诉讼模式特征的证据制度。我国近年来推行的审判方式改革，其中一项重要内容就是用当事人主义的因素改造传统的超职权主义模式，而其中最为关键的则是证人制度的建立健全。

**【经典导读】**

没有哪个商人或将军会在决定建立新厂或发动攻势之前，想到要让提供情报者经历庭审中证人的手足无措的体验，然后才去获得据以作出判断的信息。一位法官写道："陌生的环境及其伴随的焦虑和匆忙，证人可能受到的哄骗或威吓，缺乏足以唤起可以澄清每一难题的那些回忆的提问，以及交叉询问所造成的混淆……都可能引发重要的错误和忽略。"另一位法官写道："在法庭上，证人作为陌生人而站在陌生的环境当中，这一切产生了只有他们自己才知道的窘迫。"①

(1) 证人的资格。证人的资格又称证人能力和证人适格。当今各国法律对证人资格的限定存在宽泛和严格两种模式。美国、加拿大、澳大利亚、意大利、日本，以及我国香港地区均采宽泛模式②，即均不对证人资格予以严格限定，几乎所有的人都被假定为具有证人能力，除非法律有例外规定或者证人存在作证上的障碍。而我国澳门地区则采严格模

---

① [美] 博西格诺等：《法律之门：法律过程导论》，邓子滨译，451页，北京，华夏出版社，2002。

② 参见《美国联邦证据规则》第601条、《加拿大证据法》第3条、《澳大利亚证据法（1995）》第12条、《意大利刑事诉讼法典》第196条、《日本刑事诉讼法》第143条、我国《香港特别行政区证据条例》第9条。转引自江伟主编：《证据法原理》，285页引注，北京，中国人民大学出版社，2004。

式，只有具备一定条件的人才能作为证人。从我国《民事诉讼法》的规定可以看出，我国证人的范围虽有一定限制，即不能正确表达意思的人不能作证[①]，但也十分广泛，即凡是知道案件情况的单位和个人，都有义务出庭作证。[②] 由此看出，我国证人须符合两个条件：一是证人必须是知道案件真实情况的人，二是证人必须具备相应的作证能力，即必须同时具备正确的感知、记忆和表达的能力。如发病期间的精神病人、身心发育不成熟的人、儿童等无民事行为能力或限制民事行为能力人不能作证，但可就与其年龄、智力状况或精神健康状况相适应的待证事实作证。《民事诉讼法》第72条规定，凡是知道案件情况的单位和个人，都有义务出庭作证。由此可见，凡是知道案件情况和能够正确表达意志的人都可以有证人资格。《民诉法解释》第115条对单位作证的要求作了更详尽的规定，首先，单位应当出具由单位负责人及制作证明材料的人员签名或者盖章，并加盖单位印章的证明材料；其次，人民法院可以向单位及制作证明材料的人员进行调查核实；最后，在必要时，可以要求制作证明材料的人员出庭作证。如果单位及制作证明材料的人员拒绝人民法院调查核实，或者制作证明材料的人员无正当理由拒绝出庭作证的，该证明材料不得作为认定案件事实的根据。根据最高人民法院《民事证据规定》第53条的规定，不能正确表达意志的人，不能作为证人。待证事实与其年龄、智力状况或者精神健康状况相适应的无民事行为能力人和限制民事行为能力人，可以作为证人。

（2）证人的权利。

1）使用本民族语言文字权。证人有权利使用本民族语言文字提供证言。

2）补充更正权。证人对人民法院的笔录与其陈述有出入的，对笔录中误记或漏记的部分有权要求更正和补充。

3）费用补偿权。根据《民事诉讼法》第74条，证人因履行出庭作证义务而支出的交通、住宿、就餐等必要费用以及误工损失，由败诉一方当事人负担。当事人申请证人作证的，由该当事人先行垫付；当事人没有申请，人民法院通知证人作证的，由人民法院先行垫付。《民诉法解释》第118条进一步规定，《民事诉讼法》第74条规定的证人因履行出庭作证义务而支出的交通、住宿、就餐等必要费用，按照机关事业单位工作人员差旅费用和补贴标准计算；误工损失按照国家上年度职工日平均工资标准计算。人民法院准许证人出庭作证申请的，应当通知申请人预缴证人出庭作证费用。

4）获得保护权。证人因作证收到侮辱、诽谤或殴打等打击报复的，人民法院可以依情节轻重予以罚款、拘留；构成犯罪的，依法追究刑事责任。

（3）证人的义务。

1）证人有出庭作证的义务。《民事诉讼法》第73条第1款明确规定，“经人民法院通知，证人应当出庭作证。”只有符合本条第2款的规定，如因健康原因不能出庭的；因路途遥远，交通不便不能出庭的；因自然灾害等不可抗力不能出庭的；其他有正当理由不能出庭的，经人民法院许可，才可以通过书面证言、视听传输技术或者视听资料等方式作证。

《民诉法解释》第119条及120条还确立了“签署保证书制度”，证人出庭要签署保证

---

① 参见《民事诉讼法》第72条第2款。

② 参见《民事诉讼法》第72条第1款。

书，如拒绝签署保证书的，不得作证。

2）如实作证的义务。出庭作证的证人应当客观陈述其亲身感知的事实。证人为聋哑人的，可以其他表达方式作证。证人作证时，不得使用猜测、推断或者评论性的语言。审判人员和当事人可以对证人进行询问。证人不得旁听法庭审理；询问证人时，其他证人不得在场。人民法院认为有必要的，可以让证人进行对质。人民法院认定证人证言，可以通过对证人的智力状况、品德、知识、经验、法律意识和专业技能等的综合分析作出判断。

**【经典导读】**

法庭盘问需要出众的天赋、逻辑思考的习惯、清晰的常识认知、无穷的耐心和自制力、透视人心的直觉能力、从表情判断他人的个性、察觉他们的动机、强而精准的行动力、和主题有关的丰富知识和一丝不苟的细心谨慎，还有最重要的，经由盘问发现证词弱点的本能。律师必须面对无数不同状况下作证的各式各样证词，涵盖人类道德、情感、智能的一切层面与情势，与证人展开智力抗争。①

当事人申请证人出庭作证，应当在举证期限届满10日前提出，并经人民法院许可。人民法院对当事人的申请予以准许的，应当在开庭审理前通知证人出庭作证，并告知其应当如实作证及作伪证的法律后果。证人因出庭作证而支出的合理费用，由提供证人的一方当事人先行支付，由败诉一方当事人承担。

从目前诉讼实务来看，证人证言还存在着较多的问题。首先，许多了解案情的人不愿意作证，害怕受到当事人的打击报复，出庭应予补偿的费用也得不到补偿，而我国法律上又缺乏保护证人的措施和强制证人出庭的措施。其次，证人作伪证的现象也比较突出。最后，证人提供书面证言的多而出庭作证的少。证人用书面证言代替出庭作证，使法院无法对证言进行有效的审核。这些都是我们司法实务中经常面对、亟待解决的问题。

**【案例9－2】张某诉李某人身损害赔偿纠纷案②**

1995年2月的一天，原告李某与被告张某及其他4名儿童（均不满10岁）在一起玩过家家，用火烧饭做菜，其间被告张某用木棍来回挑火玩耍，后点着了原告李某身上的衣服，造成原告被烧伤并致残，送往医院治疗，共花去各种费用2万多元。

一审法院认为，被告张某在挥动带火的木棍当中，点燃原告李某的衣服，给原告身体造成伤害并致残，对原告的医疗等费用应负主要赔偿责任，由于被告张某系无民事行为能力人，应由其监护人即张某的父母承担。被告不服，提起上诉，二审法院认为相关证人均为未成年人，其证言不能直接用作定案的依据，遂发回重审。

本案所反映的问题是，一个人是否会因年龄因素而影响其证人资格。立法上并没有将年龄作为衡量证人适格的因素，而取决于其能否对其需要讲述的事实正确表达。因此，我

① 参见［美］法兰西斯·威尔曼：《交叉询问的艺术》，周华等译，8页，北京，红旗出版社，1999。

② 参见毕玉谦主编：《民事诉讼判例实务问题研究》，163～165页，北京，中国法制出版社，1999。

们认为本案不能一概以证人为儿童而排斥其证言的效力，只要他们作出的证言符合其对事物的认知和体察程度即可，至于是否被采信及被采信的程度，则是法官自由裁量的权限。

2. 鉴定意见

(1) 鉴定意见的概念与特点

鉴定意见是指鉴定人运用自己的专门知识，根据所提供的案件材料，对案件中的专门性问题进行鉴别、分析后作出的判断性意见。

鉴定意见的特点是：首先，它是鉴定人按照案件的事实材料，按科学技术要求，以自己的专门知识，进行鉴定后提出的判断性意见，具有专业性；其次，鉴定意见在理论上应由完全中立的单位和个人，在不受外界干扰的情况下作出的中立性意见，具有中立性；最后，鉴定意见必须符合法定程序，这不仅表现在鉴定机构、鉴定人的确定程序上，也表现在鉴定意见的作出程序上。

(2) 鉴定机构、鉴定人的确定

申请鉴定是当事人的诉讼权利，也是当事人的举证义务。申请鉴定是鉴定程序的一般启动方式。《民事证据规定》第 25 条规定："当事人申请鉴定，应当在举证期限内提出。符合本规定第二十七条规定的情形，当事人申请重新鉴定的除外。"根据《民事诉讼法》第 76 条，当事人申请鉴定经人民法院同意后，由双方当事人协商确定有鉴定资格的鉴定机构、鉴定人员，协商不成的，由人民法院指定。对需要鉴定的事项负有举证责任的当事人，在人民法院指定的期限内无正当理由不提出鉴定申请或者不预交鉴定费用或者拒不提供相关材料，致使对案件争议的事实无法通过鉴定意见予以认定的，应当对该事实承担举证不能的法律后果。

根据《司法鉴定管理问题的决定》的规定，国家对法医类、物证类、音像资料以及其他应当登记管理的鉴定机构和鉴定人实行登记管理制度。因此，对于这些事项需要鉴定的，无论通过当事人协商确定，还是通过法院指定来确定鉴定人，都应当委托已列入鉴定人名册的鉴定人，但不得直接委托，而是由其所在的鉴定机构统一接受委托。由于各鉴定机构之间没有隶属关系，所以委托鉴定机构从事司法鉴定业务，不受地域范围的限制。

(3) 鉴定人的权利与义务

鉴定人享有了解案情，询问当事人和证人相关情况，参加现场勘验等权利；享有自主决定权，在同时几个鉴定人参加鉴定且意见不一致的情况下，有权写出自己的鉴定意见；获得报酬及合理费用权；获得保护权。

鉴定人应当承担以下义务：1) 科学、客观提供鉴定意见，否则承担法律责任。2) 出庭接受当事人质询。《民事诉讼法》第 78 条规定，当事人对鉴定意见有异议或者人民法院认为鉴定人有必要出庭的，鉴定人应当出庭作证。经人民法院通知，鉴定人拒不出庭作证的，鉴定意见不得作为认定事实的根据；支付鉴定费用的当事人可以要求返还鉴定费用。

(4) 当事人对人民法院委托的鉴定机构作出的鉴定意见有提出异议权。对于确有理由的异议，人民法院应当准许重新鉴定。《民事证据规定》第 27 条规定，当事人对人民法院委托的鉴定机构作出的鉴定意见有异议申请重新鉴定，提出证据证明存在下列情形之一的，人民法院应予准许：第一，鉴定机构或者鉴定人员不具备相关的鉴定资格的；第二，鉴定程序严重违法的；第三，鉴定意见明显依据不足的；第四，经过质证认定不能作为证据使用的其他情形。对有缺陷的鉴定意见，可以通过补充鉴定、重新质证或者补充质证等方法解决的，不予重新鉴定。一方当事人自行委托有关部门作出的鉴定意见，另一方当事人有证据足以反驳并申请重新鉴定的，人民法院应予准许。

**【案例 9-3】王某诉某医院医疗损害赔偿纠纷案**①

2002 年 12 月 13 日，原告王某左肱骨骨折在被告徐州市某医院住院治疗，手术后 1 个半月王某去掉石膏固定，但感到左手无名指、小指麻木，后左手中指、无名指、小指呈畸形，肌肉出现萎缩。2003 年 4 月 30 日经徐州市第四人民医院肌电图检查，发现左尺神经、正中神经受损，为此王某与徐州市某医院发生纠纷。区卫生局委托对此纠纷进行医疗事故鉴定，徐州市医学会于 2003 年 6 月 27 日作出分析意见：(1) 医疗行为无违规现象，患者左尺、正中神经损害系迟发性神经炎，与瘢痕体质、组织粘连有关。(2) 医方医疗行为与患者受损无因果关系。(3) 医方对患者人身损害无责任。后经第四人民医院神经探查术发现原告左尺神经断损，为此原告于 2003 年 9 月 1 日向法院起诉，要求被告徐州市某医院赔偿医疗费、营养费、误工费、护理费、交通费、鉴定费总计 14 457 元。

法院经审理认为，原告入院时，医院经检查原告无垂腕现象，双方当事人对此均无异议。2003 年 6 月 27 日徐州医学会的鉴定书，其结论是对可能情况的分析，后第四人民医院的神经探查术明确了原告手指功能障碍为尺神经断损所致，被告徐州市某医院应按处理医疗纠纷举证责任的规定承担举证责任，庭审中，被告对此并未举证予以证明，因此，被告徐州市某医院对原告神经损害所造成损失应承担赔偿责任。

在一般医疗损害赔偿纠纷案件中，医疗事故技术鉴定意见是案件中的重中之重，但这并不意味着有关医患纠纷的审理必须以医疗事故鉴定意见作为技术依据，这要根据具体医患纠纷类型和案情而定。本案中第四人民医院的神经探查术否定了徐州医学会的分析意见，故此法院对医疗事故鉴定意见不予认定。鉴定意见是只是民事诉讼法规定的证据的一种，和其他书证、物证等证据一样要经过双方当事人质证无异议后才能作为定案的依据。

3. 当事人陈述

当事人陈述，指民事诉讼中的当事人就案件的事实向法院所做的陈述。当事人是作为民事法律事件或行为的参与者、经历者来参加诉讼的，他对案件事实情况了解得最清楚，如能如实陈述，将有助于法庭查清争议事实。但由于当事人同诉讼结果有直接利害关系，其往往又极可能作虚假陈述。这就是当事人陈述这一证据的两面性。

我国立法肯定了当事人陈述可以作为独立的民事诉讼证据使用，但不具有独立证明力，当事人对自己的主张，只有本人陈述而不能提出其他相关证据的，其主张不予支持，但对方当事人认可的除外。《民诉法解释》第 92 条第 1 款规定，一方当事人在法庭审理中，或者在起诉状、答辩状、代理词等书面材料中，对于己不利的事实明确表示承认的，另一

① 参见王道强：《本案的医学鉴定结论不作为有效证据使用》，见中国法院网，2004-06-10。

方当事人无须举证证明。当然，也有例外情形，第 92 条第 2 款及第 3 款规定，对于涉及身份关系、国家利益、社会公共利益等应当由人民法院依职权调查的事实，不适用自认的规定；自认的事实与查明的事实不符的，人民法院不予确认。英美法系国家一般不把当事人的陈述作为一种独立的证据形式，而是将其与诉讼中的承认、他们在诉讼中实行的自由处分原则与辩论原则相联系。[①] 德国、日本的民事诉讼法将当事人陈述作为一种补充性的证据方法，只有在法院运用其他证据方法还无法查明系争事实、无法形成心证时，才依申请或依职权询问当事人本人。为保证陈述的真实性，法官可要求当事人宣誓。[②] 我国《民事诉讼法》将当事人陈述作为一种独立的证据形式予以规定，并在《民事证据规定》中对当事人的自认做了规定，但没有就当事人陈述的独立效力予以确定。[③] 因此，对待当事人陈述，仍需要我们在实践中依具体情况，结合本案的其他证据，予以鉴别和区分，并审查确定其能否作为认定事实的根据。此外，为保证当事人陈述的真实性，《民诉法解释》第 110 条第 3 款规定，负有举证证明责任的当事人拒绝到庭、拒绝接受询问或者拒绝签署保证书，待证事实又欠缺其他证据证明的，人民法院对其主张的事实不予认定。

4. 专家辅助人

专家辅助人，是指接受当事人的聘请就案件中专门性问题进行说明，并接受询问或者对质的人。我国已经确立了专家辅助人制度，《民事诉讼法》第 79 条规定："当事人可以申请人民法院通知有专门知识的人出庭，就鉴定人作出的鉴定意见或者专业问题提出意见"。《民诉法解释》第 122 条规定："当事人可以依照民事诉讼法第 79 条的规定，在举证期限届满前申请一至二名具有专门知识的人出庭，代表当事人对鉴定意见进行质证，或对案件事实所涉及的专业问题提出意见。具有专门知识的人在法庭上就专业问题提出的意见，视为当事人的陈述。人民法院准许当事人申请的，相关费用由提出申请的当事人负担。"

专家辅助人可帮助当事人和法庭理解专门性问题、澄清不当的认识，帮助当事人对鉴定人进行询问。所以，专家辅助人制度与大陆法系的鉴定证人制度相类似，属于事实证人；不过我国专家辅助人是由当事人向法院申请而引入诉讼的，其效力视为当事人的陈述。专家辅助人不是就专门性问题作出结论性意见，而是阐释和说明专门性问题。审判人员和当事人可以对出庭的具有专门知识的人员进行询问。经人民法院准许，可以由当事人各自申请的具有专门知识的人员就有关案件中的问题进行对质。具有专门知识的人员可以对鉴定人进行询问。

### （二）实物证据

实物证据，是指以实物为存在形式或者表现形式的证据。实物证据或是以物体的外形、存在和属性等揭示案件真相，或是以物体所记载的内容或信息揭示案件真相。实物证据包括物证、书证、视听资料和勘验笔录。

---

① 参见毕玉谦：《民事证据原理与实务研究》，271 页，北京，人民法院出版社，2003。

② 参见江伟主编：《民事诉讼法学原理》，481 页，北京，中国人民大学出版社，1999。

③ 比如《民事证据规定》第 76 条规定："当事人对自己的主张，只有本人陈述而不能提出其他相关证据的，其主张不予支持。但对方当事人认可的除外。"

1. 物证

物证是指以物质材料的存在、外形、质量、规格、体积等证明案件事实情况的一切物品和痕迹。如购销合同纠纷中质量有争议的标的物，损害赔偿诉讼中受到损坏的物品等。同其他证据相比，物证有如下特征：(1) 稳定性。物证是客观存在的物品或痕迹，所以只要及时收集，用科学的方法提取和固定，就具有较强的稳定性。(2) 可靠性。物证是以其自身的客观存在的形状、规格、痕迹等证明案件事实，不受人们主观因素的影响和制约，只要判明物证是真实的，就具有很大的可靠性和较强的证明力。

从物质形态上讲，书证也应是物证的一种，我们应如何区分？首先，法律对书证有时有形式上或手续上的特别要求，如证明收养关系成立的公证文书、中外合资经营合同等，不具备则无效。而对物证则无这种要求。其次，书证是以记载于一定物质，如纸张、墙壁上的文字、符号所表达的内容来证明案件事实，而物证则以其自身的外形、质量、特征来证明案件事实。尽管物证和书证有显著的区别，但它们之间也有密切的联系。某些情况下，根据与案件的联系和所证明的案件事实，同一物品可以同时具备书证与物证的特征，既可以作为书证，又可以作为物证。

无论刑事诉讼案件、民事诉讼案件，还是行政诉讼案件，物证都非常广泛地出现。由于物证是客观实在的物品和痕迹，具有客观性和直观性的特点，同其他种类证据相比，特别是同可变性较大的证人证言相比，因其不受人的主观思想影响，存在着同案件待证事实的客观联系，具有较强的证明力，甚至有时具有鉴别其他证据真伪的功能，因此我们应特别重视对物证的提取。《民事证据规定》第 10 条规定，当事人向人民法院提供证据，应当提供原件或者原物。如需自己保存证据原件、原物或者提供原件、原物确有困难的，可以提供经人民法院核对无异的复制件或者复制品。

**【案例 9－4】新疆“3·16”特大火灾事故案**①

2003 年 3 月 16 日凌晨 7 时许，位于新疆库尔勒市交通西路的唐明房产综合楼施工工地发生特大火灾。火灾烧毁五部东芝牌自动扶梯，烧毁部分室内装修，失火面积达 1 799 平方米，直接财产损失 400 余万元，未造成人员伤亡。通过对 80 余人次的调查询问、现场勘查、技术鉴定并通过模拟实验，逐一排除了遗留火种因素、现场施工作业引发火灾因素、放火因素，以及自燃起火因素，最后认定为白炽灯泡烤燃附近木质材料引发的火灾。

这是一起典型的以物证为主要证据认定事故原因的案例。经现场勘查，在三层至四层北楼梯段提取白炽灯泡残片，该灯头残余的引线端头上有熔痕，灯泡玻璃灯芯柱尖端变色发黑，导丝有断痕（导丝材料为镀镍铁丝，熔点 1 500 摄氏度以上，只有当灯泡通电状态下受到破坏时，才能产出此痕迹），灯泡丝扣与灯头外丝相吻合。连接灯泡的 2 根电线（单股铜芯线）分别掉落在一层到二层北楼梯段和二层到三层北楼梯段中间，端头有熔痕。提取熔痕经公安部电气火灾原因鉴定中心鉴定为二次短路熔痕（说明灯泡起火前处于通电状态）。调查组分别作了

① 参见《一次火灾起火原因分析——新疆“3·16”特大火灾事故调查》，载《中国消防》，2004－11－12。

两次模拟实验，实验采用200瓦白炽灯，4厘米厚松木板。结果显示，松木板经过灯泡数小时近距离烘烤，先期炭化引燃，产生烟气，后出现明火燃烧，完全符合这起火灾发生、发展的过程。

2. 书证

书证是指以其内容来证明与待证事实有关情况的文字材料。凡是以文字来记载人的思想、行为或者以符号、图案来表达人的思想，其内容对待证事实具有证明作用的物品都是书证。书证在各类民事诉讼证据中占有突出的地位，因此学界对书证又从不同的角度进行了二次分类：

以制作主体为标准，书证可以分为公文书和私文书。公文书指公法人或公务员在职务范围内依法定的方式作成的文书。公法人或公务员所制作的文书，如果不依职权或者不依法定程序制作，也不具有公文书的效力。公文书所载内容无论是私法上的关系还是公法上的关系，也无论所载内容是否全面、完整，都不影响公文书的性质。公文书的范围很广，例如婚姻登记机关发给的结婚证书，法院制作的判决书、行政机关制作的行政裁决书等，都是公文书。凡不属于公文书的书证，都是私文书。私文书即使经公法人证明或者认证，仍然是私文书，如个人信件、商事合同等。国外一般将公共机构和公务人员制作的文书称作公文书，而我国将人民团体和企事业单位制作的文书也归入公文书的范畴。[①] 将书证分为公文书与私文书，是由于二者在制作文书的主体是否行使法定的职权以及制作程序上存在明显差别。在一般情况下，公文书的证明力要比私文书的强。《民事证据规定》第77条规定，国家机关、社会团体依职权制作的公文书证的证明力一般大于其他书证。但在诉讼中也必须对公文书进行审查核实，注意制作公文书的公法人及其工作人员是否依法定权限制定，是否遵守了有关的程式规定，所记载的内容是否可靠等。

以书证内容与民事法律关系的联系为标准，书证可以分为处分性书证和报道性书证。二者的区别在于，报道性书证在一定程度上可证明有争议的案件事实，但不能直接证明民事法律关系的发生、变更与消灭，如医院病历、书信等。处分性书证则能直接证明具有确立、变更或终止一定民事法律关系的情况，如合同书、结婚证书等。

根据是否需要具备特定形式或履行特殊手续，又可将书证分为普通书证与特殊书证。普通书证，就是法律不要求必须具备一定形式就能够成立的文书。例如，一般买卖合同等民法上不要式的法律行为，只要双方当事人意见一致达成协议，合同就成立，就发生法律上的效力。特殊书证，就是法律规定某种法律行为必须具备一定的形式才能够成立的文书。如买卖房屋，就必须订立书面合同并经房管部门登记，才能发生法律效力。《民事证据规定》第11条规定，当事人向人民法院提供的证据系在中华人民共和国领域外形成的，该证据应当经所在国公证机关予以证明，并经中华人民共和国驻该国使领馆予以认证，或者履行中华人民共和国与该所在国订立的有关条约中规定的证明手续。当事人向人民法院提供的证据是在我国香港、澳门、台湾地区形成的，也应当履行相关的证明手续。

书证的形成通常是在案件发生之前或发生过程中，成为对案件事实的客观记载，因

---

① 参见江伟主编：《民事诉讼法学原理》，477页，北京，中国人民大学出版社，1999。

此，书证在各种类型的诉讼中均能起到直接的、显著的证明作用，它也是鉴别其他证据是否真实、可靠的重要依据。只要通过必要程序确认其并非出自伪造或事后未经篡改，其所记载的内容的真实性、可靠性便毋庸置疑。因此，司法实践中应尽可能地收集能证明案件事实的书证，而且应尽量提取书证原件。《民事证据规定》第10条规定，当事人向人民法院提供证据，应当提供原件或者原物。如需自己保存证据原件、原物或者提供原件、原物确有困难的，可以提供经人民法院核对无异的复制件或者复制品。

**【案例9-5】业主诉开发商房屋买卖合同纠纷案①**

某小区业主收房后发现公摊面积有误，遂与开发商联系，开发商承认自己当初计算有误，答应进行调整。随后，开发商单方委托某测绘机构进行测绘，并依此对公摊面积作了相应调整，但业主认为，调整后的公摊面积仍有错误，在与开发商协商未果的情况下，业主将开发商告上法院。法庭上，开发商拿出当地国土资源及房屋管理局职能科室出具的说明，以证明自己的主张，但业主认为，该份说明虽然是行政机关作出的公文，但没有反映实际情况，法院不应当采信。

业主的主张法院应予支持，即不承认行政公文的先定证明效力。根据我国《民事证据规定》第77条的规定，人民法院就数个证据对同一事实的证明力，可以依照下列原则认定：国家机关、社会团体依职权制作的公文书证的证明力一般大于其他书证……这说明，对于行政文书，法院应根据在证明同一事实时，基于对行政机关的相对中立性或公正性的考虑，赋予行政机关公文相对的优势证明力。但从立法及实践操作的角度看，优势证明力与先定证明效力是有差别的。先定证明效力是先假定该证据属实，当事人如不能提供足够的相反证据，该证据的内容即认定为案件事实。而优势证明力则是在证明同一事实时，如果存在数个证据，各证据的内容存在差异、冲突，且证据本身的真实程度无法判断的情况下，赋予某些证据以比较优势，即几类证据存在差异时，采信其中更可能为真、具有优势的那类证据。因此，对于行政公文，如其作为民事诉讼证据，仍应根据规定进行审查，对与法律不符、与事实相悖、与案件无关的行政公文应依法予以排除。

3. 勘验笔录

在我国，勘验笔录是指执法人员对勘查现场的情况和结果所制作的记录。勘验通常是大陆法系国家所采用的一种证明方式。在英美法系，一般采用专家证人方式来应对鉴定所涉及的事项。即便在大陆法系，在具体适用勘验这种证明方式上也有不同的做法。在日本，法官可直接从事勘验。在德国，法官既可直接从事勘验，也可指定鉴定人从事勘验。在法国，则是不将勘验与鉴定截然分开，一般情况是听取有关专家意见。只有通过技术性验证或咨询不足以查明案件事实时才采取勘验方式。因此，有人认为勘验笔录应属于言词证据，而我国民事诉讼将勘验笔录规定为实物证据的一种，且将勘验人确定为法院的审判

① 参见赵恒、游志雄：《房管局公文可否作为定案证据》，见中国法院网，2004-02-12。

人员，此规定值得商榷。[①]

勘验在民事诉讼中起着重要的作用，承担着多重职能：第一，固定或者提取物证；第二，勘验制作的笔录，可以成为一种独立的诉讼证据；第三，更为重要的是，勘验还可以核实证据，澄清有关证据中的矛盾，使法官获得比较正确的心证。所以，绝不能将证据勘验等同于调查证据。司法实践中，审理不动产纠纷、相邻权纠纷等案件，有经验的审判人员常常要去现场实地勘验，以形成对案件事实的正确认识。

**【案例 9-6】蔡丙诉潮汕房产公司及郑甲人身损害赔偿纠纷案**[②]

潮汕房产公司先后于 1999 年 10 月、12 月分别将汕头市金泽花园 A 幢 206 房、111 房售与郑甲和郑乙，并先后于 2000 年 5 月、6 月交付使用，该幢楼楼梯装置自动感应路灯。房屋交付使用后郑甲经金泽花园物业管理处和郑乙同意，在其 206 房内入门处的楼板开挖一个直径约三米的大洞，拟修往 111 房的楼梯。金泽花园 A 幢 206 房一直无人入住。2001 年 1 月 20 日夜，原告蔡丙之女蔡丁到金泽花园 A 幢 7 楼访友。21 日凌晨，蔡丁下楼途中从二楼圆洞中跌倒至一楼地板，当即头破血流，次日抢救无效死亡。2001 年 1 月 21 日上午，公安机关对金泽花园 A 幢 206 房作了现场勘验笔录："木门上有用粉笔书写的'此处危险，儿童勿近'字样。"原告认为：被告潮汕房产公司作为金泽花园的开发商和物业管理单位，依法负有妥善管理建筑物的法定义务；被告郑甲作为 206 房的产权人，在楼板开挖圆洞的过程中未采取足够的防护措施，未尽妥善管理的义务，主观有过错。两被告的共同过错造成同一损害后果，应承担连带责任。

在本案中，尽管该大洞位于被告郑甲的私人产权房内，但是离公共过道仅有一门之隔，如果所有人或者管理人疏于管理，房门洞开，就可能给途经过道的人带来危险，尤其是在夜间行走时。而事实上，所有人或者管理人也意识到了该设施可能存在的危险，公安机关关于"木门上有用粉笔书写的'此处危险，儿童勿近'字样"的现场勘验笔录即证明了这一点。本案适用《民法通则》第 126 条，被告在无法举证证明自己没有过错的情况下应该承担相应的赔偿责任。由于被告没有能够提供对于屋内的大洞已尽到妥善管理义务的证据，为此应当承担对原告的赔偿责任。

4. 视听资料

视听资料是指利用录音带、录像带、光盘等反映出的图像和音响及电脑储存的资料来证明案件事实的证据。《民诉法解释》第 116 条明确指出，视听资料包括录音资料和影像资料。视听资料是介于书证和物证之间的一种证据形式，目前世界各国将其作为一种独立证据加以规定的还不多，都倾向于将视听资料划入某种传统的证据形式或证据方法，如英美法系国家通常将其作为书证的一种，而大陆法系国家通常将其作为物证的一种。[③] 我国将

① 参见毕玉谦：《民事证据原理与实务研究》，263 页，北京，人民法院出版社，2003。

② 参见熊谓龙：《楼梯井致人跌落死亡应如何适用法律》，载广东深大地律师事务所网，2004-12-03。

③ 参见毕玉谦：《民事证据原理与实务研究》，285 页，北京，人民法院出版社，2003。

视听资料单独作为一种证据，算是开创先河。[1] 书证是以书面文件记载的内容来证明案件事实的，而视听资料的音响、图像、贮存资料等，并不单纯以文字和符号表达思想内容，而是独立地反映了案件的一部或全部的真实情况和法律事实，不仅静态地反映了待证事实，而且动态地说明了待证事实的真实情景，这一点迥异于书证。物证是以自己的客观实在来证明案件事实的，而视听资料是以音色、图像、贮存资料的内容来证明案件事实，两者显然不同。

视听资料主要有以下几个特点：第一，较大的客观性和可靠性。它是通过科技手段，反映案件真实情况的原始证据，可以使案件真实得到再现，它一般不受主观因素的影响，能客观地反映案件事实，具有较大的真实性和可靠性。第二，由于视听资料具有技术先进、体积小、重量轻等特点，易于收集、保管和使用。第三，视听资料具有物证所不具备的动态连续性。物证只能反映案件的片段情况，而视听资料可连续地反映案件的动态过程。第四，视听资料具有各种言词证据所不具有的直感性。它能通过再现案件当事人的意思表示、思想感情以及民事法律行为和法律事实的发生、发展变化的过程，含有丰富的信息量。除涉及个人隐私或者商业秘密外，在法庭上，应当庭播放视听资料，质证比较方便。第五，视听资料容易被裁剪或伪造。遇有疑点时，需要通过鉴定或者勘验等方式确定其是否被裁剪或者伪造。因此，在民事诉讼中对视听资料的审查比较严格，《民事诉讼法》第71条规定，人民法院对视听资料，应当辨别真伪，并结合本案的其他证据，审查确定能否作为认定事实的根据。《民诉法解释》第116条第3款进一步规定，“存储在电子介质中的录音资料和影像资料，适用电子数据的规定”。

5. 电子数据

电子数据是以电子形式表现出来的能够证明案件事实的证据，或者借助电子技术和电子设备而形成的能够证明案件事实的证据。一般来说，电子数据主要有以下几种形式存在：一是应用计算机技术产生的证据，如数据图片、文档、黑匣子记录、智能交通信息卡、电子货币等；二是应用网络技术产生的证据，如电子邮件、BBS记录、电子数据交换等；三是应用电报、电话、传真等现代通讯技术，以及应用模拟电子技术所产生的各种证据。从电子技术角度而言，借助模拟电子技术及其设备生成的材料既是视听资料，也是电子证据，而借助数字电子技术及其设备生成的材料属于电子证据。由此可见，电子证据与视听资料存在一定的交叉，因此我们不能简单地将电子证据归入视听资料的类别，而应各有侧重，即电子证据应重点规定数字证据，视听资料应将重点放在传统的胶片证据上。一般认为，电子数据不含存储在电子介质中的录音资料和影像资料，但根据《民诉法解释》第116条第3款的规定，此类视听资料适用电子数据的相关规定。由于电子证据具有无纸、量大、传递快、易复制、易更改等特性，对其的获取也存在特殊之处。鉴于电子证据的特殊性，这里我们举一案例加以说明。

**【案例9-7】曾某诉王某借贷纠纷案**[2]

2004年2月4日，广西南宁市永新区人民法院受理了原告曾某诉被告王某欠

① 参见《民事诉讼法》第63条。

② 参见凌寒、李星林：《手机短信为证：首例债务官司胜诉》，载《恋爱婚姻家庭》，2004（7）。

款案。原告主张 2002 年 9 月 13 日他借给被告 3 万元，期限为 3 个月，但被告至今没有履行还款约定。原告提交的证据主要有：双方签订的借款协议，协议约定，被告向原告借 3 万元，期限为 3 个月；两张买房收据和房子的钥匙，是王某交给曾某作抵押的保证；被告发给原告的一条短信，内容大致是要求原告宽限 3 个月。由于短信在审判实践中还没有被作为证据使用过，法庭经过讨论决定同意短信作为证据，但原告必须拿出证据证明那条短信确系被告所发。经过努力，原告终于在开庭时取得了发送短信的那个手机号码的话费单，上面醒目地印着被告的名字。于是法院认定给原告发短信的人就是被告，支持了原告的诉讼请求。

短信属于哪种证据形式关系到如何判断其证明力。一般认为，短信属于电子数据文件，可以成为证据，而且可以成为原始证据和直接证据。目前，短信公证是保存短信证据的一种有效可行的手段。一般在短信的发送过程中，短信是通过 SP 平台储存并发送给接收人，只要相对方不能证明这个过程有瑕疵，短信本身的真实性没有问题。但本案中如何证明短信是被告所发，是短信证据面临的一个关键问题。

电子证据的特点：第一，在保存方式上，电子证据需要借助一定的电子介质；第二，在传播方式上，电子证据可以无限地快速传播；第三，在感知方式上，电子证据必须借助电子设备，而且不能脱离特定的环境系统；第四，安全性高。最新的计算机研究结果表明，电子记录任何被删除、复制、修改的痕迹都能够通过技术手段分析确认。

电子证据以前被列为视听资料的一部分，但是视听资料强调以声音和图像而非文字内容证明案件的真实情况，电子证据则主要以文字内容的可视性证明案件事实。有人指出，将电子证据归入视听资料不利于电子证据在诉讼中充分发挥证据的作用。因为《民事诉讼法》第 71 条规定，视听资料即使真实可靠，也必须结合其他证据使用，视听资料不能独立作为证明案件事实的依据。所以，随着计算机的普及，电子证据将越来越从视听资料中独立出来。

电子证据也不同于书证。因为电子证据的显示方式同书证完全不同，它可以无纸介质来显示，书证则必须在纸或其他介质上以有形的方式记载。

我国《合同法》第 11 条明确规定："书面形式是指合同书、信件和数据电文（包括电报、电传、传真、电子数据交换和电子邮件）等可以有形地表现所载内容的形式。"另外，最高人民法院、最高人民检察院所作的规定或解释中，也有若干电子证据的个别条款。但我国目前没有一部单行的电子证据法，甚至没有一部作为电子证据法之母法的证据法、电子商务法与计算机犯罪法等。鉴于电子技术已广泛深入了人们的生活，加之各国电子证据立法已经有了较为成熟的经验可供借鉴，在此情形下我国完全有条件也有必要通过立法解决电子证据的法律问题。

被誉为"我国首部真正意义的信息化法律"的《电子签名法》于 2005 年 4 月 1 日正式实施，其配套部门规章《电子认证服务管理办法》同时实施。《电子签名法》于 2015 年修正。该法规定，可靠的电子签名，具有与手写签名或者盖章同等的效力。① 2009 年，原《电子

① 参见《电子签名法》第 14 条。

认证服务管理办法》被废止，现行《电子认证服务管理办法》自 2009 年 3 月 31 日起施行。该办法于 2015 年修订。电子签名是构建网络交易信用体系的关键部分。《电子签名法》赋予电子签章与数据电文以法律效力，将在很大程度上消除网络信用危机。从一定意义上说，《电子签名法》拉开了信息数字化时代的立法序幕。

## 【问题与思考】

1. 引例案件中如原告上诉，二审中可否将撕毁欠条的行为推定为举证妨碍，并直接认定原告主张成立？

2. 【案例 9-2】未成年人作证案中，尽管相关证人均为未成年人，假如其中一人为被告之兄或者姐，即他们之间有亲属关系，其证言效力又当如何？证人与当事人之间的身份关系是否影响其作证能力？

3. 引例案件如发生在最高人民法院《民事证据规定》实施以后，法官应按什么原则组织证据交换？如虽进行了证据交换，但被告仍然直到法庭审理时才提供了“收条”这一证据，原告应如何应对，法官又将如何处理？

# 第十章 民事诉讼证明

## 参考文献


### （一）著作

1. 邵明．正当程序中的实现真实．北京：法律出版社，2009

2. 陈刚．证明责任法研究．北京：中国人民大学出版社，2000

3. 何家弘主编．新编证据法学．北京：法律出版社，2000

4. 刘金友主编．证据法学．北京：中国政法大学出版社，2001

5. 罗玉珍，高委主编．民事证明制度与理论．北京：法律出版社，2003

6. 沈达明编著．英美证据法．北京：对外经济贸易大学出版社，2015

7. 章武生等．司法现代化与民事诉讼制度的建构．北京：法律出版社，2003.207～265页

8. 毕玉谦．民事证据原理与实务研究．北京：人民法院出版社，2003

9. ［德］莱奥·罗森贝克．证明责任论．庄敬华译．北京：中国法制出版社，2002

10. ［德］汉斯·普维庭．现代证明责任问题．吴越译．北京：法律出版社，2006

11. ［日］新堂幸司．新民事诉讼法．林剑锋译．北京：法律出版社．2008.第五章第二节“证明责任”

### （二）论文

1. 李浩．证明责任与不适用规范说——罗森贝克的学说及其意义．现代法学，2003（4）

2. 李浩．事实真伪不明处置办法之比较．法商研究，2005（3）

3. 张卫平．证明责任分配的基本法理．见：《证据学论坛》（第一卷）．北京：中国检察出版社，2000

4. 陈桂明．民事非法证据排除问题初探——兼评《关于民事诉讼证据的若干规定》第68条．现代法学，2004（2）

5. 蔡彦敏．对“以事实为根据、以法律为准绳”原则的重新释读．中国法学，2001（2）

6. 何家弘．论司法证明的目的和标准．法学研究，2001（6）

7. 汤维建．论民事诉讼中的举证责任倒置．法律适用，2002（6）

8. 汤维建．民事诉讼非法证据排除规则刍议．法学，2004（5）

9. 叶峰，叶自强．推定对举证责任分担的影响．法学研究，2002（3）

10. 肖建国．论民事举证责任分配的价值蕴涵．法律科学，2002（3）

11. 叶自强．举证责任的倒置与分割．中国法学，2004（5）

12. 李浩．民事证据法的目的．法学研究，2006（4）

## 参考法规

1986年《中华人民共和国民法通则》（2009年修正）；1991年《中华人民共和国民事诉讼法》（2017年修正）第63条～第81条；2005年《中华人民共和国电子签名法》（2015年修正）。

2002年国务院《医疗事故处理条例》第20条～第34条。

2001年最高人民法院《民事证据规定》；2015年最高人民法院《关于适用〈中华人民共和国民事诉讼法〉的解释》第90条～第124条；1998年最高人民法院《关于民事经济审判方式改革问题的若干规定》第1条～第5条、第8条～第15条、第21条～第30条、第37条～第39条。

1997年《香港特别行政区证据条例》。

## 引例　朱某与某医院医疗纠纷案①

患者朱某与某医院发生医疗纠纷。朱某认为由于该医院误诊，导致其疾病没有及时得到治疗，造成了财产上和精神上的损害，故向法院提起诉讼，要求医院承担相应的民事责任。朱某提出病历和X光片保存在医院，只要医

① 参见国家司法考试试题2003年试卷三第98～100题。

院出示病历和X光片就可以证明医院对此负有责任。问题：(1) 原告对何种争议事实负有举证责任？(2) 如果X光片在本案作为证据，则该证据属于民事诉讼法规定的何种证据？(3) 假设医院提出朱某的病历等有关资料因医院工作人员保管不善而丢失，无法提供，原告的权利如何保护？

## 第一节 证明对象

### 一、证明对象的概念

关于证明的定义，存在各种理论。狭义说认为，狭义证明指司法机关和当事人依法运用证据对案情中未知的或者有争议的事实进行查明的诉讼活动，广义证明则指包括证明过程、证明程序、证明对象、证明责任、证明标准在内的发现、收集、固定、审查判断证据，认定案情的活动方式。① 主观思维说认为，证明指证明主体在证明责任的作用和支配下，运用证据这个证明方法求证或探知证明客体的抽象思维活动和具体诉讼行为。② 法律目的说认为，具有法律意义的证明是指在法律程序中特定的机关、组织和人员，本着查明案件真实情况的目的，依法运用证据确定和阐明未知案件事实的活动。③ 诉讼活动说认为，证明是指司法机关或当事人依法运用证据阐明或者确定案件事实的诉讼活动。④ 目前学界受到较为普遍认可的说法，即认为证明是证明主体按照法定的对象、程序和标准，运用已知事实，查明和认定未知事实或者争议事实的法律活动。⑤ 证据的目的是证明，前者是静态的手段，后者是动态的行为及结果。依此可以看出，证据和证明存在着天壤之别。

所谓证明对象，亦称待证事实，是当事人之间发生争议的或需要证明的事实，或指执法人员作出裁定的法定要件事实。对此，英国学者摩菲以系争事实为核心，认为证明对象包括系争事实、情况事实、证据事实和参照事实。德国学者则将证明的必要性、正当性和合法性作为界定证明对象范围的一般标准。⑥

我国学界存在着狭义说、广义说和折中说三种代表性观点，目前未形成通说。其区别主要在于，除实体法事实当然地成为证明对象外，是否将程序法事实和证据事实列为证明

---

① 参见陈光中主编：《中华法学大词典·诉讼法学卷》，761页，北京，中国检察出版社，1995。
② 参见江伟主编：《证据法学》，49页，北京，法律出版社，1999。
③ 参见刘金友主编：《证据理论与实务》，117页，北京，法律出版社，1992。
④ 参见巫宇甦主编：《证据学》，77页，北京，群众出版社，1983。
⑤ 参见何家弘主编：《新编证据法学》，263页，北京，法律出版社，2000。
⑥ 参见何家弘主编：《外国证据法》，430页，北京，法律出版社，2003。

对象。[①] 实体法事实是指实体法规定的查明案件事实所要达到的事实要素；程序法事实是指如回避、管辖等有关程序进展的事实；证据事实是指证据材料所记载和反映的事实，证据材料也需要事实来证明。证据事实也可能成为系争事实。在当事人对证据的真实性、合法性或者相关性存在争议时，证据事实就成了需要证明的对象。有的还将外国法律和地方性法规也列入证明对象的范围。[②]

## 二、证明对象的范围

我们认为，实体法律事实、程序法律事实和证据材料是民事诉讼中的主要证明对象，特定的法律法规和经验法则也可以作为证明对象。

1. 实体法律事实。实体法律事实包括：其一，当事人之间产生权利义务关系的法律事实，如交通事故的发生；其二，当事人之间变更权利义务关系的法律事实，如房屋租金的变更；其三，当事人之间消灭权利义务关系的法律事实，如债务的免除；其四，妨碍当事人权利行使、义务履行的法律事实，如大地震的发生。实体法律事实是证明对象的主要部分。

2. 程序法律事实。程序法律事实对于诉讼程序的发生、发展、中止和终结，会产生直接的影响，能够产生诉讼法上的效果，应当成为证明对象。这类事实包括：关于当事人是否适格的事实，关于法院是否有管辖权的事实，关于某一审判人员是否具有回避情形的事实，等等。

3. 证据材料。在诉讼中，证据材料本身也常常存在是否真实的问题，当证据本身的真实性存在疑问时，当然也会成为证明对象。

4. 外国法、地方性法规以及习惯。法官是被假定知晓国内法的，当事人不承担证明国内法的义务，法官即使不知，也可以依职权进行查阅了解。但对外国法、地方性法规和习惯，法官则未必了解，因此其成为证明对象。

5. 经验法则。经验法则，是指人们从生活经验中归纳获得的关于事物因果关系或属性状态的法则或知识。经验法则既包括日常生活中常人所熟知的常识，也包括某些专门性的知识。日常生活领域内的经验法则，为一般人所知晓，无须证明；不为一般人所知晓的专门知识领域的经验法则应当被加以证明，成为证明对象。

## 三、免证事实

免证事实即免予证明的事实，此类事实无须证据证明，可由法院在诉讼中直接加以确认。对哪些事实为免予证明的事实，一些国家的民诉法或证据法作了明确的规定，我国民诉法虽未作出明确规定，但《民事证据规定》第 9 条对当事人无须举证的六种情况作了规定：众所周知的事实；自然规律及定理；根据法律规定或者已知事实和日常生活经验法

---

① 陈光中主编的《中华法学大词典·诉讼法学卷》和陈一云主编的《证据学》均将程序法事实和证据事实列入证明对象之列。这也是有关证明对象的最为宽泛的观点，即证明对象包括实体法事实、程序法事实和证据事实。参见江伟主编：《证据法原理》，121 页，北京，中国人民大学出版社，2004。

② 参见江伟主编：《民事诉讼法学原理》，485 页，北京，中国人民大学出版社，1999。

则，能推定出的另一事实；已为人民法院发生法律效力的裁判所确认的事实；已为仲裁机构的生效裁决所确认的事实；已为有效公证文书所证明的事实。

1. 众所周知的事实。众所周知的事实是指在一定范围内为普通知识经验的人所知晓的事实，作为法官当然也推定为其已经知晓。众所周知的事实，当事人无须加以证明。

2. 自然规律及定理。所谓自然规律，是指客观事物在特定条件下内在的、本质的联系。所谓定理，是指在科学上通过特定条件已被反复证明其发生变化过程的某种必然规律，被人们普遍采用作为原则性命题或公式。自然规律和定理已经为人们所认识并反复验证，所以无须加以证明。

3. 推定的事实。事实推定，是指依照法律规定或者由法院按照经验法则，从已知的某一事实推断未知的另一事实存在，并允许当事人提出反证推翻的证据法则。前一事实称为基础事实，后一事实称为推定事实，一旦基础事实得到证明，法院径直根据基础事实认定推定的事实，无须再对推定事实加以证明。推定是建立在严密的逻辑推理和人们日常生活经验的基础之上的，成立事实推定必须具备以下条件：一是存在已知的事实或日常生活经验作为推定的基础事实；二是这些基础事实必须是真实的；三是需要推论的事实无法直接证明；四是有经验法则作为推定的桥梁。经验法则把握了已知事实与推定事实之间经常发生的合理联系，没有经验法则，事实推定无法进行。

《民诉法解释》第112条规定："书证在对方当事人控制之下的，承担举证证明责任的当事人可以在举证期限届满前书面申请人民法院责令对方当事人提交。申请理由成立的，人民法院应当责令对方当事人提交，因提交书证所产生的费用，由申请人负担。对方当事人无正当理由拒不提交的，人民法院可以认定申请人所主张的书证内容为真实。"该主张即为推定的事实，无须另行证明。

4. 已为人民法院发生法律效力的裁判所确认的事实。为裁判所确认的事实，是指本案所涉及的事实已经在其他已经审结的案件中被人民法院确认。这里的裁判，可能是本院作出的，也可能是其他人民法院作出的，可以是民事裁判，也可以是刑事、行政裁判，但其一般只限于裁判主文中认定的事实对后续的民事诉讼具有预决的效力。

5. 已为仲裁机构的生效裁决所确认的事实。仲裁机构的生效裁决与法院生效裁判具有同样的法律效力，因此，已为仲裁机构的生效裁决确认的事实，对诉讼中的事实认定具有预决效力。

6. 已为有效公证文书所证明的事实。公证文书是公证机关依照法定程序对有关法律行为、法律事实以及文书加以证明的法律文书。对于公证文书中所确认的事实，一方当事人不必再提供证据证明。

免证事实并不是绝对免除了一方当事人的举证责任，而只是减轻了对该事实行为意义上的举证责任。对于负举证责任的一方当事人来说，不需要再另外举证，但除自然规律及定理外，其余五类事实都允许对方当事人以相反证据予以推翻。

**【案例10-1】赵海诉某商场产品质量纠纷案**①

赵海从某商场购得某品牌洗衣机一台，但使用时经常出现故障，后他按照说

① 参见毕玉谦：《民事证据原理与实务研究》，575页，北京，人民法院出版社，2003。

明书上提供的电话与厂家进行了联系，方知他所购买的洗衣机属于假冒伪劣产品。于是，他持发票找到了商场，与对方争执后提出退货。不料该商场却提出虽然其发票系该商场出具，但发票并未注明洗衣机的型号，称该台洗衣机并非从该商场购买，对赵海提出的退货要求不予理睬。无奈，赵海将该商场诉至法院。

根据通常的交易习惯以及日常情理，消费者在商场购物时，一般只能从商场购得商品并索取该商品的发票。赵海将该商场诉至法院，只要其出示了该商场的发票就应视同其提供了该洗衣机是从该商场购买的证明。这是根据已知事实和日常生活经验法则能推定出另一事实的绝好的证明，对此，应当按照交易习惯推定原告主张成立，而不应让原告再行承担洗衣机具体型号的证明责任，即免除了原告这一举证负担。至于商场提出这台洗衣机不是该商场出售的，理应负相应的举证责任，提出相关证据来证明该台洗衣机不是发票上注明的那台，证明不了的，法院应当支持原告的诉讼请求。

## 四、诉讼上的承认

诉讼上的承认，指一方当事人主张的对对方不利的事实，对方当事人明确认可该事实的真实性，或者虽未明确认可，但不对其真实性提出争辩。前者我们称之为自认，后者称之为拟制的自认。

诉讼上的承认不同于认诺，前者承认的是对方主张的案件事实，后者承认的是对方提出的诉讼请求，二者的区别还是很大的，我们要明确加以区分。诉讼上的承认也不同于诉讼外的承认，前者是在诉讼中向法官作出的，后者发生在诉讼外，发生在当事人之间，不是向法官作出的。诉讼外的承认不具有免除证明的法律效力。在诉讼中，当事人为达成调解协议或者和解的目的作出妥协所涉及的对案件事实的认可，不得在其后的诉讼中作为对其不利的证据。

自认是在法院审理准备程序或审判过程中，明确承认对方当事人所主张的事实为真实。自认包括当事人自己所作出的自认，也包括代理人的自认。当事人委托代理人参加诉讼的，代理人的承认视为当事人的承认，但未经特别授权的代理人对事实的承认直接导致承认对方诉讼请求的除外；当事人在场但对其代理人的承认不作否认表示的，视为当事人的承认。法定代理人的自认与本人的自认有同等效力。自认必须在诉讼中向法院作出，包括以口头或书面形式作出。诉讼过程中，当事人在起诉状、答辩状、陈述及其委托代理人的代理词中承认的对己方不利的事实和认可的证据，人民法院应当予以确认，但当事人反悔并有相反证据足以推翻的除外。

自认制度适用案件的范围是有限的，涉及身份关系（如收养关系、婚姻关系）的案件不能适用自认制度。身份关系的案件涉及人身权利，具有对世性，会影响到第三人的利益，当事人不能任意处分。对于法院依职权调查取证的事项，也不适用自认。

自认的法律效力表现在：首先，对于自认的事实，法院应当确认，作为判案的依据。其次，自认人受自认的约束，不能随意撤回自认。只有在以下特殊情形下，才可以撤回自认，即当事人在法庭辩论终结前撤回承认并经对方当事人同意，或者有充分证据证明其承认行为是在受胁迫或者重大误解情况下作出且与事实不符的，不能免除对方当事人的举证责任。但是当人民法院怀疑当事人为规避法律或达到其他非法目的，恶意串通作出自认时，可不顾自认而继续对事实进行调查。《民诉法解释》第92条第3款规定："自认的事实与查明的事实不符的，人民法院不予确认。"

**【案例10-2】陈丙诉陈甲与李乙借款合同纠纷案**[1]

陈甲与李乙系夫妻关系，1998年11月14日他们共同向陈丙借款10万元。后双方发生纠纷。陈丙向法院提起民事诉讼认为，借款时双方口头约定利息按月利率1.5%计；借款后，陈甲、李乙已按约分3次支付了9个月的利息。因此，要求两被告共同归还10万元并按月利率1.5%支付利息。陈甲到法庭签收应诉材料时向法官陈述，自己于1999年2月14日、1999年5月14日、1999年8月14日分3次按月利率3%支付了9个月的利息；支付9个月利息后，双方已口头约定以后不用再支付利息。但在提交的答辩状及庭审中，两被告否认双方曾有约定利息及已支付9个月利息这回事，并提出在法庭上作出前述陈述是因为当时头脑不清醒。

本案中，陈甲到法庭签收应诉材料时向法官陈述其已支付9个月利息的事实，符合诉讼上自认的构成要件，应视为对该项事实的承认，因为向法官的自认并不要求对方当事人在场。自认后反悔的，必须有相反证据予以证明，或者获得陈丙同意。

## 五、举证妨碍的推定

在第九章引例的案件中，原告要求被告重新签欠条，被告说要看一下上一张欠条的格式，趁原告不备突然将欠条撕碎。这也是涉及证明推定的案例，只不过它属于举证妨碍推定。举证妨碍又称证明妨碍、证明受阻。从广义上讲，举证妨碍是指诉讼当事人以某种缘由拒绝提出或由于自己的原因不能提出证据的行为后果。从狭义上讲，举证妨碍是指不负举证责任的当事人，故意或过失以作为或不作为的方式，使负有举证责任的当事人不可能提出证据，使待证事实无证据可资证明，形成待证事实存否不明的状态，在通常情形下，举证妨碍是指狭义上的含义，只有因一方当事人的举证妨碍行为，致使关键证据灭失或不能使用，当事人之间的诉争事实因而无证可查，无据可用，陷入真伪不明的状态时，才会运用举证妨碍制度，达到公平解决案件的目的。[2]

由于当事人利益的对立性，在现实生活中，一方当事人妨碍另一方当事人举证的现象时有发生，形态也多种多样，常见的主要有以下几种：有证据而拒不提交、毁灭证据、不配合对方举证活动以及过失遗失证据等。第九章的引例案件中，被告趁原告不备突然将欠条撕碎，这一行为是典型的举证妨碍。举证妨碍行为违背了诚实信用原则，导致攻防平衡

---

① 参见李统才：《自认规则在本案中的运用》，见中国法院网，2004-12-12。

② 参见汤维建、许尚豪：《建立举证妨碍制度，完善证据立法》，见中国民商法律网，2004-09-18。

的诉讼结构失衡，不但损害了相对方的程序利益和实体利益，而且严重干扰了正常的诉讼活动和诉讼秩序，危及私法秩序，带来了诉讼迟延及诉讼成本的增加，有违诉讼经济和诉讼效率的理念。《民事证据规定》第75条规定："有证据证明一方当事人持有证据无正当理由拒不提供，如果对方当事人主张该证据的内容不利于证据的持有人，可以推定该主张成立。"据此，举证妨碍行为被证明后，法院可以推定相关证据所指向的案件事实得到了证明，由妨碍者承担该事实不存在或该主张不成立的举证责任；如不能证明，则由其承担败诉结果。同时，为保障程序的正当性，防止发生裁判突袭，在法官对妨碍有可能课以不利后果之前，应当给予当事人适当的申辩机会。

2015年《民诉法解释》进一步确立了书证提出义务，第112条规定："书证在对方当事人控制之下的，承担举证证明责任的当事人可以在举证期限届满前书面申请人民法院责令对方当事人提交。申请理由成立的，人民法院应当责令对方当事人提交，因提交书证所产生的费用，由申请人负担。对方当事人无正当理由拒不提交的，人民法院可以认定申请人所主张的书证内容为真实。"该主张及为推定的事实，无须另行证明。

第113条规定："持有书证的当事人以妨碍对方当事人使用为目的，毁灭有关书证或者实施其他致使书证不能使用行为的，人民法院可以依照民事诉讼法第一百一十一条规定，对其处以罚款、拘留。"

## 第二节 举证责任

### 一、举证责任的概念

举证责任是学理上争议较大的一个问题。① 目前各种学说齐聚一堂，平分秋色，尚未形成通说。尽管学说种类繁多，但我们大致可将其归为三类：权利责任说、双重含义说和风险负担说。权利责任说是指举证责任首先具有权利的性质，因为提供证据是从当事人的诉权中派生出来的一项权利，同时这又是他请求法院确认其主张所应承担的一种责任。② 双重含义说是指举证责任包括两层含义：一是指谁主张谁就提供证据，即行为意义上的举证责任，二是指不尽举证责任将要承担的法律后果，即结果意义上的举证责任。③ 风险负担说是指引起法律关系发生、变更或消灭的要件事实处于真伪不明状态时，法官无法依现有证据对案件事实作出认定时产生的不利于当事人自己的法律后果的负担。④ 这时法官不能拒绝裁判，也不能任意裁判，而应该适用举证责任之分配法则，判决负举证责任之一方

---

① 民事证据法学界曾出现了权利说、义务说、权利义务说、责任说、权利责任说、效果说、必要性说、双重含义说、败诉风险说和危险负担说等诸多观点。参见江伟主编：《证据法原理》，126页，北京，中国人民大学出版社，2004。

② 参见何家弘主编：《新编证据法学》，358～362页，北京，法律出版社，2000。

③ 参见柴发邦主编：《民事诉讼法学新编》，223页，北京，法律出版社，1992。

④ 参见卞建林主编：《证据法学》，329页，北京，中国政法大学出版社，2000。

当事人败诉。《民诉法解释》第 90 条规定："当事人对自己提出的诉讼请求所依据的事实或者反驳对方诉讼请求所依据的事实，应当提供证据加以证明，但法律另有规定的除外。在作出判决前，当事人未能提供证据或者证据不足以证明其事实主张的，由负有举证责任的当事人承担不利后果。"该规定明确了举证责任是一种败诉风险，要求当事人积极举证，以提高诉讼效率。

## 二、举证责任的分配

举证责任的分配是民事诉讼证据制度中的难点，迄今为止，各国学者对它做了大量的研究，主要有危险领域说、盖然性说和利益衡量说等①，尽管各学说的理论依据和分配标准不同，但作为举证责任分配的总原则却基本一致，都把原告、被告负担举证责任应基本平衡、有利于实现法律的公平正义、符合诉讼经济原则作为指导思想，并且分配结果大致相同。比如，在社会生活中，提出主张者应就其主张提供充分的证据，否则该主张将不被人们所承认和接受，即"谁主张，谁证明"这一内含正义的常识性要求。再如，通常情况下，提出支持其诉讼请求的案件事实的当事人距离证据更近，更易于收集证据，当然这不是指物理学意义上的空间位置，而是当事人控制证据、获得证据的难易程度。让距离证据更近、更有收集能力的当事人承担举证责任，既是公平的也是经济的。

**【经典导读】**

规范出发型诉讼审理的是原告主张的权利存在与否，因此主张权利者（原告）对该权利成立的要件事实承担立证责任。

事实出发型诉讼的本质是从事件中发现应有之法，因而，此中的证明责任与原告、被告不存在直接的关系，接近证据者、容易提出证据者，以及从事实出发的利益衡量，决定着证明责任之所在。②

我国民事诉讼和大陆法系民事诉讼基本上都是从成文法规范的角度来考察和解决民事诉讼问题，因此，在我国，举证责任的承担主要依据实体法规范。实际上，上述确定举证责任分配的因素多被实体法规范所吸收。当事人就自己提出的实体法规范构成要件事实承担举证责任，这就是我国举证责任分配的一般规则，又称法律要件分类说分配规则。该学说着眼于事实与实体法的关系，根据不同类型的事实在实体法上引起的不同效果来确定证明责任的分配。法律要件分类说将实体法律规范区分为四大类：权利发生规范、权利妨碍规范、权利受制规范和权利消灭规范。对于这四类规范，凡主张权利的人，应就权利发生规范的要件事实负证明责任；凡否认权利的人，应就权利妨碍规范、权利受制规范或者权利消灭规范中的要件事实负证明责任。依法律要件分类说所确立的举证责任分配规则，实际上是近代民法的产物，体现了近代法学思潮——概念法学的特征。近代民法追求形式正义，着重于法的安定性，要求对同一法律事实类型适用同一法律规则而得出同样的判决结果。法律要件分类说偏重法条规定的外在形式，即根据权利发生、权利妨害、权利阻却和

---

① 参见肖建国：《论民事举证责任分配的价值蕴涵》，载《法律科学》，2002（3）。

② 参见［日］中村英郎：《新民事诉讼法讲义》，22 页，北京，法律出版社，2001。

权利消灭规范的分类来作为举证责任的承担标准，其优点是可操作性强，符合法的安定性和统一性的价值要求。[①]《民事证据规定》第73条规定："因证据的证明力无法判断导致争议事实难以认定的，人民法院应当依据举证责任分配的规则作出裁判。"

我国《民事诉讼法》第64条第1款规定，当事人对自己提出的主张，有责任提供证据。这一规定过于含糊和笼统，没有明确以哪一种证明责任分配学说来指导司法实践，导致实践中出现了一些混乱。《民诉法解释》第91条规定，人民法院应当依照下列原则确定举证证明责任的承担，但法律另有规定的除外：(1) 主张法律关系存在的当事人，应当对产生该法律关系的基本事实承担举证证明责任；(2) 主张法律关系变更、消灭或者权利受到妨害的当事人，应当对该法律关系变更、消灭或者权利受到妨害的基本事实承担举证证明责任。《民事证据规定》基本按照法律要件分类说，确定了合同、侵权等民事案件中一般证明责任分配的规则。

1. 合同纠纷诉讼中，主张合同关系成立并生效的一方当事人对相应事实承担证明责任；主张合同关系变更、解除、终止、撤销的一方当事人对引起合同关系变动的事实承担证明责任。对合同是否履行发生争议的，由负有履行义务的当事人承担证明责任。

2. 代理权发生争议的，由主张有代理权的一方当事人承担证明责任。

3. 劳动争议纠纷案件中，因用人单位作出开除、除名、辞退、解除劳动合同、减少劳动报酬、计算劳动者工作年限等劳动争议的，由用人单位负证明责任。

4. 在法律没有具体规定，依本规定及其他司法解释无法确定举证责任承担时，人民法院可以根据公平原则和诚实信用原则，综合当事人举证能力等因素确定举证责任的承担。

任何一种学说均不能涵盖一切情况，不能通行于所有的诉讼案件，都有其局限性，因此，法律又对法律要件分类说的特殊情形做了规范，即举证责任的倒置问题。举证责任倒置，是指依照法律规定，本来应当由原告负责证明的事实倒置给被告证明，或者本来应当由被告负责证明的事实倒置给原告证明。

**【经典导读】**

判例和学说上的一个趋势就是准许进行所谓"大致推定""证明责任的转换""免疫学意义上的证明""比例认定""探索性证明"或要求没有举证责任的当事者承担所谓"查明真相的合作义务"等种种尝试。这些措施的目的都在于减轻原告主张和举证的负担，并根据具体情况在当事者之间进行实质上更加公平的举证责任再分配。从程序正义的观点来看，可以认为这些尝试都具有能够使当事者的程序参加更有实质性内容的积极意义。[②]

《民事证据规定》中对于一些特殊的侵权案件的举证责任作出了特殊规定，主要有：

(1) 因新产品制造方法发明专利引起的专利侵权诉讼，由制造同样产品的单位或者个人对其产品制造方法不同于专利方法承担举证责任；

(2) 高度危险作业致人损害的侵权诉讼，由加害人就受害人故意造成损害的事实承担举证责任；

(3) 因环境污染引起的损害赔偿诉讼，由加害人就法律规定的免责事由及其行为与损

---

① 参见江伟主编：《证据法原理》，312页，北京，中国人民大学出版社，2004。

② 参见［日］谷口安平：《程序的正义与诉讼》，王亚新等译，15页，北京，中国政法大学出版社，1996。

害结果之间不存在因果关系承担举证责任；

(4) 建筑物或者其他设施以及建筑物上的搁置物、悬挂物发生倒塌、脱落、坠落致人损害的侵权诉讼，由所有人或者管理人对其无过错承担举证责任；

(5) 饲养动物致人损害的侵权诉讼，由动物饲养人或者管理人就受害人有过错或者第三人有过错承担举证责任；

(6) 因缺陷产品致人损害的侵权诉讼，由产品的生产者就法律规定的免责事由承担举证责任；

(7) 因共同危险行为致人损害的侵权诉讼，由实施危险行为的人就其行为与损害结果之间不存在因果关系承担举证责任；

(8) 因医疗行为引起的侵权诉讼，由医疗机构就医疗行为与损害结果之间不存在因果关系及不存在医疗过错承担举证责任；

(9) 有关法律对侵权诉讼的举证责任有特殊规定的，从其规定。

一般认为，上述第 (1) (3) (4) (7) (8) 项属于举证责任倒置的情形，其他几项属于举证责任的正常分配。

第九章引例债务纠纷案中，原告向法院主张被告债务人欠其几十万元，按照“法律要件分类说”的举证责任分配原则，应由原告提供证据证明其主张的事实，不能提供则要承担败诉后果。原告向法院提供了欠条，尽到了举证责任，法院应确认原告的诉求成立，原告胜诉，但结果却事与愿违。问题就出在开庭审理时被告又向法院出示了“收条”予以抗辩，而原告则再无能力回击，从而造成原告的主张处于真伪不明状态，导致原告向法院主张的被告欠其几十万元的债务不能得到确认。这就是举证责任概念及分配原则在实践中的具体体现。这一案例充分说明举证责任重在其结果意义上的责任，即举证不能则要承担败诉风险。

**【案例 10-3】中国建设银行石林县支行诉杨富斌不当得利纠纷案**①

2002 年 2 月 16 日上午，杨富斌及妻子到中国建设银行云南省石林县支行（以下简称石林建行）的花园街储蓄所，要求取款 2.1 万元。工作人员办理了取款手续后，将面额为 100 元的 10 张零散纸币，以及面额分别为 50 元、100 元的四把封好的纸币兑付给杨富斌。其中，面额为 50 元的纸币两把，每把 100 张，计 1 万元；面额为 100 元的纸币两把，石林建行认为每把有 100 张，计 2 万元，杨富斌认为每把有 50 张，计 1 万元。一审法院认为，按照银行系统的规定，整点纸币现金时，无论纸币面额大小，均应以 100 张为单位扎成把，这已形成惯例。本案双方当事人争议的两把 100 元面额纸币，每把应按 100 张计算，每把为 1 万元，两把共计 2 万元，杨富斌当日实际多领 1 万元。一审法院判决杨富斌返还给石林建行人民币 1 万元。杨富斌提起上诉。二审法院认为，石林建行既然起诉主张杨富斌多领取了 1 万元现金，就要对杨富斌领取的两把 100 元面额纸币每把肯定是 100 张负举证责任。每把纸币为 100 张的规定，仅是银行系统的内部规定，只对

① 参见《中华人民共和国最高人民法院公报》，2003 (6)。

银行系统内部的出纳工作具有规范作用。虽然双方当事人对领取纸币的把数无异议，但银行向储户支付现金，不能以“把”数为计量单位。对支付给储户的现金，必须当面清点，并以当面清点的金额为准。石林建行的举证，不能确切地证实所支付现金每把都是100张，故无法证实当时杨富斌领取的现金是3.1万元。所以，石林建行认为杨富斌取走了3.1万元，主张其获得1万元的不当得利没有充分的证据，故依法不予支持。

在民事诉讼中，当事人应当就案件的要件事实承担举证责任。本案中，石林建行无法证明自己向杨富斌支付3.1万元的事实，从而也就无法证明杨富斌获得1万元的不当得利的事实，所以其应当承担不能完成举证责任的不利后果，其诉讼请求不能得到法院的支持。

以上是常态下举证责任分配的说明，下面再举一举证责任倒置的案例。

**【案例10-4】罗某诉A公司、B指挥部和C公司环境污染侵权纠纷案①**

A公司的围墙地下出现一股不明污水，流入农民罗某承包的鱼塘，导致鱼塘中的鱼大量死亡。罗某向市环境监测站申请监测。环境监测站监测后作出“弃土造成塘水悬浮物增多；污水有机污染物严重超标，造成水体缺氧”的结论。凭借监测鉴定证据，罗某把涉嫌污染的A公司、因筑路倾入塘中弃土的B指挥部和邻近唯一排污主体C公司告到区法院。区法院法官经实地勘验后作出评判：原告承包养鱼遭遇污染损害的事实客观存在，且无再行承担“找出具体致害人”的证明责任。A公司所证明的其并无污水产生的事实，足以排除其与污染损害之间的因果关系，故其免责理由成立。B指挥部倾倒弃土的行为虽有合法征地的事实理由，但未尽必要注意义务，给原告造成一定损害，依法应承担相应责任。C公司作为邻近唯一排污主体，所排污水具有渗漏可能。按照污染侵权纠纷由涉嫌污染主体自负证明责任的规定，C公司既不能证明污染系第三人所为，又不能证明系原告自身原因造成，为此，该院遂推定C公司为该案实施污水污染的行为主体，判令由其向罗某承担主要赔偿责任。

环境污染致人损害纠纷在我国民法上隶属于特殊侵权损害纠纷范畴。特殊侵权案件一般适用无过错严格责任原则。本案就是一起适用严格责任原则判决的典型案件。众所周知，环境污染致人损害通常具有范围不确定性和间接性，证明难度比普通侵权案件要大。本案中罗某所养鱼遭受损失，不是轻而易举地可以举证证明的，因此要求原告举证证明产生污染的具体致害人，既不现实，也不合理。对于法官来说，即使借助环境监测，也无法查实其中的因果联系，不能准确地认定造成污染的当事方，还需要结合其他证据，综合考虑公平原则、诚实信用原则、举证能力等因素才能作出裁定。因此，本案最后判定B指挥部与C公司分别承担次要责任和主要责任，不仅体现了立法上特殊侵权纠纷适用严格责任

① 参见赵兴军、葛良美：《不能证明“无”，即推定为“有”》，见中国民商法律网，2003-07-21。

的精神，又展示了法官的自由裁量。需要指出的是，国家立法在强调严格责任的同时，也充分考虑了必要的例外事由，被诉主体只要在足以证明污染是因不可抗力造成或系受害人及第三人所为，仍然可以免除承担损害赔偿的责任。按此规则，本案被判承担赔偿责任的被诉主体均不具有免责事由。

## 第三节　证明标准

我国民事诉讼法向来以“客观真实”为诉讼证明的目的，要求达到“案件事实清楚、证据确实充分”，而且与刑事诉讼的要求和行政诉讼的要求均无区别。这样的规定，不利于充分发挥当事人的诉讼积极性，忽略了民事诉讼程序的公正价值和效率价值。“客观真实”的诉讼理念近年来受到了学者的广泛批评，法院裁判中认定的事实只能是符合法律规定的、与客观真实并不一定完全一致的“法律真实”。也就是说，法院据以作出裁判的事实应当符合实体法和程序法的规定，达到从法律的角度可以认为是真实的程度。《民事证据规定》第 63 条规定：“人民法院应当以证据能够证明的案件事实为依据依法作出裁判。”这一规定明确了“法律真实”的证明要求。

所谓证明标准是指确立案件事实所需达到的最低限度，是当事人证明责任能否解除的分水岭，也是法官认定某一事实是否真实所依据的标准。从两大法系的情况看，不同诉讼类型和不同案件适用不同的证明标准。大陆法系实行自由心证的内心确信制度，法律对内心确信的程度没有明确、具体的规定，由法官根据案件情况进行裁量，证明标准有很大的弹性。实践中通行的做法是区分证明和疏明，前者适用于实体法要件事实的证明，后者适用于程序法要件事实的证明。① 英美法系则从盖然性的角度区分证明标准的类型和等级。一般意义上的盖然性是指掺杂不确定因素的事物发生的可能性，指事物发生的相对可能性的程度。证据上的盖然性则指特定证据证明的案件事实成立的可能性程度。盖然性可以分为不同等级，它是一个不确定的法律概念。刑事诉讼以排除合理怀疑为标准，而民事诉讼、行政诉讼以优势盖然性为原则。②

我国理论界主张对民事诉讼采用的“优势盖然性”的证明标准，也是目前英美法系公认的民事证明标准。它形式上是指本方当事人的举证比对方当事人的反驳举证更有力，其诉讼理由更充分；实质上是指本方当事人举证证明的案件事实成立的可能性大于不成立的可能性。最高人民法院在《民事证据规定》中确立了这一标准，《民事证据规定》第 73 条规定：“双方当事人对同一事实分别举出相反的证据，但都没有足够的依据否定对方证据的，人民法院应当结合案件情况，判断一方提供证据的证明力是否明显大于另一方提供证据的证明力，并对证明力较大的证据予以确认。”这就是所谓的优势证明标准。

---

① 参见何家弘主编：《外国证据法》，390～392 页，北京，法律出版社，2003。

② 参见杨荣馨主编：《民事诉讼原理》，283 页，北京，法律出版社，2004。

需要注意的是，优势证明标准不是比较性概念，即使负担证明责任的当事人提供的证据在证明力的总和上大于相对方的证据的证明力，但仍可能被认定为未达到优势证明的程度。因此，优势证明标准所表征的并非证明力之差，而是证明力之比。另外，优势证明标准中的优势程度也因案件性质或争议事实的不同而存在不同的度，事实上，案件性质越严重，所需要的证据优势便越强，甚至在民事诉讼中如果涉及刑事性质的事实主张，对该事实主张的证明则要达到或接近刑事证明标准的程度。①

但我国也同时存在着大陆法系中主流的高度盖然性证明标准的规定，《民诉法解释》第108条规定，“对负有举证证明责任的当事人提供的证据，人民法院经审查并结合相关事实，确信待证事实的存在具有高度可能性的，应当认定该事实存在。对一方当事人为反驳负有举证证明责任的当事人所主张事实而提供的证据，人民法院经审查并结合相关事实，认为待证事实真伪不明的，应当认定该事实不存在。”

当然，特定情形下，还适用排除合理怀疑的证明标准。《民诉法解释》第108条第3款规定，“法律对于待证事实所应达到的证明标准另有规定的，从其规定”。该解释第109条规定，“当事人对欺诈、胁迫、恶意串通事实的证明，以及对口头遗嘱或者赠与事实的证明，人民法院确信该待证事实存在的可能性能够排除合理怀疑的，应当认定该事实存在。”

**【案例10-5】孙某诉陆某借款合同纠纷案②**

> 1994年7月孙某借给邻居陆某22 000元，因关系甚好，未立欠条。后孙某多次催要未果，向法庭提出起诉，请法庭判决陆某给付借款并支付利息。为此，孙某提供了6名证人，间接证明“孙某曾向陆某要过钱，陆某称钱都借给陈某了，等要来钱先把两万多还给孙某”，同时还提供了一盒偷录的孙某向陆某要钱时发生争吵的录音带。陆某辩称原告提供的证人证言是伪证，录音带是在自己还钱以前录下的，录音带可人为剪辑、拼凑，搁置多年的录音带不能反映案件本质，没有辅证作用。原告提出被告可以申请鉴定，如录音带有假，自己愿意给付5倍的赔偿。陆某未提出鉴定申请。法庭经审理认为，通过对双方的证据进行全面分析，可以推定原告借给被告22 000元。判决被告陆某偿还原告孙某借款22 000元及利息2 509元。

本案中，原、被告为邻居，出于信任，未让陆某立下欠条在情理之中。原告提供的录音带虽没有时间，但能够证明双方有经济往来。况且原告提出如录音带有假则赔偿对方5倍诉讼标的的损失，而陆某不提出鉴定，可推定其撒谎概率较大。6名证人的证言虽为间接证据，但可以证明原告曾借给被告22 000元，被告将该款转借给他人，未能追回。对比被告提供的证据，原告提供的证据盖然性优于被告的，被告所提供的证据不能推翻原告证据所证明的事实。

在审判活动中，法官根据双方提供的证据来认定事实，辨明真相。但由于诉讼双方地

---

① 参见汤维建：《不断完善中的民事诉讼证据制度》，载《人民法院报》，2003-08-05。

② 参见程振立：《没打欠条招惹官司，法官以证据盖然性判决原告胜诉》，见中国法院网，2004-02-06。

位的冲突性，所提供的证据往往不尽一致甚至完全相反。这就要求审判人员应从案件的各证据与案件事实的关联程度、各证据之间的联系等方面进行综合审查。在只有间接证据的案件中，要将证据形成完整的证明链条，获得较为可信的证明力，以此来确定证据的盖然性，推定案件的真实情况。

## 第四节　证明过程

诉讼证明活动是一个动态的过程，它由收集证据、提供证据、审核证据、运用证据对案件事实进行认定四个阶段构成，内容纷繁复杂，既有因诉讼模式变化、审判制度改革引起的证据制度变化的内容，如审判方式改革前后法院职权取证方式、范围的变化，不同种类证据的保全申请和保全措施等，又有综合运用逻辑、经验、推定、认知等证明方法对证据进行质证、认证，判明案件事实的内容。限于篇幅，这里我们仅对证明过程中的举证时限、证据交换，以及有关证据规则问题进行探讨。

### 一、法院对举证活动的指导

就审理的案件，法官应向当事人说明待证事实、应提供的证据，指导当事人开展举证活动。如果不履行该义务，则属于失职。《民事证据规定》第 3 条第 1 款规定："人民法院应当向当事人说明举证的要求及法律后果，促使当事人在合理期限内积极、全面、正确、诚实地完成举证。"这就是法院指导举证的义务。《民事诉讼法》第 126 条规定，人民法院对决定受理的案件，应当在受理案件通知书和应诉通知书中向当事人告知有关的权利和义务，或者口头告知。这是法院指导举证的义务的依据。

确立法院指导举证的义务，是我国司法改革的举措之一。1998 年《关于民事经济审判方式改革问题的若干规定》第 1 条、第 2 条就规定，人民法院可以制定各类案件举证须知，明确举证内容及其范围和要求；人民法院在送达受理案件通知书和应诉通知书时，应当告知当事人围绕自己的主张提供证据。

法官在开庭前或者法庭上，可以用口头形式或者书面形式向当事人说明举证的要求和法律后果。口头说明很灵活，可以视案情而定。比如在法庭上，法官通过发问或质问的方式，令当事人将不清楚的事项讲清楚或补充。书面说明比较正规，可以"举证须知"方式进行，通常适用于审前准备阶段的证据交换程序中。无论是书面说明还是口头说明，都应记入笔录或存卷备查，作为原审法院履行举证指导义务的证明。法官在审前准备程序中指导举证的方式必须为书面形式。《民事证据规定》第 33 条规定："人民法院应当在送达案件受理通知书和应诉通知书的同时向当事人送达举证通知书。举证通知书应当载明举证责任的分配原则与要求、可以向人民法院申请调查取证的情形、人民法院根据案件情况指定的举证期限以及逾期提供证据的法律后果。"

## 二、法院调查收集证据

民事诉讼实行处分原则和辩论原则，因此作为裁判依据的证据应当由当事人提出；但特殊情况下，则由法院调查收集证据。人民法院调查收集证据包括两种情形：一种是依职权主动调查收集证据，另一种是根据当事人的申请调查收集证据。

### （一）法院调查收集证据的方式

1. 法院主动调查收集证据

《民事诉讼法》第 64 条规定："当事人及其诉讼代理人因客观原因不能自行收集的证据，或者人民法院认为审理案件需要的证据，人民法院应当调查收集。"根据《民事证据规定》第 15 条的规定，由人民法院负责调查收集的证据包括：（1）涉及可能有损国家利益、社会公共利益或者他人合法权益的事实；（2）涉及依职权追加当事人、中止诉讼、终结诉讼、回避等与实体争议无关的程序事项。

2. 法院根据当事人申请调查收集证据

当事人申请法院调查证据，既是当事人的一项诉讼权利，也是当事人举证的一种方式。《民事证据规定》第 51 条第 2 款规定："人民法院依照当事人申请调查收集的证据，作为提出申请的一方当事人提供的证据。"

当事人及其诉讼代理人因客观原因不能自行收集的证据，可由当事人申请法院调查收集。《民诉法解释》第 94 条规定："民事诉讼法第六十四条第二款规定的当事人及其诉讼代理人因客观原因不能自行收集的证据包括：（一）证据由国家有关部门保存，当事人及其诉讼代理人无权查阅调取的；（二）涉及国家秘密、商业秘密或者个人隐私的；（三）当事人及其诉讼代理人因客观原因不能自行收集的其他证据。"司法实践中，人民法院经常根据当事人的申请进行鉴定、勘验或重新鉴定、勘验。

当事人及其诉讼代理人申请人民法院调查收集证据，应当提交书面申请。申请书应当载明被调查人的姓名或者单位名称、住所地等基本情况，所要调查收集的证据的内容，需要由人民法院调查收集证据的原因及其要证明的事实。

当事人及其诉讼代理人申请人民法院调查收集证据，适用普通程序的，不得迟于举证期限届满前 7 日。法院对当事人及其诉讼代理人的申请不予准许的，应当向当事人或其诉讼代理人送达通知书。通知书中应当告知不予准许的决定以及理由。当事人及其诉讼代理人可以在收到通知书的次日起 3 日内向受理申请的法院书面申请复议一次。法院应当在收到复议申请之日起 5 日内作出答复。

### （二）法院调查收集证据的程序

根据《民事证据规定》的有关规定，法院调查应当注意以下事项：

1. 调查人员调查收集的书证，可以是原件，也可以是经核对无误的副本或者复制件。是副本或者复制件的，应当在调查笔录中说明来源和取证情况。

2. 调查人员调查收集的物证应当是原物。被调查人提供原物确有困难的，可以提供复制品或者照片。提供复制品或者照片的，应当在调查笔录中说明取证情况。

3. 调查人员调查收集计算机数据或者录音、录像等视听资料的，应当要求被调查人提供有关资料的原始载体。提供原始载体确有困难的，可以提供复制件。提供复制件的，调查人员应当在调查笔录中说明其来源和制作经过。

4. 摘录有关单位制作的与案件事实相关的文件、材料，应当注明出处，并加盖制作单位或者保管单位的印章，摘录人和其他调查人员应当在摘录件上签名或者盖章。摘录文件、材料应当保持内容相应的完整性，不得断章取义。

## 三、法院对证据的保全

证据保全，是指在证据有可能毁损、灭失或以后难以取得的情况下，人民法院根据当事人的申请或者依职权采取一定措施，对证据进行固定和保护的制度。证据保全可发生在诉讼开始前，也可发生在诉讼过程中。

### （一）诉讼中的证据保全

证据保全主要由当事人申请，法院也可以主动采取保全措施。根据《民事证据规定》，当事人申请保全证据，不得迟于举证期限届满前 7 日。当事人申请证据保全的，法院可以要求其提供相应的担保。

《民事证据规定》第 24 条规定："人民法院进行证据保全，可以根据具体情况，采取查封、扣押、拍照、录音、录像、复制、鉴定、勘验、制作笔录等方法。"实践中，对证人证言，可以录音或制作询问笔录；对于物证，可以进行勘验或封存原物；对书证、视听资料，可采取复制的方法。人民法院进行证据保全，可以要求当事人或者诉讼代理人到场。当事人或诉讼代理人没有到场的，不影响证据保全措施的进行。当事人或诉讼代理人应在证据保全笔录或者查封、扣押的清单上签名或者盖章。拒绝签名、盖章的，法院应在笔录或清单上注明。

### （二）诉前证据保全

诉前证据保全，是指有关证据可能灭失或者以后难以取得，利害关系人为避免其合法权益受到难以弥补的损害，就在起诉前申请人民法院对有关证据予以提取、保存或者封存的措施。

2012 年修正的《民事诉讼法》增加了诉前证据保全的规定，第 81 条第 2 款规定："因情况紧急，在证据可能灭失或者以后难以取得的情况下，利害关系人可以在提起诉讼或者申请仲裁前向证据所在地、被申请人住所地或者对案件有管辖权的人民法院申请保全证据。"此外，《民事证据规定》第 23 条规定："法律、司法解释规定诉前证据保全的，依照其规定办理。"目前关于诉前证据保全的规定主要规定在海事诉讼特别程序法、著作权法、商标法、专利法及相应司法解释中。《海事诉讼特别程序法》第五章规定了海事证据保全制度。《著作权法》第 51 条规定："为制止侵权行为，在证据可能灭失或者以后难以取得的情况下，著作权人或者与著作权有关的权利人可以在起诉前向人民法院申请保全证据。人民法院接受申请后，必须在四十八小时内作出裁定；裁定采取保全措施的，应当立即开始执行。人民法院可以责令申请人提供担保，申请人不提供担保的，驳回申请。申请人在人民法院采取保全措施后十五日内不起诉的，人民法院应当解除保全措施。”《商标法》第66条有类似的规定。2001年最高人民法院《关于对诉前停止侵犯专利权行为适用法律问题的若干规定》第16条指出：“人民法院执行诉前停止侵犯专利权行为的措施时，可以根据当事人的申请，参照民事诉讼法第七十四条的规定，同时进行证据保全。”

广义上的证据保全还包括诉讼外的证据保全，主要是公证证据保全，即公证机关根据申请，采取公证形式来保全证据。对于当事人来说，公证证据保全更为方便，范围也更为广泛。在当事人既可申请证据保全也可以申请公证的情况下，当事人有权选择。

## 四、举证时限

举证时限是指当事人提出证据应当在一定期间内提交，超过期间则产生证据失权的法律后果。举证时限的立法基础在于，当事人对其事实主张负有提供证据的责任。及时履行举证责任是由诉讼程序的正当性、时效性和阶段性所决定的，同时它也是维护正常的司法审判秩序的需要，凡不及时履行举证责任将有可能在诉讼上产生失权的后果。因此，举证时限的含义基本可界定为：当事人应在一定期限内举证，逾期不举证要承担某种不利的法律后果。纵观两大法系各国的举证时限制度，实质上，它是为支持当事人的诉讼请求和事实主张，采用客观的证据材料使主观的意思表示在法官心证中加以体现的反映。设置这一制度的目的并不局限于举证本身，其价值还在于能否从证据规则的角度使其诉讼请求和事实主张在法官心证当中得到有效的验证。

我国《民事证据规定》和《关于适用〈关于民事诉讼证据的若干规定〉中有关举证时限规定的通知》（2008年）在借鉴域外，尤其是英美法系国家证据准备程序的基础上，设置了与我国民事诉讼相适应的证据准备程序，突出的反映就是对举证时限和证据交换制度的确立。我国《民事证据规定》在举证时限的设置上分为三种类型：协定举证期限、法定举证期限和指定举证期限。所谓协定举证期限，是指当事人之间采用协商一致的方式所确立的举证期限，但应当经过法院的许可；所谓法定举证期限，一是从立法的角度规定法院指定举证期限的时间不得少于30日，二是凡人民法院组织当事人进行证据交换的，证据交换之日即为举证期限届满之日；所谓指定举证期限，指法院根据案件审理需要以及当事人请求确立的期限。①

举证时限制度与证据失权制度是一体两面，都旨在促进当事人及时提交证据以提高诉讼效率，防止证据突袭。但刚性失权制度在法律意识较弱的我国，对于当事人的惩罚过于严厉，当事人因逾期举证丧失举证的机会，很可能意味着实体权利的丧失。因此，我国《民诉法解释》第101条及第102条规定了“软性的”“阶梯式的”逾期举证后果：“当事人逾期提供证据的，人民法院应当责令其说明理由，必要时可以要求其提供相应的证据。当事人因客观原因逾期提供证据，或者对方当事人对逾期提供证据未提出异议的，视为未逾

---

① 参见毕玉谦：《民事证据原理与实务研究》，351页，北京，人民法院出版社，2003。

期。”“当事人因故意或者重大过失逾期提供的证据，人民法院不予采纳。但该证据与案件基本事实有关的，人民法院应当采纳，并依照民事诉讼法第六十五条、第一百一十五条第一款的规定予以训诫、罚款。当事人非因故意或者重大过失逾期提供的证据，人民法院应当采纳，并对当事人予以训诫。当事人一方要求另一方赔偿因逾期提供证据致使其增加的交通、住宿、就餐、误工、证人出庭作证等必要费用的，人民法院可予支持。”

举证时限不是绝对禁止对期满后的证据进行质证，新的证据是举证时限的例外。“新的证据”主要包括以下几种情形：

1. 一审程序中的新的证据包括：当事人在一审举证期限届满后新发现的证据；当事人确因客观原因无法在举证期限内提供，经人民法院准许，在延长的期限内仍无法提供的证据。当事人在一审程序中提供新的证据的，应当在一审开庭前或者开庭审理时提出。

2. 二审程序中的新的证据包括：一审庭审结束后新发现的证据；当事人在一审举证期限届满前申请人民法院调查取证未获准许，二审法院经审查认为应当准许并依当事人申请调取的证据。当事人在二审程序中提供新的证据的，应当在二审开庭前或者开庭审理时提出；二审不需要开庭审理的，应当在人民法院指定的期限内提出。

3. 在再审程序中，当事人在原庭审结束后新发现的证据。当事人在再审程序中提供新的证据的，应当在申请再审时提出。

根据最高人民法院《关于适用〈中华人民共和国民事诉讼法〉审判监督程序若干问题的解释》(2008年) 第10条的规定，“新的证据”是指：(1) 原审庭审结束前已客观存在庭审结束后新发现的证据；(2) 原审庭审结束前已经发现，但因客观原因无法取得或在规定的期限内不能提供的证据；(3) 原审庭审结束后原作出鉴定意见、勘验笔录者重新鉴定、勘验，推翻原结论的证据。当事人在原审中提供的主要证据，原审未予质证、认证，但足以推翻原判决、裁定的，应当视为新的证据。

4. 当事人经人民法院准许延期举证，但因客观原因未能在准许的期限内提供，且不审理该证据可能导致裁判明显不公的，其提供的新证据可视为新的证据。

《民事证据规定》设定了举证时限制度的一般原则及相应失权效力，同时又在相关条款[①]设定了新的证据的效力，实际上是指某些证据不受举证时限的限制仍然可提交法庭辩论，但一方当事人提出新的证据的，人民法院应当通知对方当事人在合理期限内提出意见或者举证。同时，由于当事人的原因未能在指定期限内举证，致使案件在二审或者再审期间因提出新的证据被人民法院发回重审或者改判的，原审裁判不属于错误裁判案件。一方当事人请求提出新的证据的另一方当事人负担由此增加的差旅、误工、证人出庭作证、诉讼等合理费用以及由此扩大的直接损失，人民法院应予支持。

**【案例10-6】杨某诉吴某借款合同纠纷案[②]**

在一起借贷纠纷案件中，在举证期限内，原告杨某提供了被告吴某写的借条，被告提供了盖有原告私人印章的收条。举证期限届满后，法院未组织证据交

---

① 参见最高人民法院《民事证据规定》第40条、第41条、第43条、第44条。

② 参见毕玉谦：《民事证据原理与实务研究》，376页，北京，人民法院出版社，2003。

换，也未将双方证据交给对方，而是直接开庭。庭审中，被告提出债务已清偿，且于还款当日出具了盖有原告私人印章的收条。原告称，收条上的私章是自己的，但肯定是被告偷盖的，因为收条上的日期当日他在外地，他可以提供他在外地某宾馆的住宿费发票。

这就涉及我们刚刚谈到的“新的证据”问题。显然，本案原告的住宿费发票早在原告掌握之中，不是新发现的证据，也不是因客观原因无法在举证期限内提供的证据。但原告是在庭审时才知道被告所提供的收条这一证据，法官应允许原告提供其住宿费发票，即承认它属于“新的证据”。

## 五、证据交换

证据交换源于审前程序中的证据披露。证据披露是指双方当事人在一定时限内向法庭以及对方相互提供或者出示有关证据，否则将在程序上产生不利诉讼后果的程序和制度。由于受历史背景、法律传统及诉讼模式等差异的影响，各国对证据披露的规定不尽相同。比如英美法系国家，由于在传统上实行陪审团审理方式，对事实的认定主要由陪审团来进行，加之采用交叉询问方式，这种当事人主导型的诉讼模式决定了证据披露成为开庭审理前的一种必不可少的常规机制。相比较而言，大陆法系国家实施证据披露，除了当事人依法在特定情形下能够主动向对方要求提供、出示证据外，许多情况下都要依赖法官的职权命令和调查行为。①

我国《民事证据规定》有关证据交换制度的设定，是近年来民事审判方式改革成果的直接反映，是对民事诉讼法审前准备程序的重大调整和改进。《民诉法解释》第 224 条及第 225 条亦规定，人民法院可以在答辩期届满后，通过组织交换证据等方式做好审理前的准备；或案件视情况召集庭前会议，并在庭前会议中组织交换证据。设置这一证据交换制度，一是确立双方当事人争议的主要问题，即确立争点；二是通过证据交换，帮助法官掌握不存在争议的事实，在庭审活动中集中精力对存在争议的事实进行调查与辩论；三是证据交换有助于双方当事人及时了解对方的诉讼立场，以及为支持其事实主张所应采取的攻击和防御手段，有利于防止当事人的诉讼突袭。当事人在证据交换过程中认可并记录在卷的证据，经审判人员在庭审中说明后，可以作为认定案件事实的依据。与此同时，《民诉法解释》第 229 条规定了庭前会议的配套制度——“禁反言”：当事人在庭审中对其在审理前的准备阶段认可的事实和证据提出不同意见的，人民法院应当责令其说明理由。必要时，可以责令其提供相应证据。人民法院应当结合当事人的诉讼能力、证据和案件的具体情况进行审查。理由成立的，可以列入争议焦点进行审理。

证据交换可以由当事人申请，也可以由法院依职权决定。根据《民事证据规定》，经当事人申请，人民法院可以组织当事人在开庭审理前交换证据。人民法院对于证据较多或者复杂疑难的案件，应当组织当事人在答辩期届满后、开庭审理前交换证据。交换证据的

① 参见沈达明编著：《英美证据法》，34～35 页，北京，中信出版社，1996。

时间可以由当事人协商一致并经人民法院认可，也可以由人民法院指定。人民法院组织当事人交换证据的，交换证据之日举证期限届满。当事人申请延期举证经人民法院准许的，证据交换日相应顺延。

由此可以看出，举证时限制度和证据交换制度是密不可分的。法律上设置举证时限的目的是对当事人提供证据的时间和程序阶段予以限制，以保证当事人能够积极地依诉讼需要收集证据和提供证据，以提高诉讼的效率。而证据交换的目的是使双方当事人在庭审前互相了解所掌握的证据。但是，二者也不能完全等同：举证时限是任何一个案件的审理都需要的，证据交换则仅在需要时才进行。在不必要进行证据交换的案件中，举证时限确定了当事人举证的最后期限，逾期则丧失了提供证据的权利。①

证据交换应当在审判人员的主持下进行。在证据交换的过程中，审判人员对当事人无异议的事实、证据应当记录在卷；对有异议的证据，按照需要证明的事实分类记录在卷，并记载异议的理由。通过证据交换，确定双方当事人争议的主要问题。当事人收到对方交换的证据后提出反驳并提出新证据的，人民法院应当通知当事人在指定的时间进行交换。证据交换一般不超过两次。但重大、疑难和案情特别复杂的案件，人民法院认为确有必要再次进行证据交换的除外。

可以说，举证时限制度和证据交换制度是民事审判制度中起龙头作用的两种制度，它对综合运用证据规则，科学、准确地认定案件事实是大有裨益的，有助于庭审效果的最优化。因此无论是法律学人，还是司法人员，如能准确把握并灵活运用这两个制度，一方面有利于对证据制度、审判制度的全面理解，另一方面有助于在司法实践中有效地处理诉讼事务，实现诉讼效益的最大化，取得事半功倍之效。

## 六、质证

质证是指开庭时双方当事人就所提出的证据进行辩论和质对，以确定证据的客观性、关联性、合法性以及证据的证明力的活动。

证据应当在法庭上出示，由当事人质证。未经质证的证据，不能作为认定案件事实的依据。质证应当公开进行，但对于涉及国家秘密、商业秘密和个人隐私或者法律规定的其他应当保密的证据，不得在开庭时公开质证。

对书证、物证、视听资料进行质证时，当事人有权要求出示证据的原件或者原物。但有下列情况之一的除外：出示原件或者原物确有困难并经人民法院准许出示复制件或者复制品的；原件或者原物已不存在，但有证据证明复制件、复制品与原件或原物一致的。对证人证言、鉴定意见、勘验笔录进行质证时，经法庭许可，当事人可以向证人、鉴定人、勘验人发问。询问证人、鉴定人、勘验人不得使用威胁、侮辱及不适当引导证人的言语和方式。

质证时，当事人应当围绕证据的真实性、关联性、合法性，针对证据证明力有无以及证明力大小，进行质疑、说明与辩驳。法庭应当将当事人的质证情况记入笔录，并由当事

① 参见汤维建：《不断完善中的民事诉讼证据制度》，载《人民法院报》，2003-08-05。

人核对后签名或者盖章。

质证按下列顺序进行：原告出示证据，被告、第三人与原告进行质证；被告出示证据，原告、第三人与被告进行质证；第三人出示证据，原告、被告与第三人进行质证。人民法院依照当事人申请调查收集的证据，作为提出申请的一方当事人提供的证据。人民法院依照职权调查收集的证据应当在庭审时出示，听取当事人意见，并可就调查收集该证据的情况予以说明。案件有两个以上独立的诉讼请求的，当事人可以逐个出示证据进行质证。

## 七、证据的审核判断

证据的审核判断是法院对经过质证的各种证据材料证明力的有无和大小作出认定，从而正确认定案件事实的活动。

审核判断证据作为认识案件事实的过程，包括审查核实证据和判断证据两个方面的内容。审查核实证据主要是通过庭审活动确认证据的合法性和真实性，决定证据的取舍；判断证据主要认识证据与待证事实的关联性问题，确定证据证明力的大小。审查核实证据时，应由当事人和其他诉讼参与人参加；而判断证据则是由审判人员独立进行的分析、推理、归纳等思维活动。

审查核实证据和判断证据又是密不可分的诉讼活动。只有经过审查核实的证据，才能作为人民法院判断事实的根据。对证据的审查核实，必须结合证据的关联性，才能判明证据是否具有可采性；而对证据证明力的认定，又必须以审查核实的证据为基础。

我国《民事诉讼法》只规定“人民法院应当按照法定程序，全面地、客观地审查核实证据”，而没有明确规定民事诉讼证据判断原则。因此，如何有针对性地解决实际操作中进行证据判断的问题，防止法官滥用职权，防止法官心证的隐秘化，并保障法官独立办案，仍然是一个需要明确的问题，学者就此进行了深入的探讨。在借鉴西方国家现代自由心证理论基础上，《民诉法解释》第105条规定：“人民法院应当依照法定程序，全面、客观地审核证据，依据法律的规定，运用逻辑推理和日常生活经验，对证据有无证明力和证明力大小进行判断，并公开判断的理由和结果。”它确认了法官根据理性、经验法则和逻辑推理审核判断证据的原则，简称依法审核判断证据原则。人民法院应当在裁判文书中阐明证据是否采纳的理由。对当事人无争议的证据，是否采纳的理由可以不在裁判文书中表述。

审核判断证据，可以在逐个审核判断证据基础上，对所有证据进行综合审核判断，并认定证据的证明力。逐个审核判断证据，可认识某个证据与案件事实之间是否存在联系，存在何种客观联系，由此判断其是否具有证明力及证明力的大小。审判人员对单一证据可以从下列方面进行审核认定：（1）证据是否原件、原物，复印件、复制品与原件、原物是否相符；（2）证据与本案事实是否相关；（3）证据的形式、来源是否符合法律规定；（4）证据的内容是否真实；（5）证人或者提供证据的人，与当事人有无利害关系。

证明力，指的是证据对于案件事实有无证明作用及证明作用的大小。一个案件往往有多个证据，而且相互之间可能相互印证，也可能互有矛盾，所以有必要通过当事人庭审质证以及法官核实判断证据，结合全案证据，对所有证据之间存在的客观联系，以及各个证据证明力的大小进行判断，并就案件事实作出符合客观实际的结论，这就是综合判断证据。它要求审判人员对证据材料进行分析、研究和判断，以鉴别其真伪，确定其是否有证明力以及证明力大小。审判人员对案件的全部证据，应当从各证据与案件事实的关联程度、各证据之间的联系等方面进行综合审查判断。综合审查判断的方式是：审核和判断证据与案件事实之间的关联性；审核判断各个证据之间的联系。

**【经典导读】**

现行民事诉讼法并不作类似的限制。无论什么证据都可以提出，对提出的证据如何评价，则采取委之于法官自由心证的方针。实际上，哪一种做法更恰当，与某一时期法官的素质以及人们对法官是否信任的问题有很大关系。在法官的素质参差不齐、把案件如何审理全部交给他们决定就无法达到审判统一的时代，就证据规则作出一刀切的规定实有必要。即使在近代，当人们对代替国家行使审判权的法官抱有很强的不信任感时，为了抑制法官的恣意性行动，就证据规则作出一刀切也是十分必要的。①

法官审核判断证据时对证据证明力的判断，应当遵循以下证据规则：

1. 补强证据规则。该规则指在运用某些证明力较弱的证据认定案情时，应当有其他证据来加以佐证，而且作为佐证的证据必须是独立的和充分的，并与待证事实有一定的关联性。派生证据只有在其他证据的佐证下，才能作为定案证据。证明力弱的证据必须有其他证据的佐证，从而证据必须具有一定的数量，才可作出裁判。《民事证据规定》第 69 条规定，下列证据不能单独作为认定案件事实的依据：（1）未成年人所作的与其年龄和智力状况不相当的证言；（2）与一方当事人或者其代理人有利害关系的证人出具的证言；（3）存有疑点的视听资料；（4）无法与原件、原物核对的复印件、复制品；（5）无正当理由未出庭作证的证人证言。

2. 有完全证明力的证据规则。一方当事人提出的下列证据，对方当事人提出异议但没有足以反驳的相反证据的，人民法院应当确认其证明力：（1）书证原件或者与书证原件核对无误的复印件、照片、副本、节录本；（2）物证原物或者与物证原物核对无误的复制件、照片、录像资料等；（3）有其他证据佐证并以合法手段取得的、无疑点的视听资料或者与视听资料核对无误的复制件；（4）一方当事人申请人民法院依照法定程序制作的对物证或者现场的勘验笔录；（5）人民法院委托鉴定部门作出的鉴定意见，当事人没有足以反驳的相反证据和理由的，可以认定其证明力；（6）一方当事人提出的证据，另一方当事人认可或者提出的相反证据不足以反驳的，人民法院可以确认其证明力；（7）一方当事人提出的证据，另一方当事人有异议并提出反驳证据，对方当事人对反驳证据认可的，可以确认反驳证据的证明力。

3. 最佳证据规则。人民法院就数个证据对同一事实的证明力，可以依照下列原则认定：（1）国家机关、社会团体依职权制作的公文书证的证明力一般大于其他书证；（2）物证、档案、鉴定意见、勘验笔录或者经过公证、登记的书证，其证明力一般大于其他书证、视听资料和证人证言；（3）原始证据的证明力一般大于传来证据；（4）直接证据的证

① 参见［日］谷口安平：《程序的正义与诉讼》，王亚新等译，15 页，北京，中国政法大学出版社，1996。

明力一般大于间接证据；（5）证人提供的对与其有亲属或者其他密切关系的当事人有利的证言，其证明力一般小于其他证人证言。

## 【问题与思考】

1. 甲与同事丙路过一居民楼时，三楼乙家阳台上的花盆坠落，砸在甲的头上，致其脑震荡，共花费医疗费1万元。甲以乙为被告诉至法院要求赔偿，而乙否认甲受伤系自家花盆坠落所致。对这一争议事实，应由谁承担举证责任?①

2. 试分析《民事证据规定》规定的举证时限制度对于我国诉讼的现实的意义和作用。

3. 民事诉讼的证明标准是什么？三大诉讼法的证明标准有何区别？为什么？如何理解客观真实和法律真实？

① 参见国家司法考试试题2003年试卷三第21题。

# 第十一章
# 法院调解制度

## 参考文献

(一) 著作

1. 范愉，史长青，邱星美著．调解制度与调解人行为规范比较与借鉴．北京：清华大学出版社，2010

2. 唐茂林．法院调解的规范化研究．北京：法律出版社，2015

3. 闫庆霞．法院调解制度研究．北京：中国人民公安大学出版社，2008

(二) 论文

1. 章武生．论德国的起诉前强制调解制度．法商研究，2004 (6)

2. 汤维建．论中国调解制度的现代化转型．司法，2010 (0)

3. 李浩．调解的比较优势与法院调解制度的改革．南京师大学报 (社会科学版)，2002 (4)

4. 张卫平．人民调解：完善与发展的路径．法学，2002 (12)

5. 韩波．人民调解：后诉讼时代的回归．法学，2002 (12)

6. 刘敏．论现代法院调解制度．社会科学研究，2001 (5)

7. 邵俊武．民事诉讼中法院调解原则的再认识．政法论坛，2000 (1)

8. 蔡虹．大陆法院调解与香港诉讼和解之比较——关于完善合意解决纠纷诉讼机制的思考．中国法学，1999 (4)

9. 张晋红．法院调解的立法价值探究——兼评法院调解的两种改良观点法学研究，1998 (5)

10. 李浩．民事审判中的调审分离．法学研究，1996 (4)

11. 李浩．调解归调解，审判归审判．中国法学，2013 (3)

12. 张卫平．诉讼调解：时下势态的分析与思考．法学，2007（5）
13. 范愉．调解的重构（上、下）．法制与社会发展，2004（2、3）

## 参考法规

1991年《中华人民共和国民事诉讼法》（2017年修正）第93条～第99条。

2015年最高人民法院《关于适用〈中华人民共和国民事诉讼法〉的解释》第142条～第151条；2002年最高人民法院《关于审理涉及人民调解协议的民事案件的若干规定》；2004年最高人民法院《关于人民法院民事调解工作若干问题的规定》（2008年修正）。

## 引例 陈某诉杨某人身损害赔偿案①

1998年9月4日，安徽省阜阳市颍州区的陈某与杨某两家亲属为收取水费、卫生费的事情发生争执。陈某与杨某先后赶到现场时，双方亲属间已由争吵发生厮打。接着陈某被多人打致轻伤，杨某及其父亲也被人打伤。随后陈某以杨某及杨父为共同实施伤害行为的被告人，提起刑事附带民事自诉。自1998年12月17日至2005年4月27日，一、二审法院对该案先后八次审理，作出四次判决、四次裁定。2005年4月27日，一审法院在第四次对该案作出判决时认为，虽自诉人陈某被打致轻伤后果，但没有充分证据证明是被告人杨某、杨父的行为所致，或是二人指使他人所为。遂再次判决二被告人无罪，且均不承担民事赔偿责任。陈某不服上诉至阜阳中院。在近八年的诉讼过程中，陈某与其亲属数十次上访、申诉，省、市有关领导和信访机关多次批示和督办，使该案成为当地的一件焦点案件。阜阳中院为查清主要事实，三次开庭公开审理，并通知案件的全部证人和鉴定人到庭作证，但双方证人均未到庭。庭审中双方所举证据矛盾较多，难以查明和确认陈某系被何人伤害的事实。为对该案证据的真伪和效力有一个较清楚的感性认识，法官们又深入案发现场和对证人进行查看走访。但因案发至今近八年，时过境迁，现场变化较大，双方多数证人表示已记不清当年的案发情景，并均坚持原来的证言真实。这些情况让法官陷入两难境地，支持哪一方都没有充分事实依据和把握。法官在走访中发现双方当事人的对立情绪已没有刚开始时强烈，感觉到已有了调解的可能性。为避免调解过程中出现双方言差语错产生摩擦，导致调解失败，法官决定采用单方调解方式进行。由法官通过谈话、

① 参见刘斌、戎震：《阜阳中院采用“模糊调解法”了却当事人8年宿怨》，见中国法院网，2006-03-09。

电话联系方式分别征求当事人调解方案，然后反馈对方当事人意见，再提出法官的看法和意见，以促使当事双方意见的接近。同时由院长、分管院长出面分别向双方辨法析理，做思想工作，终使双方表现出接受调解的诚意。鉴于该案证据不足、事实难以查清的实际情况，法官只能根据已查明的事实以及双方基本能够接受的条件，提出一种折中解决方案供当事双方参考，这既能照顾当事双方情面，让他们均有“台阶”可下，又能了结争端，不再费时费力地固执己见。这种调解思路并不强求“查明事实、分清是非”，而是在不明确认定陈某伤情为谁所致的前提下，由被告人杨某父子对该案的发生道歉，并自愿补偿陈某经济损失2万元；陈某自愿放弃上诉和对杨某父子刑事部分的指控。经当事双方协商，达成了和解协议。经法庭合议认可后当庭制作调解书送达双方签收。一起打了近八年的刑事自诉官司终于以调解结案。双方当事人均对调解结果感到满意。

## 第一节 法院调解概述

### 一、法院调解的概念

法院调解，是指在民事诉讼中，由审判人员主持对双方当事人进行说服和劝导，帮助当事人之间沟通协商，促使双方就民事争议达成一致，最终解决纠纷的活动。

法院调解是在争议进入诉讼程序以后才进行的，所以又被称为诉讼中的调解或诉讼调解，和诉前调解区分开来。根据法院调解进行的时间，可以分为庭审前的调解、庭审中的调解以及庭审后的调解。庭审前的调解是在诉讼的初始阶段，被告应诉答辩之后，开庭审理前进行的调解。庭审中的调解是在民事案件开庭审理过程中进行的调解。庭审后的调解则是法院在开庭审理之后，作出裁判之前进行的调解。

法院调解是以当事人意思自治为基础，以当事人依法行使处分权为内容的一项诉讼制度。法院调解是审判人员在充分尊重当事人行使处分权的基础上解决民事纠纷的一种职权行为，是法院行使审判权的一种方式。

调解制度在我国有着悠久的发展历史，“我国早在西周的铜器铭文中，已经有调处的记载，秦汉以来，司法官多奉行调处息讼的原则，至两宋，随着民事纠纷的增多，调处呈现制度化的趋势，明清时期，调处已臻于完善阶段”①。“县官的意见依循朝廷律例，调解则以秘事和妥协为主要目标。二者的互动及其半制度化的保障，构成清代司法制度‘第三

① 张晋藩：《中国法律的传统与近代转型》，283页，北京，法律出版社，1997。

领域’的主要内容。”① 明朝还在各州县及乡设立申明亭，申明教化，同时由乡官受理当地民事案件与轻微刑事案件，加以调处解决。

## 二、法院调解的特征

### （一）法院调解的适用范围广泛

法院调解作为民事诉讼法的一项基本原则，是人民法院审理民事案件的一种普遍方式，在民事诉讼中具有广泛的适用性。从适用的法院看，各级各类人民法院审理民事案件都可以进行调解。从适用的程序看，除了适用特别程序、督促程序、公示催告程序、企业法人破产还债程序审理的案件和法院依执行程序执行的案件外，在第一审普通程序、简易程序、第二审程序和审判监督程序中，均可以适用法院调解。从适用的审理阶段看，开庭审理前可以进行调解，开庭审理中可以进行调解。另外，法院对受理的第一审、第二审和再审民事案件，可以在答辩期满后、裁判作出前进行调解。在征得当事人各方同意后，人民法院可以在答辩期满前进行调解。从适用的案件类型看，凡属于民事权益争议性质、具备调解可能的案件，在当事人自愿的基础上都可以进行调解。

从立法措辞来看，我国《民事诉讼法》中的用语是“可以调解”，而根据最高人民法院《关于适用简易程序审理民事案件的若干规定》（自 2003 年 12 月 1 日起施行），对适用简易程序审理的婚姻家庭纠纷和继承纠纷、劳务合同纠纷、交通事故和工伤事故引起的权利义务关系较为明确的损害赔偿纠纷、宅基地和相邻关系纠纷、合伙协议纠纷和诉讼标的额较小的纠纷等民事案件，除了根据案件的性质和当事人的实际情况不能调解或者显然没有调解必要的以外，人民法院在开庭审理时“应当先行调解”。根据 2004 年最高人民法院《关于人民法院民事调解工作若干问题的规定》（2008 年修正），除了适用特别程序、督促程序、公示催告程序、破产还债程序的案件，婚姻关系、身份关系确认案件以及其他依案件性质不能进行调解的民事案件，人民法院不进行调解外，对于有可能通过调解解决的民事案件，人民法院都“应当调解”。从“可以调解”到“应当调解”，这种措辞的变化可以折射出 21 世纪初最高人民法院对于法院调解工作的强调和重视。

### （二）遵循当事人自愿原则

这是法院调解与法院判决的重要区别之一。不论是调解程序的启动和进行，还是调解协议的达成，均应当本着双方当事人的自愿，法院不得强迫。

### （三）当事人行使处分权和法院行使审判权的结合

一方面，没有当事人行使处分权，就没有法院调解制度。在法院调解中特别是在调解成功的案件中，需要双方当事人互谅互让，放弃自己的一部分权利主张，才能达成协议，结束诉讼程序。另一方面，法院调解的过程也是法院行使审判权的过程。审判人员在调解中扮演积极、主动的角色，起着指挥、斡旋、组织和监督的作用，对当事人进行教育和引

① 梁治平：《清代习惯法：社会与国家》，10 页，北京，中国政法大学出版社，1996。

导，以保证所达成的调解协议内容的合法性。另外，经法院调解达成的协议，必须经过法院的确认，否则不发生法律效力。调解协议一经生效，就具有与生效判决同等的法律效力。

## 三、法院调解与诉讼外调解、诉讼和解的区别

### （一）法院调解与诉讼外调解的区别

诉讼外调解是指纠纷进入诉讼程序之前，由有关的社会组织对争议的当事人进行协调以促进其解决纠纷的活动。诉讼外调解根据支持调解的组织不同，主要包括仲裁机构的调解、行政机关的调解和人民调解委员会的调解等。法院调解和诉讼外调解都是建立在当事人自愿基础上的解决民事纠纷的方式，但两者却存在以下区别：

1. 性质不同。法院调解是人民法院行使审判权的一种体现，是审判组织对案件进行审理的有机组成部分，具有履行司法权能性质。诉讼外调解的主持者是仲裁机构的仲裁员、行政机关的官员或者人民调解委员会的委员，所进行的调解活动不具有司法性质。

2. 法律依据和程序要求不同。法院调解以民事诉讼法为依据，诉讼外调解以仲裁法、行政法规、人民调解法规为依据。两者在程序上要求不完全一样，诉讼外调解比较灵活，不像法院调解那样规范、严格。

3. 效力不同。生效的法院调解协议书与生效的判决具有同等的法律效力。同时，当事人签收调解书，或者在记入笔录的调解协议上签名或者盖章后，诉讼即告结束。诉讼外调解，除仲裁机构制作的调解书外，其他机构主持下达成调解协议而形成的调解书没有强制执行力，只具有民事合同的性质或者一定的证明作用，当事人反悔或者不履行调解协议的，可以向人民法院起诉。

### （二）法院调解与诉讼和解的区别

诉讼和解是指民事诉讼过程中，当事人主动自行协商，就双方争议的问题达成协议，从而终结诉讼程序的制度。诉讼和解与法院调解都发生在民事诉讼过程中，都以达成协议的方式解决了纠纷。在一定的情况下，诉讼和解可以转化为法院调解。如当事人通过自行协商达成协议后，为保证和解协议得到顺利履行，可以请求法院以调解书的形式确认和解协议，法院经审查后，认为协议内容不违反法律的，可以将和解协议的内容制作成调解书。但两者也存在以下的不同点：

1. 性质不同。法院调解是人民法院行使审判权的一种方式，而诉讼和解是当事人对自己的实体权利和诉讼权利的自行处分。

2. 参加的主体不同。参加法院调解的主体包括双方当事人和人民法院的审判人员，而且要由审判人员主持，而参加诉讼和解的主体只有双方当事人。

3. 效力不同。法院调解是人民法院审理民事案件的一种方式，所达成的调解协议具有与判决书同等的法律效力，有给付内容的调解书具有执行力。诉讼和解却不能作为法院的结案方式，不能直接终结诉讼程序，通常都是由原告方申请撤诉或者转换为法院调解来终结诉讼程序。同时，诉讼和解达成的协议只能依靠当事人自愿履行，不具有强制执行力。

### 四、法院调解的意义

法院调解是我国人民司法工作的优良传统和审理解决民事纠纷的成功经验，在民事诉讼中具有十分重要的意义。

1. 有利于促使当事人互相谅解，彻底解决民事纠纷。用调解方式处理民事案件，有利于消除隔阂和对立情绪，增强团结，促进人际关系的和谐。一旦调解成功，双方当事人一般都会自觉地履行调解协议，因此调解能彻底地解决民事争议，维护社会的安定。

2. 可以减少诉讼程序，节约诉讼成本，提高办案效率。法院调解具有简便快捷的特点，只要当事人达成调解协议，就能迅速解决纠纷，省略了后面的诉讼程序。同时，调解协议送达双方当事人签收后，立即发生与生效判决同等的法律效力，不允许当事人再行起诉或者上诉，这样就可以减少诉讼程序，节约诉讼成本，提高办案效率。

3. 有利于普及法律知识，增强群众的法制观念。人民法院审判人员主持调解的过程中，要针对案件事实和争议的焦点向当事人进行法律宣传教育工作，引导他们分清是非和承担责任，尊重对方的民事权益，自觉履行法律规定的义务，从而可以使当事人和旁听群众受到生动的法制教育，增强法制观念。

## 第二节　法院调解的原则和程序

### 一、法院调解的原则

法院调解的原则是指在进行调解活动和达成调解协议的过程中，审判人员和当事人应当共同遵守的基本准则。根据《民事诉讼法》第9条、第93条和第96条的规定，法院调解应当遵守以下三个原则。

#### （一）自愿原则

自愿原则，是指进行调解工作和达成调解协议都必须以双方当事人完全自愿为前提，不得强迫。该原则包括两个方面的内容：

1. 程序上的自愿。即用调解的方式解决民事纠纷，需要双方当事人自愿。《民事诉讼法》第93条规定，人民法院审理民事案件，根据当事人自愿的原则进行调解。《民诉法解释》第145条也规定："人民法院审理民事案件，应当根据自愿、合法的原则进行调解。当事人一方或者双方坚持不愿调解的，应当及时裁判。"

2. 实体上的自愿。即是否达成调解协议和达成什么样的调解协议必须体现当事人的真实意愿。《民事诉讼法》第96条规定："调解达成协议，必须双方自愿，不能强迫。"调解协议的内容是当事人对自己权利自由处分的体现，是当事人之间民主协商的结果，必须充分反映当事人的意愿。审判人员可以根据法律政策对当事人进行引导，向当事人提出调解的建议，但是，不能将自己对案件的处理意见强加给当事人。

《关于人民法院民事调解工作若干问题的规定》进一步细化了确保自愿原则得以实现的规则，明确规定当事人有决定是否调解的自愿，有决定调解开始时机的自愿，有选择调解方式的自愿，有是否达成调解协议的自愿，有决定调解书生效方式的自愿等。另外，还规定当事人申请不公开进行调解的，人民法院应当准许。调解时当事人各方应当同时在场，根据需要也可以对当事人分别做调解工作。当事人可以自行提出调解方案，主持调解的人员也可以提出调解方案供当事人协商时参考。调解协议内容超出诉讼请求的，人民法院可以准许。

### （二）合法性原则

合法性原则是指人民法院主持的调解活动和双方当事人达成调解协议的内容以及调解过程中的程序不得违反法律的强制性规定。合法性原则要求：第一，调解活动必须依照法定程序进行；第二，当事人双方达成的调解协议内容，不得违背国家政策、法律的规定，不能损害国家、集体和其他公共利益。在理解合法性原则时，应当注意以下两个问题：第一，要正确处理自愿与合法的关系。调解必须当事人自愿，但当事人自愿的，不等于都合法。第二，对调解协议合法性的要求与判决合法性的要求程度不同。法院调解不仅仅是法院运用审判权解决民事纠纷，同时，也是法院行使审判权和当事人行使处分权的结合。当事人可以在不违反法律禁止性规定的情况下，对自己的民事权利自由处分。如有学者认为，应当对合法性作出宽泛的理解，不能解释为严格依法办事。事实上，调解中难免存在一方让步、放弃部分权利的现象，这表面上与严格依法办事相违背，但只要这种让步出于当事人的真实意愿，就应当得到尊重和保护。这也是民事诉讼处分原则的必然要求。

### （三）查明事实、分清是非原则

《民事诉讼法》第93条规定，法院审理民事案件根据当事人自愿的原则，在事实清楚的基础上，分清是非，进行调解。依照本条规定，调解必须贯彻“以事实为根据”的法制原则，不能在事实未查明、是非责任不分清的情况下调解。一般认为，只有在查明了当事人之间的民事法律关系发生、变更和消灭的事实和发生争议的原因、经过与争议的焦点，才可能有的放矢地进行调解工作，才能保证双方当事人心悦诚服地认可接受调解协议。

对于此原则，学界也有不同意见。有观点认为某些时候调解恰恰是在事实很难查明的情况下而采取的一种灵活措施，如果硬性追求“事实清楚、责任分明”，当事人可能纠缠于细节和证据当中，无法心平气和地坐下来互谅互让，调解也就可能就无法进行下去。本章的引例就是一个在事实不清的情况下以调解方式解决纠纷的例证。

## 二、法院调解的程序

法院调解的程序，是指审判人员进行调解活动和双方当事人达成调解协议的步骤和方式。由于法院调解的过程是人民法院对民事案件的审理过程，因而法院调解没有单独的程序，而是与整个审理程序结合在一起的。民事诉讼法只对法院调解作了原则性的规定，没有规定法院调解的具体程序。根据民事诉讼法的规定和司法实践中的做法，法院调解主要分为以下三个步骤：

### （一）调解的开始

法院调解的开始包括两种方式：一是由当事人提出申请而开始；二是法院在征得当事人同意后主动依职权开始调解。审判人员在这一阶段主要是征求双方当事人是否愿意调解的意见，讲明调解的好处、要求和具体做法，并告知有关的诉讼权利和义务，通知当事人和证人到庭，为调解做好准备。

### （二）调解的进行

法院调解应当在审判人员的主持下进行。调解既可以由合议庭主持，也可以由合议庭中的一位审判员主持，独任审判的则由独任审判员主持。法院调解时，双方当事人都应出庭，原则上要采取面对面的形式进行调解。但必要时也可以分别对双方当事人做调解工作。当事人不能出庭而委托诉讼代理人参加调解的，必须有当事人的特别授权。对无诉讼行为能力的当事人进行调解，应当由其法定诉讼代理人代为参加。离婚案件当事人确因特殊情况无法出庭参加调解的，除本人不能表达意志的以外，应当出具书面意见。

调解可以在法庭上进行，也可以到当事人所在地进行。根据案情的需要，调解时可以邀请有关单位和个人、当事人所在地的基层组织参加，被邀请的有关单位和个人以及当事人所在地的基层组织应当积极协助法院进行调解。这种做法有利于对当事人进行思想教育和疏导工作，顺利解决当事人之间的争议。

调解开始后，审判人员应当认真听取双方当事人关于案件事实和理由的陈述，有针对性地对双方当事人阐明有关的政策和法律，引导当事人就具体的争议事项进行协商。在协商过程中，审判人员可以提出建议方案供双方当事人参考，但是不能强迫当事人接受建议方案。当事人双方或者单方也可以提出调解方案。调解协议通常是在调解方案的基础上形成的。当事人达成调解协议的，法院应当将调解协议的内容记入笔录，并由双方当事人或者经特别授权的委托诉讼代理人或者法定诉讼代理人签名。

### （三）调解的结束

调解的结束包括两种情况：一是因当事人达成调解协议而结束；二是因调解不成，未达成调解协议而结束。调解协议成立后，对于应当制作调解书的，人民法院应当制作调解书，送达双方当事人签收；对于不需要制作调解书的调解协议，由书记员记入笔录，并由双方当事人、审判人员、书记员签名或者盖章。法院经审查，发现调解协议的内容违反法律的禁止性规定或者有悖于公序良俗的，人民法院有权不予认可。对于经调解未达成协议或者调解协议不被人民法院认可的，人民法院应当结束调解程序，恢复审判，及时作出裁判，而不能久调不决。

# 第三节　法院调解书的制作和法院调解协议的效力

## 一、法院调解书的制作

《民事诉讼法》第 97 条第 1 款规定："调解达成协议，人民法院应当制作调解书。"在审判人员主持下，双方当事人通过平等协商自愿达成了调解协议，调解程序即告结束。而法院调解书是指人民法院制作的，记载当事人之间调解协议内容的法律文书。它既是对当事人相互协商达成的调解协议的如实记录，又是人民法院行使审判权的重要标志，表明法院调解活动的司法审判权属性。

### （一）法院调解书的内容

根据《民事诉讼法》第 97 条的规定，法院调解书的内容包括以下三项：一是诉讼请求。即原告向被告提出的实体权利请求。如果被告向原告提出反诉的，调解书中也应当列明。有第三人参加诉讼的，还应当写明第三人的主张和理由。二是案件事实。即当事人之间有关民事权利义务争议发生、发展的全过程和双方争执的问题。三是调解结果。即当事人在审判人员的主持下达成的调解协议的内容，其中包括诉讼费用的负担。

### （二）法院调解书的格式

法院调解书应当按统一的格式制作，一般包括首部、正文和尾部三部分。

1. 首部。首部应当依次写明制作调解书的人民法院名称，案件编号，当事人、第三人以及诉讼代理人的基本情况，案由。

2. 正文。法院调解书的正文应当写明诉讼请求、案件事实和调解结果。这部分内容是调解书的核心部分，不能简略或疏漏，应当具体、明确而有重点地写在调解书里，避免当事人履行调解书时因有异议而发生新的纠纷。

3. 尾部。法院调解书最后由审判员、书记员署名，加盖人民法院印章，并写明调解书的制作时间。同时，调解书的尾部要写明"本调解书与发生法律效力的判决书具有同等效力"。

### （三）不制作调解书的情形

在某些情况下，当事人达成调解协议的可以不制作法院调解书。根据《民事诉讼法》第 98 条的规定，不需要制作调解书的案件有：第一，调解和好的离婚案件；第二，调解维持收养关系的案件；第三，能够即时履行的案件；第四，其他不需要制作调解书的案件。对于不需要制作调解书的案件，应当将调解协议的内容记入笔录，由双方当事人、审判人员、书记员签名或者盖章。

## 二、法院调解书的效力

法院调解书的效力，是指经人民法院依法定程序认可后制作的调解书所产生的法律后果。法院调解书的效力包括调解书的生效时间和具体的法律效力两方面的内容，法律对此都有规定。

### （一）法院调解书生效的时间

对法院制作的调解书的生效时间，《民事诉讼法》第97条第3款规定："调解书经双方当事人签收后，即具有法律效力。"根据这一规定，调解书必须送达双方当事人签收。据此，调解书应当直接送达当事人本人，不适用留置送达和公告送达的方式。另外，调解书必须经双方当事人签收后才能生效。如果一方或双方当事人拒绝签收的，应当视为调解不成立，调解书不发生法律效力。无独立请求权的第三人参加诉讼的案件，人民法院调解时需要确认无独立请求权的第三人承担义务的，应经其同意，调解书也应当同时送达其签收。无独立请求权第三人在签收调解书前反悔的，人民法院应当及时判决。这种规定，实际上赋予了当事人在达成调解协议之后、签收调解书之前的反悔权，即达成调解协议后，法院制作了调解书，在调解书送达给当事人签收之前，当事人有权反悔，推翻原调解协议，此时法院制作的调解书不能发生效力。

诉讼实践中，人民法院经常会遇到当事人一方在达成调解协议之后，签收调解书之前无故反悔，使得法院为调解而付出的努力付之东流，甚至出现打时间差，故意拖延诉讼的情况。为杜绝这种违背诉讼诚信原则的举动，最高人民法院2004年发布的《关于人民法院民事调解工作若干问题的规定》（2008年修正）第13条规定，当事人各方同意在调解协议上签名或者盖章后生效，经人民法院审查确认后，应当记入笔录或者将协议附卷，并由当事人、审判人员、书记员签名或者盖章后即具有法律效力。当事人请求制作调解书的，人民法院应当制作调解书送交当事人。当事人拒收调解书的，不影响调解协议的效力。一方不履行调解协议的，另一方可以持调解书向人民法院申请执行。这种规定增加了调解协议自签字或者盖章时产生与调解书同等效力的规定，实际上提前了调解书生效的时间，取消了当事人达成调解协议后签收调解书之前的反悔权。

对于不需要制作调解书、记入笔录的调解协议的生效时间，根据《民事诉讼法》第98条第2款的规定，对不需要制作调解书的协议，应当记入笔录，由双方当事人、审判人员、书记员签名或者盖章后，即具有法律效力。

### （二）调解书生效后产生的法律后果

调解书和记入笔录的调解协议生效后，将产生以下的法律后果：

1. 程序上的效果。法院调解是人民法院的结案方式之一。调解书生效，表明人民法院最终解决了双方当事人的纠纷，民事诉讼程序也因此而终结，人民法院不得对该案继续进行审理。

2. 实体上的效果。调解书的内容确认当事人之间的权利义务关系。调解书生效后，当事人之间的权利义务关系在调解协议中得到确认，民事争议已得到解决，当事人不得对此法律关系再发生争议，当事人不得以同一诉讼标的、同一事实和理由再行起诉。但是，对于调解和好的离婚案件或者调解维持收养关系的案件，原告如果有新情况、新理由，在6个月届满后，还可以第二次起诉，请求法院审理解决。

当事人不得对调解书提出上诉。调解协议是在双方当事人自愿的前提下达成的，当事人一旦接受调解协议，就意味着放弃了上诉权。因此，无论是在一审、二审还是再审程序中达成的调解协议，均不能提起上诉。

**【案例 11-1】宋楚雄与孙五花离婚案**①

宋楚雄与孙五花离婚纠纷一案，经K市L县人民法院调解，双方当事人就离婚问题达成协议，同意解除双方的婚姻关系，并签收了人民法院送达的调解书。在此情况下，该调解书对双方当事人有何约束力？

根据《民事诉讼法》第97条的规定，调解书经双方当事人签收后，即具有法律效力。任何一方当事人均不得上诉。根据《民事诉讼法》第202条的规定，解除双方的婚姻关系的调解书，任何一方当事人均不得就离婚问题申请再审。

**【案例 11-2】商业银行支行诉某公司借款案**

某公司向本市的商业银行支行借款100万元用于设备的更新，借款期限为1年。该公司逾期未能偿还借款。银行多次催要，但是遭到该公司拒绝，商业银行支行遂提起诉讼。经过调解，双方当事人达成了调解协议，并且均签收。但是，商业银行支行在签收调解书后觉得自己的让步过大，于是在收到调解书后的15日内向上级人民法院提起上诉。②

根据我国《民事诉讼法》第97条第3款的规定，调解书经双方当事人签收后，即具有法律效力。对于已经生效的民事调解书，当事人不得提起上诉。本案中，商业银行支行已经与该公司之间就借贷关系双方自愿达成调解协议，法院根据调解协议制作了民事调解书，并且双方当事人都已经签收了该民事调解书。在这种情况下，商业银行支行无权对已经生效的民事调解书提起上诉。

## 【问题与思考】

1. 从20世纪90年代初到21世纪初，我国法院调解经历了一个由衰转盛的过程，这种变化一定程度上是我国当前构建和谐社会的反映。请结合我国目前的国情以及和谐社会提出的背景，分析调

① 参见律师资格考试试题1999年试卷二第62题。
② 参见《中华人民共和国最高人民法院公报》，2003（6）。

解的时代意义。

2. 本章的引例中，法院在基本事实没有查清的情况下进行调解，却收到了良好的效果，这种做法是否与调解的原则相悖？结合本案，法院调解结案与判决结案相比，有哪些优势？有哪些不足？如何理解调解中的“让步妥协”与“严格依法办事”的法制原则的关系？两者是否矛盾？

# 第十二章 诉讼保障制度

## 参考文献

(一) 著作

1. 李仕春．民事保全程序研究．北京：中国法制出版社，2005

2. 杨建华．大陆民事诉讼法比较与评析．台北：三民书局，1994

3. 许少波．民事证据保全制度研究以法院为中心的分析．北京：法律出版社，2013

4. 陈桂明．诉讼公正与程序保障民事诉讼程序之优化．北京：中国法制出版社，1996

(二) 论文

1. 王福华．民事保全程序中的程序保障．法律科学，2002 (6)

2. 周翠．论民事诉讼中的临时性救济制度．见：诉讼法论丛．北京：法律出版社，2002

3. 江伟，肖建国．民事诉讼中的行为保全初探．政法论坛，1994 (4)

4. 肖建国．论诉前停止侵权行为的法律性质——以诉前停止侵犯知识产权行为为中心的研究．法商研究，2002 (4)

5. [日] 谷口安平．民事保全法的决定程序与程序保障．见：程序的正义与诉讼（增补本）．北京：中国政法大学出版社，2002. 327～341 页

6. 陈石狮．不作为请求之保全．见：民事诉讼法之研讨（四）．台北：三民书局，1996. 65～112 页

7. 范跃如．试论我国行为保全制度及其构建与完善．法学家，2004 (5)

8. 张卫平．论公证证据保全．中外法学，2011 (4)

9. 肖建华．论恶意诉讼及其法律规制．中国人民大学学报，2012 (4)

## 参考法规

1991年《中华人民共和国民事诉讼法》（2017年修正）第100条～第117条；1999年《中华人民共和国海事诉讼特别程序法》第12条～第61条；1994年《中华人民共和国仲裁法》（2017年修正）第28条；1984年《中华人民共和国专利法》（2008年修正）第66条；2001年《中华人民共和国专利法实施细则》（2010年修正）第87条；1982年《中华人民共和国商标法》（2013年修正）第65条、第66条；1990年《中华人民共和国著作权法》（2010年修正）第50条、第51条。

2015年最高人民法院《关于适用〈中华人民共和国民事诉讼法〉的解释》第152条～第193条；1994年最高人民法院《关于在经济审判工作中严格执行〈中华人民共和国民事诉讼法〉的若干规定》第12条～第19条；1997年最高人民法院《关于实施〈中华人民共和国仲裁法〉几个问题的通知》（2008年修正）第2条；1998年最高人民法院《关于人民法院执行工作若干问题的规定（试行）》（2008年修正）第97条～第101条。

1998年最高人民法院《关于对案外人的财产能否进行保全问题的批复》；1998年最高人民法院《关于诉前财产保全几个问题的批复》；2001年最高人民法院《关于对诉前停止侵犯专利权行为适用法律问题的若干规定》；2001年最高人民法院《关于审理专利纠纷案件适用法律问题的若干规定》（2015年修正）第1条、第13条；2001年最高人民法院《关于人民法院对注册商标权进行财产保全的解释》；2002年最高人民法院《关于审理著作权民事纠纷案件适用法律若干问题的解释》第30条；2002年最高人民法院《关于诉前停止侵犯注册商标专用权行为和保全证据适用法律问题的解释》；2003年最高人民法院《关于适用〈中华人民共和国海事诉讼特别程序法〉若干问题的解释》（2008年修正）第18条～第46条；2004年最高人民法院《关于人民法院民事执行中查封、扣押、冻结财产的规定》（2008年调整）第3条、第4条；2005年最高人民法院《关于当事人申请财产保全错误造成案外人损失应否承担赔偿责任问题的解释》。

2003年《北京市工资支付规定》第33条（2007年修改）。

2002年《韩国仲裁法》第10条、第18条；1996年《英国仲裁法》第44条；《国际商事仲裁示范法》第17条；《瑞士国际私法法典》第183条；《保加利亚国际商事仲裁法》第9条、第21条；《德国民事诉讼法》第899条～第914条、第916条～第945条、第1033条、第1041条；《日本民事保全法》第1条～第65条；《法国民事诉讼法》第514条～第526条；《法国民事执行法》第67条～第79条；《俄罗斯民事诉讼法》第133条～第140条。

**引例 萨达莱姆公司案**[①]

萨达莱姆公司（Sundaram Finance Ltd.）作为卖方与奈普克公司（NEPC India Ltd.）作为买方订立了两台发电机买卖合同，合同中有仲裁条款。卖方交货后，买方仅支付了部分货款。萨达莱姆公司依据印度《1996年仲裁与调解法》第9条，请求印度金奈（Chennai）地方法院对这两台发电机采取临时保全措施，地方法院准许。买方奈普克公司不服裁定，上诉到高等法院，称在仲裁程序开始前和没有指定仲裁员前，临时保全措施的请求不能成立。高等法院准许该上诉请求。本案经特许后，又上诉到印度最高法院。最高法院作出最终裁决：对于当事人的保全申请，无论仲裁程序开始前，还是仲裁中，以及裁决作出后，法院都对此项申请享有管辖权。

## 第一节 财产保全制度

### 一、保全程序的性质、类型

保全程序是以保障债权人在民事裁判中所确认的权利能够获得实现为目的的临时救济制度。债权人因私权纠纷对债务人提起民事诉讼前或起诉后，有的债务人隐匿、转移或处分其财产，或单方面擅自改变双方当事人有争议的请求标的之状态，致使债权人日后取得终局判决也无法实现其权利，判决落空，成为“法律白条”。为避免此结果的发生，特设保全程序，在终局判决之前给债权人以临时性救济，确保其权利能够获得最终实现。

保全程序具有如下特性：

（1）实现本案权利的目的指向性。保全程序是为了配合审判程序、执行程序对债权人的保护而设置的程序，始终以实现本案权利为依归。债权人要进入执行程序实现其权利，须持有法定的执行依据，而经由审判程序获得执行依据颇费时日，在此期间，可能因债务人的原因或其他原因致使本案判决难以执行，为补救审判程序在确定权利上的滞后性之弊端，克服“远水救不了近火”的弊端，乃设保全制度，使债权人无须经审判程序就能获得一个应急性的执行依据，这是设置保全程序的原因。

（2）形式上的独立性与实质上的附属性。就形式而言，保全程序在现代民诉法典中一般作为一项独立的制度加以规定（如德国、法国、俄罗斯和我国），日本甚至于1989年颁布《民事保全法》单行法，足见保全程序的独立性。保全程序的独立性体现在：1）保全程序有独特的程序规则，不能简单套用审判程序或执行程序；2）保全程序体现了诉讼法

① 参见赵秀文：《国际商事仲裁法》，214～222页，北京，中国人民大学出版社，2004。

理与非讼法理的结合；3）在立法安排上，保全程序既可放在审判程序中加以规定，也可置于执行程序中，还可制定单行法。基于此，德国著名民事诉讼法学家奥特马·尧厄尼希将保全程序视为与审判程序、执行程序相并列的第三类程序①，是不无道理的。

然而，就保全程序所欲达致的目的和其实际功能而言，保全程序不是一个逻辑自足的制度体系。保全程序以确保本案的终局执行为目的，具有手段方法的工具性质，须依赖本案诉讼程序的存在才有意义。如果称本案诉讼程序为主程序的话，则保全程序即为附随程序。当本案诉讼程序尚未开始时，尽管也允许启动保全程序，但要求申请人必须在法定期间内提起本案诉讼，其道理就在于此。

（3）紧急性。保全程序以“近水救近火”的方式确保本案判决的执行或者维持有争议的法律关系的现状。法院在适用保全程序时，一般仅需债权人一方的书面申请和债权人对事实理由的释明，无须言词辩论，就可作出裁决。该裁决程序与本案诉讼的判决程序有显著的差别，其原因在于，保全程序对于权利保护的时间性要求比较迫切，如不迅速地裁定和执行，将无法确保债权人的权利。

（4）预防性和暂定性。保全程序不具有最后确定权利存在的性质，仅具有暂定权利存在的性质。“现代社会之法律思想，已经由传统之事后损害赔偿制裁之救济方法，进入以事前预防损害及实现权利之保护措施。”② 出于保护权利的紧迫性要求，保全裁定和保全执行，无法同民事审判程序那样达到最终确认权利的程度，只要债权人对其权利的存在达到必要程度的释明，法院即可作出裁定和执行。

依据不同的标准，保全程序可以作不同的分类。

（1）依保全程序作用的法律领域为标准，保全程序可以分为诉讼程序上的保全、仲裁程序上的保全和破产程序中的保全。

诉讼程序上的保全，是指在民事诉讼、刑事诉讼、行政诉讼程序上发挥作用的保全。民事诉讼上的保全自不待言，刑事诉讼中的财产刑、刑事附带民事诉讼以及行政诉讼程序运行中均可能存在保全问题。仲裁程序开始之前或仲裁进行之中，为保证将来裁决的执行，利害关系人或申请人也可向法院或仲裁机构申请保全。③《企业破产法（试行）》（已失效）颁布后，一些学者主张在破产程序中适用财产保全制度，其理由是在破产案件受理后，破产宣告前，为了保证将来的破产清偿能够顺利进行，并有效地维护债权人的合法权益，因而有必要对债务人的财产处分权加以限制。④

（2）依保全程序作用的事件类型的不同，可以分为抽象保全与具体保全。

抽象保全适用于一般类型的事件，抽象保全的条件、程序和救济具有普遍适用性，也称普通保全；具体保全则仅适用于特定类型的保全事件，优先适用特殊的保全程序，无特殊规定时遵循普通保全程序。我国澳门特别行政区《民事诉讼法典》第2卷第3编保全程序就作了如此分类。其中，特定保全程序包括“占有之临时返还”“法人决议之中止执行”“临时扶养”“裁定给予临时弥补”“假扣押”“新工程之禁制”和“制作清单”七种事件，

① 参见［德］奥特马·尧厄尼希：《民事诉讼法》，9页，北京，法律出版社，2003。
② 陈荣宗、林庆苗：《民事诉讼法》，882～883页，台北，三民书局，1996。
③ 参见我国《仲裁法》第28条，《CIETAC仲裁规则》第23条。
④ 参见柴发邦主编：《破产法教程》，79页，北京，法律出版社，1991。

并且该法第337条明确规定普通保全程序的规定可以补充适用于特定保全程序。应当说，这种划分方式极具特色。

(3) 根据保全程序所欲保全的本案请求权的不同类型，可以将保全程序分为金钱请求的保全与非金钱请求的保全。

前者是指债权人为保全其金钱请求或可以转化为金钱请求的请求权将来得以强制执行，而暂时扣押债务人的财产或禁止其处分权利，也称假扣押；后者是指就非金钱请求（包括交付物的请求和作为不作为请求）的强制执行或为了维持法律关系的现状所作的保全，也称假处分。这是以德、日为代表的大陆法系国家最常见的分类方法，我国台湾地区的相关规定也延续了这种分类。

(4) 根据保全程序所欲保全的本案请求是否具有财产性质，可以将保全程序分为财产保全与行为保全（非财产保全）。

财产保全是针对金钱请求的保全与交付物的请求的保全；行为保全则是针对作为请求和不作为请求的保全。在分类方式上，该分类与假扣押、假处分的分类具有相似性，但区别是对于交付物的请求的保全在归类方法上不同。①

## 二、财产保全的类型和适用条件

财产保全在民事程序法中广泛使用。依《民事诉讼法》第100条、第101条，最高人民法院《关于人民法院民事执行中查封、扣押、冻结财产的规定》第3条、第4条，《中华人民共和国仲裁法》第28条，财产保全分为诉讼财产保全、诉前财产保全、执行前财产保全和仲裁财产保全四种。

### (一) 诉讼财产保全

诉讼财产保全，是指人民法院在受理案件之后、作出判决之前，对当事人的财产或者争执标的物采取限制当事人处分，或者禁止当事人实施或不实施某一行为的临时措施。

诉讼财产保全的适用条件是：(1) 需要对争议的财产采取诉讼保全的案件必须是给付之诉，即该案的诉讼请求具有财产给付内容。(2) 将来判决有可能难以执行或者造成当事人其他损害。(3) 发生在民事案件受理后、法院尚未作出生效判决前。(4) 一般由当事人提出书面申请。

法院可以责令申请人提供担保。提供担保的数额相当于请求保全的数额。申请人不提供担保的，法院裁定驳回申请。因诉讼保全错误给被申请人造成损失的，被申请人可以直接从申请人提供担保的财产中得到赔偿。

### (二) 诉前财产保全

诉前财产保全，是指在紧急情况下，法院不立即采取保全措施，利害关系人的合法权

---

① 有的国内学者是以保全对象是财产还是行为为标准来划分财产保全和行为保全，这种观点有相当大的局限性。参见董华、范跃如：《试论“行为保全”——兼论我国民事保全程序的立法体系》，载曹建明主编：《程序公正与诉讼制度改革》，451页以下，北京，人民法院出版社，2002。

利会受到难以弥补的损害，因此法律赋予利害关系人在起诉前或申请仲裁前有权申请法院采取保全措施。

诉前财产保全的适用条件是：（1）需要采取诉前保全的本案请求须具有给付内容。（2）情况紧急，不立即采取相应的保全措施，可能使申请人的合法权益受到难以弥补的损失。（3）由利害关系人提出申请。（4）向被保全财产所在地、被申请人住所地或者对案件有管辖权的人民法院申请。（5）申请人必须提供担保。

利害关系人须在法院采取保全措施后30日内提起诉讼或者申请仲裁，否则法院应当解除财产保全措施。

#### （三）执行前财产保全

《民诉法解释》第163条规定："法律文书生效后，进入执行程序前，债权人因对方当事人转移财产等紧急情况，不申请保全将可能导致生效法律文书不能执行或者难以执行的，可以向执行法院申请采取保全措施。债权人在法律文书指定的履行期间届满后五日内不申请执行的，人民法院应当解除保全。"

设立执行前的财产保全是出于以下几个因素的考虑：作为执行依据的法律文书附有期限；财产登记在第三人名下，先保全再说；正式执行程序有迟延性，不利于及时控制财产；诉讼中没有申请财产保全或者实施了财产保全，但保全期限届满，保全措施失效。

#### （四）仲裁财产保全

《仲裁法》第28条规定："一方当事人因另一方当事人的行为或者其他原因，可能使裁决不能执行或者难以执行的，可以申请财产保全。当事人申请财产保全的，仲裁委员会应当将当事人的申请依照民事诉讼法的有关规定提交人民法院。"《民事诉讼法》第272条规定："当事人申请采取保全的，中华人民共和国的涉外仲裁机构应当将当事人的申请，提交被申请人住所地或者财产所在地的中级人民法院裁定。"

申请仲裁财产保全的主体是当事人，而非仲裁机构；有权作出仲裁保全措施的机关是人民法院，仲裁委员会相当于"二传手"，不过1982年以前仲裁委员会也曾有权作出临时性裁定；《仲裁法》第28条仅规定仲裁程序中的财产保全，未明确规定仲裁前财产保全，这是仲裁法的一个漏洞。[①] 本章引例萨达莱姆公司案如果发生在我国，法院在适用财产保全措施时，就会面临法律缺位的困境。

### 三、财产保全的范围、措施、解除及变更

《民事诉讼法》第102条规定："保全限于请求的范围，或者与本案有关的财物。"所谓

---

① 1997年5月，最高人民法院、广东省高级人民法院、上海市高级人民法院、北京市高级人民法院、北京市第二中级人民法院、上海市第二中级人民法院、深圳市中级人民法院等以及中国国际经济贸易仲裁委员会、中国海事仲裁委员会、深圳仲裁委员会在深圳召开了"涉外仲裁司法审查研讨会"。根据会议形成的会议纪要，在提起仲裁程序之前，当事人申请财产保全的，可依据《民事诉讼法》有关诉前财产保全的规定，直接向人民法院提出。该会议纪要起到了弥补法律漏洞的作用。

限于请求的范围，是指被保全的财产的价值，应与利害关系人的保全请求或者当事人的诉讼请求的数额基本相等。所谓与本案有关的财物，是指保全的财物是本案诉讼的标的物，或者是与本案的标的物有牵连的其他财产，包括债务人对于第三人的到期债权。

财产保全采取查封、扣押、冻结或者法律规定的其他方法。对抵押物、留置物可以采取财产保全措施，但抵押权人、留置权人有优先受偿权。人民法院对债务人到期应得的收益，可以采取财产保全措施，限制其支取，通知有关单位协助执行。对季节性商品，鲜活、易腐烂变质、其他不宜长期保存的物品采取保全措施时，可以变价后保存价款。

根据《民诉法解释》第 166 条，财产保全因下列原因而解除：(1) 诉前保全的申请人在采取保全措施后 30 日内未起诉或申请仲裁的；(2) 保全错误的；(3) 申请人撤回保全申请的；(4) 申请人的起诉或者诉讼请求被生效裁判驳回的；(5) 人民法院认为应当解除保全的其他情形。解除以登记方式实施的保全措施的，应当向登记机关发出协助执行通知书。

人民法院根据利害关系人或当事人的申请而采取财产保全措施，如果由于申请人的错误而导致被申请人因财产保全而遭受损失的，应当由申请人负责赔偿；因人民法院依职权采取保全措施错误造成损失的，由人民法院依国家赔偿法予以司法赔偿。

根据《民诉法解释》第 167 条，财产保全的被保全人提供其他等值担保财产且有利于执行的，人民法院可以裁定变更保全标的物为被保全人提供的担保财产。

## 四、保全程序中的审执分立

完整的保全程序包括两个层次的结构：保全命令程序与保全执行程序。保全命令程序也称保全审判程序，是指保全程序执行依据的取得程序；保全执行程序是指保全裁定作出后，法院以保全裁定书为执行依据实施控制性执行行为的程序。在德、日等大陆法系国家，保全审判程序与保全执行程序分别遵循不同的程序原理，采用不同的制度设置，并且由不同的法院内设机关践行这两种程序。但是，在立法体例上，保全审判程序与保全执行程序对于是否分开立法，是否将保全执行程序纳入整个强制执行制度中，则存在不小分歧。

以德国为代表的国家，无论保全命令程序还是保全执行程序，都统一规定在民事诉讼法第八编"强制执行"中。我国台湾地区彻底贯彻了保全程序中的审执分立原则，"民事诉讼法"上规定保全审判程序，"强制执行法"上规定了保全执行程序。日本《民事诉讼法》于昭和五十四年以前，于其第六编规定强制执行，所采立法例与德国相同，未将保全审判程序与保全执行程序分开规定。昭和五十四年三月三十日日本实施《民事执行法》，保全执行程序规定于《民事执行法》中，而保全审判程序则留在《民事诉讼法》中。此时期日本立法例的做法与我国台湾地区目前的做法相同。1989 年日本实施《民事保全法》，将《民事诉讼法》上的保全审判程序与《民事执行法》上的保全执行程序合并在一起，民事保全程序完全脱离民事诉讼法与民事执行法而独立成为法典。1991 年我国《民事诉讼法》第九章"财产保全和先予执行"，既规定了保全裁定的作出程序，也规定了保全执行的方式方法，奉行的是审执合一的保全程序立法例。

通常认为，法庭在作出保全裁定的阶段，要遵循自然公正（natural justice）或正当程序（due process）的基本准则，给保全申请人和被申请人参与保全裁定作出程序提供程序保障。法院作出保全裁定之前，要听取被申请人的意见和申辩，当然，听取其陈述影响保全效力或保全目的的实现的除外。即便是在审理"一面之词"（ex parte）的保全申请时，也要尽可能地维护被申请人的利益，即保全裁定作出后，保全裁定要尽快送达给被申请人，给被申请人申请法庭撤销保全裁定的救济机会。从这个意义上说，保全裁定的作出程序虽然审理方法较通常审理程序简便而以裁定为之，但性质上可以归结为一种特别诉讼程序，适用法律时应当适用民事诉讼程序，而不能适用非讼事件法的规定。

保全裁定在执行性质上属于控制性的执行行为，其性质在学理上一直存在着诉讼事件说和非讼事件说之争。主张执行程序属于诉讼事件者多认为，执行程序是实现私权的程序，具有以维持法律及确保其实效性为目的的作用，其程序构造也是法院就对立双方当事人的参与而设置，在沿革上一直作为民事诉讼的一部分。诉讼事件说非常盛行，一度为主流学说，目前持该观点的主要有英美法系国家和以法国为代表的大陆法系国家。主张执行程序为非讼事件者认为，诉讼事件在于解决纠纷、确定私权存否及其范围；非讼事件不在于解决纠纷、确定私权，而在于依司法行政作用使法律关系发生、变更或消灭。持此观点的主要是德、日等大陆法系国家的一些学者。我国台湾地区大多数学者赞成此观点。①

依据保全程序审执分立理论，承认仲裁机构（仲裁庭）享有财产保全决定的作出权，同时不排斥法院在此问题上的固有权限，仲裁庭与法院享有平行的作出保全裁定的权力，此即"并存权力"（concurrent power of the arbitral tribunals and the courts）说。保全裁定程序与保全执行程序分立后，就把原来笼罩在保全制度上的强制性色彩予以分解、剥离，从中离析出不具有强制性色彩的保全裁定程序，使民间仲裁机构足以胜任该程序的运作。尤其在仲裁庭组成以后，仲裁庭对案情最为了解，对是否需要采取保全措施最为明了，由仲裁庭作出保全裁定将避免时间上的拖延，有利于仲裁裁决的执行。

## 第二节　行为保全与诉前禁令

**【案例 12-1】玛利瓦禁令（Mareva Injunction）**

日本船主向定期租船人出租其货船——"玛利瓦号"，合同要求租金必须提前半个月支付。租船人拖欠了第三笔租金，不过，在伦敦的一家银行里，租船人还存有一笔钱。日本船主担心定期租船人把这笔钱转移到英国以外的其他国家，故委托律师向英国法院起诉，要求法院受理此案，并且在法院受理此案之前，申请法院发布一项禁令，禁止租船人将这笔钱转移到英国审判权以外的地方去。初

① 参见杨与龄：《强制执行法论》，14页，北京，中国政法大学出版社，2002；陈世荣：《强制执行法诠解》，11页，台北，自行印行，1988；汪伟成：《强制执行法实用》，3页，台北，三民书局，1978；林升格：《强制执行法理论与实务》，13页，台北，五南图书出版公司，1983。

审法院以无法律依据和先例为由拒绝，日本船主不服该裁决上诉到上诉法院，以丹宁勋爵为院长的上诉法院立即发布了诉前禁令，从而创设了英国民事诉讼的一项新制度，此案也开启了丹宁勋爵所自称的“我一生中最重大的一次司法改革”①。

**【案例 12－2】巴斯夫公司申请诉前行为保全案**

巴斯夫公司是依瑞士法律成立的一家瑞士公司，于 1994 年 7 月在中国获得名称为杀虫、杀螨、杀线虫剂芳基吡咯及其组合物的制备方法的发明专利权。2003 年 4 月北京新农基公司为生产基经营目的，未经授权，在第四届中国国际农用化学品展览会及互联网上，许诺销售溴虫腈 10%悬浮剂。巴斯夫公司经过比较后认为溴虫腈 10%悬浮剂中的化合物和载体分别与其专利要求 1 中的化合物和载体相同，属于其专利要求 1 的保护范围，新农基公司侵犯其专利权。鉴于农药属于季节性产品，春天正值分销使用旺季，如果新农基公司不立即停止侵权将会给巴斯夫公司造成难以弥补的损失。于是，巴斯夫公司依法向法院提交了诉前行为保全的申请，请求法院判令新农基公司立即停止侵害专利权的行为。

## 一、行为保全的一般理论

### （一）行为保全的含义和适用条件

对于非财产权的请求，因债务人的行为或者其他原因，可能使判决不能执行或者难以执行的，债权人可以向法院申请制止某种行为或者要求作出某种行为的保全，即为行为保全。

“行为保全”是我国民事诉讼理论上的一个独有的术语。2012 年修订后的《民事诉讼法》将原第九章“财产保全和先予执行”改为“保全和先予执行”，至此我国民事诉讼法中的保全即包括财产保全与行为保全两类。行为保全不宜简单地理解为对一定行为采取的保全措施，即从保全对象的特性上界定行为保全制度，这种界定方式过于狭隘，缩小了行为保全的范围。可以考虑将行为保全概念与本案请求权概念联系起来：行为保全是指对于作为或不作为请求的案件，为了保证将来判决的执行，或者避免损失的扩大，由利害关系人在诉讼前或诉讼过程中责令被申请人为一定行为或不为一定行为的强制性措施。

如果说财产保全的适用前提就是争议标的物或债务人的责任财产有转移、隐匿、处分、灭失的可能，在这种情况下才有保全的必要，那么可以说，财产保全是见物不见人的制度。行为保全则与之不同，行为保全是见人不见物的制度。行为保全专注于债务人的行为，包括积极的作为和消极的不作为。适用行为保全的前提是：客观上存在着因债务人的行为而影响债权人权利实现的极大可能，如果不及时阻止债务人继续实施该行为，或者不及时责令债务人实施某行为，债权人的权利就会继续遭到损害，或遭到难以弥补的损害。

行为保全的适用条件有：（1）有初步证据表明申请人的合法权益正在或者将要受到被

---

① ［英］丹宁勋爵：《法律的正当程序》，145 页以下，北京，法律出版社，1999。

申请人的侵害；（2）如不采取行为保全将会给申请人造成损害或者使其损害扩大；（3）如不采取行为保全可能给申请人造成的损害大于如采取行为保全可能给被申请人造成的损害。但如采取行为保全会损害公共利益的，不得采取行为保全。

### （二）行为保全方法

行为保全的措施、方法不同于财产保全：财产保全针对被申请人的责任财产或双方争议的财产，而行为保全则责令被申请人为一定行为或制止被申请人为一定行为。

行为保全既可是与因交易行为而发生的纠纷有关的不作为请求，也可是与由非交易行为而生的纠纷有关的不作为请求。因受科技等知识的限制，对于行为保全的具体方法，有时难以达成大家所公认的见解或标准；对于制止被申请人为一定行为的案件，也可能存在两种以上的方法可供执行机关选择。比如，有时要防止同一噪音或污染，所可能采用的方法不只有单一一种方法，而可能有两种以上。此际，就要考虑到债权人与债务人之间的各种利害关系，以判定由其中何方进行选择；甚至有时需要同时采取两种以上的方法。例如，对于侵害相邻权的纠纷案件，一方当事人在人行道上垒墙，妨害邻人通行。如采取行为保全措施，那么法院至少应采取两个措施：一是要求被申请人拆除已建的墙；二是维持通道原来的通行状态。前者是责令被申请人为一定行为，后者强制被申请人不得为一定行为。

正是由于行为保全裁定在作出时，有些情况是没有办法预测到的，因而需要执行保全裁定时，才能视具体情形由执行机构决定相应的执行方法或内容。鉴于行为保全措施、方法的多样性、复杂性甚至不确定性，法院在作出行为保全裁定时，对于保全裁定主文就要求具有一定的概括性、抽象性，以便能有针对具体状况做选择的机会；否则，申请人只好一而再、再而三地不断地提出行为保全申请，来重新确定保全执行的方法，那么，行为保全请求权就难以获得实现。

### （三）行为保全的解除或免除

行为保全如果可以通过金钱给付达到目的，或者债务人将因行为保全受到难以弥补的重大损害的，或者有其他特殊情形的，法院可以在保全裁定内记载债务人可以提供担保，以解除保全或者免除保全。

## 二、诉前禁令

### （一）诉前禁令的含义

诉前禁令，是指法院在诉讼提起之前，应权利人或利害关系人的请求，采取措施制止正在实施或即将实施的侵权行为，以保障权利人的合法权益的一种临时性救济行为。诉前禁令最早起源于英国，1975 年以丹宁勋爵为院长的英国上诉法院发布了玛利瓦禁令（Mareva Injunction）（见【案例 12-1】），从而确立了一项新的司法制度。丹宁勋爵在裁决时指出：

> 如果债务应当偿还而没有偿还，那么就存在着这样一种危险，即债务人可能转移他的财产以便在判决之前把它化为乌有。因此，法院在审理一个适当案件时就有发布一项中间禁制

令，防止债务人转移财产的司法权力。我认为目前这个案件对行使这一司法权力正好适用。[①]

在拉苏诉波米塔纳案中，丹宁勋爵在裁决中再次重申诉前禁令的必要性：

这不是一个是否应该发布禁制令限制被告使用或转移在利物浦财产的案件……我认为，法院在判决之前有发布限制转移财产的禁制令的裁量权——不管被告是在管辖权之内还是在管辖权之外。这种裁量权不应受到刻板规矩的束缚，当法院认为是正当适宜的时候，就可以行使这项权力。[②]

诉前禁令在我国也称诉前停止侵权行为，理论上属于行为保全范畴，是由《海事诉讼特别程序法》《专利法》《商标法》和《著作权法》等确立的一项程序制度，有利于落实《与贸易有关的知识产权协定》（以下简称 TRIPs 协议）第 50 条的规定，制止侵犯知识产权活动发生，维护申请人的合法权益。

2008 年修订的《专利法》第 66 条规定，专利权人或者利害关系人有证据证明他人正在实施或者即将实施侵犯专利权的行为，如不及时制止将会使其合法权益受到难以弥补的损害的，可以在起诉前向法院申请采取责令停止有关行为和财产保全的措施。最高人民法院据此于 2001 年 6 月 7 日颁布了《关于对诉前停止侵犯专利权行为适用法律问题的若干规定》，共 18 条，就诉前停止侵犯专利权行为的申请人、申请的条件、申请和审查的程序、采取的措施等事项均详细定有明文。无独有偶，2013 年修正的《商标法》第 65 条和 2010 年修正的《著作权法》第 50 条也有关于诉前停止侵权行为的规定。人民法院处理上述诉前停止侵犯知识产权申请，均适用《民事诉讼法》第 101 条至第 105 条和第 108 条的规定。【案例 12－2】巴斯夫公司申请诉前行为保全案符合《商标法》第 65 条的规定，因而得到法院支持。

诉前禁令对于持续性的侵权行为具有类型化和普适性的意义，可以广泛地适用于侵犯专利权、商标权、著作权、商业秘密纠纷、计算机软件侵权纠纷、反不正当竞争纠纷、侵犯人身权纠纷以及其他侵权行为案件。在公司法中，由于股东有权要求停止违法的股东大会、董事会决议，监事有权要求董事和经理停止损害公司利益的行为，所以，股东和监事能否诉前要求停止实施某种行为，也是值得思考的。

### （二）诉前禁令的适用条件

关于诉前禁令的适用条件，目前仅有的依据是《海事诉讼特别程序法》第 56 条。该条规定，作出海事强制令，应当具备下列条件：（1）请求人有具体的海事请求；（2）需要纠正被请求人违反法律规定或者合同约定的行为；（3）情况紧急，不立即作出海事强制令将造成损害或者使损害扩大。

对于某些特殊类型案件的诉前禁令而言，需要设置特殊的适用条件。比如，专利侵权案件中，申请人起诉前申请法院裁定被申请人停止侵害专利权的行为，要求被申请人停止生产、停止销售，如果保全错误会给被申请人造成难以弥补的损失。为此，法院要在两种利益之间进行权衡：不采取行为保全可能给申请人造成的损害与采取行为保全可能给被申

① 参见［英］丹宁勋爵：《法律的正当程序》，147 页，北京，法律出版社，1999。

② 参见［英］丹宁勋爵：《法律的正当程序》，153 页，北京，法律出版社，1999。

请人造成的损害哪个更大。所以，诉前禁令的适用条件还要视不同案件类型的需要，结合相关法律和司法解释，加以具体的确定。

（三）诉前禁令的程序

1. 诉前禁令作出程序的本案审理化。诉前禁令是对申请人权利的暂时实现，诉前禁令的内容实际上是本案程序所欲保护的债权人权利的全部或部分。在德、日等大陆法系国家，诉前禁令属于保全制度的组成部分，称为履行性的假处分程序，或者满足性的假处分程序。债权人通过援引该程序保护自己的权利，并且临时满足自己的全部或部分权利。这种程序如果适用不当，会严重损害对方的合法权益。基于此，法院在作出诉前禁令时，应慎之又慎，德、日学者认为这种程序很大程度上类似于本案审理程序，应贯彻对席辩论原则，不能搞一面之词的单方当事人程序，其道理就在于此。

2. 特别紧急情况下的例外。在特别紧急的情况下，经过对申请人与被申请人双方权利的慎重考量，法院可以不经过开庭审理就发出诉前禁令，避免因诉前禁令作出程序的本案审理化造成程序的过分拖延。

## 第三节 先予执行程序

**【案例 12 - 3】苏州建筑材料厂申请先予执行案**

苏州建筑材料厂（买方）与丹东贸易公司（卖方）签订了钢材买卖合同，合同标的金额 300 万元，买方预付 30%的货款即 90 万元给卖方，但卖方一直没有供货，买方申请丹东中级人民法院诉讼财产保全了丹东贸易公司的银行账户，冻结了该账户中的 100 万元。由于苏州建筑材料厂资金周转不动，工厂面临停产，工人已有两个月没开工资，因而申请丹东中级人民法院对已保全的资金中 90 万元先予执行，以救燃眉之急。但法院对此申请产生了不同意见。

### 一、先予执行的概念

先予执行，是指人民法院在诉讼过程中，根据一方当事人的申请，裁定另一方当事人给付申请人一定数额的金钱或其他财物，或者实施或停止某种行为的一种制度。

先予执行，是相对于依据生效判决所进行的强制执行而言的。一般情况下，人民法院审理案件，从受理到作出生效判决，需要经过一段时间。在这段时间内，有的案件中权利人可能由于经济困难，不能维持正常的生活，或者无法进行生产经营活动，如果等到人民法院作出判决，再按判决的内容执行，往往难以解决当事人的燃眉之急。因此，人民法院在作出终审判决前，先裁定被申请人给付申请人一定数额的款项或其他财物，或者裁定被申请人实施某种行为或停止某种行为，以解决当事人生活或生产经营上的困难，避免申请人的合法权益遭受进一步的侵害。

## 二、先予执行的条件

根据《民事诉讼法》第107条及《民诉法解释》第169条和第170条的规定，人民法院裁定先予执行，应当符合以下条件。

1. 当事人之间权利义务关系明确。

2. 申请人有生活或生产经营的急需，不先予执行将严重影响申请人的生活或者生产经营。申请人的生活或生产经营急需，主要指两种情况：(1) 申请人无生活来源，如不先予执行可能给权利人的生活带来严重困难；(2) 义务人不履行义务，不先予执行将使申请人停工停产，甚至破产的。

3. 本案的诉讼请求属于给付之诉。

4. 被申请人有履行能力。

就【案例12-3】苏州建筑材料厂申请先予执行案而言，由于当事人之间权利义务关系明确、本案的诉讼请求属于给付之诉、被申请人有履行能力、申请人有生产经营急需，因而申请人提出的申请符合先予执行的条件。尤其是丹东中级人民法院法官为了查明申请人是否确有困难，曾赴苏州实地调查，发现申请人苏州建筑材料厂所有厂房几乎空荡无人，313名工人中只有不到30人在工厂，基本处于停工停产的状态。据此，应当认为申请理由成立。

## 三、先予执行的适用范围

根据《民事诉讼法》第106条的规定，人民法院对下列案件，根据当事人的申请，可以裁定先予执行：

1. 追索赡养费、扶养费、抚育费、抚恤金、医疗费用的；

2. 追索劳动报酬的；

3. 因情况紧急需要先予执行的。

根据《民诉法解释》第170条，情况紧急包括：(1) 需要立即停止侵害、排除妨碍的；(2) 需要立即制止某项行为的；(3) 追索恢复生产、经营急需的保险理赔费的；(4) 需要立即返还社会保险金、社会救助资金的；(5) 不立即返还款项，将严重影响权利人生活和生产经营的。

## 四、先予执行的程序

1. 申请人提出书面申请，法院不能主动采取先予执行措施。

2. 责令申请人提供担保，申请人不提供担保的，驳回申请。

3. 作出先予执行的裁定。裁定必须采用书面形式。裁定书一经送达当事人后，立即发生法律效力。当事人对裁定不服的，不得上诉，但可以申请复议一次，复议期间不停止裁定的执行。对当事人不服先予执行裁定提出的复议申请，人民法院应及时审查，裁定正确的，通知驳回当事人的申请；裁定不当的，作出新的裁定变更或者撤销原裁定。

4. 裁定先予执行后，本案经过审理，判决申请人败诉的，申请人应当将先予执行取得的财产返还给对方。拒不返还的，由人民法院强制执行。被申请人因先予执行遭受损失的，由申请人予以赔偿。

## 第四节　妨害民事诉讼的强制措施

**【案例 12-4】公然蔑视法庭**①

1631 年，英国大法官法院首席法官理查森在赛利斯伯利巡回审判中，一个当事人向法官扔了一块砖头，险些击中主审法官。结果该当事人被砍断右手，法庭判处其绞刑，当庭被绞死。

在英国上诉法院审理的另一起案件中，法庭休庭前，一个男子从旁听席上站起来，向法官扔了一个西红柿，但没扔准，西红柿从高等法官克老森（Clauson）和戈达德（Goddard）中间飞了过去，一声脆响打在门板上。法官们吃了一惊。他们休庭几分钟，然后又开庭，把扔西红柿的人带上来，立刻判了他 6 个月监禁。

**【案例 12-5】"催笑气"事件**②

斯蒂文森·巴洛夫是某一代理律师的临时帮手，案件一再拖延令他极为厌烦。他打算使审判活跃起来。他知道有一种名叫一氧化二氮的气体，当人呼吸到这种气体时会产生兴奋的感觉，这种气体俗名"催笑气"。他从某医院弄到了半筒"催笑气"，案件审判期间，他爬到法庭的房顶，找到通风管后，打算把圆筒放在通风系统的入口处，把气体放进法庭，让当事人的发言变得生动。但是由于被法警及时发现和阻止，未能成功。法官并不认为此举有趣，而是认定没有"比这更严重的蔑视法庭行为"。巴洛夫为此付出了代价，被判 6 个月监禁。

**【案例 12-6】房客因作证被赶出房门案件**③

房主按套出租一所房子，哈兰德和查普曼是其中租房的两个房客。因房主与哈兰德发生纠纷，哈兰德起诉了房主。哈兰德要查普曼提供证据，查普曼怕提供不利于房主的证据会给自己惹祸，因此不愿出庭作证。经法庭传唤，查普曼屈于传唤的威力才出庭作证。第二天，房主通知查普曼搬出房子，理由是：查普曼作出了有利于哈兰德的证词。法庭认为，房主企图以惩罚性的方式赶他走是为了对

① 参见［英］丹宁勋爵：《法律的正当程序》，3 页以下，北京，法律出版社，1999。
② 参见［英］丹宁勋爵：《法律的正当程序》，12 页以下，北京，法律出版社，1999。
③ 参见［英］丹宁勋爵：《法律的正当程序》，23 页以下，北京，法律出版社，1999。

他进行报复，这本身就是一种蔑视法庭的行为。

## 一、强制措施的含义、性质

对妨害民事诉讼的强制措施，是指人民法院在民事诉讼中，为了排除干扰，纯洁诉讼秩序，保障诉讼的顺利进行，对有妨害民事诉讼秩序行为的人，所采取的司法强制手段。

强制措施在性质上属于司法性质的行为，因此民诉法的强制措施也称为司法强制。司法强制（judicial coercion），意指司法过程中实施的强制行为或者具有司法性质的强制行为。司法强制措施一般由作出司法强制裁决的法院实施，也可以由法院审查后交由其他机关实施。司法强制的内容包括法院为纯洁司法程序而采取的强制措施、保全强制以及强制执行行为（judicial enforcement）。

## 二、妨害民事诉讼行为的种类和构成要件

### （一）妨害民事诉讼行为的种类

根据《民事诉讼法》第 109～117 条，妨害民事诉讼的行为主要有以下几种：

1. 必须到庭的被告，经人民法院两次传票传唤，无正当理由拒不到庭。

2. 违反法庭规则，扰乱法庭秩序。

如《民诉法解释》第 176 条规定的：

（1）未经准许进行录音、录像、摄影的；

（2）未经准许以移动通信等方式现场传播审判活动的；

（3）其他扰乱法庭秩序，妨害审判活动进行的。

有前款规定情形的，人民法院可以暂扣诉讼参与人或者其他人进行录音、录像、摄影、传播审判活动的器材，并责令其删除有关内容；拒不删除的，人民法院可以采取必要手段强制删除。

3. 妨害诉讼证据的收集、调查以及阻拦、干扰诉讼进行的行为。

（1）伪造、毁灭重要证据，妨碍人民法院审理案件。

（2）以暴力、威胁、贿买方法阻止证人作证，或指使、贿买、胁迫他人作伪证。

（3）隐藏、转移、变卖、毁损已被查封、扣押的财产，或者已被清点并责令其保管的财产，转移已被冻结的财产。

（4）对司法工作人员、诉讼参加人、证人、翻译人员、鉴定人、勘验人、协助执行的人，进行侮辱、诽谤、诬陷、殴打或者打击报复。

（5）以暴力、威胁或者其他方法阻碍司法工作人员执行职务。

（6）拒不履行人民法院已经发生法律效力的判决、裁定。

4. 实施恶意诉讼和恶意规避执行的行为。

（1）当事人之间恶意串通，企图通过诉讼、调解等方式侵害他人合法权益的。

（2）被执行人与他人恶意串通，通过诉讼、仲裁、调解等方式逃避履行法律文书确定的义务的。

5. 有义务协助调查、执行的单位或组织拒不履行协助义务的行为。

（1）有关单位拒绝或者妨碍人民法院调查取证的。

（2）有关单位接到人民法院协助执行通知书后，拒不协助查询、扣押、冻结、划拨、变价财产的。

（3）有关单位接到人民法院协助执行通知书后，拒不协助扣留被执行人的收入、办理有关财产权证照转移手续、转交有关票证、证照或者其他财产的。

（4）其他拒绝协助执行的。如允许被执行人高消费，允许被执行人处境等。

6. 采取非法拘禁他人或者非法私自扣押他人财产方式追索债务。

### （二）妨害民事诉讼行为的构成要件

构成妨害民事诉讼的行为，应同时具备以下几个要件：

1. 行为人必须已经实施了妨害民事诉讼的具体行为；

2. 必须是行为人故意的行为；

3. 必须是行为人在民事诉讼过程中实施的行为；

4. 必须是足以妨害民事诉讼的进行。

法庭是庄严神圣的场所，不容任何人轻慢和蔑视。诉讼是实现正义之举，不容任何人侵扰和妨害。而法官是法律世界的中心，蔑视法官等于蔑视法律。为了纯洁司法秩序，对于实施妨害民事诉讼行为的人，法庭有权予以处罚。在英美法上这是法官的固有权限。在【案例 12－4】中，当事人或案外人在法庭上向法官扔石头、西红柿，都属公然蔑视法庭的行为而被惩处；在【案例 12－5】“催笑气”事件、【案例 12－6】房客因作证被赶出房门案件中，法庭只要查明该行为是行为人在民事诉讼过程中故意实施的行为，即可认定为蔑视法庭的行为。英国法上的这些著名案例所呈现出来的制度特征，与我国民诉法上的强制措施并无二致。

**【案例 12－7】佟克水与卫林生借款合同纠纷案**①

佟克水与卫林生系同事，1998 年 4 月，佟克水向卫林生借款 400 元，并写了借条，言明 1999 年 4 月月底之前还清。1999 年 7 月，卫林生向佟克水催要欠款，并请同事刘国东共同来劝说佟克水，在卫林生出示借条时，佟克水将借条夺过撕毁。卫林生将被撕借条夺回，并用胶水粘贴修补，但借条上佟克水的签名已模糊不清。卫林生于 1999 年 8 月到人民法院起诉，要求佟克水返还借款，法院开庭时传唤证人刘国东到庭作证，刘国东以工作忙为借口拒不到庭，而被告佟克水则在法庭上嘲笑和侮辱审判人员。法院经笔迹鉴定，确认破碎的借条上的字迹为佟克水所写，判决佟克水败诉。佟克水未提起上诉。判决生效后，佟克水找法庭原案审判员纠缠，并顺手将审判员桌上的该案案卷材料撕毁两页。本案哪些行为属于妨害民事诉讼的行为？

---

① 参见律师资格考试试题 1999 年试卷二第 63 题。

妨碍民事诉讼秩序，要求行为必须发生在民事诉讼过程当中，这里指的民事诉讼过程包括从起诉到执行完毕的整个过程。本案佟克水在法庭上侮辱审判人员的行为属于妨碍民事诉讼的行为，但佟克水撕毁借条的行为和撕毁本案案卷材料的行为发生在诉讼程序之外，不属于妨碍民事诉讼的行为，应依法律规定采取相应措施处理。刘国东拒绝作证的行为不属于妨碍民事诉讼的行为。

## 三、强制措施的种类及其适用

### (一) 拘传及其适用要点

1. 拘传是诉讼中强制被告或其法定代理人、被执行人到庭接受调查的一种措施。适用拘传须具备以下条件：(1) 被拘传人须为必须到庭接受询问的被告或其法定代理人、法定代表人或负责人，被执行人或被执行人的法定代表人或负责人；(2) 经两次传票传唤；(3) 被拘传人无正当理由拒不到场。

根据《民诉法解释》第 174 条，人民法院对必须到庭才能查清案件基本事实的原告，经两次传票传唤，无正当理由拒不到庭的，也可以拘传。

2. 拘传受时间限制。对被拘传人的调查询问不得超过 24 小时，调查询问后不得限制被拘传人的人身自由。

3. 禁止异地拘传。在本辖区以外采取拘传措施时，应当将被拘传人拘传到当地法院。当地法院应予以协助。

### (二) 训诫及其适用要点

训诫一般适用于违反法庭规则，扰乱法庭秩序，情节较轻的行为。训诫的实施，是由合议庭或独任审判员决定，由审判长或独任审判员以口头方式当庭进行。训诫的内容应记录在案，并由被训诫人签字或盖章。

### (三) 责令退出法庭及其适用要点

责令退出法庭的措施较之训诫更为严厉，其适用于违反法庭规则，扰乱法庭秩序较为严重的行为，也可以在训诫仍不能制止行为人的妨害诉讼的行为时采用。该措施可以由合议庭或独任审判员决定。若行为人不自动退出法庭，可由司法警察强制其退出法庭。法庭应将被责令者的姓名、违反法庭规则的事实和危害后果记录在案。

### (四) 罚款及其适用要点

罚款是一种比较严厉的强制措施。除被告拒不到庭或被执行人拒不到场的行为外，人民法院对其他妨害民事诉讼行为人，都可以视其行为情节的轻重决定是否适用罚款措施并决定罚款的金额。根据《民事诉讼法》第 115 条第 1 款的规定，对个人的罚款金额，为人民币 10 万元以下。对单位的罚款金额，为人民币 5 万元以上 100 万元以下。

人民法院采取罚款措施，首先由合议庭或独任审判员提出意见，制作罚款决定书，报人民法院院长批准。其次通知被罚款人在指定期限内将所罚款项交人民法院。人民法院收到罚款后，必须给交款人开具收据。如果被罚款人不服罚款决定，可以向上一级人民法院申请复议一次。上一级人民法院应在收到复议申请后 5 日内作出决定，并将复议结果通知下级人民法院和被罚款人。复议期间不停止决定的执行。

### （五）拘留及其适用要点

拘留是强制措施中最严厉的一种，因它涉及公民的人身自由和民主权利，适用时应非常慎重。

采取拘留措施的程序是，由合议庭或独任审判员提出意见，报请本院院长批准，并制作拘留决定书。被拘留人对该决定不服的，有权向上一级人民法院申请复议一次。上一级人民法院应当在收到复议申请后 5 日内作出决定，并将复议结果通知下级人民法院和申请人。复议期间不停止决定的执行。若上一级人民法院复议时认为强制措施不当，应当制作决定书，撤销或变更下级人民法院的拘留决定。情况紧急的，可以在口头通知后 3 日内发出决定书。拘留期限不得超过 15 天。被拘留的人，由人民法院交公安机关看管。

适用拘留和罚款时应注意以下三个问题：

1. 禁止异地拘留。被拘留人不在本辖区的，作出拘留决定的人民法院应派员到被拘留人所在地的人民法院，请该院协助执行，被拘留人交由公安机关看管。

2. 禁止连续使用拘留和罚款措施。对同一妨害民事诉讼行为的罚款、拘留不得连续适用。但发生了新的妨害民事诉讼的行为，人民法院可以重新予以罚款、拘留。

3. 对人大代表和政协委员的拘留。拘留县级以上各级人大代表的，应经该级人大主席团或人大常委会许可；拘留乡、民族乡、镇的人民代表的，拘留后人民法院应立即报告乡、民族乡、镇的人民代表大会［参见《全国人民代表大会和地方各级人民代表大会代表法》（2015 年修正）第 32 条第 2 款和第 4 款］。拘留政协委员的，根据最高人民法院 1996 年《关于转发中共中央政法委〈关于对政协委员采取刑事拘留、逮捕强制措施应向所在政协党组通报情况〉的通知》的精神，拘留前应向该委员所在的政协党组通报情况，情况紧急的，可同时或事后及时通报。

### （六）限制出境及其适用

1. 限制出境，是指有未了结的民事案件的中国公民和外国人，被执行人或其法定代表人、负责人，人民法院可以决定其不能离境的一种强制措施。

2. 限制出境的条件是：（1）须有申请执行人提出申请；（2）当事人有未了结的民事案件。根据《出境入境管理法》第 12 条、第 28 条的规定，“有未了结的民事案件”的中国公民和外国人，人民法院可以决定其不能离境。所谓“有未了结的民事案件”，应当包括审判案件和执行案件，在案件性质上包括所有的“大民事”案件。

3. 限制出境的程序是：申请执行人申请；法院审查并作出边控裁定、填写边控对象通知书；向公安出入境管理机关进行限制出境人员通报备案；法院裁定解除对限制对象的限制出境，应通知公安机关。

### （七）妨害民事诉讼的刑事责任

对于妨害民事诉讼的行为，究竟是让行为人承担刑事责任，还是处以拘留或罚款，是视行为人侵害诉讼秩序、损害司法权威和司法尊严的轻重程度而定的。《民事诉讼法》第111条妨害民事诉讼的行为，第112条与第113条虚假诉讼的行为和第117条非法拘禁或非法索债行为，都设有依法追究刑事责任的规定。

**【案例12-8】汪自强遗产继承纠纷案①**

汪自强因遗产继承纠纷涉讼，汪为争夺遗产在诉讼过程中伪造遗嘱，指使他人提供伪证，法院认为汪的行为已构成犯罪。根据有关司法解释，对汪的犯罪行为在程序上如何处理？

《民事诉讼法》只规定了妨害民事诉讼行为构成犯罪的，依法追究其刑事责任，但是如何追究，适用何种程度却未予以明确规定。根据《民诉法解释》第187条～189条以及最高人民法院《关于人民法院执行工作若干问题的规定（试行）》（2008年修订，以下简称《执行规定》）第101条的规定，笔者认为，应当针对不同的妨害行为，追究已构成犯罪的人员的刑事责任。

1. 根据《民事诉讼法》第110条的规定，对哄闹、冲击法庭，侮辱、诽谤、威胁、殴打审判人员，严重扰乱法庭秩序的人，应当追究有关人员刑事责任的，由审理该案的审判组织直接予以判决；在判决前，应当允许当事人陈述意见或者委托辩护人辩护。

2. 根据《民事诉讼法》第111条第1款第6项的规定，应当追究有关人员刑事责任的，由人民法院刑事审判庭直接受理并予以判决。

3. 根据《民事诉讼法》第111条第1款第1～5项和第117条的规定，构成犯罪的，应当追究有关人员刑事责任的，依照刑事诉讼法的规定办理。

4. 根据《民事诉讼法》第112条的规定，当事人之间恶意串通，企图通过诉讼、调解等方式侵害他人合法权益的，人民法院应当驳回其请求，并根据情节轻重予以罚款、拘留；构成犯罪的，依法追究刑事责任。

5. 根据《民事诉讼法》第113条的规定，在执行过程中遇有被执行人或其他拒不履行生效法律文书或者妨害执行情节严重，需要追究刑事责任的，应将有关材料交由有关机关处理。

## 【问题与思考】

1. 在引例萨达莱姆公司案中，印度最高法院依据《1996年仲裁与调解法》第9条作出最终裁决：对于当事人的保全申请，无论仲裁程序开始前，还是仲裁中，以及裁决作出后，法院都对此项申请享有管辖权。为什么？

印度《1996年仲裁与调解法》第9条　法院采取的临时性保全措施

任何一方当事人在仲裁程序开始之前或者进行之中，或者在裁决作出之后但是在执行之前的时

---

① 参见国家司法考试试题2002年试卷三第80题。

间里，都可以根据本法第36条的规定，向法院申请采取以下措施：

…………

（2）与下列事项有关的临时性保全措施：

（a）保存、临时性监管措施或者出售仲裁协议项下货物；

（b）就仲裁争议金额提供费用担保；

（c）就仲裁争议所涉及的财产或者物品实施扣押、保管或者检验……

（d）临时禁令或指定接管人；

（e）法院认为公正和适当的其他临时保全措施。

《中华人民共和国仲裁法》第28条规定："一方当事人因另一方当事人的行为或者其他原因，可能使裁决不能执行或者难以执行的，可以申请财产保全。当事人申请财产保全的，仲裁委员会应当将当事人的申请依照民事诉讼法的有关规定提交人民法院。"请结合我国仲裁法的规定，分析在我国设立仲裁前的财产保全制度的必要性。

2. 在【案例12-2】巴斯夫公司申请诉前行为保全案中，北京市第二中级人民法院受理此案后，传唤了双方当事人。在法庭调查过程中，北京新农基公司承认巴斯夫公司指控的行为，同时承诺在其互联网站上删去有关销售侵权产品的内容，并不再销售侵权产品。鉴于此，巴斯夫公司撤回了其诉前停止侵权行为的申请。那么，北京市第二中级人民法院该如何处理此案？

3. 在【案例12-3】苏州建筑材料厂申请先予执行案中，丹东中级人民法院对于是否准许买方苏州建筑材料厂的先予执行申请，产生了不同意见。症结有两个：一是苏州建筑材料厂申请先予执行的财产是丹东中级人民法院保全的银行存款。有的法官认为，既然法院已经采取财产保全措施，就足以保障买方苏州建筑材料厂的利益了，法院没有必要先予执行。二是根据《民事诉讼法》第106条，以及最高人民法院《民诉法解释》第170条，先予执行制度主要适用于济危扶困的"四费一金一酬"案件，对于公司企业主要适用于"需要立即返还用于购置生产原料、生产工具贷款的"或者"追索恢复生产、经营急需的保险理赔费的"两种情形，而该案不属于此两种情形之一。此外，有法官还指出，承办法官虽赴苏州调查，但没有调取苏州建筑材料厂的资产负债表、劳动工资报表、工人的实际生活情况等可靠资料，难以充分证明苏州建筑材料厂处于停工、停产的困难境地。退一步说，苏州建筑材料厂的申请即便符合先予执行的条件，但也不在法律允许先予执行的案件范围之内。

请根据民事诉讼法的规定，结合法理阐述该案是否适用先予执行？

4. 某省电视剧制作中心摄制的作品《星空》正式播出前，邻省的某音像公司制作了盗版光盘。制作中心发现后即向音像公司所在地的某区法院起诉，并在法院立案后，请求法院裁定音像公司停止生产光盘。音像公司在接到应诉通知书及停止生产光盘的裁定后，认为自己根本不是盗版，故继续生产光盘。①

（1）对于本案，如何确定管辖？

（2）法院裁定音像公司停止生产光盘是什么措施？

（3）被告在法院作出停止生产光盘的裁定后仍继续生产，法院可如何处理？

① 参见国家司法考试试题2004年试卷三第98～100题。

# 第十三章 期间、送达和诉讼费用

## 参考文献


(一) 著作

1. 傅郁林．诉讼费用的性质与诉讼成本的承担．北京：法律出版社，2001

2. 廖永安．诉讼费用制度专题实证研究．北京：法律出版社，2016

3. 何其生．域外送达制度研究．北京：北京大学出版社，2006

(二) 论文

1. 王福华．民事送达制度正当化原理．法商研究，2003 (4)

2. 洪冬英．正当程序的价值——对下落不明当事人民诉权利的保护．法学，2004 (8)

3. 张榕．完善我国民事诉讼收费制度的理性思考．法学评论，2004 (6)

4. 方流芳．民事诉讼收费考．中国社会科学，1999 (3)

5. 谢佑平．法理视野中的刑事诉讼效率和期间：及时性原则研究．法律科学，2003 (2)

6. 陈桂明．民事举证时限制度初探．政法论坛，1998 (3)

7. 吴春岐．民事审限制度研究．山东师范大学学报（人文社会科学版），2004 (2)

8. 廖永安．在理想与现实之间：对我国民事送达制度改革的再思考．中国法学，2010 (4)

9. 谭秋桂．德、日、法、美四国民事诉讼送达制度的比较分析．比较法研究，2011 (4)

10. 占善刚．民事诉讼“期间”的法律规制思考．理论探索，2012 (4)

## 参考法规

1991年《中华人民共和国民事诉讼法》（2017年修正）第82条～第92条、第118条；2015年最高人民法院《关于适用〈中华人民共和国民事诉讼法〉的解释》第194条～第207条；2004年最高人民法院《关于以法院专递方式邮寄送达民事诉讼文书的若干规定》；2000年最高人民法院《关于严格执行案件审理期限制度的若干规定》(2008年修正)；2001年最高人民法院《关于执行〈最高人民法院关于严格执行案件审理期限制度的若干规定〉中有关问题的复函》；1998年最高人民法院《关于人民法院不予受理人民检察院单独就诉讼费负担裁定提出抗诉问题的批复》；2005年最高人民法院《关于对经济确有困难的当事人提供司法救助的规定》；2001年最高人民法院《关于国有金融资产管理公司处置国有商业银行不良资产案件交纳诉讼费用的通知》。

2006年国务院《诉讼费用交纳办法》。

## 引例 美籍华人杨迪诉中国公民徐英离婚案①

居住在美国芝加哥的美籍华人杨迪与中国公民徐英系夫妻。1998年3月，徐英以双方长期分居、夫妻感情确已破裂为由向中国H市S区人民法院起诉，要求与杨迪离婚。杨迪于1998年4月23日收到了起诉状副本，并于1998年5月8日向H市S区人民法院提出管辖权异议，H市S区人民法院裁定驳回了杨迪的该申请，并于1998年5月20日向杨迪送达了裁定书。杨迪当日签收了该裁定书，并表示不上诉，但又于1998年6月18日就管辖异议裁定向上一级法院提起上诉。对此上诉，法院应当受理。因为原告是居住在国外并且国内没有住所的美国人，根据2017年修正的《民事诉讼法》第269条，在中华人民共和国领域内没有住所的当事人，对一审裁定的上诉期限是30日，本案符合这种情况，因而适用30天的上诉期间。

# 第一节 期间和期日

## 一、期间和期日的概念及意义

期间，是指人民法院、当事人或者其他诉讼参与人完成某项诉讼行为的一段时间，如

① 参见律师资格考试试题1999年试卷二第19题。

法律规定，人民法院收到起诉状，经审查认为符合起诉条件的，应当在 7 日内立案，并通知当事人；被告应当在收到起诉状副本之日起 15 日内提出答辩状。其中的 7 日和 15 日就属于期间的规定。

期日，是指人民法院、当事人以及其他诉讼参与人进行特定诉讼行为的具体时间点。如人民法院证据调查日、开庭日、宣判日等，就是人民法院完成某项诉讼行为所必须遵守的时日。期日一般由人民法院根据案件的具体情况指定，如审理期日、证据调查期日等。期日一般是各方当事人共同参与某项诉讼活动的时间，如开庭的期日，法院和当事人必须到场。因此期日的规定往往涉及多方诉讼主体。

期间和期日有着明显的区别：第一，期日是一个时间点，只规定具体的时间或者日期；而期间是一段期限，有始期和终期。第二，期日被确定后，要求人民法院和当事人及其他诉讼参与人，必须在该期日会合在一起进行某种诉讼行为；而期间则主要是各诉讼主体单独进行诉讼行为的时间段。第三，期日都是由人民法院指定的，必须结合具体的案件才能确定；而期间有的由法律规定，适用于所有同类案件，有的由人民法院指定，则必须结合案件的具体情况。第四，期日都必须根据案件的实际情况确定，如果发生特殊情况可以变更；而期间有的可以变更，有的不能变更。

期间和期日是保证程序流畅运行不可缺少的要素。在诉讼程序中，控制各环节所要花费的时间，对诉讼流程予以恰当的安排和管理，是防止诉讼拖延，实现诉讼效率的需要，也是保障诉讼公正的需要。期间和期日制度对及时解决纠纷，促进法院依法组织和指挥诉讼的进程，使当事人和其他诉讼参与人在诉讼期间内积极为诉讼行为以避免发生对自己不利的诉讼后果有重要意义。

为了表达方便，可以将期间和期日统称为“诉讼期间”或者“期间”。

## 二、期间的种类

期间有法定期间和指定期间之分。

### （一）法定期间

法定期间，是指法律规定的期间。法律规定某项诉讼行为，只能在一定的时间内完成，法院和诉讼当事人、其他诉讼参与人不能超越规定的期间为某项诉讼行为。法律往往明确规定在一定情况下，超过法定期间所为的诉讼行为不发生诉讼上预期的诉讼效果。如《民事诉讼法》规定，当事人不服地方各级人民法院第一审判决、裁定的，提起上诉的期间分别为 15 日、10 日。如果超过了上诉期间，其上诉行为就不会产生引起上诉审的后果。同时，诉讼期间对人民法院也有约束作用。例如，《民事诉讼法》规定，第一审普通程序审理案件的诉讼期间是 6 个月。有特殊情况需要延长的，由本院院长批准可以延长 6 个月。还需要延长的，报请上级人民法院批准。未经批准，不得随意延长审限。这种关于案件审理期间的规定就是对法院审判行为的时间上的约束。

法定期间有不变期间与可变期间之分。不变期间是指人民法院不得变更的期间，可变期间是指人民法院可以根据当事人申请或者依职权予以变更的期间。根据《民诉法解释》

第127条，第三人撤销之诉、再审提出期、对人民法院作出的确认调解协议、准许实现担保物权的裁定的异议期、申请调解书再审审理期等的6个月，以及公示催告程序中利害关系人因正当理由不能再判决前向人民法院申报的，向作出判决的人民法院起诉的1年，为不变期间，不适用诉讼时效中止、中断、延长的规定。而《民事诉讼法》第269条规定，不在我国领域内居住的当事人，提起上诉的期间为30日，不能在法定期间内上诉的，可以申请延期，是否准许，由人民法院决定。这里的30日上诉期间就是法律明确规定的可变期间。本章引例正是适用了此条规定。

### （二）指定期间

指定期间，是指人民法院依职权指定诉讼参与人进行某种诉讼行为的期限。指定期间的特点是，法院可以确定期间的长短及延展，同时法院也可以变更，所以，指定期间都是可变期间。如法院指定当事人限期补正起诉状中的缺漏，或者指定举证时限，就属于指定期间。

指定期间是人民法院行使诉讼指挥权的一种方式，是法院控制诉讼进程的重要手段。该项权力的行使既不能超越法律规定的期间范围，也不能与法定期间相冲突。同时，指定期间要明确而具体，指定期间长短应与实施行为的难易程度相适应，既不能过长，也不能太短。期间一经指定，就不要轻易变动，否则将使当事人或者其他诉讼参与人无所适从。

## 三、期间的计算

诉讼是在一定的期间内进行的，而期间的计算则是确定期间的方法，是一个重要的实践性问题。

### （一）计算期间的单位

期间以时、日、月、年计算。期间的计算单位是时、日、月、年，何种诉讼活动以时或日或月或年为计算标准，则根据法律规定或者人民法院的指定来确定。

### （二）计算期间的方法

1. 期间开始的时和日不计算在期间内。无论是法定期间还是指定期间，期间开始的时和日，不计算在期间内，而从下一个小时或者从次日起算。如民事诉讼法规定，人民法院采取诉讼中财产保全措施，在接受当事人的申请后，情况紧急的，应当在48小时内作出裁定，并开始执行。如果当事人提出申请是在某日的10时，那么计算这一期间时，就应当从该日的11时开始起算。如当事人不服第一审人民法院判决，提起上诉的期间为15日，期间的计算就应当从判决书送达的次日开始起算。

期间以月计算的，不分大月、小月；以年计算的，不分平年、闰年。以月计算的，期间届满的日期，应当是届满那个月对应于开始月份的那一天；没有对应于开始月份的那一天的，应当为届满那个月的最后一天。例如，在一起宣告失踪的案件中，人民法院于2000

年2月28日公告寻找下落不明人，公告期间为3个月，公告期届满日期在2000年5月28日。在该日期下落不明人还未出现的，人民法院就可以判决宣告下落不明人失踪。

2. 期间届满的最后一日是节假日的，以节假日后的第一日为期间届满的日期。例如，当事人不服判决的上诉期为15日，若第15日正好是星期天，那么就应当以星期天的次日为期间届满的日期。期间届满的最后一日虽然是节假日，但节假日有变通规定的，应当以实际休假日的次日为期间届满的最后一日。

3. 期间不包括在途时间，诉讼文书在期满前交邮的，不算过期。所谓在途时间，是指人民法院通过邮寄送达的诉讼文书，或者是当事人通过邮寄递交的诉讼文书，在途中所用去的时间。确定期满前是否交邮，应当以邮局的邮戳为准，只要邮戳上的时间证明在期间届满前，当事人或者人民法院已将需邮寄的诉讼文书交付邮局，就不算过期。

## 四、期间的耽误及补救

期间的耽误，是指当事人及其诉讼代理人在法律规定或者人民法院指定的期间内，没有完成应当进行的诉讼行为。

由于延误的原因不同，期间耽误的法律后果也有所不同。由于当事人或者其诉讼代理人主观上的故意或者过失，导致了期间的耽误，其直接后果是，当事人失去了在规定的期间内行使某种权利的机会。如果由于客观上不可抗拒的事由或者其他正当理由造成了期间的耽误，法律上则给予补救的机会。《民事诉讼法》第83条规定，当事人因不可抗拒的事由或者其他正当理由耽误期限的，在障碍消除后的10日内，可以申请顺延期限。客观上不可抗拒的事由，是指在当时的条件下，当事人无法预测，也不可能避免的事实和理由。如洪水造成的交通中断，战争的爆发等，使当事人无法进行诉讼行为。其他正当理由，是指除了客观上不可抗拒的事由之外，不可归责于当事人的其他客观情况。

应当注意，顺延期限是指把耽误了的诉讼期间如实补上去，不是重新开始计算。根据民事诉讼法的规定，当事人申请顺延期限，是否准许，由人民法院决定。

**【案例13-1】张三诉李四借款合同纠纷案**①

张三和李四是邻居。1998年5月张三到法院起诉，要求李四还其借款6 000元。法院受理后，适用简易程序由审判员王二审理。在审理过程中，王二发现案情复杂，不是简单的借款纠纷，而是因合伙购买引发的纠纷，需要进一步调查取证并进行书证笔迹鉴定。在此种情况下，案件如何处理？

最高人民法院《关于严格执行案件审理期限制度的若干规定》第8条规定，案件的审理期限从立案次日起计算。由简易程序转为普通程序审理的第一审民事案件的期限，从立案次日起连续计算。

---

① 参见律师资格考试试题2000年试卷二第17题。

## 第二节 送达

### 一、送达的概念、特点和意义

送达，是指人民法院依照法律规定的程序和方式，将诉讼文书送交当事人或者其他诉讼参与人的行为。送达不仅关系到当事人双方诉讼权利和实体权利的实现，也直接制约和影响着民事裁判的质量和效率。

送达是人民法院单方实施的诉讼行为，对人民法院与当事人、其他诉讼参与人之间的诉讼法律关系的发生、变更和消灭有重大意义，送达的特点是：

第一，送达的主体是法院。当事人或者其他诉讼参与人向人民法院递交诉讼文书，不能称其为送达。

第二，送达的对象是当事人或者其他诉讼参与人。当事人和其他诉讼参与人之间、法院之间相互递送材料以及法院对其他单位或者个人发送材料，都不是送达。

第三，送达的内容是各种诉讼文书，如起诉状副本、开庭通知书、判决书、裁定书等。

第四，送达必须按法定的程序和方式进行。

执行送达任务，向当事人及其他诉讼参与人履行送达义务的人，称为送达人；接受法院送达的诉讼文书的当事人或者其他诉讼参与人，称为受送达人。依法将诉讼文书交给受送达人的方法，称为送达方式。

诉讼文书一经送达，就会产生一定的法律后果。当事人及其他诉讼参与人可以在规定的期间内行使某种诉讼权利，履行某种诉讼义务。否则，就可能丧失进行该项诉讼行为的权利，或者要承担法律规定的后果。例如，一审法院判决送达当事人后，当事人有权在收到判决书后15天内提起上诉；调解书送达双方当事人签收后，即具有与生效判决同等的法律效力，一方当事人如不自动履行，对方当事人有权申请执行。因此，规范送达行为和送达方式，对于保障当事人和其他诉讼参与人的合法权利，保证诉讼活动的顺利进行具有重要意义。

### 二、送达的方式

送达必须依法定方式进行，根据民事诉讼法的规定，送达的方式有以下七种。

#### （一）直接送达

直接送达，是执行送达任务的司法警察或者书记员将应当送达的诉讼文书，直接交付给受送达人签收的送达方式。受送达人在送达回证上签收的日期即送达日期。诉讼文书以直接送达为原则，直接送达是最基本的送达方式。根据民事诉讼法的规定，以下情况都属于直接送达：

1. 受送达人是公民的，应当由本人签收；本人不在的，交他的同住成年家属签收；

2. 受送达人是法人或者其他组织的，应当由法人的法定代表人、其他组织的主要负责人或者该法人、组织负责收件的人签收；

3. 受送达人有诉讼代理人的，可以送交其代理人签收；

4. 受送达人已向人民法院指定代收人的，送交代收人签收。

必须注意，离婚诉讼的诉讼文书的送达有特殊性，如果受送达的一方当事人不在时，不宜交由对方当事人签收。

### （二）留置送达

留置送达，是指受送达人拒收诉讼文书时，送达人把诉讼文书留在受送达人住处的送达方式。留置送达与直接送达具有同等的效力。

根据民事诉讼法的规定，受送达人或者他的同住成年家属拒绝接受诉讼文书时，送达人可以邀请有关基层组织或者其所在单位的代表到场，说明情况，在送达回证上记明拒收事由和日期，由送达人、见证人签名或者盖章，将诉讼文书留在受送达人的住所，也可以把诉讼文书留在受送达人的住所，并采用拍照、录像等方式记录送达过程，即视为送达。

**【案例 13－2】李某诉赵某离婚案**①

李某与赵某是夫妻。1999 年 7 月，李某向某县人民法院起诉要求离婚，法院经审理判决不准离婚。审理该案的书记员两次到李某家送达判决书李某均拒绝接收。对此，书记员应该依法将该判决书留置送达到李某的住所，而不能将该判决书交给李某的邻居王某转交，也不能交给李某所在地居委会或者派出所转交。

适用留置送达应当注意以下问题：

1. 向法人或者其他组织送达诉讼文书，应当由法人的法定代表人、该组织的主要负责人或者办公室、收发室、值班室等负责收件的人签收或者盖章，拒绝签收或者盖章的，适用留置送达。

2. 受送达人有诉讼代理人的，人民法院既可以向受送达人送达，也可以向其诉讼代理人送达。受送达人指定诉讼代理人为代收人，法院向诉讼代理人送达时，适用留置送达。

3. 调解书应当直接送达当事人本人，当事人本人因故不能签收的，可以由其指定的代收人签收。受送达人拒绝签收的，不适用留置送达。当事人拒绝签收调解书，说明调解书送达前当事人反悔，调解书不发生法律效力。

### （三）电子送达

电子送达是 2012 年修订《民事诉讼法》时新增的一种简易送达方式，是指人民法院对程序性文书采用传真、短信、电子邮件等方式所进行的送达。根据《民事诉讼法》第 87 条，经受送达人同意，人民法院可以采用传真、电子邮件等能够确认其收悉的方式送达诉

---

① 参见国家司法考试试题 2004 年试卷三第 44 题。

讼文书，但判决书、裁定书、调解书除外。采用前款方式送达的，以传真、电子邮件等到达受送达人特定系统的日期为送达日期。

（四）委托送达

委托送达，是指受诉人民法院直接送达诉讼文书有困难时，委托受送达人所在地人民法院代为送达的方式。

委托送达一般是在受送达人不在受诉法院的辖区内，直接送达有困难时适用。接受委托的只能是人民法院。人民法院需要委托送达时，应当出具委托函，将委托的事项和要求明确地告知受托的人民法院，并附送达回证。

（五）邮寄送达

邮寄送达，是指人民法院直接送达有困难时，将诉讼文书附送达回证交邮局用挂号信寄给受送达人的送达方法。挂号信回执上注明的收件日期为送达日期。挂号信回执上注明的收件日期与送达回证上收件日期不一致的，或者送达回证没有寄回的，以挂号信回执上注明的收件日期为送达日期。

《民诉法解释》第137条规定了送达地址恒定原则，当事人在提起上诉、申请再审、申请执行时未书面变更送达地址的，其在第一审程序中确认的送达地址可以作为第二审程序、审判监督程序、执行程序的送达地址。

（六）转交送达

转交送达，是指在特定情况下，不宜或者不便直接送达时，法院将诉讼文书通过受送达人所在单位转交的送达方式。

根据民事诉讼法的规定，转交送达是在受送达人身份特殊的情况下适用的，具体包括：

1. 受送达人是军人的，通过其所在部队团以上单位的政治机关转交；

2. 受送达人被监禁的，通过其所在监所转交；

3. 受送达人被采取强制性教育措施的，通过其所在强制性教育机构转交。

代为转交的机关、单位在收到诉讼文书后，必须立即交受送达人签收，以受送达人在送达回证上的签收日期为送达日期。

（七）公告送达

公告送达，是指人民法院以公告的方式，将需要送达的诉讼文书的有关内容告知受送达人的送达方式。无论受送达人是否知悉公告内容，经过法定的公告期限，即视为已经送达。

公告送达有如下要求：

1. 公告送达是在受送达人下落不明，或者用其他方式无法送达的情况下，所适用的一种送达方式。

2. 公告的法定期限是60日。自公告之日起，经过60日，即视为送达。

3. 公告的方式。公告可以是在法院的公告栏、受送达人原住所地张贴公告，也可以在报纸、信息网络等媒体上刊登公告，发出公告日期以最后张贴或者刊登的日期为准。人民法院在受送达人住所地张贴公告的，应当采取拍照、录像等方式记录张贴过程。

4. 公告的内容。公告送达应当说明公告送达的原因，公告送达起诉状或者上诉状副本的，应当说明起诉或者上诉要点、受送达人答辩期限以及逾期不答辩的法律后果；公告送达传票，应当说明出庭地点、时间以及逾期不出庭的后果；公告送达判决书、裁定书的，应当说明裁判的主要内容，当事人有权上诉的，还应当说明上诉权利、上诉期限和上诉的人民法院。

需要注意的是，适用简易程序的案件，不适用公告送达。

## 三、送达回证

送达回证，是人民法院按照法定格式制作的，用以证明完成送达行为的书面凭证。其内容包括：实施送达的法院，受送达人的姓名、职务、住所或者居住地，应当送达文书的名称和案件编号；送达方式；送达人、受送达人或者见证人签名、盖章、签收日期等。

送达回证是确认人民法院是否按法定程序和方式送达诉讼文书的标志，是送达人完成送达任务的凭证。送达回证不仅能够证明人民法院是否履行了法定的职责，完成了送达任务，还是受送达人接受或者拒绝签收送达文书的证明，能够证明当事人是否耽误了诉讼期间，是衡量一切诉讼参与人特别是当事人的诉讼行为是否有效的依据。因此，不应当忽视送达回证在送达中的作用。

民事诉讼法规定，送达诉讼文书必须有送达回证，由受送达人在送达回证上记明收到日期、签名或者盖章。受送达人在送达回证上的签收日期为送达日期，它是计算期间的主要根据。

人民法院向当事人或者其他诉讼参与人送达诉讼文书，无论采取何种送达方式，都应当有送达回证，让受送达人在送达回证上签收，以便附卷备查。接受委托代为接收或者代为转交诉讼文书的单位，应当依法将送达回证及时寄回送达的人民法院。但是，在公告送达中，因为公告期间届满的日期即是送达日期，所以无须送达回证。

# 第三节 诉讼费用

## 一、诉讼费用总论

### （一）诉讼费用的概念

《民事诉讼法》第118条规定："当事人进行民事诉讼，应当按照规定交纳案件受理费。财产案件除交纳案件受理费外，并按照规定交纳其他诉讼费用。当事人交纳诉讼费用确有困难的，可以按照规定向人民法院申请缓交、减交或者免交。收取诉讼费用的办法另行制定。”

国务院《诉讼费用交纳办法》（自2007年4月1日起施行）（以下简称《办法》）第2条规定：“当事人进行民事诉讼、行政诉讼，应当依照本办法交纳诉讼费用。本办法规定可以不交纳或者免予交纳诉讼费用的除外。”

从广义上说，诉讼费用即诉讼成本，大致是指国家法院、当事人和证人等诉讼参与人进行诉讼所耗费的财产、劳力和时间等，包括货币成本和非货币成本。

本章所谓的诉讼费用，即《民事诉讼法》和《办法》规定的诉讼费用。在我国，诉讼费用是指当事人依据国家法律，按照规定的项目和标准，向国家交纳的案件受理费、申请费及其他费用。

### （二）诉讼费用的性质

首先，诉讼费用的法律性质表现为它具有国家规费的性质。案件受理费、申请费具有国家规费的性质，即当事人诉讼如同当事人请求其他国家机关办理事务而需要交纳费用（如向工商机关交纳公司登记费）一样，需要补偿国家法院处理案件和其他事项所付出的成本，以维系和提升国家民事司法的正常运作及品质。因此，当事人交纳案件受理费、申请费是其公法上的义务。

其次，诉讼费用具有补偿性。这主要体现在当事人之间对诉讼费用的支付和负担上。一方当事人基于公法上的义务向法院交纳诉讼费用之后，至法院判决之前，仅为一种预付状态，诉讼费用最终将在当事人之间进行分担。法院在作出实体判决的同时，将根据当事人实际开支的诉讼费用的情况决定诉讼费用的分担，这时，依判决应承担诉讼费用的当事人，对于对方预付的诉讼费用就应当承担偿还的义务。从当事人之间的关系看，诉讼费用具有补偿性。

再次，诉讼费用具有制裁性。这主要体现在诉讼费用最终由败诉人承担的结果上。从根本上讲，诉讼通常是由于实体上违反法律、不履行义务、侵权等给对方的合法权益造成一定的损害而引起的，诉讼费用由败诉方负担的原则，虽然不能等同于实体法上的民事制裁，却间接地、从诉讼程序上体现了对败诉方的制裁，否则各国普遍存在的败诉人负担原则就无法得到合理的解释了。当然，在我国诉讼法学界，也有学者对此持否定态度。

### （三）交纳诉讼费用的意义

1. 有利于减少国家的财政支出，减轻财政负担。诉讼费用若统一由国家财政支出，实际上是由整个社会或整体纳税人来为特定的当事人承担诉讼负担开支，这是不合理的。因此，依法向当事人征收诉讼费用，有利于减少国家的财政支出，减轻纳税人的财政负担。

2. 有利于增强社会成员的法制观念，防止和减少滥用诉权的现象。征收诉讼费用，可以促使当事人在起诉前慎重考虑，仔细斟酌，避免其轻率行使诉权，还可促使他们通过诉讼外调解、和解等经济而适当的方式去解决纠纷，减少不必要的诉讼，减轻法院的负担。

3. 有利于促使当事人遵守法律，自觉履行自己的义务。由于诉讼费用制度采取的是败诉人负担原则，这对于不履行民事义务引起诉讼的当事人具有经济制裁的作用，从而促使当事人自觉遵守法律，自觉履行自己的民事义务，维护社会经济秩序。

4. 有利于维护国家的司法主权和经济利益。在世界各国对民事诉讼普遍收费的情况下，若我国不收取相应的诉讼费用，就会使国家在经济上蒙受损失，有损于国家的司法主权，也不利于在国际交往中贯彻国家间的平等互惠原则。

## 二、诉讼费用的种类及交纳标准

在我国，当事人交纳诉讼费用的种类或范围有：案件受理费、申请费和其他实际产生的诉讼费用。至于案件受理费、申请费的交纳标准，应当法定化，法院不得违反《办法》规定的范围和标准向当事人收取费用。当事人承担的其他实际产生的诉讼费用，按国家法律有关规定、市场行情和劳务支出等确定其具体金额。

### (一) 案件受理费及交纳标准

1. 案件受理费

案件受理费是法院决定受理案件后，按照有关规定应向当事人收取的费用。这种费用即学理上讲的“裁判费用”。根据《办法》第7条的规定，案件受理费包括：一审案件受理费；二审案件受理费；再审案件中，依照《办法》的规定需要交纳的案件受理费。

《办法》第8条规定，下列案件当事人不交纳案件受理费：依照《民事诉讼法》规定的特别程序审理的案件；裁定不予受理、驳回起诉、驳回上诉的案件；对不予受理、驳回起诉和管辖权异议裁定不服，提起上诉的案件；行政赔偿案件。

《办法》第9条规定，当事人不交纳再审案件受理费，但是下列情形除外：当事人有新的证据，足以推翻原判决、裁定；当事人对法院一审判决或裁定未上诉，一审判决、裁定或调解书生效后，申请再审而法院决定再审的案件。

2. 财产案件受理费的交纳标准

财产案件的受理费，以当事人诉讼争议的金额（诉讼标的额）为准按比例递减交纳。争议的金额以当事人提出诉讼请求时（即起诉时、上诉时或申请再审时）为准，若争议金额与实际不符的则以法院核定的实际金额为准。财产案件根据诉讼请求的金额或者价额，按照下列比例分段累计交纳：

(1) 不超过1万元的，每件交纳50元；

(2) 超过1万元至10万元的部分，按照2.5%交纳；

(3) 超过10万元至20万元的部分，按照2%交纳；

(4) 超过20万元至50万元的部分，按照1.5%交纳；

(5) 超过50万元至100万元的部分，按照1%交纳；

(6) 超过100万元至200万元的部分，按照0.9%交纳；

(7) 超过200万元至500万元的部分，按照0.8%交纳；

(8) 超过500万元至1 000万元的部分，按照0.7%交纳；

(9) 超过1 000万元至2 000万元的部分，按照0.6%交纳；

(10) 超过2 000万元的部分，按照0.5%交纳。

计算方法是：以超额递减率对诉讼标的额分段计算，然后将各段结果相加，其总数即为应交纳的案件受理费的数额。

比如，诉讼标的额为60万元的合同纠纷案件，一审受理费为9 800元。其具体计算方法是：

1万元以下应交：50（元）；

超过1万元至10万元的部分应交：90 000×2.5%=2 250（元）；

超过10万元至20万元的部分应交：100 000×2%=2 000（元）；

超过20万元至50万元的部分应交：300 000×1.5%=4 500（元）；

超过50万元至100万元的部分应交：（600 000－500 000）×1%=1 000（元）；

受理费为：50＋2 250＋2 000＋4 500＋1 000=9 800（元）。

3. 非财产案件受理费的交纳标准

离婚案件每件交纳50元至300元。涉及财产分割，财产总额不超过20万元的，不另行交纳；超过20万元的部分，按照0.5%交纳。

侵害姓名权、名称权、肖像权、名誉权、荣誉权以及其他人格权的案件，每件交纳100元至500元。涉及损害赔偿，赔偿金额不超过5万元的，不另行交纳；超过5万元至10万元的部分，按照1%交纳；超过10万元的部分，按照0.5%交纳。

其他非财产案件每件交纳50元至100元。

4. 知识产权民事案件，没有争议金额或者价额的，每件交纳500元至1 000元；有争议金额或者价额的，按照财产案件的标准交纳

5. 劳动争议案件每件交纳10元

6. 行政案件按照下列标准缴纳：

（1）商标、专利、海事行政案件每件交纳100元；

（2）其他行政案件每件交纳50元。

7. 当事人提出案件管辖权异议，异议不成立的，每件交纳50元至100元

省、自治区、直辖市人民政府可以结合本地实际情况在上述第3、4、6项规定的幅度内制定具体交纳标准。考虑到我国各地区间经济差别比较大，而以省、自治区和直辖市为范围确定各自的民事案件受理费交纳标准，应该说是比较合理的。

下列情形减半交纳案件受理费：（1）以调解方式结案或者当事人申请撤诉的；（2）适用简易程序审理的案件；（3）被告提起反诉、有独立请求权的第三人提出与本案有关的诉讼请求，法院决定合并审理的等。

对财产案件提起上诉的，按照不服一审判决部分的上诉请求数额交纳案件受理费。需要交纳案件受理费的再审案件，按照不服原判决部分的再审请求数额交纳案件受理费。

当事人在诉讼中增加诉讼请求数额的，按照增加后的诉讼请求数额计算补交案件受理费；当事人在法庭调查终结前提出减少诉讼请求数额的，按照减少后的诉讼请求数额计算退还案件受理费。

### （二）申请费及其交纳标准

1. 申请撤销仲裁裁决或者认定仲裁协议效力的，每件交纳400元。

2. 依法申请支付令的，比照争讼财产案件受理费标准的1/3交纳。

3. 依法申请公示催告的，每件交纳 100 元。

4. 海事案件的申请费按照下列标准交纳：(1) 申请设立海事赔偿责任限制基金的，每件交纳 1 000 元至 1 万元；(2) 申请海事强制令的，每件交纳 1 000 元至 5 000 元；(3) 申请船舶优先权催告的，每件交纳 1 000 元至 5 000 元；(4) 申请海事债权登记的，每件交纳 1 000 元；(5) 申请共同海损理算的，每件交纳 1 000 元。

5. 破产案件依据破产财产总额计算，按照财产案件受理费标准减半交纳，但是最高不超过 30 万元。

6. 依法向法院申请执行法院发生法律效力的判决、裁定、调解书，仲裁机构依法作出的裁决和调解书，公证机关依法赋予强制执行效力的债权文书，申请承认和执行外国法院判决、裁定以及国外仲裁机构裁决的，按照下列标准交纳：(1) 没有执行金额或者价额的，每件交纳 50 元至 500 元。(2) 执行金额或者价额不超过 1 万元的，每件交纳 50 元；超过 1 万元至 50 万元的部分，按照 1.5%交纳；超过 50 万元至 500 万元的部分，按照 1%交纳；超过 500 万元至 1 000 万元的部分，按照 0.5%交纳；超过 1 000 万元的部分按照 0.1%交纳。

符合《民事诉讼法》第 54 条第 4 款规定，未参加登记的权利人向法院提起诉讼的，按照以上标准交纳费用，不再交纳案件受理费。

7. 申请保全措施的，根据实际保全的财产数额按照下列标准交纳：(1) 财产数额不超过 1 000 元或者不涉及财产数额的，每件交纳 30 元；(2) 超过 1 000 元至 10 万元的部分，按照 1%交纳；(3) 超过 10 万元的部分，按照 0.5%交纳。但是，当事人申请保全措施交纳的费用最多不超过 5 000 元。

### (三) 其他实际产生的诉讼费用及其交纳标准

《办法》第 11 条明确规定此类费用包括：证人、鉴定人、翻译人员、理算人员在法院指定日期出庭发生的交通费、住宿费、生活费和误工补贴，由法院按照国家规定标准代为收取；当事人复制案件卷宗材料和法律文书应当按实际成本向法院交纳工本费。

第 12 条规定：诉讼过程中因鉴定、公告、勘验、翻译、评估、拍卖、变卖、仓储、保管、运输、船舶监管等发生的依法应当由当事人负担的费用，法院根据谁主张、谁负担的原则，决定由当事人直接支付给有关机构或者单位，法院不得代收代付。

法院依照《民事诉讼法》第 11 条第 3 款规定，提供当地民族通用语言、文字翻译的，不收取费用。

### (四) 涉外案件和涉港澳台案件

在涉外民事诉讼中，诉讼费用的收取和负担，按照"国民待遇"原则，适用法院地民事诉讼法及有关诉讼费用的法律。内地（大陆）法院审判执行涉港澳台案件的，其诉讼费用的交纳和负担，按照内地（大陆）与港澳台有关特殊规定处理。

我国法院审判执行涉外案件的，其诉讼费用的交纳和负担，我国法律或者我国缔结或参加的国际条约有特别规定的则从其特别规定，无特别规定的则与国内案件同等对待，外国法院对我国国民有歧视性收费的则适用对等原则。

《办法》第5条规定：“外国人、无国籍人、外国企业或者组织在人民法院进行诉讼，适用本办法。外国法院对中华人民共和国公民、法人或者其他组织，与其本国公民、法人或者其他组织在诉讼费用交纳上实行差别对待的，按照对等原则处理。”

## 三、诉讼费用的预交

诉讼费用的预交，是指由当事人一方预先垫付诉讼费用。诉讼费用由哪一方当事人负担，要在法院审理终结或执行结束后，依审理的结果和执行情况按照一定的原则来确定。在此期间，法院应当对当事人已预交的诉讼费用进行有效管理。

案件受理费分别由原告、有独立请求权的第三人、上诉人预交。被告提起反诉，需要交纳案件受理费的，由被告预交。

原告自接到法院交纳诉讼费用通知次日起7日内交纳案件受理费；反诉案件由提起反诉的当事人自提起反诉次日起7日内交纳案件受理费；有独立请求权的第三人自提起参加之诉次日起7日内交纳受理费。

上诉案件受理费由上诉人向法院提交上诉状时预交。双方当事人都上诉的，分别预交。上诉人在上诉期内未预交诉讼费用的，法院应当通知其在7日内预交。需要交纳受理费的再审案件，由申请再审的当事人预交。双方当事人都申请再审的，分别预交。

因移送管辖、指定管辖、管辖权移转和管辖权异议而移送、移交的案件，原受理法院应当将当事人预交的诉讼费用，随案移交给接收该案的法院。

申请费由申请人在提出申请时或者在法院指定的期限内交纳。

不预交诉讼费用的情形主要有：（1）追索劳动报酬的案件可以不预交案件受理费。（2）强制执行申请费不由申请人预交，执行后由被申请人交纳。（3）破产申请费清算后交纳。

证人、鉴定人、翻译人员、理算人员在法院指定日期出庭发生的交通费、住宿费、生活费和误工补贴，待实际发生后由法院按照国家规定标准代为收取。

当事人逾期不交纳受理费或申请费又未提出司法救助申请，或者申请司法救助未获批准，在法院指定期限内仍未交纳的，分别按撤诉、撤回上诉、驳回申请处理。

诉讼费用由一方当事人预交，符合程序启动时的实际情况，既能保证诉讼费用的有效征收，又有利于保护胜诉一方当事人的合法权益。当预交的一方当事人胜诉时，法院依法应退回其预交的费用，并在法律文书中令败诉方承担诉讼费用；而当预交方败诉时，因其已预交了诉讼费用，则可避免由其最终承担诉讼费用的原则落空。

## 四、诉讼费用的负担

诉讼费用的负担，是指诉讼结束时，解决已预交和支出的诉讼费用最终应由谁负担以及如何负担的问题。诉讼费用的负担不仅仅是一个技术性问题，它还关系到对当事人的权利保护、对诉讼程序的利用率以及对现有程序的合理改造等重大诉讼政策问题。

### （一）败诉人负担

诉讼费用由败诉方负担，但胜诉方自愿承担的除外。当事人部分胜诉、部分败诉的，法院应根据案件的具体情况决定当事人各自负担的诉讼费用数额。共同诉讼当事人败诉的，法院根据其对诉讼标的的利害关系，决定当事人各自负担的诉讼费用数额。

### (二) 当事人协商负担

经法院调解达成协议的案件，诉讼费用的负担由双方当事人协商解决；协商不成的，由法院决定。

离婚案件诉讼费用的负担由双方当事人协商解决；协商不成的，由法院决定。

执行中当事人达成和解协议的，申请费的负担由双方当事人协商解决；协商不成的，由法院决定。

### (三) 法院直接决定负担

二审法院改变一审法院作出的判决、裁定的，应当相应变更一审法院对诉讼费用负担的决定。

### (四) 原告或上诉人负担

原告或上诉人申请撤诉，法院裁定准许的，案件受理费由原告或上诉人负担。

### (五) 申请人负担

债务人对督促程序提出异议致使督促程序终结的，申请费由申请人负担；申请人另行起诉的，可以将申请费列入诉讼请求。

公示催告的申请费由申请人负担。

申请保全措施的申请费由申请人负担，申请人起诉的，可以将该申请费列入诉讼请求。

海事案件中的有关诉讼费用依照下列规定负担：(1) 诉前申请海事请求保全、海事强制令的，申请费由申请人负担；申请人就有关海事请求提起诉讼的，可将上述费用列入诉讼请求；(2) 诉前申请海事证据保全的，申请费由申请人负担；(3) 诉讼中拍卖、变卖被扣押船舶、船载货物、船用燃油、船用物料发生的合理费用，由申请人预付，从拍卖、变卖价款中先行扣除，退还申请人；(4) 申请设立海事赔偿责任限制基金、申请债权登记与受偿、申请船舶优先权催告案件的申请费，由申请人负担；(5) 设立海事赔偿责任限制基金、船舶优先权催告程序中的公告费用由申请人负担。

依照特别程序审理案件的公告费，由起诉人或者申请人负担。

### (六) 被申请人负担

债务人对督促程序未提出异议的，申请费由债务人负担。

申请执行法院发生法律效力的判决、裁定、调解书，仲裁机构依法作出的裁决和调解书，公证机构依法赋予强制执行效力的债权文书，申请承认和执行外国法院判决、裁定和国外仲裁机构裁决，申请执行的费用由被申请人负担。

（七）再审案件的诉讼费用负担

应当交纳案件受理费的再审案件，诉讼费用由申请再审的当事人负担；双方当事人都申请再审的，诉讼费用依照《办法》第29条的规定负担。原审诉讼费用的负担由法院根据诉讼费用负担原则重新确定。

（八）当事人自行负担

当事人因自身原因未能在举证期限内举证，在二审或者再审期间提出新的证据致使诉讼费用增加的，增加的诉讼费用由该当事人负担。

## 五、诉讼费用的裁判、退还和管理

（一）诉讼费用的裁判与异议

诉讼费用的最终负担，适用争讼程序的则在法院判决书中载明（包括诉讼保全和先予执行费用）；和解或者调解结案的则在和解协议或者调解协议和调解书中载明；适用非讼程序的则在法院裁判中载明；执行案件的则由法院作出决定书。

《办法》第43条规定，当事人不得单独对法院关于诉讼费用的决定提起上诉；当事人单独对法院关于诉讼费用的决定有异议的，可以向作出决定的法院院长申请复核，复核决定应当自收到当事人申请之日起15日内作出。

根据法院关于诉讼费用负担的裁判或决定，对于当事人预交的诉讼费用，不由该当事人负担的，法院应当将该诉讼费用退还该当事人，该当事人也有权要求法院退还。至于最终负担诉讼费用的当事人，不自动向法院交纳诉讼费用的，法院依职权强制执行。

（二）诉讼费用的退还

诉讼费用的退还，是指因为特定情形的发生，法院将已经预收的诉讼费用退还给预交该项费用的当事人。

根据《办法》的规定，诉讼费用的退还依据以下规定进行：

1. 第一审法院裁定不予受理或者驳回起诉的，应当退还当事人已交纳的案件受理费；当事人对第一审法院不予受理、驳回起诉的裁定提起上诉，第二审法院维持第一审法院作出的裁定的，第一审法院应当退还当事人已交纳的案件受理费。

2. 第二审法院决定将案件发回重审的，应当退还上诉人已交纳的第二审案件受理费。

3. 法院审理民事案件过程中发现涉嫌刑事犯罪并将案件移送有关部门处理的，当事人交纳的案件受理费予以退还；移送后民事案件需要继续审理的，当事人已交纳的案件受理费不予退还。

4. 中止诉讼、中止执行的案件，已交纳的案件受理费、申请费不予退还。中止诉讼、中止执行的原因消除，恢复诉讼、执行的，不再交纳案件受理费、申请费。

5. 依照《民事诉讼法》第151条规定终结诉讼的案件，已交纳的案件受理费不予退还。一审法院裁定不予受理或者驳回起诉的，应当退还当事人已交纳的受理费。当事人在法庭调查终结前提出减少诉讼请求数额的，按照减少后的诉讼请求数额计算退还。

### (三) 诉讼费用的管理

诉讼费用的交纳和收取制度应当公示。法院收取诉讼费用按照其财务隶属关系使用国务院财政部门或者省级人民政府财政部门印制的财政票据。案件受理费、申请费全额上缴财政，纳入预算，实行收支两条线管理。

法院收取诉讼费用应当向当事人开具缴费凭证，当事人持缴费凭证到指定代理银行交费。依法应当向当事人退费的，法院应当按照国家有关规定办理。

在边远、水上、交通不便地区，基层巡回法庭当场审理案件，当事人提出向指定代理银行交纳诉讼费用确有困难的，基层巡回法庭可以当场收取诉讼费用，并向当事人出具省级人民政府财政部门印制的财政票据；不出具此类财政票据的，当事人有权拒绝交纳。

价格主管部门、财政部门按照收费管理的职责分工，对诉讼费用进行管理和监督；对违反本办法规定的乱收费行为，依照法律、法规和国务院相关规定予以查处。

## 六、司法救助

### (一) 司法救助的概念和意义

在我国，司法救助或称诉讼救助，是指依照法律规定应当交纳诉讼费用的当事人因经济上确有困难，无力负担或者暂时无力支付诉讼费用时，经当事人申请，由法院决定免交、减交、缓交诉讼费用的制度。司法救助的目的是帮助当事人克服经济上的困难而平等地利用诉讼程序获得诉讼救济。

对于确因经济困难，无力缴纳诉讼费用的当事人，诸多国家采取了不同的形式和手段加以救济。例如，在日本，对于无力支付诉讼费用并且有胜诉可能的案件，当事人可向法院申请诉讼救助；在英国，根据其《诉讼费用援助法》，当事人只要具备了法定的条件，就可申请救助，救助费用由政府出资成立的诉讼费用援助基金提供。在我国，《办法》第 6 章对司法救助作出了专门规定。

### (二) 司法救助的种类

1. 免交诉讼费用

诉讼费用的免交只适用于自然人。当事人申请司法救助，符合下列情形之一的，法院应当准予免交诉讼费用：(1) 残疾人无固定生活来源的；(2) 追索赡养费、扶养费、抚育费、抚恤金的；(3) 最低生活保障对象、农村特困定期救济对象、农村五保供养对象或者领取失业保险金人员，无其他收入的；(4) 因见义勇为或者为保护社会公共利益致使自身合法权益受到损害，本人或者其近亲属请求赔偿或者补偿的；(5) 确实需要免交的其他情形。

2. 减交诉讼费用

当事人申请司法救助，符合下列情形之一的，法院应当准予减交诉讼费用：(1) 因自然灾害等不可抗力造成生活困难，正在接受社会救济，或者家庭生产经营难以为继的；

（2）属于国家规定的优抚、安置对象的；（3）社会福利机构和救助管理站；（4）确实需要减交的其他情形。法院准予减交诉讼费用的，减交比例不得低于30%。

3. 缓交诉讼费用

当事人申请司法救助，符合下列情形之一的，法院应当准予缓交诉讼费用：（1）追索社会保险金、经济补偿金的；（2）海上事故、交通事故、医疗事故、工伤事故、产品质量事故或者其他人身伤害事故的受害人请求赔偿的；（3）正在接受有关部门法律援助的；（4）确实需要缓交的其他情形。

### （三）司法救助的程序

1. 提出申请和提供证据

当事人申请司法救助，应当在起诉或者上诉时提交申请书、足以证明其确有经济困难的证明材料以及其他相关证明材料。

因生活困难或者追索基本生活费用申请免交、减交诉讼费用的，还应当提供本人及其家庭经济状况符合当地民政、劳动保障等部门规定的公民经济困难标准的证明。

2. 法院批准

法院应当依法审查申请人的申请是否符合法律规定的司法救助的条件，并依法作出是否准予申请人司法救助的决定。

当事人以法律援助机构给予法律援助的决定为依据，向法院申请司法救助的，法院不再审查其是否符合经济困难标准，应当直接作出给予司法救助的决定。

经审查符合司法救助情形的，法院应在决定立案之前作出准予的决定。法院准予当事人减交、免交诉讼费用的，应在法律文书中载明。法院对一方当事人提供司法救助，对方当事人败诉的，诉讼费用由对方当事人负担。

法院不批准司法救助申请的，应向当事人书面说明理由。当事人骗取司法救助的，法院应当作出撤销司法救助的决定，责令其补交诉讼费用；拒不补交的，强制执行，并可以妨害诉讼行为论处。

## 【问题与思考】

1. 民事诉讼费用的性质是什么？为什么要收取诉讼费用？相对于世界其他国家的诉讼费用制度，我国的诉讼费用制度有何特点？

2. 如何看待我国司法实践中存在的送达难问题？

# 第三编

# 通常程序

# 第十四章 第一审普通程序

## 参考文献

(一) 著作

1. 陈桂明．程序理念与程序规则．北京：中国法制出版社，1999.163～179 页

2. 杨荣馨主编．民事诉讼原理．北京：法律出版社，2003.353～407 页

3. [美] 克杰·H. 弗兰德泰尔等．民事诉讼法．3 版．北京：中国政法大学出版社，2005.300～365 页

4. [日] 三月章．日本民事诉讼法．台北：五南图书出版公司，1997.153～168，267～272 页

5. [德] 汉斯-约阿希姆·穆泽拉克．德国民事诉讼法基础教程．周翠译．北京：中国政法大学出版社，2005.118～135，187～208 页

6. 汤维建主编．民事诉讼法学．北京：北京大学出版社，2014.215～238 页

7. 汤维建，向泰编著．民事诉讼法．北京：中国人民大学出版社，2014.181～196 页

8. 李浩．民事诉讼法学．北京：法律出版社，2014. 253～276 页

9. 刘家兴，潘剑锋主编．民事诉讼法学教程．北京：北京大学出版社，2013.206～221 页

10. 王福华．民事诉讼法学．北京：清华大学出版社，2015.307～334 页

11. 周晓霞．民事判决理由研究——以一审判决为中心．北京：法律出版社，2014

(二) 论文

1. 刘敏．论裁判请求权保障与民事诉讼起诉受理制度的重构．南京师大学报

（社会科学版），2005（2）

2. 张卫平．起诉条件与实体判决要件．法学研究，2004（6）

3. 陈桂明，李仕春．论诉讼上的抵销．法学研究，2005（5）

4. 吕太郎．主观的诉之预备合并之再构成．见：吕太郎．民事诉讼之基本理论（一）．北京：中国政法大学出版社，2003

5. 汤维建．民事诉讼中证据交换制度的确立和完善．法律科学，2004（1）

6. 李浩．民事审前准备程序：目标、功能与模式．政法论坛，2004（4）

7. 刘敏．论民事诉讼审前准备程序的重构．南京师大学报（社会科学版），2001（5）

8. 王亚新．民事诉讼准备程序研究．中外法学，2002（2）

9. 汤维建．论构建我国民事诉讼中的自足性审前程序——审前程序和庭审程序并立的改革观．政法论坛，2004（4）

10. 胡亚球，刘磊．民事诉讼庭前准备程序研究．见：陈光中主编．诉讼法理论与实践（2002 年．民事、行政诉讼法学卷）（下）．北京：中国政法大学出版社，2003

11. 王亚新．我国民事诉讼法上的审限问题及修改之必要．人民司法，2005（1）

12. 陈桂明，李仕春．缺席审判制度研究．中国法学，1998（4）

13. 罗筱琦．民事判决表现形式比较研究．见：田平安主编．比较民事诉讼论丛（第 1 卷）．北京：法律出版社，2005

14. 张卫平．民事案件受理制度的反思与重构．法商研究，2015（3）

15. 汤维建．民事庭审程序优质化改革的理论与实践．贵州民族大学学报（哲学社会科学版），2016（3）

16. 赵旭东．民事诉讼第一审的功能审视与价值体现．中国法学，2011（3）

17. 占善刚．民事诉讼发回重审的理由比较研究．比较法研究，2015（6）

18. 肖峰．第一审普通程序中若干问题的完善．法律适用，2015（4）

19. 李潇潇．民事一审撤诉的类型化研究．华东政法大学学报，2015（4）

## 参考法规

1991 年《中华人民共和国民事诉讼法》（2017 年修正）第 51 条、第 119 条～第 156 条；

2015 年最高人民法院《关于适用〈中华人民共和国民事诉讼法〉的解释》第 99 条、第 101 条～第 102 条、第 174 条第 1 款、第 208 条～第 255 条；2002 年最高人民法院《民事证据规定》第 34 条、第 37 条～第 39 条；1994 年最高人民法院《关于在经济审判工作中严格执行〈中华人民共和国民事诉讼法〉的若干规定》第 18 条。

我国台湾地区“民事诉讼法”第 244 条～第 276 条、第 381 条～第 398 条、第 435 条、第 436 条之 15、第 436 条之 27、第 446 条。

《德国民事诉讼法》第 260 条、第 263 条～第 267 条、第 280 条、第 282 条、第 530 条；《日本民事诉讼法》第 133 条～第 178 条、第 243 条～第 249 条、第 300 条、第 369 条；《日本人事诉讼程序法》第 7 条～第 9 条；《美国联邦地区法院民事诉讼规则》第 7 条～第 18 条、第 20 条、第 29 条、第 38 条～第 54 条、第 57 条～第 63 条。

## 引例 王德钦诉杨德胜、泸州市汽车二队交通事故损害赔偿纠纷案①

原告王德钦（男，1 岁）因与被告杨德胜、四川省泸州市汽车二队发生道路交通事故损害赔偿纠纷，由其法定代理人牟萍代理向四川省泸州市江阳区人民法院提起诉讼。牟萍代为诉称：在一次交通事故中，原告之父王先强被挂靠在被告泸州市汽车二队的被告杨德胜驾驶的汽车轧死。交警部门认定：杨德胜负此次交通事故的主要责任。依照法律规定，原告必要的生活费、教育费，应当由杨德胜赔偿，泸州市汽车二队承担连带赔偿责任。由于杨的反对，此项赔偿在原交通肇事一案的刑事附带民事判决中未解决。故请求判令被告支付生活费、教育费 1.8 万余元；支付精神抚慰金 1 万元。原告王德钦提交了 5 组证据。被告提交了 1 组证据。法庭主持了质证、认证。原告方对被告提交的未婚证据无异议。被告方对原告方提交的第 1、2、3、5 组的全部证据及第 4 组证据中部分证据的真实性予以确认，但认为原告第 4 组证据中提出牟勇从王先强身上提取血样交民警保存，后经亲子鉴定证明王德钦确系王先强的亲生儿子，血样的真实性值得怀疑。法庭对双方当事人无异议的证据予以确认，并认为血样取证是有效的民事行为，根据血样所作的鉴定应予采信。泸州市江阳区人民法院经审理作出判决：被告杨德胜在本判决生效后 10 日内，一次性给付原告王德钦生活费、教育费共计 1.6 万余元；泸州市汽车二队承担垫付责任；驳回原告其他诉讼请求。

① 参见《中华人民共和国最高人民法院公报》，2006（3）。

# 第一节　第一审普通程序总论

## 一、普通程序的概念

普通程序是人民法院审理诉讼案件最基本的程序，它在整个民事诉讼程序中占有十分重要的地位，实际上起着各种诉讼程序“通则”的作用。①

根据我国《民事诉讼法》的规定，民事诉讼程序体系结构包含两类：诉讼程序与非讼程序。诉讼程序一般包括第一审普通程序、第一审简易程序、第二审程序、审判监督程序；非讼程序则一般包括特别程序、督促程序、公示催告程序、企业法人破产还债程序。普通程序是相对于简易程序而言的，是人民法院审判第一审民事案件通常所使用的程序。普通程序是第一审程序的基础性程序与主体程序，在整个民事诉讼程序中具有其他程序无法替代的地位和作用。从立法体例上看，我国民事诉讼程序首先规定了第一审普通程序，内容完备，体系完整，是民事诉讼程序的主体程序，也是其他诉讼程序的基础。②

第一审普通程序从当事人起诉到作出一审判决的各个阶段，规定的内容极其完备，民事诉讼的原则和制度都能在此得到充分的体现，因而普通程序广泛适用于人民法院处理的一般和复杂的一审民事案件。正确理解和把握普通程序，有助于对民事审判方式改革进行深入探索，也有助于灵活处理诉讼程序中遇到的很多问题。

## 二、普通程序的特点

相对于其他诉讼程序而言，普通程序具有以下两个特点：

### （一）普通程序在内容规定上具有完备性

我国《民事诉讼法》对普通程序以专章规定了38个条文，而对其他的诉讼程序总共规定了41个条文，从数量上也可推知，普通程序在内容的规定上具有别的诉讼程序无可比拟的完整性和系统性。普通程序对起诉和受理、审理前的准备、开庭审理、判决和裁定等各个诉讼环节的内容都作了详细规定，对诉讼中有可能发生的特殊情形如诉讼中止、诉讼终结、延期审理、缺席判决等也作了法律上的界定，规定了应对措施。详尽、完备的程序规定，显然有利于实现程序公正和实体公正，也可以赢得当事人对程序的信赖。而其他诉讼程序只描述了满足自身特殊要求的程序部分，相应比较简单。

### （二）普通程序在适用范围上具有广泛性和普适性

普通程序在适用范围上的广泛性和普适性主要体现在：

---

① 参见张卫平主编：《民事诉讼法教程》，269页，北京，法律出版社，1998。

② 《日本新民事诉讼法》在第一编总则之后，规定了第一审诉讼程序，然后是上诉、再审、督促程序等诉讼程序的规定，也把第一审程序放在了其他诉讼程序之首。

1. 主体的广泛性。各级人民法院管辖的第一审民事案件，除基层人民法院及派出法庭受理简单民事案件以外，都必须适用普通程序进行审判。而其他诉讼程序则无此特点，例如简易程序只能适用于基层人民法院及派出法庭，第二审程序只能适用于中级以上人民法院。

2. 程序规定上的普适性。根据我国法律规定，人民法院审理案件无论适用简易程序、第二审程序，还是审判监督程序，凡是该程序有规定的，适用该规定；没有规定的，则适用普通程序的有关规定。

**【案例 14-1】刘天然诉徐州久隆集团公司商品房买卖纠纷案**①

> 2000 年 6 月 30 日，原告刘天然与被告久隆公司签订商品房购销合同，约定：原告购买被告开发建设的久隆花园位于 8 楼的 4 套商品房，单价 2 574.2 元/平方米，总价款 76 万余元。在格式合同的基础上，双方协商又增加了条款：被告保证原告有非露天停车位和行车安全。合同签订后，原告如期交纳房款，但被告始终未能给原告提供非露天停车位，双方多次协商未果，原告遂诉至江苏省徐州市泉山区人民法院，要求被告履行购房合同约定，为其提供免费非露天停车位一处。一审审理中，原告变更诉讼请求为要求被告赔偿损失 10 万元。徐州市泉山区人民法院于 2004 年 9 月 15 日作出一审判决，判决被告赔偿原告损失 10 万元。被告不服上诉，徐州市中级人民法院 2005 年 2 月作出二审判决：驳回上诉，维持原判。后久隆公司向徐州市中级人民法院提出再审申请。徐州市中级人民法院经过再审审理，根据会计师事务所对 50 年车位使用权的价值评估，于 2005 年 12 月 5 日判决久隆公司赔偿刘天然损失 52 450 元。

本案经过了一审、二审和再审程序，在法院适用第一审程序审理该案时，依法组成了合议庭，严格按照普通程序的要求进行了审理。在徐州市中级人民法院先后以第二审程序、审判监督程序审理案件时，第二审程序或者审判监督程序有规定的适用本规定，没有规定的，适用普通程序的规定，例如：开庭审理以公开为原则，保障当事人的回避申请权，开庭审理时应遵循法庭调查和法庭辩论的严格顺序等，当发生合并审理、撤诉、缺席判决或延期审理的情况时，也要适用普通程序的相关规定。

此外，人民法院适用特别程序审理选民资格等案件时，适用《民事诉讼法》第十五章特别程序的规定，第十五章没有规定的，适用本法和其他法律的有关规定，当然包括普通程序的规定。在我国领域内进行涉外民事诉讼，适用《民事诉讼法》第四编涉外民事诉讼程序的特别规定，第四编没有规定的，适用本法其他有关规定，其中包括普通程序的相关规定。因此完全可以说，普通程序是整个民事诉讼程序的基础，为其他诉讼程序的正常运作提供了依据和保障。

---

① 参见葛文：《消费者的可期待利益应得到保护——徐州中院判决刘天然诉徐州久隆集团公司商品房买卖纠纷案》，载《人民法院报》，2006-03-28。

## 第二节　起诉和受理

### 一、起诉

#### （一）起诉的概念和条件

民事诉讼中的起诉，是指公民、法人或者其他组织认为自己所享有的或者依法管理、支配的民事权益受到侵害，或者与他人发生民事权益的争议，以自己的名义请求法院通过审判给予司法保护的诉讼行为。起诉是一种民事诉讼法律行为，是公民、法人或者其他组织行使诉权的具体体现，旨在启动诉讼程序。根据“不告不理”原则，没有起诉，法院无权启动诉讼程序，但是有了当事人的起诉行为，诉讼程序也并非必然得以启动。这取决于起诉行为是否合法，即是否符合法定条件。只有符合法定条件的起诉行为，才能成为诉讼程序的起点。

根据《民事诉讼法》第 119 条的规定，起诉必须同时具备以下四个条件：

1. 原告是与本案有直接利害关系的公民、法人和其他组织。所谓“有直接利害关系”，是指当事人请求法院保护的民事权益属于自己所享有或者受自己管理、支配。相应的，原告的具体表现形态也可以分为两种：一种为实体权利主体，即受到侵害或发生争议的民事权益系自己直接享有，或认为自己所享有；另一种为非实体权利主体，即受到侵害或发生争议的民事权益不是原告自己直接享有，而且原告也不认为自己应该享有，但依据法律的明确规定，享有对该民事权益的管理权或者支配权，可以以自己的名义提起诉讼，于是也应认为其与本案有直接利害关系。这种情况人们称之为“法定诉讼担当”。

2. 有明确的被告。民事纠纷是双方当事人就是否侵权或某项权益发生了争议，原告要启动诉讼程序解决纠纷，必须将发生纠纷的另一方当事人予以特定化、具体化，否则诉讼程序即使开启了，也无法正常运行下去。“明确”的具体要求是：如果被告人是自然人，要说清楚被告姓名、性别、年龄、民族、职业、工作单位和住所；如果被告是法人和其他组织，要说清楚被告名称、住所和法定代表人或者主要负责人的姓名、职务。

3. 有具体的诉讼请求和事实、理由。诉讼请求是指原告通过受诉法院向被告提出的实体权利主张。诉讼请求要具体化，是指原告的实体权利主张不能笼统，不能概而言之，例如人身损害赔偿纠纷，原告不能简单地表述为“要求被告赔偿”，还要具体说明赔偿的数额、是否要求精神损害赔偿等。所谓事实、理由，是指原告的诉讼请求具有提出的前提和根据。“事实”，是指民事法律关系发生、变更、消灭的事实；“理由”，主要是指原告用来证明自己实体权利主张的证据材料，以及与本案相关的法律规定。

4. 属于人民法院受理民事诉讼的范围和受诉人民法院管辖。原告起诉到法院的案件，首先必须属于法院审理民事案件的权限范围，即必须符合民事诉讼主管的标准；其次，当事人还要向有管辖权的人民法院起诉，诉讼程序才得以正常启动。如果纠纷不属于法院行使审判权的职权范围，或者属于法院主管但受诉法院无管辖权，那么，法院就无权进行审理和裁判，原告的起诉就不会被法院受理。

### （二）起诉的方式

《民事诉讼法》第120条规定："起诉应当向人民法院递交起诉状，并按照被告人数提出副本。书写起诉状确有困难的，可以口头起诉，由人民法院记入笔录，并告知对方当事人。"可见，起诉的方式应以书面为原则，以口头为例外。允许当事人在特定情形即"书写起诉状确有困难"时，可以口头起诉，是根据少数当事人由于文化水平低、法律素养差导致书写起诉状确有困难的现实状况而作出的变通规定。当然，如果当事人无此特殊情况，原则上应提交书面起诉状。

根据《民事诉讼法》第121条的规定，起诉状应当记明的事项包括：(1) 当事人的姓名、性别、年龄、民族、职业、工作单位、住所和联系方式，法人或者其他组织的名称、住所和法定代表人或者主要负责人的姓名、职务、联系方式；(2) 诉讼请求和所根据的事实与理由；(3) 证据和证据来源，证人姓名和住所。① 需要说明的是，法院对起诉状中原告所列明的证据和证据来源，仅应作形式上的审查，防止形成对当事人诉权的限制。

与国外相比，我国民事诉讼法关于起诉条件的规定是十分苛刻的。无论在大陆法系国家还是在英美法系国家，原则上只要诉状符合形式要件，法院就予以受理。我国民事诉讼法所规定的起诉条件的某些方面相当于大陆法理论上的诉讼要件。在大陆法理论上，法院作出本案判决的前提，即原告提起的诉须具备的条件，被称为诉讼要件或曰实体判决要件。② 有学者认为，我国民事诉讼法实际上将起诉条件作为了诉讼程序开始的条件，并错误地将实体判决要件等同于起诉的条件，其进一步的后果就是：在还没有开始诉讼程序或在诉讼程序开始之时，便对本应在审理程序中进行审理的事项进行了审查，导致起诉或诉讼开始的"高阶化"（俗称"起诉难"），剥夺了当事人双方就要件事实展开陈述甚至辩论的机会，自然影响了裁判的程序公正性。建议在民事诉讼法修改中，将起诉的功能调整为单纯的诉讼程序启动，实现起诉的"低阶化"设定，将原来作为起诉条件的大多数条件变更为实体判决要件，并将对该要件的审理判断后移于诉讼程序之中。③

## 二、受理

### （一）受理的概念和意义

民事诉讼中的受理，是指受诉人民法院通过对原告起诉的审查，认为符合法定条件，决定立案审理，从而引起诉讼程序开始进行的职权行为。

根据"不告不理"原则，没有当事人的起诉行为，也就无所谓诉讼的发生；但当事人起诉以后，并非必然引起诉讼程序的开始，只有和受理相结合，才有可能启动诉讼程序。

---

① 《民事证据规定》第1条规定，原告向人民法院起诉应当附有符合起诉条件的相应的证据材料。这一条较民事诉讼法有所改进，是要求原告出示"证据材料"而非"证据"。

② 参见刘敏：《论裁判请求权保障与民事诉讼起诉受理制度的重构》，载《南京师大学报》（社会科学版），2005（2）。

③ 参见张卫平：《起诉条件与实体判决要件》，载《法学研究》，2004（6）。

因此，法院把好受理这一关，可以使合法的起诉行为进入诉讼程序，也可以将不合法的起诉行为挡在诉讼之外。从这个意义上说，受理起到了过滤器的作用，对保障当事人正确行使诉权，保障法院正确行使审判权都至关重要。

### （二）审查起诉和立案

受理程序包括两个具体环节，即审查起诉和立案。

审查起诉的内容包括两个方面：一是法院应审查原告的起诉行为是否符合《民事诉讼法》第119条和第120条规定的条件；二是审查是否有《民事诉讼法》第124条规定的情形存在。

为了方便法院更好地落实受理工作，防止在受理环节发生该受理的未立案，不该受理的却立案的现象，《民事诉讼法》第124条专门列举了法院应当分别情形予以处理的几种特殊情况：（1）依照行政诉讼法的规定，属于行政诉讼受案范围的，告知原告提起行政诉讼；（2）依照法律规定，双方当事人达成书面仲裁协议申请仲裁、不得向人民法院起诉，告知原告向仲裁机构申请仲裁；（3）依照法律规定，应当由其他机关处理的争议，告知原告向有关机关申请解决；（4）对不属于本院管辖的案件，告知原告向有管辖权的人民法院起诉；（5）对判决、裁定、调解书已经发生法律效力的案件，当事人又起诉的，告知原告申请再审，但人民法院准许撤诉的裁定除外；（6）依照法律规定，在一定期限内不得起诉的案件，在不得起诉的期限内起诉的，不予受理；（7）判决不准离婚和调解和好的离婚案件，判决、调解维持收养关系的案件，没有新情况、新理由，原告在6个月内又起诉的，不予受理。

根据《民诉法解释》第208条关于法院对当事人起诉审查的规定，对于当事人起诉符合起诉条件，且不属于《民事诉讼法》第124条规定情形的，应当登记立案。此为司法解释创设的立案登记制度。

对于当事人提交的诉状和材料，人民法院不能当场判定是否符合起诉条件的，也应当接收其诉状，并以书面的形式告知当事人在指定期限内补正。人民法院应当在收到当事人补充的材料之日起7日内决定是否立案。经补正仍不符合要求，裁定不予受理。当事人在指定期限内没有补正的，人民法院应当将诉状退回原告，并记录在册；当事人坚持起诉的，裁定不予受理。人民法院在法定期间内不能判定起诉是否符合法律规定的，应当先行立案。

上述立案登记制度，体现了对当事人诉权的尊重与保障。法院受理后发现原告的起诉不符合法律规定的条件的，裁定驳回起诉。原告对法院作出的不予受理、驳回起诉的裁定不服的，可以提起上诉。裁定不予受理、驳回起诉的案件，原告再次起诉的，如果符合起诉条件的，法院应当予以受理。

**【案例14-2】美国EOS工程公司诉山西新绛发电有限责任公司等侵权纠纷案①**

美国EOS工程公司（以下简称“工程公司”）就请求山西新绛发电有限责任公司、新绛县人民政府、中国银行山西省分行返还工程款一案，于1999年向山西省高级人民法院提起诉讼，之后又申请变更诉讼请求为不当得利。该院经开庭审

---

① 参见《中华人民共和国最高人民法院公报》，2004（10）。

理，于2001年作出民事判决，驳回工程公司的诉讼请求。工程公司不服该判决，依法向最高人民法院提起上诉，审理中又书面申请撤诉。最高人民法院作出裁定准许其撤回上诉，一审民事判决即发生法律效力。工程公司于2000年2月4日就同一法律事实又向山西省高级人民法院提起侵权纠纷诉讼，山西省高级人民法院裁定不予受理。工程公司不服该裁定，上诉称：(1) 原审裁定违反法律程序。侵权纠纷案经立案庭受理后分到了民四庭，后民四庭又将该案退回立案庭，立案庭裁定不予受理。这种做法系程序违法。(2) 原审裁定剥夺了工程公司的民事诉讼权利。以侵权纠纷为由起诉的案件与已审结的返还不当得利案件是两个不同的案件。故请求撤销原审裁定，由山西省高级人民法院恢复审理本案。最高人民法院经审查作出终审裁定：撤销山西省高级人民法院关于不予受理的民事裁定；驳回工程公司的起诉。

上述案例中，原审原告工程公司基于同一事实，以相同的当事人为被告，向原审法院先后提起不当得利返还之诉和侵权损害赔偿之诉。尽管前后的诉讼理由不同，但实质的诉讼标的是相同的。就此诉讼标的，工程公司先以不当得利为由请求被告返还相应款项，原审法院对此作出了一审民事判决，工程公司不服提起上诉后，又撤回了该上诉，一审民事判决即发生法律效力。工程公司如果仍不服该实体判决，只能通过申诉或者申请再审途径获得救济。后工程公司以侵权为由，就同一诉讼标的再次提起诉讼，违反了“一事不再理”的原则。根据我国《民事诉讼法》(2017年修正) 第124条第5项的规定，对判决、裁定、调解书已经发生法律效力的案件，当事人又起诉的，告知原告申请再审，但人民法院准许撤诉的裁定除外。对于工程公司基于同一事实、相同的被告又以侵权为由提起的诉讼，人民法院不应予以受理。对此，原审法院认定正确。然而，根据《民诉法解释》第208条的规定，“立案后发现不符合起诉条件或者属于民事诉讼法第一百二十四条规定情形的，裁定驳回起诉”。本案原审法院在已经立案的情况下，不应再裁定不予受理，而应当裁定驳回起诉。对此原审裁定有误，应予纠正。上诉人的第一点上诉理由成立，应予支持；第二点上诉理由不能成立，不予支持。故最高人民法院作出撤销原审裁定、驳回工程公司起诉的终审裁定是正确的。

根据相关司法解释的规定①，人民法院在受理环节应注意以下几个问题。

1. 对没有管辖权的案件，告知原告向有管辖权的人民法院起诉；原告坚持起诉的，裁定不予受理；立案后发现本院没有管辖权的，应当将案件移送有管辖权的人民法院。裁定不予受理、驳回起诉的案件，原告再次起诉，符合起诉条件且不属于《民事诉讼法》第124条规定情形的，人民法院应予受理。

2. 原告撤诉或者人民法院按撤诉处理后，原告以同一诉讼请求再次起诉的，人民法院应予受理。原告撤诉或者按撤诉处理的离婚案件，没有新情况、新理由，六个月内又起诉的，比照《民事诉讼法》第124条第七项“判决不准离婚和调解和好的离婚案件，判决、调解维持收养关系的案件，没有新情况、新理由，原告在六个月内又起诉的，不予受理”

---

① 参见《民诉法解释》第211条～第212条、第214条～第219条。

的规定不予受理。

3. 依照《民事诉讼法》第124条第二项“依照法律规定，双方当事人达成书面仲裁协议申请仲裁、不得向人民法院起诉的，告知原告向仲裁机构申请仲裁”的规定，当事人在书面合同中订有仲裁条款，或者在发生纠纷后达成书面仲裁协议，一方向人民法院起诉的，人民法院应当告知原告向仲裁机构申请仲裁，其坚持起诉的，裁定不予受理，但仲裁条款或者仲裁协议不成立、无效、失效、内容不明确无法执行的除外。

4. 在人民法院首次开庭前，被告以有书面仲裁协议为由对受理民事案件提出异议的，人民法院应当进行审查。经审查符合下列情形之一的，人民法院应当裁定驳回起诉：(1) 仲裁机构或者人民法院已经确认仲裁协议有效的；(2) 当事人没有在仲裁庭首次开庭前对仲裁协议的效力提出异议的；(3) 仲裁协议符合《仲裁法》第16条规定的仲裁协议应当具有的内容且不具有《仲裁法》第17条规定的仲裁协议无效的情形的。

5. 夫妻一方下落不明，另一方诉至人民法院，只要求离婚，不申请宣告下落不明人失踪或者死亡的案件，人民法院应当受理，对下落不明人公告送达诉讼文书。

6. 赡养费、扶养费、抚育费案件，裁判发生法律效力后，因新情况、新理由，一方当事人再行起诉要求增加或者减少费用的，人民法院应作为新案受理。

7. 当事人超过诉讼时效期间起诉的，人民法院应予受理。受理后对方当事人提出诉讼时效抗辩，人民法院经审理认为抗辩事由成立的，判决驳回原告的诉讼请求。

### (三) 受理的法律效果

人民法院对原告的起诉进行审查后，认为起诉符合条件决定立案受理的，产生两个方面的法律效果：

1. 程序法上的效果。受诉人民法院通过受理行为，实现了对诉争案件的管辖权，排除了其他法院对该案件行使审判权的可能性，同时法院负有依法审判的义务，除非出现法律规定的特殊情形应当裁定中止或终结诉讼，法院不得中途随意停止审理。双方当事人由于法院的受理行为，分别获得了原告和被告的诉讼地位，依法享有诉讼权利，承担诉讼义务，并分别与受诉人民法院正式发生民事诉讼法律关系。就同一纠纷而言，原告和被告均不得另外向其他任何人民法院起诉。

2. 实体法上的效果。根据《民法通则》第140条的规定，诉讼时效因当事人提起诉讼而中断。人民法院受理当事人起诉的，诉讼时效重新计算；人民法院裁定不予受理的，从不予受理的裁定生效之日起，诉讼时效连续计算。但从当事人起诉到人民法院不予受理的裁定生效之间的时间，应从诉讼时效期间内扣除。

### (四) 先行调解的适用

根据《民事诉讼法》第122条的规定，对于当事人起诉到法院的民事案件，经审查适宜调解的，可以先行调解。这是2012年修改《民事诉讼法》时在调解适用方面的一个创新的制度设计，在法院对案件开庭审理前，可以对一些适宜调解的案件先行调解，以利于纠纷的快速解决，提高诉讼效率、降低诉讼成本。但先行调解以当事人自愿为前提，法院不能强制调解。

# 第三节 诉的合并、反诉与诉的变更

## 一、诉的合并

### (一) 诉的合并的含义

诉的合并包括两种基本形态：诉的主观合并和诉的客观合并。大陆法系的著作多将诉的主观合并放在诉讼主体（或当事人）部分予以阐释，而在诉讼客体（复数的诉讼对象）部分阐释诉的客观合并。

“诉的主观合并”“既判力的主观范围”中的“主观”即“主体”之意。诉的主观合并是从主体或当事人的角度来看的诉的合并形态，所以又称诉的主体合并，即诉讼当事人的合并，亦即当事人一方或双方为两人以上的诉。其典型形态是必要的共同诉讼和以其为基础的群体诉讼。

“诉的客观合并”“既判力的客观范围”中的“客观”即客体或对象之意。诉的客观合并是从诉讼标的之角度来看的诉的合并形态。

同时，还存在诉的主客观合并，比如普通共同诉讼及以其为基础的群体诉讼、有独立请求权第三人提起的参加之诉与本诉的合并等。

诉的合并理由是，在一个诉讼程序中同时解决多数人之间的纠纷或者多个纠纷，从而尽可能地维持原有程序中诉讼资料的利用，借以满足诉讼效率的基本要求，同时增强诉讼制度解决纠纷功能和避免出现矛盾判决。

### (二) 诉的客观合并（诉讼标的合并）

1. 诉的客观合并的含义和要件

诉的客观合并，是指在同一诉讼程序中，同一原告（包括反诉原告）对同一被告（包括反诉被告）提出两个以上诉讼标的之合并。即，提出两个以上的诉。诉的客观合并，可能发生在提起诉讼之时，也可能发生于诉讼进行中。

诉的客观合并虽然具有诸多理由，但是如果不加以限制而允许原告利用同一诉讼程序要求法院审理多个诉，有时反而造成审理混乱和诉讼迟延。因此，诉的客观合并除了必须具备通常的起诉要件之外，还必须具备其他特殊要件，主要有：

(1) 合并的数个诉讼标的或数个诉须由同一原告（包括反诉原告）向同一被告（包括反诉被告）在同一诉讼程序中提出。

(2) 合并的数个诉讼标的或数个诉须适用相同的诉讼程序。比如，合并的数个诉中，有的适用简易程序，有的适用普通程序，在简易程序中不得合并[①]，而在普通程序中可以

---

① 当事人合意适用简易程序并且法院认为适当的，可以在简易程序中合并审理。参见最高人民法院《关于适用简易程序审理民事案件的若干规定》(2003年) 第3条和第13条。

合并。

（3）受诉法院对合并的数个诉均有管辖权。若合并的诉属于其他法院级别管辖、专属管辖和协议管辖的，则不得合并。除此之外，受诉法院基于牵连管辖，能够对无管辖权的诉取得管辖权而予以合并。

有关诉的客观合并的要件尚需说明的是：

（1）数个诉之间有无关联性或牵连关系，则非合并的必要要件。但是，反诉、有独立请求权第三人提起的参加之诉、预备合并等，往往要求数个诉之间存在关联性。

（2）根据《民诉法解释》第328条的规定，允许当事人在二审程序中请求诉的客观合并，二审法院可以根据当事人自愿原则对新增加的诉进行调解，调解不成立的，告知当事人另行起诉；双方当事人同意由第二审人民法院一并审理的，第二审人民法院可以一并裁判。

法院应当依职权主动调查诉的客观合并要件（反诉要件、有独立请求权第三人提起的参加之诉要件、诉的客观变更要件亦然）。法院认为不具备合并要件，应当裁定驳回合并请求。当事人对此不服的，可以提起上诉，因为该裁定实为驳回起诉的裁定。法院不同意合并的，将数个诉视为分别提起，并以各自的程序分别审判。

具备合并要件的，对合并的数个诉在同一程序中合并审理，当然既可以合并辩论，也可以分开辩论或限定辩论。审理终结时，对于合并的数个诉应当分别作出裁判，不过各裁判可以同时作出，也可以先后作出。若法院认为诉的合并不利于诉讼程序顺畅进行，则应将已合并之诉予以分离，以各自的程序分别审判。

2. 诉的客观合并种类

在我国现行诉讼标的制度框架内，笔者将诉的客观合并分为单纯合并、预备合并和选择合并等。

（1）单纯合并（又称普通合并、并列合并）

单纯合并，是指在同一诉讼程序中，同一原告对同一被告提出两个以上的均需审判的诉讼标的或诉。其中，数个诉讼标的（或数个诉）之间相互独立，诉讼目的彼此不同且并不冲突，事实上这些诉本可以分别提起。

单纯合并又可分为两类：其一，无牵连关系的合并，即合并之诉之间没有法律上或事实上的联系。比如，在同一程序中，原告对被告同时提出给付货款之诉和返还租赁物之诉。其二，有牵连关系的合并，即合并之诉之间存在法律上或事实上的联系。比如，原告请求被告现在返还一头牛，若胜诉判决不能强制执行则请求判决给付赔偿金。这属于现在请求（属现在给付之诉）与代偿请求（属将来给付之诉）的合并。①

（2）预备合并（又称顺位合并、假定合并）

预备合并，是指在同一诉讼程序中，原告提起主位（或先位）之诉，同时提起或者追加提起备位（或后位）之诉，原告请求若主位之诉败诉则对备位之诉作出判决②，若主位之诉获得胜诉的确定判决则备位之诉无须审判。

---

① 参见［日］兼子一、竹下守夫：《民事诉讼法（新版）》，180～181页，北京，法律出版社，1995。

② 判决主文中必须表明主位之诉被判驳回的内容，这是因为对主位之诉和备位之诉均进行了审判。

例如，原告请求被告给付货款，考虑到买卖合同可能被判无效而败诉，又请求若买卖合同无效则判决被告返还已交付的货物。此例中，主位之诉是基于买卖合同有效所提起的给付货款之诉，备位之诉是基于买卖合同无效所提起的返还货物之诉，这两诉在实体法方面或诉讼目的方面存在着排斥关系，不得均判胜诉。

在请求权竞合情形中，就【案例 2－5】来说，若李某对公交公司同时提起侵权之诉和违约之诉，则应当选择是按照预备合并处理，还是按照选择合并处理。若选择预备合并，则可将侵权之诉作为主位之诉，而将违约之诉作为备位之诉。此例中，侵权之诉和违约之诉基于同一自然事实并且有着相同的诉讼目的，不得均判胜诉。

（3）选择合并（又称择一合并）

选择合并，是指在同一诉讼程序中，原告提出两个以上的诉讼标的或诉，其中任一诉讼标的或诉获得胜诉判决即达到诉讼目的，不得再对其他诉讼标的或诉作出判决。

在请求权竞合情形中，就【案例 2－5】来说，若李某选择诉的选择合并，与预备合并不同，无须确定主位之诉与备位之诉，法院就任一诉讼标的或诉作出胜诉判决即达到诉讼目的。在选择合并中，法院为了排斥原告其他的诉，就必须对全部诉进行审理。由于被合并的诉基于同一自然事实并且在法律上有着相同的诉讼目的，所以不得均判胜诉。

## 二、反诉

我国《民事诉讼法》第 52 条规定，被告有权提起反诉。但是，没有具体规定反诉的要件和程序。

**【案例 14－3】刘某与杨某买卖合同纠纷案**①

刘某夫妻与杨某是大学同学，关系甚密。后来刘某与杨某在生意中发生纠纷，刘某起诉至法院，要求杨某给付货款 4 000 元。法院受理后依法开庭审理，在审理中杨某提出刘某的妻子曾向其借款 5 000 元，至今未还，要求刘某夫妻用货款抵债并偿还其余 1 000 元。法院对此应如何处理？

### （一）反诉的含义、要件和程序

反诉，是指在本诉的诉讼程序或诉讼系属中，本诉的被告以本诉的原告为被告，提起的与本诉相关的诉。本诉被告被称为“反诉原告”，本诉原告被称为“反诉被告”。

反诉是以本诉为存在前提的，无本诉则无反诉。但是，反诉具备诉的构成要素，并且不同于本诉而是另一个诉，因此，反诉也具有一定的独立性。如果本诉撤回或终结而反诉尚未审结的，应当继续审理反诉直至作出判决。

由于反诉是一个诉，所以提起反诉首先必须具备起诉条件。由于反诉与本诉在同一个诉讼程序中合并审理，所以反诉还得具备诉的客观合并要件。由于反诉与本诉是一种特殊的合并，所以反诉还须具备其他特殊要件。

---

① 参见国家司法考试试题 2003 年试卷三第 30 题。

我国民事诉讼法规定的反诉要件主要有：

1. 反诉是本诉被告对本诉原告提起的。主体不同则诉不同。我国有学者主张扩大反诉当事人的范围，在一定情况下，非本诉当事人可做反诉的原告或被告。[①]

2. 在举证期限届满前（亦即开庭前）提起反诉。[②] 该期限过于严格，不当限制了反诉的提起，减弱了反诉制度的意义。许多国家规定，反诉应在本诉提起到本诉辩论终结之间提起。

3. 反诉与本诉必须适用相同的诉讼程序。应当注意，原审被告在二审程序中提起反诉，二审法院可以根据当事人自愿的原则就反诉进行调解，若调解不成立的，则告知当事人另行起诉。双方当事人同意由第二审人民法院一并审理的，第二审人民法院可以一并裁判。[③]

4. 反诉与本诉在诉讼标的、诉讼请求或案件事实方面存在着牵连关系。反诉与本诉在诉讼请求方面所存在的牵连关系，有时体现为相互冲突或抵销，例如原告提起离婚之本诉而被告提起婚姻无效之反诉，被告基于债务抵销而提起反诉等。反诉与本诉在案件事实方面存在牵连关系，譬如两人互殴，一人诉请损害赔偿，对方反诉损害赔偿。《民诉法解释》第 233 条明确规定，反诉与本诉的诉讼请求基于相同法律关系、诉讼请求之间具有因果关系，或者反诉与本诉的诉讼请求基于相同事实。

5. 反诉应当向审理本诉的法院提起，并且反诉不属其他法院级别管辖、专属管辖和协议管辖。受诉法院基于牵连管辖，能够对本无管辖权的反诉取得管辖权而与本诉合并审理。

法院应当依职权审查反诉是否具备反诉要件。法院认为当事人意图延滞诉讼而提起反诉的，应不将反诉与本诉合并审理。提起反诉应当提交反诉状，并且送达被告。[④] 法院受理反诉后，应当在同一程序中合并审理本诉和反诉，在审理中可以合并辩论也可以分开辩论或限定辩论。审理终结时，对于本诉和反诉应当分别作出裁判。

### （二）反诉与诉讼抵销

我国《合同法》第 99 条规定："当事人互负到期债务，该债务的标的物种类、品质相同的，任何一方可以将自己的债务与对方的债务抵销，但依照法律规定或者按照合同性质不得抵销的除外。"第 100 条规定："当事人互负债务，标的物种类、品质不相同的，经双方协商一致，也可以抵销。"

债务抵销在诉讼之前或诉讼之外进行的，叫诉讼外抵销。债务抵销在民事诉讼中进行的，则叫诉讼抵销。在诉讼中，当符合债务抵销要件和反诉要件时，被告有两种选择：(1) 请求诉讼抵销；(2) 提起反诉。

诉讼抵销与反诉有如下主要区别：

(1) 在法律性质方面，反诉是一个相对独立的诉；诉讼抵销并不构成一个相对独立的

---

① 参见王国征：《完善我国反诉制度之构想》，载《法学评论》，1997 (5)。

② 参见《民事证据规定》第 34 条。

③ 参见《民诉法解释》第 328 条。

④ 简易程序中，可以口头反诉。

诉，并不改变本诉原被告的诉讼地位。

（2）在提起要件或申请要件方面，反诉的提起应当符合起诉条件，同时还应当具备诉的合并要件和反诉的特殊要件；但是诉讼抵销则无此必要。

（3）在审判方面，即使本诉被撤回或终结，反诉也可继续审理下去，并且对本诉和反诉应当分别作出判决；但是诉讼抵销与原告之诉只得合并审理，并因原告之诉不存在而失效，且对诉讼抵销抗辩不得作出单独的判决。

（4）在既判力方面，对反诉作出的判决，不论胜败，一旦确定，就具有既判力；而原告之诉的判决对成功抵销的债权具有既判力，未抵销的债权不受既判力约束而可以提起诉讼。

在【案例2-6】中，被告赵某选择了诉讼抵销，属于《合同法》第99条规定的法定抵销，被告赵某向法院提出抵销，无须原告林某的同意，并且法院只要认为符合法定抵销要件，就应判决支持该抵销。若属于《合同法》第100条规定的任意抵销，须经原告与被告协商一致，被告才可提出抵销，法院才可判决抵销。

在【案例2-6】中，若赵某抵销成功，则就被抵销的10万元借款不得再提起诉讼或申请仲裁。若抵销失败，则赵某对10万元借款有权另行提起诉讼或申请仲裁。

## 三、诉的变更

诉的变更包括诉的主观变更和诉的客观变更。①

### （一）诉的主观变更（当事人变更）

诉讼当事人变更，包括法定的当事人变更与任意的当事人变更。

1. 法定的当事人变更（又称诉讼承受）

法定的当事人变更，是指根据法律的规定，在诉讼进行中，因实体权利义务的转移而使原来有诉讼权利能力或适格的当事人变为无诉讼权利能力或不适格的当事人，需要更换掉无诉讼权利能力或不适格的当事人。法定的当事人变更在初审程序、上诉审程序、再审程序和执行程序中都可能发生。

法定的当事人变更，可分为以下两种情形：

（1）当事人死亡或消灭而发生的当事人变更（在我国被称为“当事人诉讼权利义务的承担”）。比如，在诉讼中，当事人死亡的，由其继承人或遗产管理人作为当事人承受诉讼；法人和非法人组织合并或者分立的，由合并者或者分立者作为当事人继续诉讼；法人终止的，由其实体权利义务继受人作为当事人承受诉讼等。

（2）争议的民事权利义务转移。根据《民诉法解释》第249条，1）原则上，当事人恒定，即不影响当事人的诉讼主体资格和诉讼地位，且人民法院作出的发生法律效力的判决、裁定对受让人具有拘束力。2）例外时，当事人变更，即受让人申请替代当事人承担

---

① 在德国、日本和奥地利等国，诉的变更仅指诉的客观变更，将当事人变更在诉讼主体（或当事人）部分进行阐释。参见邵明：《民事诉讼法理研究》，231～232页，北京，中国人民大学出版社，2004。

诉讼的，人民法院可以根据案件的具体情况决定是否准许；不予准许的，可以追加其为无独立请求权的第三人。

2. 任意的当事人变更（在我国被称为当事人更换）

任意的当事人变更，是指在诉讼进行中，将不符合条件的当事人换成符合条件的当事人。任意的当事人变更包括将无诉讼权利能力的人更换为有诉讼权利能力的人，将不适格的当事人更换为适格的当事人。

原告不合格的，法院应当驳回其所提之诉。例如，A冒用B的名义提起诉讼，法院应以A为不适格原告为由，驳回A所提之诉。

被告不合格的，比如对死者（无诉讼权利能力的人）提起的诉讼，若原告不将死者的合法继承人更换为被告，则应驳回原告所提之诉。再如，原告以大李为被告提起损害赔偿之诉，后查明大李的孪生兄弟小李才是真正的加害人（适格的被告），此际原告可将大李更换为小李，大李的诉讼行为对小李不发生效力，诉讼应当重新进行；若原告不更换大李，则驳回原告所提之诉。

### （二）诉的客观变更（诉讼标的变更）

1. 诉的客观变更含义

狭义的诉的变更，是指替换变更，即以新的诉讼标的替换原来的诉讼标的。广义的诉的变更还包括追加变更，即维持原来的诉讼标的并另外增加诉讼标的，实际上因诉讼标的追加而形成诉的客观合并。

判断诉讼标的之变更，是依据诉讼标的之识别标准来进行的。在一定情形中，案件事实发生实质性变更，也可能构成诉讼标的或诉的变更。

下列情形，由于诉讼标的在质的方面没有变更，所以不属于诉的客观变更，还是原诉：（1）诉讼请求在数量方面的变更，比如原先请求给付10 000元，后来增加到12 000元或缩减到8 000元。在一定情况下，诉讼请求的变更也会构成诉的客观变更。（2）因案件事实或诉讼请求有遗漏、模糊或技术上错误而予以补充或更正，并未改变案件的质的规定性。

允许诉的客观变更，其基本理由是：（1）以适当的诉讼标的作为审判对象，旨在达到纠纷的适当和真正的解决；（2）同一当事人间诉的客观变更，是在原诉的诉讼程序中进行，原诉的诉讼程序和诉讼资料在同一当事人间继续有效，仍然可以援用。

2. 诉的客观变更要件和程序

诉的客观变更要件与诉的客观合并要件基本相同，主要有：（1）变更后的新诉与原诉须适用相同的诉讼程序；（2）在原诉言词辩论终结之前变更①；（3）新诉不属于其他法院级别管辖、专属管辖。

诉的客观变更应当以书面形式提出（在简易程序中，可以口头请求诉的变更），相当于新的诉状，应当送达被告。法院不准许诉的变更，应当对原诉进行审判。法院准许诉的

① 而我国有些司法解释却不合理地要求在举证期限届满前（亦即一审开庭前）进行变更。如《民事证据规定》第34条第3款规定："当事人增加、变更诉讼请求或者提起反诉的，应当在举证期限届满前提出。"

变更，应当对新诉进行审判。如果对新诉作出了判决，不得再就诉的变更是否符合要件产生争议，更不允许否定诉的变更而审判原诉。

## 第四节　审理前的准备

### 一、审理前准备的概念和意义

审理前的准备，是指人民法院受理原告的起诉以后到开庭审理之前，为保证案件开庭审理的正常进行，在法院受理案件以后，由当事人和法院所实施的一系列准备性诉讼行为。审理前的准备阶段是普通程序中的一个法定阶段，是保证庭审正常运行的重要前提，在防止诉讼拖延或诉讼突袭，提高庭审效率，保障当事人充分行使诉讼权利方面发挥着重要作用。

### 二、我国的审理前准备阶段

根据我国《民事诉讼法》第125条至第133条以及《民事证据规定》的规定，我国关于审理前的准备工作主要包括以下几项内容：

（一）在法定期限内送达起诉状副本和答辩状副本

具体而言，人民法院应当在立案之日起5日内将起诉状副本发送被告，原告口头起诉的，也应在相同期限内将记入笔录的内容告知对方当事人。当事人在诉状中有谩骂和人身攻击之词，送达副本可能引起矛盾激化的，应说服其加以修改；坚持不改的，人民法院可以送达起诉状副本。被告在收到之日起15日内提出答辩状。被告提出答辩状的，人民法院应当在收到之日起5日内将答辩状副本发送原告。被告不提出答辩状的，不影响人民法院审理。

将起诉状送达给被告，并要求其在法定期间内予以答辩，一方面是对被告正当权益的维护，另一方面也是为了提高诉讼的效率，防止诉讼迟延或突袭。过去，从职权主义模式的观念出发，对于在答辩期内不提出答辩状似乎不是问题，现在却成为司法实践中的一个关注焦点，人们逐渐认识到被告不及时答辩带来的消极后果：影响诉讼效率，使法定答辩期间的规定形同虚设，诉讼突袭等。有观点提出，应确立答辩失权制度，其直接法律后果是法院将答辩的不作为视为被告承认原告的诉讼请求，判决原告的诉讼请求成立，被告败诉。同时，允许被告因客观原因未在法定期间提出答辩状的，可适当延长时限。另外，为防止当事人先采取虚假答辩，然后在庭审中更改答辩状以规避答辩失权的情形，还须规定答辩行为对以后辩论行为原则上的约束力。①

---

① 参见章武生等：《司法现代化与民事诉讼制度的建构（修订本）》，565～571页，北京，法律出版社，2003。

### （二）告知诉讼权利义务与合议庭组成人员

人民法院决定受理案件后，诉讼系属即告形成，当事人获得诉讼中的法律地位，开始享有诉讼权利和负有诉讼义务。当事人正确行使诉讼权利、履行诉讼义务的前提是要知晓权利义务的内容，法院应当在受理案件通知书和应诉通知书中向当事人告知有关的诉讼权利义务，或者口头告知。按普通程序审理案件，应当依法组成合议庭。合议庭组成人员确定后，应当在3日内将合议庭组成人员的姓名和有关情况告知当事人，便于当事人及时决定是否行使申请回避的权利。

### （三）审核诉讼材料，调查收集必要的证据

此阶段的诉讼材料，主要包括原告提交的起诉状及相关证据材料、被告提交的答辩状及相关的证据材料。审判人员对诉讼材料进行审核，主要目的在于了解原告的诉讼请求和理由、被告的答辩及理由，掌握双方争执的焦点所在。

人民法院派出人员进行调查时，应当向被调查人出示证件。调查笔录经被调查人校阅后，由被调查人、调查人签名或者盖章。

根据《民事诉讼法》和《民事证据规定》，人民法院调查收集必要的证据有两种方式：依职权调查和依申请调查。前者是指在涉及可能有损国家利益、社会公共利益或者他人合法权益的事实，或涉及依职权追加当事人、中止诉讼、终结诉讼、回避等与实体无关的程序事项时，人民法院可以依职权主动调查收集证据；后者是指对于当事人无法调取的档案材料、涉及国家及商业秘密以及个人隐私的材料，以及当事人确因客观原因不能自行收集的其他材料，人民法院可以依当事人申请调查收集证据。

受诉人民法院除自行调查以外，在必要时可以委托外地人民法院调查。委托调查时，委托人民法院必须提出明确的项目和要求，受委托人民法院也可以主动补充调查。受委托人民法院收到委托书后，应当在30日内完成调查。因故不能完成的，也应当在30日内函告委托人民法院。

### （四）确定举证期限，当事人收集和提供证据

证据材料的准备是审理前准备阶段的重要内容，为保证庭审的连续性和诉讼公正，举证时限的确定是必要的。举证期限，是指当事人向人民法院提供证据的有效期间。根据《民诉法解释》第99条的规定，举证期限既可由人民法院根据案件情况确定，也可以由当事人协商一致，并经人民法院认可。由人民法院确定举证期限的，第一审普通程序案件不得少于15日。

在我国民事诉讼中，证据资料的准备原则上由当事人自行完成。根据《民事诉讼法》第65条，当事人对自己提出的主张应当及时提供证据。人民法院根据当事人的主张和案件审理情况，确定当事人应当提供的证据及其期限。当事人在该期限内提供证据确有困难的，可以向人民法院申请延长期限，人民法院根据当事人的申请适当延长。当事人逾期提供证据的，人民法院应当责令其说明理由；拒不说明理由或者理由不成立的，人民法院根据不同情形可以不予采纳该证据，或者采纳该证据但予以训诫、罚款。

在当事人收集证据有困难的情况下，法院可以协助当事人进行证据资料的准备，即在符合法定情形下，当事人可以申请法院收集证据；在例外情况下，法院对某些特定案件也可以依职权收集证据。

### (五) 组织证据交换或者召开庭前会议

1. 证据交换

根据《民事证据规定》第 37 条的规定，经当事人申请，人民法院可以组织当事人在开庭审理前交换证据。对于证据较多或者复杂疑难的案件，人民法院应当组织当事人在答辩期届满后、开庭审理前交换证据。可见，证据交换只在当事人申请或有必要时才进行，并不是所有诉讼的必经阶段。证据交换的时间可以由当事人协商一致并经人民法院认可，也可以由人民法院指定。证据交换应当在审判人员的主持下进行，对当事人无争议的事实、证据应当记录在案；对有异议的证据，按照需要证明的事实分类记录，并记载异议的理由。通过证据交换，确定双方当事人争议的主要问题。证据交换一般不超过两次。但对于重大、疑难和案情特别复杂的案件，人民法院认为确有必要再次进行证据交换的除外。

将证据交换放置于庭审前而非庭审中去进行，有以下优点：第一，庭审前证据交换由于不属于正式开庭，因而其程序相对简化，有的诉讼原则比如公开原则就可以不再适用；第二，可以采取多样化的方法来进行；第三，可以在相对和平的氛围中进行，削弱对抗性，更容易促成和解。但是，庭前证据交换的性质并没有因此而改变，它仍然属于实体审理的一个有机组成部分，它和庭审程序中对证据的提供和质辩联为一体。一言以蔽之，证据交换放在庭审前进行，其本质乃是为了简化程序而进行的庭审程序的前移。

2. 庭前会议

《民诉法解释》第 224 条规定了庭前会议制度，人民法院可以视具体案件情况组织召开庭前会议。庭前会议的具体内容，可以根据案件的具体情况灵活安排。

根据《民诉法解释》第 225 条，庭前会议的主要内容包括：明确原告的诉讼请求和被告的答辩意见；审查处理当事人增加、变更诉讼请求的申请和提出的反诉，以及第三人提出的与本案有关的诉讼请求[①]；根据当事人的申请决定调查收集证据，委托鉴定，要求当事人提供证据，进行勘验，进行证据保全；组织交换证据；归纳争议焦点；进行调解。

庭前会议制度的建立，为充分做好审前准备提供了制度基础，也为庭审的集中审理打下了良好基础，值得肯定。

### (六) 选择适用案件审理的程序

《民事诉讼法》第 133 条对于法院受理的案件，根据不同情形规定了多种程序选择。

1. 转为督促程序。对于当事人没有实质性争议的案件，如果符合督促程序规定的条件的，可以将案件转为督促程序。督促程序为非讼程序，其审理程序简便、迅速，如果案件符合该程序的条件，将其转为该程序，可以提高权利实现的效率。

2. 庭前调解。对于当事人争议不大的，适宜调解的案件，法院可以主持庭前调解，及

---

① 参见汤维建：《民事诉讼中证据交换制度的确立和完善》，载《法律科学》，2004 (1)。

时解决纠纷。

3. 确定适用普通程序或简易程序审理案件。如果受诉法院为基层法院时，对于第一审案件的审理存在选择适用普通程序和简易程序的问题。对于简单民事案件或当事人协议适用简易程序的案件，法院可以决定适用简易程序，其他案件适用普通程序。

4. 需要开庭审理的，通过要求当事人交换证据等方式，明确争议焦点。

### （七）追加必须共同进行诉讼的当事人

庭审前发现必须共同进行诉讼当事人未参加诉讼的，人民法院应当予以追加，目的是防止就同一事件作出相互矛盾的判决，也有利于案件的正确处理。追加的方式有两种：人民法院依职权通知其参加；当事人向人民法院申请追加。人民法院对当事人提出的申请，应当进行审查，申请无理的，裁定驳回；申请有理的，书面通知被追加的当事人参加诉讼。

人民法院追加共同诉讼的当事人时，应通知其他当事人。应当追加的原告，已明确表示放弃实体权利的，可不予追加；既不愿意参加诉讼，又不放弃实体权利的，仍追加为共同原告，其不参加诉讼，不影响人民法院对案件的审理和判决。追加共同被告时，即使被追加的被告未实际参加诉讼，也不影响审理的进行。对于必须到庭的被告，人民法院可以在法定条件下依法对其采取强制措施，强制其到庭。本案诉讼标的涉及第三人权益的，第三人可以申请参加诉讼，或是由人民法院通知参加诉讼。①

## 三、国外民事诉讼中的审前准备程序

从横向比较来看，不论英美法系国家还是大陆法系国家，大致都有其审前的准备程序。但是，两大法系各国在审前准备程序中所采取的具体形式、欲达到的效果，由于受制于法律传统、诉讼结构、证据规则等而有所差异。

### （一）美国民事诉讼的审前准备程序

自20世纪80年代以来，美国《联邦民事诉讼规则》数度修改，增加了主动开示和对使用发现方法的次数等进行限制的条文。同时，一部分法官也加大了主动介入开庭审理前阶段的力度，开始积极对案件的准备过程进行管理。而这些介入或管理的最主要方式，就是作为准备程序的一部分且其重要性越来越大的“审前会议”。审前会议的功能已经不仅仅停留在单纯地总结归纳准备活动结果和制定开庭审理的计划上。同时，尽量促使当事人和解或通过利用各种诉讼内ADR方法来实现开庭前的纠纷解决，也成为审前会议的目标之一。进入20世纪90年代以后，美国进一步加快了对民事司法及诉讼程序进行改革的步伐。主要由发现程序和审前会议构成的准备阶段也是改革的重点之一。

---

① 从上述规定来看，我国民事诉讼审前准备阶段的主导方是法院而非当事人，从严格意义上说，我国仅有审前准备活动而无审前准备程序，并面临着一系列改革的任务。

**【案例 14－4】盖尔·达维斯诉某录音艺术家侵犯名誉权案**[①]

原告盖尔·达维斯是被告某著名录音艺术家的执行助理。从1982年1月到11月原告自愿辞职。1983年10月，被告书写并散发了一封信，声称由于原告工作不够得力及工作习惯不好导致被解雇。原告据此认为自己的名誉权受到侵害，诉请地区法院要求被告给予补偿金100万美元和惩罚金100万美元。在地区法院，双方当事人提出了强制发现的交叉动议。首先，原告要求获得有关被告净资产和年均收入的信息，并认为该项证据同诉讼中的惩罚性赔偿有关联；原告还要求提供罗伯和罗伯律师事务所及其合伙人约翰开给被告及被告拥有权益的实体组织的账单文件，并认为被告付给约翰的费用同约翰作为被告方证人的偏见和可信性等问题有关联。

对于原告的第一项发现请求，应当同被告的隐私权相权衡。依照《纽约民事诉讼规则》，“除非并直到陪审团作出的特别裁决表明原告有权向被告取得惩罚性赔偿之时，被告财产的证据才可以引入审判过程”。因此，原告提出的强制发现被告财产和收入的动议被否决了。对原告的第二项发现请求，原告有权探知被告和证人之间关系的性质，以便发现是否有偏见。但单纯的费用问题，不能成为证人有偏见的盖然性理由。可见，发现证据的范围一定要比在庭审中可以使用的证据范围广泛。不仅如此，就发现的对象来说，不仅证据可以发现，而且能够导出证据的信息也可以发现。[②]

### （二）德国民事诉讼的审前准备程序

在德国的审前准备程序中，法官的职权色彩比较明显。1976年，在所谓“斯图加特方式”改革试点的基础上，联邦德国国会通过了《简略化法》，该法律规定了两种准备程序：一种是“早期第一次口头辩论程序”，另一种则是“书面准备程序”，由负责审理的法官根据裁量从中选择。法官如果选择的是前者，双方在第一次开庭前可以通过交换答辩书、再答辩书等文书进行准备。第一次开庭主要用于整理争点和证据，法官在与双方代理律师协议的基础上，对最后开庭集中审理的期日（主要期日）以及作为主要期日审理对象的争点、证据等事项作出决定。到了主要期日，没有提出的主张和证据原则上“失权”。如果法官选择的是后者，被告在收到诉状的两周之内必须表明自己是否进行争议，如果决定防御就必须在法官规定的日期内提出答辩。法官在向原告送达被告方的答辩时，还可以决定原告方提出反驳答辩文书的日期。经过这样的书面交换等准备之后，法官同样就主要期日等事项作出决定。在书面准备过程中没有提出的主张和证据，原则上同样发生失权效果。

### （三）日本民事诉讼的审前准备程序

日本从1990年开始正式展开了对民事诉讼法的全面修改，准备程序的重新设计则是其

① 参见汤维建：《美国民事司法制度与民事诉讼程序》，429～435页，北京，中国法制出版社，2001。

② 参见汤维建：《美国民事司法制度与民事诉讼程序》，429～435页，北京，中国法制出版社，2001。

重点之一。1996年6月，国会通过并公布了新的民事诉讼法。与旧法相比，有关准备程序的规定得到了大幅度的充实。新法规定了三种样式的准备程序，即书面准备方式、用于准备的口头辩论方式、会议型的准备方式。书面准备方式和用于准备的口头辩论方式大致分别相当于德国《简略化法》所规定的书面准备程序和早期第一次口头辩论程序。不过，日本的书面准备方式规定了"当事人居住在远方或其他类似情形"作为适用这种方式的限定范围。会议型的准备方式来源于日本自身司法实践中的"辩论兼和解"方式——一种将准备程序与法官调解结合在一起的审理方式，但是有所改进，规定了保障当事人双方在场的对席审理、一定条件下允许旁听、准备阶段终结后交付开庭正式审理的形式等。①

## 四、重构我国的审前准备程序

在民事诉讼中设置审前准备程序是大多数国家的共同选择。随着民事审判方式改革的深入，在我国建构新的审前准备程序被提上议事日程，审前准备程序的兴起反映了民事诉讼程序正当化机制的转变。针对过去长期以来"重庭前、轻庭审""庭审走过场"的做法，我国在20世纪80年代中期曾出现了"一步到庭"这种矫枉过正的改革举措，反而造成了诉讼迟延的后果。从我国的现实国情出发，在建构审前准备程序时，仅仅考虑效率的要求远远不够，防止"先定后审""单方接触"、强制调解、先入为主是基于我国国情对审前程序功能提出的特殊要求，而预审法官模式则是一种较好的选择。② 有学者提出，审前程序的改革不能搞"一刀切"，对一审程序中的不同案件，应当设计不同的审前程序供人民法院或当事人选择适用：简单案件只做必要准备就可以开庭，复杂案件则做充分的审前准备，包括交换诉答状、调查收集证据、审前会议等。③

# 第五节 开庭审理

## 一、开庭审理的概念和意义

开庭审理，是指人民法院在当事人及其他诉讼参与人的参加下，依照法定的形式和程序，在法庭上对民事案件进行实体审理的诉讼活动过程。开庭审理是普通程序中最基本、最主要的一个阶段，是审判过程的中心环节。在该阶段，所有民事诉讼法律关系主体都应参加诉讼，民事诉讼法的各项原则、制度都在此得到充分的应用，当事人的权利义务得以兑现，所有的事实和证据材料将得到调查、辩论及最后的认定，人民法院还要据此作出裁判结果。开庭审理的任务是：通过法庭调查和辩论，审查核实证据，查明案件事实，分清是非责任，正确适用法律，确认当事人之间的权利义务关系，制裁民事违法行为，保护当

---

① 参见王亚新：《民事诉讼准备程序研究》，载《中外法学》，2000（2）。

② 参见李浩：《民事审前准备程序：目标、功能与模式》，载《政法论坛》，2004（4）。

③ 参见刘敏：《论民事诉讼审前准备程序的重构》，载《南京师大学报》（社会科学版），2001（5）。

事人的合法权益。

## 二、开庭审理的形式

1. 开庭审理必须采取法庭审理的方式。对“法庭审理”可做两方面的理解：一是指适用普通程序审理案件，应依法组成合议庭；二是指审理案件的地点一般应选择设在人民法院内的法庭，也可以是人民法院临时用来审理案件的其他场所，如影剧院、露天广场等。

2. 开庭审理以公开为原则，不公开为例外。根据《民事诉讼法》第134条的规定，人民法院审理民事案件，除涉及国家秘密、个人隐私或者法律另有规定的以外，应当公开进行。离婚案件、涉及商业秘密的案件，当事人申请不公开审理的，可以不公开审理。但不公开审理的案件，宣判仍要公开进行。公开审理，不仅仅是指对当事人及其他诉讼参与人公开，也包括对社会公开，应允许人民群众旁听，允许新闻媒体现场采访和报道。公开审理是司法接受社会监督的一种方式，体现了司法的透明性，有利于提升司法公信力，防止司法恣意与腐败。

3. 开庭审理应当采取言词审理的形式。言词审理是相对于书面审理而言的，是指在开庭审理的过程中，人民法院的所有职权行为和当事人以及其他诉讼参与人的诉讼行为，均必须以言词的方式作出。口头方式之所以被提升到原则性的高度，是因为其在性质上很容易与公开、对席、直接等其他形式相结合，适合现代民事诉讼法理和审理样式。① 言词审理优于书面审理之处在于，其更有利于保障当事人的诉讼权利，更有利于法官发现案件事实。②

## 三、开庭审理的程序

根据《民事诉讼法》的规定，普通程序中规定的开庭审理的程序由五个阶段构成，具有顺序性和连续性，后一阶段是前一阶段的延续，前一阶段是后一阶段的前提和基础，不可能逾越某一阶段而发生跨越。不过，为了能根据案件的具体情况处理法庭调查和法庭辩论这两个程序阶段，《民诉法解释》第230条规定，人民法院根据案件具体情况并征得当事人同意，可以将法庭调查和法庭辩论合并进行。这体现了司法的灵活性，方便法院审理和当事人诉讼。整体而言，这五个阶段依次是：

### （一）开庭准备

开庭准备是开庭审理的预备阶段，具体是指在事先确定的开庭日期到来时，在正式进入实体审理前，为保证案件审理的顺利进行而应当由人民法院进行并完成的准备工作。开庭准备不同于审理前的准备，两者所要完成的任务、目的、时间安排上皆有不同。根据

---

① 参见王亚新：《对抗与判定：日本民事诉讼的基本结构》，123页，北京，清华大学出版社，2002。

② 与言词审理紧密相关的另一种审理方式是直接审理，主张法官应直接接触当事人和诉讼材料，法官若中途更换，则言词审理程序重新开始，并强调未参与言词辩论的法官不得为判决。我国审判实务中出现的“审者不判、判者不审”的现象，则是对直接审理主义的严重违背。

《民事诉讼法》第 136 条、第 137 条的规定，开庭准备阶段的工作包括以下几项：

1. 告知当事人和其他诉讼参与人开庭日期。人民法院审理民事案件，应当在开庭 3 日前告知当事人和其他诉讼参与人，以便于他们按时出庭。告知当事人用传票，告知其他诉讼参与人用通知书。当事人和其他诉讼参与人在外地的，应留有必要的在途时间。

2. 张贴开庭公告。公开审理的，应当公告当事人姓名、案由和开庭的时间、地点，以便于接受人民群众和新闻媒体的监督。公告可以在人民法院的公告栏张贴，也可以在公共场所和案件发生地、当事人所在地张贴。

3. 查点到庭人员，宣布法庭纪律。开庭审理前，书记员应当先查明当事人和其他诉讼参与人是否到庭，对其中没有到庭的人员，书记员应及时报告审判长，并由合议庭确定是否需要延期审理或中止诉讼；然后由书记员宣布法庭纪律，要求他们遵守法庭规则，维护法庭秩序，旁听人员不得录音、录像和摄影等。

4. 审判长宣布案由，告知诉讼权利义务。开庭审理时，由审判长核对当事人，且当事人对对方出庭人员没有异议时，审判长应宣布各方当事人及诉讼代理人符合法律规定，可以参加本案诉讼。审判长在宣布案由及开始庭审时，对依法不公开审理的案件应同时说明理由。审判长在宣布审判人员、书记员名单，告知当事人有关的诉讼权利义务后，应询问当事人是否提出回避申请。当事人提出回避申请的，合议庭应当宣布休庭。回避申请的理由不能成立的，予以驳回；理由成立的，有关人员实行回避，由审判长宣布延期审理。

### （二）法庭调查

法庭调查，是指人民法院依照法定程序，在法庭上向当事人和其他诉讼参与人调查案情，审查核实各种证据以及当事人举证、质证的活动。法庭调查标志着开庭审理进入实质性阶段，调查重点是双方争议的事实。该阶段的主要任务是：在双方当事人陈述、举证、反驳、质证活动的基础上，逐步展示案件事实，再通过人民法院的审查、核实，对证据进行认定，全面揭示案情，为进入法庭辩论打好基础。

在本章引例中，原告方提交了 5 组证据，被告方提交了 1 份证据。在开庭审理阶段，法庭主持双方当事人进行了质证。法庭认为，原告提交的大部分证据和被告杨德胜提交的证据，因双方当事人无异议，予以确认。关于血样采集问题，牟勇在特定情况下当众提取王先强的血样，这个过程有多个证人证实。该取证真实客观，且不违背法律规定，是有效的民事行为。根据血样所作的鉴定，与本案有关联性，应予采信。通过举证、认证，法庭逐步查明了案情：原告王德钦的母亲牟萍与王先强自由恋爱多年并同居生活，王先强发生车祸时，牟萍已怀孕。在解决杨德胜交通肇事应承担的民事赔偿责任时，在杨德胜的反对下，未能满足原告所提的赔偿请求。后来牟萍生育了原告王德钦，遂代理原告提起本案诉讼。由于案件事实已逐步查清，这就为进入法庭辩论阶段做好了充分的准备。

根据《民事诉讼法》第 138 条及《民诉法解释》的规定，法庭调查应遵循法定的顺序，不可前后颠倒。

第一，当事人陈述。当事人陈述是法庭调查第一步要进行的，发言顺序为先原告、后被告、再第三人。首先由原告口头陈述事实和宣读起诉状，讲明具体诉讼请求和理由；其次由被告口头陈述事实和宣读答辩状，对原告诉讼请求提出异议或反诉的，讲明具体请求和理由；在此，如果案件有第三人参加的，由第三人陈述或答辩，有独立请求权的第三人陈述诉讼请求和理由，无独立请求权的第三人针对原、被告的陈述提出承认或否认的答辩意见。原告或被告还需对第三人的陈述进行答辩。以上步骤进行完以后，审判长或者独任审判员要归纳本案争议焦点或者法庭调查重点，并征求当事人意见。

第二，告知证人的权利义务，证人作证，宣读未到庭的证人证言。证人出庭作证时，法庭首先应查明证人的身份，并告知证人作证的义务以及作伪证应负的法律责任。证人有两个以上的，应当分别到庭作证；证人证言之间存在矛盾的，可以当庭质证。证人作证后，应当征询各方当事人对证人证言的意见。经过法庭许可，当事人及其诉讼代理人可以向证人发问，当事人可以互相发问。证人确有困难不能出庭的，其所提交的书面证言应当庭宣读。当事人自己调查取得的证人证言，由当事人宣读后提交法庭，对方当事人可以质询；受诉人民法院调查取得的证人证言，由书记员宣读，双方当事人都可以质询。

第三，出示书证、物证、视听资料和电子数据。无论是当事人提交的证据，还是受诉人民法院调查收集所得的证据，都应当在法庭上出示，并由当事人互相质证。涉及国家秘密、商业秘密和个人隐私的证据，当事人提交法庭的，法庭不能公开出示，但可以适当提示。同样，案件中如果有多个诉讼请求或者多个独立存在的事实的，可按照每个诉讼请求、每段事实中争议的问题，按顺序出示书证、物证、视听资料和电子数据，并由当事人逐一核对证据。

第四，宣读鉴定意见。对案件中涉及的专门性问题进行了鉴定的，应当当庭宣读由鉴定部门和鉴定人提出的书面鉴定意见，并由鉴定人到庭说明鉴定意见的形成过程、科学依据等。宣读鉴定意见后，应由双方当事人发表意见。经过法庭许可，当事人及其诉讼代理人可以向鉴定人发问。鉴定人因特殊原因无法出庭的，经法庭许可，可以书面答复当事人的质询。当事人要求重新进行鉴定的，是否准许，由受诉人民法院决定。

第五，宣读勘验笔录。受诉人民法院如果在审前调查中对物证或者现场进行过勘验，即应当在法庭调查时当庭宣读勘验人就勘验情况和勘验结果制作的勘验笔录，一并出示勘验时所拍摄的照片及绘制的图表。宣读勘验笔录后，应由双方当事人发表意见。经过法庭许可，当事人及其诉讼代理人可以向勘验人发问。当事人要求重新进行勘验的，是否准许，由受诉人民法院决定。

在法庭调查过程中，以下几个问题值得关注：

第一，经过庭审质证的证据，能够当即认定的，应当当即认定；当即不能认定的，可以休庭合议后予以认定。合议之后认为需要继续举证或者进行鉴定、勘验的，可以在下次开庭质证后认定。未经庭审质证的证据，不能作为定案的根据。

第二，按照上列顺序，经过法庭调查，双方当事人争议的事实查清后，审判长应当询问双方当事人有无新的证据提出，原告的诉讼请求、被告的反诉请求有无变更。当事人重复陈述的，审判长应当及时提醒，予以制止。

第三，当事人要求提供新的证据或者合议庭认为事实尚未查清，确须受诉人民法院补充调查、收集证据或者通知新的证人到庭、重新鉴定、勘验，因而需要延期审理的，可以宣布延期审理。需要当事人补充证据的，应当告知其在限定期间内提供。补充的证据或者重新进行鉴定的意见、勘验的结论，必须再次开庭质证。

法庭调查结束前，审判长和独任审判员应当就调查认定的事实和当事人争议的问题进行归纳总结。之后，宣布法庭调查结束。

（三）法庭辩论

法庭辩论是当事人充分行使辩论权的体现，是指双方当事人及其诉讼代理人在合议庭的主持下，围绕争议的事实和法律问题，展开阐述和论证，以维护自身合法权益的诉讼活动。该阶段的主要任务是：通过双方口头辩论，进一步查明案件事实，核实相关证据，分清是非责任，为人民法院行使裁判权打下基础。

在法庭辩论过程中，审判人员处于指挥诉讼进程的地位，引导当事人就争议焦点展开辩论，制止发言中与本案无关的陈述或重复未被法庭认定的事实，保障双方当事人的平等辩论权。法庭辩论应在完成法庭调查的基础上进行，当事人如果在法庭辩论中提出与案件有关的新的事实和证据，合议庭应当停止辩论，恢复法庭调查。法庭辩论时，审判人员不得对案件性质、是非责任发表意见，不得与当事人辩论。必要时，审判长可以根据案情限定当事人及其诉讼代理人每次发表意见的时间。

《民事诉讼法》第141条规定，法庭辩论按照下列顺序进行：(1) 原告及其诉讼代理人发言；(2) 被告及其诉讼代理人答辩；(3) 第三人及其诉讼代理人发言或者答辩；(4) 互相辩论。第一轮辩论结束后，审判长应当询问当事人是否还有补充意见。当事人要求继续发言的，应当允许，但要提醒不可重复。当事人没有补充意见的，审判长应即宣布法庭辩论终结。在案件受理后、法庭辩论结束前，原告增加诉讼请求、被告提出反诉、第三人提出与本案有关的诉讼请求，可以合并审理的，受诉人民法院应当合并审理。法庭辩论终结后，审判长应按照原告、被告、第三人的先后顺序征询各方最后意见。

《民事诉讼法》第142条规定，“法庭辩论终结，应当依法作出判决。判决前能够调解的，还可以进行调解，调解不成的，应当及时判决”。调解应当根据合法、自愿的原则进行。当事人不愿意调解或调解不成的，合议庭应当宣布休庭，进入下一个阶段——合议庭评议。

（四）合议庭评议

合议庭评议，是指在法庭辩论终结后，合议庭成员以法庭调查和法庭辩论的内容为基础，认定案件事实，分清是非责任，适用实体法对案件作出结论的活动。评议中如果发现案件事实尚未查清，需要当事人补充证据或者由受诉人民法院自行调查收集证据的，可以决定延期审理，由审判长在继续开庭时，宣布延期审理的理由和时间，以及当事人提供补充证据的期限。

合议庭评议应当秘密进行，实行少数服从多数的原则。评议后制作的笔录上，应当有合议庭成员的签名。出现了不同意见，也应如实记录并归档备查。

（五）宣告判决

宣告判决，是指人民法院将经过合议作出的民事判决，向当事人、诉讼参与人以及社会公开宣告的活动。无论案件的审理是否公开，宣告判决一律公开进行。

宣告判决分为当庭宣判和定期宣判。前者是指在合议庭合议后立即宣告判决，并应于

10 日内发送判决书；后者是指在开庭审理日后的某个日期公开宣告判决，一般在宣判后立即发给判决书。宣告判决的内容一般包括：认定的事实、适用的法律、判决的结果和理由、诉讼费用的负担，同时必须告知当事人上诉权利、上诉期限和上诉的法院。对于宣告离婚判决的，必须告知当事人在判决发生法律效力前不得另行结婚。

## 四、开庭审理中的其他问题

### （一）延期审理

延期审理，是指在法律规定的特殊情况下，人民法院的开庭审理无法按期进行或继续进行，必须推延审理日期的一种诉讼制度。一般情况下，人民法院、当事人和其他诉讼参与人都应严格遵守开庭期日，不得随意推延日期。但如果出现了法律规定的某些特殊情况导致诉讼无法正常进行时，人民法院有必要推迟日期或另定日期继续审理，并应将延期审理的决定及时通知当事人和其他诉讼参与人。

根据《民事诉讼法》第 146 条的规定，可以延期审理的四种情形是指：

1. 必须到庭的当事人和其他诉讼参与人有正当理由没有到庭的。必须到庭的当事人一般包括两种情形：一是能够正确表达意思的离婚案件当事人；二是负有赡养、抚育、抚养义务和不到庭就无法查清案情的被告。必须到庭的其他诉讼参与人，比如重要证人、无诉讼行为能力当事人的法定代理人、翻译人员等，其不到庭就无法查清案情甚至无法进行庭审。上述人员没有到庭的理由是否正当，是人民法院决定是否延期审理的重要考量因素。

2. 当事人临时提出回避申请的。提出回避申请是当事人的一项重要诉讼权利，如果当事人在审理前的准备阶段未及时行使该权利，而在法庭辩论终结前临时提出的，人民法院应当延期审理，以便决定对被申请人是否实行回避。

3. 需要通知新的证人到庭，调取新的证据，重新鉴定、勘验，或者需要补充调查的。

**【案例 14-5】和某诉乙市医院医疗损害赔偿纠纷案**[①]

1999 年 10 月，原告和某因右小腿被搅拌机绞伤，入住被告乙市医院的外科三区治疗。术后伤口感染，原告再入住医院做了第二次手术。术后，医院又进行了综合治疗，使伤口愈合。后因原告和某参加网球比赛导致患处再次骨折，第三次入住该医院施行移骨手术，术后右腿短于左腿。原告起诉要求被告承担赔偿责任。2000 年 8 月，经原告方和某申请，某县医疗事故鉴定委员会作出“不属于医疗事故”的鉴定意见。原告不服，向人民法院申请重新鉴定，法院同意重新鉴定，并决定延期审理。

庭审中如果当事人提出了新的证人、新的证据，往往关系到案情的重新认定，人民法院需要通知新的证人到庭，调取新的证据，此时人民法院可以决定延期审理；如果人民法院认为当事人提出的重新鉴定、勘验的申请确有理由，同意重新鉴定、勘验的，或者人民

① 见 http://www.kqhot.com。

法院认为据以认定案情的证据不够确凿、充分，尚需补充调查的，也有必要延期审理。上述案例中，鉴定意见的内容关系到案情的认定，原告方和某不服原鉴定而向人民法院申请重新进行鉴定，人民法院认为该申请确有理由，同意重新进行鉴定，此时法院有权作出延期审理的决定。

4. 其他应当延期的情形。这是一条灵活性的规定，除了上述三种特殊情况以外，司法实践中出现了其他应当延期的情形，可以由人民法院根据具体情况来决定适用。

#### （二）法庭笔录

按照《民事诉讼法》第 147 条的规定，书记员应当将法庭审理的全部活动记入笔录，由审判人员和书记员签名。法庭笔录应当当庭宣读，也可以告知当事人和其他诉讼参与人当庭或者在 5 日内阅读。当事人和其他诉讼参与人认为对自己的陈述记录有遗漏或者差错的，有权申请补正。如果不予补正，应当将申请记录在案。法庭笔录由当事人和其他诉讼参与人签名或者盖章。拒绝签名盖章的，记明情况附卷。可见，法庭笔录客观地将诉讼加以固定化，成为二审、再审以及日后上级法院检查质量、总结经验的载体。

#### （三）审理期限

在普通程序中规定审限，是我国《民事诉讼法》的专有规定。所谓审限，是指人民法院审理民事案件的法定时间限制。审限规定的立法目的在于：减少诉讼成本，提高诉讼效率，防止诉讼迟延。按照《民事诉讼法》第 149 条的规定，人民法院适用普通程序审理的案件，应当在立案之日起 6 个月内审结。有特殊情况需要延长的，由本院院长批准，可以延长 6 个月；还需要延长的，报请上级人民法院批准。该条规定中的审限，是指从立案的次日起至裁判宣告、调解书送达之日止的期间，但公告期间、鉴定期间、审理当事人提出的管辖权异议，以及处理人民法院之间的管辖争议期间不应计算在内。有学者认为，在我国民事诉讼制度已向当事人主义结构转型过程中，审限与强调当事人自我负责之间的内在矛盾和紧张关系日趋明显，建议根据案件的不同类型适当放宽结案期限。[①]

## 第六节　撤诉和缺席判决

### 一、撤诉

#### （一）撤诉的概念和意义

民事诉讼中的撤诉，有狭义与广义之分。狭义上而言，仅指原告撤回起诉；广义上而言，是指当事人向人民法院撤回诉的请求，不再要求对案件进行审理，从而结束正在进行的诉讼程序的行为。

---

① 参见王亚新：《我国民事诉讼法上的审限问题及修改之必要》，载《人民司法》，2005（1）。

撤诉是当事人的一项重要诉讼权利，是当事人依法行使处分权的体现。撤诉申请仅仅是当事人结束本案诉讼程序的意思表示，人民法院经审查依法准予撤诉的行为，并不代表人民法院已对该案件进行了实体审理。诉一经撤销，人民法院就不能对案件继续行使审判权，诉讼程序就告结束，人民法院可以就此结案。

### （二）撤诉的分类

根据不同的标准，可以把撤诉分为不同的类型。

1. 以当事人撤诉行为的积极和消极形态为标准，撤诉可分为申请撤诉和按撤诉处理。申请撤诉，是指当事人主动申请撤销诉的请求，不再要求对案件进行审理的行为，是由当事人自己提出的；按撤诉处理，是指人民法院根据法律规定，针对当事人的某些行为，比照当事人申请撤诉来处理，不是由当事人自己提出的。

2. 以撤诉的主体为标准，撤诉可分为原告撤回本诉、被告撤回反诉、有独立请求权的第三人撤回参加之诉。本诉、反诉、第三人参加之诉作为独立之诉，都有可能分别被当初提起诉讼的主体予以撤销。

3. 以撤诉行为发生的审级不同为标准，撤诉可分为撤回起诉和撤回上诉。在第一审程序中撤回起诉，会导致第一审程序的结束，当事人就同一诉讼请求原则上还可以再次提起诉讼；在第二审程序中撤回上诉，不仅导致第二审程序的结束，而且意味着当事人同意接受第一审的裁判结果，当事人不得再行上诉。

### （三）申请撤诉的条件

《民事诉讼法》第145条第1款规定：“宣判前，原告申请撤诉的，是否准许，由人民法院裁定。”根据该法条规定，当事人申请撤诉需同时满足以下四个条件：

1. 申请撤诉必须由当事人向人民法院提出内容明确的申请。申请撤诉是当事人享有的一项诉讼权利，是否行使由当事人自主决定，没有当事人明确的书面或口头申请，人民法院不得依职权作出撤诉的裁定。

2. 申请撤诉必须是出于当事人自愿。提出撤诉申请必须基于当事人自主自愿，不能是受胁迫或出于误解的意思表示，否则会影响当事人正确行使处分权。

3. 申请撤诉的目的必须合法、正当。当事人行使申请撤诉的权利时，不得损害国家、集体利益和他人的合法权益，不得规避法律，否则人民法院可以进行必要的干预，即作出不准撤诉的裁定。当事人申请撤诉的案件，如果当事人有违反法律的行为需要依法处理的，人民法院也可以不准撤诉。

4. 撤诉的申请最迟应在人民法院宣告判决以前提出。判决宣告以后，案件处理已经结束，再撤销诉的请求已不具有可能性。

**【案例14-6】刘某诉物业公司等侵权纠纷撤诉案**①

1998年2月，被告某粮食公司将其所有的位于某市迎春大厦部分房屋出租给

---

① 参见深圳市罗湖区人民法院编著：《民商事审判精选案例评析》，327～328页，深圳，海天出版社，2004。

被告某副食品公司，租期从1998年1月至2000年6月。同年6月3日，刘某委托徐某以台湾超人发廊的名义与副食品公司签订房屋租赁合同，约定副食品公司将其承租的上述房屋出租给台湾超人发廊使用，租期从1998年2月至2003年2月。合同签订后，刘某在该房产处投资开办了上海超人发廊，并向副食品公司交纳了2000年9月份之前的房租。2000年7月至9月，副食品公司先后三次向上海超人发廊发出通知，要求其于2000年9月底前搬出，但上海超人发廊没有搬出。后副食品公司通知物业管理公司对发廊采取停水停电措施，粮食公司履行通知义务后对发廊采取了强制搬离措施。刘某认为物业公司、粮食公司、副食品公司的行为构成侵权，诉请法院判令三被告赔偿其损失40万余元。在审理前准备阶段，原告与三被告私下达成和解协议，于是原告申请撤诉，法院裁定准许撤诉。

本案涉及原告申请撤诉的问题。人民法院对于当事人提出的撤诉申请，应根据上述四个条件来进行把握，符合条件的，裁定准许撤诉；不符合条件的，裁定不准许撤诉，诉讼则继续进行。上述案例中，原告根据争议解决过程的进展情况，决定撤回起诉，是其对自己诉讼权利的处分行为。法院经审查，原告申请撤诉符合法定条件，是其行使处分权的正当表现，因此作出裁定允许原告撤诉，本案诉讼程序即告结束。

（四）按撤诉处理的法定情形

按撤诉处理，是人民法院根据法律规定，针对当事人的某些行为，比照申请撤诉的规定对案件进行处理。因此，按撤诉处理的法律效果完全等同于申请撤诉的效果。

根据《民事诉讼法》第143条和相关司法解释的规定[①]，按撤诉处理主要是指以下几种情形：

1. 原告经传票传唤，无正当理由拒不到庭的，或者未经法庭许可中途退庭的，可以按撤诉处理。

2. 原告应当预交而未预交案件受理费，人民法院应当通知其预交，通知后仍不预交或者申请减、缓、免未获人民法院批准而仍不预交的，裁定按撤诉处理。

3. 无民事行为能力的当事人的法定代理人，经传票传唤无正当理由拒不到庭的，如属原告方，可以按撤诉处理。

4. 有独立请求权的第三人经人民法院传票传唤，无正当理由拒不到庭的，或者未经法庭许可中途退庭的，可以对该第三人按撤诉处理。

另外，对于依法可以按撤诉处理的案件，如果当事人有违反法律的行为需要依法处理的，人民法院可以不按撤诉处理。[②]

需要引起注意的是，以上所列情形中，除了第二种情形应当按撤诉处理以外，其他情形都由人民法院依照具体情况裁定是否按撤诉处理。

---

① 参见《民诉法解释》第213条、第235条、第236条。

② 参见《民诉法解释》第238条。

(五) 撤诉的法律效果

撤诉的法律效果，是指人民法院裁定准许撤诉或按撤诉处理后所产生的法律效力。主要有以下三个方面：

1. 终结本次诉讼程序。撤诉是人民法院的结案方式之一，本次诉讼程序也就随之完结。原告撤诉的情况下，反诉不受影响，仍然继续进行。有独立请求权的第三人参加诉讼后，原告申请撤诉，人民法院在准许原告撤诉后，该第三人作为另案原告，原案原告、被告作为另案被告，诉讼继续进行。

2. 撤诉以后视同为未起诉。撤诉不涉及实体审理，当事人在撤诉时未明确表示放弃实体权利的，当事人都可以就同一诉讼请求再行起诉，人民法院应当予以受理。

3. 引起诉讼时效中断。当事人申请撤诉的，自人民法院裁定准予撤诉之日起，诉讼时效期间重新计算；按撤诉处理时，诉讼时效不中断，应连续计算。但也有学者认为，由于撤诉之后视同为自始即未起诉，因而诉讼时效期间不应重新开始计算，而应继续进行。①

(六) 撤诉制度的弊端与完善

我国现行立法中的撤诉制度存在重大缺陷，完全违背了当事人主义，不符合现代司法理念的发展方向。主要表现为：(1) 对于原告的撤诉申请，法院享有超强职权性的否决权，损害了当事人的处分权。(2) 撤诉制度依赖于人民法院单方许可，欠缺了对被告诉讼权利的保护。“在把当事人之间的攻击防御视为诉讼本体的观念下，被告一旦花费资源进行应战，无视他已经付出的成本而允许原告在可能重新起诉的前提下自由撤诉也会有悖于公正。”② (3) 司法实践中强迫或变相强迫原告撤诉的现象大量存在，使得当事人的撤诉权在行使过程中没有得到有效的保障。(4) 人民法院对撤诉进行实质上的审查，有损法院的中立性，违反了程序公正的要求。

有学者提出，应着重在以下几个方面对撤诉制度予以完善：第一，人民法院不得对原告的撤诉进行实质上的审查，审查只能是程序上的；第二，原告撤诉必须得到被告的同意③；第三，立法上应明确规定人民法院进行审查的期限，原告对人民法院驳回撤诉申请的裁定享有相应的救济权；第四，对当事人之间达成的撤诉合意，应产生诉讼法上的效力。④

---

① 撤诉是否导致诉讼时效中断，基本上有上述两种对立观点。持中断说的观点，可以参见柴发邦主编：《民事诉讼法新编》，326页，北京，北京大学出版社，1999；持连续计算说的观点，可以参见江伟主编：《民事诉讼法原理》，634页，北京，中国人民大学出版社，1999。

② 王亚新：《对抗与判定：日本民事诉讼的基本结构》，130页，北京，清华大学出版社，2002。

③ 最高人民法院《关于在经济审判工作中严格执行〈中华人民共和国民事诉讼法〉的若干规定》第18条规定：人民法院采取先予执行措施后，申请先予执行的当事人申请撤诉的，人民法院应当及时通知对方当事人、第三人或有关的案外人。在接到通知至准予撤诉的裁定送达前，对方当事人、第三人及有关的案外人对撤诉提出异议的，应当裁定驳回撤诉申请。该条司法解释注重对申请撤诉对方当事人及有关人员的诉讼权利的保护，赋予其法律救济权，有利于诉讼公正的实现。

④ 参见杨荣馨主编：《民事诉讼原理》，404～406页，北京，法律出版社，2003。

## 二、缺席判决

### （一）缺席判决的概念与意义

缺席判决，是指在一方当事人经传票传唤，无正当理由拒不到庭，或者未经法庭许可中途退庭的情况下，人民法院经过开庭审理后，依法对案件所作出的判决。缺席判决相对于对席判决而言，是法律预先设置在一方当事人缺席的情况下，平衡两造的权益，保障诉讼正常进行的制度。缺席判决作出前，受诉人民法院仍需对案件开庭审理，对缺席一方当事人提交的诉讼文书和证据材料进行认真审核，注意保护缺席一方的合法权益。[①] 缺席判决与对席判决具有相同的法律效力。

### （二）缺席判决的法定情形

根据《民事诉讼法》第143条、第144条、第145条及相关司法解释的规定[②]，缺席判决适用于以下几种法定情形：

1. 在被告已经提起反诉并且已经和本诉合并审理的情况下，原告经传票传唤，无正当理由拒不到庭，或者未经法庭许可中途退庭的，除了可以按撤诉处理终结本诉程序以外，可以就反诉程序缺席判决。

2. 被告经传票传唤，无正当理由拒不到庭的，或者未经法庭许可中途退庭，又不适用拘传规定的，可以缺席判决。

**【案例14-7】程某诉杨某等借款合同纠纷案**[③]

> 某年3月，被告杨某因租赁某酒店向其朋友原告程某借款人民币4万元，出具“今借人民币4万元整，年底还清”借条一张。该借款逾期未还，翌年3月，原告程某诉至法院。原告诉称，被告杨某是因其妻邵某将家庭闲置资金投入股市炒作，向其借款人民币4万元用于租赁某酒店，请求法院判令杨某与其妻邵某共同偿还欠款。诉讼过程中，被告杨某经合法传唤，无正当理由拒不到庭。被告邵某辩称，其不知原告向被告杨某出借该款的具体情况，且被告杨某未向其告知该借款的用途。杨某不务正业，至今已有两年多未回家。故不同意承担本案的连带责任。法院经过审理，作出缺席判决，判决被告杨某一人偿付该欠款及利息；驳回原告程某对被告邵某的诉讼请求。

上述案例中，被告杨某借款后向原告程某出具4万元的欠条，原告持借条请求判令被告杨某偿还欠款及利息，应得到法律上的救济。但因原告未能证明该笔借款已用于家庭共同生活，也未能证明该笔借款经过其妻邵某的同意，所以应由被告杨某个人承担偿还义

---

① 与我国不同，外国立法往往在一方当事人发生类似情况时，作出制裁性的判决。如美国规定，当事人不按法定要求答辩或进行其他抗辩时，法院可依对方当事人的申请直接作出支持其诉讼请求的判决。

② 参见《民诉法解释》第234条～第236条、第240条。

③ 参见青岛市中级人民法院编：《青岛法院判例精萃》，181～182页，北京，法律出版社，2001。

务。由于被告杨某在诉讼过程中经传票传唤，无正当理由拒不到庭，根据法律的规定，法院遂作出以上缺席判决。这对防止债权人和债务人故意串通，损害配偶一方合法权益，及制止当事人滥用诉权等问题有一定的现实意义。

3. 原告、有独立请求权的第三人申请撤诉，人民法院裁定不准许撤诉的，经传票传唤，无正当理由拒不到庭的，对原告可以就本诉缺席判决，对有独立请求权的第三人可以就参加之诉缺席判决。

4. 无民事行为能力人的离婚诉讼中，当事人的法定代理人应当到庭；法定代理人不能到庭的，人民法院应当在查清事实的基础上，依法作出缺席判决。

5. 无民事行为能力的被告的法定代理人，经传票传唤，无正当理由拒不到庭的，可以缺席判决。

6. 无独立请求权的第三人经人民法院传票传唤，无正当理由拒不到庭，或者未经法庭许可中途退庭的，可以就第三人参加之诉作出缺席判决。

7. 对下落不明的一方当事人进行公告送达传票时，如果公告期间届满，受送达人（一般为被告）仍未到庭应诉的，应当缺席判决。

### （三）缺席判决制度的弊端与完善

近代以来的各国缺席审判制度形成了两种基本模式：缺席判决主义和一方辩论判决主义。缺席判决主义是指原告缺席时，拟制为原告放弃诉讼请求，法院判决驳回起诉；被告缺席时，拟制为被告自认原告主张的事实，根据原告的申请，法院作出缺席判决。即使被告已在答辩状中陈述自己的抗辩事实和理由，且能够成立，法院也不予以斟酌，这就使缺席判决与诉讼公正相违背。传统意义上的缺席判决主义还包括异议制度，即缺席方在一定的期间提出异议申请，使缺席判决失去效力，诉讼恢复到缺席前的状态。如此往复，势必造成当事人消极行使诉讼权利，且常被被告恶意利用，导致诉讼拖延。不可否认的是，两种模式都并非十全十美，而是各有其短长。

我国现行的缺席审判制度不同于缺席判决主义和一方辩论判决主义，存在严重的缺陷。例如：违背当事人地位平等原则，我国对原、被告相同的缺席行为采取了截然不同的立法态度；把缺席判决看成是制裁手段，错误理解缺席判决的功能，没有认识到缺席是当事人自己对诉讼权利和实体权利的处分；被告在规定期间内未提交答辩状不影响法庭审理的立法规定，给缺席审判带来极大的困难；另外，对缺席审理程序立法过粗，存在法律盲区。我国民事诉讼法对缺席审理程序只规定了可以适用的情形，缺乏法律要件，未能对具体的审理方式和程序作详细的规定。正由于立法的粗糙，造成实务中出现大量的问题。办案人员对条件已经成熟的案件不敢适用缺席判决，通常是改期开庭或再次传票传唤。

有学者认为，改造我国的缺席审判制度，宜兼采一方辩论判决主义和缺席判决主义，以前者为基本原则。① 首先，对任何一方当事人缺席，都应平等对待。其次，要确立辩论主义原则，杜绝当事人恶意利用缺席来拖延诉讼。再次，导入合理的缺席判决主义，包括缩小传统缺席判决主义的适用范围和限制异议权的使用。最后，要规范缺席审判程序，便于法官操作。

① 参见陈桂明、李仕春：《缺席审判制度研究》，载《中国法学》，1998（4）。

## 第七节 诉讼中止和诉讼终结

### 一、诉讼中止

#### （一）诉讼中止的概念

诉讼中止，是指在诉讼进行过程中，由于某种法定情形的出现而使本案诉讼活动难以继续进行时，人民法院暂时停止诉讼程序的制度。

诉讼中止和延期审理都属于诉讼过程中发生特殊情形导致诉讼过程无法顺利进行的情况，但两者的区别是明显的：第一，诉讼中止的事由一般发生于诉讼之外，如“本案必须以另一案的审理结果为依据，而另一案尚未审结的”，该事由的发生导致诉讼程序的暂时停止，何时恢复具有不可预测性；延期审理的事由一般发生在诉讼中，如“需要通知新的证人到庭，调取新的证据，重新鉴定、勘验，或者需要补充调查的”，该事由导致延期审理，恢复正常审理程序的期日可由人民法院根据具体情况酌定。第二，诉讼中止有可能发生于诉讼程序进行的任何阶段；延期审理则只可能发生于庭审过程中。第三，诉讼中止期间，受诉人民法院和当事人以及诉讼参与人的一切诉讼活动均应暂时停止，事实上也无法继续进行；延期审理期间，有关的诉讼活动并不发生暂停，而是应正常进行。

#### （二）诉讼中止适用的法定情形

根据《民事诉讼法》第150条的规定，诉讼中止适用于以下任何一种情形：

1. 一方当事人死亡，需要等待继承人表明是否参加诉讼的。诉讼过程中，如果一方当事人死亡，其诉讼权利能力即随之消灭，诉讼程序不可能再以其作为当事人，如果其有继承人的，诉讼过程则还有可能继续进行下去。如果原告死亡，原告的继承人是否参加诉讼尚未可知，需要等待继承人表明态度，人民法院无权加以强迫，所以发生诉讼程序暂时停止的结果。①

2. 一方当事人丧失诉讼行为能力，尚未确定法定代理人的。当事人参加诉讼的一个基本前提是其具有诉讼行为能力，如没有，则需要通过其法定代理人的诉讼行为予以补正。如果在诉讼过程中一方当事人丧失了诉讼行为能力，显然诉讼将无法正常进行下去，除非其有了法定代理人代其诉讼。因为当事人丧失诉讼行为能力之后，至确定法定代理人之间还有一个时间段，此时诉讼程序必然会暂时停止。

3. 作为一方当事人的法人或者其他组织终止，尚未确定权利义务承受人的。如果在诉讼过程中，作为一方当事人的法人或者其他组织终止，例如由于各种原因如发生关、停、并、转，其确定权利义务承受人肯定需要一段时间，人民法院只能以裁定中止诉讼，等待

---

① 如果被告死亡，且被告的继承人继承了被告的遗产，则情况有所不同。基于权利义务相一致的原则，被告的继承人有义务参加诉讼，不需要等待其表明态度。因此，从严格意义上说，对于该条款中规定的适用诉讼中止的情形，应将“被告死亡，继承人继承了其遗产”的情况排除出去。

承受人确定下来以后再恢复诉讼。

4. 一方当事人因不可抗拒的事由，不能参加诉讼的。诉讼过程中，如果一方当事人非因主观上的原因，而是由于客观上不可抗拒的事由，如发生地震阻断交通、洪水暴发冲毁道路等，导致其不能参加诉讼的，人民法院只能等待，等该客观事由消失以后再恢复诉讼。

5. 本案必须以另一案的审理结果为依据，而另一案尚未审结的。本案与他案在事实认定上存在牵连关系，这是诉讼过程中有可能发生的情况。如果本案必须以另一案如刑事案件、民事案件和行政案件的审理结果为依据，而另一案尚未审结，那么本案诉讼就不得不中止，等待另一案审结以后，再依据其认定的事实来审理本案，否则可能会发生认定事实互相矛盾和裁判错误的后果。[①]

**【案例 14-8】丁军起诉高远返还欠款案**[②]

姜威是A市的建材经销商，因资金周转困难，便从A市丁军处借了50万元人民币，购买了一批建材，并销售给了B市的高远，约定价款为60万元人民币，但高远未付款。姜威与高远约定的合同履行地在A市。后来，丁军要求姜威还钱，姜威说因为高远没有支付货款，所以无力偿还。鉴于此，丁军欲直接起诉高远，要求其支付50万元。如果丁军在向高远提起诉讼前，已经向姜威提起了要求返还借款的诉讼，在丁军对姜威提起的诉讼裁决发生法律效力以前，法院对丁军与高远之间的诉讼应当如何处理？

在本案中，丁军提起的两个诉是基于不同的事实和不同的法律关系，不违反“一事不再理”的原则。根据最高人民法院《关于适用〈中华人民共和国合同法〉若干问题的解释（一）》第15条的规定，受理代位权诉讼的人民法院在债权人起诉债务人的诉讼裁决发生法律效力以前，应当依照《民事诉讼法》第136条第5项（现行《民事诉讼法》第150条第5项）的规定中止代位权诉讼。《民事诉讼法》第150条第5项规定，本案必须以另一案的审理结果为依据，而另一案尚未审结的，应当裁定中止诉讼。

6. 其他应当中止诉讼的情形。这是归于立法技术类的兜底条款，体现了立法的灵活性，当司法实践中出现了上述五种列举情形之外的、应当予以中止诉讼的情形时，赋予了人民法院以裁定中止诉讼的权力。

### （三）诉讼中止的法律效力

诉讼中止的裁定一经作出，立即发生法律效力，当事人无权就其进行上诉、申请再审或者申请复议。中止期间，所有民事诉讼法律关系主体的任何诉讼行为都必须暂时停止，即本案诉讼程序暂停进行。但对于中止前已经作出的财产保全和先予执行的裁定是否需要继续执行，学界存有争议。有学者认为，已经作出的财产保全和先予执行的裁定，仍需继续进行，

---

① 如根据相关司法解释的规定，人民法院在审理存单纠纷案件以后，如果发现犯罪线索，应当将犯罪线索及时书面告知公安或者检察机关。如果案件当事人因伪造、变造、虚开存单或者涉嫌诈骗，有关国家机关已经立案侦查，存单纠纷案件确须待刑事案件结案后才能审理的，人民法院应当中止审理。

② 参见国家司法考试试题2003年试卷三第96题。

以保证日后判决的执行和满足申请人生活、生产经营上的急需。[①] 持相反观点的理由是，中止原因消除后并非都会恢复诉讼，也有可能终结诉讼，从而造成审判活动的被动。[②]

中止诉讼的原因消除后，恢复诉讼。

裁定中止诉讼的原因消除，恢复诉讼程序时，不必撤销原裁定，从人民法院通知或准许当事人双方继续进行诉讼时起，中止诉讼的裁定即失去效力。原有的诉讼活动仍然有效，诉讼程序继续进行。

## 二、诉讼终结

### （一）诉讼终结的概念

诉讼终结，是指在诉讼进行过程中，由于某一方当事人死亡，致使本案诉讼程序无法或没有必要继续进行下去时，人民法院结束诉讼程序的制度。

诉讼终结与诉讼中止最明显的区别在于，诉讼终结导致本案诉讼程序的永久性结束，不可能再行恢复；诉讼中止则只是发生暂停，一旦中止事由消除，诉讼一般还要继续进行。

### （二）诉讼终结适用的法定情形

根据《民事诉讼法》第151条的规定，诉讼终结适用于以下任何一种情形：

1. 原告死亡，没有继承人，或者继承人放弃诉讼权利的。任何一个诉讼程序的开始，皆由原告的起诉行为而发生。原告死亡，没有继承人，将来预期的实体权利义务也就没有了实体上的承受者，诉讼自然没有再进行下去的可能性。如果原告有继承人，但继承人表示放弃诉讼权利的，也应该结束本案诉讼。[③]

2. 被告死亡，没有遗产，也没有应当承担义务的人的。在涉及财产权的纠纷案件中，被告往往是给付义务的承担者。如果被告死亡时留有遗产，则可由其继承人在继承遗产的范围内承担给付义务。如果有遗产但无继承人或有继承人但继承人表明放弃继承权，可依法直接以该遗产满足原告的诉讼请求。如果没有遗产，也可以由应当承担义务的人承担诉讼。但如果上述条件都不具备，即被告死亡，没有遗产，也没有应当承担义务的人的，诉讼进行下去显然毫无意义，人民法院只能裁定终结诉讼。

3. 离婚案件一方当事人死亡的。离婚之诉属于变更之诉，即要求存在于配偶之间的婚姻关系发生变更之诉。离婚案件一方当事人死亡的，婚姻关系自然就终止了，离婚案件也就没必要再行审理下去。

**【案例14-9】梁某诉谢某离婚纠纷案**[④]

丈夫梁某与妻子谢某结婚3年一直未能生育，经医院妇科检查，系谢某输卵

---

① 参见柴发邦主编：《民事诉讼法学新编》，329～330页，北京，北京大学出版社，1999。

② 参见江伟主编：《民事诉讼法学原理》，640页，北京，中国人民大学出版社，1999。

③ 需要引起注意的是，此处强调的是继承人放弃诉讼权利，而非实际权利。因为诉讼终结仅是对诉讼程序上的终结，故不要求继承人放弃实体权利才得以发生。

④ 参见青岛市中级人民法院编：《青岛法院判例精萃》，21页，北京，法律出版社，2001。

管堵塞所致，虽做过两次人工授精手术，均未成功。梁家求子心切，梁母召集家人商议，由梁某与谢某分别提供精子、卵子，通过体外受精，由谢某胞姐代为生育，所生子女由梁某夫妻抚养。梁某、谢某及谢某胞姐均表示同意，并在医院的帮助下，将胚胎成功植入谢某胞姐子宫内，胎儿发育良好。此后不久，梁某以谢某不能生育为由起诉到法院要求离婚。诉讼过程中，梁某突发脑出血死亡，法院裁定终结诉讼。

由于离婚诉讼具有鲜明的人身属性和不可替代性，上述案例中，丈夫梁某在诉讼过程中意外死亡，其与谢某之间的婚姻关系自然终止，离婚诉讼再继续进行下去就变得毫无意义，所以法院依法终结诉讼。与离婚案件密切相关的子女抚养问题，随着一方当事人的死亡，也就不再成为问题，自然由死亡一方当事人的相对方来抚养；财产分割问题，也就转化为遗产继承问题，如果发生继承纠纷，则须适用其他诉讼程序另案处理。

4. 追索赡养费、扶养费、抚育费以及解除收养关系案件的一方当事人死亡的。追索赡养费、扶养费、抚育费的案件具有明显的人身属性，如果诉讼过程中一方当事人死亡的，无论是原告还是被告，都会使预期中的财产给付因丧失不可替代的主体而无法落实，诉讼再进行下去也就没有必要了。解除收养关系案件中一方当事人死亡，收养关系也就自然消灭，人民法院只能裁定终结诉讼。

#### （三）诉讼终结的法律效力

诉讼终结的裁定一旦作出，立即发生法律效力。当事人无权就其上诉、申请再审或者申请复议。由于诉讼终结仅是对本案诉讼程序的结束，采用的是裁定形式，因而一旦诉讼终结，不可能对本案的实体性问题作出处理，例如不能在裁定中确定死亡一方当事人的财产归属。

## 第八节 民事判决、裁定和决定

### 一、民事判决

#### （一）民事判决的概念

民事判决，是相对于行政判决和刑事判决而言的，是指人民法院依照法定的程序对案件所涉实体问题所作出的终局性判定。我国的民事判决必须采用书面形式，因而称之为判决书。

在大陆法系国家，终局判决中的终局性，具有终结审级程序的特定意义。我国实行四级两审终审制，一审程序审理完结以后作出的实体判决，可谓之一审终局判决。相应的，经过二审程序作出的判决，谓之二审终局判决。

在倡导当事人主义的诉讼模式中，判决的事实根据应是经当事人主张、质证、认证过的事实和证据，判决的法律根据应是诉讼法和实体法，判决主文的范围不能逾越当事人的诉讼请求范围。

民事判决必须针对双方当事人之间的实体争议或者一方当事人所提出的实体权利主张作出，因此，民事判决往往关涉实体性事项。这一点使它与民事裁定区别开来，民事裁定一般是针对诉讼过程中的程序性事项而作出的。

(二) 民事判决的分类

1. 以民事判决的内容和性质为标志，民事判决可以分为给付判决、确认判决和形成判决。

给付判决，是指具有给付内容的判决。一旦原告提起的给付之诉胜诉，即获得要求被告履行特定给付义务的根据，如果被告拒不履行，原告就可以申请强制执行。但如果原告败诉，终局判决就不可能是给付判决，而应表现为消极的确认判决，即确认原告主张的给付义务并不存在。

确认判决，是指旨在确认双方当事人之间存在或不存在某种民事法律关系的判决。确认存在的，称之为积极的确认判决；确认不存在的，称之为消极的确认判决。在原告所提起的确认之诉中，无论原告胜诉与否，也无论判决的内容是否积极，都应是确认判决。

形成判决，是旨在变更或解除双方当事人间的某种既存民事法律关系的判决。司法实践中，离婚判决、变更抚养关系判决就是典型的形成判决。形成判决生效之时，就是诉争的民事法律关系发生变更之时。但是，如果原告提起的形成之诉败诉，则意味着该民事法律关系不发生变更，从另一角度来看，也可以认为该判决是维持原法律关系的确认判决。

2. 以民事判决解决民事纠纷的范围为标准，民事判决可以划分为全部判决与部分判决。

全部判决，是指人民法院在案件审理终结后，针对当事人的全部诉讼请求所作出的判决。部分判决，又称一部判决、先行判决，是指人民法院在诉讼过程中，针对当事人的一部分诉讼请求或者一部分当事人的诉讼请求所作出的判决。《民事诉讼法》第153条规定，人民法院审理民事案件，其中一部分事实已经清楚，可以就该部分先行判决。部分判决所涉及的实体问题，必须在案件的全部实体问题中具有可分离性，不至于影响其后的审判。部分判决也应严格依照法定程序和要求制作，对它可以独立提起上诉。

3. 以双方当事人是否都到庭参加诉讼为标准，民事判决可以划分为对席判决和缺席判决。

一般情况下，终局判决都是在双方当事人、第三人皆到庭参加诉讼的情况下作出的，人民法院根据诉讼参加人充分的举证、辩论等活动作出的判决，就是对席判决。

缺席判决，是指在一方当事人未到庭或者未经法庭许可中途退庭的情况下所作出的判决。根据我国的法律规定，即使是一方当事人缺席，判决的作出也需充分保护缺席方的合法权益，即应对其提交的诉讼文书和证据材料进行认真的审核。对席判决和缺席判决具有相同的法律效力。

4. 以是否已发生法律效力为标准，民事判决可以划分为确定判决和未确定判决。

确定判决，又叫生效判决，是指已经发生法律效力的判决，一般包括：当事人没有在法定上诉期限内提起上诉的一审判决、适用第二审程序作出的判决、最高人民法院作出的判决。未确定判决，又叫未生效判决，是指虽已作出并已宣告且已发送双方当事人，但尚未发生法律效力的判决，即上诉期间尚未届满的一审判决。

此外，根据不同的标准，还可将民事判决划分为一审判决、二审判决和再审判决；原判决和补充判决；诉讼判决和非讼判决等。科学地掌握民事判决的分类，有助于审判人员正确行使民事审判权，也有利于当事人正确行使诉讼权利。

### （三）民事判决的内容

我国《民事诉讼法》第152条第1款规定，判决书应当写明：（1）案由、诉讼请求、争议的事实和理由；（2）判决认定的事实、理由和适用的法律依据；（3）判决结果和诉讼费用的负担；（4）上诉期间和上诉的法院。具体来讲，民事判决书应当写明以下四项内容：

1. 案由、诉讼请求、争议的事实和理由

所谓案由，是对案件性质、类别和内容的集中概括。当事人在起诉时或提出申请时一般都记载有案由，但与实际不符的，应以终局判决的记载为准；一审判决记载的案由与二审判决中不一致时，以二审判决记载的案由为准。[①] 所谓诉讼请求，是指一方当事人通过人民法院向对方当事人所提出的实体权利主张。诉讼请求的范围决定着法院判决主文的范围，也决定着法院行使审判权的审理范围，因此，判决书中应详细、逐项地载明当事人所提出的诉讼请求。所谓争议的事实和理由，是指双方当事人在其起诉状、答辩状和其他相关诉讼材料中所主张和反驳的事实，以及所主张的事实的根据，包括证据材料、相关法律规定等。判决书中应对争议事实和理由加以客观的表述，以便明了双方争议焦点所在。

2. 判决认定的事实、理由和适用的法律依据

所谓判决认定的事实、理由，是经过庭审由人民法院审查认定的案件事实和理由。未经法庭调查、法庭辩论以及当庭质证的“事实和理由”，不得在判决书中予以认定。适用的法律依据，是指判决据以作出的实体法规范和诉讼法规范等。判决适用的法律规范不能笼统地泛指，而应指明适用的具体条款。

**【经典导读】**

对于好的律师实务和裁判实践来说，良好的法律推理并不等于一切。成功的法律和裁判实践不仅涉及处理人与人之间关系的技巧、修辞技巧、政治技巧和其他技巧，涉及对法律的认识和运用法律推理的熟练程度，而且还涉及伦理、想象力、常识以及对世界各方面的知识。[②]

3. 判决结果和诉讼费用的负担

所谓判决结果，又叫判决主文，是指人民法院根据认定的事实、理由和法律规范，对当事人的诉讼请求作出的结论性判定。制作判决结果是人民法院行使审判权的重要内容，是对当事人之间的争议作出判定和强制解决的体现。诉讼费用的负担不属于判决结果，但

---

① 为了在全国范围内对民事案由进行统一和规范，最高人民法院2008年2月颁发了《民事案件案由规定》，并于2011年修改了该规定，现该规定共计10部分43类424种。

② 参见［美］史蒂文·J. 伯顿：《法律和法律推理导论》，张志铭、解兴权译，12页，北京，中国政法大学出版社，1998。

是也属于判决书中必须载明的内容之一。判决书中应明确表述诉讼费用的负担情况及具体数额。

4. 上诉期间和上诉的法院

对于依法可以上诉的判决，地方各级人民法院应在一审判决书中载明上诉期间和上诉的法院，以切实保障当事人上诉权利的行使。对于上诉期间的起算也应表述清楚。对于不能上诉的判决，应在判决书中写明该项判决为确定判决。

根据《民事诉讼法》第152条第2款的规定，判决书应由审判人员、书记员署名，并加盖人民法院的印章。最后应注明作出判决的具体时间。

上述四项内容涉及民事判决书的主文部分和结尾部分。在判决书的开头部分应当明确载明的事项包括：作出本项判决的人民法院的名称、案件类别的缩略表述和编号；案件当事人及其诉讼代理人的基本情况；审判组织（独任制还是合议制）和审判方式（是否公开）。

我国的现行民事判决书，在表现形式上不同程度地存在以下问题：一是归纳当事人的诉讼请求及理由不尽规范；二是对案件的证据种类、来源和取证时间等情况缺乏必要的阐述；三是未能准确归纳出当事人的争议焦点；四是阐明判决的理由过于笼统。有学者则为今后民事判决书制作的要求和方向作了如下概括：民事判决书中要充分体现程序正当性，需要增加判决理由的法理分析，要体现实务与理论学术的融合等。①

**【经典导读】**

根据普遍的观点，理性的论证是以被任何人都能接受的理由和绝对可以证明其正当性的主张为基础的，当法官的裁判中包含了所有为此所必需的证明其正当性的步骤时，该裁判的正当性也就相应得到了证明。从形式上看，实现该目标最简单的方式是，通过演绎的方式说明如何从法律或者判例法的规则中得出了裁判并且由此说明其理由。这种说明方法保障了推导是毫无漏洞的，使得可以正确地赋予必然要进行的评论以相应的价值，并且保证了合法性所必需的平等对待。在法官的法律发展中也可以遵循这种思维模式。因为只要法律在具体的案件中将被具体化，那么法院就必须通过明确的论证来证明其新的评价的正确性，并且努力争取在结果方面获得当事人的认同。②

### （四）民事判决的效力

民事判决的效力，是人民法院的生效判决所具有的法律效力。一般认为，民事判决的效力主要包括拘束力、确定力、形成力、执行力等。③ 下面分别简述之。

1. 拘束力

所谓拘束力，是指生效的民事判决所具有的拘束一定主体的行为的效力。判决一经生效，对法院而言，非经法定程序、法定事由不得随意变更或撤销；对当事人而言，必须遵

① 参见田平安主编：《比较民事诉讼论丛》，第一卷，178～189页，北京，法律出版社，2005。

② 参见［德］米夏埃尔·施蒂尔纳主编：《德国民事诉讼法学文萃》，赵秀举译，475页，北京，中国政法大学出版社，2005。

③ 以上效力在学界被称为判决的原有效力。此外，判决还有附随效力，比如：参加效力、争点效力、反射效力等。具体内容可参见江伟主编：《民事诉讼法学》，361～362页，上海，复旦大学出版社，2002。

守；对其他社会主体而言，不得作出违反判决意旨的行为。

2. 确定力

所谓确定力，是指生效的民事判决在程序法上的效力。确定力又分为形式上的确定力和实质上的确定力。前者是指受生效判决拘束的当事人不得以上诉的方法要求人民法院对判决予以变更或者撤销；后者即既判力，是指生效判决对诉讼标的之判断对法院和当事人产生的约束力。对当事人而言，禁止就相同的事项再行起诉；对人民法院而言，应以生效判决中对诉讼标的的判断为基础来处理后诉，不得有所违背。

3. 形成力

所谓形成力，又称创设力或变更力，是指生效的形成判决具有使原实体法律关系变更或使新的法律关系产生的效力。形成判决的形成力及于当事人和任何其他社会主体。

4. 执行力

所谓执行力，是指生效的给付判决具有的强制执行的法律效力。如果义务人不主动履行给付判决中所载明的给付义务，权利人就可以依照法律规定，请求人民法院予以强制执行。

## 二、民事裁定

### (一) 民事裁定的概念和内容

民事裁定，是指人民法院为处理民事诉讼中的各种程序性事项所作出的具有诉讼法上约束力的结论性判定。一般而言，民事裁定用来解决程序问题，是为了保障诉讼程序的有效运行。但我国的民事裁定也并非全部用来解决程序问题，例如先予执行裁定、财产保全裁定解决的都是实体问题。不过，此类裁定只是暂时性地解决实体问题，仍需服从终局判决，终局判决可以对此类裁定予以变更或撤销。

裁定与判决相比，存在显著的区别：一是裁定主要用来解决程序问题，而判决是对案件实体问题的终局性判定。二是一个民事案件中可以根据需要作出多个民事裁定，以书面形式为原则，在紧急情况下也可以作出口头裁定；而一个民事案件中通常只有一个生效判决（有时可先行作出部分判决），且必须采用书面形式，有严格的格式要求。三是裁定适用于审判阶段和执行阶段，判决只适用于审判阶段。四是在民事裁定中，只有不予受理的裁定、对管辖权有异议的裁定和驳回起诉的裁定依法可以提起上诉，上诉期为10日，其他一审裁定均不得上诉；而一审判决都允许上诉，上诉期为15日。

民事裁定的内容可分为三个部分：开头、正文和结尾。开头部分，应当写明标题、编号、双方当事人和诉讼代理人的基本情况，以及案由等。正文部分，应当写明据以作出该项裁定的事实、理由和法律规定，以及处理结论等。结尾部分，应当写明作出该项裁定的审判人员、书记员以及具体时间等。如果该裁定依法可以上诉或申请复议，也应当一并写明。最后，裁定书上应加盖人民法院印章。在口头裁定的情况下，也应将以上主要内容记入笔录。

### (二) 民事裁定的适用范围

根据《民事诉讼法》第154条第1款的规定，裁定适用于下列范围：

1. 不予受理。人民法院收到起诉状或者口头起诉，经审查，认为符合起诉条件的，应当在7日内立案，并通知当事人；认为不符合起诉条件的，应当在7日内裁定不予受理；原告对裁定不服的，可以提起上诉。

2. 对管辖权有异议的。人民法院受理案件后，当事人对管辖权有异议的，应当在提交答辩状期间提出。人民法院对当事人提出的异议，应当审查。异议成立的，裁定将案件移送有管辖权的人民法院；异议不成立的，裁定驳回。当事人对裁定不服的，可以提起上诉。

3. 驳回起诉。人民法院在立案以后才发现原告的起诉不符合受理条件的，裁定驳回起诉。原告对裁定不服的，可以提起上诉。

4. 财产保全和先予执行。人民法院根据当事人的申请或者依职权，认为需要采取财产保全和先予执行的措施时，应当作出裁定。当事人对该裁定不服的，可以申请复议一次，但复议期间不停止裁定的执行。对复议申请，人民法院经审查认为裁定不当，应当作出新的裁定以变更或撤销原裁定。在诉讼过程中，需要解除财产保全措施的，人民法院应及时作出裁定，解除财产保全。

5. 准许或者不准许撤诉。在当事人提出撤诉申请时，经过审查，不论人民法院是否准许，都要以裁定的方式作出判定。人民法院按照撤诉处理的时候，也应作出裁定。

6. 中止或者终结诉讼。在诉讼进行中，如果出现法定的情形需要中止或者终结诉讼的，人民法院应作出相应的裁定。

7. 补正判决书中的笔误。判决书中的笔误，是指判决书中对判决结果有误写、误算，或对诉讼费用有漏写、误算以及其他笔误。对这些笔误，人民法院必须以裁定的方式加以补正，而不得直接对判决书本身加以涂改。

**【案例14-10】租赁合同纠纷租金误算案**①

某法院对甲乙之间的租赁合同纠纷案件作出了判决，当事人在上诉期内均未上诉。后该法院发现判决书将支付房租数额10 000元误写成了1 000元。法院对此应当如何处理？

补正判决书中的笔误应使用裁定。在租赁合同纠纷案件中，租金的标准一般不存在争议，支付房租数额误写应当采用“补正裁判文书错误的裁定”处理。

8. 中止或者终结执行。在强制执行过程中，如果出现法定的情形需要中止或者终结执行的，人民法院应作出相应的裁定。

9. 不予执行仲裁裁决。申请人据以申请执行的仲裁机构的裁决，被申请人提供证据证明该项仲裁裁决有法定情形的，经人民法院组成合议庭审查核实，即应裁定不予执行。如果人民法院认为执行该项裁决将会违背社会公共利益，也应裁定不予执行。

10. 不予执行公证机关赋予强制执行效力的债权文书。对公证机关依法赋予强制执行效力的债权文书，一方当事人不履行的，对方当事人可以向人民法院申请执行。经审查，

① 参见国家司法考试试题2005年试卷三第35题。

公证债权文书确有错误的，人民法院应当裁定不予执行。

11. 其他需要裁定解决的事项。这是立法上的一条灵活性规定，人民法院可以根据具体情况加以掌握。比如：对申请执行和移送执行不符合条件的，应裁定不予受理；在采取强制措施时，可以裁定冻结、划拨存款等。

### (三) 民事裁定的效力

从民事裁定生效时间上看，可以分为两种情况：一是依法不准上诉的裁定，裁定一经作出即发生法律效力。即使允许复议，在当事人申请复议期间，裁定的效力也不受影响。二是依法准许上诉的裁定，上诉期届满而没有提起上诉的，裁定发生法律效力。

从裁定的拘束对象上看，一般只对当事人、其他诉讼参与人和作出该裁定的人民法院有拘束力；财产保全裁定对于占有保全财产的第三人也有拘束力；先予执行裁定的拘束力限于人民法院和当事人。

## 三、民事决定

### (一) 民事决定的概念和内容

民事决定，是指人民法院为了保障诉讼程序的顺利进行，对引起诉讼障碍的特殊事项所作的处理和判定。引起诉讼障碍的特殊事项往往具有一定的紧迫性，此类事项既非实体问题又非纯程序问题，如果不及时加以处理，则会有碍诉讼程序的正常运行。

民事决定可以采取书面或口头形式，如果法律要求采取书面形式的，则必须采取书面形式。民事决定的具体内容可分为三个部分：开头、正文和结尾。开头部分，应当写明标题、编号、案由、当事人或者所涉及对象的基本情况。正文部分，应当写明据以作出该项决定的事实、理由和法律规定，以及决定的具体结论。结尾部分，应当写明作出该项决定的审判人员、书记员以及具体时间。如果依法可以申请复议，也应一并写明。最后，决定书上应当加盖人民法院印章。在口头决定的情况下，也应将上述主要内容记入笔录。

### (二) 民事决定的适用范围

根据《民事诉讼法》的有关规定，民事决定主要适用于以下事项：

1. 对当事人提出的回避申请的处理。人民法院对当事人提出的回避申请，应当在申请提出的 3 日内，以口头或者书面形式作出决定。申请人对决定不服的，可以在接到决定时申请复议一次，但复议期间被申请回避的人员不停止参与本案的工作。人民法院对复议申请，应当在 3 日内作出复议决定，并通知复议申请人。

2. 对当事人提出的顺延诉讼期限的申请的处理。当事人因不可抗拒的事由或者其他正当理由耽误期限的，在障碍消除后的 10 日内，可以申请顺延期限，是否准许，由人民法院决定。

3. 对妨害民事诉讼的行为的处理。对妨害民事诉讼的行为采取强制措施的，必须由人民法院决定。

4. 对当事人提出的缓交、减交或者免交诉讼费用的申请的处理。当事人交纳诉讼费用确有困难的，可以按照规定向人民法院申请缓、减、免。是否准许，由人民法院决定。

另外，对诉的合并与分离、延期审理、人民法院是否从内部发动再审程序等重大事项，也应采用民事决定的形式。

（三）民事决定的效力

民事决定一经作出就发生法律效力，不允许上诉。但对于某些重大决定，为了及时、全面地保护当事人利益，立法赋予当事人申请复议的权利。例如对于妨害民事诉讼行为处以罚款或拘留决定的，对驳回回避申请的决定等，当事人可以申请复议一次。但复议期间，已作出的民事决定不停止执行。

**【案例 14-11】某宾馆诉食客董某返还婚宴费用纠纷案**①

被告董某在河南洛阳A区的某宾馆为儿子举办婚宴。由于宾馆液化气用完了，热菜久催未上，导致部分客人离席。原告宾馆为了应急，将提前做好的鸡蛋汤端上了宴席，使得剩下的客人扫兴而归。② 被告事后不得已在他处重新补办了婚宴。不久，原告向被告董某索要婚宴费用，双方发生纠纷，宾馆遂诉至该市A区人民法院，要求判令被告支付所欠的婚宴酒席费用。

答辩期间，被告董某提出管辖权异议，认为应由其住所地该市B区法院管辖。A区法院审查后，认为A区是侵权行为地，对此案有管辖权，于是裁定驳回被告的管辖权异议。后被告提出反诉，要求判令宾馆赔偿其重复办宴席费用9 002元及精神损失费5 000元。法院决定将本诉与反诉合并审理。A区法院经审理后，作出民事判决：被告（反诉原告）董某支付原告宾馆4 000元餐饮费；原告（反诉被告）宾馆赔偿被告董某精神损失费3 500元。两项折抵后，董某支付宾馆500元餐饮费。

上述案例的审理过程中，法院根据具体情况和审理的需要分别采用了裁定、决定和判决的处理方式。具体而言，对被告提出的管辖权异议，法院经审查认为异议不成立，于是作出书面裁定驳回了其异议；对于被告在诉讼过程中提出的反诉请求，法院经审查认为与本诉合并审理有利于提高诉讼效率和防止对同一事件作出矛盾判决，故决定予以合并审理；最后，法院通过组织当事人举证、质证与认证，在查明事实、分清是非的基础上，依照相关法律规定，对当事人之间的民事纷争作出了一审实体性判决。如果双方当事人在法定上诉期内未提起上诉，该判决即发生法律效力。由此可见，无论是裁定、决定还是判决，法院都应根据审理中的实际需要来加以运用，从而保障诉讼程序的正常运行，为当事人提供有效的法律救济途径。

---

① 参见高晋、曹作和：《婚宴服务有瑕疵应予精神损害赔偿》，载《人民法院报》，2006-03-28。

② 在豫西当地的婚宴习俗中，上鸡蛋汤意味着婚宴结束。

## 【问题与思考】

1. 甲起诉乙，要求乙偿还其借款1万元，但声称出于同学关系的考虑借款时未打借条，也无任何第三人在场。对甲的起诉，人民法院能否以起诉状中未列明“证据和证据来源”为由，裁定不予受理？人民法院对原告提出的诉讼请求，只有本人陈述但不能提供其他相关证据的情形，应如何处理？

2. 对反诉可否再反诉？英美法系持肯定态度。大陆法系和我国学理上有否定说和肯定说。否定说的主要理由是，若允许的话则导致复杂诉讼，更甚者会出现对反诉之反诉之反诉。肯定说的主要理由有：(1) 受反诉要件（尤其是牵连性要件）的制约，不可能存在否定说所担心的无限反诉；(2) 不允许再反诉则需作另案起诉和审判，将增加法院和当事人的负担，尤其是再反诉与反诉存在相同的法律或事实依据时，不允许再反诉，就更不合理了；(3) 若允许再反诉，果真导致诉讼非常复杂或诉讼显著迟延，则可以进行诉的分离。

(1) 您认为，应当从什么角度来思考或解答这一问题？

(2) 根据“两利相权取其重，两弊相衡取其轻”的权衡原则，您认为在我国应当采取否定说抑或肯定说？

3. 分析诉的客观合并与诉的客观变更之异同。

# 第十五章 简易程序

## 参考文献


（一）著作

1. 齐奇主编．中国民事简易程序的改革与完善——适用民事简易程序探析．北京：法律出版社，2004

2. 章武生．民事简易程序研究．北京：中国人民大学出版社，2002

3. 刘秀明，骆军．小额诉讼程序研究．北京：法律出版社，2015

（二）论文

1. 章武生，杨严炎．民事简易程序比较研究．现代法学，2003（1）

2. 张晋红．完善民事简易程序适用范围的立法分析．广东商学院学报，2005（3）

3. 章武生．民事简易程序中的公正与效益．法学，2003（8）

4. 范愉．小额诉讼程序研究．见 http：//www.civillaw.com.cn

5. 刘敏．裁判请求权与小额诉讼程序的构建．学习与探索，2003（2）

6. 李祖军，唐斐．论小额利益诉讼．见：田平安主编．比较民事诉讼论丛（第一卷）．北京：法律出版社，2005

7. 傅郁林．小额诉讼与程序分类．清华法学，2011（3）

8. 汤维建，齐天宇．民事诉讼法全面修改的若干重点研判及立法建议．苏州大学学报，2012（3）

9. 王福华．小额诉讼与福利制度．中外法学，2016（1）

10. 肖建国，刘东．小额诉讼适用案件类型的思考．法律适用，2015（5）

11. 许尚豪．小额诉讼：制度与程序——以新修改的我国《民事诉讼法》为对象．政治与法律，2013（10）

12. 章武生．我国民事简易程序的反思与发展进路．现代法学，2012（2）
13. 王亚新．民事诉讼法修改中的程序分化．中国法学，2011（4）

## 参考法规

1991 年《中华人民共和国民事诉讼法》（2017 年修正）第 157 条～第 163 条。

2015 年最高人民法院《关于适用〈中华人民共和国民事诉讼法〉的解释》第 256 条～第 283 条；2003 年最高人民法院《关于适用简易程序审理民事案件的若干规定》（以下简称“《适用简易程序的规定》”）第 1 条～第 6 条、第 13 条、第 14 条、第 19 条～第 23 条、第 27 条、第 32 条；1998 年最高人民法院《关于民事经济审判方式改革问题的若干规定》第 20 条。

我国台湾地区“民事诉讼法”第 427 条～第 434 条、第 436 条。

《日本民事诉讼法》第 270 条～第 280 条；《美国联邦地区法院民事诉讼规则》第 55 条、第 56 条。

## 引例　陈平等诉嘉凌公司承揽合同纠纷案①

2001 年 6 月至 2002 年 3 月间，两被告陈平、陈壮雄以深圳市嘉凌金属螺丝制品有限公司的名义，委托原告文才根电镀螺丝，双方约定月结 60 天付款；至 2002 年 3 月止，两被告尚欠原告加工费 90 872 元。另查深圳市嘉凌金属螺丝制品有限公司无工商注册登记，由两被告共同经营。原告于 2002 年 4 月 5 日诉请法院，要求判令两被告连带支付欠款 90 872 元及违约金 1 437.8 元，以及由被告承担诉讼费用。深圳市宝安区人民法院由简易法庭适用简易程序来审理，历时 33 天审结。

# 第一节　简易程序总论

## 一、简易程序的概念

以往的各类教科书和普及读物都曾对简易程序下过定义，但大都囿于现行《民事诉讼

① 参见江伟、费晓：《简易程序的经济分析——以深圳市宝安区法院简易法庭为考察对象》，载陈光中主编：《诉讼法理论与实践（2002 年·民事、行政诉讼法学卷）（下）》，北京，中国政法大学出版社，2002。

法》第十三章简易程序规定的内容。一般认为，简易程序是基层人民法院审理简单的或某些特殊类型的民事案件适用的一种程序，是简化的普通程序。[①] 简易程序是指专供基层人民法院和它的派出法庭审理简单的民事案件时所适用的审判程序。简易程序不是普通程序的附属程序，也不是普通程序的分支程序，而是与普通程序相对而言并列存在的一种独立的第一审程序。[②] 简易程序是第一审程序中普通程序的简化，是基层人民法院和它的派出法庭审理简单的民事案件所适用的程序。简易程序是与普通程序并存的一种独立的诉讼程序，但不是一种完整的诉讼程序，简易程序没有规定的，要适用普通程序的规定。[③]

综观世界各国（地区）立法，目前对简易程序的理解大致可分为以下几种情况：

1. 狭义的简易程序。它不仅排除了民事诉讼中的其他简易化程序，如督促程序、缺席判决程序、简易判决程序等，也排除了小额诉讼程序这种更加简易化的程序。目前日本民事诉讼法和我国台湾地区修改后的“民事诉讼法”中规定的简易程序，就是在这个意义上进行定位的。

2. 传统的简易程序。这是最早出现的简易程序，是与普通程序并列存在的，既包括狭义的简易程序，也包括小额诉讼的简易程序。目前世界上许多国家已将这两种简易程序作了划分，并且规定了不同的适用程序。我国现行立法仍是在传统意义上定位简易程序，从实践发展的需要来看，应当将这两种程序进行必要的区分。

3. 小额诉讼的简易程序。通常是指从民事简易程序中分离出来的对诉讼标的额更小的案件所适用的更加简易化的程序。日本、韩国等国修改后的民事诉讼法都新增规定了小额诉讼的简易程序。我国《民诉法解释》亦专章规定了小额诉讼的具体规定。

4. 最广泛意义上的简易程序。它是所有简易化程序的总称，既包括狭义的简易程序、小额诉讼的简易程序，也包括民事诉讼中其他简易化的程序，如督促程序、书证程序、书面审理程序等；既包括整体的简易程序，也包括局部适用的简易程序；既包括初审程序中的简易程序，也包括上诉审和再审程序中的简易程序。[④]

## 二、设立简易程序的意义

遵循“不同类型纠纷适用不同程序”的法理，我国《民事诉讼法》中设立了简易程序这一重要制度，目的在于使简单民事案件得到快捷、高效和低成本的解决。它直接贯彻了诉讼经济和诉讼效率的原则，也是便利当事人进行诉讼和便利人民法院办理案件的“两便”精神在审判程序中鲜活的体现。特别是在诉讼案件呈积压态势、人少案多的现实状况下，简易程序能因其简便性或其内涵的诉讼效益价值，来促进司法资源的优化和周转，增加每一个主体利用诉讼程序实现合法权益的概率，无疑是在更高层次上实现了诉讼公正。[⑤]

---

① 参见《中国大百科全书（法学卷）》，314页，北京，中国大百科全书出版社，1984。

② 参见江伟主编：《民事诉讼法学原理》，644页，北京，中国人民大学出版社，1999。

③ 参见柴发邦主编：《民事诉讼法新编》，333页，北京，法律出版社，1999。

④ 有学者指出，实际上各国上诉审程序都不同程度地存在着简易程序的规定，书面审就是一个例证。我国民事诉讼法在第二审程序中规定的径行裁判制度，就是上诉程序中的简易程序；而将书面审延伸到再审程序，也符合世界各国的立法通例。

⑤ 参见杨荣馨主编：《民事诉讼原理》，417页，北京，法律出版社，2003。

**【经典导读】**

向民事程序的司法主导方向的发展代表着一种诉讼机制上的变化，它包括一种程序的新哲学的发展，这种新哲学最明显体现在英国新民事诉讼规则中，该规则提出了比例（proportionality）的理念。根据这种理念，用于解决给定法律争议的程序应当与该争议的价值、重要性和复杂性成正比例。英国规则还表达了进一步理念，即分配正义的理念，这就要求司法管理的有限资源应当在所有要求进入司法获得正义的人们之间进行公正和公平的分配，而不是仅仅分配给那些已经进入法院的人。①

毋庸置疑，确立简易程序的直接目的就是提高诉讼效率，但是程序的简化有可能影响诉讼公正价值的实现。从这个意义上讲，设立简易程序最大的障碍便是对民事诉讼公正这一首要价值目标的冲击和侵袭。然而，公正与效率不是绝对对立的关系，更多的时候是一种包容关系，即效率已经被置于公正的内涵之中，因而适度地追求诉讼效率本身，其实就是对实现诉讼公正的追求。诉讼程序的简化在很大意义上是基于缩短诉讼周期的考虑，使正义尽可能及时实现而非经常迟到。因此，程序设置时对效率进行适度追求，将诉讼程序的简化维持在一个合理的限度之内，尽管可能牺牲诉讼的某种公正指标，但同时将获得另一种不可忽视、不可不要的公正品质——对权利的及时保护和对纠纷的及时解决，倘若如此，诉讼仍然具有整体意义上的公正。②

**【案例】梁某诉唐某离婚过错赔偿纠纷案③**

原告梁某与被告唐某于2006年2月登记结婚，婚后初期夫妻感情尚好，2009年4月生育一女。女儿一直跟随原告生活。被告唐某自女儿出生后，在某市经营个体餐饮生意期间，与一徐姓女子非法同居，导致原、被告夫妻双方产生矛盾。原告梁某于2010年12月向法院口头起诉，要求与被告离婚及抚养婚生女孩，并以被告有过错为由，要求被告给予精神损害赔偿1万元。法院以简易程序受理该案后，电话通知被告到庭。法院先行调解，被告亦认为夫妻感情已完全破裂，表示同意离婚，但不同意赔偿并坚持要求抚养女孩。经调解，双方未能达成协议。法院经审理认为，原告的离婚要求理由充分，应予准许；被告的过错行为是造成婚姻关系破裂的主要原因，应负过错赔偿责任；女儿年龄尚小且一直跟随原告生活，应由原告继续抚养为宜，遂作出相应判决。该案件自立案至审结历时19天。

该案例生动地诠释了公正与效率的辩证统一关系。适用简易程序审理的案件，一方面通过程序的简化提高了诉讼效率，另一方面对诉讼公正的追求仍然会蕴含于简化的诉讼程序之中。倘若以牺牲诉讼公正价值为代价，片面追求诉讼的高效，这样的程序设置无疑是失败的，违背了基本的诉讼法理。本案中，双方当事人对是否离婚都无异议，只是在精神损害赔偿和子女抚养问题上发生了分歧，在法院调解无效后，法院遵循离婚损害过错赔偿

---

① ［德］阿德里安·A.S.朱克曼主编：《危机中的民事司法——民事诉讼程序的比较研究》，傅郁林等译，42页，北京，中国政法大学出版社，2005。

② 参见张晋红：《完善民事简易程序适用范围的立法分析》，载《广东商学院学报》，2005（3）。

③ 见 http：//www.chinacourt.org。

原则，并且从最大限度照顾子女权益的角度出发，在明确是非的基础上，作出了合情合理的判决。法院通过简易程序的审理，及时高效、合情合理地解决了该起离婚纠纷，取得了良好的社会效果。

## 第二节　我国简易程序的适用范围和特点

### 一、简易程序的适用范围

根据我国《民事诉讼法》第157条的规定，基层人民法院和它派出的法庭审理事实清楚、权利义务关系明确、争议不大的简单的民事案件，适用简易程序的规定。基层人民法院和它派出的法庭审理前款规定以外的案件，当事人双方也可以约定适用简易程序。简易程序的适用范围可以从以下三个方面加以理解：

1. 适用简易程序的法院。只有基层人民法院和它派出的法庭可以适用简易程序。派出的法庭，既可以是基层人民法院的固定派出机构，也可以指为审理具体案件而临时派出的某个审判组织。人民法庭不是一级独立的审判机关，作为基层人民法院的组成部分，它所进行的审判活动就是所属基层人民法院的审判活动。人民法庭适用简易程序制作判决书、裁定书、调解书，必须加盖所属基层人民法院的印章，不能以人民法庭的印章取而代之。而中级以上的各级人民法院审理的第一审民事案件，不论繁简程度，都不得适用简易程序，而只能适用普通程序。

2. 适用简易程序的案件。简易程序仅适用于事实清楚、权利义务关系明确、争议不大的简单的民事案件。根据相关司法解释的规定，简单民事案件中的“事实清楚”，是指当事人双方对争议的事实陈述基本一致，并能提供可靠的证据，无须人民法院调查收集证据即可判明事实、分清是非；“权利义务关系明确”，是指谁是责任的承担者，谁是权利的享有者，关系明确；“争议不大”是指当事人对案件的是非、责任以及诉讼标的争执无原则分歧。只有同时具备上述三个条件的案件，才能称得上是简单的民事案件。

此外，《民诉法解释》第257条明确规定，有下列任何一种情形的案件，基层人民法院不得适用简易程序进行审理：起诉时被告下落不明的；发回重审的；当事人一方人数众多的；适用审判监督程序的，涉及国家利益、社会公共利益的；第三人起诉请求改变或撤销生效判决、裁定、调解书的；人民法院认为其他不宜适用简易程序进行审理的。

3. 选择适用简易程序的案件。2012年修正的《民事诉讼法》增加了当事人对简易程序的程序选择权，即对简单民事案件以外的民事案件，当事人可以约定适用简易程序。对此应作准确理解：(1) 只适用于基层人民法院及其派出法庭。(2) 以当事人双方共同约定为前提，可以是口头方式、书面方式或者其他方式。(3) 只限于约定适用简易程序，而不能对依据规定适用简易程序的民事案件约定适用普通程序。(4) 当事人约定适用简易程序的，人民法院应当适用简易程序。当然，《民诉法解释》第257条规定的案件，是不能约定适用简易程序的。

## 二、简易程序的特点

一般认为，简易程序的特点可以概括为“五简一短”，即起诉方式简便，受理程序简便，传唤、送达方式简便，审判组织、审理方式简便，审理程序简便，审理期限较短。具体阐述如下：

1. 起诉方式简便。《民事诉讼法》第 158 条第 1 款规定，对简单的民事案件，原告可以口头起诉。根据《民诉法解释》第 265 条，原告口头起诉的，人民法院应当将当事人的姓名、性别、工作单位、住所、联系方式等基本信息，诉讼请求，事实及理由等准确记入笔录，由原告核对无误后签名或者捺印。对当事人提交的证据材料，应当出具收据。

2. 受理程序简便。《民事诉讼法》第 158 条第 2 款规定，双方当事人可以同时到人民法院和派出法庭请求解决纠纷，审判人员可以当即受理，也可另定日期审理。根据《民诉法解释》第 266 条第 3 款，当事人双方均表示不需要举证期限、答辩期间的，人民法院可以立即开庭审理或者确定开庭日期。立即开庭审理，意味着审查起诉、受理、开庭前的准备等工作全部予以简化；按普通程序审理的案件，原告起诉后，人民法院有 7 日的立案审查期。

3. 传唤、送达方式简便。

传唤当事人的方式简便。《民事诉讼法》第 159 条规定，审理简单的民事案件，可以用简便方式随时传唤当事人、证人。对何为“简便方式”，根据《适用简易程序的规定》第 18 条的规定，人民法院可以采取的简便方式包括捎口信、电话、传真、电子邮件等。所谓“随时传唤”，是指审判人员根据审判案件的实际需要，不受时间约束地进行传唤。

送达诉讼文书的方式简便。《民事诉讼法》规定的送达方式包括直接送达、留置送达、委托送达、邮寄送达、转交送达、公告送达，以及经受送达人同意，可以采用传真、电子邮件等能够确认其收悉的方式送达等。适用简易程序的民事案件，人民法院可以采用简便方式送达裁判文书（主要指判决书、裁定书、调解书）以外的诉讼文书。为了保障当事人的权益，《民诉法解释》第 261 条规定，以简便方式送达的开庭通知，未经当事人确认或者没有其他证据证明当事人已经收到的，人民法院不得缺席判决。

4. 审判组织、审理方式简便。

审判组织简便。《民事诉讼法》第 160 条规定，简单的民事案件由审判员一人独任审理。这不同于普通程序要求审判组织的形式必须为合议庭。独任审理、独自判决，并不代表独任审判员可以自己记录，担任记录的必须是书记员，从而加强制约与监督，防止出现差错。

审理方式简便。根据《民诉法解释》第 259 条的规定，当事人双方可就开庭方式向人民法院提出申请，由人民法院决定是否准许。经当事人双方同意，可采用视听传输技术等方式开庭。这是因为随着科技的发展，视听传输技术已广泛应用于社会生活中，能够满足在当事人不到庭的简易程序审理中，查清事实、分清是非的需要。此外，当事人不出庭能提高诉讼效率，节约诉讼成本。然而另一方面，视听传输方式可能与直接言词原则冲突，也可能由于技术原因导致当事人难以清晰地表达意见，从而影响当事人的辩论权。因此，司法解释未强制规定采用视听传输技术开庭，而必须经过双方当事人的同意。

5. 审理程序简便。审理程序上的简便主要体现在以下几个方面：

（1）公开审理的，不受普通程序中要求3天前通知当事人和诉讼参与人的限制，也不要求发布公告。但人民法院应当将起诉内容，用口头或书面方式告知被告。

（2）在开庭审理进行法庭调查和法庭辩论时，没有必要像普通程序那样严格遵循法定的顺序，可以灵活掌握。

（3）适用简易程序审理的案件，当事人同时到庭的，可以径行开庭进行调解。调解前告知当事人诉讼权利义务和主持调解的审判人员，在询问当事人是否申请审判人员回避后，当事人不申请回避的，可以直接进行调解。调解不成的或者达成协议后当事人反悔也未提出新的事实和证据的，可以不再重新开庭，直接作出判决。对部分民事案件则不必经过审理，而应当在开庭审理时先行调解。这部分民事案件包括：婚姻家庭纠纷、劳务合同纠纷、交通事故和工伤事故引起的权利义务关系较为明确的损害赔偿纠纷、宅基地和相邻关系纠纷、合伙协议纠纷、诉讼标的额较小的纠纷。但是根据案件的性质和当事人实际情况不能调解或者显然没有调解必要的除外。

（4）开庭前已经书面或者口头告知当事人诉讼权利义务，或者当事人各方均委托律师代理诉讼的，审判人员除告知当事人申请回避的权利外，可以不再告知当事人其他的诉讼权利义务。但对没有委托律师代理诉讼的当事人，审判人员应当对回避、自认、举证责任等相关内容向其作必要的解释或说明，并在庭审过程中适当提示当事人正确行使诉讼权利、履行诉讼义务，指导当事人进行正常的诉讼活动。

（5）开庭时，审判人员可以根据当事人的诉讼请求和答辩意见归纳出争议焦点，经当事人确认后，由当事人围绕争议焦点举证、质证和辩论。当事人对案件事实无争议的，审判人员可以在听取当事人就适用法律方面的辩论意见后径行判决、裁定。

（6）适用简易程序审理的民事案件，原则上应当一次开庭审结，并且原则上应当当庭宣判。

（7）适用简易程序审理民事案件，完整的卷宗中应当具备的内容包括：诉状或者口头起诉的笔录；答辩状或者口头答辩笔录；委托他人代理诉讼的要有授权委托书；必要的证据；询问当事人的笔录；审理（包括调解）笔录；判决书、裁定书或者调解书（或者调解协议）；送达和宣判笔录；执行情况和诉讼费收据。但在以下情形下，人民法院在制作裁判文书时对认定事实或者判决理由部分可以适当简化：当事人达成调解协议并需要制作民事调解书的；一方当事人在诉讼过程中明确表示承认对方全部诉讼请求或者部分诉讼请求的；当事人对案件事实没有争议或者争议不大的；涉及个人隐私或者商业秘密的案件，当事人一方要求简化裁判文书中的相关内容，人民法院认为理由正当的；当事人双方一致同意简化裁判文书的。

6. 审理期限较短。《民事诉讼法》第161条规定，人民法院适用简易程序审理案件，应当在立案之日起3个月内审结。这条规定不同于普通程序6个月的审理期限，而且特殊情况下还可延长。

从以上简易程序的特点可以看出简易程序与普通程序的差别所在，但它们之间存在的联系也是显而易见的，这表现为一定条件下，程序的转换。

1. 简易程序转为普通程序

基层人民法院依据《民事诉讼法》第157条的规定确定案件适用简易程序后，在审理过程中发现不宜采用简易程序的，可以裁定转为普通程序。

从民事司法实践来看，简易程序转为普通程序主要有以下几种情形：(1) 当事人改变或增加诉讼请求，导致案情复杂化的；(2) 因当事人依法申请人民法院调取证据、申请证人出庭等原因，致使案件在3个月内难以审结的；(3) 无法直接或者留置送达应诉通知书，须公告送达的；(4) 虽然案件较为简单、标的额不大，但代表一类案件，可能影响大量相同或类似案件审理的；(5) 案件虽然较为简单，但关系到基本的生产生活，可能引发群体性事件的。

2. 普通程序禁止转为简易程序

虽然根据《民诉法解释》第264条，开庭前，根据双方当事人的约定可以选择适用简易程序，但根据《民诉法解释》第260条的规定，已经按照普通程序审理的案件，在开庭后不得转为简易程序审理。其主要法理依据在于，如果案件已经按照普通程序开庭，说明合议庭全体成员和当事人均已参加庭审。此时再转化为简易程序，则审判组织必须由合议庭转变为独任制，其中合议庭的二位组成人员中必须有两位退出，庭审将因此中断，有违集中审理原则。此外，案件转化为简易程序后需要重新开庭，与简易程序追求效率的理念也不相符。

当然，根据《民诉法解释》第269条，当事人可就适用简易程序提出异议，人民法院应当进行审查，并按下列情形分别处理：异议成立的，应将案件转为普通程序，并将合议庭组成人员及其相关事项书面通知双方当事人；认为异议不成立的，法院应当告知双方当事人，并将上述内容记入笔录。

回到前面的引例中去，此案最终是由简易法庭适用简易程序来审理的。该起拖欠加工费的民事案件之所以会进入简易程序来审理，是因为它符合法律关于简易程序适用范围的规定。首先该案事实非常清楚，被告拖欠原告的加工款项，原告要求偿还欠款及违约金；其次权利义务关系比较明确，原告作为权利人请求法院支持原告的诉讼请求，被告作为义务人应当归还款项；最后双方的争议不大，被告对原告所出示的报价单、电镀费明细表以及所欠款项数额均无异议。因此，将这个可以被称为简单的民事案件归入了简易法庭的审理。

结合该案件来分析，简易程序制度设计的经济性和简便性主要体现在以下方面：

第一，引例中原告放弃了口头起诉的权利，采取的是递交书面起诉状的方式起诉。选择口头或书面起诉是原告的权利，是其行使处分权的体现。

第二，原告于2002年4月5日向宝安区法院递交起诉状，法院于当日便决定受理起诉，简易程序就此启动。

第三，在案件的审理过程中，宝安区法院简易法庭实行独任审判制度，有利于法官在最短的诉讼时间内作出判决，避免法官间因意见分歧可能造成的诉讼迟延。

第四，在庭审中，并没有严格遵循法庭调查和法庭辩论的先后顺序。这样做有利于法官不拘泥于时间的均衡分布，而是根据案情需要灵活掌握庭审进度与顺序，一旦得到所需的事实信息后就可以结束庭审，从而大大提高了诉讼效率。

第五，法官通过审判查明是非，最后判决两被告于判决生效后10日内，连带支付原告加工费 90 872 元及逾期付款违约金 1 437.8 元。

第六，案件于 4 月 5 日立案受理，于 5 月初审结，共历时 33 天，有效地缩短了诉讼周期，体现了简易程序的快捷与高效。

由此可见，整个简易程序显然努力做到了成本控制，实现了司法判决的错误成本耗费和诉讼成本耗费之和最小化，完全契合了简易程序的设置目的。

## 第三节　我国简易程序的运行现状及完善设想

### 一、我国简易程序的运行现状

我国现行《民事诉讼法》只用了 7 个条文专章规定了简易程序。立法的粗疏与薄弱，导致审判人员拥有了较大的自由裁量权，面临诉讼案件日益增多与审判资源稀缺的矛盾，司法实践中扩大简易程序适用范围的普遍做法也就不足为怪。① 但简易程序在司法运行中也暴露出了一定的混乱、任意和无序。

首先，现行《民事诉讼法》关于简易程序的适用范围界限不清、定位模糊。是否适用简易程序、何时决定适用简易程序、以什么方式决定以及以什么标准和方式转入普通程序等都无明确规定，结果只能交由法院自由裁量。而在司法实践中，划分案件是否适用简易程序审结的标准，不是依照简易程序的内涵，而是通过该案件是否在简易程序规定的时限内完成审判工作来界定，这种现象令人担忧，也从侧面反映了简易程序适用的混乱。②

其次，简易程序在适用中出现了执法不严的状况。这种执法不严带来的司法无序主要表现为：一是人民法院在适用简易程序时，一方面没有体现简便化的特征，尤其是在起诉环节对当事人要求严格，套用普通程序的繁杂程序，另一方面又随意简化诉讼程序，对当事人的质证权、辩论权等基本诉讼权利未予以保障；二是滥用“简易程序向普通程序转化”的条款，对民事案件一概以简易程序收案，3 个月内未审结的，则又一概转为普通程序等。

另外，由于立法上的缺位，对于实践中大量出现的小额纠纷适用简易程序来审理③，仍然不能满足当事人对快捷、高效和低成本解决纠纷的更高需求。

### 二、改革和完善我国简易程序的设想

简易程序的立法旨意在于提高诉讼效率，但在民事诉讼案件呈逐年上升趋势的情势下，许多国家正在努力寻求更多的、效率更高的解决纠纷途径。就我国的制度设计来看，目前的简易程序依然无法完全满足诉讼大众化的要求，因此，应当建构适应不同类型纠纷

---

① 大体而言，我国目前司法实践中将近 80%的一审民事案件用简易程序审理，有个别基层人民法院甚至高达 100%。

② 参见杨荣馨主编：《民事诉讼原理》，431 页，北京，法律出版社，2003。

③ 传统意义上，小额纠纷是指数额不大的债务纠纷和零星权利的侵害。

的不同诉讼程序，使简易程序与小额诉讼程序成为各自独立的审判程序。以下就简易程序的完善与小额诉讼程序的构建分别述之。

1. 适当扩大简易程序适用范围

我国立法规定的简易程序适用范围过于狭小，司法实践中却与立法大大脱节，远远超出立法所允许的范围。因此，有必要在立法上对适用范围予以明确和进行适当扩大。

综观世界各国关于简易程序适用范围的立法例，大概有三种模式：一是概括式，比较原则和有弹性，法官的裁量权很大。我国现行《民事诉讼法》采用的就是概括式。二是法定数额式，以诉讼标的金额为标准划分简易程序和普通程序的界限，易于实务操作。世界各国立法多采此立法例。三是列举式，案件的性质成为重要的参考依据。也有些国家和地区兼采上述三种模式。①

有学者提出，我国简易程序对财产纠纷案件的适用范围原则上取决于诉讼标的额②；对于其他非财产纠纷案件的适用范围由立法以概括方式作出规定；对基层法院管辖范围的民事案件不能适用简易程序审理的，应当作出排除性规定。③

2. 简化诉讼程序

简易程序的主要特点就在于简便易行，快捷高效。因此，尽量简化诉讼程序，自是其应有之义。主要包括：送达诉状与言词辩论期日之间，应有相当的时间，即所谓就审期间，以便被告准备辩论及到场应诉；适用简易程序的案件，绝大部分案件事实清楚，不需要多次开庭审理，除个别复杂案件外，通常应通过一次期日辩论终结；应规定当事人一方不到场者，法院得依职权根据到场一方当事人的单方辩论而作出判决；简化判决书、调解书等法律文书的制作，在叙事说理部分力求简明扼要，重点将主文部分叙述清楚即可，还可以考虑法律文书格式化；为简易程序的顺利运作提供配套措施，例如设立专人进行法律咨询，设专门的值班法官和书记官，以方便群众诉讼。④

## 第四节 小额诉讼程序

### 一、小额诉讼的概念及正当性

1. 小额诉讼的概念

小额诉讼又称小额案件，是指诉讼标的额较小的简单民事案件。小额诉讼程序是简单

---

① 我国台湾地区“民事诉讼法”规定，50万元新台币以下的案件适用简易程序，同时又列举规定了可以适用简易程序的若干类型案件，还允许双方当事人合意选择适用简易程序。参见我国台湾地区“民事诉讼法”第427条～第434条。

② 例如江伟、孙邦清在《〈中华人民共和国民事诉讼法〉修改建议稿（第三稿）》中建议，诉讼标的额在1万元以下的案件适用简易程序。

③ 参见张晋红：《完善民事简易程序适用范围的立法分析》，载《广东商学院学报》，2005（3）。

④ 参见章武生等：《司法现代化与民事诉讼制度的建构（修订本）》，607～608页，北京，法律出版社，2003。

程序中的特殊情形，是指基层人民法院和它的派出法庭审理标的额较小的简单民事案件所适用的诉讼程序。民事诉讼法将小额诉讼程序规定在简易程序中，表明小额诉讼程序是简易程序的特殊情形，小额诉讼程序除实行一审终审之外，要适用简易程序的相关规定。

2. 小额诉讼的正当性

(1) 利于民众接近司法。小额诉讼最核心的理念即为尽可能为社会成员最大限度地提供司法救济的途径（诉讼权利），通过简易、便利、快捷的小额诉讼，保证其实体权利的实现不致因成本和复杂性等原因而受到阻碍。

(2) 合理配置司法资源。因为司法资源是极为有限的，针对各类案件配置司法资源时，必须保持案件重要性与司法资源的投入基本相当。尽可能地使司法资源得到合理利用，不致使社会因过多的诉讼消耗掉大量的资源，或导致对司法资源的投入无限制地攀升。

(3) 借鉴域外立法经验。20世纪后半叶，特别是20世纪60年代以来，西方国家加快了民事诉讼制度改革进程，司法的公正与效率成为各国共同关注的问题，也成为各国（地区）民事诉讼改革的核心，改革的重点集中在提高效率、降低成本，方便当事人诉讼等方面。一些国家和地区开展了“接近正义”“司法大众化”的运动，对案件进行繁简分流，简化审判程序成为改革的主流趋势。其中的主要措施之一便是设立小额诉讼程序。目前，英国、美国、法国、德国、意大利、日本、韩国以及我国台湾地区都有小额诉讼程序的相关规定。

(4) 我国司法实践的需要。随着经济社会的快速发展，民事案件数量激增，民众权利意识增强，对司法的需求与日俱增，法院面临案多人少的突出矛盾，为有效化解面广量大的小额案件纠纷，最高人民法院积极开展小额程序试点工作。小额速裁的试点表明，建立小额诉讼程序能公正、有效地解决小额民事纠纷，为立法积累了宝贵的实践经验。

## 二、小额诉讼的具体规定

### (一) 小额诉讼的适用条件与案件范围

1. 小额诉讼的适用条件

根据《民事诉讼法》第162条的规定，小额诉讼程序的适用需同时具备三个条件：(1) 事实清楚、权利义务关系明确、争议不大的简单民事案件；(2) 应当按照简易程序审理；(3) 标的额为各省、自治区、直辖市上年度就业人员年平均工资30%以下的。

2. 小额诉讼的案件范围

根据《民诉法解释》第274条的规定，下列金钱给付的案件，适用小额诉讼程序的规定：

(1) 买卖合同、借款合同、租赁合同纠纷；

(2) 身份关系清楚，仅在给付的数额、时间、方式上存在争议的赡养费、抚育费、扶养费纠纷；

(3) 责任明确，仅在给付的数额、时间、方式上存在争议的交通事故损害赔偿和其他人身损害赔偿纠纷；

(4) 供用水、电、气、热力合同纠纷；

(5) 银行卡纠纷；

(6) 劳动关系清楚，仅在劳动报酬、工伤医疗费、经济补偿金或者赔偿金给付数额、时间、方式上存在争议的劳动合同纠纷；

(7) 劳务关系清楚，仅在劳务报酬给付数额、时间、方式上存在争议的劳务合同纠纷；

(8) 物业、电信等服务合同纠纷；

(9) 其他金钱给付纠纷。

3. 不适用小额诉讼程序审理的案件

根据《民诉法解释》第 275 条的规定，下列案件不适用小额诉讼程序审理：

(1) 人身关系、财产确权纠纷；

(2) 涉外民事纠纷；

(3) 知识产权纠纷；

(4) 需要评估、鉴定或者对诉前评估、鉴定结果有异议的纠纷；

(5) 其他不宜适用一审终审的纠纷。

### (二) 小额诉讼的特点

1. 强制适用性。我国小额诉讼程序为强制适用，即在符合条件的情况下，不允许当事人选择、协商，而是一律强制适用小额诉讼程序。然而在司法实践中，有部分法院允许当事人对诉讼标的超过“小额”标准的，合意选择适用小额程序，颇值商榷。

2. 实行一审终审。根据《民事诉讼法》第 162 条的规定，小额诉讼案件实行一审终审。此外，根据《民诉法解释》第 278 条和第 279 条的规定，当事人对小额诉讼案件提出管辖异议的，人民法院应当作出裁定，裁定一经作出即生效；人民法院受理小额诉讼案件后，发现起诉不符合《民事诉讼法》第 119 条规定的起诉条件的，裁定驳回起诉，裁定一经作出即生效。

从比较法的角度而言，其他国家与地区对小额程序的审级制度都有特殊限制规定，立法机关考虑到小额案件的标的额较小，为了迅速解决民事争议，并解决案多人少的矛盾，同时也为了区别于简易程序，规定小额程序实行一审终审，不允许当事人上诉。但当事人如果认为裁判有错误的，可以依法申请再审。

3. 举证期限及答辩期限。根据《民诉法解释》第 277 条第 1 款、第 2 款，小额诉讼案件的举证期限由人民法院确定，也可以由当事人协商一致并经人民法院准许，但一般不超过 7 日。被告要求书面答辩的，人民法院可以在征得其同意的基础上合理确定答辩期间，但最长不得超过 15 日。根据《民诉法解释》第 277 条第 3 款，当事人到庭后表示不需要举证期限和答辩期间的，人民法院可以立即开庭审理。

4. 裁判文书的简化。根据《民诉法解释》第 282 条，小额诉讼的裁判文书可以简化，主要记载当事人的基本信息、诉讼请求、裁判文书主文等内容。小额诉讼案件案情简单、争议不大，并不需要复杂的论述与推理。

### (三) 程序转化与异议处理

因当事人申请增加或者变更诉讼请求、提出反诉、追加当事人等，致使案件不符合小额诉讼案件条件的，应当适用简易程序的其他规定审理；应当适用普通程序审理的，裁定转为普通程序。

当事人对按照小额诉讼案件审理有异议的，应当在开庭前提出。经审查异议成立的，适用简易程序的其他规定审理；异议不成立的告知当事人，并记入笔录。

### （四）小额诉讼的完善

值得深思的是，据笔者估算，在目前的司法实践中，各地区人民法院适用小额诉讼程序审理的案件占全部民商事一审案件的比重，普遍维系在5%左右。如此低的适用率，使得小额诉讼程序便于大众接近司法的功能设置难以实现。此外，其中还有一半以上的案件是由水、电、气、热，物业，电信等大公司和企业提起的，足见小额诉讼程序功能异化的程度。

可见，我国现行《民事诉讼法》及《民诉法解释》对大公司、企业挤占民众接近司法通道的困境缺乏疏解的规定。应借鉴美国、日本两国做法，或禁止大公司和企业对小额诉讼程序的使用，或对其在一定时间段内的使用次数加以限制。

## 【问题与思考】

1. 1980年，原告向某经批准取得了某市A坊83号宅基地使用权，并向有关部门申请建二层楼房，得到了批准。次年，原告与被告共同出资合作建房后开始共同居住，但一直未办理房地产证。2000年，原告向A市人民法院起诉，要求确认原告拥有该楼房的全部产权，被告立即搬出某坊1号楼房。A市人民法院以普通程序受理案件后，委托当地房地产价格评估机构对楼房进行了评估。诉讼期间，原被告双方达成合意，要求将案件转为简易程序审理。请问，人民法院能否按当事人双方的合意转为简易程序审理？其法律依据是什么？

2. 某日，原告徐某到其所住小区附近的某公用电话亭打市话，通话时间前后不到2分钟，被告电话亭老板吴某收取了原告0.5元。原告认为，按规定打市内电话3分钟内只应收取0.4元，就要求被告退还多收取的0.1元，被告拒不返还，双方发生口角。后原告请求人民法院判令被告退还多收取的0.1元，并要求吴某公开赔礼道歉。法院以该诉讼请求标的额过小，不应占用本已负荷过重的司法资源为由裁定不予受理。法院的做法是否适当？对于类似鸡毛蒜皮的纠纷，民事诉讼法上应设置何种诉讼程序来解决？请简述理由。

# 第十六章 上诉审程序

## 参考文献

### (一) 著作

1. 汤维建主编．民事诉讼法学．北京：北京大学出版社，2014.253～263 页

2. 邵明．民事诉讼法学．北京：中国人民大学出版社．2016.278～286 页

3. 赵钢，占善刚，刘学在．民事诉讼法．武汉：武汉大学出版社．2015.283～296 页

4. 蔡虹．民事诉讼法学．北京：北京大学出版社．2016.314～323 页

5. 董少谋主编．民事诉讼法．北京：中国政法大学出版社．2015.277～296 页

6. 徐昕．英国民事诉讼与民事司法改革．北京：中国政法大学出版社，2002. 363～393 页

7. 宋冰编．读本：美国与德国的司法制度及司法程序．北京：中国政法大学出版社，1999.412～442 页

8. ［美］史蒂文·苏本等．美国民事诉讼的真谛——从历史、文化、实务的视角．蔡彦敏，徐卉译．北京：法律出版社，2002.256～278 页

9. ［日］三月章．日本民事诉讼法．台北：五南图书出版公司，1985.513～542 页

10. ［日］中村英郎．新民事诉讼法讲义．陈刚等译．北京：法律出版社，2001.182～261 页

11. ［德］狄特·克罗林庚．德国民事诉讼法律与实务．刘汉富译．北京：法

律出版社，2000.426～446 页

(二) 论文

1. ［美］约翰·莱兹．为什么美国可能无法接受德国民事程序中的优点．傅郁林译．见：陈光中，江伟主编．诉讼法论丛（第 3 卷）．北京：法律出版社，1998

2. 傅郁林．审级制度的历史考察与思考．法商研究，2005（1）

3. 傅郁林．审级制度的建构原理——从民事程序视角分析．中国社会科学，2002（4）

4. 景汉朝，卢子娟．经济审判方式改革若干问题研究．法学研究，1997（5）

5. 王甲乙．当事人适格之扩张与界限．法学丛刊，1995（1）

6. 汤维建．试论美国的民事诉讼法律文化．法律科学，2000（3）

7. 廖仲洪．民事程序立法中的国家本位主义批判——对我国民事诉讼立法指导思想的反思．现代法学，2002（3）

8. 赵钢．正确处理民事经济审判工作中的十大关系．法学研究，1999（1）

9. 汤维建．论民事二审程序的审判范围．河南省政法管理干部学院学报．2010（6）

10. 王杏飞．对民事二审中撤回起诉的再认识．中国法学，2017（3）

11. 林剑锋．设定与限制：论民事上诉审中的撤诉．中外法学．2015（3）

12. 潘勇锋．论新《民事诉讼法》对二审案件处理方式的完善．清华法律评论．2013

13. 纪格非．消亡抑或重生——言词原则在民事二审程序中的发展趋势及其启示．法学评论，2012（4）

## 参考法规

1991 年《中华人民共和国民事诉讼法》（2017 年修正）第 164 条～第 176 条；2015 年最高人民法院《关于适用〈中华人民共和国民事诉讼法〉的解释》第 317 条～第 342 条；1998 年最高人民法院《关于民事经济审判方式改革问题的若干规定》（以下简称“《审改规定》”）第 35 条～第 39 条；2008 年最高人民法院《民事证据规定》第 41 条、第 43 条；1998 年最高人民法院《关于第二审法院裁定按自动撤回上诉处理的案件第一审法院能否再审问题的批复》；1997 年最高人民法院《关于人民法院裁定撤销仲裁裁决或驳回当事人申请后当事人能否上诉问题给广西壮族自治区高级人民法院的批复》；1994 年最高人民法院《关于第二审人民法院发现原审人民法院已生效的民事制裁决定确有错误应如何纠正的复函》。

**引例 索尼美国公司诉环球都市电影制片公司上诉案①**

被上诉人是一些公开播放的电视节目的著作权人。主要的上诉人是索尼公司柏特麦克斯录像机（Betamax VTR）制造商，原审被告还包括索尼的广告代理商、柏特麦克斯录像机零售商及一位家庭用户。上诉人的柏特麦克斯牌录像机的主要用途是对电视节目的“时间变换”（time shifting），即将用户不能在播放时观看的电视节目录制下来，使用户在晚些时候观看录像带上的节目。一审原告声称将他们的电视节目制成家庭录像带的行为构成著作权侵权，索尼公司应对该侵权行为负连带责任；提出损害赔偿请求并要求对柏特麦克斯录像机的制造与销售颁发禁止令。地区法院认为，“时间变换”是对原告享有版权的电视节目的合理使用，被告索尼公司不负连带侵权责任。而上诉法院不同意地区法院在上述两个问题上所作的判决，判决合理使用不成立，索尼公司应负连带责任。最后，索尼公司向美国联邦最高法院提起上诉。联邦最高法院认为：“时间变换”是一种合理使用，上诉人不应承担连带责任，遂撤销了上诉法院的判决。

# 第一节 第二审程序概述

## 一、概念和关系辨析

### （一）基本概念

在讨论第二审程序时，审级制度是一个必要的背景，决定着第二审程序担负的功能和程序设置。在实施两审终审制的我国，一个案件经过两级法院即告终结，当事人不能再提起上诉，因此，第二审既是上诉程序，又是终审程序。而在实行三审终审制的国家，如美国，从引例索尼美国公司诉环球都市电影制片公司上诉案可以看出，第二审程序只是上诉程序，不是终审程序。当然，就个案而言，一审、二审、三审判决都可能成为终审判决而生效。而所谓终审程序，则是指经过该程序的审判之后，裁判必定宣告生效，再也没有可以上诉纠正的机会。而在现代各国普遍采用三审终审制的趋势下，我国可谓独树一帜。②

二审程序是指当事人对第一审法院作出的未发生法律效力的裁判不服，提起上诉，由第二审法院对案件进行审理并作出终审裁判的程序。在我国，可能成为第二审法院以及终

---

① 参见王春燕：《索尼美国公司诉环球都市电影制片公司上诉案》，见中国民商法律网，2002－03－12。

② 参见齐树洁：《构建我国三审终审制的基本思路》，载《法学家》，2004（3）。世界上实行两审终审制的国家已成为少数例外，除了人口稀少的国家和州之外，只有以苏联为样本的国家，而其中罗马尼亚已于1990年将审级制度改为三级结构。参见傅郁林：《审级制度的建构原理——从民事程序视角分析》，载《中国社会科学》，2002（4）。

审法院的是中级人民法院、高级人民法院和最高人民法院。

上诉程序的功能至少应当包括三个基本方面，即保障正确适用法律和公正地保障当事人权利，通过上诉法院裁判以实现法律解释和适用上的统一，通过重复审判给当事人一个充分陈述的机会，以增加判决的正当性和可接纳度。同时，上诉程序在循序渐进地发展法律方面的功能至少在最高法院层次受到公认。① 在中级法院或高级法院，上诉程序以纠正下级法院裁判错误、保障当事人权利为主，以统一法律适用的功能为辅；最高法院则相反。这种功能分化在实行三审终审的国家尤其明显。而在我国，由于终审审级通常较低，这种功能分化的作用受到很大限制。

**【经典导读】**

对于现行法律中，尤其是民事诉讼法中的上诉手段的特征、本质、性质或者结构的习惯的通常的理解完全是错误的。但是被按摩者既不会因为剧烈的治疗而死亡也不会因剧烈的治疗而康复——如老亚当会继续违反戒律一样，被按摩者（我估计）经过按摩治疗也很少能因此变得更加健康。②

（二）上诉审的分类

按照审理对象的不同，可以将上诉审分为对判决的上诉和对裁定的上诉。大陆法系国家将对判决的上诉分为控诉——重新审查事实和法律的上诉和上告——就法律问题提起的上诉；而对裁定的上诉则被称为抗告。英美国家的上诉一般不审查事实，只审查法律。上诉审一般是向上一级法院提起，但是，一些国家的立法允许在某些法定的情况下越级上诉，也称飞跃上诉。大陆法系中，德国就允许在某些情况下，对于州法院作出的第一审判决，当事人可以越过控诉审，直接提起上告；其条件是该上告必须经过对方当事人的同意，且该同意还要以书面形式附于上告状。③ 在美国法中，向联邦最高法院提起的“直接上诉”（direct appeal），也是一种越过上诉法院的飞跃上诉。④ 此外，美国还有一种少见的“许可上诉”，虽然在通常情况下，依照终局裁判规则，当事人是不能对联邦地区法官作出的中间命令或决定提出上诉的，但是只要当事人以违反重大法律问题为理由，在上述的命令或决定发出10日后获得一审事实法院发出的移送令状，就可以实现这种特殊上诉。⑤

## 二、第二审程序的性质

第二审程序的性质主要由上诉审的审理范围决定，与上诉程序的功能设置密切相关。多数国家对上诉事实审都或多或少地加以限制，而上诉法律审则因其涉及法律适用、法律解释等重大问题而备受重视。从上诉审功能的角度来看，上诉程序的各种功能被大致归入

① 参见傅郁林：《审级制度的建构原理》，载《人民法院报》，2002-03-22。

② 参见［德］米夏埃尔·施蒂尔纳主编：《德国民事诉讼法学文萃》，赵秀举译，491页，北京，中国政法大学出版社，2005。

③ 参见常怡主编：《比较民事诉讼法》，621页，北京，中国政法大学出版社，2002。

④ 参见常怡主编：《比较民事诉讼法》，622页，北京，中国政法大学出版社，2002。

⑤ 参见常怡主编：《比较民事诉讼法》，621页，北京，中国政法大学出版社，2002。

服务于个案当事人的私人目的和服务于社会公共目的两大类，就上诉管辖权和上诉审查的具体范围而言，上诉程序距离全面事实审查的理念越远，那么它在那些提交给它审查的案件中实现私人目的的能力越弱，当程序以重新审判的方式全面进行复审时，程序所考虑的只是对个案当事人实现公正，几乎不进行解释法律或指导法律发展的努力，相反，只关注法律统一和法律发展的复审程序则完全不审查事实问题。[①] 因此，关于第二审程序的性质，存在以下学说以及受其影响的立法例：

### （一）复审制

复审制，又称更新主义或第二次第一审。该学说认为，法院应当全面重新收集诉讼资料，当事人也可以无限制地提出新的证据和事实，并在此基础上作出裁判。

### （二）事后审制

事后审制，又称限制主义，该学说是与复审制相对立的一种学说。该学说认为，第二审法院应当专门以审理第一审法院裁判内容及诉讼程序有无错误为目的，第二审法院仅能审查第一审所适用的诉讼资料以及当事人的主张。为此，不应允许当事人在第二审中提出新事实、新证据，即便提出，第二审法院也不加考虑。

### （三）续审制

续审制也称续审主义，是复审制和事后审制的折中。该学说认为，第二审是一审的继续和发展，因此，第二审的诉讼资料并不限于第一审原有的诉讼资料，当事人在第二审还可以提出新事实及新证据。

我国《民事诉讼法》第 168 条规定，第二审人民法院应当对上诉请求的有关事实和适用法律进行审查。可见，我国民事诉讼法采取的是续审制，对向上诉法院提出新证据未加任何限制，即采所谓的“证据随时提出主义”。2002 年实施的《民事证据规定》（2008 年调整）第 41 条规定：“二审程序中的新的证据包括：一审庭审结束后新发现的证据；当事人在一审举证期限届满前申请人民法院调查取证未获准许，二审法院经审查认为应当准许并依当事人申请调取的证据。”《民事证据规定》第 43 条第 1 款也规定：“当事人举证期限届满后提供的证据不是新的证据的，人民法院不予采纳。”两条规定似乎对新证据作出了一定的限制，但是《民事证据规定》第 43 条第 2 款又规定：“当事人经人民法院准许延期举证，但因客观原因未能在准许的期限内提供，且不审理该证据可能导致裁判明显不公的，其提供的证据可视为新的证据。”该规定在一定程度上又打破了本已确定的新证据的范围，给予法院较大的自由裁量权，且裁量的标准是“可能导致裁判明显不公”。关于二审人民法院能否对当事人上诉请求以外的原判决内容进行审查，《民诉法解释》第 323 条规定：“第二审人民法院应当围绕当事人的上诉请求进行审理。当事人没有提出请求的，不予审理，但一审判决违反法律禁止性规定，或者损害国家利益、社会公共利益、他人合法权益的除外。”这一规定体现出在“有错必纠”以及“处分原则”之间寻求平衡。《民诉法解

---

① 参见傅郁林：《审级制度的建构原理》，载《人民法院报》，2002-03-22。

释》第342条规定，当事人在第一审程序中实施的诉讼行为，在第二审程序中对该当事人仍具有拘束力。当事人推翻其在第一审程序中实施的诉讼行为时，人民法院应当责令其说明理由。理由不成立的，不予支持。同时，随着审判方式改革的深入，理论界和实务界均已认识到证据随时提出主义的巨大负面影响，并就其改革进行了广泛的探讨。

## 三、第二审程序的原则

与第二审程序以及上诉审程序相关的有两个重要原则——“禁止不利益变更原则”和“禁止利益变更原则”。所谓“禁止不利益变更原则”，是指在一方当事人上诉的情况下，上诉法院不能作出比初审判决更不利于上诉人的判决。至于“不利益”的内容，不仅包括实体法上的利益，还包括程序法上的利益，如当事人的审级利益。在立法上，这一原则表现为上诉法院只能在当事人上诉请求范围内作出判决。所谓“禁止利益变更原则”，即根据“没有申请就没有救济”的司法消极性原则，上诉判决不得超出上诉请求范围，增加上诉人的利益。这两个原则从正反两方面限定了上诉法院只能在上诉请求范围内作出判决。[①]

我国《民事诉讼法》第168条规定（“第二审人民法院应当对上诉请求的有关事实和适用法律进行审查”）、《民诉法解释》第323条规定（“第二审人民法院应当围绕当事人的上诉请求进行审理。当事人没有提出请求的，不予审理，但一审判决违反法律禁止性规定，或者损害国家利益、社会公共利益、他人合法权益的除外”），以及《审改规定》第35条、第36条的规定，在一定程度上确定了“禁止不利益变更原则”和“禁止利益变更原则”的基础，虽然没有严格地将第二审案件的审理限定在当事人上诉请求的范围内，但仍然体现了两个原则的基本内容、根本要求及具体适用范围，对上诉审对上诉人和被上诉人两方面的请求的接纳度作出了一定程度的解释。

## 四、我国第二审程序的现状评析

我国实行二审终审的理由包括，减少当事人的讼累，降低国家的司法强度，节约司法资源等。但是，最高人民法院对于我国审级制度的调研报告指出，从法院的系统设置、审判管理、职能分工等多方面看，两审终审制不利于充分发挥四级法院的整体功能和实现四级法院各自不同的价值目标，其主要缺陷表现在：(1) 上诉条件过于宽泛导致诉讼资源的浪费；(2) 终审法院级别过低，难以保证司法的统一性；(3) 两审终审使上诉审的纠错功能明显降低；(4) 民事诉讼管辖原则导致地方保护主义干扰严重；(5) 缺少专门的法律审查程序；(6) 以审判监督制度弥补二审的不足，导致“终审不终”[②]。

学术界则从不同的角度认识到了同样的问题。有学者指出，我国现行的四级两审终审制没有职能分层，已经失却程序结构意义上的“审级”的价值，多一级法院只是增加了一层行政级别而已。同时，我国两审终审制主体结构建立在对再审程序的依赖基础上，审判

---

① 参见邵明、张守增：《禁止不利益变更原则刍议》，见中国民商法律网，2003-11-11。

② 最高人民法院民事诉讼法调研小组编：《民事诉讼程序改革报告》，175～179页，北京，法律出版社，2003。

监督程序是作为三审程序的替代物而设立的，并掩盖了对三审程序的需求。因此，在司法现实中，这种救济途径早已突破了“补充”或“例外”性质，整个审级制度的运作状态如同消防通道遍布司法大厦，审级结构的上下内外都挤满了寻求“补救”的司法“难民”①。再审制度作为两审终审制的补充，由于法律对其审理范围未有严格界定，在实践中造成“无限再审”的后果，进而妨害了司法的公正与效率。

我国现行上诉审程序存在的诸多弊端已经和审级制度的原理严重地背离。针对这种局面，学者和实务界提出诸多建构我国民事诉讼三审终审制的主张，代表性的建议包括：首先，应当严格限制第三审审理的范围，规定当事人只能就原审判决中的法律问题提起第三审上诉。② 其次，为了防止当事人及其代理人滥用第三审程序，立法应当对提起第三审上诉的条件，主要是上诉金额与上诉理由进行严格的限制。再次，可以考虑实行飞跃上诉制度、实行律师强制代理制、以书面审理为原则。③ 也有学者主张，基于民事诉讼的基本理念和所追求的目标，民事诉讼所设立的审级制度应当是多层次的，即以两审终审制为基础，以有条件的一审终审制和三审终审制为必要的补充，共同构成我国的审级制度。④ 因此，新民事诉讼法立法之时，审级问题和第二审程序应该有较大的调整。

**【案例 16-1】金龙厂诉渭沣微电器厂合同纠纷案件⑤**

金龙厂诉渭沣微电器厂违约不支付货款案件从 1993 年至 2004 年，经过了 11 年，经过一审、二审、提审、再审、重审等名目繁多的审理，案件又回到了西安市阎良区人民法院（1998 年最初作出一审判决结果）。其间原告一共花去诉讼费（执行费）8 146 元、律师费 10 700 元，而其诉讼请求仅仅是要讨回 4 万多元的欠款。案情十分简单，1992 年 5 月 28 日，原告金龙厂与渭沣微电器厂签订“加工汽车转换器探头”合同，合同标的 65 万元。合同生效后，金龙厂即向需方供货，货款回收由金龙厂委托的熟人孟某代理。需方收货后先后 4 次通过银行转账方式共付货款 44 529 元，但金龙厂发现这 4 笔货款均未转入金龙厂账户。金龙厂称是他们委托的收款人孟某在和需方结算货款时，以金龙厂的名义私自将这 4 笔款转走了。1993 年 5 月 8 日，金龙厂和孟某签订了一份“结算清单”，载明“孟某应交金龙厂 45 529 元”（包括以前的货款 44 529 元和后来欠款 1 000 元）。但“结算清单”签订后，孟某并未按约定内容给金龙厂付款。1993 年 7 月 10 日，金龙厂向西安市阎良区人民法院递交了诉状及书证等材料，要求追回货款和利息。之后，该案便经过了三级法院得到了 9 份判决书，截至 2004 年 9 月，仍在审理之中。

---

① 傅郁林：《审级制度的建构原理——从民事程序视角分析》，载《中国社会科学》，2002 (4)。

② 这里所谓的“法律问题”，既可以指原审判决不适用实体法或适用实体法的错误，也可以指诉讼过程中存在的严重的程序违法，例如违反管辖、回避的规定等。

③ 参见齐树洁：《我国三审终审制的构建与再审制度的改革》，载《黑龙江省政法管理干部学院学报》，2005 (2)。

④ 参见杨荣新、乔欣：《重构中国民事诉讼审级制度的探讨》，见中国诉讼法律网，2002-04-15。

⑤ 参见郝建国：《民事案件几审是尽头》，载《华商报》，2004-10-29。

## 第二节　第二审程序的启动

### 一、提起有效上诉的条件

上诉是上一级人民法院开始第二审程序的依据，是当事人重要的诉讼权利。二审上诉作为最为基本和主要的上诉方式，在大多数国家的司法实践中是一种完全意义的续审，同时还可能是后续上诉的必然途径。这种承前启后的特殊中枢作用，实现了案件的最后裁决，或者将权威更高的公正性审判再次展开的转换职能，也为可能到来的第三审提供了一种事实上的交流渠道。[①] 为了保证一审判决应有的权威，防止当事人滥用上诉权，实现稀缺上诉司法资源的优化配置，当事人提起上诉应当具备一定的条件。各国民诉法均有对上诉时效的限制，并禁止无原则的越级上诉。[②]

#### （一）客体

提起上诉的客体往往被视为提起上诉的实质条件，是指依法允许上诉的一审判决、裁定。按照民事诉讼法的规定，不是所有的未生效一审裁判都可以提起上诉，如最高人民法院作出的一审判决。地方各级人民法院适用普通程序和简易程序作出的判决，第二审法院发回原审人民法院重审的案件重审后作出的判决，当事人可以上诉；地方各级人民法院作出的不予受理的裁定、驳回起诉的裁定、对管辖权异议的裁定，当事人都可以提起上诉。特别要引起注意的是，有权对管辖权异议提出上诉的，不只是被告；对被告的管辖权异议成立的裁定，原告可以提起上诉。当事人只对诉讼费用负担不服的，不能提起上诉。

人民法院适用特别程序、督促程序、公示催告程序作出的判决、裁定，人民法院依照破产宣告程序作出的宣告破产裁定，最高人民法院作出的一审判决、裁定，以及人民法院适用第二审程序作出的判决、裁定，当事人都不得提出上诉。

依照特别程序、三大非讼程序作出的判决由于实行一审终审，不能提起上诉。对前述程序作出的判决的救济是撤销原判决、作出新判决。破产还债程序中一律使用裁定而无判决，除了对驳回破产申请的裁定可以提起上诉外，其余裁定一律不得上诉。

#### （二）主体

主体要件要求上诉人与被上诉人都要合格。上诉人和被上诉人都必须是第一审判决、裁定所指向的当事人，包括原告、被告、共同诉讼人、群体诉讼的诉讼代表人、有独立请求权的第三人以及被判决承担民事责任的无独立请求权的第三人。上诉人与被上诉人如果是一对一的关系，提起上诉的人即为上诉人，对方没有提起上诉，是被上诉人。根据《民

---

① 参见常怡主编：《比较民事诉讼法》，619 页，北京，中国政法大学出版社，2002。

② 参见常怡主编：《比较民事诉讼法》，619 页，北京，中国政法大学出版社，2002。

诉法解释》第317条，如果第一审原告、被告、第三人都提起上诉，则均为上诉人，没有当事人被列为被上诉人。在贵阳老干妈公司诉湖南华越食品公司“老干妈”风味豆豉不正当竞争案一审判决以后，贵阳老干妈公司、湖南华越食品公司均不服一审判决，提起上诉，则都为本案的上诉人。[①]

在普通的共同诉讼中，共同诉讼人就法院对自己与对方当事人所作的一审裁判不服，提起上诉的，该上诉行为只对自己有效，其效力并不及于其他共同诉讼人，其他共同诉讼人并不是该第二审程序的上诉人，在上诉中按照原审地位列明。在必要的共同诉讼中，大陆法国家基于必要共同诉讼在法律上必须合一确定的原理，将必要共同诉讼人中一人在上诉期间内提起上诉者，视为全体提起上诉；相对方部分被提起上诉，也视为全体被提起上诉。[②] 最高人民法院司法解释未采用“合一确定”的方式，采用了上诉意志的主观标准，即根据当事人是否具有上诉的意思表示来确立上诉人的身份。按照我国民事诉讼法及其相关规定，必要共同诉讼的其中一人或者部分人提起上诉，若经其他共同诉讼人同意，则对全体共同诉讼人发生效力，此时，全体共同诉讼人为上诉人；如果未经其他共同诉讼人同意，根据《民诉法解释》第319条的规定，分别按以下情况处理：

1. 该上诉人对与对方当事人之间的权利义务分担有意见，且不涉及共同诉讼人之间利益的，对方当事人为被上诉人，未上诉的同一方当事人依原审诉讼地位列明；

2. 该上诉仅对共同诉讼人之间的权利义务分担有意见，且不涉及对方当事人利益的，未上诉的同一方当事人为被上诉人，对方当事人依原审诉讼地位列明；

3. 该上诉对双方当事人之间以及共同诉讼人之间的权利义务分担有意见的，未提出上诉的其他当事人均为被上诉人。

根据《民事诉讼法》第56条第2款的规定，在一审判决中不承担责任的无独立请求权第三人没有独立的上诉权，不能成为独立的上诉人；无独立请求权第三人只有在被判令承担责任时才有权上诉。但其可随所参加的当事人一方提起上诉。

根据《民诉法解释》第321条的规定，无民事行为能力人、限制民事行为能力人的法定代理人，可以代理当事人提起上诉。经特别授权的委托代理人也可以代理当事人提起上诉，但上诉人仍然是作为一审当事人的被代理人。

**【案例16-2】四方公司诉海通公司合同纠纷案**[③]

四方公司与海通公司因合同纠纷进行诉讼，一审判决海通公司胜诉。四方公司不服，提起上诉。在第二审程序中，海通公司分立为海鸥公司和海洋公司。在此情况下，上诉程序中的当事人是谁?

根据《民诉法解释》第336条的规定，在第二审程序中，作为当事人的法人或者其他组织分立的，人民法院可以直接将分立后的法人或者其他组织列为共同诉讼人，不必将案件发还原审人民法院重审。至于该当事人应当列为上诉人还是被上诉人，则视具体情况而

---

① 参见《“老干妈”风味豆豉不正当竞争案探讨》，见中国民商法律网，2002-03-13。

② 参见江伟主编：《民事诉讼法》，287页，北京，北京大学出版社、高等教育出版社，2000。

③ 参见国家司法考试试题2005年试卷三第50题。

定。因此，本案中，法院将海鸥公司和海洋公司列为共同诉讼人，都作为被上诉人，进行调解或者判决，不必发回重审。

（三）上诉状

上诉状是上诉人表示不服第一审人民法院裁判，请求第二审人民法院变更原审人民法院裁判的诉讼文书。根据《民事诉讼法》第 65 条以及《民诉法解释》第 320 条的规定，民事上诉与民事起诉的条件有所区别，上诉必须采取书面形式，当事人提起上诉，应当递交上诉状，一审宣判时或者判决书、裁定书送达时，当事人口头表示上诉的，人民法院应告知其必须在法定上诉期间内递交上诉状。未在法定上诉期间内递交上诉状的，视为未提起上诉。虽递交上诉状，但未在指定的期限内交纳上诉费的，按自动撤回上诉处理。

当事人提交的上诉状应当包括以下内容：

1. 当事人的姓名，法人的名称及其法定代表人的姓名或者其他组织的名称及其主要负责人的姓名；

2. 原审人民法院的名称、案件的编号和案由；

3. 上诉的请求和理由。

上诉的请求和理由是上诉状的主要内容。上诉请求是上诉人通过上诉所要达到的目的，应表明要求上诉审法院变更全部或者部分原审裁判，以确定人民法院在二审程序中的审理范围。上诉理由则是上诉人提出上诉请求的具体根据。上诉人应当提出自己认为一审裁判认定事实和适用法律不当或者错误所根据的事实和理由，包括在第一审未提供的新事实、理由和证据。

（四）期限

法律规定的允许当事人提起上诉的期间，称为上诉期间。当事人超过此期限，就失去了上诉权。设定上诉期限可以有效地推动诉讼程序的发展，也可以对司法资源的利用加以适当限制。第一审程序的当事人所享有的上诉权是平等的，任何当事人的上诉权在法定期间内都不会因其他当事人提起上诉而丧失。

按照我国《民事诉讼法》第 164 条及其相关规定，首先，对一审判决的上诉期间为 15 天，对一审裁定的上诉期间为 10 天。其次，涉外民事诉讼的裁定和判决的上诉期间均为 30 日。再次，上诉期间自判决书或裁定书送达当事人后的次日起算，对各个当事人的送达时间不同，则其上诉期间从各自收到判决书或裁定书的次日起算。最后，裁判文书的生效时间和上诉期间不同，以最后一个收到裁判文书的当事人的上诉期间届满为准。上诉期间内，当事人因不可抗拒的事由或其他正当理由未能行使上诉权的，在障碍消除后的 10 日内可以申请顺延期限，是否批准，由人民法院决定。

在必要共同诉讼中，诉讼标的是同一的，一个或部分共同诉讼人的诉讼行为经其他共同诉讼人同意的，对全体共同诉讼人有效，因此，一个或者部分共同诉讼人在上诉期间内未行使上诉权并不必然导致其上诉权的消失。只要其他依然享有上诉权的共同诉讼人提起上诉，他（或他们）仍然可能因此而成为上诉人。只有当最后收到判决、裁定的人逾期也不上诉时，判决、裁定才发生法律效力。

提起上诉必须同时具备以上四个条件，才能引起上诉审程序的发生。如有欠缺，人民法院应当限期补正，上诉人逾期不补正的，应驳回上诉。此外，上诉人递交上诉状时，还应同时交纳诉讼费，逾期不交按自动放弃上诉处理。

在其他国家关于上诉条件的设置上，具有启迪意义的包括：法国多样的法庭设置，决定了不同的法院，其上诉条件不同。比如，劳资纠纷调解法庭一般实行一审终审，但是由其作出的超过法令确定管辖数额的判决，则可以上诉。[①] 同时，法国确立了特殊裁判的上诉“豁免”，包括，对于法院院长的裁判决定不能上诉，体现了大陆法系一贯的职权色彩在高级别法官身上得到了强化；而对于有能力妥协者依法舍弃上诉的情形，则可以看出法律尊重当事人的这种明确的意思自治，排除了其再上诉的可能。《德国民事诉讼法》第568条规定了两种例外的再抗告限制：一为对于抗告法院裁判没有新的独立的抗告理由；二为对于州法院关于诉讼费用的裁判。[②]

## 二、上诉的受理

上诉的受理是法院依职权对于当事人上诉权的审查与制衡，以控制不合格的上诉冲动，提高司法效率。按照民事诉讼法及其相关规定，当事人提交上诉状后，人民法院应依照下列程序受理：

1. 原审人民法院收到上诉状后，应当根据法定上诉条件进行审查。上诉状内容如有欠缺，应当责令当事人限期补正；上诉状内容如无欠缺，应当在5日内将上诉状副本送达对方当事人，对方当事人在收到上诉状副本之日起15日内提出答辩状。

2. 原审人民法院应当在收到答辩状之日起5日内将答辩状副本送达上诉人。对方当事人逾期不提交答辩状的，不影响人民法院对案件的审理。

3. 原审人民法院收到上诉状、答辩状后（对方未提交答辩状的，在答辩期满后），应当在5日内连同全部案卷和证据，报送第二审人民法院。第二审人民法院经过审查，如果认为上诉符合法定条件，即应予以受理；如果认为上诉欠缺法定条件，应当裁定不予受理。

依据《民诉法解释》第242条的规定，一审宣判后，原审人民法院发现判决有错误，当事人在上诉期内提出上诉的，原审人民法院可以提出原判决有错误的意见，报送第二审人民法院，由第二审人民法院按照第二审程序进行审理；当事人不上诉的，按照审判监督程序处理。

较多国家（地区）赋予了接收诉状法院的初审权，即上诉的前段是原审法院对上诉的把关。如，我国台湾地区的第二审程序，由上诉者将上诉状交予原审法院开始，必须经由一道原审法院的审查及补正或驳回的程序。[③] 我国立法未赋予一审法院初审上诉诉状的功能，只赋予其接收移送诉状的功能。

---

① 参见常怡主编：《比较民事诉讼法》，620页，北京，中国政法大学出版社，2002。

② 参见常怡主编：《比较民事诉讼法》，619页，北京，中国政法大学出版社，2002。

③ 参见常怡主编：《比较民事诉讼法》，633页，北京，中国政法大学出版社，2002。

## 第三节 第二审程序的审理和裁判

本节将介绍审前准备程序、审理方式、上诉的撤回、诉讼中止和终结、结案方式和效力等问题，试图将二审程序的全景加以展示，并凸显二审程序的程序特征和地位。

### 一、审前准备程序

从各个国家的情况看，设置审前准备程序的目的一方面在于为集中审理做好准备，另一方面在于尽量把纠纷解决在审前程序中，以提高诉讼的效率。在此目标下，审前准备程序的功能主要包括以下三个方面：整理和固定争点；为开庭审理做好证据方面的准备；减少进入庭审案件的数量。[①] 同时，审前准备也为当事人和解创造了极佳条件，提前和解使上诉程序终止，在整体程序上减少了司法资源的耗费。

根据《民诉法解释》第324条的规定，开庭审理的上诉案件，第二审人民法院可以依照《民事诉讼法》第133条第4项规定进行审理前的准备；并在审理上诉案件前，做好以下准备工作：

#### （一）组成合议庭

根据《民事诉讼法》第40条规定，不同于一审程序，上诉案件必须由审判员组成合议庭进行审理。上诉审不能由审判员一人独任审判，也不允许由陪审员和审判员共同组成合议庭，而只能由审判员组成合议庭，这是采取合议制的各国普遍的做法。

#### （二）审查案卷，调查和询问当事人

合议庭应首先审查当事人提起上诉的是否具备法定的要件，如有欠缺，能补正的应通知其补正。对于没有正当理由超过法定期限提起上诉的，应裁定驳回上诉。经审查，二审法院认为符合上诉要件的，应对上诉请求的有关事实和适用法律进行审查，审查有关事实是否清楚，证据是否确实充分，适用法律是否恰当。再根据案件的具体情况，有重点、有计划地调查、询问当事人，核实证据，以便进一步查明案情，为开庭审理和径行判决做好必要的准备工作。

我国在进行新民事诉讼法的立法时，在设计二审审前准备程序时，还应当适当考虑如何有效地消除强制调解、将调查收集证据的权力与审查判断证据的权力相分离、防止滥用书面审理等问题。

---

① 参见李浩：《民事审前准备程序：目标、功能与模式》，载《政法论坛》，2004（4）。

## 二、审理

### (一) 审理原则

根据我国《民事诉讼法》第 169 条的规定，上诉案件的审理方式有开庭审理和径行判决两种。开庭审理，是指直接传唤当事人和其他诉讼参加人到庭，经过法庭调查、法庭辩论、合议庭评议等环节后作出判决。径行判决，是指合议庭经过阅卷、调查、询问当事人，在事实核对清楚后，认为不需要开庭审理，直接作出裁判的审理方式。

在上诉审中，采用开庭言词审理固然使程序更具有交互性，双方的直接对质和交锋、法官的直接参与，可以及时准确地分析、收集到关于争点的有效信息。但是，延续一审的诉讼技术和策略以及当事人之间的资源差距，会对上诉澄清事实、辨析法律的功能有所影响。书面审理虽然更具理性陈述和剖析的特点，但是，如果不辅之以审前证据交换制度、争点确认程序等，其公正性也应当加以斟酌。针对这一情况，我国《民事诉讼法》以开庭审理为原则，径行判决为例外。根据《民诉法解释》第 333 条的规定，适用径行判决的少数案件包括：

(1) 不服不予受理、管辖权异议和驳回起诉裁定的；

(2) 当事人提出的上诉请求明显不能成立的；

(3) 原判决、裁定认定事实清楚，但适用法律错误的；

(4) 原判决违反法定程序，需要发回重审的。

又根据《民诉法解释》第 325 条，第二审人民法院发现第一审人民法院有下列违反法定程序的情形之一，可能影响案件正确判决的，应依照《民事诉讼法》第 170 条第 1 款第 4 项的规定，裁定撤销原判，发回原审人民法院重审：

(1) 审判组织的组成不合法的；

(2) 应当回避的审判人员未回避的；

(3) 无诉讼行为能力人未经法定代理人代为诉讼的；

(4) 违法剥夺当事人辩论权利的。

应当注意的是，我国《民事诉讼法》规定的径行判决，并不是实行纯粹的书面审理，而是要求审判人员必须和当事人见面，亲自听取当事人的陈述，并询问当事人。尤其是在提出新证据和一审主要事实不清或者事实依据的证据不足时，法院必须要开庭审理。

### (二) 审理地点和宣判法院

根据我国《民事诉讼法》第 169 条第 2 款的规定，第二审人民法院审理上诉案件，可以在本院进行，也可以到案件发生地或者原审人民法院所在地进行。这一规定充分考虑到第二审程序的特点，同时也是民事诉讼法“两便原则”的一种体现。从审判实践来看，以径行判决方式审理的上诉案件，一般在本院进行；开庭审理的案件，则可依具体情况，到案件发生地或原审人民法院进行。

二审的宣判有自行宣判和委托原审法院或当事人所在地法院代为宣判两种方式。第二审人民法院经过审理作出的判决，既可以在本院自行宣判，也可以委托原审人民法院或者当事人所在地人民法院代为宣判。

### （三）审理期限

根据我国《民事诉讼法》的规定，人民法院对判决的上诉案件，应当在第二审立案之日起3个月内审结。如有特殊情况不能在规定的3个月内审结，需要延长审限的，应当报请本院院长批准。院长认为确有必要延长审限的，才能批准延长审限。第二审人民法院审理对裁定的上诉案件，应当在第二审立案之日起30日内作出终审裁定，不得延长。最高人民法院《关于严格执行案件审理期限制度的若干规定》第12条规定：民事案件应当在审理期限届满10日前向本院院长提出申请；还需延长的，应当在审理期限届满10日前向上一级人民法院提出申请。但是，根据《民事诉讼法》第270条的规定，涉外民事诉讼中不受前述审限的限制。

## 三、撤回上诉、诉讼中止和终结

### （一）撤回上诉

上诉的撤回，是指在正式开始上诉审理之前，由上诉人向法院申请停止上诉程序，并撤回上诉请求，承担相应的法律后果的行为。一般而言，上诉的撤回，是民事诉讼当事人单方意思自治的一个最明显的表现，只要当事人作出合格的撤回意思表示即可，一般没有其他条件。

大陆法系的上诉往往分为实体性上诉和程序性上诉，对两者的撤回有着不同的态度。对实体性上诉的撤回，大陆法系各国均表示了极大的认同，因为民事实体权利的最权威处分人显然是权利人自身，而非国家，所以国家意志在这里的作用当然应被弱化，甚至不起作用。但就程序性上诉而言，如在德、日的抗告程序中，则表现出截然不同的态度——禁止撤回，因为程序性上诉在这些国家的司法考量中，不仅仅只是涉及对具体个案的一种处分的程序性问题，更重要的是它可以彰显一国司法救济的质量，而这种救济质量直接关系到一国诉讼制度被民众接纳的信赖基础。①

我国民事诉讼二审程序中，既可以撤回上诉，又可以撤回起诉。根据《民事诉讼法》第173条的规定，在第二审人民法院判决宣告前，上诉人可以申请撤回上诉；是否准许，由第二审人民法院裁定。根据《民诉法解释》第339条的规定，当事人在二审中达成和解协议而申请撤诉，经审查符合撤诉条件的，人民法院应予准许。因和解而撤诉，系撤回起诉，一审判决因而失去意义。又根据《民诉法解释》第337条的规定，在第二审程序中，当事人申请撤回上诉，人民法院经审查认为一审判决确有错误，或者双方当事人串通损害国家和集体利益、社会公共利益及他人合法权益的，不应准许。

### （二）上诉程序的中止和终结

诉讼中止，是指在上诉审进行过程中，如果出现一些法定特殊原因，使诉讼程序无法

---

① 参见常怡主编：《比较民事诉讼法》，637页，北京，中国政法大学出版社，2002。

继续进行时，法院裁定暂停诉讼程序，等特殊原因消失以后再行恢复诉讼程序。而诉讼终结，是指诉讼程序的永久性结束，即在诉讼进行过程中，因发生某种法定的特殊原因，使诉讼程序无法继续进行或者继续进行已无必要时，由人民法院裁定终结诉讼程序。

**【案例 16－3】王某诉黎某离婚案**①

王某婚后经常被其丈夫黎某打骂，遂向某区人民法院提起离婚诉讼。该区人民法院审理后认为双方感情确已破裂，判决准予离婚，并对共有财产进行了分割。王某认为区人民法院对财产的处理不公平，于是向中级人民法院提起上诉。在二审审理期间，黎某因意外事故死亡。关于本案，如何处理?

这时，二审法院就应当裁定终结诉讼，裁定作出后，区人民法院的离婚判决不发生法律效力。王某以妻子的身份参加继承。这是因为，一方面，诉讼终结本身和判决生效就是相互独立的结案方式，不可能同时并存，终结诉讼的法律效果仅表现为结束本案诉讼程序，对于案件中的实体争议，没有作出处理。另一方面，如果一审判决生效，则是对死者作出了离婚判决，是有悖法理的。所以，本案中，王某、黎某二人的婚姻关系的终结是因为黎某的自然死亡而不是司法判决。

## 四、二审结案

二审的结案方式除了前述撤回上诉或者撤回起诉、诉讼终结，还有以调解、裁定、判决、和解方式结案。

### (一) 调解

根据《民事诉讼法》第 172 条的规定，第二审人民法院审理上诉案件，可以进行调解。这是贯彻调解原则的具体体现。调解达成协议的，应当制作调解书，由审判人员、书记员署名，加盖人民法院印章；但是，调解书上不能写上“撤销原判”，因为我国《民事诉讼法》明确规定，调解书送达后，原审人民法院的判决即视为撤销。而撤销原判和判决被视为撤销是不同的。二审调解协议的实质是双方当事人行使处分权撤销人民法院行使审判权所作出的裁判。

以调解方式结案有以下几种特殊情形：

1. 根据《民诉法解释》第 328 条的规定，在第二审程序中，如果原审原告增加独立的诉讼请求或者原审被告提出反诉，第二审人民法院可以根据当事人自愿的原则，就新增加的诉讼请求或者反诉进行调解；调解不成的，应当告知当事人另行起诉。

2. 根据《民诉法解释》第 326 条、第 327 条、第 329 的规定，下列案件是否发回重审，应当视情况而定：

(1) 第二审人民法院审理上诉案件时，发现必须参加诉讼的当事人或者有独立请求权

① 参见国家司法考试试题 2003 年试卷三第 22 题。

第三人在一审中未参加诉讼，第二审人民法院可以根据当事人自愿的原则予以调解，调解不成的，发回重审。

（2）原判决不准离婚的案件，第二审人民法院认为应当判决离婚的，可根据当事人自愿的原则，与子女抚养、财产问题一并调解，调解不成的，发回重审。（若双方当事人同意由第二审人民法院一并审理的，第二审人民法院可以一并裁判。）

（3）第二审人民法院对当事人在一审中已经提出的诉讼请求，原审人民法院未作审理和判决的，第二审人民法院可以根据当事人自愿的原则进行调解，调解不成的，发回重审。

（4）在第二审程序中，原审原告增加独立的诉讼请求，或原审被告提出反诉的，第二审人民法院可以根据当事人自愿的原则，就新增的诉讼请求或反诉进行调解，调解不成的，告知当事人另行起诉，而不应发回重审。

可见，上述几种特殊情形中的调解制度，与一审中的调解和二审中一般的调解有所不同。在一般情况下，调解不成，应当及时作出判决；而在前述几种二审程序中的特殊情形下，因涉及当事人的上诉权问题，不能简单采取调解不成作出判决的方式，而是要分析引起二审程序中一并需要调解解决的问题是法院还是当事人的原因，采取不同方式处理。

### （二）诉讼和解

根据《民诉法解释》第339条，当事人在第二审中达成和解协议的，人民法院可以根据当事人的请求，对双方当事人达成的和解协议进行审查并制作调解书送达当事人，视为调解结案。当事人也可以在达成和解协议以后撤诉，案件也宣告结束。

### （三）裁定结案

**【案例16-4】王东彪诉刘满仓房屋租赁纠纷案**①

王东彪诉刘满仓房屋租赁纠纷一案由丹江县人民法院受理。第一次开庭时，因原告未带有关证据的原件，法庭决定休庭；第二次开庭时，原告在法庭辩论时提出，本案合议庭中的书记员刘河江为被告刘满仓的弟弟，故要求刘河江回避，审判长以法庭调查已结束为由，驳回了原告的回避申请。一审法院判决后，原告以一审法院判决认定事实不清，且程序上违法——刘河江应当回避而没有回避为由，提起上诉。二审法院经审理认为，一审法院的判决认定事实清楚，适用实体法也无不当之处，同时还查明刘河江确实是刘满仓的弟弟。在此情况下，二审法院对本案应当如何处理？

对裁定的上诉和对判决的上诉都可能以裁定的方式结案。根据《民事诉讼法》第171条的规定，第二审人民法院对不服第一审人民法院裁定的上诉案件的处理，一律使用裁

① 参见律师资格考试试题1999年试卷二第15题。

定，而不使用判决。

第二审人民法院对不服第一审人民法院裁定的上诉，经过审查，有以下几种处理方式：

1. 认为原裁定认定事实清楚，适用法律正确的，应当裁定驳回当事人的上诉，维持原裁定。

2. 认为原裁定认定事实不清，或适用法律错误的，应分别情况作出处理：

（1）原裁定认定事实不清或者证据不足，适用法律错误的，应当撤销原裁定，作出正确的裁定。

（2）第二审人民法院查明第一审人民法院作出的不予受理裁定有错误的，应在撤销原裁定的同时，指令第一审人民法院立案受理。

（3）查明第一审人民法院作出的驳回起诉裁定有错误的，应在撤销原裁定的同时，指令第一审人民法院进行审理。

（4）查明第一审人民法院作出的对管辖权有异议的裁定有错误的，第二审人民法院在依法撤销原裁定的同时，根据不同情况，分别指令第一审人民法院移送管辖或者指定管辖或者自己进行审理。

根据我国《民事诉讼法》第 170 条和《民诉法解释》第 330 条、第 331 条、第 325 条的有关规定，二审法院对上诉案件及其判决以裁定结案的有以下几种情况：

1. 人民法院依照第二审程序审理的案件，认为依法不应由人民法院受理的，可以由第二审人民法院直接裁定撤销原判，驳回起诉。

2. 人民法院依照第二审程序审理案件，认为第一审人民法院受理案件违反专属管辖规定的，应当裁定撤销原裁判并移送有管辖权的人民法院。

3. 裁定撤销原判，将案件发回原审人民法院：

（1）原判决认定基本事实不清的，第二审人民法院除可以自行改判外，也可以裁定撤销原判，将案件发回原审人民法院。

（2）原判决遗漏当事人或者违法缺席判决等严重违反法定程序，第二审人民法院裁定撤销原判，将案件发回原审人民法院。严重违反法定程序的情形包括：审判组织的组成不合法的；应当回避的审判人员未回避的；无诉讼行为能力人未经法定代理人代为诉讼的；违法剥夺当事人辩论权利的。

对于发回重审的案件，人民法院应当在裁定书中概括地提出发回重审的根据和理由，以便下级法院重新审理。案件发回重审后，原审人民法院应当按照第一审程序另行组成合议庭进行审理，原合议庭成员或者独任审判员不得参加新组成的合议庭。原审人民法院审理后所作的判决、裁定，仍属于第一审的判决、裁定，当事人对重审案件的判决、裁定不服的，有权提出上诉。

#### （四）判决结案

二审以判决结案的有以下两种情况：

一是维持原判，即第二审人民法院经过审理，认为原判决认定事实清楚，适用法律正确的，应当按照《民事诉讼法》第 170 条第 1 款第 1 项的规定，以判决方式驳回上诉，维持原判。在这种情况下，上诉人提出的上诉理由被否定，而原审判决的正确性得到了肯定，原判决的法律效力得到了承认。

二是自行改判，根据《民事诉讼法》第 170 条第 1 款第 2 项、第 3 项的规定，第二审人民法院经过对上诉案件的审理，遇有以下情形之一的，应当依法改判；改判既可以是对原判决的全部改判，也可以是部分改判：

1. 原判决认定事实清楚，但适用法律错误的；
2. 原判决认定事实错误；
3. 原判决认定基本事实不清的。

上述第 3 种情形，第二审人民法院也可以将案件发回原法院重审。

## 五、二审审理终结的效力

裁定的效力，表现在对于所涉及的诉讼参与人及法院产生与裁定内容相应的拘束力，由于其指向的是程序事务，故其效力是一种程序法上的效力，不产生实体法意义上的效力。①

判决的效力包括：拘束力、确定力、执行力。

拘束力是指生效的上诉判决要求上诉当事人不得违背判决内容；非经法律程序不得任意变更或撤销；其他社会个体应对其存在表示认可。法院在其宣示的终局判决与中间判决中所作的裁判，对该法院具有拘束力。这种判决如果是终局的，就会对于其他法院发生普遍的遮断再管辖效力，除非另有再审程序发生。

确定力是指生效的上诉判决已经确定了当事人之间的民事权利义务关系，使上诉当事人以上诉方式变更、撤销判决的程序权利归于消失，当事人不得就同一诉讼标的，以同一事实和理由再行起诉或者上诉。

有给付内容的生效裁判具有强制执行的法律效力，如果义务人不履行法律文书所确定的实体义务，则权利人可以依法在法定期限内申请人民法院强制执行。此外，生效判决一般还存在证据力。上诉的判决一经作出，判决内容在特定期限之后，就成为法律事实，具有事实证明力。判决书中记载的事实，关于当事人的口头陈述部分，可作为证据，只有法庭记录才可以推翻判决书中记载的事实。

## 【问题与思考】

1. A 县甲借给 B 县乙 10 万元，B 县乙借给 C 县丙 20 万元，此两项借款均已届还款期限，甲急于用款，但经调查了解乙无力还款，便多次催促乙向丙索还欠款，乙置之不理。请问：假设甲向丙提起代位权诉讼，一审法院判决支持甲的诉讼请求，丙提起上诉，在第二审程序中甲又向法院提出乙除欠其 10 万元借款外，还拖欠货款 8 万元，请求采取同样的诉讼方式实现这一债权，从程序上

① 参见江伟主编：《民事诉讼法》，281 页，北京，北京大学出版社、高等教育出版社，2000。

看，法院应当如何处理这一诉讼请求？

2. 张某、李某、赵某三人签订合作协议，约定三人每人出资 2 万元开设一个书店，张某与李某共同负责联系书并对书的质量问题负责，赵某负责经营销售，因经营销售产生的问题由赵某负责。出资时李某出了 1 万元，并向张某借了 1 万元作为出资。经营过程中书店由于出现违法经营行为并漏税，被税务机关罚了 6 000 元钱。此后三人出现矛盾，决定不干了。当时赵某负责经营的书店剩余约价值 1.8 万元的财产和现金，被赵某独自占有。因剩余财产的分配以及所罚款项的承担问题，张某、李某与赵某发生争议，于是张某与李某作为必要共同原告，以赵某为被告向人民法院起诉，要求解决两个问题：一是罚款的承担问题；二是剩余财产的分配问题。法院经审理后作出判决，罚款与剩余财产三人平均分配，各摊 1/3。如果判决作出后，张某不服上诉，如何确定二审中当事人的诉讼地位？

依据张某上诉的请求与理由不同，可以具体分为三种情况：第一，张某上诉称，赵某负责经营是被告，而自己与李某负责联系书是原告，那么罚款应当按照经营与组织货源两方面来确定，而不应当按人数确定，那么赵某应当承担一半罚款。在这种情况下谁当上诉人，谁当被上诉人？第二，张某上诉称，李某出资时少出资 1 万元，而自己多出资 1 万元，现在分配剩余财产利润时李某应当少分点，而自己多出资也应当多分点，在这种情况下谁当上诉人，谁当被上诉人？第三，张某上诉称，赵某负责经营是被告，罚款应当承担一半，而李某出资少，剩余财产应当少分点，总之张某的观点是剩余财产自己多分点，而罚款自己少承担点。那么在这种情况下，谁当上诉人，谁当被上诉人？遇到这种情况如何处理？其法律依据是什么？

3. 位于某市甲区的天南公司与位于乙区的海北公司签订合同，约定海北公司承建天南公司位于丙区的新办公楼，合同中未约定仲裁条款。新办公楼施工过程中，天南公司与海北公司因工程增加工作量、工程进度款等问题发生争议。双方在交涉过程中通过电子邮件约定将争议提交某仲裁委员会进行仲裁。其后天南公司考虑到多种因素，向人民法院提起诉讼，请求判决解除合同。法院在不知道双方曾约定仲裁的情况下受理了本案，海北公司进行了答辩，表示不同意解除合同。在一审法院审理过程中，原告申请法院裁定被告停止施工，法院未予准许。开庭审理过程中，原告提交了双方在履行合同过程中的会谈录音带和会议纪要，主张原合同已经变更。被告质证时表示，对方在会谈时进行录音未征得本方同意，被告事先不知道原告进行了录音，而会议纪要则无被告方人员的签字，故均不予认可。一审法院经过审理，判决驳回原告的诉讼请求。原告不服，认为一审判决错误，提出上诉，并称双方当事人之间存在仲裁协议，法院对本案无诉讼管辖权。

二审法院对本案进行了审理。在二审过程中，海北公司见一审法院判决支持了本公司的主张，又向二审法院提出反诉，请求天南公司支付拖欠的工程款。天南公司考虑到二审可能败诉，故提请调解，为了达成协议，表示认可部分工程新增加的工作量。后因调解不成，天南公司又表示对已认可增加的工作量不予认可。二审法院经过审理，判决驳回上诉，维持原判。①

问题：

(1) 何地法院对本案具有诉讼管辖权？

(2) 假设本案起诉前双方当事人对仲裁协议的效力有争议，可以通过何种途径加以解决？

(3) 一审法院未依原告请求裁定被告停工是否正确？为什么？

(4) 双方的会谈录音带和会议纪要可否作为法院认定案件事实的根据？为什么？

---

① 参见国家司法考试试题 2004 年试卷四第 4 题。

（5）原告关于管辖权的上诉理由是否成立？为什么？

（6）假设二审法院认为本案不应由人民法院受理，可以如何处理？

（7）对于海北公司提出的反诉，人民法院的正确处理方式是什么？

（8）天南公司已经认可增加的工作量，法院在判决中能否作为认定事实的根据？

# 第十七章
# 再审程序

## 参考文献


(一) 著作

1. 孙祥壮．民事再审程序原理精要与适用．北京：中国法制出版社，2010

2. 孙祥壮．民事再审程序：从立法意图到司法实践．北京：法律出版社，2016

3. 杜闻．民事再审程序研究．北京：中国法制出版社，2006

4. 虞政平主编．再审程序．北京：法律出版社，2007

5. 吴杰主编．民事再审原理及程序构造．北京：法律出版社，2012

(二) 论文

1. 江伟．论我国民事审判监督制度的改革．现代法学，2004 (2)

2. 齐树洁．论我国民事上诉制度的改革与完善——兼论民事再审制度之重构．法学评论，2004 (4)

3. 张卫平．民事再审：基础置换与制度重建．中国法学，2003 (1)

4. 虞政平．我国再审制度的渊源、弊端及完善建议．政法论坛，2003 (2)

5. 吴小英．对我国民事抗诉制度的反思与重构．现代法学，2003 (1)

6. 审判监督制度改革与有条件三审终审制的构建——关于审判监督制度改革情况的调查报告．人民司法，2003 (2)

7. 宋朝武．关于改革民事再审程序的几点思考．法学评论，2003 (2)

8. 李祖军．论民事再审程序现代法学，2002 (2)

9. 章武生．论民事再审程序的改革．法律科学，2002 (1)

10. 张卫平．民事再审事由研究．法学研究，2000 (5)

11. 李浩．民事再审程序改造论．法学研究，2000 (5)

12. 蔡彦敏．从规范到运作——论民事诉讼中的检察监督．法学评论，2000（3）

13. 景汉朝．论民事审判监督程序之重构．法学研究，1999（1）

14. 李潇潇．民事再审发回重审的独立特质及双重限制模式构建．法学家，2016（3）

15. 李浩．删而未除的"管辖错误"再审——基于2013年以来最高人民法院裁定书的分析．法学研究，2015（2）

16. 潘剑锋．程序系统视角下对民事再审制度的思考．清华法学，2013（4）

17. 汤维建，韩香．民事再审事由分层（类型化）理论研究．政治与法律，2012（2）

18. 汤维建．审判监督程序立法修改五题．法律适用，2011（10）

## 参考法规

1991年《中华人民共和国民事诉讼法》（2017年修正）第198条～第213条；2015年最高人民法院《关于适用〈中华人民共和国民事诉讼法〉的解释》第375条～第426条；2008年最高人民法院《关于适用〈中华人民共和国民事诉讼法〉审判监督程序若干问题的解释》（以下简称"《审判监督解释》"）；2009年最高人民法院《关于受理审查民事申请再审案件的若干意见》。

## 引例 王某诉商都信息港侵权案

2013年3月31日零时，商都信息港（郑州市通信公司开办）网站上出现了网民包某发布的四条针对王某的侮辱性帖子，王某即向《郑州晚报》投诉，《郑州晚报》值班记者接投诉后立即打电话要求商都信息港删除该有害信息，并介绍王某向国银律师事务所律师进行法律咨询。当日上午，国银律师事务所律师刘某看到该信息仍未删除，再次打电话要求商都信息港删除该信息。2013年3月31日20时，王某向公安局公共信息网络安全监察处（以下简称"监察处"）报案。该监察处干警接到报案后立即电话通知商都信息港网站提供侵权信息的资料，此时商都信息港仍未删除该信息，直到4月1日上午9时再次接到公安机关的通知，才删除了该有害信息。王某以通信公司未及时删除该有害信息，导致其名誉损害进一步扩大为由，起诉郑州市通信公司，要求通信公司及商都信息港公开对其赔礼道歉，赔偿精神抚慰金1万元。一审法院经审理认为：本案所涉及的侵权言论发布人利用网络发布有损原告人格的信息，已构成民事侵权，而该行为人目前已被公安机关立案侦查并锁定，其应当是侵权赔偿责任人。网站是信息发布平台，现有技术不可能阻挡所有有害信息，且被告商都信息港在原告王某提出侵权事实和公安机关通知后马上对有害信息进行删除，已尽到法定义务，没有过错，不承担赔偿责任。王某对判决不服，以“一审判决采信单方面证据，对其提供的证人不让出庭作证，属认定事实错误，并曲解法律本义”为由提起上诉。2013年11月，二审法院经过审理认为：从事互联网业务的单位，在本网络中发现有公然侮辱他人或者捏造事实诽谤他人的信息时，应当在保留有关原始记录的同时，及时地按照国家有关规定删除该信息。对王某提供出庭作证的证人律师刘某，法庭始终未传唤上庭作证；对《郑州晚报》记者郭某的书面证言，以证人未到庭作证为由，不予采信。对通信公司向法庭提交的职工赵某、张某等人的证言，全部予以采信，认定商都信息港2013年4月1日接到公安机关的通知，于2013年4月1日9时45分全部备份、删除了7条有关王某的有害信息，无明显过错，故驳回王某上诉，维持原判。王某申诉到郑州市二七区人民检察院，请求对此案提出抗诉。检察院经审阅卷宗，核对证据后认为，两审法院民事判决认定事实的主要证据不足、程序不当，影响案件正确判决。检察院认为：本案双方争议的焦点为原告是否在2013年3月31日屡次要求被告删除有害信息。根据本案的三个重要证人的证言，《郑州晚报》值班记者郭某接到王某的投诉后，即电话通知商都信息港删除有害信息，并介绍其向律师刘某咨询，刘某建议王某向公安机关报案。郭某、刘某和郑州市公安局民警贾某与本案无利害关系，三证人均证实在2013年3月31日不同时间分别向商都信息港打电话要求删除该有害信息。而被告主张自己于2013年3月31日未接到郭某等人的要求删除有害信息的电话，而是4月1日上午9时10分才接到公安机关的通知，其证据是通信公司的职工赵某、张某的证言。根据最高人民法院《民事证据规定》第77条第5项“证人提供的对与其有亲属或者其他密切关系的当事人有利的证言，其证明力一般小于其他证人证言”之规定，被告方提供的证言的证明效力低于原告证人的证言的证明效力，法院判决认定通信公司4月1日上午9时10分接到公安机关通知才知晓侵权事实的证据不足，认定事实错误。郑州市人民检察院经专门会议研究，决定提请省检察院向河南省高级人民法院抗诉。2014年4月，河南省人民检察院收到郑州市人民检察院的提请抗诉后，仅用4天时间就将该案抗诉到河南省高级人民法院。河南省高级人民法院因该案案情复杂，社会关注度高，依法对该案进行提审。经开庭审理，河南省高级人民法院的民事终审判决书认定：本案被告方证人赵某、张某是通信公司员工，与本案有直接利害关系；原告方证人郭某、刘某、贾某分别是记者、律师和警察，与本案无直接利害关系，其证言效力大于赵某、张某的。以此认定商都信息港明知其网站传输有害信息后，未尽立即删除之责，怠于履行法定义务，其行为违反了有关规定，有显著过错，对王某造成精神损害后果，应当承担相应的民事赔偿责任，检察机关的抗诉意见应予支持，遂终审判决郑州市通信公司向王某赔偿精神抚慰金1万元，并在网站上公开赔礼道歉。本案是一起检察机关以证据不足、认定事实错误为由成功抗诉的典型案例。

# 第一节 再审程序概述

## 一、再审程序的概念

再审，是指裁判已经发生法律效力后，法院对案件再次进行审理并重新作出裁判的诉讼活动。我国民事诉讼法中运用的是审判监督程序的概念，一般认为，审判监督程序和再审程序是一致的。

再审针对的是已经发生法律效力的裁判，应有严格的范围和条件限制。再审与发回重审和上诉审存在根本区别。

首先，再审与发回重审不同。发回重审是对裁判尚未生效的案件，二审法院将其交由原审法院重新审理的制度；而再审是对裁判已经生效的案件，由作出生效裁判的法院或其上级法院按照审判程序纠正裁判错误的制度。

其次，再审与上诉审不同。上诉审是因为当事人对一审人民法院尚未生效的裁判不服，由上一级人民法院对案件进行的审理；再审则是案件终审后，终审法院或其上级法院又对该案件进行的审理。

## 二、再审程序的特征

根据我国民事诉讼法的规定，作为一种纠正裁判错误的非常救济程序，与第一审程序和第二审程序相比，再审程序具有以下显著特征：

1. 在程序启动的原因方面，裁判已经发生法律效力，当法院认为裁判可能存在错误，程序才能启动。当生效裁判可能存在错误时，如果不加以补救就可能造成司法不公，最终破坏司法的权威。这就不同于一审、二审程序的启动原因，一、二审程序都是按当事人的意志直接启动的，第一审程序的启动原因是当事人之间因民事权利义务关系发生争议或者当事人的民事权益受到侵害，第二审程序的启动原因是当事人对第一审裁判不服，当事人认为一审裁判有误。

2. 在启动程序的主体方面，法律规定的启动主体不包括当事人。对已经有生效裁判的案件进行再审，毕竟从形式上损害了裁判的稳定性，损害了裁判的既判力，因此，专门用于纠正生效裁判错误的再审程序的启动主体也应有严格限制。根据我国民事诉讼法的规定，启动再审程序的主体包括人民法院和人民检察院，人民法院基于审判监督权启动再审程序，人民检察院基于检察监督权启动再审程序，而当事人的申请再审只是法院、检察院再审程序启动的线索。

3. 在审判程序方面，再审案件没有专门的独立的审判程序。再审案件的审判程序需根据不同的情况分别适用第一审程序或者第二审程序：如果生效裁判是第一审程序作出的，应当适用第一审程序进行再审；如果是第二审程序作出的，或者是由上级人民法院提审的案件，应当适用第二审程序进行再审。

## 三、再审程序的法理基础

通常情况下，裁判一旦生效，就具有既判力，当事人之间的实体权利义务关系即行确定，当事人不得就该裁判内容再行争执，法院也不得作出与此裁判相矛盾的新裁判。但是，裁判的稳定性和权威性以公正性为基础，要维护裁判的权威，就必须及时纠正裁判中的错误，确保裁判的正确性。由于现实中裁判出现错误是不可避免的，再审制度就有存在的必要。

再审制度的确立，体现了法治社会既要维护裁判权威，又要追求裁判公正的价值取向。再审制度是在裁判稳定性、权威性与裁判正确性、公正性之间寻求平衡的结果。平衡的结果就是对再审程序的启动，必须保持谨慎的态度。“再审是当事人对已经确定的判决以诉讼程序上有重大瑕疵或作为其判断的基础资料里有严重缺陷为理由，请求撤销该判决并且恢复已终了的诉讼，进行重新审判的、非常的不服声明的方法。判决被确定后，一方面，如仅仅因为判断不当或发现新的证据就承认当事人的不服声明，则诉讼是无止境的；但另一方面，从作出正确、公正的裁判的理想来说，不管有什么样的瑕疵一律不准撤销已确定的判决，也是不合理的。于是，法律规定在判决里有特别重大并且对当事人也有严重的瑕疵时，应准许再审。”① 从这个角度看，再审“申请难”现象有其合理性。

**【经典导读】**

古代审判凭招状定案，又承认肉刑的作用，于是经常发生“捶楚之下，何求而不得”的弊端。为资补救，只有给予当事人充分的悔供上控的机会，以当事人的翻案权来与司法官的支配权相平衡。因此，判决总是缺乏既判力和确定性。其具体表现是，上诉没有时效和审级限制；判决作出之后并不绝对排除重审的可能性；判决可以“有错必纠”，随时变更。于是又常常发生“屡断屡翻”的问题。由此可见，中国的程序不仅未能吸收不满，相反却给当事人以充分的机会来从不同的角度、由不同的诱因而不断地使不满死灰复燃。法律关系的安定性也因而受到损伤。②

# 第二节　当事人申请再审

## 一、当事人申请再审的概念

当事人申请再审，是指当事人对已经发生法律效力的判决、裁定，认为确有错误的，或者提出证据证明人民法院作出的已经发生法律效力的调解书在调解时违反自愿原则或者

---

① ［日］兼子一、竹下守夫：《民事诉讼法》，249页，北京，法律出版社，1995。

② 参见季卫东：《法治秩序的建构》，50～61页，北京，中国政法大学出版社，2000。

调解协议的内容违反法律规定，依照法定程序提出申请，请求人民法院对已经审结的民事案件进行再次审理和重新裁判的诉讼行为。

申请再审是当事人享有的一项重要的诉讼权利。当事人是法院判决、裁定或者调解书确认的实体权利的享有者和实体义务的承担者，如果法院判决、裁定或者调解书存在错误，必然对当事人的实体权利义务产生直接影响。赋予当事人申请再审的权利，对于维护当事人的合法权益具有十分重要的意义。根据民事诉讼法的规定，只要当事人的再审申请符合法律规定的条件，人民法院就应当对案件进行再审。因此，申请再审是引起再审程序的重要途径之一。

我国诉讼实践中申请再审和申诉的关系问题，一直是一个有争议的问题。在刑事诉讼中，当事人对生效裁判不服，向人民法院申请再审，刑事诉讼法使用的是"申诉"这一概念。在行政诉讼中，《行政诉讼法》使用了"申诉"这一概念，而最高人民法院《关于执行〈中华人民共和国行政诉讼法〉若干问题的解释》又使用了"申请再审"这一概念。在民事诉讼中，申请再审与申诉存在明显的区别，主要体现为：其一，权利基础不同。再审申请权是民事诉讼法赋予当事人的一项诉讼权利，申请再审是当事人行使诉讼权利的行为；申诉权是宪法赋予公民、法人和其他组织的一项民主权利，申诉是当事人行使民主权利的行为。其二，限制条件不同。申请再审有时间和管辖等条件限制，即当事人申请再审，应当在判决、裁定发生法律效力后 6 个月内提出；申诉既无时间限制，也没有申诉机关的限制，当事人既可以向原审人民法院申诉，也可以向上级人民法院申诉，还可以向检察机关及其他机关申诉。其三，效力不同。只要当事人的再审申请符合法定的条件，人民法院就应当对案件进行再审；申诉并不必然引起再审程序，只是人民法院和其他机关发现裁判错误的一种渠道。当然，从司法实践来看，再审申请对再审程序的启动并无决定意义，从这个意义上说，申请再审与申诉的区别并不明显。

## 二、当事人申请再审的条件

根据民事诉讼法的规定，当事人申请再审必须符合下列条件：

### (一) 针对人民法院已经发生法律效力的判决、裁定、调解书提起

再审程序只能针对已经生效的判决、裁定或者调解书提起，即当事人只能对法院判决、裁定或者调解书已经生效的案件申请再审。对于判决、裁定尚未生效且依法可以上诉的案件，当事人可以通过上诉的方式声明不服，引起第二审程序，寻求权利的进一步救济；对于调解书尚未发生法律效力的案件，当事人可以拒绝在调解协议书上签名盖章，使调解书不能生效，由人民法院及时作出裁判。总之，判决、裁定或者调解书尚未生效的案件，当事人不能以申请再审的方式寻求权利的救济。

已经发生法律效力的判决、裁定、调解书，既包括已经生效的第一审判决、裁定和调解书，也包括已经生效的第二审判决、裁定和调解书。其中，根据《民诉法解释》第 381 条，只有不予受理和驳回起诉的裁定才能申请再审。对于管辖权异议的裁定，可以上诉，但是否可以申请再审，没有明确规定，司法实践中一般认为没有必要，因为这一裁定生效后，当事人可以案件管辖错误、程序不合法为由直接对判决提出再审申请，同样能达到预期目的。我

国民事诉讼法将申请再审的权利仅仅赋予了当事人及其法定代理人。只有当事人提出的再审请求才是民诉法所调整的再审申请。

### (二) 具有法定的申请事由

当事人申请再审的法定事由，也称为再审理由。根据民事诉讼法的规定，当事人申请再审的事由因案件是以判决和裁定方式结案还是以调解方式结案而有所不同。

1. 对以判决和裁定方式结案的案件申请再审的法定事由

《民事诉讼法》第 200 条规定了当事人对以判决和裁定方式结案的案件申请再审的法定事由。根据该条规定，对于以法院判决和裁定方式结案的案件，只要当事人的申请符合下列情形之一，人民法院就应当对案件进行再审：

(1) 有新的证据，足以推翻原判决、裁定的。

所谓“新的证据”，是指原审庭审结束前已客观存在，庭审结束后新发现的证据；原审庭审结束前已经发现，但因客观原因无法取得或在规定的期限内不能提供的证据；原审庭审结束后原作出鉴定意见、勘验笔录者重新鉴定、勘验，推翻原结论的证据。当事人在原审中提供的主要证据，原审未予质证、认证，但足以推翻原判决、裁定的，应当视为新的证据。所谓“足以推翻原判决、裁定”，就是当事人新提供的证据将全部或者部分否定原来的判决、裁定所确认的事实，这是对当事人新提供的证据在效果方面的要求。

对于该新证据，人民法院应当责令再审申请人说明其逾期提供该证据的理由；拒不说明理由或者理由不成立的，依照《民事诉讼法》第 65 条第 2 款和《民诉法解释》第 102 条的规定处理。

**【案例 17-1】某商场与某食品公司合同纠纷申请再审案**

某商场向某食品公司订购一批糖果，商场收货后，因无现款，立下欠款 6 000 元的欠据。食品公司经催收未果，遂向法院起诉。法院受理后，依法向商场送达了起诉状副本、举证通知书、应诉通知书、开庭传票等法律文书，但商场在法定的期限内既未答辩，又拒不到庭参加诉讼，法院经审理作出判决：商场欠食品公司 6 000 元，在本判决生效后 3 日内付清。判决生效后，食品公司向法院申请强制执行，在执行过程中，商场以原判事实不清为由向法院申请再审，并提供了由原告出具的已付 2 500 元的收据。

本案应依法驳回被告再审申请。根据《民事诉讼法》及最高人民法院《民事证据规定》，本案中被告申请再审时提供的证据，不是在原审中难以收集的，被告也未向法院申请调查取证，而是采取消极态度，在人民法院规定的举证期内，既不答辩，也不提供相关证据，而且经传票传唤拒不到庭参加诉讼，应视为对诉权的放弃，被告提出的证据不属于“新证据”，理应承担不利的诉讼后果。故本案认定事实清楚，证据充分，程序合法，适用法律正确，不应启动再审程序。

(2) 原判决、裁定认定的基本事实缺乏证据证明的。基本事实也称为主要事实或者要件事实，是指对原判决、裁定的结果有实质影响，用以确定当事人主体资格、案件性质、具体权利义务和民事责任等主要内容所依据的事实。

（3）原判决、裁定认定事实的主要证据是伪造的。主要证据就是认定案件事实的关键性证据。缺乏关键性证据，裁判的基础就不牢固，据此认定的事实、适用的法律以及作出的裁判结果就可能是错误的。

（4）原判决、裁定认定事实的主要证据未经质证的。质证是法庭审理的核心，所有的证据只有通过质证，才能作为定案的依据。因此，如果原判决、裁定认定事实的主要证据未经质证，则严重地剥夺了当事人的诉讼权利，应当予以否定。

（5）对审理案件需要的证据，当事人因客观原因不能自行收集，书面申请人民法院调查收集，人民法院未调查收集的。根据《审判监督解释》第12条的规定，对审理案件需要的证据，是指人民法院认定案件基本事实所必需的证据。当事人因客观原因不能收集证据时，可以书面申请人民法院调查收集证据，以更好地发现事实真相。在法院不履行收集证据的职权时，就构成了再审的事由。

（6）原判决、裁定适用法律确有错误的。主要情形包括，适用的法律与案件性质明显不符的；确定民事责任明显违背当事人约定或者法律规定的；适用已经失效或尚未施行的法律的；违反法律溯及力规定的；违反法律适用规则的；明显违背立法本意的。

（7）审判组织的组成不合法或者依法应当回避的审判人员没有回避的。审判组织的组成不合法，主要是指审判组织组成人员的身份以及组成人员的数量不符合法律的规定，比如合议庭的人数为双数或者全部由陪审员组成合议庭。回避制度是现代各国民事诉讼法普遍确立的一项诉讼制度。“自然公正”原则要求任何人不得担任自己为当事人的案件的裁判者，否则由其主持进行的诉讼活动不具有法律效力。因而，审判人员应当回避而没有回避的，就应当允许对案件进行再审。

（8）无诉讼行为能力人未经法定代理人代为诉讼或者应当参加诉讼的当事人，因不能归责于本人或者其诉讼代理人的事由，未参加诉讼的。比如当事人或者诉讼代理人突然患重大疾病住院而又无法及时委托他人代理的情况。

（9）违反法律规定，剥夺当事人辩论权利的。主要是指原审开庭过程中审判人员不允许当事人行使辩论权利，或者以不送达起诉状副本或上诉状副本等其他方式，致使当事人无法行使辩论权利的情形。但依法缺席审理，依法径行判决、裁定的除外。

（10）未经传票传唤，缺席判决的。不论普通程序审理的案件，还是简易程序审理的案件，未经传票传唤，都不能缺席判决；否则，将构成民事再审的事由。

（11）原判决、裁定遗漏或者超出诉讼请求的。原判决、裁定遗漏诉讼请求就是漏判，比如诉讼请求为要求赔偿和赔礼道歉，但判决书只对赔偿作出了支持或者不支持的判决，对赔礼道歉没有提及。原判决、裁定超出诉讼请求构成再审事由的原因是民事诉讼法不告不理原则，即法院不能够审理原告没有诉讼的内容。

（12）据以作出原判决、裁定的法律文书被撤销或者变更的。主要是指原判决、裁定对基本事实和案件性质的认定系根据其他法律文书作出，而上述其他法律文书被撤销或变更的情形。

（13）审判人员在审理该案件时有贪污受贿，徇私舞弊，枉法裁判行为的。上述行为，是指已经由生效刑事法律文书或者纪律处分决定所确认的行为。审判人员的廉洁性和公正性是案件获得公正裁判的基本保障。如果审判人员在审理案件时有贪污受贿，徇私舞弊，枉法裁判行为，裁判的公正性就失去了基础，当事人的合法权益就可能受到损害，因此，当事人可以申请对案件进行再审。

2. 对以调解方式结案的案件申请再审的法定事由

《民事诉讼法》第201条规定了当事人对以调解方式结案的民事案件申请再审的事由。当事人只要提出证据证明调解结案的案件具有下列情形之一的，就可以申请再审；经查证属实的，人民法院就应当再审：

（1）有证据证明调解违反自愿原则的。自愿是法院调解的基本原则，违反自愿原则的调解不但违反了法院调解最基本的要求，而且是对当事人处分权的侵害，最终损害当事人的合法权益。因此，当事人有证据证明调解违反自愿原则的，可以申请人民法院对案件进行再审，以维护自己的合法权益。

（2）有证据证明调解协议的内容违反法律规定的。当事人在诉讼过程中达成的调解协议发生法律效力后，如有证据证明该协议的内容违反了法律的禁止性规定，就可以申请人民法院对案件进行再审，人民法院应当再审，以维护法律的尊严和当事人的合法权益。

《民事诉讼法》第208条规定了人民检察院对以调解方式结案的民事案件提出检察建议或抗诉的事由：最高人民检察院对各级人民法院、上级人民检察院对下级人民检察院已经发生法律效力的调解书，发现其损害国家利益、社会公共利益的，应当提出抗诉。地方各级人民检察院对同级人民法院已经发生法律效力的调解书，发现其损害国家利益、社会公共利益的，可以向同级人民法院提出检察建议，并报上级人民检察院备案；也可以提请上级人民检察院向同级人民法院提出抗诉。

**【案例17-2】某工贸公司与长城公司承揽合同纠纷申请再审案**

2012年9月江苏省长城公司因定作合同价款纠纷将北京某工贸公司诉至法院，要求工贸公司给付合同款229 500元。工贸公司与长城公司就剩余229 500元合同款的给付方式达成调解协议并以调解方式结案，工贸公司将分三次付清该款。但调解书生效后，该批产品不断发生质量事故。工贸公司经多方了解发现定做的产品并非长城公司生产，而是长城公司有关人员私自委托一小单位假冒长城公司生产并供应给了工贸公司。工贸公司一直认为长城公司系国家知名大企业，产品质量有保证，正是基于此才同意调解，答应给付余下的合同款。现工贸公司认为自己受到了欺诈，利益严重受损，遂向法院申请再审。本案争议的问题主要是法院能否进行再审？

当事人针对调解书申请再审的，只有在以下两种情形下才能引起再审：（1）有证据证明调解违反自愿原则的。（2）有证据证明调解协议的内容违反法律的。本案中，工贸公司同意调解的确是基于对长城公司作为合同相对方的信赖和履行定作合同义务的信任。但调解本身并不违反自愿原则，其调解协议内容本身亦无违反法律规定之处。据此，工贸公司针对法院的调解书申请再审并无充分的法律依据，法院应依法裁定驳回工贸公司的再审申请。本案中，工贸公司可以以产品质量有重大瑕疵造成损失为由，提起产品质量缺陷的违约之诉，以维护自身合法权利。

（三）不属于不得申请再审的案件

根据《民事诉讼法》第202条及最高人民法院《民诉法解释》第380条的规定，对于下列案件，当事人不得申请再审；当事人提出申请的，应当视为不符合申请条件：

1. 判决解除婚姻关系的案件

婚姻关系案件具有社会公益性，人民法院判决、调解解除婚姻关系的案件，男女双方之间基于婚姻关系而形成的人身权益关系就消灭，若当事人申请再审，就有可能损害他人的利益和社会公益。当然，在这种案件中，当事人不得申请再审的仅限于解除婚姻关系部分，当事人可以就离婚案件中的财产分割问题申请再审；如果涉及判决中未作处理的夫妻共同财产，应当告知当事人另行起诉。

**【案例17-3】李大民诉张小丽离婚案①**

李大民（男）与张小丽（女）于1998年登记结婚。1999年张小丽由于做生意亏损、夫妻感情恶化等原因，患精神病，丧失民事行为能力。2000年2月，李大民向某市河海区人民法院提起诉讼，请求判决与张小丽离婚。张小丽的母亲马雨霞作为张小丽的法定代理人参加了诉讼。一审法院判决不准许李大民与张小丽离婚，李大民不服提起上诉，二审法院审理后认为应当判决离婚。在此情况下，二审法院应如何处理？若二审准予离婚判决生效后两个月，张小丽的精神病治愈，她认为判决存在错误，准备申请再审，依照法律和司法解释的规定，对她的何种请求法院不得再审？

根据最高人民法院《民诉法解释》的有关规定，无民事行为能力人的离婚案件，由其法定代理人进行诉讼。法定代理人与对方达成协议要求发给判决书的，可根据协议内容制作判决书。一审判决不准离婚的案件，上诉后，第二审人民法院认为应当判决离婚的，可以根据当事人自愿的原则，与子女抚养、财产问题一并调解，调解不成的，发回重审。二审判决离婚的，当事人不得申请再审，但当事人就离婚案件中的财产分割问题申请再审的，如涉及判决中已分割的财产，符合再审条件的，应立案审理；如涉及判决中未作处理的夫妻共同财产，当事人应另行起诉。

2. 按照特别程序、督促程序、公示催告程序、破产程序审理的案件

适用特别程序作出的判决、裁定，当事人、利害关系人认为有错误的，可以向作出该判决、裁定的人民法院提出异议；对于按照督促程序、公示催告程序审结的案件，如果裁判确有错误，当事人、利害关系人可以另行起诉，通过普通诉讼程序解决纠纷；对于按照破产程序审结的案件，由于债务人随着破产清算完毕而丧失主体资格，即使裁判有错误，其主体资格也无法恢复。因此，对于按照上述程序审理的案件，当事人不得申请再审。

3. 依照审判监督程序审理后维持原判的案件

上级人民法院对经终审法院的上一级人民法院依照审判监督程序审理后维持原判或者

① 参见国家司法考试试题2005年试卷三第97～100题。

经两级人民法院依照审判监督程序复查均驳回的申请再审案件，一般不予受理。但再审申请人或申诉人提出新的理由的除外。对于此种案件，允许当事人无限制地申请再审，不但没有必要，而且会使法院裁判长期处于不稳定状态，影响当事人之间实体权利义务关系的安定性，损害另一方当事人的合法权益。

4. 最高人民法院再审裁判或者复查驳回的案件

最高人民法院作为最高审判机关，其裁判具有权威性，对于已经由其审查处理过的再审案件，当事人不得两次提起再审申请。

### （四）必须向有管辖权的人民法院提出申请

1. 根据《民事诉讼法》第 199 条，通常只能向上一级人民法院申请再审。

2. 根据《民事诉讼法》第 199 条，当事人一方人数众多（指 10 人以上）或者当事人双方为公民的案件，上一级和原审人民法院均可。

3. 根据《民诉法解释》第 379 条，当事人一方人数众多或者当事人双方为公民的案件，当事人分别向原审人民法院和上一级人民法院申请再审，且不能协商一致的，由原审人民法院受理。

4. 根据《民事诉讼法》第 204 条第 2 款的规定，因当事人申请裁定再审的案件由中级人民法院以上的人民法院审理。但当事人依照本法第 199 条的规定选择向基层人民法院申请再审的除外。最高人民法院、高级人民法院裁定再审的案件，由本院再审或者交其他人民法院再审，或者交其他人民法院再审，也可以交原审人民法院再审。

原审人民法院，是指原来审结案件的人民法院，发生法律效力的判决、裁定、调解书是第一审人民法院作出的，第一审人民法院就是原审人民法院；发生法律效力的判决、裁定、调解书是第二审人民法院作出的，第二审人民法院就是原审人民法院。上一级人民法院，是指原审人民法院的上一级人民法院，如原审人民法院是基层人民法院，其上一级人民法院就是中级人民法院。明确规定申请再审的管辖法院，一方面有利于当事人行使再审申请权，另一方面有利于明确法院的职责，防止人民法院之间互相推诿，损害当事人的合法权益。

### （五）在法定期限内提出申请

根据《民事诉讼法》第 200 条和第 205 条的规定，当事人申请再审，应当在判决、裁定发生法律效力后 6 个月内提出；以下情形的，自知道或者应当知道之日起 6 个月内提出：（1）有新的证据，足以推翻原判决、裁定的；（2）原判决、裁定认定事实的主要证据是伪造的；（3）据以作出原判决、裁定的法律文书被撤销或者变更的；（4）审判人员审理该案件时有贪污受贿，徇私舞弊，枉法裁判行为的。明确规定申请再审的期间，一方面有利于保障和维护当事人的再审申请权，另一方面有利于促使当事人及时行使权利，确保判决、裁定、调解书以及当事人之间的实体权利义务关系的稳定性。

## 三、当事人申请再审的程序

### （一）申请再审的形式与要求

实践中，当事人申请再审应当向人民法院提交书面的再审申请书，并附生效的法律文书。申请再审不能以口头的形式提出。再审申请书应当载明下列内容：当事人的基本情况，作出原判决、裁定、调解书的法院名称及判决、裁定、调解书的案号，请求的事项，申请再审的事实与理由，致送人民法院的名称，申请时间等。当事人以《民事诉讼法》第200条第1款第1项的规定，即“有新的证据，足以推翻原判决、裁定的”为事由申请再审的，应当向人民法院提供该新的证据，以证明自己的申请理由成立；当事人以其他事由申请再审并有新的证据的，也应当在提出申请时提交人民法院。申请人提交的再审申请书或者其他材料不符合规定的，人民法院应当要求申请人补充或改正。

#### （二）对再审申请的审查与受理

根据《民事诉讼法》第203条以及第204条等的相关规定，对再审申请的审查与受理应按照以下程序进行：

1. 在法定期间内向对方当事人送达再审申请书副本。人民法院收到当事人的再审申请后，应当在5日内将再审申请书副本发送对方当事人。

2. 对方当事人在收到再审申请书副本之日起15日内提交书面答辩意见。对方当事人不提交书面意见的，不影响法院对再审申请的审查。

3. 人民法院应当自收到当事人再审申请书之日起3个月内完成审查，并分情况加以处理：对于符合法律规定的再审申请的，裁定再审；不符合的，裁定驳回申请。有特殊情况需要延长的，由本院院长批准。

4. 人民法院在审查再审申请期间，不停止原判决、裁定、调解书的执行；当事人的再审申请符合法律规定，并裁定再审的，应当同时裁定中止原判决、裁定、调解书的执行，并及时通知双方当事人。但是，追索赡养费、扶养费、抚育费、抚恤金、医疗费、劳动报酬等案件，可以不中止执行。

## 第三节　人民法院依职权提起再审

### 一、人民法院依职权提起再审的概念及适用条件

#### （一）人民法院依职权提起再审的概念

人民法院依职权提起再审，是指人民法院发现本院或者下级人民法院已经发生法律效力的判决、裁定确有错误，根据法律规定的程序，决定对案件进行再次审理的诉讼行为。

人民法院依职权提起再审是我国再审程序启动的重要方式之一。根据我国《人民法院组织法》和《民事诉讼法》的规定，各级人民法院院长和审判委员会对本院、最高人民法院对地方各级人民法院和专门人民法院、上级人民法院对下级人民法院享有审判监督权。以这一审判监督权为依据，人民法院有权对本院以及下级人民法院确有错误的生效裁判依职权发动再审。

### （二）人民法院决定再审的适用条件

根据《民事诉讼法》第198条的规定，人民法院依职权提起再审必须具备下列条件：

1. 案件的判决或者裁定已经发生法律效力。人民法院决定再审的案件，必须是以判决、裁定方式结案的案件，而且必须是判决、裁定已经发生法律效力。对于以调解方式结案的案件，以及判决、裁定尚未发生法律效力的案件，人民法院不得依职权提起再审。

2. 已经生效的判决或者裁定确有错误。关于人民法院决定再审的事由，民事诉讼法只是概括性地规定了“裁判确有错误”，人民法院就可以决定再审，具体的理由则可以由人民法院裁量决定。一般认为，判决、裁定“确有错误”既包括认定事实有错误，也包括适用法律有错误，还包括审理程序上的重大错误。同时，“确有错误”仅是人民法院初步审查得出的意见，至于判决、裁定是否真正存在错误，必须经过再审程序审理之后才能确定。

3. 由法定的主体提起或者决定。根据《民事诉讼法》的规定，对于本院已经发生法律效力的判决、裁定，应当由本院院长提交审判委员会讨论决定是否再审；对于地方各级人民法院已经发生法律效力的判决、裁定，最高人民法院、上级人民法院有权决定再审。

## 二、人民法院决定再审的启动

根据《民事诉讼法》第198条的规定，人民法院决定再审分为本法院决定再审、最高人民法院提审或者指令再审、上级人民法院提审或者指令再审三种方式，这也是人民法院启动再审的三种途径。

### （一）本法院决定再审

本法院决定再审，是指作出生效裁判的人民法院依职权决定对案件进行再审。未经第二审程序审理的案件，第一审人民法院是作出生效裁判的法院，该第一审人民法院有权决定再审；经过第二审程序审理的案件，第二审人民法院是作出生效裁判的法院，该第二审人民法院有权决定再审，原第一审人民法院无权决定再审。

根据《民事诉讼法》的规定，本法院决定再审的程序是：

1. 本院院长提交审判委员会讨论。各级人民法院院长对本院已经发生法律效力的判决、裁定调解书，发现确有错误，认为需要再审的，应当提交审判委员会讨论决定。即有权提起再审建议的是人民法院院长。院长发现裁判确有错误的途径，可能是接受再审申请或申诉后发现，也可能是自己发现，还可能是在其他程序中发现的。

2. 本院审判委员会决定。人民法院审判委员会有权对本院已经发生法律效力的裁判作出是否再审的决定。审判委员会讨论案件，应当依照审判委员会的表决程序进行。经过讨论，只有认为确有错误、需要再审，且经审判委员会多数人表决同意的，才能决定再审。

### （二）最高人民法院和上级人民法院提审或者指令再审

最高人民法院对地方各级人民法院、上级人民法院对下级人民法院具有审判监督权。

最高人民法院对地方各级人民法院已经发生法律效力的判决、裁定、调解书，上级人民法院对下级人民法院已经发生法律效力的判决、裁定、调解书，发现确有错误的，有权提审或者指令下级人民法院再审。提审是指将下级人民法院作出生效裁判的案件提至本院，由本院亲自审理；指令再审，就是指令原审人民法院或者其他人民法院对裁判已经生效的案件进行再审。上级人民法院指令再审的，可以指令原审人民法院再审，也可以指令其他下级人民法院再审。

## 第四节　人民检察院抗诉

### 一、人民检察院抗诉的概念及适用条件

#### （一）人民检察院抗诉的概念

人民检察院抗诉，也称民事抗诉，是指人民检察院对人民法院已经发生法律效力的民事判决、裁定，发现确有错误，依照法定程序要求人民法院对案件进行再次审理的诉讼制度。人民检察院提出抗诉的案件，人民法院应当再审。

根据《宪法》的规定，人民检察院是国家的法律监督机关，依法对人民法院的民事诉讼行为享有法律监督权，民事抗诉正是人民检察院基于法律监督权而进行的职权行为。

#### （二）人民检察院抗诉的适用条件

根据《民事诉讼法》第 208 条的规定，人民检察院抗诉必须具备下列条件：

1. 属于可以抗诉的案件类型。人民检察院抗诉的案件，必须是存在民事权益争议的案件，不存在民事权益争议的非诉讼案件，人民检察院不能提出抗诉。此外，当事人依法不能申请再审的民事权益争议案件，如判决解除婚姻关系的案件，人民检察院也不能提出抗诉。《人民检察院民事行政抗诉案件办案规则》第 6 条规定，对于人民法院判决解除婚姻关系或者收养关系的案件，人民检察院也不受理当事人的申诉。

2. 判决、裁定已经发生法律效力。在民事诉讼中，检察监督是一种事后监督，对于尚未生效的民事判决、裁定，人民检察院不能提出抗诉。对于当事人自愿达成的调解书，人民检察院也不能提出抗诉。

3. 具备法定的事由。为了确保人民法院依法独立行使审判权，维护人民法院的权威性，人民检察院抗诉必须有一定范围的限制。因此，《民事诉讼法》第 208 条和第 200 条对人民检察院抗诉的事由作出了明确规定。只有人民法院的裁判或者诉讼行为具有该条规定的事由之一的，人民检察院才能提出抗诉。

4. 符合法律规定的提起程序。根据民事诉讼法的规定，只有最高人民检察院、上级人民检察院才有权提出抗诉。除最高人民检察院外，人民检察院无权对同级人民法院的裁判提出抗诉。

## 二、人民检察院抗诉的法定事由

根据《民事诉讼法》第 208 条的规定，人民检察院抗诉的法定事由与当事人申请再审的事由相同。具体内容参见前述关于当事人申请再审的事由。

## 三、人民检察院抗诉的主体

根据《民事诉讼法》第 208 条的规定，人民检察院抗诉有两种程序，即最高人民检察院抗诉和上级人民检察院抗诉。

### （一）最高人民检察院对各级人民法院的判决、裁定抗诉

最高人民检察院是行使法律监督权的最高机关，有权对包括最高人民法院在内的各级人民法院、专门人民法院行使法律监督权。所以，最高人民检察院对各级人民法院已经发生法律效力的判决、裁定，发现具有法定情形的，应当按照审判监督程序提出抗诉，引起再审程序，以监督人民法院纠正裁判错误，维护法律的尊严。

### （二）上级人民检察院对下级人民法院的判决、裁定抗诉

上级人民检察院对下级人民法院享有法律监督权，对于下级人民法院已经发生法律效力的判决、裁定，发现具有法定抗诉事由的，应当按审判监督程序提出抗诉，从而引起再审程序。在实践中，上级人民检察院提出抗诉是最常见的抗诉类型。

地方各级人民检察院对同级人民法院已经发生法律效力的判决、裁定，发现有《民事诉讼法》第 200 条规定情形之一的，或者发现调解书损害国家利益、社会公共利益的，可以提请上级人民检察院向同级人民法院提出抗诉（也可以向同级人民法院提出检察建议，并报上级人民检察院备案）。

## 四、当事人向人民检察院申请检察建议或者抗诉

根据《民事诉讼法》第 209 条的规定，有下列情形之一的，当事人可以向检察院申请检察建议或者抗诉：（1）人民法院驳回再审申请的；（2）人民法院逾期未对再审申请作出裁定的；（3）再审判决、裁定有明显错误的。

人民检察院对当事人的申请应当在 3 个月内进行审查，作出提出或者不予提出检察建议或者抗诉的决定。当事人不得再次向人民检察院申请检察建议或者抗诉。

## 五、人民检察院抗诉的程序

人民检察院对人民法院已经发生法律效力的民事判决、裁定提出抗诉，必须依法定的程序进行。一般来说，人民检察院抗诉要经过以下几个阶段：

### （一）立案审查

作为一种事后监督，人民检察院主要通过以下几种途径发现人民法院裁判的错误：第一，当事人或者其他利害关系人的申诉；第二，国家权力机关或者其他机关转办；第三，上级人民检察院交办；第四，人民检察院自行发现。上述四种途径也就是人民检察院民事抗诉案件的主要来源。

对于以上来源的民事案件，人民检察院应当受理，并由有抗诉权或者有提请抗诉权的人民检察院立案，进行是否提出抗诉的审查。根据《人民检察院民事行政抗诉案件办案规则》的规定，人民检察院应当在立案以后调（借）阅人民法院审判案卷，并在调（借）阅审判案卷后3个月内审查终结。审查的主要内容是原判决、裁定是否符合法定的抗诉条件，审查的主要方式是就原审案卷进行审查，非确有必要时，不进行调查。

### （二）决定提出抗诉

经过审查，人民检察院应当依法作出抗诉、不抗诉、向人民法院或者有关单位提出检察建议的决定。其中，对于下级人民法院已经发生法律效力的判决、裁定，经审查符合抗诉条件的，应当由检察长批准或者由检察委员会决定，作出向人民法院提出抗诉的决定；地方各级人民检察院对同级人民法院已经发生法律效力的判决、裁定，经审查认为符合抗诉条件的，应当提请上一级人民检察院抗诉。

有权直接作出抗诉决定的是最高人民检察院和作出生效裁判的人民法院的上级人民检察院。从现行民事诉讼法的规定来看，地方各级人民检察院不能对同级人民法院生效的民事判决、裁定提出抗诉。地方各级人民检察院对同级人民法院已经发生法律效力的判决、裁定，发现具有法定应当提出抗诉的情形的，应当提请上一级人民检察院按照审判监督程序提出抗诉。

根据《人民检察院民事行政抗诉案件办案规则》的规定，人民检察院提请抗诉，应当制作提请抗诉报告书，并将审判卷宗、检察卷宗报上级人民检察院。提请抗诉报告书应当载明：案件来源、当事人基本情况、基本案情、诉讼过程、当事人申诉理由、提请抗诉理由及法律依据。对下级人民检察院提请抗诉的案件，上级人民检察院应当在3个月内审查终结，并依法作出抗诉或者不抗诉的决定。需要延长审查期间的，由检察长批准。作出抗诉决定的人民检察院应当向其同级人民法院提出抗诉。最高人民检察院应当向最高人民法院提出抗诉，而不能向高级人民法院或者某市中级人民法院提出抗诉。

例如，对于某省的地级市中级人民法院作出的生效民事判决、裁定，该地级市人民检察院发现具有法定抗诉事由的，不能直接向中级人民法院提起抗诉，而应当制作提请抗诉报告书，提请省人民检察院提出抗诉。省人民检察院经审查认为符合抗诉条件的，应当由省人民检察院向省高级人民法院提出抗诉，而不能直接向作出生效判决、裁定的某市中级人民法院提出抗诉，也不能向最高人民法院提出抗诉。

人民检察院发现本院抗诉不当的，应当由检察长或者检察委员会决定撤回抗诉；上级人民检察院发现下级人民检察院抗诉不当的，有权撤销下级人民检察院的抗诉决定。人民检察院决定撤回抗诉，应当制作撤回抗诉决定书，送达同级人民法院，通知当事人，并报送上一级人民检察院；下级人民检察院接到上级人民检察院的撤销抗诉决定书，应当制作撤回抗诉决定书，送达同级人民法院，通知当事人，并报送上一级人民检察院。

### (三) 制作抗诉书

人民检察院对人民法院已经发生法律效力的民事判决、裁定决定提出抗诉的，应当制作抗诉书。抗诉书是人民检察院对人民法院生效裁判提出抗诉的法律文书，也是引起人民法院对案件进行再审的法律依据。抗诉书应当载明：抗诉的人民检察院，抗诉案件的原审人民法院及案号，案件的来源和审查过程，人民法院审理情况，人民检察院的审查结论、抗诉的法律依据和抗诉要求，致送人民法院的名称等事项。抗诉书由检察长签发，加盖人民检察院印章。抗诉书副本应当送达当事人，并报送上一级人民检察院。

### (四) 派员出席法庭

人民检察院抗诉的案件，人民法院再审时，应当通知人民检察院派员出席法庭。受理抗诉的人民法院指令下级人民法院再审的，提出抗诉的人民检察院可以指令再审人民法院的同级人民检察院派员出席再审法庭。人民检察院接到人民法院派员出席再审法庭的通知或者上级人民检察院派员出席再审法庭的指令后，应当按照通知或者指令的时间、地点出席再审法庭支持抗诉，实现对再审活动的法律监督。检察人员出席抗诉案件再审法庭的任务，一是宣读抗诉书；二是发表出庭意见；三是发现庭审活动违法的，向再审法院提出建议。

人民法院就抗诉案件作出再审判决、裁定以后，提出抗诉的人民检察院应当对再审判决、裁定进行审查，并填写抗诉再审判决（裁定）登记表。

## 六、人民检察院抗诉的效力

对人民检察院抗诉的民事案件，人民法院应当进行再审。一旦再审程序开始，人民法院应当裁定中止原判决、裁定的执行。也就是说，人民检察院的抗诉必然引起再审程序。只要人民检察院提出的抗诉符合法律规定，人民法院就必须对案件进行再审，人民法院无权对人民检察院的抗诉是否有理由进行审查。人民检察院抗诉的此种效力是由民事抗诉的权力基础——法律监督权的性质所决定的。

根据最高人民法院的有关司法解释，对于人民检察院抗诉的案件，人民法院依法再审后维持原判决、裁定的，人民检察院不得就该案再次提出抗诉。

## 七、检察建议

所谓检察建议，是指人民检察院向人民法院或者其他有关单位提出的要求纠正错误、改进工作或者履行职责的主张与意见。提出检察建议是人民检察院行使国家法律监督权的重要形式，也是人民检察院作为国家法律监督机关的重要职责。在对人民法院的司法活动进行监督的过程中，人民检察院发现人民法院在审理和执行民事案件的过程中，存在某些违反法律规定但依法不能提起抗诉的错误，或者认为该民事诉讼案件反映出其他有关单位存在管理制度隐患需要改进工作，或者认为有关人员严重违背职责，尽管不构成犯罪，但应当追究其纪律责任的，可以向人民法院或者其他有关单位提出主张与意见，要求其纠正错误、改进工作或者履行职责，以维护国家法制的权威与尊严，维护国家、集体、社会利益和公民的合法权益。

检察建议分为向人民法院提出的检察建议和向其他有关单位提出的检察建议两种。根据《人民检察院民事行政抗诉案件办案规则》的规定，有下列情形之一的，人民检察院可以向人民法院提出检察建议：第一，原判决、裁定符合抗诉条件，人民检察院与人民法院协商一致，人民法院同意再审的；第二，原裁定确有错误，但依法不能启动再审程序予以救济的；第三，人民法院对抗诉案件再审的庭审活动违反法律规定的；第四，应当向人民法院提出检察建议的其他情形。有下列情形之一的，人民检察院可以向有关单位提出检察建议：第一，有关国家机关或者企业、事业单位存在制度隐患的；第二，有关国家机关工作人员、企业事业单位工作人员严重违背职责，应当追究其纪律责任的；第三，应当向有关单位提出检察建议的其他情形。

## 第五节　再审案件的审理和裁判

### 一、再审适用的程序

对于判决、裁定、调解书已经发生法律效力的民事案件，经当事人申请、人民法院决定或者检察院抗诉提起再审的，首先应当确定案件进行再审适用的程序，即确定是依第一审程序还是依第二审程序对再审案件进行审理。再审案件的审理程序应当根据提起再审的方式和原来审结的程序确定。总体来看，审理再审案件适用的程序分为适用原审程序和适用第二审程序两种情况。

#### （一）适用原审程序

对于原审为中级以上人民法院且当事人向原审人民法院申请再审、原审人民法院依职权决定再审、上级人民法院指令原审人民法院再审的案件，应当依原审程序进行再审。具体来说，由第一审人民法院作出生效判决、裁定或者调解书的案件，原审程序是第一审程序，应当按照第一审程序对案件进行再审，所作的裁判仍然是第一审裁判，当事人不服的，可以上诉；由第二审人民法院作出生效判决、裁定或者调解书的案件，原审程序是第二审程序，应当按照第二审程序对案件进行再审，所作的裁判是终审裁判，当事人不得提起上诉。

原审法院对案件进行再审，应当另行组成合议庭，原来参加过本案审理的人员，一律不得参加再审合议庭。原审是第一审程序的，按照第一审程序的相关规定组成合议庭；原审是第二审程序的，按照第二审程序的相关规定组成合议庭。此外，依第一审程序审理再审案件时，只能适用普通程序，不得适用简易程序。

### (二) 适用第二审程序

对于当事人向上一级人民法院申请再审、最高人民法院或者上级人民法院依职权提起再审、人民检察院抗诉的案件，最高人民法院、上级人民法院提审或者最高人民法院指令原审人民法院的上级人民法院再审的，应当依第二审程序进行再审，所作的裁判是终审的裁判，当事人不得提起上诉。

对于提审和最高人民法院指令上级人民法院再审的案件，无论案件原来是否经过第二审程序的审理，都适用第二审程序进行审理。这样有利于发挥上级人民法院审判监督的职权作用，提高诉讼效率，并维护两审终审的基本审判制度。

## 二、再审的审理范围

根据《民诉法解释》第405条的规定，人民法院审理再审案件的审理范围如下：

1. 人民法院审理再审案件应当围绕再审请求进行。当事人的再审请求超出原审诉讼请求的，不予审理；符合另案诉讼条件的，告知当事人可以另行起诉。

2. 被申请人及原审其他当事人在庭审辩论结束前提出的再审请求，符合《民事诉讼法》第205条规定的，人民法院应当一并审理。

3. 人民法院经再审，发现已经发生法律效力的判决、裁定损害国家利益、社会公共利益、他人合法权益的，应当一并审理。

4. 审理原告申请的再审案件时，允许被告提出反诉。

## 三、再审的进行

再审程序的启动和对再审案件的审理是两种不同的程序。对再审案件的审理，也称为再审的进行。再审的启动是案件进行再审的前提，而对再审案件的审理是再审程序的核心。无论是当事人申请、人民法院依职权决定还是人民检察院抗诉，都只能启动再审程序，而不能决定生效判决、裁定或者调解书是否确实存在错误。只有再审法院在当事人、抗诉机关、其他诉讼参与人的参加下，对原审判决、裁定的事实认定、法律适用以及审理或者调解的程序等事项进行审查，再审程序终结以后，才能由再审的人民法院确认原审判决、裁定或者调解书是否确实存在错误，并在确认存在错误的基础上纠正错误或者重新达成调解协议。

对再审案件进行审理，首先应当由人民法院裁定中止原判决、裁定、调解书的执行，然后由再审法院另行组成合议庭，分别按照第一审程序或者第二审程序对案件进行审理。

### (一) 裁定中止原法律文书的执行

《民事诉讼法》第206条规定："按照审判监督程序决定再审的案件，裁定中止原判决、裁定、调解书的执行，但追索赡养费、扶养费、抚育费、抚恤金、医疗费用、劳动报酬等案件，可以不中止执行。”人民法院决定对案件进行再审之后，之所以要裁定中止原判决、裁定、调解书的执行，主要是为了防止继续执行有错误的判决、裁定、调解书，给国家、集体、社会公共利益或者他人的合法权益造成更大的损害。

### （二）另行组成合议庭

《民事诉讼法》第207条第2款规定：“人民法院审理再审案件，应当另行组成合议庭。”再审程序的任务是发现和纠正生效判决、裁定或者调解书的错误，为了防止审判人员先入为主，避免偏见及其他原因可能对再审造成的不良影响，确保案件的公正处理，更换审理法官，即另行组成合议庭对再审案件进行审理是非常必要的。

### （三）分别适用第一、二审程序进行审理

再审不是一个独立的审级，因此再审案件没有专门的审判程序。根据民事诉讼法的规定，人民法院应当依据不同情况，分别适用第一审程序或者第二审程序对再审案件进行审理。具体来说，由原审人民法院再审的案件，发生法律效力的判决、裁定或者调解书是由第一审人民法院作出的，适用第一审程序进行再审，发生法律效力的判决、裁定或者调解书是由第二审人民法院作出的，适用第二审程序进行再审；由上级人民法院再审的案件，最高人民法院、上级人民法院提审或者最高人民法院指令上级人民法院再审的，适用第二审程序进行再审。

**【案例17-4】李广诉杨臣合同纠纷案件**①

李广诉杨臣的合同纠纷案件，经一审、二审法院的审理，李广胜诉。杨臣申请再审，法院经审查决定再审。再审过程中，杨臣提出反诉。对此，法院应如何处理？

由于本案的生效判决是二审法院作出的，因而本案的再审适用的是二审程序。根据最高人民法院《民诉法解释》第328条的规定，在第二审程序中，原审原告增加独立的诉讼请求或原审被告提出反诉的，第二审人民法院可以根据当事人自愿的原则就新增加的诉讼请求或反诉进行调解，调解不成的，告知当事人另行起诉。

### （四）再审中的撤诉

1. 条件：（1）一审原告在再审审理程序中申请撤回起诉；（2）经其他当事人同意；（3）且不损害国家利益、社会公共利益、他人合法权益的。

2. 处理：（1）人民法院可以准许。裁定准许撤诉的，应当一并撤销原判决。（2）一审原告在再审审理程序中撤回起诉后重复起诉的，人民法院不予受理。

---

① 参见国家司法考试试题2005年试卷三第39题。

## 四、再审案件的裁判

通过对再审案件的审理，再审法院根据查明的事实正确适用法律对当事人之间的权利义务关系作出裁断，并对原判决、裁定或者调解书在认定事实、适用法律、审理程序等方面是否正确与适当作出评价，就是再审案件的裁判。从内容上看，再审案件的裁判既要对当事人之间的实体权利义务关系作出裁断，又要对原判决、裁定或者调解书作出评价，与第一审或者第二审裁判存在重大区别。

从形式上看，再审案件的裁判分为判决与裁定两种，从具体内容来看，可以分为以下几种：

1. 维持原判决、裁定的判决、裁定。经过再审，认为原判决、裁定认定事实清楚，适用法律正确，审判程序合法的，再审法院应当作出维持原判决、裁定的判决、裁定，以维护法制的权威与尊严，保护当事人的合法权益。

2. 在再审判决、裁定中纠正瑕疵后予以维持。原判决、裁定认定事实、适用法律虽有瑕疵，但裁判结果正确的，应当在再审判决、裁定中纠正瑕疵后予以维持。

3. 依法改判、撤销或者变更。原判决、裁定认定事实、适用法律错误，导致裁判结果错误的，应当依法改判、撤销或者变更。

4. 撤销原一、二审判决，驳回起诉的裁定。人民法院提审或者按照第二审程序审理的再审案件，在审理中认为该案不符合《民事诉讼法》规定的起诉条件，或者符合《民事诉讼法》第 124 条规定不予受理情形的，应当裁定撤销一、二审判决，驳回起诉。

5. 撤销原一、二审判决，发回原审人民法院重审的裁定。这种裁定主要适用于以下两种情况：第一，人民法院按照第二审程序审理再审案件，发现原判决认定事实错误或者认定事实不清的，原审人民法院便于查清事实、化解纠纷的，可以裁定撤销原判决，发回重审。第二，原审程序遗漏必须参加诉讼的当事人且无法达成调解协议，以及其他违反法定程序不宜在再审程序中直接作出实体处理的，应当裁定撤销原判决，发回重审。

对于当事人申请再审的以调解方式结案的案件，再审法院的裁判在形式和内容上与对法院裁判进行再审的案件基本相同，可以分为判决维持、判决变更、裁定撤销并驳回起诉、裁定发回重审等四种。

再审案件的审限自决定再审的次日起计算，分别适用第一审普通程序和第二审程序的规定。依第一审程序进行再审的，其审限适用第一审普通程序的规定；依第二审程序进行再审的，其审限适用第二审程序的规定。再审法院宣告判决，既可以自行宣判，也可以委托原审人民法院或者当事人所在地的人民法院代行宣判。但是，无论在何地宣判，一律公开进行。

## 五、再审案件的调解

法院调解作为民事诉讼法的一项基本原则，贯穿于民事诉讼程序始终。再审程序是民事诉讼程序的构成部分，因此，在再审程序中，人民法院同样可以根据自愿、合法的原则进行调解。人民法院对再审案件进行审理，可以依法进行调解，无论是适用第一审程序还是适用第二审程序对民事案件进行再审，经调解达成协议的，人民法院都应当制作调解书，并送达双方当事人。经送达双方当事人，调解书发生法律效力，原判决、裁定、调解书即视为撤销。达成调解协议的再审案件，之所以必须制作调解书，是因为它涉及原审判决、裁定、调解书的效力问题，再审调解书能够产生撤销原判决、裁定、调解书的效力，在以调解结案的再审程序中具有十分重要的作用。

根据《民诉法解释》第412条的规定，部分当事人到庭并达成调解协议，其他当事人未书面表示的，人民法院应当在判决中对该事实作出表述；调解协议内容不违反法律规定，且不损害其他当事人合法权益的，可以在判决主文中予以确认。

**【案例17－5】耀华公司诉鸿泰公司侵权案**①

耀华公司诉鸿泰公司侵权一案，在市中级人民法院作出二审判决之后，耀华公司新发现一项重要证据，遂向省高级人民法院申请再审。省高级人民法院受理后，耀华公司与鸿泰公司达成了调解协议。原裁判的效力如何处理？

## 【问题与思考】

1. 对于我国的再审制度，许多学者基于既判力原则提出应当严格限制。请结合目前社会中的“上访潮”现象，分析上访和再审的关联。

2. 目前学界有观点主张取消法院主动提起再审的途径，建立再审之诉，完善并强化当事人申请再审的程序。试结合民事诉讼中的辩论主义和处分主义加以分析。

① 参见国家司法考试试题2003年试卷三第68题。

# 第四编

# 特殊程序

# 第十八章 特殊程序总论与特别程序

## 参考文献


（一）著作

1. 葛义才．非讼事件法论．台北：三民书局，1995

2. 王强义．民事诉讼特别程序研究．北京：中国政法大学出版社，1993

3. 赵蕾．非讼程序论．北京：中国政法大学出版社，2013

4. 郝振江．非讼程序研究．北京：法律出版社，2017

（二）论文

1. 邱联恭．诉讼法理与非讼法理之交错适用．见：民事诉讼法之研讨（二）．台北：三民书局，1987

2. 郝振江．中国非讼程序年度观察报告（2016）．当代法学，2017（4）

3. 朱阁．实现担保物权案件特别程序的适用研究．法律适用，2014（8）

4. 章武生．非讼程序的反思与重构．中国法学，2011（3）

5. 陈桂明，赵蕾．中国特别程序论纲．法学家，2010（6）

6. 汤维建，王鸿雁．我国非讼程序的立法问题及解决建议．广东行政学院学报，2008


## 参考法规

1991 年《中华人民共和国民事诉讼法》（2017 年修正）第 177 条～第 197 条；

1999 年《中华人民共和国海事诉讼特别程序法》第 101 条～第 126 条；1995 年《中华人民共和国担保法》第 53 条；1993 年《中华人民共和国公司法》（2013 年修正）第 182 条、第 183 条。

2015 年最高人民法院《关于适用〈中华人民共和国民事诉讼法〉的解释》第 343 条～第 374 条。

**引例 刘芳申请确认王强为无民事行为能力人案**

2010 年 6 月 3 日，某县农民王强因车祸造成大脑严重损伤，虽经治疗仍留下了痴呆的后遗症。2011 年 8 月 10 日，王强之妻刘芳向该县人民法院提出申请，请求确认王强为无民事行为能力人。法院依法受理了此案，并确定由审判员一人审理此案。同年 9 月 7 日，法院判决王强为无民事行为能力人，并且判决中规定不准上诉。申请人刘芳认为，法院对该案的审判违反了合议制。于是，刘芳提起上诉，请求组成合议庭进行审判。

## 第一节 特殊程序总论

### 一、特殊程序的概念和分类

“特殊程序”是为了解决特殊案件并根据特殊案件的特殊性而设置的程序。“特殊程序”是一总括性概念，包括多种具体的特殊程序。民事诉讼立法上，在不同国家和不同时期，“特殊程序”的适用范围是不同的。

在我国，“特殊程序”是指广义的特别程序，主要包括：

1.《民事诉讼法》规定的特殊程序。(1) 第十五章“特别程序”中的特别程序，用来解决选民资格案件，宣告失踪、宣告死亡案件，认定公民无民事行为能力、限制民事行为能力案件，认定财产无主案件、确认调解协议案件、实现担保物权案件；(2) 第十七章“督促程序”；(3) 第十八章“公示催告程序”。

2.《海事诉讼特别程序法》规定的海商事特殊程序。(1) 海商事争讼程序，即第八章第一节“审理船舶碰撞案件”的程序、第二节“审理共同海损案件”的程序、第三节“海上保险人行使代位请求赔偿权利”的程序；(2) 海商事非讼程序，即第八章第四节中的“督促程序”和“公示催告程序”、第九章“设立海事赔偿责任限制基金程序”、第十章“债权登记与受偿程序”、第十一章“船舶优先权催告程序”。

3. 其他法律规定的非讼程序。比如：抵押权人可以向法院提起拍卖抵押物裁定案件（《担保法》第 53 条第 1 款），股东可以向法院提起公司解散命令案件（《公司法》第 182 条），债权人可以向法院提起公司清算案件（《公司法》第 183 条）等，这些案件属于非讼案件，应当适用非讼程序处理。

应当注意："特殊程序"与"特别程序"在语义上本无不同，但是根据我国《民事诉讼法》，"特别程序"指的是第十五章"特别程序"中的特别程序。因此，本书本章第二节"特别程序"阐释的是《民事诉讼法》第十五章中的"特别程序"。

在我国，以上"特殊程序"可被分为两类：非讼程序和特殊争讼程序。

### (一) 非讼程序

在民事诉讼领域中，"非讼"与"争讼"相对，"非讼"有其特定的内涵，即无争议。通常，将"非讼案件"与"诉讼案件"相对，"非讼程序"与"诉讼程序"相对，则"诉讼案件"和"诉讼程序"实指"争讼案件"和"争讼程序"。

民事非讼案件是指对于某项民事实体法律关系或民事权益不存在争议的案件。非讼案件中不存在对立的双方当事人或者不存在明确的双方当事人对立状态。民事非讼程序，则指处理民事非讼案件所适用的程序。

民事非讼程序的目的并非解决民事纠纷，主要是处理非争议事项，即从法律上确认某项民事法律事实是否存在。比如宣告失踪案件的非讼程序，其目的是法院依法确认某个公民是否失踪这一法律事实。

根据我国现行法律，非讼程序适用范围主要是：(1)《民事诉讼法》第十五章规定的宣告失踪、宣告死亡案件，认定公民无民事行为能力、限制民事行为能力案件，认定财产无主案件，确认调解协议案件，实现担保物权案件；督促案件；公示催告案件。(2)《海事诉讼特别程序法》规定的海商事非讼案件。(3) 其他法律规定的非讼案件。非讼程序包括多个程序，立法上根据各类非讼案件分别规定了各自所适用的程序。

在许多国家和地区，从狭义、广义和更广义来理解非讼案件和非讼程序。就狭义而言，非讼案件与法院解决的争讼案件相对应，是由法院处理的非争议事件。比如，禁治产事件、宣告死亡事件、失踪人财产管理及无人继承财产管理事件、限定继承和抛弃继承事件、选任遗产管理人事件、指定遗嘱执行人事件、设定某种委托财产、对遗嘱文书的验证、督促程序事件、公示催告事件、拍卖抵押物裁定事件、拍卖质物裁定事件、拍卖留置物裁定事件、财产保险裁定事件、先予执行裁定事件、公司解散命令事件、公司清算事件、从法院提存账中取得货币、将无主财产移交国库等。就广义而言，非讼案件和非讼程序不仅包括以上非讼案件和非讼程序，而且把由法院办理的调解事件、公证事件、破产事件和强制执行事件作为非讼案件。更广义的，甚至把行政机关办理的一些登记活动也作为非讼案件，比如行政机关进行法人登记等。

各国有关民事非讼程序的立法体例大体有：(1) 民事诉讼法典规定非讼程序，比如我国、德国、奥地利、日本等。(2) 单独立法，比如德国的《非讼案件管辖法》、奥地利的《非讼案件法》、日本的《非讼案件程序法》等。我国至今还没有单独制定非讼案件程序法。(3) 其他法律规定相应的非讼程序。

### (二) 特殊争讼程序

特殊争讼程序即解决特殊的争议案件所适用的程序。特殊的争议案件，又可称为特殊的争讼案件。与民事非讼案件相对，民事争讼案件是指就民事权益或法律事实发生争议的案件，存在对立的当事人（原告和被告）。

根据我国现行法律，特殊争讼程序主要有：(1)《民事诉讼法》第十五章规定的选民资格案件的程序。(2)《海事诉讼特别程序法》规定的海商事争讼程序。

我国没有将人事诉讼程序纳入特别争讼程序之列。在国外，人事诉讼程序通常适用于有关人们基本法律身份关系（如婚姻关系、收养关系、亲权关系等）的争讼案件，是一种强制采用的程序，即进行人事诉讼必须优先适用有关特别程序的规定。日本等国还单独制定了《人事诉讼程序法》《家事审判法》。

在外国法中，还有专门设立的简易性特别程序。比如证书诉讼程序、票据诉讼程序等属于此类特别程序，有的国家还将通常诉讼程序简化的程序（如简易程序和小额诉讼程序等）视为此类特别程序。设立这类程序的目的在于简便、迅速地解决争议。在我国，立法上没有规定证书诉讼程序、票据诉讼程序等简易性特别程序，同时《民事诉讼法》将"简易程序"列入通常的诉讼程序，并且没有规定小额诉讼程序。

## 二、我国立法上有关特殊程序的共同规则

我国《民事诉讼法》第十五章"特别程序"第一节就特别程序作出了"一般规定"。从立法体例来看，"一般规定"适用于第十五章所规定的"特别程序"。但是，根据法律适用的原理，《民事诉讼法》第十五章第一节"一般规定"也应当适用于其他非讼案件程序，比如督促程序、公示催告程序、海商事非讼程序和其他法律规定的非讼程序。

根据《民事诉讼法》第十五章第一节"一般规定"，我国特殊程序的共同规则主要有：

### （一）优先适用特别程序或非讼程序的特别规定

法院审理以上特别案件或非讼案件，在程序上，首先适用《民事诉讼法》关于特别程序或非讼程序的特别规定。若没有特别规定的，在遵循特别案件或非讼案件法律性质的前提下，适用《民事诉讼法》和其他法律的有关规定。

### （二）实行一审终审

按照特别程序或非讼程序审理的案件，实行一审终审。一审判决一经送达，即发生法律效力（形式确定力），申请人对于一审判决不得提起上诉。

### （三）审判组织的特别规定

除了重大、疑难的非讼案件，由法官组成合议庭审理之外，其他案件由法官一人独任审理。

### （四）遵循非讼原理（《民事诉讼法》第 179 条）

法院在审理非讼案件的过程中，发现本案属于民事权益争议的，应当裁定终结非讼程序，并告知利害关系人可以另行起诉。

### (五) 审限的特别规定

适用非讼程序审理案件的期限一般较短，应在立案之日起30日内或者公告期满后30日内审结。若有特殊情况需要延长的，则由本院院长批准。

尚需说明的是，非讼判决不具有既判力（实质确定力）。非讼判决确定后，如果发现判决在认定事实或适用法律方面有错误，或者出现了新情况、新事实，不能按照再审程序对该判决提起再审，《民事诉讼法》在各非讼程序中均规定了纠正或救济的具体途径。此外，《民诉法解释》第374条对两种裁定设立了异议程序，对人民法院作出的确认调解协议、准许实现担保物权的裁定，当事人有异议的，应当自收到裁定之日起15日内提出；利害关系人有异议的，自知道或者应当知道其民事权益受到侵害之日起6个月内提出。

## 三、民事非讼程序的基本原理

我国《民事诉讼法》对特殊程序作出的“一般规定”，基本上符合非讼案件和非讼程序的非讼性，但是对于非讼程序基本原理并未作出全面合理的规定。下面，主要阐释外国非讼程序的基本原理或基本原则，以期有助于发展我国非讼理论和完善我国非讼程序。

与争讼案件相比，非讼案件有着独特的法律属性（非讼性），那么处理非讼案件就得适用相应的非讼程序。因此，非讼程序的基本原理和具体构造应当遵行非讼案件的非讼和简单等特性。

民事非讼程序的基本原理或基本原则，主要包括职权主义、书面审理主义、不公开审理主义等。

### (一) 非讼程序原则上采取职权主义

在非讼程序中，原则上限制当事人主义的适用而采行职权主义。具体来说，(1) 法院可以变更或超出申请人请求的内容和范围作出裁判，不受申请人请求的内容和范围的限制（职权干预主义）；(2) 法院可以依职权主动收集证据和调查事实，不受当事人提出的证据和事实及当事人自认的限制（职权探知主义）；(3) 尽管非讼程序因申请人申请而开始，并且申请人也可依法撤回该申请，但是非讼程序更多地由法院依职权进行（职权进行主义）。

由于有些非讼案件具有公益性（比如宣告失踪、宣告死亡案件，认定公民无民事行为能力、限制民事行为能力案件等），并且如下文所述对非讼案件的处理要求快捷和经济，所以非讼程序在原则上采取职权主义。但是，也不排除必要时要求申请人收集证据和提供事实，特别是在有关私益的非讼案件中，申请人应当收集证据和提供事实。

### (二) 非讼程序原则上采取书面审理主义

由于非讼案件只有一方当事人，并不存在争议，所以在非讼程序中，不可能进行法庭言词辩论，只得或只需依据申请人提供的事实、证据进行书面审查，因而原则上也无须开庭审理。既然非讼程序采取书面审理即可，就无须采行直接审理而可以采行间接审理。

当然，在非讼程序中，书面审理原则并不绝对排除言词审理，为查明案情，必要时也可口头询问当事人或证人，当事人或证人也应口头作出陈述或回答。

（三）非讼程序原则上采取不公开审理主义

一般地说，公开审理与言词审理紧密相连，而不公开审理与书面审理密切联系。由于非讼程序中不存在法庭言词辩论而原则上采取书面审理，所以对于非讼案件原则上无须公开审理。事实上，非讼程序无须利用公开审理就能够正确确认非争议的某种事实或权利状态。

当然，在审理非讼案件时，若适用公开审理更有助于实现其目的，则可由法官自由裁量是否公开审理。

相比较而言，争讼程序更强调“慎重”，即更强调诉讼公正方面的程序保障；而非讼程序更强调“简捷”，即更强调诉讼经济方面的程序保障。非讼案件中不存在争议，多数情况下案情比较简单，所以非讼程序多是简易快捷程序，强调及时、经济地处理案件。非讼程序采取职权主义、书面审理主义和不公开审理主义等原则，非讼程序的简捷性或经济性，有助于实现非讼程序简捷、经济的价值追求。与此一致的是，对于非讼案件事实采取证明程序比较简捷的“自由证明”①。

虽然非讼程序强调简捷、经济，但是并不能因此认为非讼程序轻视公正和正确。事实上，非讼案件的非讼性和简单性决定了只需适用简易、快捷的非讼程序，就能实现正确裁判。另外，虽然法律不允许对非讼裁判提起上诉和再审（符合非讼程序的简捷性或经济性），但是规定了其他的救济途径（比如债务人可以提出支付令异议、利害关系人可以提起撤销除权判决之诉等），以实现真实，保障权益。

在非讼程序进行中，若发现本案属于民事权益争议的，则应裁定终结非讼程序，有关争议应依争讼程序解决。在非讼程序进行中，若出现对权利等实质事项的争议时，则应适用争讼程序解决以求“慎重”（即“非讼案件争讼化”）。比如，在破产程序进行中，对于是否为破产债权发生争议，则应当提起确认之诉，依照争讼程序来解决。

理论上，通常将以上民事非讼程序的基本原理或基本原则简称为“非讼法理”。但是，笔者认为，以上民事非讼程序的基本原理或基本原则在民事争讼程序中也有一定的可适用性，所以将以上民事非讼程序的基本原理或基本原则简称为“非讼法理”，是不准确的。

## 第二节　特别程序

### 一、选民资格案件的程序

（一）选举诉讼与选民资格案件

选举诉讼，从广义上说，是选民在选举权和被选举权受到侵害时的司法救济途径或手

① 邵明：《刍议民事诉讼证明的分类及适用》，载《人民法院报》，2005-03-23；邵明：《民事诉讼法理研究》，236～239页，北京，中国人民大学出版社，2004。

段。主要解决如下争议：有关选举人名册（名单）是否错误的争议、因选举违法而对选举效力发生的争议、妨害选举而发生的争议，等等。由于选举诉讼对于全体公民的政治权利产生重大影响，所以又被称为“民众诉讼”。从法律性质上说，选举诉讼具有公法性和争讼性。

我国现行选举法和诉讼法未明确使用“选举诉讼”这一词语，而是仅规定了选民资格案件及其诉讼程序，但是理论上多使用之。

选民资格案件，是指公民对选举委员会公布的选民资格名单有不同意见，向选举委员会申诉后，对选举委员会就申诉所作的决定不服，而向人民法院提起诉讼的案件。所谓公民对选民资格名单有不同意见，是指公民认为选举委员会公布的选民资格名单有错误，比如有选举资格的人未被选举名册列入或确认，无选举资格的人被选举名册列入或确认。

选民资格案件是有关公民选举权和被选举权的公法上的争讼案件。在选民资格案件及其诉讼程序中，起诉人与选举委员会之间就选民资格的有无或选民名单的对错发生争议。因此，它不同于有关公民民事权利义务的私法上的争讼案件。

根据我国《选举法》的规定，选举前，应当按选区进行登记，并在选举日前 20 日公布选民资格名单，发给选民证。公民对选举委员会公布的选民资格名单有不同意见，可以向选举委员会提出申诉。选举委员会对申诉必须在 3 日内依法作出决定。申请人如果对申诉决定不服，可以向人民法院起诉，由受诉人民法院来判决某公民有无选民资格。

选民资格案件既不涉及犯罪问题，也不涉及行政法律权利义务，并且其被告选举委员会并非行政机关，所以由刑事诉讼法和行政诉讼法来解决并不合法。以诉讼或者司法方式解决有关公民选举权和被选举权的争议，是现代法治的要求，为许多发达国家所采用。因此，我国只得将解决选民资格案件的诉讼程序规定在《民事诉讼法》中。至于破坏选举的犯罪行为，则应按照刑事诉讼程序处理。

以诉讼或者司法方式解决有关公民选举权和被选举权的争议，体现了诉讼目的还包括解决有关政治问题的争议，保护政治权利和维护合法的政治秩序。

### （二）审理选民资格案件的特别程序

选民资格案件的特殊性决定了解决选民资格案件需适用特殊的诉讼程序。人民法院解决选民资格案件，须遵行《民事诉讼法》规定的特别程序。选民资格案件的审判程序具有很多特殊之处，具体来说：

1. 适用选民资格案件程序，必须以选举委员会对选民资格有争议的申诉作出了处理决定为前置条件，公民只能对选举委员会的申诉决定提起诉讼，而不能就选民资格的争议直接向法院提起诉讼。

2. 诉讼当事人是起诉人和选举委员会。起诉人既可以是就选民资格发生争议的公民本人，也可以是对选举委员会关于选民资格的申诉处理决定不服的其他公民或有关组织。不管起诉人是谁，公民本人都必须参加诉讼。选举委员会成为当然的被诉人，由其代表人参加诉讼。

3. 公民必须在选举日的 5 日以前向选区所在地的基层人民法院起诉。选民资格案件的起诉期限是特定的法定期限，即在选举日的 5 日以前，并且选民资格案件由选区所在地的基层人民法院专属管辖。

4. 法庭审理采用由审判员组成的合议制，并且要经过法庭调查和法庭辩论及合议庭的评议。这是因为选民资格案件关系到公民的政治权利问题，必须严肃、慎重对待。而且必须在选举日前审结，否则就不能保障公民选举权的有效行使和选举工作的顺利进行，审判也就失去了意义。

5. 法院的判决一经作出即生效。判决书应当在选举日前送达起诉人和选举委员会，并通知有关公民。有学者主张，对于争议性的选民资格案件应当实行两审终审，以充分保护公民的选举权和被选举权。

## 二、宣告失踪和宣告死亡案件的程序

**【案例 18－1】申请宣告公民失踪案**①

> 1993 年 12 月 10 日，某村村民于刚（21 岁）离家去成都某餐厅找其表哥打工。1994 年元旦，于刚的表哥回乡，于刚的父母才得知于刚根本未去成都其表哥的餐厅打工。于是家人四处寻找，但仍杳无音信。至 1995 年春节，仍无于刚任何消息，于是于刚之父在 1996 年 3 月 1 日向县人民法院提出书面申请（附有县公安机关关于于刚下落不明的书面证明），请求宣告于刚失踪。法院受理后，依据于刚之父提供的线索和地址，先后发出数十封联系信，均未找到于刚。法院遂于 1996 年 5 月 10 日宣告于刚失踪，同时依照《民法通则》第 21 条第 1 款的规定，指定于刚之母为于刚的财产代管人。

### （一）宣告失踪和宣告死亡案件

宣告公民失踪案件，是指公民下落不明达到法定期限，利害关系人请求法院宣告该公民失踪的案件。

宣告公民死亡案件，是指公民下落不明达到法定期限或具备法定条件，利害关系人请求法院宣告该公民死亡的案件。

宣告公民失踪，是法律上推定下落不明的公民还生存着。宣告死亡，与自然死亡相对称，是法律上推定下落不明的公民已经死亡。若后来确知下落不明的公民还生存着或者已经死亡，均不能宣告该公民失踪或者死亡。

关于宣告公民失踪、死亡的案件，民事实体法规定其实体要件，民事诉讼法则规定宣告的程序要件和具体程序。

### （二）宣告失踪和宣告死亡案件的程序

1. 申请和受理

宣告失踪或死亡案件的程序，须由下落不明人的利害关系人申请而开始。申请法院宣告下落不明的公民失踪或死亡，必须具备以下主要条件：

---

① 参见王敬藩主编：《民事诉讼法教学案例》，276～277 页，北京，中国政法大学出版社，1999。

（1）申请人须适格。申请人须是与下落不明的公民有利害关系的人。利害关系人，是指与下落不明的公民有人身关系或者民事权利义务关系的人，包括失踪公民的配偶、父母、成年子女、祖父母、外祖父母、成年孙子女、成年外孙子女、成年兄弟姐妹等近亲属，以及其他与失踪公民有民事权利义务关系的人（如失踪公民的债权人等）。《民诉法解释》第 346 条规定，符合法律规定的多个利害关系人提出宣告失踪、宣告死亡申请的，列为共同申请人。

（2）须以书面形式提出申请。申请书应当写明：申请人和被申请人的基本情况及两者之间的关系；申请事项，即请求人民法院宣告×××（被申请人姓名）失踪或死亡；事实和理由，即请求宣告失踪或死亡的法定事实或法定条件和法律依据。此外，还应附有公安机关或者其他有关机关关于该公民下落不明的书面证明。

（3）须向有管辖权的法院提出申请。有管辖权的法院即下落不明人住所地的基层法院。

（4）须具备法定的事实或法定的条件。即公民下落不明达到法定期限或具备法定条件。下落不明，是指公民最后离开自己住所地或居所地后，去向和生死不明。宣告失踪的，下落不明的期间为满 2 年；宣告死亡的，下落不明的期间为满 4 年，或因意外事故下落不明满 2 年，或因意外事故下落不明，经有关机关证明该公民不可能生存的。[①]

法院收到申请后，应当及时审查以决定是否受理。申请人不适格的，法院应当不予受理。申请书不合法的，法院应当命申请人限期补正，申请人若无正当理由不按期补正或者补正后仍不合法的，则不予受理。管辖不合法的，法院告知申请人向有管辖权的法院申请（若受理的，则应移送给有管辖权的法院）。

至于第（4）个条件属于实质要件，在受理阶段，法院主要是从形式上审查是否具备。因为是否真正存在宣告失踪或死亡的法定事实原因，须经过公告以后才能确定。

应当明确，宣告失踪不是宣告死亡的必经程序，只要符合宣告死亡的条件，利害关系人就可以直接向法院申请宣告死亡。申请宣告死亡的公民，可以是已被宣告失踪的人，也可以是未经宣告失踪的人。另外，对于同一个下落不明的公民，其同一顺序的利害关系人，有的申请宣告死亡，有的申请宣告失踪，法院应当依法按照宣告死亡案件来审理。

2. 公告和判决

法院受理申请后，应当立即发出寻找下落不明人的公告。《民诉法解释》第 347 条规定：寻找下落不明人的公告应当记载下列内容：（1）被申请人应当在规定期间内向受理法院申报其具体地址及其联系方式。否则，被申请人将被宣告失踪、宣告死亡；（2）凡知悉被申请人生存现状的人，应当在公告期间内将其所知道情况向受理法院报告。

宣告失踪的公告期间为 3 个月。宣告死亡的公告期间为 1 年；因意外事故下落不明经有关机关证明该公民不可能生存的，宣告死亡的公告期间为 3 个月。

---

① 因意外事故下落不明的，通常公民死亡的可能性比较大，所以仅需满 2 年。有关机关证明该公民不可能生存，实际上是推定该公民已经死亡，但是只有经过法院宣告其死亡，才能产生该公民死亡的法律后果。下落不明的法定期限，应从公民最后离开自己住所地或居所地之次日起连续计算，中间不能间断；如有间断，则应从最后离开自己住所地或居所地之次日起连续计算。因意外事故下落不明的，从事故发生之次日起连续计算。战争期间下落不明的，从战争结束之次日起连续计算。

公告期满之前，获知下落不明公民确实死亡或者还生存着，法院判决驳回宣告公民失踪或死亡的申请，终结案件的审理。公告期满，下落不明公民仍然下落不明的，若申请宣告失踪的，法院则判决宣告该公民为失踪人；若申请宣告死亡的，则法院判决宣告该公民死亡。

在【案例 18－1】中，法院没有发出寻找于刚的公告，就作出宣告于刚失踪的判决，这一做法违反了法定程序。公告寻找失踪人，是法院审理宣告公民失踪案件的必经程序。这是因为宣告失踪是一种推定（失踪），而这一推定将产生一定的民事实体法律效果，给被宣告失踪公民的民事实体权利义务造成重大的影响，为了尽量接近真实和慎重起见，法院作出宣告公民失踪的判决必须建立在发出公告的基础之上。本案例中，法院虽然先后发出数十封联系信，但是这并不能代替公告，并不能产生公告所产生的效果。

《民诉法解释》第 348 条规定，人民法院受理宣告失踪、宣告死亡案件后，作出判决前，申请人撤回申请的，人民法院应当裁定终结案件，但其他符合法律规定的利害关系人加入程序要求继续审理的除外。

判决书除送达申请人外，还应在被宣告失踪或死亡公民住所地和法院所在地予以公告。判决一经宣告，即发生法律效力。判决中应当确定被宣告失踪或死亡人的失踪或死亡日期，判决中未确定失踪或死亡日期的，则以判决宣告之日为失踪或死亡日期。

### （三）判决宣告失踪和宣告死亡的法律后果

#### 1. 判决宣告失踪的法律后果

判决宣告失踪的法律后果主要是为失踪人设立财产管理人。财产管理人的职责包括：(1) 有权保管失踪人的财产，有权代理失踪人进行有关民事活动以及其他法律活动（比如以失踪人的财产支付失踪人所欠税款、债务和应付的其他费用等）；(2) 可以（形式）当事人身份提起或参加有关失踪人及其财产的诉讼或仲裁等解决纠纷活动。

但是，失踪人的民事权利能力没有消灭，与失踪人人身有关的民事法律关系（如婚姻关系、收养关系、继承关系等）也不发生变化（例如在宣告失踪以后涉及继承问题，仍应为失踪人保留其应继承的份额等）。

财产管理人可以是失踪人配偶、父母、成年子女或者关系密切的亲戚朋友。如果没有上述管理人或者对管理人有争议的，应由法院指定管理人。财产管理人经法院指定后，管理人申请变更管理人，应比照《民事诉讼法》特别程序的有关规定进行审理。失踪人的其他利害关系人申请变更管理人的，法院应告知其以原管理人为被告起诉，按争讼程序进行审理。

#### 2. 判决宣告死亡的法律后果

公民被宣告死亡与自然死亡的法律后果基本相同：(1) 该公民的民事权利能力因宣告死亡而终止，与其人身有关的民事法律关系也随之终结（比如原有的婚姻关系自然消灭等），继承因宣告死亡而开始；(2) 该公民的诉讼权利能力也因宣告死亡而终止，没有资格或能力成为诉讼当事人。

但是，宣告死亡终究是推定死亡，与自然死亡毕竟有所不同。宣告死亡的法律后果仅存在于该公民以原住所地或原居所地为中心的范围内，若该公民在异地生存则在生存地仍然具有民事权利能力和诉讼权利能力，仍然有权进行民事活动和成为诉讼当事人。

### （四）救济途径：请求法院撤销宣告失踪或宣告死亡判决

1. 撤销宣告失踪判决

判决下落不明人为失踪人，实际上是法院根据法定的条件和程序所作出的推定，被宣告失踪人可能会重新出现或者确知其下落。如果真是这样，失踪人或者利害关系人可以向原判决法院申请撤销宣告失踪的判决。法院审查核实后，作出新判决，撤销原判决。

原判决撤销或新判决生效后，财产管理人的职责终止，应当把失踪人的财产及时返还给该公民。

2. 撤销宣告死亡判决

判决宣告公民死亡，实际上也是法院根据法定的条件和程序所作出的推定，被宣告死亡人可能会重新出现或者确知其下落。如果确实如此，经本人或利害关系人申请，人民法院应当作出新判决，撤销原判决。

新判决一宣告即生效，被宣告死亡公民的民事权利能力和诉讼权利能力随之恢复。该公民有权请求返还其所有的财产，原物还在的应当返还原物，原物不在或者原物受损的则应给予适当的补偿。如果其配偶未再婚的，原婚姻关系从死亡宣告撤销之日起自动恢复；如果配偶已再婚的，新婚姻关系仍然有效，原婚姻关系不能自行恢复。其子女被人收养的，其合法收养关系仍然有效，但收养人与被收养人可以协商解除收养关系。

## 三、认定公民无民事行为能力和限制民事行为能力案件的程序

**【案例 18－2】认定周立为无民事行为能力、限制民事行为能力案**

公民周立因车祸造成严重脑损伤，丧失认知能力。于是，2008 年 3 月 10 日，周立所在的工作单位请求法院认定周立为无民事行为能力人。法院审查了该单位提供的关于周立病情的鉴定结论，认定其具有真实性和合法性。据此，法院判决认定周立为无民事行为能力人。经过长期的治疗，周立的病情明显好转，恢复了一定的认知能力。2013 年 5 月 6 日，周立之父向法院请求撤销 2008 年认定周立为无民事行为能力人的判决，请求认定周立为限制民事行为能力人。法院受理此案后，仅通知周立之父参加审理，经过审理并经医疗鉴定部门的鉴定，法院认定周立的病情较轻。据此，法院撤销了原判决，并作出新判决，认定周立为限制民事行为能力人。

### （一）认定公民无民事行为能力和限制民事行为能力案件

认定公民无民事行为能力案件，是指法院根据利害关系人的申请，通过法定程序确定并宣告因精神病或其他疾病而全部丧失民事行为能力的公民为无民事行为能力人的案件。

认定公民限制民事行为能力案件，是指法院根据利害关系人的申请，通过法定程序确定并宣告因精神病或其他疾病而部分丧失民事行为能力的公民为限制民事行为能力人的案件。

认定公民无民事行为能力或限制民事行为能力案件针对的是具有完全民事行为能力的人，后来因为精神病或其他疾病而全部或部分丧失民事行为能力，法院以法定程序宣告该公民为无民事行为能力或限制民事行为能力人，并为该公民确定监护人和法定诉讼代理人，以保护该公民及其利害关系人的合法民事权益，保障有关该公民及其财产的诉讼或仲裁等解决纠纷活动的正常进行，进而维护正常的交易秩序。

### （二）认定公民无民事行为能力和限制民事行为能力案件的程序

#### 1. 申请和受理

申请法院认定公民无民事行为能力、限制民事行为能力，必须具备下列主要条件：

（1）须由利害关系人提出申请。申请人须是被申请人的近亲属或者其他利害关系人，包括：被申请人的配偶、父母、成年子女、祖父母、外祖父母、成年孙子女、成年外孙子女、成年兄弟姐妹等，或者愿意承担监护责任、经被申请人所在单位或者所在居民委员会或村民委员会同意的、与被申请人关系密切的其他亲属或朋友。

（2）须以书面形式提出申请。申请书应当写明：申请人和被申请人的基本情况及两者之间的关系；申请事项，即请求法院认定×××（被申请人姓名）为无民事行为能力或限制民事行为能力人；事实和理由，即有关被申请人无民事行为能力或限制民事行为能力的事实、根据及其现实表现和提出申请的法律依据。此外，还应附有被申请人的医疗诊断证明或病历资料及其他有关证据材料。

（3）须向有管辖权的法院提出申请。有管辖权的法院即被申请人住所地的基层法院。

（4）须具备法定的事由。即被申请人须是已成年的，但因精神病或其他疾病而全部或部分丧失了民事行为能力。这是因为认定公民无民事行为能力或限制民事行为能力案件，其目的在于以法定程序宣告该公民为无民事行为能力或限制民事行为能力人，并为该公民确定监护人和法定诉讼代理人，以保护该公民及其利害关系人的合法民事权益和解决纠纷请求权及程序参与权。至于8周岁以下的无民事行为能力人、18周岁以下8周岁以上的限制民事行为能力人不得作为被申请人，这是因为根据法律的规定，他们当然由其法定监护人来保护其合法权益。

法院收到申请后，应当及时审查以决定是否受理。申请人不适格的，法院应当不予受理。申请书不合法的，法院应当命申请人限期补正后，才受理。管辖不合法的，法院告知申请人向有管辖权的法院申请（若受理的，则应移送给有管辖权的法院）。

至于第（4）个条件，属于实质要件，在受理阶段，法院主要是从形式上审查是否具备，因为导致全部或部分丧失民事行为能力的精神病或其他疾病是否真实，须经过以后的审理才能够确定。

在民事诉讼中，当事人的利害关系人提出该当事人患有精神病，要求宣告该当事人无民事行为能力或限制民事行为能力的，应由利害关系人向法院提出申请，由受诉法院按照非讼程序立案审理，原诉讼中止（《民诉法解释》第349条）。

#### 2. 审理和判决

首先应为被申请人确定本案的诉讼代理人。诉讼代理人由被申请人的近亲属来推选，若其近亲属互相推诿则由法院从其近亲属中指定。被申请人健康状况许可的，还应询问本人意见。申请人之所以不得作为被申请人的诉讼代理人，是因为申请人可能与被申请人存在利害冲突。《民诉法解释》第352条进一步细化了本类案件的诉讼代理人制度：申请认定公民无民事行为能力或者限制民事行为能力的案件，被申请人没有近亲属的，人民法院可以指定其他亲属为代理人。被申请人没有亲属的，人民法院可以指定经被申请人所在单位或者住所地的居民委员会、村民委员会同意，且愿意担任代理人的关系密切的朋友为代理人。没有前款规定的代理人的，由被申请人所在单位或者住所地的居民委员会、村民委员会或者民政部门担任代理人。代理人可以是一人，也可以是同一顺序中的两人。在【案例18-2】中，周立之父为申请人，那么依法应由周立的其他近亲属担任代理人，但是，法院仅通知周立之父参加审理，并未通知周立的其他近亲属以代理人的身份参加审理，这一做法明显违法。

之后，法院调查被申请人是否为无民事行为能力或限制民事行为能力。在被申请人精神健康状况许可的情况下，为审理案件需要的，应让被申请人到庭。法院根据申请人或其他人（如诉讼代理人）提供的证据来确定被申请人的精神健康状况和认知水平。必要时，应对被申请人进行医学鉴定。申请人已提供鉴定意见的，应当对鉴定意见进行审查。对鉴定意见有怀疑的，可以重新鉴定。

经审理，法院认为被申请人并未丧失民事行为能力的，则判决驳回申请；法院认为该公民确实是无民事行为能力或者限制民事行为能力的，则判决被申请人为无民事行为能力人或者限制民事行为能力人。

### （三）救济途径：请求撤销认定公民无民事行为能力或限制民事行为能力判决

法院根据被认定为无民事行为能力或限制民事行为能力人或其监护人的申请，证实该公民无民事行为能力或限制民事行为能力的原因已经消除的，即该公民的精神病或其他疾病已经痊愈，重新具有完全民事行为能力的，应当作出新判决，撤销原判决。

自新判决宣告之日，法律上承认被认定为无民事行为能力或限制民事行为能力人具有完全民事行为能力和诉讼行为能力。

### （四）确定监护人及有关争议的解决

在判决认定公民为无民事行为能力或限制民事行为能力人之后，应为该公民确定监护人。至于为该公民确定监护人事项，按照《民法通则》第17条的规定处理。该公民近亲属对担任监护人有争议的，由该公民的所在单位或者住所地的居民委员会、村民委员会在近亲属中指定。被指定的监护人不服指定，应当自接到通知之日起30日内向人民法院提出异议（《民诉法解释》第351条）。经审理，法院认为指定并无不当的，裁定驳回异议；指定不当的，判决撤销指定，同时另行指定监护人。判决书应当送达起诉人、原指定单位及判决指定的监护人。

应当明确，认定公民无民事行为能力或限制民事行为能力案件的程序，其终结的时间是法院作出公民无民事行为能力或限制民事行为能力的判决之时，而指定监护人程序则是另一程序。

## 四、认定财产无主案件的程序

**【案例 18－3】某火车站失物招领处认定财产无主案**

某火车站失物招领处存有一批旅客遗失物，长期无人认领。由于库容有限，故火车站向其所在地的基层法院提出书面申请，请求认定这些遗失物为无主财产。法院受理了本案，并发出了公告。公告期（1年）届满后，无人认领这些遗失物，于是法院将这些财产判决归国家所有。

### （一）认定财产无主案件

认定财产无主案件，是指法院根据有关公民、法人或者其他组织的申请，依照法定程序将某项权属不明的财产认定为无主财产，并将其判归国家或集体所有的案件。

现实生活中，存在大量的无主财产，基于物尽其用等考虑，法律设立认定财产无主案件的程序，将权属不明的财产认定为无主财产，并将其判归国家或集体所有，以合法使用或管理该项财产。

### （二）认定财产无主案件的程序

1. 申请和受理

公民、法人或者其他组织向法院申请认定财产无主案件，必须具备以下主要条件：

（1）须向有管辖权的法院提出书面申请。凡是知道财产无主情况的公民、法人或其他组织即可为申请人。申请书应当写明：申请人的基本情况；请求事项，即请求法院认定某项财产为无主财产；财产的种类、数量和支持请求的事实理由。认定财产无主的案件由无主财产所在地的基层法院管辖。

（2）某项有形财产的权利主体不明或不存在的状态须持续一定期间。申请认定无主的财产，须是有形财产。该财产的权利主体不明或不存在，比如埋藏物、隐藏物、遗失物、漂流物、失散饲养动物的所有人不明，遗产的继承人不明等财产所有人无法确定的情形。该财产权利主体不明或不存在的状态须持续一定期间，这一期间多由民事实体法规定。

法院收到申请后，应当及时审查以决定是否受理。申请书不合法的，法院应当命申请人限期补正后，才受理。管辖不合法的，法院告知申请人向有管辖权的法院申请（若受理的，则应移送给有管辖权的法院）。

至于第（2）个条件属于实质要件，在受理阶段，法院主要是从形式上审查是否具备，因为被申请的财产是否为真正的无主财产，须经公告以后才能够确定。

2. 公告和判决

法院受理申请后，应发出财产认领公告，寻找该财产的所有人。公告期限为1年。在公告期间，因财产仍处于无主状态，法院可根据财产的具体情况，指定专人看管，或委托有关单位代管。

公告期间，如果财产所有人或继承人等出现，或者获悉该项财产归属的，法院核实后，应当驳回申请，并通知财产所有人或继承人等认领财产。[1]

公告期满后，如果财产所有人或继承人等仍然不明或没有出现，或者仍然不知该项财产归属的，法院核实后，判决认定该项财产为无主财产，并判归国家或集体所有。

#### （三）救济途径：请求撤销认定财产无主判决

认定财产无主判决，在法律性质上属于对财产无主的推定，这种推定可能与现实不符。事实上，判决认定财产无主后，原财产所有人或继承人等仍有可能出现。

原财产所有人或继承人等可以向作出财产无主判决的法院提出书面申请，请求撤销原判决。法院审查属实后，并认为原财产所有人或继承人等的请求还在诉讼时效期间内，就应当作出新判决，撤销原判决。

新判决一宣告就确定，原财产所有人或继承人等恢复财产所有权。原财产存在的，应返还原财产；原财产无法返还的，应返还同类财产或者按照原财产的价值返还。

### 五、确认调解协议案件

#### （一）确认调解协议案件

确认调解协议案件，是指双方当事人对经人民调解委员会等调解组织调解达成的协议，依法共同申请人民法院予以确认，并赋予该调解协议具有强制执行力的案件。人民调解委员会在我国历史悠久，在解决纠纷、缓解司法压力中发挥着重要作用。但调解协议的法律性质及效力一直未得到明确规定。2010 年通过《人民调解法》第 33 条对调解下协议的司法确认作出了相应规定。为了建立健全诉讼与非诉相衔接的矛盾纠纷解决机制，2012 年修改《民事诉讼法》时在特别程序中增加了一节“确认调解协议案件”，其第 194 条、195 条对此作出了规范，明确了当事人申请司法确认调解协议的程序和法律后果。

#### （二）确认调解协议案件的程序

1. 案件范围

《民事诉讼法》第 194 条规定：“依照人民调解法等法律”可以申请司法确认，因此毫无疑问，人民调解委员会作出的调解协议属于确认调解协议案件中的调解协议范围。关于其他组织作出的调解协议能否申请司法确认，“依照人民调解法等法律的规定”中的“等”字预留了制度空间。党的十八届四中全会指出“健全社会矛盾纠纷预防化解机制，完善调解、仲裁、行政裁决、行政复议、诉讼等有机衔接、相互协调的多元化纠纷解决机制”，因而为解决其他组织作出的调解协议问题指出了方向。为了健全多元化纠纷解决机制，实现各种纠纷解决机制的有机衔接，应当扩大司法确认调解协议的范围。为此，本类案件所指的调解协议，并不局限于人民调解协议，还应当包括行政机关、商事调解组织、行业调解组织或者其他具有调解功能的调解组织等调解所达成的调解协议。

---

① 公告期间，若有人对该项财产提出请求，法院应裁定终结认定财产无主案件程序，告知申请人另行起诉，适用普通程序审理（《民诉法解释》第 350 条）。

2. 管辖法院

《民诉法解释》第353条规定，申请司法确认调解协议的，双方当事人应当本人或者由符合民事诉讼法第58条规定的代理人向调解组织所在地基层人民法院或者人民法庭提出申请。对两个以上调解组织参与调解的，各调解组织所在地基层人民法院均有管辖权。双方当事人可以共同向其中一个调解组织所在地基层人民法院提出申请；双方当事人共同向两个以上调解组织所在地基层人民法院提出申请的，由最先立案的人民法院管辖。

3. 申请与受理

调解协议生效之日起30日内，如果认为有必要申请司法确认，双方当事人必须达成合意，共同提出申请。当然，一方当事人提出申请，另一方当事人表示同意的，可视为共同提出申请。申请确认调解协议，可以采用书面或者口头形式。

人民法院收到当事人的司法确认申请，应当在3日内决定是否受理，决定受理的及时向当事人送达受理通知书。双方当事人同时到法院申请确认的，人民法院可以当即受理并作出是否确认的决定。有《民诉法解释》第357条规定的以下情形之一的，人民法院裁定不予受理：（1）不属于人民法院受理范围的；（2）不属于收到申请的人民法院管辖的；（3）申请确认婚姻关系、亲子关系、收养关系等身份关系无效、有效或者解除的；（4）涉及适用其他特别程序、公示催告程序、破产程序审理的；（5）调解协议内容涉及物权、知识产权确权的。人民法院受理申请后，发现有上述不予受理情形的，应当裁定驳回当事人的申请。

4. 审查的方式与内容

关于确认调解协议案件的审查方式，立法上缺乏明确规定，实践中也存在不同认识。依据《民诉法解释》第358条，采取书面审查和到庭审查相结合的方式：人民法院审查相关情况时，应当通知双方当事人共同到场对案件进行核实。人民法院经审查，认为当事人的陈述或者提供的证明材料不充分、不完备或者有疑义的，可以要求当事人限期补充陈述或者补充证明材料。必要时，人民法院可以向调解组织核实有关情况。

关于确认调解协议案件的审查内容，分为形式审查与实体审查两个方面。形式审查主要是审查是否属于《民诉法解释》第357条规定的情形，如果发现属于不予受理的情形，则裁定驳回当事人的申请。实体审查则主要围绕调解协议的自愿性以及合法性展开，具体包括：（1）当事人是否有民事行为能力，代理人是否有代理权；（2）协议内容是否违反法律强制性规定；（3）协议内容是否损害国家利益、社会公共利益、他人合法权益；（4）协议内容是否违反公序良俗；（5）调解协议是否违背自愿原则；（6）调解协议的内容是否明确；（7）是否存在其他不能进行司法确认的情形，如调解协议的内容不属于当事人的处分权等。

5. 司法确认的结果

根据最高人民法院《关于人民调解协议司法确认程序的若干规定》，人民法院应当自受理司法确认申请之日起15日内作出是否确认的决定。因特殊情况需要延长的，经本院院长批准，可以延长10日。

具有以下情形的，人民法院裁定驳回申请：（1）违反法律强制性规定的；（2）损害国家利益、社会公共利益、他人合法权益的；（3）违背公序良俗的；（4）违反自愿原则的；（5）内容不明确的；（6）其他不能进行司法确认的情形。

人民法院经审查认为调解协议符合确认条件的，应当作出确认裁定书。人民法院确认调解协议效力的裁定自送达双方当事人后发生效力。人民法院作出确认裁定后，一方当事人拒绝履行调解协议或者未全部履行的，对方当事人可以向作出裁定的基层人民法院或者被执行财产所在地的基层人民法院申请强制执行。

#### (三) 确认调解协议案件的救济

对人民法院作出的确认调解协议的裁定，当事人有异议的，应当自收到裁定之日起 15 日内提出；利害关系人有异议的，自知道或者应当知道其民事权益受到侵害之日起 6 个月内提出。

### 六、实现担保物权案件

#### (一) 实现担保物权案件

担保物权是以直接支配特定财产的交换价值为内容，以确保债权实现为目的而设定的物权。担保物权的实现，是在债务人不能履行债务时，担保物权人通过法定程序，将担保标的物变现，从而使其债权得到优先受偿的过程。《物权法》《担保法》等民事实体法对担保物权的实现作出了规定，2012 年修正的《民事诉讼法》增设了"实现担保物权案件"一节，实现了民事程序法与民事实体法的有机衔接。

#### (二) 实现担保物权案件的程序

1. 申请主体

《民事诉讼法》第 196 条规定的申请人，包括担保物权人以及其他有权请求实现担保物权的人。具体而言，担保物权人包括抵押权人、质押权人和留置权人。其他有权请求实现担保物权的人，包括抵押人、出质人、财产被留置的债务人或所有人。

2. 管辖法院

实现担保物权案件，由担保财产所在地或者担保物权登记地的基层人民法院管辖。由担保财产所在地基层人民法院管辖，便于担保财产的查封、扣押。由担保物权登记地基层人民法院管辖，便于财产权利（股权、专利权、著作权等）的执行。有权利凭证（如票据、仓单、提单等）的权利质权案件，可以由权利凭证持有人住所地人民法院管辖；无权利凭证的权利质权案件，由出质登记地人民法院管辖。同一债权的担保物有多个，且所在地不同，申请人分别向有管辖权的人民法院申请实现担保物权的，人民法院应当依法受理。此外，需注意，实现担保物权案件属于海事法院等专门人民法院管辖的，由专门人民法院管辖。

3. 期限

人民法院受理申请后，应当在 5 日内向被申请人送达申请书副本、异议权利告知书等文书。被申请人有异议的，应当在收到人民法院通知后的 5 日内向人民法院提出，同时说明理由并提供相应证据材料。

4. 审查与处理

《民诉法解释》第 369 条规定，实现担保物权案件可以由审判员一人独任审查。担保财产标的额超过基层人民法院管辖范围的，应当组成合议庭进行审查。

人民法院审查实现担保物权案件时，可以询问申请人、被申请人、利害关系人，必要时可以依职权调查相关事实，人民法院应当就主合同效力、期限、履行情况，担保物权是否有效设立、担保财产的范围、被担保的债权范围、被担保的债权是否已届清偿期等担保物权实现的条件，以及是否损害他人合法权益进行审查。人民法院审查后，区别不同情形来处理：第一，当事人对实现担保物权无实质性争议且实现担保物权条件成就的，裁定准许拍卖、变卖担保财产；第二，当事人对实现担保物权有部分实质性争议的，可以就无争议的部分裁定准许拍卖、变卖担保财产；第三，当事人对实现担保物权有实质性争议的，裁定驳回申请，并告知申请人向人民法院提起诉讼。

### （三）实现担保物权案件的救济

对人民法院作出的准许实现担保物权的裁定，当事人有异议的，应当自收到裁定之日起15日内提出；利害关系人有异议的，自知道或者应当知道其民事权益受到侵害之日起6个月内提出。

## 【问题与思考】

1. 引例中，法院审判是否违反了合议制？刘芳能否就该案提起上诉？

2. 在1998年区县换届选举中（选举日为12月28日），某厂选举委员会认为，该厂职工甲已下岗，应在其所在的街道参加选举，故未将甲列入选民名单。但是，甲所在的街道选举委员会认为，甲虽已下岗，但仍是该厂的职工，不应在街道参加选举，所以也未将甲列入选民名单。12月14日，甲向该厂选举委员会提出申诉，该选举委员会于12月15日决定甲应在其街道参加选举。12月16日，甲找到街道选举委员会，该街道选举委员会决定甲不应在该街道参加选举。甲及其邻居乙不服街道选举委员会的决定，乙在12月19日向街道所在地的基层人民法院提起诉讼，请求确认甲的选民资格。该法院认为，乙不得做起诉人，应由甲做起诉人。于是，甲在12月21日向该法院提起了确定其选民资格的诉讼。由于临近选举日，法院决定由审判员丙独任审判。在街道选举委员会未到庭的情况下，法院就进行了审理，并于12月29日作出判决：甲应在该厂选区参加选举，并于12月30日送达了判决书。

法律问题：本案的审判存在哪些违反法定程序的情形？

3. 在【案例18-2】中，(1) 如果周立之父认为，法院作出周立为限制民事行为能力人的判决中，没有为周立指定监护人，对此周立之父可怎么办？(2) 如果周立之病痊愈，可否向法院申请撤销周立为限制民事行为能力人的判决？

4. 在【案例18-3】中，法院作出无主财产判决之后，如果公民乙认为无主财产中的一个密码箱为自己所有，可采取何种方法？

5. 张文有一名表。某日，张文的好友李进看到了这块表，表示愿出价3万元购买，张文立即表示同意，双方签订了合同，约定李进分三次将钱在两个月内付清。两个月后，李进只付了1万元，张文遂向法院起诉要求李进承担违约责任。在审理过程中，李进的父母来到法院称李进有间歇性精神病，签合同时正处于发病状态，无法对自己的行为负责。同时李进的父母向法院申请宣告李进为限制民事行为能力人。对李进父母的申请，法院应如何处理？①

---

① 参见国家司法考试试题2002年试卷三第25题。

# 第十九章
# 督促程序

## 参考文献


(一) 著作

1. 陈荣宗，林庆苗．民事诉讼法．3 版．台北：三民书局，2003. 1085～1105 页

2. ［德］奥特马·尧厄尼希．民事诉讼法．北京：法律出版社，2003.448～453 页

3. ［日］中村英郎．新民事诉讼法讲义．北京：法律出版社，2001.304～306 页

4. 汤维建主编．民事诉讼法学．北京：北京大学出版社，2014.356～364 页

5. 汤维建，向泰编著．民事诉讼法．北京：中国人民大学出版社，2014.235～241 页

6. 蔡虹．民事诉讼法学．北京：北京大学出版社，2016.433～442 页

7. 田平安主编．民事诉讼法．北京：中国人民大学出版社，2013.295～301 页

8. 刘家兴，潘剑锋主编．民事诉讼法学教程．北京：北京大学出版社，2013.286～292 页

(二) 论文

1. 河北省高级人民法院研究室．督促程序适用中的问题及对策探讨．法律适用，2000 (5)

2. 冯仁强．督促程序困境与对策研究．见：张卫平主编．司法改革论评（第三辑）．北京：中国法制出版社，2002

3. 张亮．我国督促程序之支付令既判力问题探析——以德国、奥地利督促程序之支付令效力为借镜．山东社会科学，2017（9）

4. 史长青．支付令既判力之研判．法学杂志，2016（9）

5. 王福华．督促程序的属性、类型与程序保障．当代法学，2014（3）

## 参考法规

1991年《中华人民共和国民事诉讼法》（2017年修正）第214条～第217条；1999年《中华人民共和国海事诉讼特别程序法》第99条。

2015年最高人民法院《关于适用〈中华人民共和国民事诉讼法〉的解释》第380条、第427条～第443条；2008年最高人民法院《关于适用督促程序若干问题的规定》。

我国台湾地区"民事诉讼法"第508条～第521条。

《德国民事诉讼法》第688条～第703条；《日本民事诉讼法》第382条～第397条；《法国民事诉讼法》第1405条～第1425条。

## 引例　某农机配件厂适用督促程序追缴欠款案

某农机配件厂与某公司于2015年3月签订一份合同，配件厂为公司生产一批弹簧，由公司提供样品，照样品生产，如质量不合格，公司可在提货后两周内退货，不退货则应在提货后两周内付款7 000元。2015年4月17日该公司接收了定做的弹簧，但是直至5月底该公司没有付款。农机配件厂几次催付货款，该公司以资金周转有困难为由，拒绝支付。农机配件厂部分人主张向法院起诉来追讨欠款，也有人主张向法院申请支付令。

# 第一节　督促程序总论

## 一、督促程序的概念

督促程序，是指法院根据债权人申请，以支付令催促债务人限期履行债务的程序。由于督促程序是以支付令催促债务人履行债务，债务人若在法定期间内对支付令不提出异议或异议不合法的，则该支付令即具有强制执行力，所以督促程序又称支付令程序。

审理督促案件，在程序上首先必须适用《民事诉讼法》（第十七章）、《海事诉讼特别程序法》（第八章第四节）和最高人民法院《民诉法解释》《关于适用督促程序若干问题的规定》（2008 年）等司法解释关于督促程序的特殊规定；在没有特殊规定的情况下，在不违背督促程序性质的前提下，可适用《民事诉讼法》《海事诉讼特别程序法》及相关司法解释的其他有关规定。

督促程序是一种督促债务人偿还债务的简捷程序，其主要目的是简便、快捷地督促债务人偿还债务以实现债权人债权。

督促程序的适用不具有强制性，债权人对此程序有选择适用的自由，即在同时符合和具备督促程序法定的适用范围和适用条件时，债权人有权选择申请适用督促程序，或者选择起诉适用争讼程序。

## 二、督促程序的性质

督促程序是一种督促债务人偿还债务的简捷程序，专门用于解决债权债务关系明确而债务人无正当理由不偿还债务的非讼案件。

我国督促程序具有以下主要性质：

1. 专门性。这主要体现在督促程序适用的范围和条件方面。督促程序的适用范围：债权人请求给付金钱和有价证券的非讼案件；适用条件：债务已到履行期，债权人与债务人没有其他债务纠纷，支付令能够送达债务人。

2. 非讼性。这主要体现在：（1）督促程序因债权人的申请而开始，并非以起诉开始；（2）督促程序中，仅有一方当事人即债权人，债务人并不参加审理；（3）原则上不开庭审理，不可能也无须法庭辩论，即法院仅依据申请人提供的事实和证据做书面上的审查。

3. 简捷性。这主要体现在：（1）实行独任制；（2）一审终审，即若债务人对支付令提出合法异议的，则督促程序终结，若债务人自收到支付令之日起在 15 日内不提出书面异议或者异议被裁定驳回，则该支付令具有既判力和执行力。

## 三、督促程序与“简易程序”的比较

我国现行“简易程序”专指简捷的一审争讼程序。督促程序与“简易程序”均是简捷性程序，但是两者有着诸多不同。具体来说：

1. 在专门性方面，督促程序仅仅适用于给付金钱和给付有价证券的非讼案件，并且有其特殊的适用条件；“简易程序”适用于简单的民事争讼案件，不仅包括所有的给付之诉，而且包括确认之诉和变更之诉，同时不受督促程序适用特殊条件的限制。

2. 在非讼性方面，督促程序具有非讼性；“简易程序”具有争讼性，即简易程序中存在着相对立的原告和被告，因原告起诉而开始，原则上要求法庭辩论，法院应当根据双方当事人提供的事实证据进行直接言词审理。

3. 在简捷性方面，虽然督促程序和“简易程序”均追求程序的简便和效率，实行独任制，但是前者采取一审终审，而后者采行两审终审；前者的债务人可使用的救济途径是支付令异议，而后者的当事人可通过上诉和再审获得救济。

## 第二节　申请与受理

### 一、申请

债权人欲适用督促程序请求法院发出支付令，应当向法院提出合法的申请。合法的申请首先必须具备程序性要件，其次必须具备适用督促程序的特殊要件。

#### （一）申请的程序性要件

申请的程序性要件，主要有：

1. 须提交合法的支付令申请书。合法的申请书应当记明下列主要事项：（1）申请人和被申请人的基本情况，特别应当写明被申请人的住址。（2）具体的请求事项。即请求给付金钱或者有价证券的数量。（3）支持请求的事实和证据。即债权债务关系发生的事实、债务履行期已到、申请人与被申请人无其他债务纠纷等及相关证据。依据《民诉法解释》第 428 条，人民法院收到债权人的支付令申请书后，认为申请书不符合要求的，可以通知债权人限期补正。人民法院应当自收到补正材料之日起 5 日内通知债权人是否受理。

2. 依法交纳案件受理费。根据国务院《办法》第 14 条的规定，申请支付令的，比照财产案件受理费标准的 1/3 交纳申请费。根据该《办法》第 36 条的规定，债务人对督促程序未提出异议的，申请费由债务人负担。债务人对督促程序提出异议致使督促程序终结的，申请费由申请人负担；申请人另行起诉的，可以将申请费列入诉讼请求。

3. 须管辖合法。督促案件由债务人所在地的基层人民法院管辖。管辖法院的具体确定适用《民事诉讼法》第 22 条和第 23 条关于一般地域管辖的规定。如果共同债务人住所地、经常居住地不在同一基层人民法院辖区的，债权人可以向其中任何一个法院申请支付令。如果债权人向两个以上法院申请支付令的，由最先立案的法院管辖。

#### （二）适用督促程序的特殊要件

**【案例 19－1】甲公司申请支付令案**

甲公司拖欠乙公司 20 万元货款。当乙公司索要这笔欠款时，甲公司却提出双方在另一合同关系中乙方违约，应付给甲公司 27 万元违约金，所以乙公司尚欠甲公司 7 万元。乙公司拒不承认在另一合同关系中违约，不同意给付违约金。于是，甲公司向法院申请发布支付令。但是，法院没有受理。

根据《民诉法解释》第429条的规定，适用督促程序的要件有：

(1) 督促程序的法定适用范围是：请求债务人给付金钱、有价证券的案件。基层法院受理督促案件，不受给付金额的限制。

这里所谓的金钱，是指作为流通手段和支付手段的货币，如我国的人民币。这里的有价证券包括汇票、本票、支票、股票、债券、国库券、可转让的存款单等。

法律限定督促程序的适用范围，是因为这类给付请求较之其他给付请求具有尽快清偿的可能性和必要性，同时由于主要进行书面审理而不进行法庭辩论就可发出支付命令，所以限定督促程序的适用范围是考虑到维护公正并在错误时易于补救。

(2) 请求给付的金钱或者有价证券已到期且数额确定，并写明了请求所根据的事实、证据。

(3) 债务已到履行期，并且债权人与债务人没有其他债务纠纷（即债权人没有对待给付义务）。对待给付，是指债权人须待自己向债务人为给付后，债务人才有给付的义务，或者债权人与债务人应同时给付的情形。如果债权人与债务人有其他债务纠纷，那么不仅债权人与债务人之间的债权债务关系比较复杂、不易明确，多会发生争议，不适宜通过督促程序解决，而且法院以支付令仅命令债务人向债权人为给付，却不考虑债务人对债权人也拥有的债权，则背离了法律平等保护原则。【案例19-1】中，甲公司对乙公司负有对待给付义务，甲公司申请支付令不符合法律规定的条件，故法院不予受理是合法的。

(4) 债务人在我国境内且未下落不明。由于在债务人下落不明、居住在国外等情况下，支付令需较长时间才能送达或者不能送达，因此不能适用督促程序。债务人即便是外国人、无国籍人、外国法人或非法人组织，但在我国领域内有住所、代表机构或分支机构并且能够送达支付令的，债权人也可以向我国有管辖权的法院申请支付令。

(5) 支付令能够送达债务人。所谓能够送达债务人，一般是指按照法律规定的直接送达和留置送达的方式，能够将支付令实际送达债务人。这是因为，若支付令不能实际送达债务人，债务人则可能因为不了解支付令的内容而无法提出异议，并且督促程序的立法目的和简捷性也要求支付令能够顺利、快速地送达债务人，以尽快实现债权人的合法债权。

(6) 收到申请书的人民法院有管辖权。

(7) 债权人未向人民法院申请诉前保全。

## 二、受理

根据《民事诉讼法》及《民诉法解释》的规定，债权人申请支付令符合上述条件的，基层人民法院应当受理，并在收到支付令申请书后5日内通知债权人；不符合上述条件的，人民法院应当在收到支付令申请书后5日内通知债权人不予受理。

法院经审查认为符合申请要件的，则决定受理，同时应当立即通知债权人。应当注意，在受理中，法院只是从形式上审查是否符合督促程序的适用范围和适用条件。是否真正符合督促程序的适用范围和适用条件，法院尚需根据证据在审理阶段确定。

## 第三节　审理、发出支付令与支付令异议

### 一、审理

法院受理督促程序的申请或发出支付令的申请后，应在15日内进行审理并应决定是否向债务人发出支付令。

通常情况下，在督促程序中，采用书面审理。具体说，法官对于适用督促程序的特殊要件和发出支付令的要件，根据债权人提供的事实和证据进行书面审查。当然，为了查明真实的案件事实和作出正确的判断结论，必要时，法官可以口头或言词的方式询问债权人和证人等，债权人和证人等也应作出口头的陈述。

根据《民诉法解释》第430条，人民法院受理申请后，由审判员一人进行审查。经审查，有下列情形之一的，裁定驳回申请：(1) 申请人不具备当事人资格的；(2) 给付金钱或者有价证券的证明文件没有约定逾期给付利息或者违约金、赔偿金，债权人坚持要求给付利息或者违约金、赔偿金的；(3) 要求给付的金钱或者有价证券属于违法所得的；(4) 要求给付的金钱或者有价证券尚未到期或者数额不确定的。人民法院受理支付令申请后，发现不符合本解释规定的受理条件的，应当在受理之日起15日内裁定驳回申请。不过，法院认为不属于本院管辖的，应当移送有管辖权的法院。

法院驳回债权人申请的裁定，应附理由，送达债权人而不必送达债务人。该裁定是终局裁定，债权人不得声明不服，也不得提起上诉。

驳回债权人申请的裁定不确定债权是否存在，不具有既判力。申请人接到裁定后，可以补足申请理由再次申请支付令，也可以提起诉讼或申请仲裁。

法院驳回债权人申请的，债权人应承担适用督促程序的诉讼费用。

### 二、发出支付令

**【案例19-2】南京某公司申请支付令案**

2015年，江苏省甲县人民法院受理了以南京某公司为申请人、江苏省甲县某公司为被申请人的支付令案件。甲县人民法院经过审查，认为债权人与债务人之间的债权债务关系明确、合法，遂按法律规定向甲县某公司发出了支付令，限其在收到支付令之日起15日内清偿债务，或向法院提出书面异议。但在规定的时间内甲县某公司既未清偿债务，也未提出书面异议。南京某公司即以该支付令为依据向法院申请强制执行。

#### (一) 发出和送达支付令

经过审理，法院认为具备适用督促程序的特殊要件和发出支付令的要件，应在15日内

向债务人发出支付令。

发出支付令的要件，主要是指债权债务关系明确和合法。债权债务关系明确，是指给付金钱、有价证券的债务已到清偿期并数额确定，而且没有争议。债权债务关系合法，是指引起债权债务关系发生的事实以及债权债务关系的内容不违反法律的规定。

法院应将支付令及时送达债权人和债务人。送达债务人后，法院还应通知债权人支付令送达债务人的日期，以便债权人确定申请执行的时间。

### （二）支付令的内容

支付令应当载明以下内容或事项：

（1）债权人、债务人的基本情况。

（2）债务人应当给付的金钱、有价证券的种类、数量。

（3）债务人清偿债务或者提出异议的期限。

（4）债务人在法定期间不提出异议的法律后果。

此外，支付令应由法官、书记员署名，记明支付令作出的日期，并加盖法院印章。

### （三）支付令的法律效力

1. 羁束力。支付令一作出，就产生羁束力，法院原则上不得任意撤销或变更之。对于违法或错误的支付令，可以通过债务人异议等途径使其失效。同时，支付令中如有误写、误算或类似显然的技术上或形式上错误的，法院可予以更正，但并不得改变支付令的实质内容。

2. 督促力。督促力是指支付令具有督促债务人在法定期间内清偿债务或者提出异议的效力。督促力自债务人收到支付令之日始发生。根据《民事诉讼法》第216条第2款的规定，债务人应当自收到支付令之日起15日内清偿债务，或者向法院提出书面异议。

3. 确定力。支付令一作出，就具有形式确定力，不得提起上诉。债务人自收到支付令之日起在15日内不提出书面异议或者异议被裁定驳回的，支付令才具有实质确定力（既判力），即债权人和债务人就支付令所确定的债权债务关系不得起诉，法院也必须遵行该支付令而不得受理和审判就该支付令确定的债权债务关系所提起之诉。

4. 执行力。支付令一具有既判力，债权人就有权向发出支付令的法院申请强制执行。

支付令既判力和执行力的发生是附条件的，即支付令要具有既判力和执行力，必须满足债务人自收到支付令之日起在15日内不提出书面异议或者异议被裁定驳回这一条件。因此，支付令又被称为“附条件的支付令”。

应当注意，债务人在收到支付令后，不在法定期间提出书面异议，而向其他法院起诉的，不影响支付令的效力。该受诉法院应以支付令生效为由不予受理或驳回起诉。

## 三、债务人的救济：支付令异议

**【案例19-3】某医院对支付令异议案**

某电机厂向某医院出售一批电柜，成交后某医院提出产品不合格，要求退货。经双方协商达成协议：某医院对电柜自行检修，货款减半支付。后电机厂多次向医院追讨此笔货款，均遭医院拒绝，于是便向法院申请发布支付令。法院受理后，审查了双方订立的付款协议，发布了支付令。医院收到该支付令后，认为电柜根本无法检修使用，只能退货，拒绝履行支付令，于是在第三天就向该法院提出了书面异议。法院收到医院的书面异议后，当即审查，认为符合支付令异议的成立条件，于是裁定终结督促程序，告知电机厂和医院可另行起诉，运用通常程序进行审判。

根据我国现行《民事诉讼法》的规定，对未发生既判力的支付令的纠正或救济途径是债务人提出支付令异议。

### （一）支付令异议的含义

支付令异议，是指债务人就支付令所记载的债务，向发出支付令的法院书面提出不同意见，旨在使支付令不发生既判力和执行力的行为。

在督促程序中，法院仅以债权人一方提出的主张和事实证据为根据，未经债权人与债务人的辩论而发出支付令，所以法律允许债务人以异议的方式对支付令提出不同意见，以维护其合法权益，从而在程序上平等保护债权人和债务人。

法院裁定终结督促程序之前，债务人请求撤回异议的，应当允许。

### （二）支付令异议的成立要件

我国《民事诉讼法》没有要求债务人提出异议须附理由（即支付令异议所依据的事实和证据），仅需作出反对支付令的意思表示即可。但是，债务人提出支付令异议应具备必要的程序要件，否则异议不成立。

支付令异议的成立要件有：

1. 债务人应当在法定期限内提出异议。债务人应在收到支付令之日起 15 日内向法院提出异议。

2. 债务人应当以书面形式提出异议。异议关系到支付令能否生效和督促程序是否终结等问题，为慎重起见，法律要求债务人应当以书面形式提出异议。

3. 债务人应当针对其债务本身或债权人的请求提出异议。债务人对债权债务关系没有异议，只是对清偿能力、清偿期限、清偿方式等提出不同意见，则支付令异议不能成立，不影响支付令的效力。

### （三）法院审查及其结果

根据《民事诉讼法》第 215 条的规定，法院应当在收到债权人支付令申请后 5 日内，进行书面审查以决定是否受理。那么，根据平等原则，法院也应当在收到债务人支付令异议后 5 日内，进行书面审查以决定支付令异议是否成立。

《民诉法解释》第 433 条规定，债务人在收到支付令后，未在法定期间提出书面异议，而向其他人民法院起诉的，不影响支付令的效力。债务人超过法定期间提出异议的，视为未提出异议。

根据《民诉法解释》第437条，法院无须审查支付令异议是否有实体理由，经形式审查，债务人提出的书面异议有下列情形之一的，应当认定异议成立：(1) 本解释规定的不予受理申请情形的；(2) 本解释规定的裁定驳回申请情形的；(3) 本解释规定的应当裁定终结督促程序情形的；(4) 人民法院对是否符合发出支付令条件产生合理怀疑的。

### （四）支付令异议成立后的效果

债权人基于同一债权债务关系，若向债务人提出多项支付请求，债务人仅就其中一项或者几项请求提出合法异议的，不影响其他各项请求的效力。

债权人基于同一债权债务关系，若就可分之债向多个债务人提出支付请求，多个债务人中的一人或几人提出合法异议的，不影响其他请求的效力。

## 第四节　督促程序的终结

有下述情形之一的，法院应当裁定终结督促程序：

(1) 不符合督促程序或支付令申请条件的，法院不予受理的，督促程序终结。

(2) 法院受理督促程序申请后，不具备一般诉讼要件、适用督促程序的特殊要件或者发出支付令的要件，裁定驳回发出支付令申请的，督促程序终结。

(3) 在法院发出支付令前，债权人撤回支付令申请的，督促程序终结。

(4) 债务人在法定期间内未提出合法的支付令异议，支付令即具有既判力和执行力，督促程序终结。

(5) 债务人在法定期间内提出合法的支付令异议，支付令自行失效，督促程序终结。

(6) 法院受理督促程序或支付令申请后，债权人就同一债权关系提起诉讼，督促程序终结。

(7) 法院发出支付令之日起30日内无法送达债务人的，支付令自行失效，督促程序终结。

对于以上述(1)、(2)、(3)、(5)和(7)情形，债权人可以提起诉讼。其中，对于(1)情形，在符合督促程序或支付令申请条件时，债权人也可再次申请适用督促程序；对于(2)情形，法律允许补正的，经过补正后，债权人也可再次申请适用督促程序；对于(3)情形，应当允许债权人再次申请适用督促程序（但是申请的次数应当有限制）。

法院院长对本院已发生法律效力的支付令发现确有错误，认为需要撤销的，应当提交审判委员会讨论决定后，裁定撤销支付令，驳回债权人的申请（《民诉法解释》第443条）。此后，债权人可以提起诉讼、申请仲裁或申请适用督促程序。

## 【问题与思考】

1. 在【引例】中，农机配件厂可以通过哪些途径或程序来追缴欠款？

2. 结合【案例 19-2】，分析支付令为什么又被称为附条件的支付令？

3. 结合【案例 19-3】，分析支付令异议的成立要件。

4. 个体工商户李某拖欠甲公司货款 5 万元，甲公司多次催讨无果，遂向李某所在地的基层人民法院申请支付令。法院受理后经过审查，认为该申请成立。留置送达后，李某在法定期间未提出书面异议，但向甲公司所在地的人民法院起诉，支付令的效力如何？①

① 参见国家司法考试试题 2003 年试卷三第 76 题。

# 第二十章
# 公示催告程序

## 参考文献


### (一) 著作

1. 陈荣宗，林庆苗．民事诉讼法．台北：三民书局，2003.1149～1172 页

2. 汤维建主编．民事诉讼法学．北京：北京大学出版社，2014.365～372 页

3. 汤维建，向泰编著．民事诉讼法．北京：中国人民大学出版社，2014.242～246 页

4. 王福华．民事诉讼法学．北京：清华大学出版社，2015.446～462 页

5. 宋朝武主编．民事诉讼法学．北京：中国政法大学出版社．2012.398～404 页

6. 董少谋主编．民事诉讼法．北京：中国政法大学出版社．2015.354～362 页

### (二) 论文

1. 江伟．论公示催告程序．中国法学，1991 (6)

2. 江苏省高级人民法院课题组．关于票据公示催告与除权救济法律适用若干问题研究．法律适用，2014 (6)

3. 曲昇霞，袁江华．票据公示催告程序适用条件之分析．人民司法，2014

4. 张雪楳．票据丧失救济之公示催告程序疑难问题研究——兼论票据权利人的认定．人民司法，2015

5. 杨忠孝．论票据公示催告程序的制度完善．政治与法律，2009 (6)

6. 葛治华，金炼．公示催告欺诈的识别与司法应对．人民司法，2010

## 参考法规

1991年《中华人民共和国民事诉讼法》(2017年修正) 第218条～第223条；1999年《中华人民共和国海事诉讼特别程序法》第100条、第120条～第126条；1993年《中华人民共和国公司法》(2013年修正) 第143条。

2015年最高人民法院《关于适用〈中华人民共和国民事诉讼法〉的解释》第380条、第440条～第461条；2000年最高人民法院《关于审理票据纠纷案件若干问题的规定》(2008年调整) 第23条～第39条。

我国台湾地区“民事诉讼法”第539条～第567条。

《德国民事诉讼法》第946条～第1024条；《日本关于公示催告程序和仲裁程序的法律》第1条、第764条～第785条。

## 引例　张某支票遗失公示催告案

2014年8月29日，王某通过背书将一张1万元的支票转让给张某，支付人是中国工商银行某支行。第二天，张某发现该支票不见了，不知该支票是否被他人拾到和被谁拾到（即利害关系人不明）。于是，张某即刻到支票支付人处“挂失”，同时在报纸上“声明作废”。2014年9月7日，张某向票据支付地的基层法院申请公示催告，并请求法院判决宣告该支票无效，自己享有该支票上的权利。

# 第一节　公示催告程序总论

## 一、公示催告程序的概念

在一般意义上，公示催告程序，是指法院依当事人的申请，用公示方法，催告不明的利害关系人在一定期间内申报特定的权利，若无人申报或申报无效，则申请人获得该权利而不明利害关系人丧失该权利的程序。

根据我国《民事诉讼法》第十八章的规定，公示催告程序，是指可以背书转让的票据最后持有人等，因其票据等被盗、遗失或灭失，请求法院以公示方法，催促该票据的不明利害关系人在一定期间内申报该票据权利，若不申报或申报无效的，法院根据票据最后持有人等申请，作出宣告票据无效的判决（除权判决）的程序。

我国民事诉讼中的公示催告程序包括两个阶段：(1) 公示催告阶段，即申请人申请法院以公示方法（如公告）催告不明利害关系人申报权利，此阶段由法官一人主持；(2) 作出除权判决阶段，即在无人申报权利或申报无效时，原申请人申请法院作出宣告票据无效的除权判决，此阶段由合议庭主持。

公示催告是作出除权判决所必经的前置阶段，但是公示催告后不必然作出除权判决。因为在以下情况下并不作出除权判决：(1) 无人申报权利或申报无效时，申请人没有依法申请法院作出除权判决的；(2) 申报合法有效，法院应当裁定终结公示催告程序。

公示催告程序以公示方法，催告不明利害关系人（主要是丧失票据的实际占有人）申报该票据权利。若申报合法有效，则终结公示催告程序，法院不再作出宣告票据无效的除权判决，以此保护该利害关系人的合法票据权利。若无人申报或申报无效，则法院根据申请人的申请作出除权判决来宣告票据无效，该利害关系人也就无权享有该票据上的权利，申请人则享有或恢复该票据上的权利。因此，公示催告程序的目的在于，简便快捷地确认票据有效或无效，及时保护票据持有人的合法权益，适应票据流通的快速性和安全性的需要。

审理公示催告案件，在程序上首先必须适用《民事诉讼法》《海事诉讼特别程序法》和有关司法解释中关于公示催告程序的特殊规定；在没有特殊规定的情况下，在不违背公示催告程序性质的前提下，可适用《民事诉讼法》《海事诉讼特别程序法》及相关司法解释的其他有关规定。

## 二、公示催告程序的性质

我国公示催告程序具有以下主要性质：

1. 专门性。这主要体现在公示催告程序适用范围方面，即仅适用于因可以背书转让的票据被盗、遗失或者灭失引起的非讼事件以及法律规定的其他事项。

2. 非讼性。这主要体现在：(1) 公示催告程序因丧失票据的最后持有人等的申请而开始，并非以起诉开始。(2) 适用此程序的条件之一是申请人无法知道是否有利害关系人以及谁是利害关系人，所以此程序中只有申请人，没有或者没有明确的对方当事人。若利害关系人申报合法有效的，则意味着申请人与利害关系人之间就该票据权利可能发生争议，则应通过争讼程序解决，于是终结公示催告程序。(3) 原则上不开庭审理，不可能也无须法庭辩论，即法院仅依据申请人提供的事实证据，作书面上的审查。

3. 简捷性。公示催告程序简便快捷地保护票据持有人合法权益的立法目的及其专门性、非讼性，决定其必须体现出简捷性：(1) 在公示催告阶段实行独任制；(2) 一审终审，对于除权判决不得提起上诉。

## 三、公示催告程序与相关制度和做法的比较

公示催告程序是由法院适用的，作为一种司法救济途径或手段，用来调整票据丧失后的票据权利义务关系。若是其他机关或组织以公示方法催告利害关系人申报权利的，则不

是公示催告程序。比如，公安机关以公示方法催告失主申报权利，就不是此处所称的公示催告程序。

公示催告不同于票据挂失。票据挂失是指遗失票据时，失主在有关银行等办理遗失声明，宣布遗失票据无效的手续。根据有关法律的规定，允许挂失的票据，在其付款期满后一定期间内没有被冒领，可以办理退款，如果被冒领则往往需要确定有关银行是否负有法律责任；不允许挂失的票据，损失后果一般是失主自负。丧失票据的最后持有人等申请公示催告，无须以票据挂失为前提，也不取决于法律是否允许票据挂失，其目的在于请求法院对丧失的票据作出除权判决，使自己重新获得票据上的权利。

失主因票据丧失，在电视、电台、报刊和互联网等公共媒体上声明作废，与公示催告程序没有直接的联系，无论是否声明作废均可申请公示催告程序，而且两者在法律效力方面有着重大不同。声明票据作废仅是声明人单方意思表示，一般没有法律效力，一般并不因票据作废的声明而与被告知的不特定的众人之间建立相应的民事权利义务关系。公示催告程序却不同，它是以除权判决宣告票据失权无效。无论是否声明作废均可申请公示催告程序。

## 第二节　公示催告

### 一、公示催告的申请与受理

**【案例 20-1】柯某申请公示催告案**

2015 年 10 月 24 日下午，柯某由商场回家的路上，一歹徒从左后方扑上前，用利器割断柯某背在左肩上的布包带，将布包抢走。柯某虽奋力追赶，但未将其抓获。随即，柯某到公安机关报案，但案件一直未能侦破。柯某向法院申请公示催告，声称：被抢布包中装有户名为李某的某股份有限公司股票，系自己在 2015 年 10 月 22 日在城北区体育公园（自发的股票交易市场）所购，现被抢，故申请公示催告。城北区法院受理申请后查明：某股份有限公司确有股东姓名记载为李某、股东编码为 t10009738 的 1 000 元股票，但无交易或过户的记载。城北区法院认为：此股票姓名不是申请人柯某的姓名，申请人又不能证明自己是该股票的最后持有人，所以柯某不能作为该股票被抢后的公示催告的申请人，于是裁定驳回柯某公示催告的申请。

#### （一）公示催告的申请

根据我国现行《民事诉讼法》和司法解释的有关规定，公示催告须因申请而开始。合法的申请首先必须具备程序性要件，其次适用公示催告程序还须具备法定的特殊要件。

1. 申请的程序性要件

（1）须提交合法申请书。合法的申请书，即申请书应当载明以下必要事项：申请人的基本情况；请求事项，即申请公示催告，宣告××（写明票面金额、发票人、持票人、背书人等票据主要内容）无效，申请人有权向支付人请求支付；事实与理由，即写明票据被盗、遗失或灭失的时间、地点、经过以及证据等。

（2）依法交纳案件受理费。《办法》第 14 条规定，申请公示催告的，每件交纳申请费 100 元。

（3）须管辖合法。公示催告程序的合法管辖法院是票据支付地的基层法院。申请公示催告只能向票据支付地的基层法院提出。

2. 适用公示催告程序法定的特殊要件

（1）申请人须适格。公示催告的申请人须是可以背书转让的票据的最后持有人以及法律规定的其他人。票据持有人，一般是票据债权人。可以背书转让票据的最后持有人，即在票据被盗、遗失、灭失之时持有该票据的人。法律规定的其他人，是指法律规定的可以申请公示催告程序的其他票据或者有价证券等的最后持有人等。之所以如此，是因为公示催告程序的主要目的在于恢复或保护票据的最后持有人的合法权益。【案例 20－1】中，法院就是以柯某不是股票的最后持有人为由，驳回柯某公示催告的申请。

（2）须符合公示催告程序的适用范围。我国公示催告程序，首先适用于可以背书转让的票据（汇票、支票、本票）。其次适用于依照法律规定可以申请公示催告的其他事项，比如记名股票被盗、遗失或者灭失，股东可以申请公示催告，请求法院宣告该股票失效（《公司法》第 143 条）；提单等提货凭证持有人，因提货凭证失控或者灭失，可以向货物所在地海事法院申请公示催告（《海事诉讼特别程序法》第 100 条）等。

（3）须具备申请公示催告的法定事由。申请公示催告的事由是可以背书转让的票据等被盗、遗失或者灭失以及法定的其他事由，并且由于以上事由使得票据等是否被人持有或者被谁持有不明确，即利害关系人不明。所谓“不明”，主要是指有无利害关系人不明确以及利害关系人是谁不明确等。如果只是住所地不明，则可依公告送达方法适用诉讼程序，不得适用公示催告程序。如果不是以上事由使利害关系人不明，或者有明确的利害关系人，就不得适用公示催告程序，而应以争讼程序解决。

### （二）法院受理

法院收到公示催告的申请后，应结合票据存根、丧失票据的复印件、出票人关于签发票据的证明、申请人合法取得票据的证明、银行挂失止付通知书、报案证明等证据，决定是否受理，并立即审查是否具备申请公示催告的程序性要件和适用公示催告程序的特殊要件。同时具备这些要件的，法院则受理申请，并通知申请人；法院认为不符合申请要件的，7 日内裁定驳回申请。

应当注意，欠缺申请的程序性要件，法院应酌定期间命申请人补正。申请书不合法的，法院应当命申请人限期补正，申请人若无正当理由不按期补正或者补正后仍不合法的，法院则裁定驳回申请。申请人不交纳受理费的，法院应当命申请人限期如数交纳，申请人若无正当理由不按期如数交纳的，法院则裁定驳回申请。

申请在法院受理前可以撤回。如果在公示催告期间申请撤回的，法院可以径行裁定终结公示催告程序。

## 二、法院通知止付、发出公告和利害关系人申报权利

法院决定受理申请，应当同时通知支付人停止支付，并在 3 日内发出公告，催促利害关系人申报权利（《民事诉讼法》第 219 条）。

### （一）法院通知支付人止付

法院决定受理申请，应当同时通知支付人停止支付。法院通知支付人停止支付，应当符合有关财产保全的规定（《民诉法解释》第 456 条）。

票据等被盗、遗失或灭失以后，非法持有人可能向支付人申请支付，这样宣告票据无效已无实际意义，所以为防止非法持有人向支付人要求支付，法律要求法院通知支付人止付。

支付人必须执行停止支付的通知。停止支付通知的效力及于公示催告程序终结。在此期间，如果支付人拒不止付的，除可依照《民事诉讼法》第 111 条和第 114 条规定采取强制措施外，在除权判决确定后，支付人仍应承担支付义务。如果申请人因此遭受损害结果的，支付人应当承担损害赔偿责任。

### （二）法院发出公告

法院决定受理申请，应在 3 日内发出公告，旨在催促利害关系人申报权利。公示催告期间，转让票据权利的行为无效。

公告中应当写明如下主要内容：（1）公示催告申请人的姓名或者名称；（2）票据的种类、号码、票面金额、出票人、背书人、持票人、付款期限等事项，以及其他可以申请公示催告的权利凭证的种类、号码、权利范围、权利人、义务人、行权日期等事项；（3）申报权利的期间；（4）在公示催告期间转让票据等权利凭证，利害关系人不申报的法律后果。

公告应张贴于法院的公告栏内，并在有关报纸或者其他宣传媒体上刊登，且于同日公布于人民法院公告栏内。人民法院所在地有证券交易所的，还应当同日在该交易所公布。

公示催告期间，由法院根据具体情况决定，但不得少于 60 日，且公示催告期间届满日不得早于票据付款日后 15 日。期间的计算，应从公告张贴或者登载于报纸等公共媒体之日起计算。

### （三）利害关系人向法院申报权利

法律以公告和申报权利的方式，来查明公示催告申请人的申请事由是否真实，同时也保护利害关系人的合法权益。

利害关系人应当在公示催告期间向发布公示催告的法院书面申报权利。利害关系人合法申报权利应当具备以下要件：

1. 申报权利人应是利害关系人，并且必须具有诉讼行为能力或由法定代理人代为申

报。所谓利害关系人，是指已经丧失的票据的实际持有人。根据票据法的一般原理，持票人即是债权人。

2. 应以书面形式申报权利，同时应向法院提交所持的票据等。申请书只需说明票据权利等的主要内容和申报的意旨即可，不必附申报的理由和证据。利害关系人申报权利是为了防止法院作出除权判决，从而避免票据权利等被除去，并非确认所申报的权利是否合法，所以申报不必附理由和证据。

3. 应在法定期间内申报。利害关系人应当在公示催告期间向法院申报。申报权利的期间并非不变期间，遇有正当理由的可延长或缩短。申报权利的期间也并非除斥期间，所以在申报期届满后，除权判决作出之前申报权利的，视为合法的申报。

4. 应向发布公示催告的法院申报权利，向申请人或其他法院申报均不发生效力。

法院收到利害关系人提出申报权利后，应通知申请人在指定的期间内到法院阅览该票据等。

若法院认为利害关系人申报不符合上述要件而无效的，或者认为申请人申请公示催告的票据与申报人提交的票据不一致的，则裁定驳回申报。

利害关系人申报权利合法有效的，或者申请人认为该票据等系自己丧失的票据等，则意味着申请人的申请不真实或者申请人和申报人之间存在实体争议，这均非公示催告程序所能解决的问题，所以法院应当裁定终结公示催告程序。之后，申请人或申报人可以起诉，通过争讼程序来确认票据等的权利人。

## 第三节 除权判决

### 一、除权判决的含义和申请要件

**【案例 20-2】某公司申请作出除权判决案**

某区人民法院受理某公司因遗失支票而提出公示催告的申请，向该支票的支付银行发出了停止支付的通知，同时发布了公告，催促与该支票有关的不明利害关系人于3个月内向人民法院申报。结果在公告期间内无人申报，法院根据某公司的申请作出了除权判决。

除权判决，也叫宣告票据无效判决或宣告其他事项无效判决，是指法院在无人申报权利或者申报无效的前提下，根据申请人的申请，作出该票据或其他事项不再具有法律效力的判决。

根据我国《民事诉讼法》第222条和《民诉法解释》第452条的规定，申请法院作出除权判决应具备以下要件：

1. 在申报权利期间或在除权判决作出之前无人申报权利，或者申报无效而被驳回的。

2. 公示催告申请人应自公示催告期间届满之日起 1 个月内申请法院作出除权判决。（逾期不申请判决的，终结公示催告程序。终结公示催告程序的，应当通知申请人和支付人。）

法院不得依职权主动作出除权判决，公示催告申请人逾期不申请的，则终结公示催告程序。但是，有些国家和地区的民事诉讼法规定，在公示催告期间未满前或者与公示催告同时申请法院作出除权判决，该申请亦是合法有效的。

## 二、法院审理和作出除权判决

法院应当组成合议庭来审理是否具备申请除权判决的条件。

法院经审理，认为不具备申请除权判决条件的，则应当裁定驳回此申请。对于此种裁定，我国法律没有规定申请人有权提出异议，这是不合理的。德国、日本等国的民事诉讼法规定，对于驳回此种裁定，申请人可以提起即时抗告。

法院经审理，认为具备申请除权判决条件的，则应当作出除权判决。除权判决应当公告，并通知支付人。除权判决的公告方式同于公示催告的公告方式。

## 三、除权判决的效力

自除权判决公告之日起，除权判决产生如下效力：

### （一）羁束力

即法院原则上不得任意撤销或变更之。除权判决中如有误写、误算或类似显然的技术上或形式上错误的，法院可予以更正，但不得改变除权判决的实质内容。

### （二）确定力

即具有形式确定力，不得提起上诉；同时也产生既判力，并不得提起再审。

### （三）除权力

即除去公示催告票据等的法律效力，利害关系人不拥有该票据等上的权利。

### （四）执行力

即公示催告申请人有权依据除权判决向票据支付人等请求支付票据等上的权利，若支付人拒不支付的，则申请人可申请法院强制执行。

《民诉法解释》第 453 条规定，付款人拒绝付款，申请人向人民法院起诉，符合民事诉讼法第 119 条规定的起诉条件的，人民法院应予受理。第 457 条规定，人民法院依照《民事诉讼法》第 221 条规定终结公示催告程序后，公示催告申请人或者申报人向人民法院提起诉讼，因票据权利纠纷提起的，由票据支付地或者被告住所地人民法院管辖；因非票据权利纠纷提起的，由被告住所地人民法院管辖。

# 第四节 撤销除权判决之诉

## 一、撤销除权判决之诉的含义

《民事诉讼法》第 223 条规定:“利害关系人因正当理由不能在判决前向人民法院申报的,自知道或者应当知道判决公告之日起一年内,可以向作出判决的人民法院起诉。”

在我国,对于除权判决不得提起上诉和再审,利害关系人若因除权判决而受有不利益的,只能通过提起撤销除权判决之诉来保护自己的合法权益。因此,撤销除权判决之诉,是指利害关系人因正当理由请求法院撤销除权判决的诉讼。

撤销除权判决之诉的性质为形成之诉。提起撤销除权判决之诉,所启动的是公示催告程序以外的程序,是一独立的争讼程序。撤销除权判决之诉与再审之诉发生的原因不同,不能为再审之诉的原因所包含。因此,应当于立法上规定审理撤销除权判决之诉的专门程序。

## 二、关于撤销除权判决之诉的要件

撤销除权判决之诉除了必须具备一般起诉要件和通常诉讼要件之外,还必须具备下列特殊要件:

1. 当事人须适格。撤销除权判决之诉中,原告是利害关系人,而被告则限于除权判决的申请人。根据《民事诉讼法》第 223 条的规定,利害关系人请求人民法院撤销除权判决的,应当将申请人列为被告。利害关系人仅诉请确认其为合法持票人的,人民法院应当在裁判文书中写明,确认利害关系人为票据权利人的判决作出后,除权判决即被撤销。

2. 利害关系人须因正当理由不能在除权判决作出前,向法院申报权利。例如,因为战争、洪水、地震、交通断绝或因患重病等原因,而迟误申报;因为法院没有公告或不依法定方式公告等原因,而无法申报。

3. 须在法定期间内提起撤销之诉。即自知道或者应当知道除权判决公告之日起 1 年内提起撤销之诉。

4. 须向作出除权判决的法院提起。

## 三、审理和判决

法院受理利害关系人的起诉后,应另行组成合议庭,适用争讼程序处理。

经过法庭辩论后,法院认为有理由的,则应当作出撤销除权判决的判决。

根据《民诉法解释》第 460 条,撤销除权判决的正当理由包括:(1) 因发生意外事件或者不可抗力致使利害关系人无法知道公告事实的;(2) 利害关系人因被限制人身自由而无法知道公告事实，或者虽然知道公告事实，但无法自己或者委托他人代为申报权利的；（3）不属于法定申请公示催告情形的；（4）未予公告或者未按法定方式公告的；（5）其他导致利害关系人在判决作出前未能向人民法院申报权利的客观事由。

撤销除权判决的判决的内容必须公告，公告的方法同于除权判决的公告方法。

自撤销除权判决的判决公告之日起，宣告无效的票据等回复原效力，利害关系人恢复对该票据的权利，支付人有权请求除权判决的申请人返还已向其支付的款项。

## 【问题与思考】

2009 年 12 月，某家电公司的经理拿着一张可以背书转让的没有到期的汇票到附近的一家银行，申请贴息兑现。可是，因这家银行不是家电公司的开户行，没有办成。有人建议让经理把汇票转让给一家综合商场，而这家商场的开户行就是这家银行，他们可以申请贴息兑现。综合商场正有意和家电公司做生意，就同意接受这张汇票，同时要求家电公司接受一批等价的商品，双方在 12 月 18 日办理了票据背书转让的手续。可是，这场交易的双方当事人都不知道，就在 12 月 1 日，这张汇票的发票人已经向法院提出了公示催告程序的申请，法院也依法予以公告，公告期间为 2009 年 12 月 7 日至 2010 年 2 月 18 日。

（1）在公示催告期间，家电公司能否将该汇票转让给综合商场？

（2）家电公司怎样获得救济？

# 第五编

# 执行程序

# 第二十一章 执行程序概述

## 参考文献

(一) 著作

1. 孙加瑞．强制执行实务研究．北京：法律出版社，1994

2. 李浩．强制执行法．厦门：厦门大学出版社，2004.1～117 页

3. 杨与龄．强制执行法论．北京：中国政法大学出版社，2002

4. 童兆洪主编．民事执行调查与分析．北京：人民法院出版社，2004

5. 陈荣宗．强制执行法．台北：三民书局，1995

6. 林升格．强制执行法理论与实务．台北：五南图书出版公司，1983

7. [法] 让・文森，雅克・普雷沃．法国民事执行程序法要义．北京：中国法制出版社，2002.1～49 页

8. 谭秋桂．民事执行法学．北京：北京大学出版社，2015

9. 朱新林．论民事执行救济．北京：中国政法大学出版社，2015

10. 董少谋．民事强制执行法学．北京：法律出版社，2016

11. 田平安主编．民事诉讼法：执行程序篇．厦门：厦门大学出版社，2007

(二) 论文

1. 王亚新．强制执行与说服教育相结合辨析．中国社会科学，2000 (2)

2. 肖建国．审执关系的基本原理研究．现代法学，2004 (5)

3. 姜世明．强制执行程序中的比例原则考量．见：民事程序法之发展与宪法原则．台北：元照出版社，2003.289～336 页

4. 陈荣宗．我国强制执行平等主义之商榷．见：民事程序法与诉讼标的理论．台北：台大法学丛书，1977.93～157 页

5. 肖建国．民事执行平等主义与优先主义论纲．法律科学，1996（2）

6. 江伟，赵秀举．论执行的性质与执行机构的设置．见：人大法律评论，2000年卷（第一辑）．北京：中国人民大学出版社，2000

7. 常怡，崔婕．民事强制执行立法研究．见：民事诉讼程序改革热点问题研究．北京：中国检察出版社，2001.515～569页

8. 高执办．论执行局设置的理论基础．人民司法，2001（2）

9. 黄忠顺．民事执行机构改革的深度透析．法律科学（西北政法大学学报），2016（4）

10. 汤维建．民行执行监督立法技术体现三个价值．检察日报，2013

11. 徐洁．论诚信原则在民事执行中的衡平意义．中国法学，2012（5）

12. 李浩．目的论视域中的民事执行检察监督对象解读．法商研究，2011（2）

13. 肖建国．中国民事执行立法的模式选择．当代法学，2011

14. 汤维建．应单独制定我国的强制执行法．人民检察，2011（7）

15. 汤维建．执行体制的统一化构建——以解决民事“执行难”为出发点．现代法学，2004（5）

## 参考法规

1991年《中华人民共和国民事诉讼法》（2017年修正）第224条～第228条、第235条；1999年《中华人民共和国海事诉讼特别程序法》第21条～第43条；1994年《中华人民共和国仲裁法》（2017年修正）第62条；1994年《中华人民共和国劳动法》第83条；2002年《中华人民共和国农村土地承包法》第51条、第52条。

2015年最高人民法院《关于适用〈中华人民共和国民事诉讼法〉的解释》第462条～第466条；1998年最高人民法院《关于人民法院执行工作若干问题的规定（试行）》（2008年调整）第1条～第23条。

《德国民事诉讼法》第704条；《日本民事执行法》第1条～第8条、第20条、第22条、第23条；《法国民事诉讼法》第500条、第501条、第502条～第509条；《法国民事执行法》第1条～第14条；《俄罗斯民事诉讼法》第338条、第339条、第349条～第353条；《俄罗斯执行程序法》第1条～第10条。

## 引例　赵某与周某欠款执行纠纷

原告赵某于2012年诉请法院，请求判令被告周某归还借款5万元。法院经

审理确认双方借款关系成立，遂作出周某归还赵某 5 万元借款的判决。该案进入执行程序后发现，在本案审理阶段被告周某与其妻刘某到婚姻登记机关协议离婚，离婚协议中约定夫妻共同财产全部交给刘某，现周某无履行能力。法院对于刘某要承担夫妻关系存续期间的债务这一点无异议，但对于怎样来承担，有主张再审的，有主张另行起诉的，还有主张追加被执行人的。

## 第一节　民事执行和执行程序

### 一、民事执行的含义、特征

#### (一) 民事执行的含义

民事执行，也称民事强制执行、强制执行，是指国家机关依债权人的申请，依据执行依据，运用国家强制力，强制债务人履行义务，以实现债权人的民事权利的活动。

#### (二) 民事执行的特性

民事执行具有如下特性：

1. 民事执行由国家机关进行。民事执行须由国家授权行使民事执行权的机关实施，严禁有关单位、组织或公民个人私力救济。在我国，人民法院是法定的民事执行机关。

2. 民事执行以执行依据为前提。民事诉讼奉行“审执分立”原则，审判程序的任务是裁决当事人之间的纷争，确认债权人的民事权利，而民事执行的使命则是将生效法律文书的内容付诸实施，从而实现债权人的权利。

3. 民事执行须经债权人申请。

4. 民事执行是国家使用公权力的强制行为。强制性是民事执行的根本特性。国家机关运用法律授予的执行权强制剥夺债务人的财产处分权，限制债务人的人身自由、意志自由。

5. 民事执行是实现已确定的私权的程序。

**【经典导读】**

藐视以及强制执行法院命令的权力在美国的历史上曾经起到过重要的作用。事实上，在 20 世纪 60 年代的民权运动中，当武装的卫兵们被召集去执行联邦法院废除种族隔离学校的命令时，这对于联邦权力而言，是一个重要的转折点。执行联邦法院发布的这些废除种族隔离的命令当时是直接对抗州当局和州政策的，但是，对这些法院命令的执行标志着维护法院的权力和法治的重要性。①

① 参见［美］史蒂文·苏本、玛格丽特·伍：《美国民事诉讼的真谛》，蔡彦敏等译，北京，法律出版社，2002。

## 二、民事执行的分类

依据不同的标准，民事执行可以作不同的分类。

### （一）终局执行与保全执行

以执行的效果为标准，可以分为终局执行与保全执行。终局执行也称满足执行，是指使债权人的债权获得实现或满足的执行。保全执行是指维持债务人财产现状，以保全将来的终局执行的执行。

### （二）金钱执行与非金钱执行

依执行依据所载债权的性质的不同，可以分为金钱执行与非金钱执行。前者指实现执行依据上所载金钱债权的执行。后者指非为实现金钱债权请求权而进行的执行，包括交付物的请求权的执行和完成行为的执行。

### （三）直接执行、间接执行与替代执行

以民事执行方法为标准，可以分为直接执行、间接执行与替代执行。直接执行指依执行机关的执行行为直接实现民事权利内容的执行。间接执行是指执行机关不直接以强制力实现债权人的权利，而给予债务人一定的不利益，如罚款、拘留，以迫使债务人履行债务的执行。替代执行是指执行机关命第三人代债务人履行债务，而由债务人负担费用的执行。①

### （四）对人执行与对物执行

根据执行标的，可以分为对人执行与对物执行。对人执行是以债务人或应为债务人清偿债务者的身体、名誉或自由等为执行对象，从心理上迫使其履行债务。对物执行是以债务人的财产权为执行标的。

### （五）一般执行与个别执行

根据执行债务人财产范围，可划分为一般执行与个别执行。一般执行是指破产，即债务人的财产不足以清偿总债权时，全体债权人就债务人的全部财产所进行的执行。个别执行是指债权人为满足或保全其个别债权，而对债务人财产所为的执行。

---

① 民事执行和行政执行中均存在“间接强制”这一概念，但二者的内涵不同。行政执行中的间接强制包含执行罚、代执行（参见傅士成：《行政强制研究》，158页以下，北京，法律出版社，2001）。而民事执行中的间接强制除包含执行罚的意义外，还包含了拘留、拘传、限制出境等方式，后者非行政执行中的间接强制概念所能涵盖的。

## 三、民事执行行为

### （一）民事执行行为的性质

民事执行行为是执行机关基于债权人的申请，运用国家公权力，强制债务人履行债务，以实现债权人权利的公法上行为。

关于民事执行行为的性质，学理上一直存在着诉讼事件说和非讼事件说之争。主张执行行为属于诉讼事件者多认为，执行行为是实现私权的程序，具有维持法律及确保其实效性的作用，其程序构造也是法院就对立双方当事人的参与而设置的，在沿革上一直作为民事诉讼的一部分。主张执行行为为非讼事件者认为，诉讼事件的目的在于解决纠纷，确定私权存否及其范围，而非讼事件的目的不在于解决纠纷、确定私权，乃依司法行政作用使法律关系发生、变更或消灭。

### （二）瑕疵民事执行行为

民事执行行为违背法律规定的要件、程序或方法，或者执行行为虽然符合法律规定，但执行结果不符合债权人在实体法上的权利关系，此执行行为称为有瑕疵的执行行为。其中，违背法律规定的要件、程序或方法的执行行为，属于违法执行行为，例如查封禁止查封的动产，拍卖未经查封的不动产，将拍卖公告张贴于门后，于喜宴进行中拆除房屋等行为。对于违法执行行为的救济，在程序上，受损害的债权人、债务人或第三人，可以在执行程序中提出执行异议；在实体法上，债务人或第三人可依侵权行为法的规定，请求债权人赔偿所受损害。如违法执行行为是由执行人员故意或过失所致的，则可请求国家赔偿。

执行结果不符合债权人在实体法上的权利关系的执行行为，属于不当执行行为，例如对于第三人的财产所为的执行，依债权已消灭的执行依据所为的执行行为。因不当执行行为而受损害的债务人或第三人，可在执行程序中提起异议之诉；执行程序终结后，债务人可依民法规定请求债权人赔偿损害或返还不当得利，第三人在无法要求债权人返还原物的情况下可请求债权人返还不当得利，或请求债权人损害赔偿。

对于有瑕疵的执行行为不能适用民法关于法律行为的规定，原则上只能撤销而不能宣告无效，以避免妨害执行效果，维护司法威信。在下列情况下，执行行为属于无效：（1）欠缺实施执行行为的基本条件，如没有执行依据而为执行；（2）违背法律的禁止性规定；（3）欠缺执行的前提行为，如未经扣押而进行拍卖；（4）不能达到执行目的的执行行为，如扣押命令未禁止第三人向债务人清偿；（5）有阻碍执行的事由，如债务人破产时的执行。有瑕疵的执行行为，除不成立和无效外，都属于可撤销的执行行为；在撤销之前，该行为仍然有效。

## 四、民事执行权

### （一）民事执行权的含义

民事执行权，即法律赋予执行机构运用国家强制力强制实现申请执行人经由生效法律文书确认的民事权利的权力。民事执行权是法院的一项职能，是民事执行行为的观念基础。民事执行行为则是民事执行权的物质载体与表现。

民事执行直接剥夺了债务人的财产处分自由、人身自由和意志自由，对债务人影响极大，故法律在授予民事执行权时非常慎重，对执行权行使的程序作出严格的规定，并保证审判权对执行权形成制约。

### (二) 民事执行权的性质

归纳起来，学者们对民事执行权的性质有以下不同观点：

1. 司法权说

民事执行是国家司法机关即法院所实施的行为，民事执行权是国家赋予的司法职能的一部分，民事执行权应属于司法权。这是我国民事诉讼法学界的正统观点。①

2. 行政权说

民事执行具有确定性、主动性、命令性、强制性等特征，执行活动是一种行政活动，“执行判决是一种行政行为”②，执行权是国家行政权的一部分。

3. 折中说

折中说在上述两种学说之外另辟蹊径，寻找中间道路，又分为三种观点。一是“复合权力说”。该说认为执行权既具有司法权的部分属性，又具有行政权的部分属性，执行工作中司法权和行政权有机集合，构成了复合的、相对独立的、完整的强制执行权。③ 强制执行中体现的部分职权具有司法权的特点，例如在执行中通过裁决的形式处理执行异议和执行分配争议就体现了司法权的被动性、中立性和终局性；强制执行中体现的部分职权具有行政权的特点，例如调查财产、送达法律文书等即体现了行政权的主动性、单方面性和非终局性。二是“司法行政说”。该说认为“民事强制执行是一种具有行政性和司法性双重特征，以保证人民法院完成审判职能为基本任务的司法行政行为”④。三是“吸收说”。实践中还存有以“吸收关系”来解释民事执行权的说法。如有人认为，民事执行权具有司法权和行政权双重属性，倘若执行机构设置于法院内部，则是执行权中的司法权吸收了行政权；若执行机构设置于行政机关内部，则是行政权吸收了司法权；若分别设置于法院内部和行政机关内部，则相互配合，分别行使司法权和行政权。

## 五、民事执行与民事审判的关系

### (一) 分析的前提：民事执行法律关系

民事执行法律关系，指在民事执行程序中，执行法院与执行当事人之间，以及执行当事人相互之间的法律关系。

---

① 参见江伟、赵秀举：《论执行的性质与执行机构的设置》，载《人大法律评论》，2000 (1)。

② 贺卫方：《司法的理念与制度》，264 页，北京，中国政法大学出版社，1998。

③ 参见高执办：《论执行局设置的理论基础》，载《人民司法》，2001 (2)。

④ 常怡、崔婕：《民事强制执行立法研究》，载《民事诉讼程序改革热点问题研究》，526 页，北京，中国检察出版社，2001。

对于民事执行法律关系的性质，有一面关系说、二面关系说、三面关系说三种学说。

一面关系说认为民事执行乃执行当事人之间私权的实现，债权人依法行使对于债务人的请求权，执行法律关系就是执行当事人之间的私法关系。

二面关系说认为执行法律关系乃公法关系，是以执行法院为中心，分别与执行债权人、执行债务人之间发生的法律关系。

三面关系说认为民事执行系执行债权人、执行债务人与执行法院之间，以及他们相互之间发生的法律关系。其中，债权人与法院之间的关系为“申请关系”，法院与债务人之间的关系为“干预关系”，而债权人与债务人之间的关系，则为债权人实现其已确定的债权而设，曰“执行关系”。“申请关系”“干预关系”为公法关系，“执行关系”为私法关系性质。[①] 三面关系说为大陆法系国家民事强制执行理论的主流学说，亦为本书所采纳。

在民事执行法律关系中，用于调整申请执行人与执行法院、申请执行人与被执行人之间关系的法律规则，与民事审判法律关系中调整原告与法院、原告与被告之间的关系的准则，具有高度的一致性，所谓审执关系的共通性原理即建立在这两层关系之上。然而，执行法律关系中调整法院与被执行人之间关系的准则，却和审判法律关系中调整法院与被告之间关系的准则有天壤之别，所谓民事执行与审判的差异性或者审执分立的原理即与这一层关系的法律规制有关。

### （二）民事执行与审判的共通性

#### 1. 程序启动的共通性

审判活动的惯常机制是“不告不理”，审判程序的启动离不开权利人或特定机构的提请或诉求，执行程序的启动同样依赖于债权人的申请，原则上，当事人不申请执行即不开始执行，但追索赡养费、抚养费、抚育费的执行和制裁决定、附带民事诉讼判决的执行除外。

#### 2. 执行请求权与裁判请求权性质上的共通性

大陆法系国家有公法与私法的划分，民事诉讼法属于调整国家与个人关系的公法，债权人的执行请求权与裁判请求权都是一种指向法院的公法上的请求权。

#### 3. 保护民事实体权利上的共通性

（1）保护对象具有同一性、同源性。民事审判和民事执行是为实现民法等实体法上的权利而设置的，只要存在实体权利，民事诉讼法就应按照权利的内容、期限、形态、责任财产的范围来保障它的实现。

（2）当事人有实体处分权。从民事诉讼的处分权主义出发，为尊重当事人自治，保护私权，应承认对于债权的分割请求。执行债权的实现与否、实现的程度大小、在执行中是否作出妥协或让步、是否进行执行和解，同样取决于债权人的意志。

（3）二者统一适用诉讼时效，赋予被告或被执行人以实体抗辩权。但大陆法系国家区分审判时效与执行时效，执行时效一般适用最长审判时效期间，比如《德国民法典》和《法国民法典》规定其普通消灭时效期间为30年，《日本民法典》规定的为20年和10年两

---

① 参见杨与龄：《强制执行法论》，11～12页，北京，中国政法大学出版社，2002。

种，《瑞士债务法》和《泰国民法典》规定的为10年，我国台湾地区“民法典”规定的为15年。开始执行行为或者申请强制执行是中断诉讼时效的法定事由之一。①

### （三）民事执行与审判的差异性

1. 民事执行的单向性与审判的多向性、互动性

执行机构针对被执行人采取的执行行为，尤其是控制性执行行为，体现的是执行机构的强力和意志，而被执行人的人身自由、财产自由和意志自由受到限制。而在审判中始终存在着需要原、被告双方的协商、交涉、辩论、辩驳、质证、对抗，诉讼信息不停地在法院、双方当事人之间交流，司法者必须是在受判决直接影响的有关各方参与下，提出证据并进行理性的说服和辩论，以此为基础促进裁判的制作。

2. 民事执行的不平等性与审判的平等性

民事执行以保护执行债权人的债权为己任，奉行债权人与债务人不平等原则。债务人只有接受或忍受强制执行的义务，没有拒绝执行的权利，也无资格要求在强制执行中与债权人平等，这一点不同于民事审判程序中的当事人权利平等原则。

3. 民事执行主体的主动性与审判主体的中立性

在审判中，司法者必须保持中立、不偏不倚。否则，司法者离开中立立场，僭越司法权限，就会丧失司法所固有的要求。但是执行就像打仗，执行人员须审时度势，随机应变，伺机出击，充分发挥执行的主动性。如果说法官像裁判员的话，那么执行官就像猎人。

**【案例21-1】执行程序中如何审查判断侵权行为存否**

2011年8月，甲医用导管公司的几位技术骨干辞职，自筹资金成立了乙医用导管公司，生产与甲公司产品类似的产品。因其生产经营方式灵活，产品迅速占据了大部分市场。甲公司认为乙公司的生产流程和产品核心技术侵害了其长期使用而采取了保护措施的商业秘密，于2012年向法院起诉，要求法院判令乙公司立即停止对商业秘密的侵害，并赔偿经济损失。一、二审法院审理后认为乙公司的侵权行为成立，判决乙公司立即停止产品核心部分的商业秘密的侵权，并赔偿甲公司的经济损失30万元。判决生效后，乙公司未自觉履行，甲公司于是向一审法院申请强制执行。

在执行过程中，法院责令乙公司立即停止侵权行为，并支付30万元赔偿金。乙公司当即履行了30万元的经济损失，并向法院声称其在一审法院证据保全后便没有用甲公司的技术生产产品的核心部分，而是用其自行研制的商业秘密进行生产，侵权行为业已不存在，此案已经执行完毕，应作结案处理。甲公司对此不予认可，认为乙公司仍在用甲公司的商业秘密进行生产，法院于是举行执行听证。

听证会上，乙公司称，生产该种医用产品的技术有数十种，不同的教科书都列

① 参见《德国民法典》第209条、《日本民法典》第147条、《法国民法典》第2244条、《意大利民法典》第2943条、《瑞士债务法》第135条。

举了不同的生产方法，现在其使用的是自己研制的生产方法，该生产技术比甲公司的生产技术更先进，这属于商业秘密，不能当庭陈述，但允许执行法官去调查。

甲公司没有举出乙公司仍在侵权的证据，但反驳了乙公司的说法，认为乙公司在第一、二审阶段也列出同样类似的抗辩理由，均被法院否定，法院均认为侵权行为成立；执行法官也应像审判法官一样对侵权行为予以认定，并立即停止侵害商业秘密。被执行人虽然支付了赔偿损失，但侵权行为仍在持续，法院应执行此案。

4. 民事执行的形式化与审判活动的实体判断性

大陆法系执行理论中有执行的形式化（formalization）原则。执行程序中对被执行人财产所有权的形式化判定，依据的是物权法上的公示公信原则。而审判权的本质就是实体判断权。在【案例 21-1】中，就面临着一个事实判断和法律适用的问题，即执行程序中如何审查判断侵权行为是否存在。尽管民事执行和民事审判中都存在着判断的必要性，根据审执分立的原则，执行程序中的判断是形式化的判断，即便采用执行听证程序，也不允许执行人员按照对立辩论程序作出实质性判断。

5. 民事执行的强制性与审判的和平性

执行必须采取物理性强制力量，强制执行法是“咬人”的法律。与执行不同的是，审判尽管以国家强制力作为后盾，但它采取非暴力的、和平的、理性的方式来解决当事人双方之间的纷争，具有和平性，反映了文明社会的特点。

6. 民事执行的职权主义与审判的当事人主义

审判活动中奉行当事人主义，而民事执行属于单方行为、主动行为，必然带有强烈的职权主义色彩。谢怀栻教授在评论审判与执行的差异时，就明确指出执行是民事诉讼中职权主义色彩至为浓厚的领域。

7. 民事执行的效率取向与审判的公正取向

强制执行以快速、及时、不间断地实现生效法律文书中所确认的债权为己任，在价值取向上注重效率；而审判以公平地解决双方的纷争为基点，在价值取向上以追求程序公正和实体公正为其基本使命。

8. 民事执行的时间、场所、环境与审判的不同

民事审判是在一个预先设计好的封闭的环境中进行的：庄严的法庭，高高的审判台，法袍、法槌等道具，足以使进入法庭者心怀敬意，产生心灵上的震撼。而民事执行的环境却是执行机构所难以预知的，也是无法控制的。民事执行行为主要发生在财产所在地或被执行人所在地，会产生许多突发事件，在异地执行时执行人员可能连人身安全都难以保障。至于往返奔波、风餐露宿、风雨兼程也是家常便饭，更不用说要千方百计寻找、调查被执行人的下落、被执行人的财产线索，协调与方方面面的关系了。因此，民事执行行为需要有充足的激励机制才能提高效率、实现债权。

## 六、民事强制执行法

### （一）民事强制执行法的概念、性质

民事强制执行法是规定执行机关的组织，以及运用强制力实施执行行为的程序规范的

总和，包括执行法院的组织、权限，执行当事人的能力、资格，执行行为的程序、要件等内容。故民事诉讼法、公证法、仲裁法等民事程序法，以及《民法总则》、合同法、公司法等实体法中有关民事执行的条款，均属于实质意义上的民事强制执行法。形式意义上的民事强制执行法，则专指民事强制执行法典。

民事强制执行法具有以下性质：

1. 强行法

强行法是指法律的规定不因当事人的意思而改变其适用的法律，反之则为任意法。民事强制执行法是规范国家机关运用强制力实现生效法律文书内容的法律，当事人不得依其意思予以变更，属于强行法。

2. 公法

民事强制执行法规范国家执行机关的组织及运用权力的程序，属于公法的一种。

3. 程序法

民事强制执行法主要规定执行机关行使公权力以实现私权的程序，故属于程序法。

### (二) 民事强制执行法的立法体例

民事强制执行法主要有以下三种立法体例：

1. 并入民事诉讼法

这种立法例，认为民事执行事件属于民事诉讼事件，将民事强制执行法并入民事诉讼法成为混合法典。德国和我国采此立法例。

2. 编入破产法

把民事强制执行法并入破产法，编订混合法典，如瑞士、土耳其的立法。

3. 制定单行法

这种立法例，认为民事审判和民事执行存在重大区别，民事执行事件不同于民事诉讼事件，所以有些国家如日本、法国、俄罗斯、韩国等制定了单独的民事强制执行法。

我国是将执行程序作为民事诉讼程序的一部分，在《民事诉讼法》中单列一编规范民事执行程序。2003 年全国人民代表大会常务委员会曾将“民事强制执行法”列入当年的立法规划，准备制定单行的民事强制执行法，以解决长期困扰司法实践的“执行难”问题。

## 第二节　民事执行的原则

**【案例 21－2】“立执兼顾”与“审执配合”案例两则**

**案例一：**

A 在一起交通事故中被 B 驾驶的车辆撞伤，花费医疗费等费用 15 万元。A 诉至法院，要求 B 赔偿。法院判决 A 胜诉。由于 B 未履行判决确定的义务，A 申请法院强制执行。立案庭张法官了解到被告 B 家中十分贫寒，根本不可能履行义务，如果立案，将来也无法执行。故张法官裁定不予受理该执行案件。

**案例二：**

A在一起交通事故中被B驾驶的车辆撞伤，花费医疗费等费用15万元。A诉至法院，要求B赔偿。承办该案的王法官了解到被告B很困难，履行能力差，如果判决A胜诉，将来也难以执行。王法官觉得B通过种种努力，拿出5万元赔偿款也许可能。故王法官根据被告的经济状况，判决B赔偿5万元。

## 一、民事执行原则纵览

民事执行原则是指对人民法院和当事人在整个民事执行程序中起指导作用的行为准则。

学理上对民事执行基本原则概括有以下几个：

（1）强制执行与说服教育相结合原则；（2）全面保护当事人利益原则；（3）迅速及时原则；（4）民事执行权由法院独立行使原则；（5）执行当事人地位不平等原则；（6）申请执行与依职权并用原则；（7）协助执行原则；（8）执行标的有限原则；（9）立执兼顾与审执配合原则；（10）正确处理执行工作与社会安定关系原则；（11）执行合法原则；（12）执行穷尽原则。

本书重点探讨执行合法原则、执行当事人不平等原则、执行及时原则、全面保护当事人合法权益原则和执行穷尽原则。

## 二、执行合法原则

执行合法原则，是指执行活动必须以生效的法律文书为依据，并且依照法定程序和方式进行。执行合法原则要求法院的执行活动既要符合实体法，又要符合程序法。

该原则具体包括三层含义：首先，执行活动必须以生效的法律文书为依据。如果没有法律文书或者法律文书尚未生效，就不能开始和进行执行工作。

其次，执行必须依照法定程序进行。例如，执行员接到申请执行书或者移交执行书，应当向被执行人发出执行通知，责令其在指定的期间履行，逾期不履行的才能强制执行。再如，采取强制执行措施时执行员应当出示证件。执行完毕后，应当将执行情况制作笔录，由在场的有关人员签名或者盖章。

最后，执行工作要采取法定方式进行。例如，执行员在采取执行措施时就必须符合《民事诉讼法》第241条至第255条的规定。

## 三、执行当事人不平等原则

执行当事人不平等原则，是指执行债权人和债务人地位不平等，双方的权利义务有差别。与该原则相反的就是当事人平等原则。

在审判程序中，为了保证当事人充分行使诉讼权利，采用当事人平等原则；但在民事执行程序中，当事人之间的民事权利义务业已确定，民事执行是为了迅速实现债权人的权利，迫使债务人履行义务，因此不适宜、也无法使债务人与债权人权利义务平等、地位平等。

## 四、全面保护当事人合法权益原则

全面保护当事人合法权益原则，要求民事执行不仅要全部实现债权人的权利，同时也应当照顾执行义务人的实际需要。

该原则包括以下几个具体要求：首先，对申请人的合法权益要保护，但不得超出执行依据所确定的范围。其次，在采取执行措施时，要保留被执行人及其所扶养家属的生活必需费用和生活必需品。再次，在采取查封、扣押、强制迁出房屋或者强制退出土地等强制措施时，应当通知被执行人或者他的成年家属到场，以免损害被执行人的合法权益。最后，拍卖、变卖被执行人的财产时，要依法进行，不能贱价出售。

## 五、执行及时原则

执行及时原则体现了民事执行程序的基本价值要求。民事执行是一种与司法行为有密切联系的司法强制行为，追求效率是民事执行的最高追求。因此，民事执行程序要尽量缩短办案周期，在执行实践中要尽可能迅速满足债权人的利益。

执行及时原则在民事执行程序中的具体表现是：首先，法院执行机构对执行债权人的执行申请或审判人员移送执行的案件，应当及时审查，符合有关规定的及时立案，开始执行。其次，在执行程序的各个阶段，各项执行行为要在法定的期间内进行和完成，不能久拖不执行，并且执行行为应当连续、不间断地进行。最后，当事人必须在法定期限申请执行，否则受诉法院不予强制保护。

## 六、执行穷尽原则

所谓“执行穷尽”，是指人民法院根据债权人的请求，为了实现生效法律文书所确定的权利，穷尽各种执行方法、措施和途径，对被执行人的财产进行了必要的调查、审计，依法采取了查封、扣押、冻结、拍卖、变卖等执行行为，在履行了上述程序后仍不能满足债权人权利的，法院才能裁定终结执行程序。

执行穷尽原则可以增强当事人在经济交往中的风险意识，有利于司法资源的合理运用，减轻法院面临的舆论压力，督促法院执行人员尽职尽责地开展执行活动，最大限度地保护债权人的合法权益。

## 七、检查监督原则

检查监督原则，是指对于民事执行活动，人民检察院有权实行法律监督。该原则包括两层含义：第一，对于民事执行中人民法院的违法执行行为和不当执行行为，人民检察院可以依当事人、利害关系人的申请，以书面检察建议的方式，实施法律监督。第二，对国家机关等特殊主体为被执行人的执行案件，人民法院因不当干预难以执行的，人民检察院应当向相关国家机关等提出检察建议。

## 【问题与思考】

1. 在引例赵某与周某欠款执行纠纷中，法院对于刘某如何承担夫妻关系存续期间的债务发生争议，大致有四种观点：

一是再审说，认为该案审理时遗漏了当事人，属事实不清，应提起再审，再审时将周某的前妻刘某列为共同被告，判决周某、刘某共同承担。

二是另案起诉说，先将原案中止执行，由原告赵某另案提起确认之诉，确认被告周某与其前妻刘某对婚姻关系存续期间的5万元债务承担连带责任，待判决生效后，两案合并执行。

三是提起撤销之诉说，即依据《合同法》第74条的规定由原告赵某起诉，将周某、刘某作为共同被告，要求撤销其离婚协议中财产部分的约定，将刘某分得的财产回归到原来的属性，作为夫妻共同财产对外清偿债务。

四是追加被执行人说，即在执行程序中直接将刘某追加为被执行人，共同承担其夫妻关系存续期间的债务。

请结合民事审判与民事执行的基本原理进行分析，并说明理由。

2. 结合【案例21-2】中所提到的两则“立执兼顾”与“审执配合”案例，谈谈“立执兼顾”与“审执配合”原则的利弊优劣。

3. 王亚新教授在《强制执行与说服教育相结合辨析》一文中精辟地指出：

从“执行难”的角度来看，说服教育与强制相结合的原则同样扩大了强制执行程序的容量，有助于这一制度在市场相对地缺乏秩序、地方保护主义泛滥以及应付这些问题的其他制度供应不足等复杂困难的局面下依然保持运转；但该原则降低了强制执行制度的透明度和专门性，从而使法的或程序性的判断基准于不知不觉中发生了向道德性判断基准的位移，给强制执行制度带来了内在的扭曲和变形，并使我国法制建设深层结构上的矛盾和问题得到再生产。这样的局面并不是短时期内就能得到根本改观的。

说服教育原则的作用在于，通过加强法院裁量的因素和引入当事人同意的契机来减轻执行制度的负担。它使过大或过于复杂的问题也有可能在强制执行的范畴内得到处理，从而加大了制度的容量，在一定程度上弥补了其他制度的不足。说服教育不仅在通过获得当事人同意而满足程序的正当性要求这方面必不可少，而且在运用得好的时候确实能够解决问题，收到良好的社会效果。作为确实有效的一种方法，在制度供应不足的整体状态没有得到根本性改变之前，从强制执行制度中取消作为原则的说服教育看来是不可行或者是不可取的。

有些学者主张取消民事执行中的强制执行与说服教育相结合原则，理由是：(1) 说服教育纯粹为一项政策性的行为，而不是一种法律行为，因此无法在执行程序中设立可操作的具体规则。(2) 说服教育仅是一种工作方法，执行机构可以根据具体案情做好思想工作，但不能以说服教育作为执行的必经程序，更不能将其上升为民事执行的基本原则。(3) 多数情况下民事执行并不需要说服教育。

请分析强制执行与说服教育相结合原则能否取消？为什么？

# 第二十二章
# 执行程序的一般规定

## 参考文献


（一）著作

1. 李浩．强制执行法．厦门：厦门大学出版社，2004

2. 陈荣宗．强制执行法．台北：三民书局，1995

3. 林升格．强制执行法理论与实务．台北：五南图书出版公司，1983

4. 杨与龄．强制执行法论．北京：中国政法大学出版社，2002

5. 孙加瑞．强制执行实务研究．北京：法律出版社，1994

6. 沈达明．比较强制执行法初论．北京：对外贸易教育出版社，1994

7. [日] 竹下守夫．日本民事执行法理论与实务研究．重庆：重庆大学出版社，1994

8. [法] 让・文森，雅克・普雷沃．法国民事执行程序法要义．北京：中国法制出版社，2002

9. 朱新林．论民事执行救济．北京：中国政法大学出版社，2015

10. 董少谋．民事强制执行法学．北京：法律出版社，2016

11. 谭秋桂．民事执行法学．北京：北京大学出版社，2015

12. 廖中洪主编．民事间接强制执行比较研究．北京：中国检察出版社，2013

13. 马登科．民事强制执行中的人权保障．北京：中国检察出版社，2011

（二）论文

1. 陈荣宗．强制执行之竞合．见：民事程序法与诉讼标的理论．台北：台大法学丛书，1977．53～69 页

2. 陈荣宗．第三人异议之诉．见：民事程序法与诉讼标的理论．台北：台大法学丛书，1977.1～52 页

3. 骆永家．违法执行与不当执行之损害赔偿．见：民事法研究Ⅰ．台北：台大法学丛书，1999.255～278 页

4. 骆永家．执行行为之瑕疵．见：民事法研究Ⅱ．台北：台大法学丛书，1999.147～168 页

5. 骆永家．保全处分相互之间及保全处分与强制执行之关系．见：民事法研究Ⅱ．台北：台大法学丛书，1999.189～212 页

6. 肖建国，赵晋山．民事执行若干疑难问题研究．法律适用，2005（5）

7. 陈荣宗．禁止处分之假处分与强制执行之竞合．见：民事程序法论文集．台北：台大法学丛书，1993.113～124 页

8. 常怡，崔婕．民事强制执行立法研究．见：民事诉讼程序改革热点问题研究．北京：中国检察出版社，2001.515～569 页

9. 江伟，肖建国．我国民事执行制度若干问题的研究．中国法学，1995（1）

10. 汤维建，许尚豪．论民事执行程序的契约化——以执行和解为分析中心．政治与法律，2006（1）

11. 汤维建．关于破解“执行难”的理性反思——以执行体制的独立化构建为中心．学习与探索，2007

12. 章武生，金殿军．我国民事执行地域管辖制度之重构．政治与法律，2010（2）

13. 肖建国．执行当事人变更与追加的程序研究——基于德、日、韩执行文制度的比较研究．法律适用，2011（9）

14. 张晓茹，许藤．执行债权的法理基础与法律构造——兼论代位执行法理之缺陷．河北法学，2011（8）

15. 张卫平．执行和解制度的再认识．法学论坛，2016（4）

16. 赵秀举．论民事执行救济——兼论第三人执行异议之诉的悖论与困境．中外法学，2012（4）

## 参考法规

1991 年《中华人民共和国民事诉讼法》（2017 年修正）第 224 条～第 235 条；1994 年《中华人民共和国仲裁法》（2017 年修正）第 62 条～第 64 条；1986 年《中华人民共和国外交特权与豁免条例》第 4 条～第 6 条、第 10 条～第 13 条、第 15 条、第 18 条、第 20 条～第 25 条；1999 年《中华人民共和国合同法》第 286 条；2005 年《中华人民共和国公证法》（2017 年修正）第 37 条；1993 年《中华

人民共和国公司法》（2013年修正）第20条、第63条、第72条、第176条；1999年《中华人民共和国个人独资企业法》第29条、第31条；1997年《中华人民共和国合伙企业法》（2006年修订）第39条、第40条；1979年《中华人民共和国刑法》（2017年修正）第36条、第60条、第228条。

2015年最高人民法院《关于适用〈中华人民共和国民事诉讼法〉的解释》第462条～第476条；1997年最高人民法院《关于人民法院能否对信用证开证保证金采取冻结和扣划措施问题的规定》；1997年最高人民法院《关于验资单位对多个案件债权人损失应如何承担责任的批复》；1998年最高人民法院《关于对被执行人存在银行的凭证式国库券可否采取执行措施问题的批复》（2008年修正）；1998年最高人民法院《关于人民法院执行工作若干问题的规定（试行）》（2008年调整）第1条～第17条、第70条～第101条、第111条～第130条；1999年最高人民法院《关于严禁冻结或划拨国有企业下岗职工基本生活保障资金的通知》；2000年最高人民法院《关于高级人民法院统一管理执行工作若干问题的规定》；2000年最高人民法院《关于适用财产刑若干问题的规定》第10条；1993年最高人民法院《关于人民法院相互办理委托事项的规定》；2000年最高人民法院、司法部《关于公证机关赋予强制执行效力的债权文书执行有关问题的联合通知》；2000年最高人民法院、中国人民银行《关于依法规范人民法院执行和金融机构协助执行的通知》；2001年最高人民法院《关于冻结、拍卖上市公司国有股和社会法人股若干问题的规定》第1条～第4条；2002年最高人民法院《关于建设工程价款优先受偿权问题的批复》；2003年最高人民法院《关于破产企业国有划拨土地使用权应否列入破产财产等问题的批复》；2002年9月最高人民法院《关于审理涉及人民调解协议的民事案件的若干规定》第10条；2004年最高人民法院、国土资源部、建设部《关于依法规范人民法院执行和国土资源房地产管理部门协助执行若干问题的通知》第6条～第10条；2004年最高人民法院《关于人民法院民事调解工作若干问题的规定》（2008年修正）第19条、第20条；2004年最高人民法院《关于人民法院民事执行中查封、扣押、冻结财产的规定》（2008年调整）第2条、第5条～第7条、第14条～第19条；2005年最高人民法院《关于全面加强人民法庭工作的决定》第11条；2005年最高人民法院《关于人民法院执行设定抵押的房屋的规定》（2008年调整）第1条、第2条；2008年最高人民法院《关于适用〈中华人民共和国民事诉讼法〉执行程序若干问题的解释》。

1996年国务院《关于加强预算外资金管理的决定》；1990年国务院《关于在清理整顿公司中被撤并公司债权债务清理问题的通知》。

《德国民事诉讼法》第704条～第802条；《日本民事执行法》第1条～第42条、第49条～第52条、第84条、第85条、第88条～第92条、第97条、第105条～第109条、第133条、第139条、第140条、第142条、第154条、第165条、第166条；《法国民事诉讼法》第500条～第526条；《法国民事执行法》第1条～第37条；《俄罗斯民事诉讼法》第338条～第367条；《俄罗斯执行程序法》第1条～第45条、第77条、第78条。

**引例　江苏农行申请强制执行银耀公司、丝绸进出口公司还款案**

中国农业银行江苏省分行（以下简称江苏农行）于2011年与银耀公司签订贷款合同，约定贷款1 200万元，期限为1年，并且由丝绸进出口公司提供担保。银耀公司逾期未归还欠款，2012年江苏农行将银耀公司、丝绸进出口公司诉至南京市中级人民法院。在一审审理过程中，银耀公司、丝绸进出口公司、南京市家用厨具厂与江苏农行达成诉讼外和解，和解协议约定：如果一审法院判决银耀公司、丝绸进出口公司对江苏农行承担连带还款责任，那么四方一致协商同意由南京市家用厨具厂代替丝绸进出口公司承担担保责任，丝绸进出口公司则不再承担担保责任。但是，由于该和解协议是四方在诉讼外达成的，南京市中级人民法院并不了解四方协议的情况。2012年11月，南京市中级人民法院作出一审判决，认定银耀公司、丝绸进出口公司对江苏农行承担连带还款责任。银耀公司在法定上诉期内提起上诉，江苏省高级人民法院作出驳回上诉、维持原判的终局判决。江苏农行依据法院判决申请强制执行银耀公司、丝绸进出口公司的财产，但丝绸进出口公司以达成了四方协议为由抗辩，认为应当执行南京市家用厨具厂的财产。

本章阐释执行管辖、执行依据、执行主体、执行标的、委托执行、协助执行、代位执行、执行竞合、参与分配、执行和解、执行担保、执行救济等民事执行基本制度。

## 第一节　执行管辖与执行依据

### 一、执行管辖

执行管辖是指将一定的执行案件、执行事务和执行中的命令及裁判事务决定由何法院执行的权限划分，包括级别管辖和地域管辖。

我国目前是根据执行的目的，并按照执行名义的种类，来确定执行管辖法院（包括级别管辖法院和地域管辖法院）。具体来说：

1. 我国法院制作的民事判决书、裁定书、调解书和刑事判决书、裁定书中的财产部分，由第一审法院或者与第一审法院同级的被执行财产所在地法院执行。

2. 我国法院作出的财产保全、行为保全、先予执行的裁定书，民事制裁决定书，支付令，由制作的法院执行。最高人民法院《关于适用〈中华人民共和国民事诉讼法〉执行程序若干问题的解释》（以下简称《执行解释》）第4条规定，对法院采取财产保全措施的案件，申请执行人向采取保全措施的法院以外的其他有管辖权的法院申请执行的，采取保全措施的法院应当将保全的财产交执行法院处理。

3. 认定财产无主的判决，由作出判决的人民法院将无主财产收归国家或者集体所有。

4. 外国法院制作的司法裁判书，需在我国执行的，由被执行财产所在地、被执行行为履行地或被执行人住所地的中级人民法院执行。

5. 港澳台地区法院制作的司法裁判书，需在内地执行的，由被执行财产所在地、被执行行为履行地或被执行人住所地的中级人民法院执行。

6. 根据最高人民法院《关于适用〈中华人民共和国仲裁法〉若干问题的解释》第 29 条，当事人申请执行仲裁裁决案件，由被执行人住所地或者被执行的财产所在地的中级人民法院管辖。但是，根据《农村土地承包经营纠纷调解仲裁法》第 49 条，当事人对发生法律效力的农村土地承包经营纠纷的调解书、裁决书，应当依照规定的期限履行。一方当事人逾期不履行的，另一方当事人可以向被申请人住所地或者财产所在地的基层人民法院申请执行。

7. 我国公证机构制作的公证债权文书，通常由被执行财产所在地、被执行行为履行地或被执行人住所地的基层法院执行。

对两个以上法院都有管辖权的执行案件，法院在立案前发现其他有管辖权的法院已经立案的，不得重复立案。立案后发现其他有管辖权的法院已经立案的，应当撤销案件；已经采取执行措施的，应当将控制的财产交先立案的执行法院处理。

法院受理执行申请后，当事人对管辖权有异议的，应当自收到执行通知书之日起 10 日内提出。异议成立的，应当撤销执行案件，并告知当事人向有管辖权的法院申请执行；异议不成立的，裁定驳回。当事人对裁定不服的，可以向上一级法院申请复议。管辖权异议审查和复议期间，不停止执行。

## 二、执行依据

**【案例 22-1】“返还金戒指”判决的执行**

A 诉 B 离婚，并且要求 B 返还 A 婚前送给 B 的金戒指一枚。法院作出了准予离婚的判决，同时判决 B 于判决生效后 7 日内将金戒指返还给 A。但判决书中未对金戒指的品牌、规格、式样、重量等情况作出说明。B 未履行判决确定的返还义务，A 申请法院强制执行。

**【案例 22-2】两起相邻权纠纷案件的执行**

**案件一：**

A 与 B 系邻居，B 正在建房，A 认为 B 所建房屋侵占了 A 的宅基地 15 厘米，A 诉请法院判决 B 停止侵权行为，要求 B 将墙往里移 15 厘米。法院判决“B 将墙往里移 15 厘米”。B 未履行判决，A 申请法院强制执行。

**案件二：**

A 与 B 系邻居，B 正在建房，A 认为 B 所建房屋压在 A 家的宅基地上，导致两家墙挨着墙，严重影响了 A 家的通风、采光。A 诉请法院判决 B 停止侵权行为。法院经过调解，双方达成调解协议，法院制作了民事调解书，调解书已生效。调解书中载明："B家与A家的墙可以碰在一起，但不能压A家的宅基地，且不得影响A家的通风、采光。"

**【案例22-3】"交付价值13万元的化妆品"判决的执行**

A为B化妆品公司代销B公司的某品牌的化妆品，代销协议约定B向A供货，并且每季度向A支付代销费用和报酬。2015年12月30日，A与B进行了结算，B付清了A的所有代销费用和报酬，同时A承诺10天内将其占有的价值13万元的化妆品返还给B。双方还一并同意终止代销协议。但是A没有履行返还化妆品的承诺。B诉至法院，法院判决A于7日内"交付价值13万元的化妆品"给A。进入执行程序后，执行人员对判决主文的表述产生了疑义：究竟本判决为金钱债权的执行，还是交付特定物的执行？

### （一）执行依据的概念和特征

执行依据是由有关机构依法出具的，载明债权人享有一定债权，债权人可据以请求执行的法律文书。有效的执行依据是开始民事执行程序的必要条件。

执行依据是具有明确给付内容的、已经生效的、具有强制执行效力的法律文书，具有确定性、给付性和可执行性特点。当然，并非所有的给付判决都能予以强制执行，可予强制执行的给付判决主文须符合一定条件：

1. 给付的内容不能违背法律的禁止性规定和公序良俗；
2. 给付的内容须具体确定或可以具体确定；
3. 给付内容须适合于执行。

作为执行内容的给付义务，必须是判决确定的义务，即在判决主文中表述的义务；对于判决主文中未表述的义务，不能申请执行。

在制作判决、调解或裁定等法律文书时一定要措辞得当、明确具体、完整无误，切忌出现以下错误：（1）判决书错写、漏写当事人的姓名及住址，比如公民姓名同音不同字而导致错写，混淆企业名称。（2）判决书中无明确给付期限和给付方式。（3）判决书中无给付利息标准。（4）判决内容与事实不符，判决与实际脱节。比如在刑事附带民事判决中，被告人在服刑又没有财产，判决要求被告人"在判决生效后7日内履行完毕"。（5）判决书表述不清或左右逢源，易生歧义。【案例22-1】、【案例22-2】和【案例22-3】都不同程度地存在着上述问题。

### （二）执行依据的种类

根据法律文书制作者的不同，执行依据可分为两种类型：一是人民法院制作的法律文书，包括民事判决、裁定和刑事判决、裁定中的财产部分等；二是法律规定由人民法院执行的其他法律文书。

1. 人民法院制作的法律文书

（1）判决书，包括民事判决书、刑事附带民事判决书、财产刑的刑事判决书。在引例江苏农行申请强制执行银耀公司、丝绸进出口公司还款案中，作为执行依据的究竟系南京市中级人民法院的一审判决，还是江苏省高级人民法院的终审判决？江苏省高级人民法院的终审判决的主文是“驳回上诉，维持原判”，表面上似乎没有可执行的内容，实际上这只是个简略的表述方式，只要结合整个判决书，就能够知晓一审判决的内容。并且，只有二审判决才发生确定力，因此，执行依据只能理解为是江苏省高级人民法院的终审判决。

（2）裁定书，包括民事裁定、刑事（附带民事）裁定等。作为执行依据的裁定主要是民事裁定，具体有：

1）保全裁定书。

2）先予执行裁定书。

3）执行回转裁定书。

4）执行担保人财产的裁定书。

5）追究协助执行人民事责任的裁定书。①

6）承受人应受清偿的债权额低于抵债财产的价额的，人民法院责令其在指定的期间内补交差额的裁定书。②

7）重新拍卖的价款低于原拍卖价款造成的差价、费用损失及原拍卖中的佣金，由原买受人承担。人民法院可以直接从其预交的保证金中扣除。保证金数额不足的，可以责令原买受人补交的裁定书。③

8）人民法院承认外国法院判决或外国仲裁机构的裁决的裁定书。

其他仅对诉讼程序作出的有关程序性问题的民事裁定不能作为执行依据。有些裁定，如查封扣押冻结裁定、拍卖变卖裁定、物抵债裁定、强制搬迁裁定等，虽然也存在着落实的问题，但这种裁定只是实现执行依据内容的一些具体措施，最终是为执行依据服务的，本身不能作执行依据。

（3）决定书，主要指强制措施决定书。

（4）调解书，包括法院民事调解书、仲裁调解书以及公证机关依法赋予强制执行效力的具有债权内容的人民调解协议书。

民事调解书可以附条件，调解书确定的担保条款条件或者承担民事责任的条件成就时，当事人申请执行的，人民法院应当依法执行。④

（5）支付令。支付令是人民法院依督促程序发出的限期收债的诉讼法律文书。作为执行依据的支付令必须已经生效，即债务人在收到支付令后15日的异议期内不提出书面异议，并且不履行的，支付令即具有执行力，债权人可以申请执行。

2. 法律规定由人民法院执行的其他法律文书

（1）仲裁裁决书。

（2）公证债权文书。

《公证法》第37条规定：“对经公证的以给付为内容并载明债务人愿意接受强制执行承

---

① 参见最高人民法院《关于人民法院执行工作若干问题的规定（试行）》第33条、第37条、第44条、第56条～第58条。

② 参见最高人民法院《关于人民法院民事执行中拍卖、变卖财产的规定》第19条。

③ 参见最高人民法院《关于人民法院民事执行中拍卖、变卖财产的规定》第25条。

④ 参见最高人民法院《关于人民法院民事调解工作若干问题的规定》第19条。

诺的债权文书，债务人不履行或者履行不适当的，债权人可以依法向有管辖权的人民法院申请执行。”强制执行公证债权文书的法定条件有：

1）债权文书具有给付货币、物品、有价证券的内容。债权文书范围：借款合同、借用合同、无财产担保的租赁合同，赊欠货物的债权文书，各种借据、欠单、还款协议，以给付赡养费、抚养费、抚育费、学费、赔偿金为内容的协议等。

2）债权文书中载明债务人不履行义务或不完全履行义务时，债务人愿意接受强制执行的承诺。

3）公证机构依法赋予债权文书强制执行效力。怎样理解“公证机关依法赋予强制执行效力”呢？司法部于1990年12月12日发布的《公证程序规则（试行）》（现已失效）第38条第2款规定：“有强制执行效力的公证书应在公证证词中注明，并注明债务人履行债务的期限、强制执行标的名称、种类、数量等。”

4）有执行证书。最高人民法院和司法部在2000年发布的《关于公证机关赋予强制执行效力的债权文书执行有关问题的联合通知》第4条规定：“债务人不履行或不完全履行公证机关赋予强制执行效力的债权文书的，债权人可以向原公证机关申请执行证书。”第7条规定：“债权人凭原公证书及执行证书可以向有管辖权的人民法院申请执行。”

### （三）执行依据范围的扩大

民事执行依据应当扩大到以下三个层次：

#### 1. 具有物权效力的债权文书

如果某种民事请求权极为真确、特定、具体、稳定，且构成某个社会常见的、连续的、公认的交易生活方式，那么立法上可以考虑使该民事请求权不经过复杂的诉讼程序，而是像意大利、秘鲁等国家的规定那样，允许直接交给执行机构付诸实施。比如票据、提单、仓单、其他信用债券、诉讼外和解文书等债权文书，可以在一定条件下直接进入执行程序。①

#### 2. 人民法院许可拍卖担保物的裁定

抵押权、质押权、留置权等担保物权的实现，债权人原则上可以直接申请法院强制执行所担保之物。理由是，担保物权是一种物权，权利人可直接对物的价值加以支配并排除其他一切人的干涉，而不须借助义务人的给付行为，即使是不占有担保标的物的抵押权，抵押权人也是以控制抵押物的价值并得以从中受偿为目的的。债权人请求法院拍卖担保物以实现权利，正是将物权转化为法院对标的物实施的强制执行行为，仍然属于债权人对担保物的价值直接求偿的一种表现。

#### 3. 人民法院许可执行数额确定的、没有争议的法定优先权的裁定

比如建设工程承包人的优先受偿权的行使。按照《合同法》第286条的规定，承包人既可以与发包人协议将该工程折价，也可以直接申请人民法院将该工程依法拍卖。这里规定的不是“提起诉讼”，而是“申请法院拍卖”，更加明确地表明了建设工程承包人无须诉讼，直接实现其优先权的立法意图。梁慧星教授也认为该条规定的建设工程承包人的优先

---

① 参见《意大利民事诉讼法》第474条、《秘鲁民事诉讼法》第693条。

受偿权性质上属于法定抵押权，承包人有权直接申请法院许可执行。[①]

### （四）执行依据的效力：执行力

执行力，是指在一定条件下，债权人可以请求享有国家执行权的机关采取强制执行措施，迫使拒不履行生效法律文书确定义务的债务人履行义务的效力。执行力是生效法律文书效力的一种。

执行力具有不同的表现形式，对生效法律文书指明的债权人而言，执行力主要表现为一种赋予力，即赋予债权人申请强制执行并受领执行所得的权利；对债务人而言，执行力则主要表现为一种约束力，即约束其履行生效法律文书确定的义务，否则要受到国家强制力的制裁。

不同类型的执行依据，其执行力起始时间不同。通常情况下，有给付内容的法律文书一旦确定，即发生既判力和执行力。附期限的执行依据，一旦确定，即发生既判力；但需待法律文书确定的履行期限届满，才能发生执行力。附条件的执行依据，所附条件成就，才发生执行力。对待给付的执行依据，须待对方履行对待给付义务后，才能发生执行力。

执行力的存续时间，即申请执行的期限，指对法律文书中所确认的执行债权强制实现的时间，又称执行时效。我国《民事诉讼法》第239条规定了申请执行的期间及性质："申请执行的期间为二年。申请执行时效的中止、中断，适用法律有关诉讼时效中止、中断的规定。前款规定的期间，从法律文书规定履行期间的最后一日起计算；法律文书规定分期履行的，从规定的每次履行期间的最后一日起计算；法律文书未规定履行期间的，从法律文书生效之日起计算。"

执行力的主观范围，原则上与执行依据中的既判力主观范围相同，即执行力及于法律文书中的当事人、当事人的承继人、为当事人或其继受人的利益占有请求之标的物的人、为他人利益而以自己的名义进行诉讼的诉讼担当之他人。

# 第二节　执行主体和执行标的

## 一、执行主体

### （一）执行主体的含义

执行主体，是在执行法律关系中，依照执行法律的规定，享有权利和承担义务，并能够引起执行程序发生、变更或终结的组织或个人。

执行活动需要人民法院、执行当事人和协助执行人、执行见证人等的参与，所以，执行主体包括执行机关、执行当事人和执行参与人。

---

① 参见梁慧星：《合同法第二百八十六条的权利性质及其适用》，载《山西大学学报》（哲学社会科学版），2001（3）。

(二) 执行机关

1. 执行机关的设置

执行机关，是指依法负责执行法律文书的职能机构。基层人民法院及人民法庭、中级人民法院、高级人民法院相继设立了执行机构，其名称为执行局或执行庭；最高人民法院设立了执行办公室，指导和协调下级人民法院的执行工作。

2. 执行机关的组成人员

执行机关行使执行权，是通过具体的人员进行的。执行机构及执行人员所属的人民法院也称为执行法院。执行机构通常由人民法院院长、执行庭（局）长、执行法官、执行员、书记员和司法警察组成。

3. 执行监督

1999年中共中央《关于转发〈中共最高人民法院党组关于解决人民法院“执行难”问题的报告〉的通知》（中发［1999］11号）提出“要强化执行机构的职能作用，加强执行工作的统一管理和协调”。最高人民法院于同年颁布的《人民法院五年改革纲要》要求建立起“对各级人民法院执行机构统一领导，监督、配合得力，运转高效的执行工作体制”。

上级人民法院依法监督下级人民法院的执行工作。最高人民法院依法监督地方各级人民法院和专门法院的执行工作。监督权限有：

(1) 指令纠正。上级法院发现下级法院在执行中作出的裁定、决定、通知或具体执行行为不当或有错误的，应当及时指令下级法院纠正。

(2) 裁定纠正。下级法院对上级法院的纠正，请求复议，上级法院认为请求复议的理由不成立，而下级法院仍不纠正的，上级法院可直接作出裁定或决定予以纠正。

(3) 裁定不予执行。上级法院发现下级法院执行的非诉讼生效法律文书有不予执行事由，应当依法作出不予执行裁定而不制作的，可以责令下级法院在指定时限内作出裁定，必要时可直接裁定不予执行。

(4) 限期执行。上级法院发现下级法院的执行案件（包括受委托执行的案件）在规定的期限内未能执行结案的，应当督促下级法院限期执行。

(5) 依审判监督程序处理。上级法院在监督、指导、协调下级法院执行案件中，发现据以执行的生效法律文书确有错误的，应当书面通知下级法院暂缓执行，并按照审判监督程序处理。

(6) 暂缓执行。上级法院在指令纠正及命令下级法院依审判监督程序处理时，除了可通知暂缓执行外，上级法院在申诉案件复查期间，也可对生效法律文书暂缓执行。

(7) 追究责任。下级法院不按照上级法院的裁定、决定或通知执行，造成严重后果的，按照有关规定追究有关主管人员和直接责任人员的责任。

(8) 提级执行。人民法院自收到申请执行书之日起超过6个月未执行的，申请执行人可以向上一级人民法院申请执行。上一级人民法院经审查，可以决定由本院执行。

(9) 指定执行。人民法院自收到申请执行书之日起超过6个月未执行的，申请执行人可以向上一级人民法院申请执行。上一级人民法院经审查，可以指令其他人民法院执行。

**【案例 22－4】追加生效法律文书确定其不承担实体责任的主体为被执行人案**

原告A公司认为C公司是从其债务人B公司分立出来的，向法院起诉要求B公司和C公司共同承担清偿债务的责任。C公司抗辩其是B公司投资开办的企业，而非分立出的企业。法院采纳了C公司的抗辩意见，驳回了A公司对C公司的诉讼请求。A公司不服，提出上诉；二审维持原判。该案进入执行程序后，执行机构认为C公司的注册资本超过了B公司净资产的50%，不能认定为投资，应认定为企业分立，于是追加C公司为被执行人。

（三）执行当事人

1. 执行当事人的含义

执行当事人，就是执行程序中的债权人和债务人。质言之，就是法院的判决、裁定、仲裁裁决等具有给付性质的执行依据所确定的债权人与债务人。

执行当事人应具有诉讼行为能力。如果没有诉讼行为能力，就由法定代理人或诉讼代理人代为执行行为。如果无诉讼行为能力人没有法定代理人或者法定代理人互相推诿责任，执行法院就应该替他指定代理人。

2. 执行当事人的变更和追加

被执行人的变更和追加的情形有：

(1) 当事人死亡。作为被执行人的公民死亡，其遗产继承人没有放弃继承的，人民法院可以裁定变更被执行人，由该继承人在遗产的范围内偿还债务。

(2) 组织终止。作为被执行人的法人、其他组织终止的，由其权利义务承受人履行义务。

(3) 组织分立、合并。执行中作为被执行人的法人或者其他组织分立、合并的，其权利义务由变更后的法人或者其他组织承受。具体说：作为被执行人的法人分立的，分立后存续的企业按照分立协议确定的比例承担债务；不符合法定程序分立的，依《公司法》第176条的规定，作为被执行人的公司分立前的债务由分立后的公司承担连带责任。

执行中作为被执行人的法人或者其他组织被撤销的，如果依有关实体法的规定有权利义务承受人的，可以裁定该权利义务承受人为被执行人。

(4) 组织名称变更。在执行中，作为被执行人的法人或者其他组织名称变更的，人民法院可以裁定变更后的法人或者其他组织为被执行人。

(5) 法人分支机构不能清偿债务。被执行人为企业法人的分支机构不能清偿债务时，可以裁定企业法人为被执行人。企业法人直接经营管理的财产仍不能清偿债务的，人民法院可以裁定执行该企业法人其他分支机构的财产。若必须执行已被承包或租赁的企业法人分支机构的财产，对承包人或承租人的投入及应得的收益应依法保护。

(6) 独资企业。被执行人为无法人资格的私营独资企业，无能力履行法律文书确定的义务的，人民法院可以裁定执行该独资企业业主的其他财产。

(7) 合伙组织。被执行人为个人合伙组织或合伙型联营企业，无能力履行生效法律文书确定的义务的，人民法院可以裁定追加该合伙组织的合伙人或参加该联营企业的法人为被执行人。

（8）开办单位。被执行人无财产清偿债务，如果其开办单位在其开办时投入的注册资金不实或抽逃注册资金，可以裁定变更或追加其开办单位为被执行人，在注册资金不实或抽逃注册资金的范围内，对申请执行人承担责任。作为被执行人的法人歇业或者被撤销的，上级主管部门或开办单位无偿接受被执行人的财产，致使被执行人无遗留财产清偿债务或遗留财产不足清偿的，法院可以裁定由上级主管部门或开办单位在所接受的财产范围内承担责任。但被执行人的开办单位已经在注册资金范围内或接受财产的范围内向其他债权人承担了全部责任的，人民法院不得裁定开办单位重复承担责任。

（9）一人有限责任公司。对于单一股东的有限责任公司，为了更好地保护交易相对人的利益，降低交易风险，《公司法》规定股东不能证明公司财产独立于股东自己的财产的，应当对公司债务承担连带责任。

在【案例22－4】追加生效法律文书确定其不承担实体责任的主体为被执行人案中，法院通过公开开庭审理，认定C公司不是从B公司分立出的企业，故不需要对原B公司的债务承担连带责任。这一判决具有既判力，除非通过审判监督程序被撤销，否则法院不能作出相异的认定，执行程序更无权推翻生效判决认定的事实。该例中执行机构追加C公司为被执行人，属于执行权违法扩张。

#### （四）执行参与人

执行参与人是指人民法院和执行当事人以外的参与执行工作的组织和个人，包括协助执行人、执行见证人、被申请执行人的家属以及代理人和翻译人员等。

在执行程序中，按照人民法院的协助执行通知书配合执行机构进行执行工作的单位和个人，称为协助执行人，如协助办理查询、冻结事务的银行、工商部门，负责办理产权过户登记手续的土地、房管部门，协助扣留、提取被执行人收入的单位。

在执行程序中，人民法院采取某些执行措施时，到场亲自对执行活动进行观察和监督，证实执行情况的人，称为执行见证人。具体包括：

（1）被执行人为未成年人时其成年家属；

（2）被执行人为公民时，其工作单位或财产所在地基层组织指派参加执行的人员；

（3）被执行人为单位时，其法定代表人或主要负责人。

## 二、执行标的

#### （一）执行标的的概念和特点

法院强制执行行为所指向的对象，为执行标的，又称执行对象或执行客体。债务人可供执行以实现债权人债权的责任财产，可以成为执行标的。

执行标的有两个重要的特点：

1. 执行标的具有非抗辩性。

2. 执行标的具有法定性。

（二）财产执行的标的

1. 有体物

被执行人的财物，应当是其享有所有权或有权处分的物。作为执行标的之物通常指有金钱价值的一切物与权利，一般分为有体物与无形财产权。有体物依其可否移动又可分为动产和不动产。前者如船舶和航空器、机动车、有价证券，后者如土地使用权、房屋、林木等。

2. 无形财产权

无形财产权是指被执行人所享有的非以实物形态存在的财产权，主要包括存款、债权、工资收入、用益物权、知识产权、股权及其他权利。作为执行标的之无形财产权，必须是债务人独立的财产权利，具有财产价值和可转让性。债务人对第三人的到期债权和债务人非法处分的财产，也可成为执行标的。

具体而言，成为执行标的之无形财产权包括：存款；农村土地承包经营权；建设用地使用权；宅基地使用权；其他自然资源使用权，如矿业权、海域使用权、森林或林木采伐权、取水权、渔业养殖权和渔业捕捞权；专利权；注册商标专用权；著作权；股权，如有限责任公司股权或投资权益、独资企业投资权益、中外合资及中外合作企业股权或投资权益；公路运营权；电话电传租用权；出租车运营权；期货交易会员资格费或者交易席位等。

3. 执行财产的豁免

被执行人的财产，原则上均可强制执行。但实体法和程序法基于保障社会安全或债务人的生存、维护社会公益或第三人利益、促进社会文化发展等考虑，对于被执行人的特定财产，执行法院不得采取执行措施。此即为执行财产的豁免。兹分列如下：

（1）被执行人及其所扶养家属生活所必需的衣服、家具、炊具、餐具及其他家庭生活必需的物品。

（2）被执行人及其所扶养家属所必需的生活费用。当地有最低生活保障标准的，必需的生活费用依照该标准确定。

（3）被执行人及其所扶养家属完成义务教育所必需的物品。

（4）未公开的发明或者未发表的著作。

（5）被执行人及其所扶养家属用于身体缺陷所必需的辅助工具、医疗物品。

（6）被执行人所得的勋章及其他荣誉表彰的物品。

（7）根据我国《缔结条约程序法》，以中华人民共和国、中华人民共和国政府或者中华人民共和国政府部门名义同外国、国际组织缔结的条约、协定和其他具有条约、协定性质的文件中规定免于查封、扣押、冻结的财产。

（8）维护公序良俗而不得执行的财产。有的财产虽为被执行人所有，但属感情慰藉或传统风俗、信仰的物品，若对之强制执行，则有悖公序良俗，对此类财产，执行法院也不得强制执行。如遗像、牌位、墓碑及其他祭祀、礼拜所用之物等。

（9）人民银行及其分支机构的办公楼、运钞车及营业场所，金融机构的营业场所等财产。

（10）信用证开证保证金。

（11）证券经营机构清算账户资金。

（12）证券、期货交易保证金。

(13) 银行承兑汇票保证金。

(14) 旅行社质量保证金。

(15) 粮棉油收购专项资金。

(16) 商业银行根据国家政策向特定企业发放的具有特定用途的贷款。

(17) 社会保险基金和社会基本保障资金。

(18) 国防科研试制费。

(19) 金融机构存款准备金。

(20) 军费(但军队工厂、农场、马场、军人服务部、省军区以上单位实现企业经营的招待所和企业的上级财务主管部门等单位开设的军队"特种企业存款"除外)。

(21) 征用土地补偿费、安置补偿费。

(22) 单位和职工缴纳的住房公积金。

(23) 由地方财政部门管理,主要用于社会公益的各项附加收入即财政预算外资金。

(24)《民法通则》规定的专属于债务人所有的权利,如健康权、姓名权、肖像权、名誉权,以及《宪法》中规定的退休金等都不得成为执行标的。

(25) 期货公司在期货交易所或者客户在期货公司保证金账户中的资金。

(26) 期货公司专用结算账户中未被期货合约占用的用于担保期货合约履行的最低限额的结算准备金,但期货公司已经结清所有持仓并清偿客户资金的除外。

4. 可以替代的行为

《民事诉讼法》第252条规定,对判决、裁定和其他法律文书指定的行为,被执行人未按执行通知履行的,人民法院可以强制执行或委托有关单位或其他人完成,费用由被执行人承担。

**【案例22-5】刘某抚养权执行案**

关于刘某请求解除其子王某与赖某、陈某等的非法收养关系一案,武汉市某法院于2016年11月判决:被告有义务将王某送还原告刘某抚养。由于王某不愿意随其生母刘某回武汉生活,执行法院拟将其强制带回交给其生母。但考虑到强制带回没有法律依据,同时还涉及将王某的人身作为执行标的的问题,武汉市某法院不敢贸然采取执行措施,逐级请示湖北省高级人民法院。湖北省高级人民法院建议继续做被执行人的工作,尽量满足被执行人要求申请执行人支付抚养王某期间的医疗费、生活费等费用,不同意对王某采取强制带回方式执行。

**(三) 人身执行的标的**

在现代法治国家,仅允许在例外情况下以人身为执行标的。

1. 人的身体

对于交出子女的执行依据,可以用直接强制方法,将该子女交给申请执行人。在【案例22-5】刘某抚养权执行案中,最高人民法院在〔1999〕执他字第18号《关于人身可否强制执行问题的复函》中明确指出:抚养权案件的判决,发生法律效力后依法应予执行。但必须注意执行方法,不得强制执行王某的人身。可通过当地妇联、村委会等组织在做好养父母的说服教育工作的基础上，让生母刘某将孩子领回。对非法干预执行的人员，可酌情对其采取强制措施。

2. 人的自由

我国现行法律采国外立法例，为促使债务人履行债务，尤其是对于不可替代的行为，允许以人的自由权为执行标的，采取拘传、拘留、限制出境、罚款等间接执行措施。比如，当事人不履行法律文书确定的行为，如果该项行为义务只能由被执行人完成，人民法院可依照《民事诉讼法》的规定，以拒不履行判决、裁定为由，对义务人或其主要负责人、直接责任人员予以罚款、拘留，构成犯罪的，追究其刑事责任。

## 第三节　委托执行、协助执行和代位执行

### 一、委托执行

#### （一）委托执行的概念和条件

委托执行是指受理执行案件的法院对于债务人或被执行的财产在外地的案件，委托当地人民法院代为执行的一种活动，是人民法院间的一种重要的司法互助制度。

委托执行应符合下列条件：

（1）被执行人或被执行的财产全部或部分在外地；

（2）受托法院是被执行人住所地法院或被执行财产所在地法院；

（3）委托法院对于需要委托执行的案件，应在立案后 1 个月内办妥委托执行手续；超过此期限委托的，须经受托法院同意。

（4）委托执行原则上在同级法院之间进行，不应随意提高或降低受托法院的级别，但受托法院同意的除外。被执行人是军队企业的，可委托其当地的军事法院执行；执行标的物为船舶的，可委托海事法院执行。

（5）委托法院应向受托法院出具书面委托函，并附送据以执行的生效法律文书副本、立案审批表复印件及有关情况说明。

#### （二）委托执行的案件范围

1. 禁止委托的事由

委托法院明知被执行人有下列情形之一的，应及时依法裁定中止执行或终结执行，不得委托当地法院执行：（1）被执行人无确切住所或长期下落不明，又无财产可供执行的；（2）有关法院已经受理以被执行人为债务人的破产案件或被执行人已经宣告破产的。

2. 可不委托执行的情形

有下列情形之一的，可不委托执行：（1）被执行人在不同辖区内有财产，且任何一个地方的财产不足以单独清偿债务的；（2）分布在不同法院辖区的多个被执行人对清偿债务的承担有一定关联的；（3）需要裁定变更或追加本辖区以外的被执行人的；（4）案件审理中已对外地的财产进行保全，异地执行更为方便的；（5）因其他特殊情况不便委托执行，

经高级人民法院批准的。

### (三) 委托执行中委托法院和受托法院各自的权限

1. 委托法院的权限

委托执行后，案件的执行实施权转移给受托法院，未经受托法院同意，委托法院不得再自行执行已委托执行的案件。

受托法院认为委托执行的法律文书确有错误，应函请委托法院审查。受托法院按照委托法院的审查结果继续执行或停止执行。

受托法院认为执行案件需要中止或终结执行的，应提供有关证据材料，及时函告委托法院，由委托法院作出裁定。

2. 受托法院的权限

(1) 受托法院接到委托后，应及时将指定的承办人、联系电话、地址等告知委托法院；如发现委托执行的手续、资料不全，应及时要求委托法院补办。

(2) 受托法院有权依法采取执行措施和对妨害执行的强制措施，具体包括以下权力：1) 直接执行权。发现被执行人有可供执行的财产，即使被执行人下落未明，也可直接执行财产。2) 处理异议权。对于执行担保、执行和解的情况，以及案外人对非属法律文书指定交付的标的物提出的异议，受托法院可以按照有关法律规定处理，并及时通知委托法院。3) 变更和追加被执行主体的权力。

## 二、协助执行

### (一) 协助执行的概念

协助执行是受理执行案件的人民法院通知有关单位、个人或者请求有关人民法院协助执行生效法律文书所确定的内容的一种法律制度。

### (二) 人民法院之间的协助执行

被执行人或被执行财产在辖区外，受理执行申请的法院直接到辖区外执行，由当地法院辅助执行。

执行法院异地直接执行案件时，应主动请求当地法院协助执行，同时应出具协助执行公函、介绍信，出示执行公务证，并可以主动介绍案情和准备采取的执行方案，同时阐明要求协助的内容。当地法院应积极配合，积极办理，不得借故推脱，不得消极应付，不得设置障碍，更不得与当地被执行人串通，对抗外地法院执行。

### (三) 人民法院以外的其他单位和个人的协助执行

**【案例 22-6】案外人村委会未协助法院冻结债权案**[①]

申请执行人徐州百货申请徐州中院执行被执行人盐城建筑公司所欠货款 150

① 参见最高人民法院执行办：《强制执行指导与参考》，281 页以下，北京，法律出版社，2003。

万元，而盐城建筑公司依（2001）苏民终字第154号民事调解书对村委会享有16万元到期债权。该债权在到期之前的2001年6月1日，曾被徐州中院冻结，并且徐州中院向村委会发出了冻结盐城建筑公司对村委会债权的协助执行通知书，禁止村委会向盐城建筑公司支付款项，冻结期限为1年。但在冻结期限内，债权到期，村委会自动履行了（2001）苏民终字第154号民事调解书确定的还款义务。2002年1月，徐州中院要求村委会追回已支付款项，村委会未能追回。徐州中院裁定村委会以自己的财产，在向盐城建筑公司支付数额的范围内向徐州百货承担赔偿责任。

1. 协助行为的类型

实施民事执行还需要有关单位或个人的协助，主要有下列情形：

（1）登记机关按照协助执行通知书所实施的行为；

（2）被执行人所在单位、银行及非银行金融机构和其他有储蓄业务的单位依法协助法院执行的行为；

（3）案外人按照人民法院的协助执行通知书或通知交付执行标的物。

2. 有关单位和个人协助执行的程序

执行法院要求有关单位和个人协助执行时，应当发出协助执行通知书，协助执行通知书中应载明所需要协助的具体事项。

3. 对有关单位和个人拒不协助执行的处理

（1）罚款

有义务协助调查、执行的单位有《民事诉讼法》第114条规定的行为之一的，人民法院除责令其履行协助义务外，可以予以罚款；对仍不履行协助义务的，可以予以拘留；并可以向监察机关或者有关机关提出予以纪律处分的司法建议。

（2）民事责任

违反法院协助执行通知，协助被执行人转移财产或擅自向被执行人支付或清偿，应承担民事责任。主要包括：

1）金融机构擅自解冻被人民法院冻结的款项，致冻结款项被转移的，人民法院有权责令其限期追回已转移的款项。在限期内未能追回的，应当裁定该金融机构在转移的款项范围内以自己的财产向申请执行人承担责任。

2）有关单位收到人民法院协助执行被执行人收入的通知后，擅自向被执行人或其他人支付的，人民法院有权责令其限期追回；逾期未追回的，应当裁定其在支付的数额内向申请执行人承担责任。

3）被执行人或其他人擅自处分已被查封、扣押、冻结财产的，人民法院有权责令责任人限期追回财产或承担相应的赔偿责任。在【案例22-6】案外人村委会未协助法院冻结债权案中，由于徐州中院冻结盐城建筑公司对村委会债权的裁定仍然有效，村委会不得就该债权向盐城建筑公司支付，否则，法院除罚款、拘留外，还可依最高人民法院《关于人民法院执行工作若干问题的规定（试行）》第44条的规定，责令村委会限期追回或承担相应的赔偿责任。

4）有关企业收到人民法院发出的协助冻结通知后，擅自向被执行人支付股息或红利，或擅自为被执行人办理已冻结股权的转移手续，造成已转移的财产无法追回的，应当在所支付的股息或红利、转移的股权价值范围内向申请执行人承担责任。

**【案例 22－7】在代位执行中对第三人的开办单位的执行案**

B依法院判决应向A履行欠款义务，但法院在执行程序中没有找到被执行人B可供执行的财产，但B对C享有到期债权，A遂申请代位执行C的财产。C是由D开办的公司，也无足够的财产可供执行。法院经过调查，发现D在开办C时抽逃注册资金300万元，于是依A的申请裁定代位执行D的财产。D不服裁定。

## 三、代位执行

### （一）代位执行的概念

所谓代位执行，即对到期债权的执行，是指执行法院强制转移被执行人收取对第三人的债权的权利的执行程序。它是以被执行人的到期债权为执行对象，以债权人对债务人的实体及程序代位权为理论基础，省略了被执行人对第三人债权的实体审理，并通过一定的法律程序将申请执行人与被执行人之间经过审理的债权债务关系与被执行人和第三人之间未经实体审理的债权债务关系融合一起进行处理。

### （二）代位执行的适用条件

1. 须被执行人不能清偿债务。只有在对被执行人的财产采取强制执行措施后仍不能满足申请执行人的债权时才可以启动到期债权的执行程序。

2. 须有申请执行人或被执行人提出申请。申请一般应以书面形式为宜，并应载明第三人的自然情况，被执行人不能清偿债务的数额，被执行人对第三人享有的债权数额、发生原因以及请求第三人给付的具体数额等。

3. 被执行人须对第三人享有合法到期债权。

4. 须是第三人在履行通知指定的期限内既不提出异议，也不履行债务。此条件系对第三人强制执行的条件，但不是启动到期债权执行程序的条件。

在【案例 22－7】中，对代位执行程序中第三人的开办单位的执行，与执行程序中法院在追加抽逃注册资金的被执行人的开办单位后，又发现这个开办单位的开办单位也虚假出资或抽逃出资，于是再追加开办单位的开办单位为被执行人，二者具有一样的性质，均属于生效法律文书执行力的连续扩张，这必然对第三人的开办单位的程序利益和实体利益带来极大的损害。第三人的开办单位与执行依据中确定的债务人并无直接的法律关系，不为执行依据执行力所及。

### （三）履行通知的内容和效力

履行通知应包括下列内容：

1. 要求第三人直接向申请执行人履行其对被执行人所负的债务，不得向被执行人清偿。

2. 告知第三人应当在收到履行通知后的15日内向申请执行人履行债务。

3. 告知第三人对履行到期债务有异议的，应当在收到履行通知后的15日内向执行法院提出。这是一个法定不变期限，第三人超出该期限提出异议的，异议无效。

4. 告知第三人违反上述义务的法律后果，即须受强制执行。

第三人在履行通知指定的期限内没有提出异议，而又不履行的，执行法院有权裁定对其强制执行。第三人收到人民法院要求其履行到期债务的通知后，擅自向被执行人履行，造成已向被执行人履行的财产不能追回的，除在已履行的财产范围内与被执行人承担连带清偿责任外，可以追究其妨害执行的责任。

#### （四）第三人的异议

1. 提出异议的方式。第三人对履行通知的异议一般应当以书面形式提出；口头提出的，执行人员应记入笔录，并由第三人签字或盖章。

2. 异议的内容。第三人异议的内容，应为债权有不存在或未到期等情形，故第三人提出自己无履行能力或其与申请执行人无直接法律关系，不属于对到期债务的异议。

3. 第三人部分异议情况的处理。第三人对债务部分承认、部分有异议的，可以对其承认的部分强制执行。

4. 异议的效果。第三人异议具有排除强制执行的绝对效力。第三人在履行通知指定的期限内提出异议的，法院不得对第三人强制执行，第三人异议一旦提出，经人民法院形式审查后认为异议成立的，履行通知即自动失效，法院不得对第三人强制执行，代位执行程序终结。

#### （五）第三人未提出异议的效果

1. 裁定强制执行。第三人在履行通知指定的期限内没有提出异议，而又不履行的，执行法院有权裁定对其强制执行。此裁定同时送达第三人和被执行人。如第三人对债务部分承认、部分有异议的，可以对其承认的部分强制执行。

2. 再代位执行的禁止。在对第三人作出强制执行裁定后，第三人确无财产可供执行的，不得就第三人对他人享有的到期债权强制执行。

3. 发给履行证明。第三人按照人民法院履行通知向申请执行人履行了债务或已被强制执行后，人民法院应当出具有关证明。

## 第四节　执行竞合和参与分配

### 一、执行竞合的概念和类型

执行竞合，又称执行程序的竞合，是指在民事执行程序中，两个或两个以上的债权人同时或先后以不同的执行名义对同一债务人的特定财产，申请法院强制执行，而各债权人的请求之间相互排斥，各个债权人的权利难以同时获得完全满足的一种竞争状态。广义上的执行竞合还包括执行依据的竞合，即债权人对债务人之同一给付请求权，取得两个以上之执行依据的情形。本书仅论述狭义上的执行竞合。

从类型上分，执行竞合可分为民事执行之间的竞合，民事执行与行政处罚之间的竞合，民事执行与财产刑执行之间的竞合。其中，民事执行之间的竞合，又可分为保全执行之间的竞合、终局执行之间的竞合以及终局执行与保全执行之间的竞合三种情况。

## 二、民事执行之间的竞合

### （一）民事执行竞合的适用条件

1. 须有两个或两个以上的权利人存在；

2. 执行对象须为同一债务人的同一特定标的物；

3. 数个权利人所持的执行依据必须是各自独立的法律文书；

4. 各个不同执行依据的执行发生在同一特定时期，即数个执行共同存在于某段时间；

5. 多份生效法律文书的执行内容须为金钱给付或交付财物的执行。

### （二）民事执行竞合的具体形态

1. 保全执行之间的竞合

（1）不同保全措施（如查封、扣押、冻结）之间的竞合。各债权人对执行标的物均无担保物权的，依采取执行措施的先后而定，采取执行措施在先的，取得优先受偿的地位。

（2）同种保全措施之间的竞合。如果后采取的保全措施与先采取的保全措施相抵触，后保全措施无效。由于后保全措施不得妨碍前保全措施，前保全债权人于取得执行依据后，即可申请执行法院除去后保全措施，以实现其权利。具体包括：后保全措施系撤销或变更前保全措施的；后保全措施的内容意在除去或禁止前保全措施的；后保全措施的内容，与前保全措施的内容不相容的等。

2. 终局执行之间的竞合

终局执行之间的竞合，依执行依据所确定的给付内容不同，包括以下情况：

（1）数个执行依据指定的交付物同一。遇此情形时，各有关法院应当立即停止执行，报请共同的上级人民法院处理。

（2）数个具有金钱给付内容的执行依据在执行中均要求对被执行人的同一标的物实施清偿。各申请执行人对执行标的物均无担保物权的，按照执行法院采取执行措施的先后顺序受偿。

（3）债权种类不同的执行竞合，有基于所有权而享有债权的，有基于合同之债要求债务人交付一定标的物的，有一般金钱债权的。基于担保物权和所有权而享有的债权最优先受偿，其次是依合同请求交付标的物的债权，最后是一般金钱债权；有多个担保物权的，按照法律规定的顺序或同类担保物权成立的先后顺序清偿。

3. 终局执行与保全执行的竞合

（1）先保全执行而后为终局执行。人民法院已保全了被告的财产的，其他法院在案件执行中不得重复查封或擅自解除查封，只能对余额部分采取执行措施。如查封的财产属于不可分物，则只能等待保全法院处理。保全债权人在取得终局执行依据后，可直接申请人民法院将保全执行程序变为终局执行程序。

（2）先终局执行而后为保全执行。案件虽已进入终局执行程序，但执行法院尚未对被执行人的财产采取控制性执行措施，或执行法院已经采取控制性执行措施但由于程序上的瑕疵或其他原因而未能实际控制的，终局执行不得对抗保全执行。

## 三、民事执行与行政处罚的竞合

行政处罚是指享有处罚权的行政机关或法律、法规授权的组织，对违反行政法律规范、依法应当给予处罚的行政相对人所实施的制裁行为。行政处罚中的罚款、没收财物也具有给付内容。

当民事执行与行政处罚执行发生竞合时，民事执行优先于行政处罚的执行。《公司法》第 214 条规定："公司违反本法规定，应当承担民事赔偿责任和缴纳罚款、罚金的，其财产不足以支付时，先承担民事赔偿责任。"《证券法》第 232 条、《产品质量法》第 64 条均规定："违反本法规定，应当承担民事赔偿责任和缴纳罚款、罚金，其财产不足以同时支付时，先承担民事赔偿责任。"《个人独资企业法》第 43 条规定："投资人违反本法规定，应当承担民事赔偿责任和缴纳罚款、罚金，其财产不足以支付的，或者被判处没收财产的，应当先承担民事赔偿责任。"

民事执行优先于行政处罚的执行，须满足下列条件：

1. 民事执行所涉及的民事赔偿责任须基于违反《公司法》、《证券法》、《产品质量法》和《个人独资企业法》等法律的规定而产生。

2. 被执行人的限定性。在《公司法》领域只适用于有限责任公司和股份有限公司两类被执行人，在《证券法》或《产品质量法》领域包括所有因违反《证券法》或《产品质量法》而承担民事赔偿责任的被执行人，在《个人独资企业法》领域则只适用于投资人。

3. 被执行人的财产不足以承担所有法律责任。依《税收征收管理法》第 45 条第 1 款关于税收优先权的规定，民事执行与税收征收之间的竞合不同于民事执行与行政处罚执行之间的竞合。

## 四、民事执行与财产刑执行的竞合

民事执行中有时会遇到被执行人同时被判处刑罚的情况，如刑事附带民事案件。财产刑执行包括罚金和没收财产。罚金是人民法院判处犯罪分子向国家缴纳一定数量的金钱的刑罚。没收财产是将犯罪分子所有的财产的一部或全部强制无偿收归国有的刑罚。

1. 民事执行与没收财产的执行竞合

现行法确立了民事执行优先于没收财产刑执行之原则。《刑法》第 60 条规定："没收财产以前犯罪分子所负的正当债务，需要以没收的财产偿还的，经债权人请求，应当偿还。"

这里的“没收财产以前犯罪分子所负的正当债务”，依最高人民法院《关于适用财产刑若干问题的规定》第7条，指“犯罪分子在判决生效前所负他人的合法债务”。据此，犯罪分子于刑事判决生效前发生的合法债务的执行应当优先于没收财产的执行。

2. 民事执行与罚金的执行竞合

现行法确立了民事执行优先于罚金刑执行之原则。《刑法》第36条规定：“由于犯罪行为而使被害人遭受经济损失的，对犯罪分子除依法给予刑事处罚外，并应根据情况判处赔偿经济损失。承担民事赔偿责任的犯罪分子，同时被判处罚金，其财产不足以全部支付的或者被判处没收财产的，应当先承担对被害人的民事赔偿责任。”因此，刑事附带民事案件中所确定的民事赔偿责任的履行优先于对同一犯罪行为所判处的罚金的执行。

另外，依据《刑法》第36条、《证券法》第232条和《个人独资企业法》第43条的规定，《公司法》上的有限责任公司和股份有限公司、《证券法》上的主体、《个人独资企业法》上的投资人违反相应法律规定，应当承担民事赔偿责任和罚金刑事责任，其财产不足以支付时，民事赔偿责任的执行优先于罚金的执行。

## 五、参与分配

**【案例22-8】上海××大厦置业公司被执行案**[①]

上海市某法院系统受理以置业公司为被执行人的案件共计128件。其中：(1) 返还个人购房款类：共115件，执行标的额本息计人民币43 000 000元；(2) 支付建设工程款类：共1件，执行标的额本金计人民币7 797 900元；(3) 偿还银行抵押贷款类：共7件，执行标的额本金计人民币43 200 000元；(4) 支付劳动报酬类：共3件，执行标的额本金计人民币78 600元；(5) 其他普通债权类：共5件，执行标的额本金计人民币4 570 000元。

“××大厦”上的权利设定情况。“××大厦”系商业综合楼，尚未完工，属在建工程。包括主楼27层（其中第6层为设备层），裙房5层，占地面积9 580平方米。裙房1～5层的60%、主楼1～5层、10～27层归置业公司所有，有预售许可证。根据各楼层设定权利的不同，“××大厦”可以分为以下几个部分：

1. 裙房1～5层：抵押人城建公司，抵押权人中国建设银行闸北分行，债权本金及利息为人民币2 008万元；

2. 主楼1～5层、10～12层：抵押人置业公司，抵押权人中国农业银行五角场支行，债权本金及利息为人民币5 012万元；

3. 主楼13～14层：抵押人置业公司，抵押权人上海银行宝昌支行，债权本金及利息为人民币510万元；

4. 主楼15层：抵押人置业公司，抵押权人上海浦东发展银行，债权本金及利息为人民币300万元；

5. 主楼16、19、20、23层：抵押人置业公司，抵押权人上海银行岳阳支行，

① 参见最高人民法院执行办：《强制执行指导与参考》，53页以下，北京，法律出版社，2004。

债权本金及利息为人民币 1 150 万元；

6. 主楼 17～18 层：抵押人置业公司，抵押权人上海银行漕溪支行，债权本金及利息为人民币 670 万元；

7. 主楼 21～22 层：抵押人置业公司，抵押权人交通银行浦东分行，债权本金及利息为人民币 665 万元；

8. 主楼 24 层：抵押人置业公司，抵押权人上海银行川南支行，债权本金及利息为人民币 398 万元；

9. 主楼 25～27 层：抵押人置业公司，抵押权人上海浦东发展银行虹口办事处，债权本金及利息为人民币 584 万元。

此外，主楼第 7～9 层未设定抵押权。

### (一) 参与分配的概念

参与分配，是指在执行程序中，因债务人的财产不足以清偿各债权人的全部债权，申请执行人以外的其他债权人凭有效的执行依据也申请加入已开始的执行程序，各债权人从执行标的物的变价中获得公平清偿的制度。

### (二) 参与分配的适用条件

具备以下条件才能适用参与分配：

1. 申请参与分配的债权人的资格。在被执行人的财产被执行完毕前，对该被执行人已经取得金钱债权执行依据的其他债权人可以申请对该被执行人的财产参与分配；无执行依据的债权人已经对被执行人提起诉讼或者申请仲裁，并已经采取了查封冻结措施（包括轮候查封、扣押、冻结措施）的，也可参与分配。对执行标的物依法享有担保物权或者其他优先受偿权的债权人，可以直接申请参与分配。在【案例 22－8】上海××大厦置业公司被执行案中，经过法院审核，有资格申请参与分配的债权人达 128 个之多。

2. 须申请执行及参与分配的债权均为金钱债权或者可以转化为金钱债权的债权。关于物的交付请求权和作为或不作为请求权的执行，如不能转化为金钱债权的，不得参与分配。

3. 须有多数债权人对同一债务人的财产进行执行。多个债权人依据不同的执行依据请求对同一债务人的财产强制执行，或多个债权人根据一份生效的法律文书对同一被执行人的财产申请执行。

4. 参与分配的时间。参与分配申请应当在执行程序开始后，被执行人的财产执行终结前提出。所谓“被清偿前或被执行完毕前”，指执行价款支付给申请执行人或其他债权人前；执行标的物依法以物抵债的，应在执行标的物产权转移给申请执行人或其他债权人之前。

5. 债务人仅限于公民和其他组织。被执行人为企业法人，其财产不足清偿全部债务的，可告知当事人依法申请被执行人破产；但是，对于未经清理或清算而撤销、注销或歇业，其财产不足清偿全部债务的，应当对各债权人的债权按比例清偿。这是企业法人应参照办理的特殊情形。

6. 须被执行人的财产不能清偿所有债权。

### （三）参与分配的顺序

执行法院应根据参与分配的债权数额以及被执行人可供执行的财产范围制作分配表，准备实施分配。对于被执行人的财产，分配的顺序应当参照我国《企业破产法》关于企业法人破产财产的清偿顺序进行。具体而言，执行所得价款扣除执行费用、财产保全费用和诉讼费后，按照下列顺序进行分配：

（1）法律规定可以优先于担保物权受偿的债权；

（2）在执行标的物上设定有担保物权的债权；

（3）首先采取查封、扣押或冻结措施的，在其债权总额的范围内，优先分配该措施所控制的资产的变价款的20%；

（4）普通金钱债权；

（5）行政或者司法罚款、刑事财产处罚。

同一顺序中有多项债权的，法律对其受偿顺序另有规定的，依照法律规定；没有规定的，根据债权数额按比例分配。

至于被执行人所欠职工工资和劳动保险费用，是否具有优先于一般债权的地位，目前尚未达成共识。

在【案例22-8】上海××大厦置业公司被执行案中，由于参与分配的债权人众多，情况又复杂多样，因此有必要明确其分配顺序。首先，建设工程款优先于抵押权和其他普通债权；其次，银行的抵押贷款优先于普通债权；最后，个人业主的购房款达到所购商品房的全部或大部分款项时，其购房款应当优先于工程款而受偿。最高人民法院《关于建设工程价款优先受偿权问题的批复》第2条规定："消费者交付购买商品房的全部或大部分款项后，承包人就该商品房享有的工程价款优先受偿权不得对抗买受人。"

### （四）参与分配的程序

1. 参与分配的申请。申请人应提交申请书，申请书应写明参与分配和被执行人不能清偿所有债权的事实和理由，并附有执行依据。

2. 负责分配的法院。对参与被执行人财产的具体分配，由首先采取查封、扣押、冻结措施的人民法院负责。被查封、扣押、冻结的财产为不动产，且不动产所在地法院正在执行相关案件的，应由不动产所在地法院负责分配。但有关法院为不同级别法院的，应由高级别法院负责分配。

3. 优先权人优先受偿。人民法院对被执行人所有的其他人享有抵押权、质押权或留置权的财产，可以采取查封、扣押措施。财产拍卖、变卖后所得价款，应当在抵押权人、质押权人或留置权人优先受偿后，其余额部分用于清偿申请执行人的债权。

4. 普通债权人按比例分配。

5. 债权人可以申请继续执行。被执行人的财产被分配给各债权人后，被执行人对其剩余债务应当继续清偿。债权人发现被执行人有其他财产的，人民法院可以根据债权人的申请继续依法执行。

(五) 参与分配的救济

多个债权人对执行财产申请参与分配的，执行法院应当制作财产分配方案，并送达各债权人和被执行人。

对于执行法院制作的参与分配方案，债权人或者被执行人有异议的，《民诉法解释》和《执行解释》赋予了两种参与分配救济途径。

1. 参与分配异议

参与分配异议的适用条件为：(1) 所适用的案件为多个债权人对同一被执行人申请执行或者对执行财产申请参与分配。(2) 异议提出时间为收到执行法院制作的参与分配方案之日起15日内。(3) 受理异议的法院为执行法院。(4) 异议方式为书面形式。

参与分配异议的处理：债权人或者被执行人对分配方案提出书面异议的，执行法院应当通知未提出异议的债权人或被执行人。未提出异议的债权人、被执行人收到通知之日起15日内未提出反对意见的，执行法院依异议人的意见对分配方案审查修正后进行分配；提出反对意见的，应当通知异议人。异议人未在收到通知之日起15日内起诉的，执行法院依原分配方案进行分配。

2. 参与分配方案异议之诉

参与分配方案异议之诉，是指执行参与分配程序中，执行法院制作财产分配方案并送达各债权人和被执行人后，部分债权人或被执行人对分配方案提出不同意见被其他人反对时，而向法院提起的对该分配方案的相关权利进行确认的诉讼。

参与分配方案异议之诉的适用条件为：(1) 参与分配方案异议之诉的原告为对执行法院制作的财产分配方案提出异议的人；(2) 参与分配方案异议之诉的提起前提为，收到执行法院的财产分配方案后提出过不同意见，但该意见又遭到其他人反对；(3) 参与分配方案异议的被告对参与分配异议提出反对意见的债权人、被执行人；(4) 参与分配方案异议的管辖法院为执行法院；(5) 起诉时间为自收到执行法院其他人反对参与分配异议的通知之日起15日内。

诉讼期间进行分配的，执行法院应当提存与争议债权数额相应的款项。

## 第五节 执行和解、执行担保和执行救济

### 一、执行和解

(一) 执行和解的概念和性质

1. 执行和解的概念

执行和解是指在执行程序中，双方当事人经过平等协商，就变更执行依据所确定的权利义务关系达成协议，从而中止或终结执行程序的一种独具中国特色的制度。

2002年在最高人民法院举办的中德民事强制执行法研讨会上，德国学者施勒瑟教授对

执行和解制度给予了高度评价，认为它缓和了生效法律文书的严苛性，有便于履行、缓减当事人间冲突、节约执行成本等功能。

2. 执行和解的性质

大致有三种不同的观点：

(1) 私法行为说（纯民事法律行为说），认为执行过程中的和解纯粹是私法上的法律行为，属于私法上的和解契约。关于和解有效与否、和解协议的撤销都可以依照私法上的规定予以判断。私法上的和解契约之所以能发生终结执行的效果，是因为关于诉讼标的的争执业已结束。这是当前的主流观点。

鉴于《民事诉讼法》第230条中“一方当事人不履行和解协议的，人民法院可以根据对方当事人的申请，恢复对原生效法律文书的执行”的相关规定，执行和解协议不是普通的私法行为，而是非常特殊的合同，其特殊性在于它的生效与履行密切关联，它以协议内容的完全适当履行作为生效条件，故应当把执行和解协议界定为一个附生效条件的合同（协议）。所谓的“附生效条件”，就是指债务人完全、适当地履行了执行和解协议，如果债务人不履行、部分履行和不当履行，均可认定为执行和解协议所附条件未能成就，不能产生协议所预期的法律效力。

(2) 诉讼行为说（纯诉讼行为说），认为执行和解是双方当事人通过互让而使执行终结的合意。该说主张按照诉讼法规范来评价执行和解行为，实体法中关于和解无效、和解取消的原因的规定，都不对诉讼和解产生影响。

(3) 两行为并存说，主张执行和解是私法上的和解契约与终结诉讼合意的诉讼行为两者并存。

执行和解具有双重属性，既是当事人双方间存在的私法上的和解契约，又是当事人之间以及当事人和法院之间存在的诉讼行为。

### (二) 执行和解的内容和效力

1. 执行和解的内容

在执行中，双方当事人自行达成和解协议的，执行员应当将协议内容记入笔录，由双方当事人签名或盖章。执行和解协议的内容一般包括：(1) 变更履行的主体。由第三人代为承担被执行人的债务。(2) 标的物以及其数额的变更。即债权人放弃部分债权或协议变更执行标的物。(3) 履行期限的延长。如延长全部债务的履行期限或分期分批延长债务的履行期限。(4) 履行方式的变更。如约定以以物抵债或以劳务抵债等方式履行义务。

执行当事人可以对其全部或部分债权债务的履行达成和解协议。当事人对部分债权债务的履行达成和解协议的，其和解的效力仅及于该部分债权债务的执行。

2. 执行和解的效力

和解协议仅发生拘束执行当事人的效力。和解协议已经履行完毕的，不得再请求恢复执行，人民法院不予恢复执行。

和解协议没有强制执行力。当事人的和解协议尽管要由执行员记入执行笔录，但执行法院和执行员并不签字盖章。执行和解协议书只是当事人间的协议，不得成为执行依据，不能排除原执行依据的执行力。所以当事人达成和解协议后，原执行依据并不因此失效，只是原执行程序因此而中止或结束。一方当事人不履行或不完全履行和解协议的，人民法院可以根据对方当事人的申请，恢复对原生效法律文书的执行。但和解协议已履行的部分应当扣除。

申请恢复执行原法律文书，适用《民事诉讼法》第239条有关申请执行期限的规定，即为2年。申请执行期限因达成执行和解协议而中止，其期限自和解协议所定履行期的最后一日连续计算。

### （三）适用执行和解应注意的问题

执行和解适用中要注意以下问题：

1. 执行和解应当遵循自愿、平等的原则，体现当事人自由处分民事权利的精神，人民法院在执行中不能为结案而组织当事人强制和解。

2. 执行和解协议是一个附条件的合同，申请执行人、被执行人或其他义务承担人在执行和解协议履行完毕前，可以反悔并申请恢复执行原判决。

3. 按照当前的法律规定，执行和解协议属于执行程序中的特殊产物，不具有可诉性。如一方当事人不履行或不完全履行执行和解协议的，对方不能就执行和解协议的有关内容向法院另行起诉，而只能申请恢复执行原执行依据。

4. 申请恢复执行期间是个可变期间，应当重新计算。《民诉法解释》第468条规定，申请执行期间因达成执行中的和解协议而中断，其期间自和解协议约定履行期限的最后一日起重新计算。

**【案例22-9】执行和解协议中案外人为被执行人提供担保的执行案件**

关于原告大丰公司诉被告东利化纤公司、纺织工业公司借款合同纠纷一案，佛山市中级人民法院于2001年7月17日作出的（2001）佛中法经初字第127号民事判决已发生法律效力。权利人大丰公司向佛山市中级人民法院申请执行。执行过程中，申请执行人大丰公司与被执行人东利化纤公司、纺织工业公司、丰利年公司达成和解，约定：东利化纤公司、纺织工业公司同意继续承担东利化纤公司向大丰公司的贷款港币2 000万元及截至2001年6月30日的利息、罚息930万元。丰利年公司为保证东利化纤公司、纺织工业公司还款给大丰公司，同意用且仅用其持有的佛山广联房地产开发有限公司的70%股权作担保，及用且仅用其在佛山广联房地产开发有限公司的股权收益偿还丰利年公司、纺织工业公司欠大丰公司的款项。协议约定的还款期限届至时，东利化纤公司、纺织工业公司未完全按照协议向大丰公司履行还款义务。申请执行人大丰公司遂向佛山市中级人民法院申请追加丰利年公司为被执行人。执行法院依照1991年《民事诉讼法》第140条[①]第1款第11项的规定，裁定驳回了申请执行人大丰公司追加丰利年公司、裕创公司为被执行人的请求。

---

① 即《民事诉讼法》（2017年修正）第154条——编者著。

## 二、执行担保

### (一) 执行担保的概念、性质和特点

在执行中，被执行人向人民法院提供担保，并经申请执行人同意的，人民法院可以决定暂缓执行及暂缓执行的期限。

执行担保属于司法程序中的担保，是被执行人向人民法院提供担保。执行担保体现的是公法上的强制执行法律关系，不同于担保法规定的平等主体之间的民事担保合同。故在法律效力上，执行担保能够直接产生实体和程序上的双重法律后果。

相对于民事担保，执行担保有下列法律特点：

1. 执行担保主体：被执行人、第三人。担保方式：人保或物保。

2. 担保人向法院提供担保而非向对方当事人提供担保。执行担保为公法范畴，担保人与法院地位不平等，担保人虽向法院提供担保，但法院不与担保人签订任何担保合同，人民法院不是合同一方当事人。而民事担保属于私法范畴，当事人地位平等，协商一致订立合同。

3. 执行担保目的：阻却法院的执行行为，暂停生效文书的执行力。暂缓执行需经申请执行人同意。是否暂缓执行以及暂缓执行的期限由人民法院决定。

4. 担保财产由法院控制，或由法院发出协助执行通知书，要求有关部门在规定时间内不得办理担保财产的转移手续，不需要办理登记手续。执行担保不以登记为生效要件。

5. 法院审查确认执行担保是否成立。民事担保：债权人与担保人协商一致，担保成立。

6. 执行担保的法律后果。被执行人在暂缓执行期限内未履行债务的，人民法院可以直接执行担保财产，或者裁定执行担保人的财产，但执行担保人的财产以担保人应当履行义务部分的财产为限。民事担保合同未经审判，人民法院不得直接执行担保人的财产。

【案例 22-9】中，执行和解协议中案外人丰利年公司为被执行人提供的担保，属于和解协议中的民事担保合同，相对于执行和解协议这一主合同而言，和解协议中的担保合同为从合同，其效力取决于主合同。执行和解中的担保不同于执行担保，二者的性质、效力截然不同。

### (二) 执行担保的条件

人民法院决定执行担保，应具备以下条件：

1. 被执行人向人民法院提出申请。

2. 根据《民诉法解释》第 470 条，可以由被执行人向人民法院提供财产担保，或者由第三人出面担保。以财产作担保的，应提交保证书；由第三人担保的，应提交担保书，并将保证书副本送交申请执行人。担保人应当具有代为履行或者代为承担赔偿责任的能力。

3. 须经债权人同意。

4. 如果担保是有期限的，暂缓执行的期限应与担保期限一致，但最长不得超过 1 年。

### （三）执行担保的程序

被执行人或其担保人以财产向人民法院提供执行担保的，应当根据《担保法》的有关规定，按照担保物的种类、性质，将担保物移交执行法院，或依法到有关机关办理登记手续。

债务人在人民法院决定暂缓执行的期限届满后仍不履行的，人民法院有权直接执行债务人的担保财产或裁定执行担保人的财产。债务人或担保人对担保的财产在暂缓执行期间有转移、隐匿、变卖、毁损等行为的，人民法院可以恢复强制执行。

## 三、执行救济

我国现行《民事诉讼法》规定的执行救济制度，主要有：(1) 执行异议（第 225 条）；(2) 责令限期执行或者变更执行法院（第 226 条）；(3) 案外人异议（第 227 条）；(4) 执行回转（第 233 条）。

### （一）执行异议

执行异议，是指当事人或第三人（利害关系人）认为执行法院的执行行为在程序上违法的，在执行程序结束前，请求执行法院变更或撤销该违法行为，并作出相应的合法行为。

《民事诉讼法》第 225 条规定："当事人、利害关系人认为执行行为违反法律规定的，可以向负责执行的人民法院提出书面异议。当事人、利害关系人提出书面异议的，人民法院应当自收到书面异议之日起十五日内审查，理由成立的，裁定撤销或者改正；理由不成立的，裁定驳回。当事人、利害关系人对裁定不服的，可以自裁定送达之日起十日内向上一级人民法院申请复议。"

执行异议的事由是：法院执行程序违法。比如，不具备申请执行要件而执行的、未遵守执行时间的、执行管辖错误的、没有依法公告的、违法裁定终结执行的、超过执行名义的范围而执行的、违反执行标的有限性要求的、将第三人违法变更或追加为当事人的、违法采用执行措施的（如违法查封、违法拍卖）、违法搜查的、违法制作或送达执行文书的、违法执行（义务人）对第三人到期债权的等。

提出执行异议的主体：(1) 执行当事人，包括执行名义中所记载的权利人和义务人；执行法院依法变更或追加为当事人的公民、法人或其他组织。(2) 第三人（利害关系人），即执行当事人以外的因法院违法执行行为而受到侵害或受到法律上不利影响的案外人。

执行法院应当自收到书面异议之日起 15 日内审查并作出裁定，理由成立的，裁定撤销或者改正；理由不成立的，裁定驳回。当事人、利害关系人对裁定不服的，可以自裁定送达之日起 10 日内向上一级法院书面申请复议。

申请复议的书面材料，可以通过执行法院转交，也可以直接向执行法院的上一级法院提交。上一级法院应当组成合议庭审查复议申请，并且应当自收到复议申请之日起 30 日内审查完毕并作出裁定；有特殊情况需要延长的，经本院院长批准，可以延长，延长的期限不得超过30日。

执行异议审查和复议期间，不停止执行。被执行人、利害关系人提供充分、有效的担保请求停止相应处分措施的，法院可以准许；申请执行人提供充分、有效的担保请求继续执行的，应当继续执行。

### （二）责令限期执行或者变更执行法院

《民事诉讼法》第226条规定："人民法院自收到申请执行书之日起超过六个月未执行的，申请执行人可以向上一级人民法院申请执行。上一级人民法院经审查，可以责令原人民法院在一定期限内执行，也可以决定由本院执行或者指令其他人民法院执行。"

法院申请责令限期执行或者变更执行的事由或条件是：法院自收到申请执行书之日起超过6个月未执行的。《执行解释》第11条规定，有下列情形之一的，上一级法院可以根据申请执行人的申请，责令执行法院限期执行或者变更执行法院：

（1）债权人申请执行时被执行人有可供执行的财产，执行法院自收到申请执行书之日起超过6个月对该财产未执行完结的；

（2）执行过程中发现被执行人可供执行的财产，执行法院自发现财产之日起超过6个月对该财产未执行完结的；

（3）对法律文书确定的行为义务的执行，执行法院自收到申请执行书之日起超过6个月未依法采取相应执行措施的；

（4）其他有条件执行超过6个月未执行的。

上述"6个月"的期间不是从立案之日而是从收到申请执行书之日起算，以防止法院拖延立案，同时不应当计算执行中的公告期间、鉴定评估期间、管辖争议处理期间、执行争议协调期间、暂缓执行期间以及中止执行期间。

上一级法院责令执行法院限期执行的，应当向其发出督促执行令，并将有关情况书面通知申请执行人。上一级法院决定由本院执行或者指令本辖区其他法院执行的，应当作出裁定，送达当事人并通知有关法院。

上一级法院责令执行法院限期执行，执行法院在指定期间内无正当理由仍未执行完结的，上一级法院应当裁定由本院执行或者指令本辖区其他法院执行。

### （三）案外人异议

#### 1. 案外人异议的含义和要件

案外人异议，是指在执行中，案外人对执行标的主张所有权或者有其他足以阻止执行标的转让、交付的实体权利的，向执行法院提出不应执行的异议。

《民事诉讼法》第227条规定："执行过程中，案外人对执行标的提出书面异议的，人民法院应当自收到书面异议之日起十五日内审查，理由成立的，裁定中止对该标的的执行；理由不成立的，裁定驳回。案外人、当事人对裁定不服，认为原判决、裁定错误的，依照审判监督程序办理；与原判决、裁定无关的，可以自裁定送达之日起十五日内向人民法院提起诉讼。"

案外人异议解决的问题是：对执行标的主张实体权利，即被执行的财产之权利归属问题，属于实体问题。其目的是使因错误执行而致实体权益遭受侵害的案外人，能够获得司法救济。

案外人一般应以书面形式提出异议，并应符合如下要件：

(1)《民诉法解释》第464条规定，案外人对执行标的提出异议的，应当在该执行标的执行程序终结前提出。不过，根据《关于人民法院民事执行中查封、扣押、冻结财产的规定》第3条的规定，在执行名义确定后或生效后至执行前，经权利人申请，法院裁定财产保全的，应当允许案外人在此期间提出异议。

(2) 有权提出执行异议的主体只限于案外人。案外人是指执行当事人以外的因执行标的之执行而认为自己民事权益受到侵害的第三人。若执行当事人对执行标的重新主张权利，则应按再审程序或其他途径变更或者撤销执行名义，此间案外人可以主诉讼参加人身份参加诉讼，而不得提出异议。

(3) 异议的理由是案外人对执行标的之全部或一部分拥有的实体权利，足以排除对执行标的（物）的执行。大体有两类：一类是原判决、裁定错误或违法地将案外人的财产作为债务人的财产；另一类是执行法院采取执行措施，使案外人不得实现对执行标的之所有权、承包经营权、建设用地使用权、宅基地使用权、地上权、质权、抵押权、留置权等权利。

2. 案外人异议的处理程序

对案外人异议的处理，分两步进行：

(1) 法院（执行机构）初步审查。法院应当自收到书面异议之日起15日内审查，理由成立的则裁定中止对该标的之执行，理由不成立的则裁定驳回。

设置初步审查程序的理由是，有些案外人异议通过初步审查程序就可解决，若一律按照争讼程序解决，则会不当增加诉讼成本，并且一些义务人也会恶意利用案外人异议来拖延执行。

案外人异议审查期间，为保护案外人的实体权利，法院不得对执行标的进行处分。案外人向法院提供充分、有效的担保请求解除对异议标的的查封、扣押、冻结的，法院可以准许；申请执行人提供充分、有效的担保请求继续执行的，应当继续执行。

因案外人提供担保解除查封、扣押、冻结有错误，致使该标的无法执行的，法院可以直接执行担保财产；申请执行人提供担保请求继续执行有错误，给对方造成损失的，应当予以赔偿。

(2) 对裁定不服的，按照争讼程序解决对执行标的之实体争议。其一，案外人、当事人认为原判决、裁定错误的，依照审判监督程序办理。其二，与原判决、裁定无关的，案外人、当事人可自裁定送达之日起15日内向执行法院提起异议之诉，由其审判庭审判。据此，案外人（第三人）有权提起异议之诉。

案外人提起异议之诉的，即对执行标的主张实体权利，并请求对执行标的停止执行的，应当以申请执行人为被告；被执行人反对案外人对执行标的所主张的实体权利的，应当以申请执行人和被执行人为共同被告。此类诉讼由执行法院管辖。

审理案外人异议之诉期间，不停止执行。案外人的诉讼请求确有理由或者提供充分、有效的担保请求停止执行的，可以裁定停止对执行标的进行处分；申请执行人提供充分、有效的担保请求继续执行的，应当继续执行。案外人请求停止执行，请求解除查封、扣押、冻结或者申请执行人请求继续执行有错误，给对方造成损失的，应当予以赔偿。

《执行解释》第 21 条规定，申请执行人提起诉讼的，即请求对执行标的许可执行的，应当以案外人为被告；被执行人反对申请执行人请求的，应当以案外人和被执行人为共同被告。此类诉讼由执行法院管辖。

法院依照《民事诉讼法》第 227 条的规定，裁定对异议标的中止执行后，申请执行人自裁定送达之日起 15 日内未提起诉讼的，法院应当裁定解除已经采取的执行措施。

**【案例 22－10】石油工业出版社申请执行回转案**①

石油工业出版社与北京城市银行因共同侵权被长沙市中级人民法院判决对利达公司承担本息共计 264 万元的赔偿责任，判决号为（1998）长中经再终字第 21 号。长沙市岳麓区人民法院作为一审法院负责该法律文书的执行。长沙市岳麓区人民法院扣划石油工业出版社存款 250 万元，扣划北京城市银行存款 10 万元。款已到岳麓区人民法院账户上。在长沙市岳麓区人民法院协助长沙市中级人民法院执行的另一调解案件中，利达公司分三期偿还其所欠凯利公司的 450 万元债务。长沙市岳麓区人民法院将石油工业出版社与北京城市银行案中扣划到账款项中的 248 万元直接转付给凯利公司。但是，湖南省高级人民法院于 1999 年 10 月裁定撤销了长沙市岳麓区人民法院据以执行的长沙中院（1998）长中经再终字第 21 号判决书。2000 年 5 月 21 日，石油工业出版社向长沙市岳麓区人民法院申请执行回转。法院在执行回转中追加凯利公司为被执行人，凯利公司不服。

（四）执行回转

1. 概念

执行回转是指已全部或部分执行完毕后，因原执行依据被依法撤销，由执行员根据新的法律文书采取措施将被执行的财产返还给被执行人，恢复到未执行前的状态。

2. 执行回转的条件

执行回转须具备下列条件：

（1）执行回转以执行依据被依法撤销为前提。

（2）法院执行回转也要有执行依据。已执行的原生效文书被撤销的人民法院应裁定执行回转，并以此裁定作为执行依据，责令取得财产的原申请执行人返还财产或强制执行。

【案例 22－10】石油工业出版社申请执行回转案中，争议焦点是凯利公司能否作为本案执行回转的被执行人。《民事诉讼法》第 233 条和最高人民法院《关于人民法院执行工作若干问题的规定（试行）》第 109 条规定，只有“原申请执行人”才能作为执行回转的被执行人。其一，本案中，原申请执行人是利达公司。其二，利达公司将长沙市岳麓区人民法院从石油工业出版社执行的款项用于清偿其对凯利公司的债务，真正的受益者是利达公司。因此，结论是：本案不应当将凯利公司列为执行回转的被执行人。

---

① 参见最高人民法院执行办：《强制执行指导与参考》，209 页以下，北京，法律出版社，2003。

3. 执行回转的程序

根据执行回转裁定，原申请执行人应返还已取得的财产及其利息。拒不返还的，强制执行。执行回转应重新立案，适用执行程序的有关规定。

执行回转时，已执行的标的物系特定物的，应当退还原物。不能退还原物的，可以折价抵偿。

## 【问题与思考】

1. 王某与韩某进行了二手房交易，办好手续后，王某对原来韩某的房子进行了装修。但因为王某擅自将原来的钢穿片式暖气片改成地热采暖而被该楼房产权人告到了法院。法院经审理后认为，诉讼楼房产权属于原告所有，被告王某未经原告同意擅自将属于原告所有的房屋的暖气设施进行了修改，侵犯了原告的合法权益。现原告要求被告将暖气设施恢复原状，法院予以支持，法院判决王某将暖气设施恢复原状。

你认为本案的“恢复原状”判决能作为合法的执行依据吗？为什么？

2. 三兄弟诉至法院，声称过世的父亲留下了9间房的遗产，因达不成分割协议，要求法院判决分割。独任法官未作任何调查和勘验，即作出了三兄弟每人分三间房的“公正”判决。但纠纷依然存在，三兄弟不得不申请法院分割遗产。法院执行立案后，才发现该9间房的位置、朝向、结构、面积、建造年代等各有不同，难以分割。

你认为本案的三兄弟遗产分割判决应当如何执行？执行依据的瑕疵如何补正？

3. 在【案例22-6】案外人村委会未协助法院冻结债权案中，关于如何适用法律，江苏省高级人民法院有三种意见。

第一种意见：主张适用最高人民法院《关于人民法院执行工作若干问题的规定（试行）》第37条协助执行被执行人收入的规定。

第二种意见：主张适用《民事诉讼法》第114条，对村委会不协助执行行为进行制裁。

第三种意见：认为村委会是本案被执行人盐城建筑公司的到期债务人，应当按照《关于人民法院执行工作若干问题的规定（试行）》第61条的规定处理。

谈谈你的观点，并分析原因。

4. 分析引例江苏农行申请强制执行银耀公司、丝绸进出口公司还款案中，银耀公司、丝绸进出口公司、南京市家用厨具厂与江苏农行达成的诉讼外和解协议与本案判决、执行和解协议、诉讼上和解协议的关系。

5. 协助法院执行：是否属于合同免责事由？

2002年6月，漯河鼎元建设公司（以下简称鼎元公司）北京营业部向中国建设银行漯河市黄河路支行（以下简称黄河路建行）承诺鉴证，同意黄河路建行工作人员尚某可以凭个人身份证及单位书面证明提取鼎元公司在北京营业部开立的国债账户及资金，转入鼎元公司在黄河路建行设立的保证金账户，并保证鼎元公司的国债账户及资金的价值在质押期间不低于2 000万元，并不作重复质押。随后，鼎元公司依此承诺向黄河路建行申请质押贷款。11月，黄河路建行给鼎元公司开具了金额为2 000万元的承兑汇票。后因鼎元公司未能按约偿还贷款，黄河路建行决定行使质押权。2003年5月22日下午，黄河路建行派人到北京营业部办理转款手续。北京营业部审核后当即开出金额为19 728 215元的“保证金转出凭证”，但因此时已收市，遂决定第二天上午和黄河路建行一同去银行办理转款手续。

然而，第二天刚上班时，北京市海淀区人民法院的三位法官拿着“协助冻结存款通知书”赶到北京营业部，冻结了鼎元公司在北京营业部的410万元资金。于是，北京营业部只将余下的15 628 215元资金汇出。6月12日，黄河路建行向漯河市中级人民法院提起诉讼，要求鼎元公司、北京营业部和广州证券公司赔偿410万元的损失。9月4日，漯河市中级人民法院作出了一审判决。漯河市中级人民法院认为：2003年5月22日开出的“保证金转出凭证”，应视为约定由北京营业部从鼎元公司账户转款19 728 215元给黄河路建行，但黄河路建行只收到15 628 215元，余410万元未转出。依据约定，北京营业部理应承担410万元的支付义务。至于法院扣押鼎元公司410万元的问题，因转款在前，扣押在后，故该纠纷与本案不是同一法律关系，本案不作认定和处理。遂判决北京营业部向黄河路建行赔偿410万元及利息，广州证券公司、鼎元公司承担连带责任。

一审宣判后，北京营业部不服，向河南省高级人民法院提起上诉。在上诉状中，北京营业部重申了自己的主要理由：北京营业部未能将余下410万元转款给黄河路建行，是因为海淀区人民法院已经冻结了这笔钱。而且，作为一个公司，北京营业部负有协助法院执行的法定义务。然而，河南省高级人民法院并没有采纳北京营业部提出的抗辩理由，认为：北京营业部没有及时将410万元划出，构成迟延履行，故应按转款凭证的要求，继续承担410万元的划款责任；如逾期不执行给债权人造成损失的，则应由北京营业部承担直接偿还的责任。2004年7月19日，河南省高级人民法院作出了终审判决，判决北京营业部必须在本判决生效后10日内将410万元划至黄河路建行，逾期不执行，该款由北京营业部直接偿还。

问题：

(1) 法院采取的查封、扣押、冻结等保全或执行措施是否属于不可抗力？这些措施会对与被保全财产有利害关系的债权产生什么样的影响？相应地，债权人可以获得什么样的救济？

(2) 协助法院执行查封、扣押、冻结等保全或执行措施的义务与合同约定的义务发生冲突的情况下，债务人是应该先协助法院执行，还是应该先履行合同？如何看待这两种义务的法律效力？

(3) 债务人因协助法院执行查封、扣押、冻结等保全或执行措施而未能履行自己所承担的合同义务时，债务人的行为是否构成违约？应否承担违约责任？《合同法》第121条规定：“当事人一方因第三人的原因造成违约的，应当向对方承担违约责任。”这里的“第三人”指什么，是否包括法院、检察院等司法机关？

# 第二十三章 执行开始、执行中止和执行终结

## 参考文献


（一）著作

1. 李浩．强制执行法．厦门：厦门大学出版社，2004
2. 张登科．强制执行法．台湾：三民书局，1998
3. 沈达明．比较强制执行法初论．北京：对外贸易教育出版社，1994
4. 陈荣宗．强制执行法．台湾：三民书局，1995
5. 林升格．强制执行法理论与实务．台湾：五南图书出版公司，1983
6. 杨与龄．强制执行法论．北京：中国政法大学出版社，2002
7. 孙加瑞．中国强制执行制度概论．北京：中国民主法制出版社，1999
8. ［日］竹下守夫．日本民事执行法理论与实务研究．重庆：重庆大学出版社，1994
9. ［法］让·文森，雅克·普雷沃．法国民事执行程序法要义．北京：中国法制出版社，2002
10. 肖建国主编．民事执行法．北京：中国人民大学出版社，2014
11. 董少谋．民事强制执行法学．北京：法律出版社，2016
12. 朱新林．论民事执行救济．北京：中国政法大学出版社，2015

（二）论文

1. 张海燕．法院不予执行公证债权文书的原因及其救济．法学家，2017（2）
2. 王亚新，陈福勇．《民事诉讼法》修改与不予执行仲裁裁决——以北京仲裁委员会为对象的实证分析．法学杂志，2012（5）
3. 唐应茂．法院执行效果的真实改善和非真实改善——影响判决执行效果的两种机制．北京大学学报（哲学社会科学版），2007（1）

## 参考法规

1991年《中华人民共和国民事诉讼法》（2017年修正）第236条～第240条、第256条～第258条、第260条；1994年《中华人民共和国仲裁法》（2017年修正）第62条～第64条；2006年《中华人民共和国企业破产法》第7条～第21条。

2015年最高人民法院《关于适用〈中华人民共和国民事诉讼法〉的解释》第477条～第483条、第494条～第500条；1998年最高人民法院《关于人民法院执行工作若干问题的规定（试行）》（2008年修正）第18条～第31条、第102条～第108条；2000年最高人民法院《关于适用财产刑若干问题的规定》第7条；1998年最高人民法院《关于未被续聘的仲裁员在原参加审理的案件裁决书上签名人民法院应当执行该仲裁裁决书的批复》；2002年最高人民法院《关于正确适用暂缓执行措施若干问题的规定》。

《德国民事诉讼法》第707条、第724条、第725条、第726条～第734条、第738条、第744条、第751条、第757条、第775条、第776条、第797条、第797条之1、第798条～第800条、第800条之1；《日本民事诉讼法》第398条；《日本民事执行法》第26条～第29条、第32条～第34条、第36条、第37条、第39条、第40条、第90条～第92条、第105条～第109条、第133条、第139条、第140条、第142条、第154条、第165条、第166条；《法国民事诉讼法》第500条～第513条；《法国民事执行法》第11条～第37条、第39条～第41条；《俄罗斯民事诉讼法》第340条～第347条、第351条、第352条、第356条；《俄罗斯执行程序法》第9条～第28条。

## 引例　马天星诉吴桂明欠款纠纷执行案①

1998年1月15日，E市中级人民法院对马天星诉吴桂明欠款纠纷一案作出二审判决，责令吴桂明在判决生效之日起10日内还马天星欠款1 500元并承担该案诉讼费。10日之后，吴桂明向法院交了诉讼费，而未向马天星返还欠款。1998年3月，马天星向对案件作出一审判决的E市K区人民法院申请强制执行，该区人民法院接受申请，指派执行员谢大柱负责执行。谢大柱召集双方就如何还款进行调解，因双方要求的差距过大，终告失败。1998年4月，马天星与吴桂明告知谢大柱，他们已就本案的还款问题自愿达成了和解协议：吴桂明只向马天星还欠款1 300元，还款期限为1998年6月底之前还800元，1998年7月底之前还款500元。谢大柱因此以E市K区人民法院

① 参见律师资格考试试题1998年试卷四第4题。

的名义裁定中止执行。1998 年 6 月，吴桂明依和解协议还了马天星 800 元，但到 1998 年 7 月 30 日，吴桂明对马天星说无法偿还尚欠的剩余款项 500 元，让马天星再宽限他 2 个月。马天星不同意，并于 1998 年 8 月到 E 市 K 区人民法院申请恢复对原生效判决书的执行，E 市 K 区人民法院因此恢复执行并作出执行裁定，责令吴桂明根据双方的和解协议在法院执行裁定送达之日起 7 日内还马天星欠款 500 元；吴桂明依此还了马天星 500 元钱。至此，本案终结。1998 年 9 月 12 日，吴桂明之子吴小明到法院找谢大柱吵闹，说谢大柱执行本案是狗拿耗子多管闲事。谢大柱对其进行了批评，吴小明仍不罢休，继续辱骂谢大柱。谢大柱将此情况报告院长，并提请院长批准，以吴小明妨害民事诉讼秩序为由，决定对其进行拘留。问题（1）在执行程序中，谢大柱可否主持调解？（2）马天星与吴桂明自愿达成的和解协议是否有效？（3）吴桂明未完全履行和解协议，马天星是否有权申请恢复执行？（4）E 市 K 区人民法院受理马天星的申请，并裁定执行和解协议是否正确？

## 第一节　执行开始

根据我国《民事诉讼法》的规定，执行程序的开始有两种形式，即申请执行和移送执行。债权人是否申请执行，应由当事人处分决定。所以执行程序一般只有申请人提出申请以后才开始，这就是申请执行；在特别情况下不依当事人的申请，而是法院依职权开始，这就是移送执行。

### 一、申请执行

#### （一）申请执行的条件

当事人申请执行应当符合以下条件：

1. 要有以给付为内容的执行依据。

2. 债务人逾期不履行或拒绝履行法律文书确定的义务。

3. 在法定的执行时效内提出。申请执行的期间为 2 年，且适用诉讼时效关于中断、中止的规定。《民诉法解释》第 483 条规定，申请执行人超过申请执行时效期间向人民法院申请强制执行的，人民法院应予受理。被执行人对申请执行时效期间提出异议，人民法院经审查异议成立的，裁定不予执行。被执行人履行全部或者部分义务后，又以不知道申请执行时效期间届满为由请求执行回转的，人民法院不予支持。

(二) 申请执行应提交的文件和证件

债权人申请执行，应向人民法院提交下列文件和证件：申请执行书、生效法律文书副本、申请执行人的身份证明、继承人或权利承受人申请执行的应当提交继承或承受权利的证明文件。

申请执行仲裁机构的仲裁裁决，应当向人民法院提交有仲裁条款的合同书或仲裁协议书。申请执行国外仲裁机构的仲裁裁决的，应当提交经我国驻外使领馆认证或我国公证机关公证的仲裁裁决书中文本。

## 二、移送执行

人民法院在作出裁判后，因为情况特殊而认为有必要时，不待当事人的申请，直接交执行机关执行的叫移送执行。

人民法院可以依职权移送执行的案件，大致有三类：(1) 发生法律效力的具有给付赡养费、扶养费、抚育费内容的法律文书；(2) 民事制裁决定书；(3) 刑事附带民事判决、裁定、调解书。

## 三、被执行人财产的调查

(一) 财产调查的重要性

调查债务人有无可供执行的财产以及可供执行的财产的种类、数量、所在地，然后决定采取何种相应的执行措施，是一个难度较大的问题。1999 年中共中央《关于转发〈中共最高人民法院党组关于解决人民法院"执行难"问题的报告〉的通知》(中发［1999］11 号) 所认可的"执行难"四难之一是"被执行财产难寻"。之所以难寻，无非是被执行人转移、隐匿财产的现象比较严重。有的被执行人有履行能力，却采取拖、赖、躲、逃等多种手段消极对抗执行，比如，有的被执行人把房产、汽车等财产挂在他人名下；有的被执行人"脱壳经营"，带走优良资产，成立新的法人实体，以空壳企业应付债权人和法院；在以夫妻一方为被执行人的案件中，通过协议离婚来转移财产。凡此种种，不一而足。由此说明被执行人责任财产的查明多么重要。

(二) 财产调查的方法

关于调查的方法，主要有以下几种：

1. 被执行人申报

"被执行人必须如实向人民法院报告其财产状况"是被执行人在强制执行程序中的基本义务之一，如被执行人拒不申报或不如实申报，法院可根据《民事诉讼法》第 111 条，按其情节予以罚款、拘留。

2. 申请人提供：申请人的"举证责任"

最高人民法院《关于人民法院执行工作若干问题的规定（试行）》第 28 条规定："申请执行人应当向人民法院提供其所了解的被执行人的财产状况或线索。"

有人依据《民事诉讼法》第 64 条规定的谁主张谁举证原则，以及第 254 条规定的申请人在发现有其他可供执行财产时的随时请求执行权，认为申请人提供被执行人的财产状况或线索性质上属于申请人的“举证责任”。因为申请人向人民法院申请执行时，就应当向人民法院提供被执行人有履行能力的证据或证据线索，否则就可能承担自己民事权利不能圆满实现的法律后果。

但是有人则反驳，认为将“申请人提供”等同于申请人的“举证责任”直接侵害了申请人的合法权益，极可能使其债权落空。并且对举证责任在执行问题上的曲解，可能为执行机构怠于履行职责、消极执行提供借口。主流观点反对申请人的“举证责任”说。

3. 法院调查

人民法院应依职权对债务人的财产状况进行调查。可以传唤被执行人或其法定代表人、负责人到庭接受询问，可以采取民事搜查措施，也可以依职权向有关机关、社会团体或公民个人，调查了解被执行人的财产状况。对调查所需要的材料可以复制、抄录或拍照。执行非诉讼法律文书时，法院必要时可向制作该文书的机构调取卷宗。

**【案例 23－1】法院调取被执行人的电话通话记录被拒绝案**

2014 年 4 月 20 日，江西省赣县人民法院执行局因陈某与朱某债务纠纷一案执行的需要，到江西省移动有限责任公司赣县分公司调取被执行人的电话通话记录，赣县分公司以《电信条例》第 66 条之规定为由，拒绝协助调查。

2013 年，湖南省某县人民法院在执行一起案件时，因该县移动通信营业部拒绝提供某通信用户的电话详单，对该营业部处以 3 万元罚款。2013 年 11 月 6 日，有关当事人请求省人大法工委就人民法院是否有权检查移动通信用户通信资料作出法律解答。2014 年 5 月 17 日，湖南省人大法工委、省高级法院、省监察厅、省通信管理局召开座谈会，省人大法工委通报了全国人大法工委有关法律问题的交换意见：用户通信资料中的通话详单属于宪法保护的通信秘密范畴，人民法院依照民事诉讼法调查取证时，应符合宪法的规定，不得侵犯公民的基本权利。在省、市人大常委会有关机构的依法监督下，相关法院退还了 5 起纠纷的罚款并予以赔礼道歉。

申请人向人民法院提供其所了解的被执行人的财产状况是其义务，被执行人也有义务向法院申报其财产状况，但是如果申请人无法提供或被执行人没有申报财产或未如实申报，人民法院除可对其采取制裁措施外，还应当依法调查，不能怠于调查和执行，也不能对申请执行人课以所谓的“举证责任”，即要求申请执行人承担因不能提供被执行人财产状况的证据或证据线索的不利后果。

4. 悬赏举报

近年来，各地法院在不断探索采取奖励的办法，鼓励案外人及公众对被执行人的财产进行举报，有的明确建立了举报奖励机制。为了尽可能扩大执行线索，充分调动社会各界群众举报的积极性，广州市番禺区人民法院向社会宣布并作出承诺：今后群众凡举报未被法院掌握的被执行人财产线索，经查属实的，都给予财产价值 0.5%至 5%的奖励。

5. 失信被执行人名单制度

2013 年最高法院颁布的《关于公布失信被执行人名单信息的若干规定》（2017 年修正）

规定了失信被执行人名单制度。该司法解释第1条规定，被执行人未履行生效法律文书确定的义务，并具有下列情形之一的，人民法院应当将其纳入失信被执行人名单，依法对其进行信用惩戒：（1）有履行能力而拒不履行生效法律文书确定义务的；（2）以伪造证据、暴力、威胁等方法妨碍、抗拒执行的；（3）以虚假诉讼、虚假仲裁或者以隐匿、转移财产等方法规避执行的；（4）违反财产报告制度的；（5）违反限制消费令的；（6）无正当理由拒不履行执行和解协议的。

6. 检察院调查

这是法国《民事执行程序法》上的制度。该法第39条规定：依司法执达员的请求，并且依据执达员提出的记录证实其为了执行而试图收集被执行人财产状况无果，共和国检察官得进行必要努力，查明债务人以其名义设立账户的机构的地址，以及债务人本人及其雇主的地址。但排除查找其他一切情况。

#### （三）财产调查中的形式化规则

大陆法系执行理论中有执行的形式化（formalization）原则。意思是：只要债权人依生效法律文书提出执行申请，执行官就视为申请人有实体权，只能依申请机械地进行执行。不涉及任何实体问题，不允许执行官听取债务人的任何申辩。在扣押动产时，只需根据动产为债务人占有的外观，就可扣押，不去了解动产是否为债务人本身所有；如果案外人主张动产为其所有，执行官也不停止执行，案外人只能向法院提起异议之诉。

识别和判断被执行人财产的标准：德、日等国规定由执行人员依据民法典尤其是物权法的规定，直接参照物权法上的物权公示原则作出形式判断。我国现行司法解释确立了识别被执行人财产的形式化规则。[①] 强调不能要求执行人员在采取执行措施时对被执行人财产的识别达到审判人员在处理确权纠纷案件时那么准确、确定、终局的程度。这是因为，认定某项财产是否属债务人所有，涉及诸多实体法上的问题，如果在执行程序中要求查得一清二楚，就会使执行工作难以及时完成。因此，执行机关在执行中不必查明债务人财产的一切情况，只要依通常的标准认定其归债务人所有就可以执行。

## 第二节 暂缓执行、执行中止、执行终结

### 一、暂缓执行

#### （一）暂缓执行的概念

暂缓执行是指人民法院在执行程序中依申请或依职权决定在一定期限内暂时停止执行措施。暂缓执行一般适用于在执行中发现据以执行的生效法律文书确有错误而正在按审判

① 参见最高人民法院《关于人民法院民事执行中查封、扣押、冻结财产的规定》第2条：人民法院可以查封、扣押、冻结被执行人占有的动产、登记在被执行人名下的不动产、特定动产及其他财产权。未登记的建筑物和土地使用权，依据土地使用权的审批文件和其他相关证据确定权属。

监督程序处理中，或者正在进行的执行程序、执行行为违反法律规定等情形。

### （二）暂缓执行适用的情形

在执行程序中，主要有四大类情形适用暂缓执行：

1. 被执行人提供担保

《民事诉讼法》第 231 条规定，在执行中，被执行人向人民法院提供担保，并经申请执行人同意的，人民法院可以决定暂缓执行及暂缓执行的期限。

2. 委托执行中委托法院决定暂缓执行

委托执行中遇有需要中止、终结执行或案外人对执行标的提出异议的情形，需由委托法院作出裁定的，在此期间，可以暂缓执行。

3. 上级人民法院决定暂缓执行

上级人民法院决定暂缓执行的情形主要有：

（1）上级人民法院发现下级法院在执行中作出的裁定、决定、通知或具体执行行为不当或有错误的，应当及时指令下级法院纠正，并可以通知有关法院暂缓执行。

（2）上级人民法院发现据以执行的生效法律文书确有错误的，并正在按照审判监督程序进行处理。

（3）上级人民法院已经受理执行争议案件并正在处理的。

（4）上级人民法院在申诉案件复查期间，决定对生效法律文书暂缓执行的，有关审判庭应当将暂缓执行的通知抄送执行机构。

4. 人民法院依申请决定暂缓执行

根据最高人民法院《关于正确适用暂缓执行措施若干问题的规定》第 3 条的规定，人民法院依申请决定暂缓执行的情形主要有：（1）执行措施或者执行程序违反法律规定；（2）执行标的物存在权属争议；（3）被执行人对申请执行人享有抵销权。

### （三）暂缓执行的效力

暂缓执行实施后，产生相应的法律效果，主要有下列三个方面：

1. 暂停执行程序。暂缓执行后，执行机构不得采取新的执行措施，不得再为新的执行行为。

2. 维持原有的执行效果。暂缓执行前的执行行为仍然有效，不因暂缓执行而失效。已采取的执行措施非经执行机构裁定解除，当事人不得自行解除。

3. 有条件地恢复执行。暂缓执行期间内或暂缓执行期限届满时，当事人履行了法律文书确定的义务的，则执行程序完结。如逾期仍不履行义务的，除非延长暂缓执行期限，否则执行机构可径行恢复执行，继续原来的执行程序。

### （四）暂缓执行的期限

人民法院决定暂缓执行，如果担保是有期限的，暂缓执行的期限应与担保期限一致，但最长不得超过 1 年。被执行人或担保人对担保的财产在暂缓执行期间有转移、隐藏、变卖、毁损等行为的，人民法院可以恢复强制执行。

## 二、执行中止

### （一）执行中止的概念

人民法院依法执行案件，由于出现某种特殊情况需要暂时停止执行程序，待特殊情况消失后，恢复执行程序，继续进行执行的，为中止执行。

中止执行分为整个执行程序的中止和个别执行行为的中止两种情况。前者是指由于发生中止执行的原因，整个执行程序都不能继续进行，后者是仅对执行标的物的一部分中止执行。

### （二）执行中止的事由

有下列情形之一的，人民法院应当裁定中止执行。中止执行裁定书应当写明中止的理由和法律依据。

1. 申请执行人表示可以延期执行的。
2. 案外人对执行标的提出确有理由的异议。
3. 作为一方当事人的公民死亡，需要等待继承人继承权利或者承担义务。
4. 作为一方当事人的法人或其他组织终止，尚未确定权利义务承受人。
5. 按照审判监督程序决定再审。人民法院按照审判监督程序提审或再审的案件，执行机构应根据上级法院或本院作出的中止执行裁定书中止执行。
6. 人民法院已受理以被执行人为债务人的破产申请的。
7. 被执行人确无财产可供执行的。
8. 执行标的物是其他法院或仲裁机构正在审理案件的争议标的物，需要等待该案件审理完毕确定权属的。
9. 一方当事人申请执行仲裁裁决，另一方当事人申请撤销仲裁裁决的。
10. 仲裁裁决的被执行人依据《民事诉讼法》第237条第2款的规定向人民法院提出不予执行请求并提供适当担保的。

### （三）恢复执行

中止执行的情形消失后，执行法院可以根据当事人的申请或依职权恢复执行。恢复执行应当书面通知当事人。

**【案例23－2】因仲裁协议无效申请不予执行案**

1997年1月燃料公司与电力公司订立购销合同，合同约定纠纷解决方式是双方协商解决，可申请仲裁机构仲裁。1999年3月，因双方货款纠纷，燃料公司向南通仲裁委员会申请确认合同中仲裁条款的效力，南通仲裁委员会作出决定，确认仲裁条款有效。于是燃料公司向南通仲裁委员会提出仲裁申请，要求电力公司支付货款3 072 000元。受案后，电力公司对仲裁条款的效力提出异议。南通仲裁委员会书面告知电力公司，其已对仲裁条款作出有效的决定，故不再重复作出决定。经开庭审理，南通仲裁委员会于 1999 年 5 月 24 日作出（1999）通裁字第 6 号裁决书，裁决电力公司支付货款及违约金 3 740 000 元。裁决生效后，电力公司以“合同虽订立了仲裁条款，但未明确仲裁委员会，当事人也未订立补充条款以明确仲裁机构”及南通仲裁委员会对案件实体处理不当为由，请求南通市中级人民法院撤销该裁决，被南通市中级人民法院驳回。2004 年 4 月 3 日，燃料公司向宁波市中级人民法院申请执行，执行中电力公司又申请执行法院不予执行仲裁裁决，理由与申请撤销裁决的理由相同。宁波市中级人民法院经过审查，认为南通仲裁委员会违反法定程序，裁定不予执行。

## 三、不予执行

### (一) 不予执行的概念

不予执行，是指人民法院在对仲裁裁决、公证债权文书的申请执行书或承认和执行外国法院的判决或裁定的申请书予以审查或执行过程中，因出现法定的原因，裁定停止执行并结束执行程序的行为。

### (二) 不予执行仲裁裁决

《民事诉讼法》第 237 条第 2 款规定，当事人申请执行仲裁裁决，被申请人提出证据证明仲裁裁决有下列情况之一的，经人民法院组成合议庭审查核实，裁定不予执行：(1) 当事人在合同中没有订立仲裁条款或事后没有达成书面仲裁协议；(2) 仲裁的事项不属于仲裁协议的范围或仲裁机构无权仲裁的；(3) 仲裁庭的组成或仲裁的程序违反法定程序的；(4) 裁决所根据的证据是伪造的；(5) 对方当事人向仲裁机构隐瞒了足以影响公正裁决的证据的；(6) 仲裁员在仲裁该案时有贪污受贿、枉法裁决行为的。

如果人民法院认为执行该裁决违背社会公共利益，则不需要被申请人提出申请，依职权即可裁定不予执行。

在【案例 23-2】因仲裁协议无效申请不予执行案中，有两个问题值得探讨。一是仲裁协议无效是否可裁定不予执行；二是电力公司先后以相同的事实和理由分别向法院申请撤销和不予执行，执行法院能否作出相反的判断。就第一个问题而言，最高人民法院《关于仲裁协议无效是否可以裁定不予执行的处理意见》中，对另一起相似的仲裁执行案件表达了明确的态度：“仲裁协议无效并不等于没有仲裁协议。仲裁协议无效的后果是不排除人民法院的管辖权，当事人可以选择由法院管辖而排除仲裁管辖，当事人未向法院起诉而选择仲裁应诉的，应视为当事人对仲裁庭管辖权的认可……执行法院也不能将‘仲裁协议无效’视为‘没有仲裁协议’而裁定不予执行。”[①] 就第二个问题而言，南通市中级人民法院依据当事人订有仲裁协议且自愿接受仲裁这一事实，认定南通仲裁委员会据此作出仲裁裁决合法，并作出终局裁定。裁定生效后，电力公司以同一事实和理由向执行法院申请不予执行仲裁裁决。执行法院在审查过程中，就同一事实和理由的认定，应受南通市中级人

---

① 最高人民法院执行办：《强制执行指导与参考》，194 页，北京，法律出版社，2002。

民法院裁定的约束，但执行法院却作出了相反的认定，不符合裁判效力的理论，在程序上是不当的。

不予执行仲裁裁决的裁定书应送达双方当事人和仲裁机构。仲裁裁决被人民法院裁定不予执行的，当事人可以根据双方达成的书面仲裁协议重新申请仲裁，也可以向人民法院起诉。

### （三）不予执行公证债权文书

《民事诉讼法》第238条第2款规定，作为执行依据的公证债权文书确有错误的，人民法院裁定不予执行，并将裁定书送达双方当事人和公证机构。

### （四）不予执行外国法院的判决、裁定

当事人向人民法院申请承认和执行外国法院的判决、裁定，如果该判决、裁定违反了我国法律的基本原则或国家主权安全、社会公共利益的，不予以承认和执行。

### （五）不予执行的法律效果

不予执行裁定生效后，该执行程序即告结束。原执行依据丧失了执行力，不仅不能依其进行新的执行行为，已为的执行行为也应予撤销。

## 四、执行终结

### （一）执行终结的概念

执行终结是指在执行程序中，因发生法律规定的事由，执行程序没有必要或者不可能继续，因而依法结束执行程序。

### （二）执行终结的事由

有下列情形之一的，人民法院应当裁定终结执行。终结执行的裁定书，应写明终结执行的原因和法律依据。

1. 申请人撤销申请的；
2. 据以执行的法律文书被撤销的；
3. 作为被执行人的公民死亡，无遗产可供继承，又无义务承担人的；
4. 追索赡养费、扶养费、抚育费案件的权利人死亡的；
5. 作为被执行人的公民因生活困难无力清偿借款，无收入来源，又丧失劳动能力的；
6. 人民法院认为应当终结执行的其他情形，如在执行中，被执行人被人民法院裁定宣告破产，或作为被执行人的企业法人终止，又确无连带义务人，执行法院应当裁定终结执行。

## 【问题与思考】

1. 结合民事证明责任制度的原理，分析“申请执行人应当向人民法院提供其所了解的被执行人

的财产状况或线索”，是否等同于执行程序中申请人的举证责任？为什么？

2. 债权凭证通常指在执行过程中，由执行法院向申请执行人发放的具有法律效力，用以证明经强制执行后申请执行人对被执行人享有尚未实现的债权的权利凭证。该证书一式二份，分别为正本、副本，正本一份发放给申请执行人，副本一份经法院登记后由裁决命令组负责管理并存档。“债权凭证”一经出现，就以令人难以置信的速度向全国扩展，在短期内迅速蔓延各地。债权凭证系法院出具的权利凭证（公文书），具有债权证明作用，是证明债权人对被执行人未能依法履行的财产义务享有继续申请执行的权利的凭证。债权凭证具有遮断（非时效中断）申请执行期限的效应，使执行债权人的债权获得永久性的保护，对债务人（尤其自然人）产生“一辈子负债”的心理震慑。发放债权凭证通常引起本次执行程序的终结。这一点有助于减少执行积案，提高执结率。债权凭证是再执行的根据。债权人发现债务人有可供执行的财产的，依此凭证可以随时启动执行程序，再次申请执行。

请根据上述文字说明，分析债权凭证为什么成为法院执行实践中结案方式之一？

# 第二十四章
# 执行措施

## 参考文献


(一) 著作

1. 张登科．强制执行法．台北：三民书局，1998
2. 李浩．强制执行法．厦门：厦门大学出版社，2004
3. 陈荣宗．强制执行法．台北：三民书局，1995
4. 林升格．强制执行法理论与实务．台北：五南图书出版公司，1983
5. 杨与龄．强制执行法论．北京：中国政法大学出版社，2002
6. 孙加瑞．中国强制执行制度概论．北京：中国民主法制出版社，1999
7. 沈达明．比较强制执行法初论．北京：对外贸易教育出版社，1994
8. 吴光陆．强制执行法拍卖性质之研究．台北：五南图书出版公司，1987
9. 许世官．执行力扩张与不动产执行．台北：学林文化事业有限公司，2003
10. ［日］竹下守夫．日本民事执行法理论与实务研究．重庆：重庆大学出版社，1994
11. ［法］让·文森，雅克·普雷沃．法国民事执行程序法要义．北京：中国法制出版社，2002
12. 廖中洪主编．民事间接强制执行比较研究．北京：中国检察出版社，2013
13. 谭秋桂．民事执行法学．北京：北京大学出版社，2015
14. 马登科．民事强制执行中的人权保障．北京：中国检察出版社，2011
15. 田平安主编．民事诉讼法：执行程序篇．厦门：厦门大学出版社，2007

(二) 论文

1. 陈计男．论查封之效力．见：程序法之研究（二）．台北：三民书局，

1995. 173～186

2. 陈荣宗．法院拍卖之理论基础．见：民事程序法与诉讼标的理论．台北：台大法学丛书，1977.70～92

3. 骆永家．查封效力之相对性．见：民事法研究Ⅱ．台北：台大法学丛书，1999.169～188

4. 陈桂明，侍东波．民事执行法中拍卖制度之理论基石——强制拍卖性质之法律分析．见：民事诉讼法修改的若干基本问题．北京：中国法制出版社，2002.402～416

5. 江伟，肖建国．论我国强制执行法的基本构造．法学家，2001（4）

6. 肖建国．论强制拍卖的性质和效力．北京科技大学学报（社会科学版），2004（4）

7. 陈荣宗．对于分期付款买卖标的物之强制执行．见：民事程序法与诉讼标的理论．台北：台大法学丛书，1977.158～221

8. 肖建国，赵晋山．民事执行若干疑难问题研究．法律适用，2005（5）

9. ［日］石川明．日本不动产之强制拍卖与物上负担之处遇．见：民事程序法论文集．台北：台大法学丛书，1993.99～112

10. 赵晋山，王赫．“排除执行”之不动产权益——物权变动到债权竞合．法律适用，2017（21）

11. 汤维建．论司法拍卖市场化改革及其完善．中国法学，2015（1）

12. 夏正芳，潘军锋．以物抵债的性质及法律规制．人民司法，2013（21）

13. 李昌超．失信被执行人名单制度施行中的问题及解决．政法论丛，2017（2）

## 参考法规

1991年《中华人民共和国民事诉讼法》（2017年修正）第241条～第255条；1999年《中华人民共和国合同法》第286条；1993年《中华人民共和国公司法》（2013年修订）第72条；1996年《中华人民共和国拍卖法》（2015年修正）；2005年《中华人民共和国公证法》（2015年修正）第37条。

2015年最高人民法院《关于适用〈中华人民共和国民事诉讼法〉的解释》第490条～第507条；1998年最高人民法院《关于人民法院执行工作若干问题的规定（试行）》（2008年修正）第32条～第60条；2000年最高人民法院、司法部《关于公证机关赋予强制执行效力的债权文书执行有关问题的联合通知》；2001年最高人民法院《关于冻结、拍卖上市公司国有股和社会法人股若干问题的规定》第1条、第2条、第5条～第17条；2004年最高人民法院、国土资源部、建设部《关于依法规范人民法院执行和国土资源房地产管理部门协助执行若干问题的通知》第1条～第5条、第11条～第29条；2004年最高人民法院《关于人民法院民事执行中查封、扣押、冻结财产的规定》（2008年修正）第3条、第4条、第8条～第13条、第20条～第32条；2004年最高人民法院《关于人民法院民事执行中拍卖、变卖财产的规定》第1条～第36条；2005年最高人民法院《关于人民法院执行设定抵押的房屋的规定》（2008年修正）第3条～第6条；2008年最高人民法院《关于适用〈中华人民共和国民事诉讼法〉执行程序若干问题的解释》第30条～第39条。

《德国民事诉讼法》第803条～第871条、第882条之1、第883条～第915条之8；《日本民事执行法》第43条～第48条、第53条～第56条、第59条～第84条、第93条～第138条、第141条、第168条～第173条、第181条～第195条；《法国民事诉讼法》第508条；《法国民事执行法》第42条～第66条、第81条～第88条；《俄罗斯民事诉讼法》第358条～第415条；《俄罗斯执行程序法》第44条～第76条。

**引例　侵犯名誉权判决执行案**①

某报社因侵犯他人名誉权被一审法院判令为对方恢复名誉、消除影响。此后，该报社既不上诉，又不履行生效判决。对此，法院可以采取哪些措施？最高人民法院《关于审理名誉权案件若干问题的解答》规定，侵权人拒不执行生效判决，不为对方恢复名誉、消除影响的，人民法院可以采取公告、登报等方式，将判决的主要内容及有关情况公布于众，费用由被执行人负担，并可依照《民事诉讼法》第111条第1款第6项的规定，对其主要负责人或者直接责任人员予以罚款、拘留；构成犯罪的，依法追究刑事责任。

## 第一节　金钱债权的执行措施

### 一、执行措施的概念和分类

执行措施，是指法院根据执行案件的特点所采取的实现生效法律文书中所确定的债权人权利的方法、途径、步骤、程序。采取执行措施的行为，称为执行行为。

根据生效法律文书中所确定的债权人的债权请求权的类型，可以将民事执行措施分为

① 参见律师资格考试试题2000年试卷二第60题（相应法条已作更新）。

金钱债权的执行、非金钱债权的执行。这是德国、日本等大陆法系国家比较通行的分类。其中，金钱债权的执行又可分为对动产的执行、对不动产的执行和对其他财产权的执行，非金钱债权的执行又可分为物的交付请求权的执行和行为请求权的执行。

## 二、金钱债权执行的概念和意义

### （一）金钱债权执行的概念

所谓金钱债权，又称金钱给付请求权，指以给付一定数额金钱为内容的请求权。金钱债权是实践中最常见的债权形式，借款合同中对借款的归还请求权，买卖合同中对货款的支付请求权和对违约金、赔偿金的支付请求权，侵权案件中的损害赔偿请求权等，都属于金钱债权。金钱的表现形式是货币，而人民币是我国境内的法定支付工具，故金钱债权一般是指要求支付人民币的债权，在法律有规定的情况下可以是支付外币。如最高人民法院《关于人民法院审理借贷案件的若干意见》第 12 条规定："公民之间因借贷外币、台币发生纠纷，出借人要求以同类货币偿还的，可以准许。"

为实现金钱债权而债务人又有金钱时，将该金钱直接交付给债权人便可清偿执行债权，其执行方法比较简单。债务人没有现款可供执行时，金钱以外的财产就成为执行标的物，人民法院需要通过拍卖、变卖等换价程序将它变现为金钱。

根据简便原则和对债务人生活影响较少的原则，实务中在选择债务人的财产予以执行的顺序上，是先执行现金；现金不够清偿的，执行其存款、股息红利收入和债权；仍不足清偿的，执行债务人的动产；最后执行债务人的知识产权、不动产、投资股权等。

### （二）金钱债权执行的意义

金钱债权的执行是整个执行工作中案件数量最多、适用频率最高、执行任务最为繁重、意义最为重大的一部分。除了当事人之间金钱给付义务外，关于诉讼费用、罚金、罚款的执行等也适用关于金钱债权的执行程序；非金钱债权的执行在一定情况下也可以转化为关于金钱债权的执行，如对可替代行为的执行中法院命他人代为履行并由债务人支付费用，对于不可替代行为的执行法院命债务人赔偿损失，对于代为履行费用和赔偿损失费用的执行都转化为对金钱债权的执行。因此，各国民事执行制度都把金钱债权的执行措施作为强制执行法的重点内容加以规定。

## 三、对于动产、不动产的执行Ⅰ：以查封为中心的控制性执行措施

### （一）对于动产、不动产执行的含义

所谓对于动产、不动产的执行，是指执行机构为了满足债权人的金钱债权，而对债务人所有的动产或不动产采取的民事执行措施。1995 年《担保法》第 92 条第1 款规定："本法所称不动产是指土地以及房屋、林木等地上定着物。"同条第 2 款规定："本法所称动产是指不动产以外的物。"学理上一般认为动产是指不因移动变更其性质和价值的物，不动产是指土地、房屋等不能移动或移动后即改变其性质和价值的物。

**【案例 24－1】北京市第一中级人民法院与沈阳市中级人民法院执行冲突协调案**①

**案件一：**

关于北美物产公司与天民公司、财务公司、中泰公司加工承揽合同纠纷案，北京市第一中级人民法院于1998年12月判决：天民公司在收到本判决之日起10日内将价值1 364余万元的绢纱、落棉或等值的人民币返还北美物产公司；财务公司在本判决生效之日起10日内将价值1 364余万元的绢纱、落棉或等值的人民币返还给天民公司。判决书送达后，各方均未上诉。另外，北京市第一中级人民法院在本案审理期间，应原告北美物产公司的请求，于1997年8月5日对在中泰公司名下存放于辽宁省纺织工业供销公司储运库二号库、天民公司非法抵押的涉案标的物73吨绢纱、101吨落棉采取了诉讼保全措施，张贴封条，送达了裁定书给天民公司、财务公司、中泰公司，同时向辽宁省纺织工业供销公司下发了协助执行通知书。

**案件二：**

天民公司与财务公司因借款纠纷，于1997年7月15日签订一份还款协议书，约定将其所有库存绢纱作为还款抵押物，并对此进行公证。7月28日，辽宁省公证处应申请执行人财务公司的申请，下达了（97）辽证字执字10006号执行证书。执行证书载明，天民公司欠财务公司人民币800万元，协议约定于同年8月10日前还清。沈阳市中级人民法院于7月31日裁定查封，但没有办理相应的查封手续，于8月6日依财务公司申请，裁定查封、扣押了天民公司的绢纱72吨、落棉102吨（与北京市第一中级人民法院裁定查封的数额稍有出入）。沈阳市中级人民法院在执行时，辽宁省纺织工业供销公司明确告知该财产已被北京市第一中级人民法院查封，且有封条存在，但仍将北京市第一中级人民法院张贴封条的财产予以强制解封，执行给财务公司。

### （二）查封和扣押的概念及特点

1. 查封、扣押的概念

查封是指人民法院将作为执行对象的财产加贴封条就地或异地予以封存，禁止被执行人转移处分的一种执行措施。扣押是指人民法院将作为执行对象的财产运送有关的场所，从而使被执行人不能占有、使用和处分的执行措施。

关于查封和扣押的区别，一般是以执行标的物的位置是否转移为标准的。查封一般不转移财产的位置，由法院加贴封条，就地查封；扣押一般要转移财产的位置，使之脱离债务人的占有。

2. 查封、扣押的特点

二者具有以下三个特点：

（1）查封、扣押都是临时性、控制性的执行措施，都是为今后拍卖和变卖做准备的；

---

① 参见最高人民法院执行办：《强制执行指导与参考》，110页以下，北京，法律出版社，2004。

（2）查封、扣押的实质在于限制被执行人对执行标的物的处分权。在拍卖、变卖之前标的物所有权仍然属于被执行人，但被执行人对该财产的处分权被禁止行使；即使擅自行使处分权，其处分行为也无效，并且承担妨碍执行的责任。

（3）查封、扣押还解除被执行人对执行标的物的占有。

### （三）查封、扣押的一般原则

查封、扣押一般应当遵循以下原则：

1. 公示原则

公示原则是指执行法院在对被执行人的财产采取查封、扣押措施时，应当根据该财产的属性，按照法律规定的方法就查封、扣押的情形公之于众，以使被执行人、案外人及其他执行法院和执法机关知晓查封、扣押的事实。

2. 价值相当原则

即执行法院查封、扣押被执行人有关财产的价值应当与被执行人应履行债务的价值相当。查封和扣押是执行机关运用公权力的行为，出于对被执行人合法利益的保护，应当对其设有限制。《民事诉讼法》第244条对查封、扣押等限定的“被执行人应当履行义务”的范围，也就是实践中禁止超额查封的法律基础。

3. 禁止重复查封、扣押原则

禁止重复查封、扣押原则是指执行法院依法对被执行人的财产查封、扣押后，任何单位包括其他法院不得对该执行标的物再行查封、扣押，不过可以轮候查封、轮候扣押。

4. 查封、扣押财产豁免原则

查封、扣押财产豁免原则是指执行法院对被执行人的某些特定财产不得采取查封、扣押措施。这一原则是基于被执行人的生存权高于债权人的债权、被执行人的精神利益高于债权人的物质利益、公序良俗高于私人利益的原理确立的。关于查封、扣押财产豁免的具体范围，请参见本书第二十二章第二节的相关内容。

### （四）查封、扣押的程序

1. 作出书面裁定

人民法院查封、扣押、冻结被执行人的动产、不动产及其他财产权，应当作出裁定，并送达被执行人和申请执行人。

2. 发出协助执行通知书

采取查封、扣押措施需有关单位协助的，应当向有关单位发出协助执行通知书，连同裁定书副本一并送达有关单位。协助执行通知书中应当载明有关单位不得办理查封、扣押财产的转移过户以及设定担保等手续，同时，可以责令被执行人将有关财产权证照交执行法院保管。

3. 直接控制该项财产、张贴封条

查封、扣押动产的，人民法院可以直接控制该项财产。人民法院将查封、扣押的动产交付其他人控制的，应当在该动产上加贴封条或者采取其他足以公示查封、扣押的适当方式。

在【案例 24－1】北京市第一中级人民法院与沈阳市中级人民法院执行冲突协调案中，尽管沈阳市中级人民法院查封裁定时间在先，不过该裁定书没有送达给辽宁省纺织工业供销公司，对查封物没有造具清单和指定保管人进行保管，仅在 1997 年 8 月 6 日执行时才向供销公司送达协助执行通知书，在此之前，沈阳市中级人民法院没有采取任何切实有效的控制措施。而北京市第一中级人民法院于 1997 年 8 月 1 日制作了诉讼保全裁定书，8 月 5 日查封、扣押了存放在供销公司的 73 吨绢纱、101 吨落棉，保全手续齐全，程序到位，因而沈阳市中级人民法院的查封不能对抗北京市第一中级人民法院合法有效的查封、扣押。更重要的是，北京市第一中级人民法院在判决书中明确认定财务公司运走的 73 吨绢纱、101 吨落棉的所有权属于北美物产公司，天民公司无处分权。

4. 对有产权证照的动产或不动产的查封、扣押

查封不动产的，人民法院应当张贴封条或者公告，并可以提取保存有关财产权证照。查封、扣押、冻结已登记的不动产、特定动产及其他财产权，应当通知有关登记机关办理登记手续；未办理登记手续的，不得对抗其他已经办理了登记手续的查封、扣押、冻结行为。

5. 对尚未进行权属登记的建筑物、机动车辆的查封、扣押

查封尚未进行权属登记的建筑物时，人民法院应当通知其管理人或者该建筑物的实际占有人，并在显著位置张贴公告。

扣押尚未进行权属登记的机动车辆时，人民法院应当在扣押清单上记载该机动车辆的发动机编号。在该车辆扣押期间权利人要求办理权属登记手续的，人民法院应当准许并及时办理相应的扣押登记手续。

6. 查封、扣押时在场人员

法院查封、扣押财产时，被执行人是公民的，应当通知被执行人或者他的成年家属到场，被执行人工作单位或者财产所在地的基层组织应当派人参加。被执行人是法人或者其他组织的，应当通知其法定代表人或者主要负责人到场；拒不到场的，不影响执行。

对于被执行人与其他人共有的财产，人民法院可以查封、扣押、冻结，并及时通知共有人。

7. 查封、扣押笔录及财产清单

实施查封、扣押时，除应由执行人员作成笔录并签名外，在场有关人员也应签名。对于被查封、扣押的财产，执行员必须造具清单，由在场人签名或者盖章后，交被执行人一份。被执行人是公民的，也可以交他的成年家属一份，以防止遗失，便于查考。

8. 查封、扣押物的保管和使用

查封、扣押的财产不宜由人民法院保管的，人民法院可以指定被执行人负责保管；不宜由被执行人保管的，可以委托第三人或者申请执行人保管。

由人民法院指定被执行人保管的财产，如果继续使用对该财产的价值无重大影响，可以允许被执行人继续使用；由人民法院保管或者委托第三人、申请执行人保管的，保管人不得使用。

9. 查封、扣押的效力

查封、扣押是执行机关代表国家的公法上的行为。查封、扣押一经实施，任何人都有

尊重查封、扣押状态的义务。从私法上看，查封、扣押对债务人、第三人都会产生影响。

（1）查封、扣押对债务人的效力。首先，查封、扣押的目的在于禁止债务人对该物进行处分，在对该物进行换价之前，查封、扣押物的所有权仍归债务人所有。其次，债务人丧失了对查封、扣押物的处分权。最后，查封、扣押对债务人用益权的影响。被执行人在取得执行机构准许的情况下仍有可能行使对该动产的用益权。

（2）查封、扣押对执行当事人以外第三人的效力。查封、扣押过程中还有可能涉及申请执行人之外的一般债权人和对查封、扣押物享有担保物权、优先权人的利益。首先，某一债权人申请法院查封、扣押债务人的特定财产，可能影响其他债权人的平等受偿。其次，对查封、扣押物享有担保物权、优先权的债权人对该项财产享有优先受偿权。

（3）查封、扣押对物的效力。查封、扣押的效力及于查封、扣押物的从物和天然孳息。查封地上建筑物的效力及于该地上建筑物使用范围内的土地使用权，查封土地使用权的效力及于地上建筑物，但土地使用权与地上建筑物的所有权分属被执行人与他人的除外。

（4）查封、扣押的时间效力。人民法院冻结被执行人的银行存款及其他资金的期限不得超过6个月，查封、扣押动产的期限不得超过1年，查封不动产、冻结其他财产权的期限不得超过2年。申请执行人申请延长期限的，人民法院应当在查封、扣押、冻结期限届满前办理续行查封、扣押、冻结手续，续行期限不得超过前款规定期限的1/2。

查封、扣押、冻结期限届满，人民法院未办理延期手续的，查封、扣押、冻结的效力消灭。

10. 查封、扣押的解除

查封、扣押的解除，又称查封、扣押的撤销，是指执行法院在发生特定的法定事由时，基于债权人的申请或依职权除去或授权除去查封标示或查封登记的执行行为。

解除查封、扣押的方法也要按照标的物的不同以公示方法进行。对一般动产解除查封、扣押的，应揭去封条和查封公告，必要时另行公告解除查封的事实。对有产权证照的动产或不动产解除查封的，还应在有关管理机关办理注销查封的登记。

## 四、对于动产、不动产的执行Ⅱ：以拍卖为中心的处分性执行措施

为了满足债权人的金钱债权，还需要将查封、扣押的财产进行处分、转让或折价以取得一定的价款，这就是变价程序。变价的方式有拍卖、变卖和以物抵偿三种，其中以拍卖最为典型。

### （一）强制拍卖的概念和原则

民事执行法上的拍卖是指执行机构根据《民事诉讼法》的规定，以公开竞价的形式，将特定物品或财产权转让给最高应价者的方式。拍卖是实现财产变价的一种最为公平合理的方法。它有利于最大限度地保护债权人和债务人，最大限度地实现财产价值。

法院强制拍卖需要遵循五个原则，即：拍卖优先原则、及时拍卖原则、委托拍卖原则、拍卖前先评估原则以及拍卖穷尽原则。

1. 拍卖优先原则

所谓拍卖优先原则，是指执行法院在对查封、扣押、冻结的被执行财产进行变价处分时，除法律、司法解释另有规定外，原则上采用拍卖这种方式。

拍卖具有公开性、公平竞争性、国际性等特点，各种竞买人通过举牌竞价的方式公开拍卖，不仅有利于卖出高价，实现拍卖物价格的最大化，从而最大限度地保护债务人的合法权益，实现申请执行人的债权，而且有利于杜绝暗箱操作，防范执行人员滥用执行处分权侵害被执行人的利益。相反，变卖措施则缺乏公开性、透明度和竞争性，程序上也比较随意，不仅不利于执行财产卖得最高的价格，而且容易导致权力滥用。

2. 及时拍卖原则

按照执行不间断原则，法院在查封、扣押、冻结被执行财产后，应当迅速及时采取拍卖措施，此即所谓的及时拍卖原则。

为了贯彻及时拍卖原则，法院在查封、扣押、冻结被执行财产后应尽快确定拍卖期日，不能间隔时间过长，务求查封期日与拍卖期日之间保持合理的、适当的时间距离。

3. 委托拍卖原则

法院委托拍卖与自行拍卖是法院行使强制执行权对被执行人的财产进行变价的两种方式。基于强制拍卖权的独占性和不可分割性，法院聘任或委托拍卖师进行拍卖的行为，性质上属于司法授权行为，拍卖机构成为法院的辅助人，是法院执行活动的延伸。这不同于民法上平等主体之间的委托合同，委托合同属于双方法律行为，而委托拍卖则属于法院单方行为，执行法院与拍卖机构之间处于不平等的地位，法院只需出具委托拍卖函，或者出具聘任书即可，不能签订委托拍卖合同，拍卖师只能在执行法院授权范围内实施司法拍卖活动。

4. 拍卖前先评估原则

对拟拍卖的财产，人民法院应当委托具有相应资质的评估机构进行价格评估。对于财产价值较低或者价格依照通常方法容易确定的，以及当事人双方及其他执行债权人申请不进行评估的，可以不进行评估。

评估的目的之一是帮助执行法院准确地确定拍卖物的价值，避免出现估价畸高畸低的情形，其次是便于法院依据评估价合理地确定拍卖物的保留价。

5. 拍卖穷尽原则

强制拍卖有利于实现债权人和债务人利益的最大化，但在拍卖出现流拍并且拍卖已明显无望的情况下，如果不对法院拍卖的次数加以限制，就会严重影响债权人权利的实现，也会损害债务人的利益，法院执行的效果大大降低。

动产两次拍卖即视为拍卖穷尽，不动产或者其他财产权三次拍卖即视为拍卖穷尽。拍卖穷尽原则有助于执行法院从已明显无变价可能的执行程序中解脱出来，因此可以认为是对执行法官和执行人员的一种制度上的保护措施。

### （二）强制拍卖的性质

1. 私法说的强制拍卖理论

在传统民法上，拍卖——无论任意拍卖（或私力拍卖）抑或强制拍卖，均被视为采取竞争性缔约程序而为的特种买卖，适用民法（合同法）上有关买卖合同的规定。比如，强制拍卖亦遵循要约和承诺的缔约程序，买受人有物的瑕疵和权利瑕疵担保请求权，买受人继受取得标的物所有权并承受拍卖物上的负担，等等。

基于私法观而产生的执行强制，强制的渊源在债权人，而非国家，强制拍卖自然也要体现彻底的债权人意思主义。

2. 公法说的强制拍卖理论

从强制执行法的发展趋势看，如今在大陆法系国家，民事强制执行属于公法行为的观念已根深蒂固，成为学界的通说，强制拍卖的理论基础不再是民法上的法律行为理论，而是公法上的公用征收处分理论，或公法契约学说，或裁判上的形成行为学说。[①] 从公法角度构筑强制拍卖的理论基础，反映出强制执行法学摆脱实体法的努力，也重新塑造了强制拍卖的法律效果：拍定人原始取得拍卖物所有权，拍定人无瑕疵担保请求权，并且不承受拍卖物上的负担，等等。公法说为大陆法系国家的通说，本书采之。

### （三）强制拍卖中的利益衡量

强制拍卖程序含涉了不同类型的参与主体，强制拍卖的性质和效力与拍卖法律关系主体的利益密切相关。在强制拍卖中，由于执行债权人和代表国家行使执行权的执行机构的介入，在执行机构、执行债权人、执行债务人、拍卖人、竞买人、拍定人、拍卖物上的担保物权人或用益物权人以及案外第三人之间，都直接或间接地发生公法上或者私法上的关系。

归纳起来，不外乎两大层次：一是执行机构所维系的国家执行权的权威性、执行行为的可信赖性、公信力与其他利益主体的私人利益之间的关系；二是各拍卖关涉主体之间的私人利益关系。

1. 强制拍卖中的公共利益与私人利益

法院执行机构依公权力所进行的拍卖行为，不仅应当取信于拍卖关系人，还应当取信于案外第三人和一般社会大众。一般社会大众和拍卖关系人尤其拍定人因信赖执行机构的行为而实施付款并申请移转拍卖物所有权的，执行机构应妥善保护此等人的信赖利益，维护强制拍卖程序的安定性，并赋予拍卖的效果以公信力。

对于拍定人而言，只要法院的执行行为有相应的执行依据，基于强制拍卖公信力的要求，无论拍卖程序有无瑕疵，债权人的债权是否成立或者消灭，也不管拍定人为善意或恶意，拍卖物是否真正属于债务人所有，拍定人均能因信赖法院拍卖有公法上的效力，而原始取得拍卖物的所有权。即便拍卖物属于案外第三人的财产，或者拍定人存在恶意，明知标的物上有第三人请求权存在，也不妨碍其取得所有权，第三人于拍定后也不能基于物上请求权向拍定人主张返还，因而拍定人对于取得拍卖物的所有权完全无后顾之忧。这就是强制拍卖的公信效果。对强制拍卖公信力的强调，使拍定人非基于他人既存的权利取得物权，而由代表国家实施强制处分的执行机构原始地、直接地给予其拍卖物所有权，因此，强制拍卖的公信力与强制拍卖的公法学说具有天然的契合性。

---

① 参见吴光陆：《强制执行法拍卖性质之研究》，79～82页，台北，五南图书出版公司，1987。

2. 强制拍卖中的私人利益衡量

(1) 执行债权人、执行债务人与拍定人之间的利益衡量。

在私法说的强制拍卖理论下，拍卖被视为移转拍卖物所有权的买卖行为。既是买卖，必得有双方当事人。其中，拍定人为买受人自属无疑，但出卖人为谁，则不无争议，有的认为出卖人为债务人，日本学者多采此说；有的认为出卖人为债权人，在执行担保物时出卖人为担保物的所有权人，德国学者多采此说。[①] 尽管还有人主张执行机构为出卖人（如日本学者中野贞一郎认为执行机构为职务当事人），但这种观点因同时承认强制拍卖系执行机构的公法行为而自我抵销，实际上与公法说的强制拍卖理论非常接近。

在公法说下，强制拍卖既非买卖，则不存在出卖人问题，也无买受人产生，因而可以避免出现“出卖人为何人”的争执，理论解释上较为清晰明了。

拍定人与法院执行机构发生公法（诉讼法）上的关系，执行机构违背债务人的意思而强制性处分债务人之财产，拍定人非由前手而是原始取得拍定物所有权，则拍定人无瑕疵担保请求权可言，故不会产生因出卖人不明而无法行使权利瑕疵担保请求权的问题。

(2) 拍定人与案外第三人之间的利益衡量。

执行机构进行查封拍卖时，有时难免会将第三人的财产误认为被执行人的财产进行执行，为了维护拍卖的公信力，仍然认定拍定人取得拍卖物所有权。但由此引发的问题是，执行债权人的债权能否从拍卖价金中获得清偿，以及拍卖物的真正所有权人，应向何人主张其权利，应以何种法律关系请求保护。既然第三人已丧失了对拍卖物的所有权，但基于对拍卖价金的物上代位关系，第三人可以视情况向债权人、债务人请求偿还其利益或赔偿其损害：如果执行机构已将拍卖价金交付债权人清偿债权，并将余款交给债务人，第三人可向债权人和债务人分别请求返还；如果价金还在执行机构，则可请求执行机构返还。

(3) 拍定人与拍卖物上他物权人之间的利益衡量。

查封拍卖物之前，在拍卖物上设定法定优先权、担保物权（如抵押权、质权、留置权）和用益物权的权利人，其权利不受查封的影响。但此类物上负担于拍卖后，是否仍能有效存在于拍卖物之上，不仅关涉他物权人的利益，也关涉拍定人的利益。对于拍卖物上负担的处理，有两种对立的立法政策，即承受主义和消灭主义。前者指拍卖物上的负担继续存在，由拍定人承受，不因拍卖而消灭。此说备受私法说的强制拍卖理论重视。后者是指物上负担因拍卖而归于消灭，拍定人取得无任何负担的拍卖物。此说为公法说的强制拍卖理论所青睐。

为了补救承受主义和消灭主义之不足，“剩余主义”的立法政策应运而生。所谓剩余主义，是指后顺位的他物权人或普通债权人申请拍卖时，执行法院须依职权进行估算，只有当拍卖价金于清偿或补偿先顺位的优先权及各种执行费用后还有剩余的，才能实施拍卖，以事先排除那些可能无益的执行拍卖，提高执行拍卖的实效性。

正是考虑到处理拍卖物上负担的艰巨性，各国很少采用整齐划一的立法政策，往往两种或三种并用，以合理协调和平衡拍定人与拍卖物上他物权人的利益。如德国采用的是

---

① 参见吴光陆：《强制执行法拍卖性质之研究》，20～24页，台北，五南图书出版公司，1987。

“剩余主义＋承受主义”的立法模式[①]；瑞士区分物上负担的具体类型，对于担保物权采“剩余主义＋承受主义”，对于用益物权采承受主义[②]；日本采双轨制的立法政策，视具体情形分别采“剩余主义＋消灭主义”和“剩余主义＋承受主义”两种模式。

**【案例 24－2】执行程序中对被执行人国有资产的评估资质争议案**[③]

陕西省石泉县人民法院在执行该院审理的以陕西省石泉县物资总公司为债务人的9个案件中，于1998年查封了石泉县物资总公司门面房16间，并委托石泉县房地产价格评估事务所就其中10间进行评估，每间估价为7万元。2000年4月，石泉县人民法院通过公开竞价卖出了该10间房产。买受人也办理了过户登记手续，取得了新的房产所有权证书。后被执行人提出异议，认为石泉县人民法院在处分石泉县物资总公司的房产时，委托了不具有国有资产评估资质的房地产评估机构评估，评估结果没有经国有资产管理部门确认，违反了国务院《国有资产评估管理办法》第2条、第12条的规定。因此，认为石泉县人民法院变卖该房产无效，应当恢复原状。

（四）强制拍卖的程序

1. 委托评估

对拟拍卖的财产，人民法院应当委托具有相应资质的评估机构进行价格评估。对于财产价值较低或者价格依照通常方法容易确定的，以及当事人双方及其他执行债权人申请不进行评估的，可以不进行评估。

评估机构由当事人协商一致后经人民法院审查确定；协商不成的，从负责执行的人民法院或者被执行人财产所在地的人民法院确定的评估机构名册中，采取随机的方式确定；当事人双方申请通过公开招标方式确定评估机构的，人民法院应当准许。

人民法院收到评估机构作出的评估报告后，应当在5日内将评估报告发送当事人及其他利害关系人。当事人或者其他利害关系人对评估报告有异议的，可以在收到评估报告后10日内以书面形式向人民法院提出。当事人或者其他利害关系人有证据证明评估机构、评估人员不具备相应的评估资质或者评估程序严重违法而申请重新评估的，人民法院应当准许。

在【案例24－2】对被执行人国有资产的评估资质争议案中，关键问题是人民法院在执行中对国有资产的评估、拍卖是否应当适用国务院《国有资产评估管理办法》。《国有资产评估管理办法》关于国有资产评估中申请立项及审核确认的规定，确定了对国有资产占用单位在自主交易中进行评估的程序，其委托评估的主体是国有资产的占用企业，在特殊情况下可由国有资产部门委托评估。该办法对于人民法院在执行程序中委托评估作为被执行人的国有企业的资产，并无相应的规定。人民法院在执行中委托评估无须参照该办法，

① 参见史尚宽：《物权法论》，283～291页，北京，中国政法大学出版社，2000；陈荣宗：《法院之拍卖对于不动产上各种负担之处理》，载《举证责任分配与民事程序法》，246～258页，台北，台大法学丛书，1984。

② 参见《瑞士联邦债务执行与破产法》第126条第1款、第127条。

③ 参见最高人民法院执行办：《强制执行指导与参考》，178页以下，北京，法律出版社，2003。

而应依《民事诉讼法》及最高人民法院的司法解释办理，由执行法院独立审核确认。因此，只要执行法院委托了依法成立的评估机构进行评估，该评估程序和结果就是合法有效的。故石泉县人民法院在执行中委托评估的执行行为合法，应予以维持。

2. 委托拍卖

拍卖机构由当事人协商一致后经人民法院审查确定；协商不成的，从负责执行的人民法院或者被执行人财产所在地的人民法院确定的拍卖机构名册中，采取随机的方式确定；当事人双方申请通过公开招标方式确定拍卖机构的，人民法院应当准许。

3. 法院确定保留价

拍卖保留价由人民法院参照评估价确定；未作评估的，参照市价确定，并应当征询有关当事人的意见。人民法院确定的保留价，第一次拍卖时，不得低于评估价或者市价的80%；如果出现流拍，再行拍卖时，可以酌情降低保留价，但每次降低的数额不得超过前次保留价的20%。

4. 发布拍卖公告

拍卖应当先期公告。拍卖动产的，应当在拍卖7日前公告；拍卖不动产或者其他财产权的，应当在拍卖15日前公告。

拍卖公告的范围及媒体由当事人双方协商确定；协商不成的，由人民法院确定。拍卖财产具有专业属性的，应当同时在专业性报纸上进行公告。

5. 竞买人预交保证金

拍卖不动产、其他财产权或者价值较高的动产的，竞买人应当于拍卖前向人民法院预交保证金。申请执行人参加竞买的，可以不预交保证金。保证金的数额由人民法院确定，但不得低于评估价或者市价的5%。应当预交保证金而未交纳的，不得参加竞买。

6. 法院撤回拍卖委托

在拍卖开始前，有下列情形之一的，人民法院应当撤回拍卖委托：

(1) 据以执行的生效法律文书被撤销的；

(2) 申请执行人及其他执行债权人撤回执行申请的；

(3) 被执行人全部履行了法律文书确定的金钱债务的；

(4) 当事人达成了执行和解协议，不需要拍卖财产的；

(5) 案外人对拍卖财产提出确有理由的异议的；

(6) 拍卖机构与竞买人恶意串通的。

7. 法院停止拍卖

人民法院委托拍卖后，遇有依法应当暂缓执行或者中止执行的情形的，应当决定暂缓执行或者裁定中止执行，并及时通知拍卖机构和当事人。拍卖机构收到通知后，应当立即停止拍卖，并通知竞买人。

被执行人在拍卖日之前向人民法院提交足额金钱清偿债务，要求停止拍卖的，人民法院应当准许，但被执行人应当负担因拍卖支出的必要费用。

8. 拍卖成交

拍卖成交后，买受人应当在拍卖公告确定的期限或者人民法院指定的期限内将价款交付到人民法院或者汇入人民法院指定的账户。人民法院应当作出裁定，并于价款全额交付后10日内，送达买受人或者承受人。裁定送达后15日内，将拍卖的财产移交买受人或者承受人。

动产拍卖成交或者抵债后，其所有权自该动产交付时起转移给买受人或者承受人。不动产、有登记的特定动产或者其他财产权拍卖成交或者抵债后，该不动产、特定动产的所有权、其他财产权自拍卖成交或者抵债裁定送达买受人或者承受人时起转移。

9. 重新拍卖

拍卖成交后，买受人逾期未支付价款而使拍卖、抵债的目的难以实现的，人民法院可以裁定重新拍卖。重新拍卖时，原买受人不得参加竞买。

重新拍卖的价款低于原拍卖价款造成的差价、费用损失及原拍卖中的佣金，由原买受人承担。人民法院可以直接从其预交的保证金中扣除。扣除后保证金有剩余的，应当退还原买受人；保证金数额不足的，可以责令原买受人补交；拒不补交的，强制执行。

10. 流拍后再行拍卖

拍卖时无人竞买或者竞买人的最高应价低于保留价，到场的申请执行人或者其他执行债权人不申请以该次拍卖所定的保留价抵债的，应当在60日内再行拍卖。

11. 拍卖佣金、拍卖费用负担

拍卖成交的，拍卖机构可以按照下列比例向买受人收取佣金：拍卖成交价在200万元以下的，收取佣金的比例不得超过5%；超过200万元至1 000万元的部分，不得超过3%；超过1 000万元至5 000万元的部分，不得超过2%；超过5 000万元至1亿元的部分，不得超过1%；超过1亿元的部分，不得超过0.5%。

拍卖未成交或者非因拍卖机构的原因撤回拍卖委托的，拍卖机构为本次拍卖已经支出的合理费用，应当由被执行人负担。

### （五）强制变卖

变卖是对执行标的物进行变价的一种较拍卖简易的方式，即不经过竞价，而由执行法院直接将执行标的物以相当的、合理的价格出卖。

对于查封、扣押、冻结的财产，当事人双方及有关权利人同意变卖的，可以变卖。金银及其制品、当地市场有公开交易价格的动产、易腐烂变质的物品、季节性商品、保管困难或者保管费用过高的物品，人民法院可以决定变卖。

当事人双方及有关权利人对变卖财产的价格有约定的，按照其约定价格变卖；无约定价格但有市价的，变卖价格不得低于市价；无市价但价值较大、价格不易确定的，应当委托评估机构进行评估，并按照评估价格进行变卖。按照评估价格变卖不成的，可以降低价格变卖，但最低的变卖价不得低于评估价的1/2。

### （六）以物抵债

这是一种方式特殊的变价程序，不是把财产卖给当事人以外的其他人，而是直接作价交给申请执行人，是变价和向申请人清偿结合在一起。

具体分为两种情况：一种情况为经申请执行人和被执行人同意，可以不经拍卖、变卖，直接将被执行人的财产作价交申请执行人抵偿债务，对剩余的债务，被执行人应当继续清偿；另一种情况是，被执行人的财产拍卖流拍或变卖不成的，经申请执行人或其他债权人同意，人民法院可以将该财产作价后交付申请执行人抵偿债务。

### （七）强制管理

1. 强制管理的概念和特点

强制管理，是指执行法院选任管理人对已查封、扣押的被执行人的财产实施管理，以管理所得收益清偿申请执行人债权的执行措施。由于强制管理着眼于对财产的使用价值和收益的执行，故强制管理又称为收益的执行。

强制管理具有如下特点：(1) 强制管理以财产的使用价值及收益为对象，是对财产孳息的执行；(2) 强制管理后被执行人对财产仍享有所有权；(3) 强制管理使被执行人立即丧失对财产的使用、收益权；(4) 强制管理过程受财产收益量的影响，一般持续时间较长。

2. 强制管理的适用范围

国外通常将强制管理的适用范围限定为对不动产、船舶、航空器的执行。我国《民事诉讼法》未对强制管理作出规定，最高人民法院仅在《民诉法解释》第 492 条中规定："被执行人的财产无法拍卖或变卖的，经申请执行人同意，且不损害其他债权人合法权益和社会公共利益的，人民法院可以将该财产作价后交付申请执行人抵偿债务，或者交付申请执行人管理；申请执行人拒绝接收或管理的，退回被执行人。"可见，我国法律和司法解释并未对强制管理的适用范围作出限制。

## 五、对其他财产权的执行

### （一）对其他财产权执行的概念和意义

对其他财产权的执行，是指执行机构为满足债权人的金钱债权，对债务人所有的动产和不动产以外的其他财产或财产权采取的民事执行措施。

由于社会经济的发展，对于金钱债权可供执行的标的物种类日益增多，这些财产主要包括债务人的债务、有价证券、投资权益、知识产权等。其执行方法因财产种类不同而有差异。

### （二）对被执行人存款的执行

被执行人未按执行通知履行法律文书确定的义务，人民法院有权向银行、信用合作社和其他有储蓄业务的单位查询被执行人的存款情况，有权冻结、划拨被执行人的存款，但查询、冻结、划拨存款不得超出被执行人应当履行义务的范围。

### （三）对被执行人收入的执行

被执行人未按执行通知履行法律文书确定的义务，人民法院有权扣留、提取被执行人应当履行的义务部分的收入。但应当保留被执行人及其抚养家属的生活必需费用。

### （四）对于其他特殊财产权的执行

1. 对知识产权的执行

被执行人不履行生效法律文书确定的义务，人民法院有权裁定禁止被执行人转让其专利权、注册商标专用权、著作权（财产权部分）等知识产权。上述权利有登记主管部门的，应当同时向有关部门发出执行通知书，要求其不得办理财产权转移手续，必要时可以责令被执行人将财产权或使用证照交人民法院保存，法院也可以采取拍卖、变卖等执行措施。

2. 对股息、红利等收益的执行

对于被执行人从有关企业中应得的已到期的股息或红利等收益，人民法院有权裁定禁止被执行人提取和有关企业向被执行人支付，并要求有关企业直接向申请执行人支付。对于被执行人预期从有关企业中应得的股息或红利等收益，人民法院可以采取冻结措施，禁止到期后被执行人提取和有关企业向被执行人支付。到期后人民法院可从有关企业中提取，并出具提取收据。

3. 对股票等有价证券的执行

对于被执行人在其他股份有限公司中持有的股份凭证（股票），人民法院可以扣押，并强制被执行人转让，也可以直接采取拍卖、变卖的方式进行处分，或直接将股票抵偿给债权人，用于抵偿被执行人的债务。

4. 对股权或投资权益的执行

对股权或投资权益的执行，因被执行人取得的主体不同而有不同的执行程序。

对于被执行人在有限责任公司、其他法人企业中的投资权益或股权，人民法院可以采取冻结措施。冻结投资权益或股权的，应当通知有关企业不得办理被冻结投资权益或股权的转移手续，不得向被执行人支付股息和红利。被冻结的投资权益或股权，被执行人不得自行转让。人民法院在强制执行股权时应通知公司及全体股东，其他股东自人民法院通知之日起满20日不行使优先购买权的，视为放弃优先购买权。

被执行人在其独资开办的法人企业中拥有的投资权益被冻结后，人民法院可以直接裁定予以转让，以转让所得清偿其对申请执行人的债务。人民法院也可允许并监督被执行人自行转让其投资权益或股权，将转让所得收益用于清偿对申请执行人的债务。

对于被执行人在中外合资、合作经营企业中的投资权益或股权，在征得合资或合作他方的同意和对外经济贸易主管机关的批准后，可以对冻结的投资权益或股权予以转让。如果被执行人除在中外合资、合作企业中的股权以外别无其他财产可供执行，其他股东又不同意转让的，可以直接强制转让被执行人的股权，但应当保护合资或合作他方的优先购买权。

## 六、债务人迟延履行及不能履行的责任

被执行人未按判决、裁定和其他法律文书指定的期间履行给付金钱义务的，应当加倍支付迟延履行期间的债务利息。被执行人未按判决、裁定和其他法律文书指定的期间履行其他义务的，应当支付迟延履行金。

当债务人的财产不能偿还债务时，为了充分保障债权人的利益，有效防止债务人规避义务，维护生效法律文书的尊严，《民事诉讼法》第254条规定，人民法院采取查封、扣押、变卖、拍卖等执行措施后，被执行人仍不能偿还债务的，应当继续履行义务。债权人

发现被执行人有其他财产的，可以随时请求人民法院执行。

此外，《民事诉讼法》第255条规定，被执行人不履行法律文书确定的义务的，人民法院可以对其采取或者通知有关单位协助采取限制出境，在征信系统记录、通过媒体公布不履行义务信息以及法律规定的其他措施。

## 第二节　非金钱债权的执行措施

非金钱债权的执行措施，债权人的要求不在于获得金钱，而在于满足对物的占有或者要求债务人为行为给付，所以不能适用查封和换价的方法。非金钱债权的执行措施根据债权人请求的具体内容，又可以分为交付财物请求权的执行和行为请求权的执行。

**【案例24－3】判决交付的物灭失后如何折价执行案**

2002年，王某向西关村委会借用直径6.5mm的钢筋5捆，共7.5吨，用以建房，事后未归还。2007年11月，村委会诉至法院。2008年6月法院判决“限王某于本判决生效后30日内偿还西关村委直径6.5mm钢筋7.5吨”。因王某未履行判决，村委会申请法院执行。法院在执行中发现，近年来钢筋价格上下浮动很大。同规格的钢筋在2003年为每吨1 700元，二审判决时为每吨3 700元，到2014年7月，每吨两千余元。而原来借用的钢筋早已不复存在。

### 一、物的交付请求权的执行

#### （一）物的交付请求权的执行的概念和分类

物的交付请求权，是债权人请求交付法律文书所指定的物的权利。

物的交付是指将指定交付的物由被执行人的直接占有，转移为债权人的直接占有或支配。物之交付请求权可以是根据所有权产生的，如租赁合同届期；也可以是根据债权债务关系产生的，如加工承揽合同，判决债务人向债权人交付工作成果。应当交付之物，无论是否有经济价值，只要符合生效法律文书的指定，就可以成为执行标的物。

根据执行依据中指定交付物的不同，对交付财产请求权的执行可分为交付动产的执行和交付不动产的执行。

#### （二）交付动产的执行

1. 被执行人占有执行标的物时

《民事诉讼法》第249条第1款规定：“法律文书指定交付的财物或者票证，由执行员传唤双方当事人当面交付，或者由执行员转交，并由被交付人签收。”

生效法律文书确定被执行人交付特定标的物的，应当交付原物。原物被隐匿或非法转移的，人民法院有权责令其交出。原物确已变质、损坏或灭失的，应当裁定折价赔偿或按标的物的价值强制执行被执行人的其他财产。

【案例24-3】中判决交付的7.5吨直径为6.5mm钢筋不是特定物而是可替代物，王长城可以用同品质、同种类、同质量的物来替代。如果被执行人有该种类物，即7.5吨直径为6.5mm钢筋，执行法院直接执行即可；如被执行人无该种类物，法院可发出履行通知书要求被执行人依判决购买该种类物偿还债务；被执行人拒不购买的，执行法院可根据该种类物的市场价格确定债务数额，命被执行人预行交付，拒不交付的可裁定执行被执行人的其他财产。由此将交付物的执行转化为金钱请求权的执行。

2. 由第三人占有执行标的物时

(1) 有关单位持有该项财物或者票证的，应当根据人民法院的协助执行通知书转交，并由被交付人签收。

(2) 有关公民持有该项财物或者票证的，人民法院通知其交出。拒不交出的，强制执行。

(3) 有关单位或公民的赔偿责任。有关单位或公民持有法律文书指定交付的财物或票证，在接到人民法院协助执行通知书或通知书后，协同被执行人转移财物或票证的，人民法院有权责令其限期追回；逾期未追回的，应当裁定其承担赔偿责任。有关单位和个人持有法律文书指定交付的财物或者票证，因过失致其被毁损或灭失的，人民法院可责令持有人赔偿；拒不赔偿的，人民法院可按被执行的财物或者票证的价值强制执行。

由此，对物的交付请求权的执行转化为对于金钱债权的执行。

### (三) 交付不动产的执行

交付不动产的执行，是指执行法院强制解除债务人对不动产的占有并将该不动产交付债权人的执行措施。我国《民事诉讼法》第250条关于强制迁出房屋或退出土地的执行就是关于交付不动产的执行。

1. 强制被申请执行人迁出房屋或退出土地的概念

所谓“强制迁出房屋或退出土地”，是指执行机构强制被执行人取走在特定房屋内或土地上的财物，并将该房屋或土地交付权利人的执行程序。

2. 限期履行

《民事诉讼法》第250条第1款规定：“强制迁出房屋或者强制退出土地，由院长签发公告，责令被执行人在指定期间履行。被执行人逾期不履行的，由执行员强制执行。”

3. 通知当事人及有关单位派人到场

人民法院强制执行时，被执行人是公民的，应当通知被执行人或者他的成年家属到场；被执行人是法人或者其他组织的，应当通知其法定代表人或者主要负责人到场，目的在于让被执行人取走执行标的物上的财物，或由执行人员取走并交其接收。被执行人是公民的，其工作单位或者房屋、土地所在地的基层组织应当派人参加，以便了解执行进程，并协助执行。

4. 解除被执行人的占有

强制被执行人交付不动产，应解除其占有。至于强制迁出的房屋内搬出的财物，如被执行人或其成年家属未到场或在场而拒绝接收，由人民法院派人运至指定处所，交给被执行人。被执行人是公民的，也可以交给他的成年家属。因拒绝接收而造成的损失，由被执行人承担。

5. 交付申请人占有

解除被执行人对于房屋或土地的占有后，执行人员应将该房屋或土地立即交付申请人占有，并结束执行程序。

6. 作成执行笔录

执行完毕后，执行员应当将强制执行情况记入笔录，由在场人签名或者盖章。

7. 被执行人再占有不动产的处理

在人民法院执行完毕后，被执行人或者其他人对已执行的标的有妨害行为的，人民法院应当采取措施，排除妨碍，并可依《民事诉讼法》第111条的规定处理。因妨害行为给申请执行人或者其他人造成损失的，受害人可以另行起诉。

## 二、对行为请求权的执行

### （一）对行为请求权的执行的概念

对行为请求权的执行，是指根据生效法律文书一方当事人有义务履行一定的行为而拒不履行的，债权人请求人民法院强制该当事人履行一定的作为义务。我国《民事诉讼法》对于行为请求权的执行，在第252条规定了意思表示请求权的执行。

### （二）对可替代行为的执行

可替代行为，是指法律文书指定履行的行为属于可替代行为。在被执行人不履行法律文书指定的可替代行为时，执行法院可委托有关单位或他人代为完成，代为履行的费用则由被执行人负担。被执行人拒绝负担费用时，按照关于金钱债权的执行程序对被执行人的财产强制执行。

**【案例24-4】“将被破坏的危墙恢复原状”的法院判决的执行**

东河公司同大利公司签订了房屋租赁合同。2013年8月，东河公司向大利公司提出要将这片场地装修为档口，并且要拆除一部分残缺墙体，重新布建。大利公司拒绝了这一装修要求。东河公司出于利益需求，违反与场地所有人的合同，将档口承重外墙打通，私建违章建筑扩宽档口，租给服装批发商户牟利。大利公司维权无果，只得诉诸天河区人民法院，要求东河公司将墙体恢复原状。经过一、二审的漫长诉讼，2015年7月，广州市中级人民法院对这宗租赁合同纠纷作出终审判决：东河公司须将改建的厂房墙体恢复原状。然而，东河公司的经营者依然故我，未见行动，大利公司只得向天河区人民法院申请强制执行。12月9日，法院向东河公司发出公告，限令该公司在去年12月31日之前将打通的墙体恢复。面对“将被破坏的危墙恢复原状”的法院判决和限期执行令，东河公司不予理睬。于是天河区人民法院现场强制执行，清空档口，工程队登场现场砌墙补洞，并将拒不配合执行、态度恶劣的东河公司老总杨某司法拘留。

(三) 对不可替代行为及不作为义务的执行

不可替代行为，是只能由被执行人完成的行为。不可替代的行为与被执行人的身份有关，属于必须由被执行人本人实施的行为，如赔礼道歉、名演员表演或名作家撰稿等，由第三人代为履行在法律上或事实上是不可能的。

1. 处以罚款或拘留

对不可替代行为的执行方法，一般是说服被执行人主动履行，但是经教育被执行人仍拒不履行的，人民法院应当按照妨害执行行为的有关规定处理，如拘留和罚款等强制手段；对被执行人采取此手段后，并不因此免除被执行人的义务。

2. 支付迟延履行金

被执行人未按判决、裁定和其他法律文书指定的期间履行非金钱给付义务的，应当支付迟延履行金。迟延履行金不同于罚款，因为它不上交国库，也不同于损害赔偿金，因为不以造成损失为前提，也不因此免除被执行人的行为义务。

(四) 意思表示请求权的执行

1. 意思表示请求权的执行概念

所谓意思表示请求权的执行，是指执行依据所载债权人的请求权，以债务人作出一定的意思表示为标的，而使权利实现的执行措施。债务人作出意思表示的义务，以发生一定的法律效果为目的，无须债务人实施具体的行为，宜直接以法律拟制的方法，实现债权人的权利。《民事诉讼法》第252条为意思表示请求权执行的规定。

2. 办理财产权证照转移手续的执行

《民事诉讼法》第251条规定："在执行中，需要办理有关财产权证照转移手续的，人民法院可以向有关单位发出协助执行通知书，有关单位必须办理。"这是关于意思表示执行的规定。有关单位收到协助执行通知书后，即应认为符合办理财产权证照的规定，并立即办理证照移转手续，不得以原权利人未表示同意为理由，拒绝办理。

## 第三节　强制执行的保障措施

根据我国现行民事诉讼法的规定，强制执行的保障措施主要有：国家执行威慑机制、强制交付迟延履行利息或迟延履行金、法院搜查、协助执行（详见上文）、对妨害执行的强制措施等。

### 一、国家执行威慑机制

为促使义务人自动履行执行名义所确定的义务，《民事诉讼法》第255条确立了"国家执行威慑”机制，即“被执行人不履行法律文书确定的义务的，人民法院可以对其采取或者通知有关单位协助采取限制出境，在征信系统记录、通过媒体公布不履行义务信息以及法律规定的其他措施”。

### （一）限制出境

根据《民事诉讼法》第255条的规定，被执行人不履行法律文书确定的义务的，人民法院可以对其采取或者通知有关单位协助采取限制出境。

限制被执行人出境的决定权在执行法院，入境出境管理机关担负协助义务。法院采取限制出境措施，需遵循以下要件和程序：

1. 应当由申请执行人向执行法院提出书面申请；必要时，执行法院可以依职权决定（最高人民法院《关于适应〈中华人民共和国民事诉讼法〉执行程序若干问题的解释》第36条）。

2. 被限制出境的主体是“被执行人”。被执行人为无或限制民事行为能力人的，可以限制其法定代理人出境。若被执行人是法人或其他组织，可限制其法定代表人、主要负责人或者影响债务履行的直接责任人员出境。

3. 被限制出境的原因是“被执行人不履行法律文书确定的义务”①。

4. 法院决定限制被执行人出境的，应当制作裁定书，并应送达被执行人，同时向入境出境管理机关发出协助执行通知。

5. 法院应当保障被执行人对此类裁定的异议权。被执行人有权根据《民事诉讼法》第225条规定，对法院违法作出的裁定提出异议。

6. 在限制出境期间，被执行人履行法律文书确定的全部债务的，执行法院应当及时解除限制出境措施；被执行人提供充分、有效的担保或者申请执行人同意的，可以解除限制出境措施。

### （二）记入征信系统

法院将“被执行人不履行法律文书确定的义务”的情况准确地、及时地记入征信系统。根据《全国法院执行案件信息管理系统运行管理办法（试行）》（法发［2006］32号），自2007年1月1日起，全国各个执行法院必须将其尚未执行完的案件和新受理的执行案件的具体信息，记入“全国法院执行案件信息管理系统”之中。

“全国法院执行案件信息管理系统”是国家诚信体系的重要组成部分，事关国家执行威慑机制的建立。该系统对内用于法院对执行案件的管理，对外用于法院与金融、工商登记、房地产、交通、出入境管理等部门以及其他社会信用体系的网络的链接，实现信息共享，并以适当方式供社会查询。

为确保公民、法人和其他组织通过全国法院被执行人信息查询平台查获信息的真实、准确，保障执行案件有关当事人的信息异议权利，规范人民法院信息异议处理工作，最高

---

① 对此应当作出一些合理的除外规定，比如被执行人的财产已被法院合法控制（如法院对其财产采取保全措施等）并且足以偿还到期债务的，纵然被执行人出境也不会妨碍执行的，则不宜限制其出境。

人民法院特别制定了《关于全国法院被执行人信息查询平台信息异议处理的若干规定》（法［2009］129号）。

### （三）媒体公布及法律规定的其他措施

执行法院可以依职权或者依申请执行人的申请，将被执行人不履行法律文书确定义务的信息，通过报纸、广播、电视、互联网等媒体公布。这种公布在性质上属于“司法公布”。若某项公布有损国家利益或社会公益的，则法院应当决定不予公布。对于公布的错误信息，被执行人有权根据《民事诉讼法》第225条提出异议。媒体公布的有关费用，由被执行人负担；申请执行人申请在媒体公布的，应当垫付有关费用。

法院还可以采取法律规定的其他措施，这是一项兜底性规定。诸多人士建议，对不履行义务的被执行人，可以采取禁止高消费、投资、置业等措施。待到将来适用条件成熟时，法律可以补充规定这些措施。

## 二、强制交付迟延履行利息或迟延履行金

法院受理案件后，应在3日内向义务人发出执行通知书，责令其在指定的期间内履行执行名义确定的义务。

义务人未按执行名义指定的期间履行给付金钱义务的，应当加倍支付迟延履行期间的债权利息。义务人迟延履行或拒不履行非金钱给付义务的，应当支付迟延履行金。义务人迟延履行或拒不履行，给执行权利人造成损害的，应当双倍赔偿执行权利人受到的损害。

加倍支付迟延履行期间的债权利息，是指应当按照中国人民银行规定的同期贷款基准利率计算的债权利息上增加一倍，即清偿的迟延履行期间的债务利息＝清偿的法律文书确定的金钱债务×同期贷款基准利率×2×迟延履行期间。

迟延履行金由法院根据具体情况决定。迟延履行利息或迟延履行金自执行名义指定的履行期间届满日起计算。迟延履行利息或迟延履行金应当与执行债权一道申请和执行。

## 三、法院搜查

《民事诉讼法》第248条规定：“被执行人不履行法律文书确定的义务，并隐匿财产的，人民法院有权发出搜查令，对被执行人及其住所或者财产隐匿地进行搜查。采取前款措施，由院长签发搜查令。”

执行中，义务人隐匿财产的，法院除依照《民事诉讼法》第225条的规定对其处罚外，还应责令义务人交出隐匿的财产或折价赔偿。义务人拒不交出或赔偿的，法院可按被执行财产的价值强制执行义务人的其他财产，也可以采取搜查措施，查出被隐匿的财产。

法院搜查必须符合以下条件：（1）执行名义确定的债务履行期已届至；（2）义务人不履行执行名义确定的债务；（3）有隐匿财产的行为（被执行人拒绝提供有关财产状况的证据材料的，法院可依法进行搜查，因此，被执行人拒不报告财产状况的即可认为符合该条件）。

法院搜查必须遵行以下程序：

(1) 法院决定采取搜查措施，由院长签发搜查令。

(2) 搜查时，搜查人员必须按规定着装并出示搜查令和身份证件。搜查妇女身体，应由女性执行人员进行。

(3) 搜查时，应当通知当事人、见证人到场，拒不到场的不影响搜查。搜查时，禁止无关人员进入现场。

(4) 对义务人及其住所或者财产隐匿地搜查。对义务人可能隐匿财物及有关证据的住处、箱柜等，责令义务人开启而拒不配合的，可以强制开启。

(5) 搜查中，发现应当依法扣押的财产，依照《民事诉讼法》第 245 条第 2 款和第 247 条的规定办理。

(6) 搜查应当制作搜查笔录。由搜查人员、被搜查人及其他在场人员签名或盖章。拒绝签名或盖章的，应当在搜查笔录中写明。

## 四、对妨害民事执行的强制措施和刑事制裁

实施妨害执行的行为，包括义务人不履行执行名义确定的债务；义务人恶意隐匿、转移财产；义务人拒绝或虚假报告财产；义务人或第三人伪造、隐藏、毁灭有关义务人财产状况、履行能力的重要证据；义务人或第三人妨碍法院调查义务人财产状况等。

对妨害民事执行的强制措施，属于对妨害民事诉讼的强制措施的范畴。法院实施对妨害执行的强制措施，除了应当遵守《民事诉讼法》和《民诉法解释》对妨害民事诉讼强制措施的规定之外，还得遵守最高人民法院《关于人民法院执行工作若干问题的规定（试行）》中对妨害执行强定。

在执行前或执行中，义务人恶意或故意将其财产转移，或者义务人与制措施的规第三人恶意串通转移义务人财产，致使执行权利人的权利无法通过执行程序获得实现的，在保护善意第三人的前提下，应当撤销义务人恶意或故意处分其财产的行为。

妨害民事执行行为构成妨害司法罪的，则根据《刑法》第 313 条和第 314 条予以处罚。《刑法》第 313 条规定："对人民法院的判决、裁定有能力执行而拒不执行，情节严重的，处三年以下有期徒刑、拘役或者罚金。单位犯前款罪的，对单位判处罚金，并对其直接负责的主管人员和其他责任人员，依照前款的规定处罚。"第 314 条规定："隐藏、转移、变卖、故意毁损已被司法机关查封、扣押、冻结的财产，情节严重的，处三年以下有期徒刑、拘役或者罚金。"

根据全国人大常委会《关于〈中华人民共和国刑法〉第三百一十三条的解释》（2002年），"有能力执行而拒不执行，情节严重"的情形有：

1. 被执行人隐藏、转移、故意毁损财产或者无偿转让财产、以明显不合理的低价转让财产，致使判决、裁定无法执行的；

2. 担保人或者被执行人隐藏、转移、故意毁损或者转让已向法院提供担保的财产，致使判决、裁定无法执行的；

3. 协助执行义务人接到法院协助执行通知书后，拒不协助执行，致使判决、裁定无法

执行的；

4. 被执行人、担保人、协助执行义务人与国家机关工作人员通谋，利用国家机关工作人员的职权妨害执行，致使判决、裁定无法执行的；

5. 其他有能力执行而拒不执行，情节严重的情形。

## 【问题与思考】

1. 法院查封的财产被转卖的案件：

河北省石家庄市矿区法院于1996年10月调解了一起欠款纠纷案，依调解书被告油气公司应付给原告6410工厂货款173万元。在执行中，矿区法院于1996年11月裁定查封了被执行人6台液化气铁路罐车。但既没有张贴封条，也没有发布公告，更没有向劳动部门送达协助执行通知书，请劳动部门协助办理不准转让、过户的手续。所以查封的手续不完备。此后，被执行人给付了82万元，并表示如到期不能付清余款，可用查封的罐车折价偿还。但从11月26日开始，油气公司将查封的罐车转卖给他人。其中转让给南方公司4台，共计96万元。南方公司取得了实际占有，并且办理了过户手续，办理了新的《液化气罐车使用证》，并将罐车投入了运营。此后，矿区法院在铁路上查到被转移的车辆，再次将该4台车扣押。准备拍卖时南方公司提出异议，认为自己属于善意取得。

问题：执行程序中有无善意第三人？查封手续不完备时查封物被转卖，是否保护"善意买受人"利益？本案如何处理？

2. 石油研究院与房地产开发公司拆迁安置合同纠纷执行案

关于石油研究院与房地产开发公司拆迁安置合同纠纷，最高人民法院于1997年12月作出二审判决，房地产开发公司在判决生效后3个月内将尚未拆迁安置的拆迁户及其他未拆除的房屋予以拆迁安置和拆除。但房地产开发公司未履行判决确定的义务。石油研究院申请执行后，法院以申请执行人不能提供被执行人财产线索，法院依职权也找不到被执行人可供执行的财产为由，裁定中止执行。

问题：本案"拆迁安置"的执行性质上是金钱请求权的执行还是行为请求权的执行？法院裁定中止执行的理由是否成立？

3. 结合【案例24-4】"将被破坏的危墙恢复原状"的法院判决的执行案件，说明法院对可替代的行为请求权如何采取强制执行措施？行为请求权的执行如何转化为金钱请求权的执行？

4. B县人民法院受理王强诉周春海名誉侵权纠纷一案，判决周春海在判决生效后1个月内赔偿王强2万元，并在《A市日报》登报赔礼道歉。周春海不服，提起上诉。A市中级人民法院经审理作出二审判决，维持原判。判决送达后，周春海向王强交付了2万元赔偿款，但未按期赔礼道歉。王强申请强制执行，法院多次催促周春海履行判决，但周春海拒绝赔礼道歉。①

(1) 王强申请强制执行的期限为多长？

(2) 本案应由哪个法院负责执行？

(3) 在周春海拒绝赔礼道歉的情况下，法院可以采取哪些针对周春海的法律措施？

(4) 假设法院执行过程中王强与周春海自行达成口头协议，约定周春海可不赔礼道歉，但须另

① 参见律师资格考试试题2000年试卷三第86～90题。

付王强 1 万元赔偿款，法院得知后应当如何办理？

5. 某纺织公司诉某服装公司欠款 20 万元，法院判决纺织公司胜诉，执行过程中法院发现服装公司无力偿还，但某商场欠服装公司货款 10 万元，早已到期，一直未还。①

（1）此种情况下，谁可以提出执行商场的到期债务？

（2）法院如果执行商场对服装公司的到期债务，应当通知商场向谁履行？

（3）商场在履行通知指定的期间内提出异议的，法院应当如何处理？

（4）商场提出的什么样的意见可以构成异议？

① 参见国家司法考试试题 2004 年试卷三第 94～97 题。

# 第六编

# 涉外民事诉讼程序和区际司法协助

# 第二十五章
# 涉外民事诉讼程序概述

## 参考文献


(一) 著作

1. 李浩培. 国际民事程序法概论. 北京: 法律出版社, 1996

2. 黄进. 国家及其财产豁免问题研究. 北京: 中国政法大学出版社, 1987

3. 李双元, 谢石松. 国际民事诉讼法概论. 2版. 武汉: 武汉大学出版社, 2001

4. 张茂. 美国国际民事诉讼法. 北京: 中国政法大学出版社, 1999

5. 汤维建, 向泰编著. 民事诉讼法. 北京: 中国人民大学出版社, 2014. 297～301页

6. 马永梅. 辩论主义与我国涉外民事诉讼程序的完善. 北京: 中国政法大学出版社, 2015

(二) 论文

1. 邵明. 我国涉外民事诉讼程序之完善. 中国人民大学学报, 2012 (4)

2. 姜霞. 论我国涉外民事诉讼律师强制代理制度之建构. 内蒙古社会科学(汉文版), 2005 (3)

3. 都本有. 议我国涉外民事诉讼模式改革中的几个问题. 河北法学, 2009 (9)

4. 焦小丁. 涉外民事诉讼程序问题的识别及法律适用. 法律适用, 2017 (20)

## 参考法规

1991年《中华人民共和国民事诉讼法》（2017年修正）第259条～第264条。

2015年最高人民法院《关于适用〈中华人民共和国民事诉讼法〉的解释》第522条。

## 引例 大连海事法院适用韩国法律解决韩俄海事纠纷案①

2003年1月，俄罗斯某公司因所属的“纳德奇达”号渔船需要进行维修和改造，与韩国某造船厂签订修船合同，预定修船总金额为253 192美元，并约定俄罗斯某公司在渔船修好后的4个月内付清全部修船费用。韩国某造船公司按约定完成了维修及改造工作，并确定全部工程款为195 030美元。然而，俄罗斯某公司将船驶离造船厂后，却一直未支付修船费用。2003年8月，当欠款渔船在大连港停靠时，韩国某造船公司便将俄罗斯某公司起诉到大连海事法院，并向法院提出诉前海事保全请求，申请法院扣押渔船。法院认为，修理合同的发生地虽然不在中国，但俄罗斯某公司的渔船在大连港停靠期间，韩国造船厂提起诉讼，且合同双方均未对管辖和法律适用提出约定，因此大连海事法院对此案有管辖权，于是决定受理此案，并应申请扣押了涉案渔船。法院认为，原、被告之间的合同签订地是韩国，合同的履行地也是韩国，可以认为韩国是与合同有最密切联系的国家。因此，根据我国《民事诉讼法》和《海商法》的有关规定，本案应适用韩国法律。法庭经审理认为，原、被告之间签订修船合同是双方在平等自愿基础上的真实意思表示，故合同签订有效。且原告已经依约完全履行了修理及改造船舶的义务，被告也应该按约定履行支付修船费用的义务。因此，大连海事法院依照我国《民事诉讼法》和《韩国民法》，判决被告俄罗斯某公司向原告韩国造船厂支付修船费195 030美元，并负担海事请求保全申请所产生的担保费7 263美元。在本案的审理过程中，由于合同双方没有约定适用的法律，审判长通过合议庭合议和向有关部门请示后，决定依据《中华人民共和国海商法》第269条的规定，适用外国法律。由于本案的原、被告之间合同的签订地是韩国，合同的履行地也是韩国，由此可以认为韩国是“与合同有最密切联系”的国家，根据我国《海商法》的规定，本案应适用《韩国民法》。

① 参见李超、翟丙军：《大连海事法院审结一起拖欠修船费官司》，载中国法院网，2005年8月19日。

## 第一节　涉外民事诉讼程序概述

### 一、涉外民事诉讼的概念

涉外民事诉讼是指具有涉外因素的民事诉讼案件。涉外民事诉讼程序，则是指人民法院受理、审判及执行涉外民事案件所适用的有关程序规范。认定涉外民事诉讼的关键看是否具有涉外因素。涉外因素一般包括以下三种情况：第一，诉讼主体涉外，即诉讼一方或者双方当事人是外国人、无国籍人或者外国企业和组织；第二，诉讼标的物涉外，即当事人之间争议的标的物在国外，如就处于国外的房产的所有权在中国发生的争议；第三，诉讼标的法律关系涉外，即引起当事人之间争议的法律事实基础的产生、变更、消灭发生在国外。具备上述三个因素之一的民事诉讼就是涉外民事诉讼。

另外，涉及我国港、澳、台地区的民事诉讼，由于皆在我国领域内，不属于一般的涉外民事诉讼。但是涉港、澳、台地区民事诉讼有其特殊性，根据我国人民法院的司法实践，原则上先照特别的规定办理，若无特别规定才参照涉外民事诉讼程序和其他有关规定办理，当然若仍无规定，则参照民事诉讼法一般规定。

### 二、涉外民事诉讼程序的立法体例

从各国立法实践来看，涉外民事诉讼程序的立法体例大致有三种：第一种单独立法，在民事诉讼法典之外制定单独的涉外民事诉讼法法典；第二种是分散立法，在民事诉讼法典的各个章节中，设立针对涉外民事诉讼的特别条款；第三种是列在民事诉讼法规当中，在民事诉讼法典中设立专编、专章对涉外民事诉讼程序作出集中规定。我国民事诉讼法采用了第三种立法体例，将涉外民事诉讼程序单独作为一编，规定在《民事诉讼法》中。也有少数国家将之列在相关的国际私法规定之中。

我国《民事诉讼法》第四编规定了涉外民事诉讼程序，主要包括涉外民事诉讼的一般原则；管辖；送达、期间；财产保全；取证、判决和仲裁的相互承认和执行等司法协助活动。这些规定为与国内民事诉讼规定多有不一致的特别规定，这是因为涉外民事诉讼较国内民事诉讼有不同的特点与需要。《民事诉讼法》第259条规定，人民法院审理涉外民事案件时，第四编有规定的，适用该编规定，该编没有规定的，适用民事诉讼法的其他规定。但是，涉外民事诉讼程序的特别规定，也是以民事诉讼法的基本原理原则为基础。

## 第二节　涉外民事诉讼的原则

涉外民事诉讼的原则是指人民法院审理涉外民事案件的基本准则，也是涉外民事案件当事人以及诉讼参加人必须遵循的基本准则。在涉外民事诉讼程序中，人民法院、当事人以及诉讼参加人除遵守民事诉讼法的一般原则外，还必须遵循有关涉外民事诉讼的特殊原则。

## 一、平等互惠原则

我国《民事诉讼法》第5条规定："外国人、无国籍人、外国企业和组织在人民法院起诉、应诉，同中华人民共和国公民、法人和其他组织有同等的诉讼权利义务。外国法院对中华人民共和国公民、法人和其他组织的民事诉讼权利加以限制的，中华人民共和国人民法院对该国公民、企业和组织的民事诉讼权利，实行对等原则。"这一条规定确立了我国处理涉外民事诉讼的一项重要原则，即平等互惠原则。这一原则可以分解成两个部分，即同等原则和对等原则，以下分别加以介绍。将此一项基本原则在民事诉讼法的总则部分加以规定，说明我国民事诉讼立法对涉外民事诉讼的重视，并体现了我国民事诉讼立法对外国当事人诉讼地位的充分尊重。该项原则对于贯彻我国改革开放政策、改善投资环境和司法环境，具有重要性的意义。

### （一）同等原则

一般而言，现代各国在涉外民事诉讼中都遵循诉讼权利同等原则，即在诉讼地位上给予外国人、外国组织同本国国民相同之待遇。同等原则是保障人权的重要措施之一，是各国政府为外国人提供的一项基本的人权保障。《关于公民和政治权利的国际公约》第14条规定了这一人权保障措施，即"在法庭和法院面前，一切人是平等的。任何人有权受依法设置的有管辖权、独立和公正的法庭，衡平和公开地审理其案件"。我国虽然在1998年10月才加入该公约，但早已将该公约的上述要求在民事诉讼法的同等原则中作了规定。同等原则为外国人和外国组织在我国寻求民事方面的司法保护提供了保障，使他们能够自由地进入我国法院起诉或应诉，并在诉讼中受到与我国公民和组织同等的对待。[①]

为保障同等原则，《民事诉讼法》在以下方面作出了具体的特殊处理：（1）在语言文字方面提供方便。该法第262条规定："人民法院审理涉外民事案件，应当使用中华人民共和国通用的语言、文字。当事人要求提供翻译的，可以提供，费用由当事人承担。"（2）在律师代理方面提供保障。该法第263条规定："外国人、无国籍人、外国企业和组织在人民法院起诉、应诉，需要委托律师代理诉讼的，必须委托中华人民共和国的律师。"（3）诉讼期间较为宽缓。《民事诉讼法》第268条规定："被告在中华人民共和国领域内没有住所的，人民法院应当将起诉状副本送达被告，并通知被告在收到起诉状副本后三十日内提出答辩状。被告申请延期的，是否准许，由人民法院决定。"第269条规定："在中华人民共和国领域内没有住所的当事人，不服第一审人民法院判决、裁定的，有权在判决书、裁定书送达之日起三十日内提起上诉。被上诉人在收到上诉状副本后，应当在三十日内提出答辩状。当事人不能在法定期间提起上诉或者提出答辩状，申请延期的，是否准许，由人民法院决定。"诸如此类的规定还有许多，这些规定都是为了从制度上确保同等原则的真正贯彻。虽然这些特别的规定似乎对外国人更加有利，但这是适应外国当事人到中国进行诉

① 参见江伟主编：《民事诉讼法学原理》，323页，北京，中国人民大学出版社，1999。

讼的特别需求而订，是为了从实质上保障其诉讼地位与我国当事人平等，而不是对我国当事人采取不公平的立法政策，这是国际上的惯例。

### （二）对等原则

我国《民事诉讼法》第 5 条第 2 款规定："外国法院对中华人民共和国公民、法人和其他组织的民事诉讼权利加以限制的，中华人民共和国人民法院对该国公民、企业和组织的民事诉讼权利，实行对等原则。"从我国法院的视角来说，所谓对等原则，是指外国法院在民事诉讼中对中国公民、组织的诉讼权利加以限制的，我国法院对该国公民、组织的民事诉讼权利也加以同样限制的原则。对等原则是国际法中平等互利原则在涉外民事诉讼中的体现，是为了维护国家主权和尊严的一种自我保护方法。一般而言，现代各国在涉外民事诉讼中都能遵循同等原则，在诉讼地位上给外国人、外国组织以国民待遇。这项原则是为了维护国家主权和尊严，为促使取消限制性规定以保护本国公民、组织的利益，需要对该外国的公民、组织的民事诉讼权利给予同样限制。[①] 通常所言，这是用限制来对付限制，最终达到消除限制的目的。

对等原则多表现在相互之间的司法协助领域，但也有可能表现在单方面的诉讼领域。司法协助基于两种关系形成：一种是国家间缔结或者参加的双边或多边条约，这是国家间常见的司法协助的方式；一种是互惠关系，即国家间尽管没有关于司法协助的协议，但双方基于互惠的目的，互相自愿地给对方提供方便，这是一种基于事实上的互助关系而形成的双方行为，而非单方面行为，但最初的行为总是体现为一国单方面的行为。[②] 我国《民事诉讼法》第 276 条至第 283 条对司法协助作了明确规定，特别是第 282 条规定："人民法院对申请或者请求承认和执行的外国法院作出的发生法律效力的判决、裁定，依照中华人民共和国缔结或者参加的国际条约，或者按照互惠原则进行审查后，认为不违反中华人民共和国法律的基本原则或者国家主权、安全、社会公共利益的，裁定承认其效力，需要执行的，发出执行令，依照本法的有关规定执行。违反中华人民共和国法律的基本原则或者国家主权、安全、社会公共利益的，不予承认和执行。"在没有共同加入有关公约或签订条约的情况下，如果我国与其他国家并不存在互惠关系，对方不承认我国判决的效力，我国也不承认对方民事判决的效力。

虽然以上分开来介绍同等原则与对等原则，但是两个原则还是具有密切的关系的。同等原则是目的所在，尤其是在整个世界全球化的今天，实现同等原则，保证国民待遇是现代各国民事诉讼制度的一个趋势。我国当然也不例外。但国际风云变幻莫测，国际形势充满了可变因素，仅仅高举同等原则有时仅仅是单方面的良好愿望，其他国家未必就愿意以同等的司法态度对待我国的当事人，在这种情形下，就必须举起对等原则的旗子来作出针锋相对的处理。可见，我们对待涉外民事诉讼的基本态度应当是同等原则的推行，但在必要的时候应当辅之以对等原则。对等并非目的，但它却是通向目的之路径。

---

① 参见江伟主编：《民事诉讼法学原理》，323 页，北京，中国人民大学出版社，1999。

② 参见江伟主编：《民事诉讼法学原理》，955 页，北京，中国人民大学出版社，1999。

## 二、适用我国民事诉讼法原则

我国《民事诉讼法》第259条规定："在中华人民共和国领域内进行涉外民事诉讼，适用本编规定。本编没有规定的，适用本法其他有关规定。"因此，我国法院审理涉外民事案件，必须适用我国民事诉讼法。"程序法依法院地法原则"，这一规定是国际的通行规则，按照国际上通行的属地主义原则，一国法院审理案件时，无论案件性质如何，适用哪一国家的实体法，都应适用法院所在地国家的程序法。

对于当事人申请或者外国法院请求我国人民法院承认和执行的外国法院判决或者仲裁裁决，我国人民法院应当依照我国法律，或者根据我国缔结或者参加的国际条约的规定进行审查，裁定予以承认后，才具有效力；需要执行的，依照我国民事诉讼法的规定予以执行。

## 三、优先适用我国缔结或者参加的国际条约原则

我国《民事诉讼法》第260条规定："中华人民共和国缔结或者参加的国际条约同本法有不同规定的，适用该国际条约的规定，但中华人民共和国声明保留的条款除外。"国际条约是国家之间、国家和地区之间，规定相互间在一定国际事务中的权利和义务的协议。凡是参加条约的国家和地区，除非有声明保留的条款，都有信守该国际条约的义务。

## 四、司法豁免原则

我国《民事诉讼法》第261条规定："对享有外交特权与豁免的外国人、外国组织或者国际组织提起的民事诉讼，应当依照中华人民共和国有关法律和中华人民共和国缔结或者参加的国际条约的规定办理。"这里所说的有关法律规定，是指1986年我国制定的《中华人民共和国外交特权与豁免条例》等规定。我国缔结或者参加的国际条约，是指我国参加的1946年《联合国特权与豁免公约》，1949年《联合国各专门机构特权与豁免公约》，1961年《维也纳外交公约》以及1963年《维也纳领事关系公约》等。

依国际法原理，司法豁免权是外交特权的一种，是指一个国家根据本国法律或者参加、缔结的国际条约，对在本国的外国代表和组织赋予的免受司法管辖、司法审判及执行的权利。司法豁免原则是主权国家平等原则在司法领域的具体体现，它是建立在国与国对等原则基础之上的，即"平等者间无管辖权"原理。

司法豁免原则包括刑事司法豁免和民事司法豁免。刑事司法豁免权是完全的司法豁免权，外交代表即使触犯驻在国刑法，也不受驻在国的刑事司法管辖。而民事司法豁免权是不完全的，有限制的。民事司法豁免权的有限性表现在：享有司法豁免权的人因其所属主管机关宣布放弃司法豁免的，或者享有司法豁免权的人因私人事务涉及诉讼的，或者享有司法豁免权的人向驻在国起诉引起反诉的，均不享有司法豁免权。

根据司法豁免原则，对外国驻我国的外交代表和与外交代表共同生活的配偶及其未成

年子女提起的民事诉讼，我国的人民法院不能受理。但下列情形除外：

1. 享有司法豁免权的外国人，其所属主管机关明确宣布放弃司法豁免权的，驻在国法院有权受理对其提起的民事诉讼；

2. 外交代表以私人名义涉及在中国的不动产的诉讼；

3. 外交代表以私人身份作为遗嘱执行人、遗产管理人、继承人或者受遗赠人所引起的诉讼；

4. 外交代表在中国境内从事公务范围以外的活动或者商业活动引起的诉讼；

5. 因车辆、船舶或者航空器在中国境内造成的事故而引起的诉讼；

6. 外交代表本人主动提起诉讼，因而引起对方当事人反诉的。

**【案例】外交人员不享有司法豁免的情形**①

1996年3月6日，江某第五次排队办理出国探亲的签证手续，恰巧又碰到前几次因手续不全拒绝为其办理签证手续的A国工作人员，当该工作人员再次提出其手续不齐全，需要补办某一证明时，江某忍无可忍，即出言不逊，双方发生激烈争吵，继而发生互殴。事件被制止后，该工作人员认为这一事件的发生极大地损害了他的名誉，即以损害名誉权以及自己被打伤为由起诉至人民法院，请求人民法院责令江某赔偿其精神损失费以及医疗费、营养费总计5万元。江某被人民法院通知应诉后，以自己也被打伤且花去医疗费共计3 000元为由提出反诉，要求该工作人员予以赔偿。法院受理江某提出的反诉后，该工作人员提出，自己是外交人员，享受司法豁免权，因此，请求免除法院对他的司法管辖权。

从国际惯例和我国相关的法律规定来看，外交代表民事司法豁免权是不完全性和有限制性的，在本案中，该A国工作人员向我国（即驻在国）人民法院起诉，从而引起被告的反诉，这属于上述例外的第六种情形，因此，该A国工作人员不享有司法豁免权，不能免除法院对其的司法管辖权。

## 五、使用我国通用的语言、文字原则

《民事诉讼法》第262条规定："人民法院审理涉外民事案件，应当使用中华人民共和国通用的语言、文字。当事人要求提供翻译的，可以提供，费用由当事人承担。"

人民法院审理涉外民事案件时使用我国通用的语言、文字，是维护国家主权和尊严、体现司法权的国家权力属性的重要内容，也是世界各国通用的准则。根据该原则，外国当事人提交诉状时，必须附具中文译本。外国当事人在诉讼中必须使用中国通用的语言、文字。外国当事人要求提供翻译的，可以提供，费用由当事人负担。

## 六、委托中国律师代理诉讼原则

我国《民事诉讼法》第263条规定："外国人、无国籍人、外国企业和组织在我国人民

① 参见王敬藩主编：《民事诉讼法教学案例》，363页，北京，中国政法大学出版社，1999。

法院起诉、应诉，需要委托律师代理诉讼的，必须委托中华人民共和国的律师。”由于律师属于法律职业共同体的重要组成部分，是一国司法制度的重要领域，任何一个主权国家都不允许外国司法制度干涉其本国的司法事务，这是国际上公认的一条原则。任何国家的律师只能在其本国领域内从事诉讼代理业务，而不能到外国法院以律师身份代理诉讼。当然，该条只是限制了律师作为代理人的资格，没有限制非律师的诉讼代理人的资格。在涉外民事诉讼中，外籍当事人需委托非律师身份的代理人进行诉讼的，可以委托本国人为诉讼代理人，也可以委托本国律师以非律师身份担任诉讼代理人。外国驻华使、领馆官员，受本国公民的委托，可以以个人名义担任诉讼代理人，但在诉讼中不享有外交特权与豁免权。

涉外民事诉讼中，在作为当事人的外国国民不在我国领域内的情况下，外国驻华使、领馆可以授权其本馆官员，以外交代表身份为其本国国民在我国聘请中国律师或者中国公民代理民事诉讼。

外国当事人委托中国律师或者其他人代理诉讼的，必须根据我国法律规定，办理有关授权委托手续。《民事诉讼法》第 264 条规定：“在中华人民共和国领域内没有住所的外国人、无国籍人、外国企业和组织委托中华人民共和国律师或者其他人代理诉讼，从中华人民共和国领域外寄交或者托交的授权委托书，应当经所在国公证机关证明，并经中华人民共和国驻该国使领馆认证，或者履行中华人民共和国与该所在国订立的有关条约中规定的证明手续后，才具有效力。”

# 第二十六章
# 涉外民事诉讼管辖

## 参考文献

(一) 著作

1. 徐卉．涉外民商事诉讼管辖权冲突研究．北京：中国政法大学出版社，2001

2. 汤维建，向泰编著. 民事诉讼法. 北京：中国人民大学出版社，2014. 302～306 页

3. 宋渝玲主编. 涉外民事诉讼法律实务. 厦门：厦门大学出版社，2017

4. 刘力主编. 中国涉外民事诉讼立法研究——管辖权与司法协助. 北京：中国政法大学出版社，2016

(二) 论文

1. 王薇．国际民事诉讼中的“过度管辖权”问题．法学评论，2002 (4)

2. 赖紫宁．国际民事诉讼管辖权的根据及其新发展．中外法学，1999 (2)

3. 焦燕．涉外民事诉讼的被告财产管辖权：比较法之考察．环球法律评论，2011 (2)

4. 李旺．国际民事裁判管辖权制度析——兼论 2012 年修改的《民事诉讼法》关于涉外民事案件管辖权的规定．国际法研究，2014 (1)

5. 李晶．涉外民事管辖权立法完善研究．政治与法律，2013 (8)

**参考法规**

1991 年《中华人民共和国民事诉讼法》（2017 年修正）第 265 条～第 266 条。

2015 年最高人民法院《关于适用〈中华人民共和国民事诉讼法〉的解释》第 531 条～第 533 条。

**引例　美国人 K 诉其妻子离婚案**

2014 年 5 月 20 日，重庆市渝中区人民法院收到美国人 K 递交的要求与其美国妻子离婚的起诉状。起诉人 K 的国籍系美利坚合众国，现居住于重庆市渝中区。起诉状表明，K 与其美国妻子于 2003 年在土耳其共和国伊斯坦布尔市结婚，婚后生育两子女。2011 年 3 月，K 到重庆工作、居住，妻子现居住在美国俄勒冈州，双方均未互相探访，处于分居状态。由于工作任务和抚养子女等方面的原因，K 认为回美国办理离婚手续面临许多难以克服的困难，故以夫妻感情破裂为由向法院起诉离婚。经审查，起诉人与被起诉人均系外国人，非中华人民共和国公民，且婚姻缔结地也不在中国，渝中区人民法院对此离婚诉讼没有管辖权，据此，渝中区人民法院对 K 的起诉予以裁定不予受理。

# 第一节　涉外民事诉讼管辖概述

## 一、涉外民事诉讼管辖的概念

涉外民事诉讼管辖，是指一国法院体系处理涉外民事案件时不同地区和不同级别的法院对特定案件进行审理的分工与权限。涉外民事诉讼管辖权中的某些标准和依据，不能完全适用国内管辖权的规定，因此，《民事诉讼法》专门对涉外案件的管辖作出了规定。

确定涉外民事诉讼案件的管辖是人民法院行使审判权的前提，与维护国家主权密切相关。首先需要明确，对于特定的案件，我国国内法院是否有管辖权，能否受理。这是确定涉外民事案件管辖的第一步，只有法院有权受理该案，才能进一步确定具体由哪一个法院受理。对同一涉外民事案件，如果由不同国家的法院管辖和审理，所适用的程序法律和实体法律不同，判决结果也可能有很大的差别。涉外民事纠纷中，当事人为了获得有利于自己的判决，往往都刻意选择对自己有利的国家的法院管辖，而各国往往也希望扩大自己的管辖权，体现在立法中扩大对管辖标准中连接点的范围界定。入世以后，我国与国际经济交往越来越频繁，已经日益融入国际经济秩序，所以，必须在不损害国家主权和本国当事人利益的前提下，对管辖问题作出灵活的处理。一方面，我国人民法院应当积极行使对涉外民事案件的管辖权；另一方面，也要加强国际间管辖权冲突的协调，既达到有利于维护国家主权的目的，又要与外国司法机关平等协商，减少管辖冲突，达到维护当事人正当利益、促进国际贸易和交流的目的。

## 二、确定我国涉外民事诉讼管辖的原则

### （一）属地原则

属地原则是指以案件的事实和当事人双方与有关国家的地域联系作为确定法院涉外民事案件司法管辖权的标准。属地原则以一国法院基于领土的主权为依据，对其所属国领域内的一切人和物以及法律事件和行为行使管辖权。案件事实和双方当事人与法院所在国在地域上的联系包括：当事人的住所、诉讼标的所在地、被告财产所在地等。这些地域上的联系构成了对法院管辖权具有决定意义的连接点。美国、德国、奥地利和北欧国家都是以此作为确定涉外民事管辖权的基本原则。

我国《民事诉讼法》也确认了属地管辖原则。《民事诉讼法》第265条规定，因合同纠纷或者其他财产权益纠纷引起的诉讼，凡该诉讼与我国法院所在地存在一定实际联系的，我国人民法院均有管辖权。如当事人所在地、合同签订地、合同履行地、诉讼标的物所在地等在我国，都属于与诉讼有实际的联系，上述地点即是与法院所在地有实际联系的地点。

### （二）属人原则

属人原则是指以当事人双方的身份、国籍与有关国家的法律联系作为确定法院涉外民事案件司法管辖权的标准，强调一国法院对本国国民有管辖权。属人原则原则上以当事人的国籍作为确定管辖权的标准。在法国和意大利等拉丁法系国家，当事人的国籍对法院的管辖权有决定作用。如法国法规定，在涉及合同债务的案件中，如果原告和被告是法国国民，由法国法院管辖。

### （三）专属管辖原则

专属管辖原则是指一国法院对与其本国利益有密切联系的特定涉外民事案件具有管辖权，同时排除其他国家对该案件的管辖权的原则。我国《民事诉讼法》第266条规定，对特定的涉外民事案件行使专属管辖权，这是维护国家主权原则的突出表现。

### （四）协议管辖原则

协议管辖原则是指允许当事人合意选择确定内国或者国外的管辖法院，是当事人意思自治原则在涉外民事诉讼中的具体体现。协议管辖原则是目前国际民事诉讼中普遍采用的一项原则。

## 第二节 涉外民事诉讼管辖的类型

### 一、我国涉外民事诉讼管辖的法定类型

根据《民事诉讼法》的规定，我国涉外民事诉讼管辖有一般地域管辖、特殊地域管辖、协议管辖和专属管辖。

#### (一) 一般地域管辖

涉外民事诉讼的一般地域管辖，是指以被告所在地为原则确定管辖法院。我国《民事诉讼法》对于涉外民事诉讼中的普通管辖没有设立专门规定，但根据《民事诉讼法》第259条的规定，涉外民事诉讼程序中没有规定的，适用民事诉讼法的其他有关规定。据此，只要被告人在我国境内有住所，我国人民法院均有管辖权。这是属人管辖原则的体现，适用我国《民事诉讼法》总则的有关规定。

#### (二) 特殊地域管辖

我国关于涉外民事诉讼中的特殊地域管辖，主要涉及对涉外合同纠纷和其他财产权益纠纷的管辖。根据《民事诉讼法》第265条的规定，因合同纠纷或者其他涉外财产权益纠纷，对在我国领域内没有住所的被告提起的诉讼，应按下列几种情况确定管辖法院：

1. 合同在我国领域内签订或者履行的，由合同签订地或者履行地人民法院管辖。

2. 侵权行为或者损害结果发生在我国领域内，由侵权行为地或者结果地人民法院管辖。

3. 当事人双方争讼的财产在我国领域内，由诉讼标的物所在地人民法院管辖。

4. 被告在我国领域内有可供扣押的财产的，由被告可供扣押的财产所在地人民法院管辖。采用“可供扣押财产地”行使管辖权时，人民法院应当查实有关财产确实是被申请人所有的财产。独资公司、合作合资公司中的股权以及知识产权、到期债权都属于可供扣押的财产。

**【案例】美国易迅航运公司诉巴拿马某海外经营有限公司海事赔偿案**①

1996年8月10日14时10分许，美国易迅航运公司（以下简称原告）所属“易迅”轮（M/V TRADE QUICKER）与巴拿马某海外经营有限公司（以下简称被告）所属“延安”轮（M/V YANAN）在公海海面上发生碰撞，造成“易迅”轮机舱和住舱进水沉没，该轮机长随船沉没，下落不明；“延安”轮首部和左舷船尾及右舷中部船体受损。1996年12月29日，原告获悉被告所属“延安”轮抵达中国上海，遂向上海海事法院提出海事请求权保全申请，申请扣押被告所属

---

① 参见王敬藩主编：《民事诉讼法教学案例》，368～369页，北京，中国政法大学出版社，1999。

"延安"轮，并要求被告提供 300 万美元的银行担保。上海海事法院于 1997 年 1 月 1 日依法作出裁定：(1) 准予申请人对被申请人海事请求权保全的申请。(2) 自即日起扣押被申请人所属"延安"轮。(3) 责令被申请人提供通过中国银行加保的 300 万美元的担保。同日，上海海事法院发出扣押船舶命令，将被申请人所属"延安"轮在中国天津予以扣押。1997 年 2 月 2 日，原告向上海海事法院提起诉讼，要求被告赔偿其经济损失 2 917 728 美元。

本案属于涉及财产权益的纠纷，被告有可供扣押的财产（"延安"轮）在我国领域内，事实上上海海事法院已经对其予以了扣押，因此，根据我国《民事诉讼法》第 265 条的规定，我国法院对本案具有管辖权。同时，根据该条的规定，如果被告在我国领域内有可供扣押的财产，那么，可由该财产所在地的法院管辖，所以本案中位于被扣押财产所在地的上海海事法院对本案就享有管辖权。

5. 被告在我国领域内设有代表机构的，由代表机构所在地人民法院管辖。

### (三) 协议管辖

协议管辖，是指双方当事人协商约定某些涉外民事案件专门由某个国家的某个法院行使管辖权。协议管辖是当事人之间以合意的形式确定管辖的法院。协议管辖是国际经济贸易中普遍运用的一种管辖制度。这一制度充分尊重双方当事人的意愿，当事人可以选择任何一方所在国法院管辖，也可以选择与诉讼有特定关联的第三国法院管辖。

2012 年《民事诉讼法》修改时删除了 2007 年《民事诉讼法》涉外编中对涉外民事案件协议管辖、默示管辖的规定，并不是否定涉外民事诉讼中的协议管辖，而是将相关内容吸收进 2012 年《民事诉讼法》第一编总则第 34 条、第二编审判程序第 127 条第 2 款，从而统一国内案件和涉外案件的协议管辖规则。同时，2015 年的《民诉法解释》第 531 条对涉外民事案件中的涉外合同或者其他财产权益纠纷协议管辖的要件进行了细化规定，明确当事人可以书面协议选择被告住所地、合同履行地、合同签订地、原告住所地、标的物所在地、侵权行为地等与争议有实际联系地点的国内或外国法院管辖。协议管辖包括明示协议管辖和默示协议管辖两种。

#### 1. 明示协议管辖

明示协议管辖，是指当事人通过书面协议约定管辖法院。双方当事人既可以约定中国法院管辖，也可以约定外国法院管辖。

涉外明示协议管辖应当具备以下成立条件：

(1) 涉外协议管辖的案件仅限于涉外合同或者涉外财产权益纠纷。涉及身份关系的纠纷，一般要根据国籍等因素确定管辖法院，不能协议管辖。

(2) 涉外协议管辖的协议，必须采取书面形式。

(3) 协议选择的管辖法院，必须是与争议案件有实际联系地点的法院。例如，涉外合同纠纷案件中，合同签订地、合同履行地、标的物所在地、原告住所地和被告住所地法院，均属于与案件有实际联系地点的法院。

(4) 当事人只能协议约定案件的第一审管辖法院，而不能协议约定第二审管辖法院。

（5）涉外协议选择管辖法院，不得违反我国《民事诉讼法》关于级别管辖和专属管辖的规定。

2. 默示协议管辖

默示协议管辖，也叫应诉管辖，是指双方当事人对于纠纷的管辖法院并没有达成书面的管辖协定，一方当事人在某国法院起诉，另一方当事人对于该国法院行使管辖权的事实不提出异议，并且主动应诉答辩或者提出反诉的，视为已经承认了受诉人民法院对该争议案件的管辖权。

与明示协议管辖一样，默示协议管辖不得与我国《民事诉讼法》关于级别管辖和专属管辖的规定相冲突。

司法实践中，对于发生在我国境外的商事纠纷，除涉及不动产物权的纠纷外，当事人书面协议选择到我国法院进行诉讼的，我国法院就取得对该案的管辖权。如果当事人间没有书面协议，只要一方当事人起诉到人民法院，对方当事人应诉并就实体问题答辩的，亦视为当事人承认人民法院的管辖权。

我国《仲裁法》第26条也规定："当事人达成仲裁协议，一方向人民法院起诉未声明有仲裁协议，人民法院受理后，另一方在首次开庭前提交仲裁协议的，人民法院应当驳回起诉，但仲裁协议无效的除外；另一方在首次开庭前未对人民法院受理该案提出异议的，视为放弃仲裁协议，人民法院应当继续审理。"可见，当事人自愿放弃仲裁条款，也可以构成应诉管辖，该规则同样应适用于涉外民事诉讼中。

3. 涉外协议管辖与国内协议管辖的区别

（1）涉外案件可协议管辖的范围比较广。涉外协议管辖既可以对合同纠纷约定管辖法院，也可以对财产权益纠纷约定管辖法院，而国内协议管辖只能就合同纠纷约定管辖法院。

（2）涉外协议管辖选择法院的面比国内协议管辖选择法院的面宽。涉外协议管辖可以协议选择我国人民法院管辖，也可以选择外国法院管辖，而国内协议管辖只能协议选择国内法院管辖。

（3）涉外协议管辖的种类较国内协议管辖的种类多。涉外协议管辖有明示和默示两种，而国内协议管辖只有明示协议管辖一种。

### （四）专属管辖

专属管辖，是指某些特定的案件，只能由法院地国法院行使司法管辖权。根据我国《民事诉讼法》第266条的规定，属于我国人民法院专属管辖的涉外民事案件有：

1. 在我国履行的中外合资经营企业合同纠纷；
2. 在我国履行的中外合作经营企业合同纠纷；
3. 在我国履行的中外合作勘探开发自然资源合同纠纷。

此外，根据国际私法的理论和实践，下列情形下发生的案件，也应当专属人民法院管辖：其一，因不动产纠纷提起的诉讼，由不动产所在地人民法院管辖；其二，因港口作业中发生纠纷提起的诉讼，由港口所在地人民法院管辖。而因继承遗产纠纷提起的诉讼，情形比较复杂，一般不作为专属管辖对待。

## 二、我国法院解决国际管辖权冲突的原则

从以上管辖权的原则可以看出，同一个民事案件，适用不同的原则将会由不同的法院管辖。在涉外民事诉讼中，常常出现我国法院和外国法院根据自己的管辖原则都可以对某个案件有管辖权的情形。这样，在国与国之间，司法管辖权就可能存在着积极的冲突，需要采取一定的方法加以解决。一国涉外案件的管辖与外国司法管辖权相冲突时的处理，一般是通过国际条约或者各自法律原则而解决的。除欧盟等区域性国际组织缔结了国际民商事管辖权公约外，目前国际上还没有统一的国际民商事管辖权公约。所以除双边条约外，我们只能根据民事诉讼法的规定和国际惯例来确定涉外司法管辖。根据我国的司法实践，除协议管辖可以起到解决管辖权冲突的作用外，一般还采用不方便法院原则和一事一讼原则来解决管辖权冲突。

### （一）不方便法院原则

不方便法院原则，是指我国法院和外国法院都有权管辖的涉外纠纷，如当事人在其他国家法院起诉和受理更能获得便利和公正的结果，那么，我国法院经自由裁量之后，可以停止审理本案或者驳回原告的起诉。

普通法系有扩大本国涉外案件管辖权限的传统，美国在20世纪中期的判例中以“最低限度的接触”确定美国法院对个案的管辖权，确立了“长臂管辖”原则。由于“长臂管辖”因被告住所地、证据和证人所在地远离法院地等原因，案件审理时给被告带来不必要的困难，或者迫使他付出不必要的超额费用，为了避免这种不公平现象的产生，普通法系判例创立了“不方便法院原则”，对本国的涉外民事商事管辖权做了必要的限制。不方便法院原则现已得到美、英、澳等普通法系国家判例法的公认，并为少数大陆法系国家如荷兰、秘鲁的立法接受。

不方便法院原则的适用，必须符合下列条件：

1. 存在接替法院。必须有另一便利的外国法院可供原告起诉，这种法院通常被称为“接管法院”。例如，美国法学会于1971年出版的《美国冲突法重述（第二次）》第84条规定，如果一州作为诉讼的审理法院十分不便，那么，它将不行使管辖权，但原告无法向另一个更为合适的法院起诉时例外。不方便法院原则的适用时是否存在接替法院，必须由主张适用不方便法院原则的被告举证，同时还必须证明原告在接替法院能获得与我国法院相同的救济，否则就不得适用不方便法院原则。

2. 不会对被告造成不便利或者不公平的结果。涉外案件往往有多个连结点，因此，原告总是选择那些对他有利的法院起诉，以谋求最大利益。有些法院几乎与案件无任何实质性联系，因此这会给被告带来很大的不便，甚至不公正的结果。

3. 案件与受诉法院之间不存在必要的联系。案件与受诉法院之间缺乏必要的联系，是拒绝管辖的一个重要因素。如果案件中与诉讼有关的各种因素集中于外国的某一法院，我国法院审理会造成对案件事实调查、证明及适用外国法的困难，这除了给当事人带来不便，更会因案件积压而增加受诉法院不必要的公共开支。

### （二）一事一讼原则

同一诉讼在一国法院已经裁决，而另一国法院又予受理，或者同一诉讼在两个国家的

法院分别进行的情况，分别叫一事再理或一事两诉。一事一讼原则，是指对于外国法院首先受理的涉外民事案件，如不违反我国的专属管辖规定，我国法院将不再予以受理，即使已经受理，也将中止对该案的诉讼程序，但须以该外国法院作出的判决能得到我国的承认与执行为条件。

## 【问题与思考】

试探讨不方便法院原则在我国的适用。

# 第二十七章 涉外民事诉讼的送达、期间

## 参考文献


（一）著作

1. 宋渝玲主编．涉外民事诉讼法律实务．厦门：厦门大学出版社，2017

2. 刘力主编．中国涉外民事诉讼立法研究——管辖权与司法协助．北京：中国政法大学出版社，2016

（二）论文

1. 何其生．我国域外送达机制的困境与选择．法学研究，2005（2）

2. 齐湘泉．中美两国司法文书域外送达法律冲突及其解决．政法论坛，1999（2）

3. 段东辉．论我国民商事域外取证的立法和实践．政法论坛，1998（5）

4. 王铮．国际刑事司法协助中的调查取证．政法论坛，1998（1）

5. 廖绮云．香港回归对中国内地与香港地区司法协助的影响．港澳经济，1997（12）

6. 罗水平，熊洋．关于涉外民事诉讼期间的几个问题．法学评论，2008（5）

7. 涂广建．我国涉外民事诉讼文书送达制度之考问及续造．国际法研究，2017（3）

## 参考法规

1991 年《中华人民共和国民事诉讼法》（2017 年修正）第 267 条～第 270 条。

2015 年最高人民法院《关于适用〈中华人民共和国民事诉讼法〉的解释》第 534 条～第 539 条。

## 引例　交通遇难者家属诉日本横滨橡胶株式会社案

2001 年 8 月 9 日，甘肃省公路局所属的一辆甘 A05291“福特”越野车途经西安绕城高速公路北段时，在 20 公里＋707 米处，车左前轮胎突然爆破，致使车辆失控，“飞”出高速公路碰撞到几十米外的地下涵洞，车上 4 人死亡，车辆报废。事发后，经有关部门现场勘查取证和分析，认定事故原因是“左前胎爆破，车速过高，致使车辆失控”。因出事轮胎是日本横滨橡胶株式会社（简称横滨公司）生产，遇难者家属认为横滨公司应承担侵权赔偿责任，遂委托律师展开调查。2002 年 8 月，4 名死者的家属和甘肃省公路局向西安市中级人民法院分别起诉。西安市中级人民法院研究后认为可以立案，并通过外交部向被告横滨公司送达诉状，原告索赔人民币 955 万余元。由于索赔数额巨大，此案成为我国加入 WTO 以来最大一起涉外民事赔偿案。

# 第一节　涉外民事诉讼的送达

涉外民事诉讼中的送达，是指人民法院在涉外民事诉讼中，依照法定的程序和方式，将诉讼文书送交给当事人或者其他诉讼参与人的诉讼行为。送达在国际民事诉讼中具有十分重要的意义。对一国法院而言，只有依法完成了有关文书的送达，才能行使司法管辖权，许多诉讼期间都是从文书的送达之日起开始起算的。就当事人而言，其只有在收到司法文书并知悉其内容的情况下，才能确定自己如何行使诉讼权利和承担诉讼义务，如果送达不合法，其可以就此提出异议或主张权利。

涉外民事诉讼的送达包括涉外民事诉讼文书的域内送达和域外送达两种情形。当事人在我国领域内有住所地或者经常居住地的，按国内民事诉讼送达方式送达。当事人在我国领域内无住所地或者经常居住地的，应根据我国《民事诉讼法》的规定，分为不同情况，采用不同的送达方式。

## 一、根据《海牙公约》规定的方式送达

域外送达往往容易引起各国之间的争议。为协调矛盾，使文书送达能顺利完成，各国通过缔结国际条约的方式开展了广泛的合作。1965年海牙国际私法会议制定的《民商事司法文书与司法外文书域外送达公约》（以下简称《海牙送达公约》）是目前为止在送达领域最为著名的国际公约。《海牙送达公约》是多边国际条约，于1992年1月1日起在我国生效。根据该公约，全国人民代表大会常委会确定我国司法部为中央机关和有权接收外国通过领事途径转递的文书的机关，有关的送达程序是：我国法院如果请求公约成员国向该国公民或第三国公民或者无国籍人送达民商事司法文书，由有关中级人民法院将请求书和所送达的司法文书，送有关高级人民法院转最高人民法院，由最高人民法院送司法部，转送给该国指定的中央机关；必要时，也可由最高人民法院送我国驻该国使领馆转送给该国指定的中央机关。

## 二、委托我国驻外使、领馆代为送达

对于具有中华人民共和国国籍但在我国境内没有住所的受送达人，可以由我国司法机关直接委托我国驻受送达人所在国使、领馆代为送达。

根据《海牙送达公约》，我国法院如果要向公约成员国内的中国公民送达民商事司法文书，可以委托我国驻该国使领馆代为送达，委托书和所送达司法文书应当由有关中级人民法院或者专门人民法院送有关高级人民法院转最高人民法院，由最高人民法院径送或者经司法部转送我国驻该国使领馆，送达给当事人。送达证明按原途径退回有关法院。

我国参加的《维也纳领事关系公约》也规定，受诉国法院可以委托其驻外使领馆向其本国当事人送达诉讼文书。采用该送达方式须符合下列两个条件：第一、受送达人是我国公民；第二，受送达人在我国没有住所。

## 三、通过外交途径送达

如果受送达人所在国与我国没有签订司法协助条约或者协议，也不是《海牙送达公约》的成员国，人民法院可以通过外交途径送达有关诉讼文书。即可以经我国省、自治区、直辖市的高级人民法院，将应当送达当事人或者其他诉讼参与人的诉讼文书，送交我国外交机关，由我国外交部领事司送交当事人所在国驻我国的外交机构，再由其转交给该国的外交机关，然后按照该国法律规定的方式送达。最高人民法院、外交部、司法部联合发出的《关于我国法院和外国法院通过外交途径相互委托送达法律文书若干问题的通知》（1986年8月14日外发［1986］47号），对我国人民法院通过外交途径向国外当事人送达诉讼文书的程序作出了具体要求。

外交途径环节较多，需要的时间长，有的多达一两年时间，在当前商业交往特别频繁

和快捷的情况下，外交途径送达不能适应国际民事诉讼的需要。中央机关途径正是在这种情况下产生的。不过，外交途径仍然是其他任何途径的重要补充。目前，我国和其他有双边司法协助关系的国家以及和我国共同加入《海牙送达公约》的国家之间均采用中央机关的途径；但没有国际条约关系的，正式的送达仍需要通过外交途径进行。

## 四、向受送达人的诉讼代理人送达

向受送达人委托的代理人送达诉讼文书是国际上通行的一种办法。受送达人委托有诉讼代理人，并在授权委托书中明确表示由其代理人代收诉讼文书的，人民法院可以向其代理人送达。

## 五、针对外国企业和组织的送达

外国企业或者组织在我国境内无住所时，可以通过受送达人在我国领域内设立的代表机构或者有权接受送达的分支机构、业务代办人或者办事处送达。境外当事人在我国境内设立的分公司、全资子公司可以视为境外当事人在我国设立的代表机构，人民法院可以向其送达诉讼文书。但对于有商务代理关系的代理机构，则需要经过境外当事人明确授权才可以进行送达。如果未经授权，则不能向有商务代理关系的代理机构送达。至于留置送达，对有权接受诉讼文书的有关机构方可适用。这种送达方式简便易行，是国际上通行的一种送达方式。

## 六、邮寄送达

根据我国《民事诉讼法》第 267 条第 6 项的规定，邮寄送达自邮寄之日起满 3 个月，送达回证没有收回但根据各种情况足以认定已经送达的，期间届满之日视为送达。涉外民事诉讼中采用邮寄送达方式，须以受送达人所在国法律允许为前提。

## 七、传真、电子邮件送达

根据我国《民事诉讼法》第 267 条第 7 项规定，人民法院对在中华人民共和国领域内没有住所的当事人送达诉讼文书，可以采用传真、电子邮件等能够确认受送达人收悉的方式送达。

## 八、公告送达

我国《民事诉讼法》第 267 条第 8 项明确规定通过公约、外交、诉讼代理人、代表机构或者邮寄等途径不能送达的，应当进行公告送达。但是，对于通过其他途径送达长期没有回音的，有关法院根据案件的有关情况能够合理地推断已经不能送达的，应当即行公告送达。公告送达时，应当通过国内外公开发行的报纸或者其他新闻媒体进行。自公告之日起满 3 个月的，即视为送达。

最高人民法院《民诉法解释》第 534 条规定，对不在我国领域内居住的被告，经公告方式送达起诉状或者传唤，公告期满不应诉，人民法院缺席判决后，仍应将裁判文书公告送达。自公告送达裁判文书满 3 个月之日起，经过 30 日的上诉期当事人没有上诉的，一审判决即发生法律效力。

**【案例 27－1】孙某诉张某借款纠纷案**①

1989 年 8 月，张某为办理去加拿大的出国事宜，以自己所有的一套二居室住房作为抵押，向同事孙某借款 15 万元，并将房屋及其房产证均交给孙某保管。借款时，张某答应 2 年后还清，但直到 1992 年 1 月，张某仍未能还款。起初，孙某写信或打电话询问此事，张某均答复说尽快还款。但自 1993 年起，孙某无论是打电话还是写信均无法与张某取得联系。孙某无奈，起诉至人民法院，请求人民法院变卖张某的房产以偿还借款。人民法院受理案件后，遂将起诉状副本委托我国驻加拿大使、领馆代为送达至被告张某，要求被告张某在 30 日内提出答辩状。但由于被告已不在原住址居住，起诉状副本被退回。据此，人民法院即在相关报刊上公告送达，要求被告张某自公告之日起 6 个月内提出答辩状。但 6 个月期满后，被告张某既未提出答辩状，也未委托代理人代理诉讼，法院根据本案事实，依法缺席判决。在本案中，人民法院作出缺席判决之后，应将其缺席判决依照《民事诉讼法》第 247 条（现为第 267 条）的规定进行公告送达。如果在公告送达期满 3 个月的次日起，张某在规定的 30 日的上诉期限内没有提起上诉，那么，法院的缺席判决即发生法律效力。

应当注意，《海牙送达公约》并不排除缔约国采用其他有效途径送达诉讼文书。我国民事诉讼法规定的几种送达方式，除公告送达外，其他几种方式不分先后次序，只要不与公约相冲突，人民法院可以使用我国民事诉讼法规定的其他途径送达。只有当公约与我国法律相冲突时，才优先适用公约的规定。

## 第二节　域外调查取证和涉外民事诉讼证据的特殊规定

### 一、域外调查取证的特殊规定

我国涉外民事诉讼域外调查取证主要通过三种途径进行：一是依照我国缔结或者所参

① 参见王敬藩主编：《民事诉讼法教学案例》，378～379 页，北京，中国政法大学出版社，1999。

加的国际条约所规定的途径进行；二是没有条约关系的通过外交途径进行；三是对居住在国外的我国公民进行调查取证，可以通过使领馆进行。人民法院在请求外国法院进行调查取证时，应该查对我国与被请求国之间有无司法协助协议，是否共同参加共同的国际公约，以及各自保留的内容和要求。

### （一）国际公约中有关域外取证的程序

我国于1997年加入《关于从国外调取民事或商事证据的公约》（下称《取证公约》），该公约规定，每一缔约国的司法机关可以根据该国的法律规定，通过提出请求书的方式，请求另一缔约国主管机关调取有关民商事司法程序所需要的证据。每一缔约国应指定一个中央机关负责接收来自另一缔约国司法机关的请求书，并将其转交给执行请求的主管机关。全国人民代表大会常委会指定司法部为负责接收来自另一缔约国司法机关的请求书，并将其转交给执行请求的主管机关的中央机关。请求书应直接送交执行国中央机关，无须通过该国任何其他机关转交。请求书应载明：（1）请求执行的机关和被请求执行的机关；（2）诉讼当事人的姓名和地址，以及其代理人的姓名和地址；（3）需要调取的证据的性质，及有关的一切必要资料，必要时，请求书还应特别载明；（4）需询问的人的姓名和地址；（5）需向被询问人提出的问题或者对需询问的事项的说明；（6）需检查的文书或者其他财产，包括不动产或动产；（7）证据需经宣誓或者确认的任何要求，以及应使用的任何特殊格式；（8）需采用的特殊方式或者程序。如果中央机关认为请求书不符合该公约的规定，应立即通知向其送交请求书的请求国机关，指明对该请求书的异议。

执行请求书的司法机关应当适用其本国法规定的方式和程序。但是，该机关应采纳请求机关提出的采用特殊方式或者程序的请求，除非其与执行国国内法相抵触，或者因其国内惯例和程序，或者存在实际困难而不可能执行。在执行请求时，被请求机关可以采取适当的强制措施。

在请求书的执行过程中，有拒绝作证的特权或者义务的有关人员，可以拒绝提供证据：（1）根据执行国法律，或者（2）根据请求国法律，并且该项特权或者义务已在请求书中列明，或者应被请求机关的要求，已经请求机关另行确认。

### （二）驻外使领馆的域外调查取证

我国对前述公约的第二章“外交官员、领事代表和特派员取证”，几乎全部作了保留，但是第15条却独属例外。根据该条规定，在民事或者商事案件中，我国的外交官员或者领事代表在另一缔约国境内其执行职务的区域内，可以向具有中华人民共和国国籍的当事人在不采取强制措施的情况下调取证据，以协助我国法院中正在进行的诉讼。同样，我国也允许缔约国的外交官员或者领事代表实施的取证行为。《民事诉讼法》第277条第2款已经规定：“外国驻中华人民共和国使领馆可以向该国公民送达文书和调查取证，但不得违反中华人民共和国法律，并不得采取强制措施。”除《取证公约》规定的涉外调查取证和使领馆对本国公民的调查取证外，我国不允许外国机关或者个人在我国境内直接送达文书和调查取证，但是经过我国主管机关批准的除外。

## 二、涉外民事诉讼证据的特殊规定

### （一）域外形成的证据必须经过公证

根据《民事证据规定》第11条的规定，当事人向人民法院提供的证据系在我国领域外形成的，该证据应当经所在国公证机关予以证明，并经我国驻该国使领馆予以认证，或者履行我国与该所在国订立的有关条约中规定的证明手续。如果其所在国与我国没有外交关系，则该证据应当经与我国有外交关系的第三国驻该国使领馆认证，再转由我国驻该第三国使领馆认证。但是对于用于国际流通的商业票据、我国驻外使领馆取得的证据材料以及当事人没有异议的证据材料，则无须办理公证认证或者其他证明手续。

人民法院在审理涉外商事案件中，对于当事人提供的境外证据，即使已经履行了公证认证或者其他证明手续，也应当在庭审中质证，以确定有关证据材料的证明力。

在下列情况下，境外当事人提供的证据材料无须办理公证认证或者其他证明手续：第一，在我国境内有住所的境外当事人提交的授权委托书、法定代表人（代表人）身份证明；第二，外国自然人作为原告亲自到庭起诉而提交的个人身份证明；第三，境外当事人在办案人员面前签署的授权委托书；第四，通过双边司法协助协议或者外交途径取得的证据材料；第五，通过我国驻外使领馆取得的证据材料。

### （二）证据必须附中文译本

当事人为诉讼目的而提供的所有外文资料，均需要附中文译本。对于当事人未附中文译本的外文资料，人民法院可以不作为证据使用。

### （三）举证责任的分配应当适用法院地法

我国司法实践认为，诉讼中的举证责任属于程序问题。涉外民商事纠纷案件的当事人虽然在合同中约定了准据法，但举证责任及其后果均应当适用法院地法，而不应当适用当事人约定的合同准据法。

### （四）外国法院判决认定的事实不属于我国的免证事由

对于外国法院作出的民商事判决，除有关判决已为人民法院承认或者当事人认可外，人民法院不能直接采用外国法院判决所认定的事实。

# 第三节　涉外民事诉讼期间的特殊规定

涉外民事诉讼期间是指涉外民事诉讼过程中关于诉讼行为行使的具体日期和延续时间的规定，包括涉外民事诉讼期间和期日两种。在涉外民事诉讼中，当事人在我国领域内没有住所的，为了便于涉外民事诉讼当事人充分地行使诉讼权利，期间就应当相应延长。

## 一、被告答辩的期间

我国《民事诉讼法》第268条规定："被告在中华人民共和国领域内没有住所的，人民法院应当将起诉状副本送达被告，并通知被告在收到起诉状副本后三十日内提出答辩状。被告申请延期的，是否准许，由人民法院决定。"涉外民事案件一方当事人在国内有住所，而另一方当事人在国内没有住所，对国内当事人适用诉讼期间的一般规定，对国外当事人则适用涉外诉讼期间的特别规定。

## 二、当事人上诉和答辩的期间

我国《民事诉讼法》第269条规定，在中华人民共和国领域内没有住所的当事人，不服第一审人民法院的判决、裁定，有权在30日内提出上诉。被上诉人在收到上诉状副本后，应当在30日内提出答辩状，当事人不能在法定期间提起上诉或者提出答辩状，申请延期的，是否准许，由人民法院决定。《民诉法解释》第538条规定，不服第一审人民法院判决、裁定的上诉期，对在中华人民共和国领域内有住所的当事人，适用民事诉讼法第164条规定的期限；对在中华人民共和国领域内没有住所的当事人，适用民事诉讼法第269条规定的期限。当事人的上诉期均已届满没有上诉的，第一审人民法院的判决、裁定即发生法律效力。

**【案例27-2】杨迪、徐英离婚上诉案**①

居住在美国芝加哥的美籍华人杨迪与中国公民徐英系夫妻。1998年3月，徐英以双方长期分居、夫妻感情确已破裂为由向中国H市S区的人民法院起诉，要求与杨迪离婚。杨迪于1998年4月23日收到了起诉状副本，并于1998年5月8日向H市S区人民法院提出管辖权异议，H市S区人民法院裁定驳回了杨迪的该异议，并于1998年5月20日向杨迪送达了裁定书。杨迪当日签收了该裁定书，并表示不上诉，但又于1998年6月18日就管辖异议裁定向上一级人民法院提起上诉。杨迪的上诉是否合法？

只要在上诉期间内，当事人都可以上诉。杨迪居住在美国芝加哥，上诉期间为30日，于1998年6月18日提起上诉有效。

## 三、审理期限

与国内民事诉讼相比，涉外民事诉讼在调查取证、送达诉讼文书等方面都具有一定难度和复杂性，当事人进行诉讼期间和法院审理期间也较长。《民事诉讼法》第270条规定，

① 参见律师资格考试试题1999年试卷二第19题。

人民法院审理涉外民事案件期间，不受本法第 149 条、第 176 条规定的限制。即第一审案件应当在 6 个月内审结、第二审案件应当在 3 个月内审结、对裁定的上诉案件应当在 30 日内审结的限制，都不适用于涉外民事案件。

## 【问题与思考】

1. 涉外送达有几种方式？各自的适用范围怎样？

2. 试思考如何通过现代化的通讯技术手段保证或救济涉外诉讼中需要送达的当事人的合法权利。

# 第二十八章 司法协助

## 参考文献

（一）著作

1. 李玉泉．国际民事诉讼与国际商事仲裁．武汉：武汉大学出版社，1994

2. 汤维建，向泰编著．民事诉讼法．北京：中国人民大学出版社，2014．312～316页

3. 徐宏．国际民事司法协助．武汉：武汉大学出版社，2006

4. 于喜富．国际商事仲裁的司法监督与协助——兼论中国的立法与司法实践．北京：知识产权出版社．2006

（二）论文

1. 罗剑雯．我国涉外仲裁机构的裁决在国内外的承认与执行．现代法学，1998（1）

2. 梁淑英．中国对外司法协助（上）（下）．政法论坛，1996（5）（6）

3. 高晓力．中国法院承认和执行外国仲裁裁决的积极实践．法律适用，2018（5）

4. 李旺．当事人协议管辖与境外判决的承认与执行法律制度的关系初探．清华法学，2013（3）

## 参考法规

1991 年《中华人民共和国民事诉讼法》(2017 年修正) 第 276 条～第 283 条。

2015 年最高人民法院《关于适用〈中华人民共和国民事诉讼法〉的解释》第 544 条～第 550 条。

## 引例 日本公民五味晃申请中国法院承认和执行日本法院判决

申请人：五味晃，男，日本籍，住日本国神奈川县伊势原市东大竹 698-5 号。申请人五味晃因与日本国日中物产有限公司借贷纠纷一案，向中华人民共和国辽宁省大连市中级人民法院提出申请，要求承认日本国横滨地方法院小田原分院所作判决和日本国熊本地方法院玉名分院所作债权扣押命令及债权转让命令在中华人民共和国领域内的法律效力，并予执行。大连市中级人民法院审查了五味晃的申请。查明：申请人五味晃系日本公民，因与日本日中物产有限公司存在借贷纠纷，经日本国横滨地方法院小田原分院判决，由宇佐邦夫及其公司向债权人五味晃偿还借款 1.4 亿日元。由于宇佐邦夫在本国无力偿还该项借款，日本国熊本地方法院玉名分院又下达扣押令和债权转让命令，追加宇佐邦夫在中国投资的中日合资企业大连发日海产食品有限公司为第三人，要求第三人将宇佐邦夫在该公司的投资款人民币 485 万元扣押，并转让给五味晃。上述判决及扣押令、债权转让命令经日本国有关法院依据《海牙送达公约》委托我国司法部向大连发日海产食品有限公司送达后，该公司认为日本国有关法院的判决对中国法人不应产生法律效力，故拒绝履行。为此，五味晃向大连市中级人民法院提出申请，要求承认并执行日本国有关法院的判决及扣押令、债权转让命令。大连市中级人民法院认为：《中华人民共和国民事诉讼法》第 268 条（现为第 282 条）规定："人民法院对申请或者请求承认和执行的外国法院作出的发生法律效力的判决、裁定，依照中华人民共和国缔结或者参加的国际条约，或者按照互惠原则进行审查后，认为不违反中华人民共和国法律的基本原则或者国家主权、安全、社会公共利益的，裁定承认其效力，需要执行的，发出执行令，依照本法的有关规定执行。违反中华人民共和国法律的基本原则或者国家主权、安全、社会公共利益的，不予承认和执行。"我国与日本国之间没有缔结或者参加相互承认和执行法院判决、裁定的国际条约，亦未建立相应的互惠关系。据此，该院于 1994 年 11 月 5 日作出终审裁定：驳回申请人五味晃的请求。案件受理费人民币 200 元，由五味晃承担。

# 第一节　司法协助概述

## 一、司法协助的含义

国际司法协助（International judicial assistance 或 International legal assistance）是指根据国际条约或互惠原则，一国法院接受另一国法院的请求，代为履行某些诉讼行为的司法制度[①]，包括送达诉讼文书、传唤证人、收集证据、承认和执行外国法院的判决和仲裁机构的裁决等。[②] 法院在审理涉外民事案件时，常常需要把诉讼文书送达给居住在国外的当事人，或者收集在国外的证据；法院判决和仲裁裁决生效后，也可能需要得到外国司法机关的承认或者要求外国法院予以执行。但由于一国诉讼程序具有严格的地域性，判决只能在其领域内发生法律效力，而不能自动将其司法效力延伸到国外，所以一国法院不能直接在外国进行上述诉讼行为或者执行行为，只能通过法院之间的司法协助来完成。司法协助可分为一般司法协助与特殊司法协助，一般司法协助通常是代为送达文书和调查取证，前述涉外民事诉讼程序中的域外送达和取证就是一般司法协助；特殊司法协助即是对外国法院裁判和仲裁裁决的承认与执行。

也有学者把司法协助分成广义的司法协助和狭义的司法协助。广义的司法协助指诉讼程序方面所有的合作事项，既包括代为送达文书和调查取证等，也包括对外国法院裁判和仲裁裁决的承认和执行。狭义的司法协助仅包括代为送达文书和调查取证等行为。互相承认、执行外国法院裁判和外国仲裁裁决是司法协助的重要内容，属于司法协助中的特殊司法协助。本章主要是对特殊的司法协助进行介绍。

## 二、相互承认、执行外国法院裁判和仲裁裁决的条件

国际间民事裁判之承认与执行，是司法协助项下的一个项目。我国《民事诉讼法》第276条第1款规定："根据中华人民共和国缔结或者参加的国际条约，或者按照互惠原则，人民法院和外国法院可以相互请求，代为送达文书、调查取证以及进行其他诉讼行为。"《民事诉讼法》第280条第1款规定，"人民法院作出的发生法律效力的判决、裁定，如果被执行人或者其财产不在中华人民共和国领域内，当事人请求执行的，可以由当事人直接向有管辖权的外国法院申请承认和执行，也可以由人民法院依照中华人民共和国缔结或者参加的国际条约的规定，或者按照互惠原则，请求外国法院承认和执行。"因此，司法协

---

① 参见张仲伯主编：《国际私法》，392页，北京，中国政法大学出版社，1994；李旺：《国际民事诉讼法》，95页，北京，清华大学出版社，2003；郑远民、吕国民、于志宏：《国际私法（国际民事诉讼法与国际商事仲裁法）》，157页，北京，中信出版社，2002。

② 参见赵相林主编：《国际私法》，372页，北京，中国政法大学出版社，2002。另请参见张仲伯主编：《国际私法》，394～400页，北京，中国政法大学出版社，1994。

助应当具备下列前提条件之一：

### （一）国家间缔结或者参加有关双边或者多边司法协助条约

我国已与几十个国家订立的包含民商事司法协助内容的双边条约，大都包括了相互承认和执行对方国家的法院判决的内容。而在仲裁裁决方面，我国于1980年参加了《承认和执行外国仲裁裁决公约》（以下简称《纽约公约》），该多边国际公约规定，每一个缔约国应该承认其他缔约国的仲裁裁决有约束力，并且依本国法律承认或者执行其他缔约国的仲裁裁决。

### （二）国家间存在互惠关系

所谓互惠，是指两国间在互利互益基础上对某种特许或者特权的相互交换，给予对方以方便的政策。如果国家与国家之间没有司法协助协议，但在事实上存在司法互惠关系，两国法院可以根据互惠原则，互为对方为一定的诉讼行为。我国与许多国家一样，将互惠关系作为承认和执行外国法院判决的根据和条件之一。

《民诉法解释》第549条规定，对与我国没有司法协助协议或者没有互惠关系的法院作出的判决或者裁定，只能通过外交途径进行司法协助；未通过外交途径，直接请求人民法院提供司法协助的，人民法院应予退回并说明理由。

**【案例28-1】美国进口商申请执行案**

美国田纳西州法院对一案件作出生效判决后，作为胜诉人的美国一进口商向我国东莞市中级人民法院提出承认和执行该判决的申请。请求书认为，“尽管两国没有相互承认和执行对方判决的协议，但两国间仍然有双方互利基础”，要求中国法院执行被告方即东莞土产进出口公司因出口产品责任给美国进口商人造成的损失。中国法院拒绝了这一申请，理由是：中美之间尚没有相互承认和执行对方法院判决的司法协助条约；在司法协助方面，两国之间也没有双方互惠关系。

随着我国与其他国家的联系越来越密切，各国司法机构之间的合作也日渐频繁。司法实践中，法院对承认一些涉外案件判决的效力采取了相对灵活的态度，特别是对涉及中国公民人身关系和确认财产权属的确认性判决，并不是在没有公约和互惠关系的情况下一律不予承认和执行。如果承认或者执行一项外国法院的判决，并不构成对我国主权的侵犯，或者依照中国的法律程序，也会得出相同或者相近的判决结果，对与我国无司法协助也无互惠关系的对方国家法院的判决，可以予以承认。因为这类案件只涉及承认外国判决而不涉及执行问题，当事人双方已接受了这个判决结果，只希望我国人民法院根据我国法律，赋予这种结果以法律效力。如最高人民法院于1991年7月5日通过的《关于中国公民申请承认外国法院离婚判决程序的问题的规定》规定，对与我国没有订立司法协助协议的外国法院作出的离婚判决，中国籍当事人可以根据本规定向人民法院申请承认该外国法院的判决。这一规定承认，在无司法协助协议也无互惠关系条件下，原则上承认外国法院的离婚判决。但它同时规定：该当事人之间的离婚案件，我国法院正在审理，或者已经作出判决，或者第三国法院对该当事人之间作出的离婚案件的判决已为我国法院所承认的除外。

## 第二节　相互承认和执行外国法院裁判

### 一、相互承认和执行外国法院裁判的一般条件

民事判决的法律效力具有地域性，承认外国判决保证了一国司法裁判在国外的诉讼法效力和实体法效力。不过，承认还不能保证外国法院裁判的执行，根据国际司法实践，执行还需要另外的条件。

在国际民事诉讼的实践中，承认和执行的外国法院裁判，应当符合以下条件：

1. 作出裁判的外国法院有管辖权。其管辖权一般是以承认和执行地国家的内国法为标准来确定的。

2. 诉讼程序公正。内国法院在承认和执行外国裁判时，要对其作出判决的诉讼程序的公正性进行审查，如败诉方应当得到合法传唤，从而出庭陈述了自己的主张；败诉方在没有诉讼行为能力时得到适当的代理等。如不满足这些要求，就可以拒绝承认和执行外国法院裁判。

3. 外国法院裁判是确定的裁判。对实体法和程序法问题都作出终局的裁判，并且要遵从既判力规则，即该裁判不能为外国法院随意撤销。

4. 外国法院裁判是合法的裁判。运用欺诈手段获得的外国法院裁判不能在内国得到承认和执行。

5. 外国法院裁判不能与其他有关的法院裁判相抵触。

6. 外国法院适用了适当的准据法。这里是以被请求国冲突规范所指定的准据法为依据来确定的。

7. 一般需要存在条约或者互惠关系。

8. 不能与内国法院所在地的公共政策相抵触。

### 二、各国承认和执行外国裁判制度概说

各国承认和执行外国裁判的制度，大概可以分为三类：

#### （一）德国法系国家的规定

德国法系国家规定，由本国的法院审查确定外国裁判是否符合有关条件，就承认和执行外国裁判的问题作出裁定（也称“宣告性决定”或“执行令”）。根据《德国民事诉讼法》第328条的规定，只要外国法院判决符合一定的条件，当事人就可以向德国法院申请发给执行令。德国法院在颁发执行令时，对外国法院判决不进行实质审查。

#### （二）法国法系国家的规定

法国法系和拉丁法系国家规定，对某些类型的外国裁判，如形成判决、与身份有关的

判决和指定破产管理人的判决，采取依法承认的制度；而对于其他一些裁判，则要有承认外国判决的裁定书。

(三) 普通法系国家的规定

以英国为代表的普通法系国家的承认和执行外国裁判制度，根据是否与英国订有相互承认和执行判决的条约或安排，分为两种不同的制度。有条约或者安排的国家和地区，适用1920年的《司法条例》和1933年的《外国判决（相互执行法）》，根据其规定，为了承认某一外国判决，应当进行登记。但是适用这一制度的国家有限。而没有条约或者安排的国家，有关胜诉人不能持判决要求在英国直接获得承认和执行，应当将外国法院判决看成是在当事人之间成立的一种债务，向英国法院提起一项新的诉讼，要求债务人履行外国法院判决中所确定的债务。①

美国在承认和执行外国法院裁判方面没有统一的联邦法律，而是由各州自行决定，大多数州在受理承认和执行外国法院判决时，采取与英国相同的做法。即除非有条约规定，不直接承认和执行外国法院判决，而是要求胜诉人重新起诉。

关于外国法院之判决的承认与执行之间的关系，或许有人会认为执行的前提即为承认，故对外国法院判决的承认并不必要。但是在很多的情形，判决是不需要执行的，如形成判决，不同于给付判决，并不需要予以执行，例如离婚判决或宣告婚姻无效的判决等，通常只需要承认，不需要执行。② 学者进一步认为，如确认判决及形成判决，只要一经"承认"，问题便可解决，此时对这些不能或不需为执行名义之外国判决，其承认要件似应作不同规定。③ 如外交部、司法部、民政部《关于驻外使、领馆就中国公民申请人民法院承认外国法院离婚判决事进行公证、认证的有关规定》，其第1条规定，婚姻当事人一方为中国公民的外国法院的离婚判决书在国内使用，须经国内中级人民法院对该判决裁定承认后，才能为当事人出具以该外国法院离婚判决为准的婚姻状况公证。并没有需要执行的情况，出具该公证并非是执行。况且以仲裁裁决的承认与执行为例，依《纽约公约》第3条之规定，在仲裁裁决的承认与执行，是将承认与执行分开订定④，但在学说及立法例上也有不将其区别的，说明如下：

---

① 参见常怡主编：《比较民事诉讼法》，880页，北京，中国政法大学出版社，2002。

② 参见赵相林主编：《国际私法》，385～386页，北京，中国政法大学出版社，2002；郑远民、吕国民、于志宏：《国际私法（国际民事诉讼法与国际商事仲裁法）》，186页，北京，中信出版社，2002；李双元：《中国国际私法通论》，573页，北京，法律出版社，2003；谢石松：《国际民事诉讼中法院判决的承认与执行》，载韩德培主编：《国际私法新论》，486～495页，武汉，武汉大学出版社，2003。

③ 参见陈长文：《外国判决之承认——从欧盟〈布鲁塞尔判决公约〉及美国〈对外法律关系新编〉评析〈民事诉讼法〉第402条》，载《国际私法理论与实践（一）刘铁铮教授六秩华诞祝寿论文集》，110页，台北，学林文化事业，1998。

④ Article Ⅲ: Each Contracting State shall recognize arbitral awards as binding and enforce them in accordance with the rules of procedure of the territory where the award is relied upon, under the conditions laid down in the following articles. There shall not be imposed substantially more onerous conditions or higher fees or charges on the recognition or enforcement of arbitral awards to which this Convention applies than are imposed on the recognition or enforcement of domestic arbitral awards.

1. 同一说

认为对外法域法院之判决的承认与执行在法律本质上并无区别，均属外法域判决效力扩张及于承认与执行国的现象[①]，故认为承认与执行的对象相同，都是由外法域法院依其本法域冲突法确定的实体法和程序法所作出的判决，因此对承认与执行外法域判决的条件和程序一并作出规定。典型的国家如瑞士、加拿大等。[②]

2. 区别说

认为执行超出承认之上，是一种创设权的行为，必须由执行机关另行赋予判决执行力方可得以执行。典型如德国，当事人在持外国法院判决到德国主张权利时，首先是请求德国法院以裁定予以承认，一经裁决承认的外国判决被视同德国内国判决。这里的判决不是构成性的，而是宣告性的，即只确定是否存在特定的条件，因此德国法上承认是一种主动承认制度。[③] 然而判决承认并不等于获得了执行力，除非判决作成地国与其有条约关系，则可按条约规定径予执行，否则在获承认之后，须再依《德国民事诉讼法》第722条、第723条的规定向主管法院申请“执行裁决”，执行裁决不仅要审查承认之条件，要对判决作形式上的审查，还要求判决依法院地法具有法律效力。此外，对执行判决的宣布可以上诉，这些规定表明执行比承认要严格。[④]

## 三、我国承认和执行外国法院裁判的制度

### （一）裁定承认外国法院裁判和发出执行令

我国法律对外国法院裁判承认和执行的制度比较接近德国法的规定。根据我国《民事诉讼法》第282条的规定，承认外国判决需要进行形式审查，在存在条约或者互惠关系的前提下，外国判决不违反我国法律的基本原则和国家主权、安全和社会公共利益的，裁定承认其效力。需要执行的，发出执行令。

**【案例28-2】孙某申请我国法院承认美国离婚判决案**[⑤]

王某与孙某于1989年5月6日在中国上海登记结婚，婚后不到1年，王某即自费到美国留学。1994年6月7日，王某向美国纽约州最高法院提起要求与孙某离婚的诉讼，并将起诉状副本通过国内一朋友转交给孙某。因双方婚后既无子女，也没有共同的债权债务，孙某收到起诉状副本后，没有向美国法院应诉，但以书面形式向王某表示同意离婚。1994年7月25日，美国纽约州最高法院依据王某的请求，缺席审理并判决解除王某与孙某的婚姻关系，并将判决书通过法定程序送达孙某。1996年1月14日，孙某持美国法院的离婚判决书，请求上海市

---

① 参见陈荣宗：《国际民事诉讼之法律问题》，载《法学丛刊》，1996（2）。转引自黄进主编：《中国的区际法律问题研究》，239页，北京，法律出版社，2001。

② 参见黄进主编：《中国的区际法律问题研究》，239页，北京，法律出版社，2001。

③ 参见李双元、谢石松：《国际民事诉讼法概论》，476页，武汉，武汉大学出版社，1991。转引自黄进主编：《中国的区际法律问题研究》，240页，北京，法律出版社，2001。

④ 参见黄进主编：《中国的区际法律问题研究》，240页，北京，法律出版社，2001。

⑤ 参见王敬藩主编：《民事诉讼法教学案例》，386～387页，北京，中国政法大学出版社，1999。

中级人民法院承认该判决。法院受理案件后，依据我国与美国之间的条约关系，作出裁定承认美国纽约州最高法院判决解除王某与孙某婚姻关系的拘束力，该判决的拘束力从申请人接到本裁定书之日起算。

### （二）管辖法院和有关程序

承认和执行外国法院裁判的法院是被执行人住所地或者财产所在地的有关中级人民法院，根据最高人民法院《关于涉外民商事案件诉讼管辖若干问题的规定》，申请承认和强制执行外国法院民商事判决、裁定的案件应当是最高人民法院指定的、具有集中管辖涉外案件权限的有关中级人民法院。

对于我国法院和外国法院都有管辖权的案件，一方当事人向外国法院起诉，而另一方当事人向中华人民共和国人民法院起诉的，人民法院可以受理。判决后，外国法院申请或者当事人请求人民法院承认和执行外国法院对本案作出的判决、裁定的，不予准许；但双方共同参加或者签订的国际条约另有规定的除外。

同时，当事人在我国领域外使用人民法院的判决书、裁定书，要求我国人民法院证明其法律效力的，以及外国法院要求我国人民法院证明判决书、裁定书的法律效力的，我国作出判决、裁定的人民法院，可以以本法院的名义出具证明。

### （三）不予承认和执行外国法院裁判的情形

1. 无条约或互惠关系的。对于与中华人民共和国没有缔结或者共同参加国际条约，也没有互惠关系的外国裁判，当事人向我国有管辖权的中级人民法院申请承认和执行该生效裁判的，除前述婚姻案件外，我国法院一般不予以承认和执行，当事人可以向人民法院起诉，由有管辖权的人民法院作出判决，予以执行。如果该外国法院未通过外交途径，直接请求我国法院承认和执行的，我国法院应当予以退回，并说明理由。

2. 违反我国公共秩序。在审理涉外民事案件时，我国法院运用公共秩序保留是排除有关外国法的适用的一个重要手段。运用公共秩序保留，对于防止执行外国裁判给我国带来不良后果也具有重要的意义。即使两国之间存在条约或者互惠关系，请求承认和执行的外国法院裁判和涉外仲裁机构裁决，也不能违反我国法律的基本原则或者国家主权、安全、社会公共利益。

3. 与我国有管辖权冲突或者违反了我国专属管辖规定。当某一外国法院对某一案件已作出裁判，请求我国法院承认，如果该案件已在我法院受理，判决还未完成，就不能承认外国法院裁判。如《中波关于民事和刑事协助的协议》第 20 条规定："承认或者执行裁决的缔约一方境内的法院对于相同当事人之间就同一诉讼标的的案件，已经作出了发生法律效力的裁决，或者正在进行审理，或者已承认了第三国法院对该案件所作的发生法律效力的裁决的，可以不予承认和执行。"

在我国法院对案件有专属管辖权时，外国法院不得行使管辖权，如果外国法院不考虑中国的专属管辖权而作出裁判，当事人在裁判后请求我国法院执行的，我国法院应当裁定不予承认和执行外国法院裁判。如中国和法国、中国和波兰等双边司法协助协议规定，按照将承认与执行裁判的缔约一方的法律，如裁判是由无管辖权的法院作出的，将不予承认和执行。

4. 其他情形。根据司法协助条约和国际民事诉讼的实践，前述相互承认和执行外国法院裁判的一般条件，也是我国法院承认和执行外国法院裁判时应当注意审查的内容。

人民法院对当事人或者外国法院提出的请求进行审查，认为请求不符合条件的，应当裁定驳回申请，不予执行外国裁判。

## 第三节　相互承认和执行外国仲裁裁决

### 一、相互承认和执行外国仲裁裁决概说

《纽约公约》与各国仲裁立法和实践，都认为外国仲裁裁决，是以裁决地在国外为标准，由国外的仲裁机构作出的仲裁裁决。因此，外国仲裁与国内仲裁是对应的概念。（对于中国而言，中国国际经济贸易仲裁委员会或者海事仲裁委员会对涉外民商事案件的仲裁，是涉外仲裁，属于国内仲裁组成部分，而不是外国仲裁。）最高人民法院《关于涉外民商事案件诉讼管辖若干问题的规定》规定，申请撤销、承认和强制执行国际仲裁裁决的案件，属于最高人民法院指定的中级人民法院集中管辖的范围。这里的“国际仲裁案件”应当包括中国涉外仲裁案件和外国仲裁裁决案件，但是对外国仲裁裁决不能予以撤销，只能裁定不予以执行。本节不涉及我国涉外仲裁裁决的执行，而仅仅对我国与外国相互根据《纽约公约》，对对方国家仲裁机构的裁决予以承认和执行问题进行论述。

对外国仲裁裁决的承认与执行是两个不同的问题。仲裁裁决中的胜诉方，可以以外国仲裁裁决为依据，排除被请求国法院审判管辖，并要求被请求国法院承认其既判力。这并不涉及被请求国的执行程序。所以对外国仲裁裁决的承认是指一国法院对外国仲裁机构所作出的具有约束力的裁决予以认可，并赋予其强制执行力的司法行为。不过，在《纽约公约》中，有关外国仲裁裁决的“承认和执行”是作为一组概念出现的，并不把承认外国仲裁裁决和执行外国仲裁裁决分开处理。因为可仲裁的事项一般不包括人身关系的案件，实践中主要是将合同纠纷和财产权益纠纷提交仲裁，所以，请求有关国家承认仲裁裁决和执行仲裁裁决确实是联系在一起的。

### 二、相互承认和执行外国仲裁裁决的条件

#### （一）相互承认和执行外国仲裁裁决的一般条件

我国《民事诉讼法》第 283 条规定：“国外仲裁机构的裁决，需要中华人民共和国人民法院承认和执行的，应当由当事人直接向被执行人住所地或者其财产所在地的中级人民法院申请，人民法院应当依照中华人民共和国缔结或者参加的国际条约，或者按照互惠原则办理。”《纽约公约》已有一百五十多个国家加入，是一项最具有普遍性和代表性的公约，我国已经于 1986 年 12 月 2 日加入该公约。根据该公约，我国仲裁机构以及各地组建的仲裁委员会作出的涉外仲裁裁决，被执行人或者其财产不在我国境内的，当事人可直接向另

一缔约国有管辖权的外国法院申请承认和执行裁决。我国法院也有义务对另一缔约国领土内作出的仲裁裁决予以承认和执行。根据最高人民法院《关于承认和执行外国仲裁裁决收费及审查期问题的规定》，人民法院决定承认和执行外国仲裁裁决的，应当在受理申请之日起2个月内作出裁定；决定不予承认和执行的，在受理申请之日起2个月内上报最高人民法院。人民法院审查我国涉外仲裁裁决的期限，也应参照上述规定办理。

国外仲裁机构的仲裁裁决，需要由我国法院承认与执行的，分为不同情况：（1）其所在国是《纽约公约》的成员国，应当按照该公约的规定办理；（2）不是《纽约公约》的成员国，但同我国订有双边司法协助条约的，按条约规定办理；（3）既不是《纽约公约》成员国，又与我国没有司法协助条约关系，则按互惠原则处理。

《纽约公约》规定，当事人申请承认和执行外国仲裁裁决，应当提供以下材料：

1. 经正式认证的裁决正本或者经正式证明的副本；

2. 有效仲裁协议的正本或者经正式证明的副本；

3. 如果仲裁裁决或者仲裁协议不是用被请求国的正式语言作成，当事人应该提出用被请求国语言作出的译本，译本应该由官方的或者宣过誓的译员1名，或者外交或者领事代理人证明。

**【案例28-3】汕头市中级人民法院审结首宗承认外国仲裁案**①

1996年8月2日，住所地位于香港太古城太古湾道12号的北电网络（亚洲）有限公司与中国广澳开发集团进出口公司（简称广澳开发集团公司）签订了一份GSM900MHz系统合同，合同号为GAB96208。合同第十一章为仲裁条款，约定所有因该合同引起的争议应提交仲裁，仲裁由瑞典斯德哥尔摩商会仲裁院按照国际商会调解及仲裁规则进行，使用语言为英语。2000年5月30日，北电网络（亚洲）有限公司向斯德哥尔摩商会仲裁院提出申请，要求仲裁其与广澳开发集团公司之间在该合同项下的争议。仲裁院受理申请后，发出信函和传真通知广澳开发集团公司答辩，但通知信函被其退回，没有作出任何答复。仲裁院于是为集团公司指定了仲裁员，组成三人仲裁庭，适用国际商会调解及仲裁规则和斯德哥尔摩商会仲裁院仲裁规则审理该案，于2001年7月4日作出裁决，裁决中国广澳开发集团公司向北电网络（亚洲）有限公司支付31.2万美元和利息及相关的一些费用。

2001年11月19日，北电网络（亚洲）有限公司向汕头市中级人民法院提出申请，请求承认斯德哥尔摩商会仲裁院的仲裁裁决。在其补齐有关材料后，汕头市中级人民法院于2002年8月19日受理了该案。为支持其申请，北电网络（亚洲）有限公司提供了经我国驻瑞典大使馆认证的斯德哥尔摩商会仲裁院的裁决及其中文译本等材料。汕头市中级人民法院经审理认为，瑞典斯德哥尔摩商会仲裁院的裁决，不具有《承认及执行外国仲裁裁决公约》第5条所列拒绝予以承认和执行的情形，符合最高人民法院《关于执行我国加入的〈承认及执行外国仲裁裁

① 参见中国法院网，2003年2月27日。

决公约〉的通知》的规定；申请人也在我国法律规定的申请期限内提交了申请。申请人请求承认上述裁决，应予支持。

(二) 不予承认和执行外国仲裁裁决的理由

不予承认和执行外国仲裁裁决的理由，是指法院可据以拒绝承认和执行外国仲裁裁决的根据和原因。一方面，法院出于自己的考虑可能拒绝承认和执行裁决，另一方面，法院考虑到反对承认和执行裁决的当事人所提出的理由，也可能拒绝承认和执行裁决。拒绝承认和执行外国裁决的理由以及理由的成立与否，是当事人权利能否实现的关键。如果拒绝承认和执行的理由缺乏统一性，各国随意以各种理由拒绝承认和执行裁决，仲裁将失去其意义，所以《纽约公约》规定了拒绝承认和执行外国仲裁裁决的条件；各国通过订立双边协议、区域协议或者国际公约，协调相互之间承认和执行仲裁裁决的关系，在互惠对等的基础上，也可统一承认和执行裁决的条件。根据《纽约公约》，不予承认和执行外国仲裁裁决的理由有：

1. 被请求国在被执行人提出有关下列情况的证明的时候，可以根据该当事人的要求，拒绝承认和执行该裁决：

第一，根据对仲裁协议的当事人应当适用的法律，当事人当时处于某种无行为能力的情况；或者根据双方当事人选定适用的法律，或者在没有这种选定的时候，根据作出裁决的国家的法律，其仲裁协议是无效的；

第二，作为裁决执行对象的当事人，没有被给予指定仲裁员或者进行仲裁程序的适当通知，或者由于其他情况而不能对案件提出意见；

第三，裁决涉及仲裁协议所没有提到的，或者不包括在仲裁协议规定之内的争执；或者裁决内含有对仲裁协议范围以外事项的决定；但是，对于仲裁协议范围以内的事项的决定，如果可以和对于仲裁协议范围以外的事项的决定分开，那么，这一部分的决定仍然可以予以承认和执行；

第四，仲裁庭的组成或者仲裁程序同当事人间的协议不符，或者当事人间没有这种协议时，同进行仲裁的国家的法律不符；

第五，裁决对当事人还没有约束力，或者裁决已经由作出裁决的国家根据其法律撤销或者停止执行。

2. 被请求国如果查明有下列情况之一的，也可以拒绝承认和执行：

第一，争执的事项，依照被请求国的法律，不可以用仲裁方式解决；

第二，承认或者执行该项裁决将和被请求国的公共秩序相抵触。

对于被拒绝承认和执行的案件，我国法院以作出不予执行的裁定结案。为确保履行《纽约公约》规定的义务，维护仲裁的权威，最高人民法院《关于人民法院处理与涉外仲裁及外国仲裁事项有关问题的通知》要求，拒绝承认和执行外国仲裁裁决必须实行“报告制度”。即向人民法院申请承认和执行外国仲裁机构的裁决，如果人民法院认为我国涉外仲裁机构裁决具有《民事诉讼法》第274条情形之一的，或者申请承认和执行的外国仲裁裁决不符合我国参加的国际公约的规定或者不符合互惠原则的，在裁定不予执行或者拒绝承认和执行之前，必须报请本辖区所属高级人民法院进行审查；如果高级人民法院同意不予执行或者拒绝承认和执行，应将其审查意见报最高人民法院。待最高人民法院答复后，方可裁定不予执行或者拒绝承认和执行。

与承认、执行外国法院裁判和外国仲裁裁决相对应，根据《纽约公约》以及其他国际条约的规定，或者根据互惠原则，我国法院的判决和涉外仲裁裁决应当在国外得到承认和执行，有关程序应当根据条约规定和被请求国的诉讼法律规定办理。我国《民事诉讼法》第 280 条第 2 款规定："中华人民共和国涉外仲裁机构作出的发生法律效力的仲裁裁决，当事人请求执行的，如果被执行人或者其财产不在中华人民共和国领域内，应当由当事人直接向有管辖权的外国法院申请承认和执行。"

## 【问题与思考】

通过查阅资料，了解我国目前已经签订的互相执行法院判决的双边协议的状况。

# 第二十九章 区际司法协助

## 参考文献


(一) 著作

1. 黄进，黄民．区际司法协助研究．北京：中国政法大学出版社，1993

2. 汤维建，向泰编著．民事诉讼法．北京：中国人民大学出版社，2014.317～332页

3. 肖建华．中国区际民事司法协助研究．北京：中国人民公安大学出版社，2006

(二) 论文

1. 曾焱飞．论内地与香港民商事司法文书送达问题．经济师，2004 (3)

2. 李昌道．内地和香港法院委托民商事文书送达的动态研析．政治与法律，2002 (3)

3. 陈力．内地与香港民商事判决的相互承认与执行：现状与前瞻．复旦学报（社会科学版），2000 (5)

4. 余先予．关于香港与内地仲裁裁决承认与执行问题．政治与法律，1998 (6)

5. 袁发强．我国区际民商事司法协助“安排”的缺陷与完善．法学，2010 (2)

6. 严峻．海峡两岸民事司法协助探析．台湾研究，2010 (2)

7. 张淑钿．香港特区与澳门特区民事司法协助模式的突破与缺憾——兼评《关于香港特区与澳门特区相互认可和执行仲裁裁决的安排》．暨南学报（哲学社会科学版），2013 (12)

## 参考法规

1999 年最高人民法院《关于内地与香港特别行政区法院相互委托送达民商事司法文书的安排》；2000 年最高人民法院《关于内地与香港特别行政区相互执行仲裁裁决的安排》；2001 年最高人民法院《关于内地与澳门特别行政区法院就民商事案件相互委托送达司法文书和调取证据的安排》；2001 年最高人民法院《关于民事诉讼证据的若干规定》第 11 条；2006 年最高人民法院《内地与澳门特别行政区关于相互认可和执行民商事判决的安排》；2008 年最高人民法院《关于内地与香港特别行政区法院相互认可和执行当事人协议管辖的民商事案件判决的安排》；2007 年最高人民法院《关于内地与澳门特别行政区相互认可和执行仲裁裁决的安排》；2008 年最高人民法院《关于涉台民事诉讼文书送达的若干规定》；2008 年最高人民法院《关于内地与香港特别行政区法院相互认可和执行当事人协议管辖的民商事案件判决的安排》；2015 年最高人民法院《关于认可和执行台湾地区法院民事判决的规定》；2015 年最高人民法院《关于认可和执行台湾地区仲裁裁决的规定》。

## 引例　香港甲公司申请内地人民法院执行香港仲裁裁决案

香港甲公司与四川乙公司于 2010 年签订中外合资经营企业合同，合同中约定：因履行本合同及与履行本合同有关的争议，提交香港仲裁委员会仲裁。2011 年合营公司正式成立，并以合营公司的名义申请注册了生产 A 产品的 A 商标。2014 年合营双方发生一些矛盾，乙公司遂单独申请将 A 商标的使用权人变更为乙公司，并开始用 A 商标生产、销售产品。2015 年 3 月，甲公司向香港仲裁委员会申请仲裁，称乙公司的行为构成商标侵权，要求予以赔偿。香港仲裁委员会受理了本案，并作出了仲裁裁决，认定乙公司的行为已经构成商标侵权，裁定乙公司赔偿甲公司 200 万元。但乙公司拒不履行该仲裁裁决。在这种情况下，香港甲公司只好向内地人民法院申请执行该仲裁裁决。本案中，香港甲公司申请内地人民法院执行该仲裁裁决，应当依据最高人民法院《关于内地与香港特别行政区相互执行仲裁裁决的安排》的规定，首先向乙公司住所地或者其财产所在地的中级人民法院提出执行申请，并附有关文件；该人民法院在接到申请后，按照内地的法律程序对该仲裁裁决进行处理及执行。

## 第一节 涉港、澳、台民事诉讼概述

在"一国两制"的方针指导下，香港和澳门相继回归之后，保持高度自治，继续实行其原有的法律制度，并且享有司法终审权，我国正式形成多法域的国家。在处理涉台法律事务时，我们仍然承认台湾地区是一个独立的法域。这样中国即是"一国两制四法域"的状况。

在港澳地区回归之后，内地对港澳实行"一国两制"之方针，在高度自治之下，香港及澳门特别行政区，享有地方立法权、行政管理权、独立之司法权以及终审权，大陆与香港及澳门特别行政区之间形成具有两种法律制度之法域，因此在解决跨法域民商事纠纷时，相互间就需要进行"区际司法协助"[①]。按照国家主权统一原则，香港与澳门特区和内地之间的司法协助是一国之内的"区际司法协助"（Interregional Judicial Assistance），而不是国家间的"国际司法协助"（International Judicial Assistance）[②]，在民商事方面的司法协助上，港澳特区有相当的自主权，中央不得干涉。由于香港及澳门特区的回归以及我国台湾地区，与一般的区际法律冲突关系不同，有着特殊的历史背景与政治因素，故应称其为"特殊区际法律冲突关系"。

随着经济的发展，不同法域之间开展司法协助形成一个迫切的需求。涉港澳台民商事诉讼与涉外民商事诉讼一样，由于需要在外法域送达、取证等方面的原因，审理期间可能要延长；同时，也存在各个不同的法域根据独立的司法终审权，相互承认对方法域的法院裁判和仲裁裁决，这些问题，与国际司法协助相似，但又有很大的不同。早在1987年正式民事诉讼法尚未颁布时，最高人民法院就在《关于审理涉港澳经济纠纷案件若干问题的解答》中指出，审理涉港澳经济纠纷案件，在诉讼程序方面按照《民事诉讼法（试行）》第五编关于涉外民事诉讼程序的特别规定办理。

根据香港特别行政区基本法和澳门特别行政区基本法的规定，最高人民法院与香港和澳门特别行政区协商，分别与之达成了关于送达、取证以及执行仲裁裁决等方面的一致意见，以司法解释的形式形成《关于内地与香港特别行政区法院相互委托送达民商事司法文书的安排》（1999年）、《关于内地与香港特别行政区相互执行仲裁裁决的安排》（1999年）、《关于内地与澳门特别行政区法院就民商事案件相互委托送达司法文书和调取证据的安排》（2001年）、《内地与澳门特别行政区关于相互认可和执行民商事判决的安排》（2006年）、《关于内地与香港特别行政区法院相互认可和执行当事人协议管辖的民商事案件判决的安排》（2006年）、《关于内地与澳门特别行政区相互认可和执行仲裁裁决的安排》（2007年）、《关于涉台民事诉讼文书送达的若干规定》（2008年）、《关于内地与香港特别行政区法院相互认可和执行当事人协议管辖的民商事案件判决的安排》（2008年）。此外，还以司法解释的形式表示承认台湾地区的裁判和仲

① 曲新久：《澳门与内地司法协助问题研究》，载 http：//www.dsaj.gov.mo/f4/prespectiva/issued1/pg7c.doc。

② 李旺：《国际民事诉讼法》，122页，北京，清华大学出版社，2003。

裁裁决，出台了《关于认可和执行台湾地区法院民事判决的规定》(2015 年)、《关于认可和执行台湾地区仲裁裁决的规定》(2015 年)。这些司法解释，为我国区际司法协助实践提供了依据，为构建中国的区际司法协助制度进行了积极有效的探索。

## 第二节 涉港、澳、台民事诉讼程序的特别规定

根据不同法域之间相互达成的有关协议及相关的司法解释等规定，内地人民法院审理涉港澳台民事纠纷的诉讼程序，有以下特别规定：

### 一、委托诉讼代理人

港、澳、台自然人、法人或者组织在人民法院起诉、应诉，需要委托律师代理诉讼的，必须委托内地的律师。但是，这并不排除有关当事人委托港、澳、台律师或者普通公民以非律师身份代理在内地的诉讼。境外当事人委托的诉讼代理人，应当提交经公证、认证的授权委托书，并明确代理权限。未履行公证、认证手续的，人民法院应当不允许受托人出庭代理诉讼。

台湾地区居民从台湾提交给人民法院的授权委托书，应经公证证明。可以参照 1993 年《两岸公证书使用查证协议》，通过中国公证员协会或者有关省、自治区、直辖市公证员协会与台湾地区海峡交流基金会依规定办理。

### 二、案件管辖

原则上，根据民事诉讼法关于地域管辖以及涉外民事诉讼管辖的规定确定。但是，考虑到离婚等类型案件有特殊性，最高人民法院有关司法解释规定了处理涉港、澳、台民事案件的管辖规则：

1. 双方原在我国内地结婚，现一方居住在港、澳特别行政区，另一方居住在内地，提起离婚诉讼，由原告住所地或者经常居住地人民法院管辖；港、澳一方向港、澳特区法院提起离婚诉讼，内地一方向人民法院起诉的，受诉人民法院有权管辖。

2. 居住港、澳一方当事人向港、澳特区法院起诉离婚的，该法院作出离婚的判决，只要不违反我国法律的基本精神，且双方当事人均无异议的，该判决对双方均有拘束力；如该判决要在内地执行的，须由港、澳特区法院按我国民事诉讼法的有关规定，委托内地人民法院协助执行。

3. 涉台离婚案件的管辖，一般应以原告住所地或者居所地法院作为管辖法院。下列三类案件，均由原告住所地或者居所地人民法院管辖：一是大陆一方要求与在台湾一方离婚的案件；二是大陆一方与在台一方分离后未办理离婚手续，一方或者双方分别在大陆和台

湾再婚的，如果其中一方当事人（大陆一方）提出与原配偶离婚的案件；三是回大陆定居一方要求与在台一方离婚的案件。

凡是内地人民法院享有管辖权的案件，港、澳特区法院对该案的受理，并不影响当事人就同一案件在内地法院起诉；但是否受理，应视案件具体情况作出决定。根据《关于认可和执行台湾地区法院民事判决的规定》，案件虽经台湾地区有关法院判决，但当事人未申请认可，而是就同一案件事实向人民法院提起诉讼的，应予受理。实践中，内地（大陆）与港、澳、台地区当事人签订的合同可以选择港、澳、台法院处理有关争议，人民法院可以尊重当事人的选择，认可当事人选择管辖的效力，但港、澳、台地区法院应当与争议有实际联系。

## 三、对在港、澳、台地区形成的证据的采信

《民事证据规定》第 11 条第 2 款规定："当事人向人民法院提供的证据是在香港、澳门、台湾地区形成的，应当履行相关的证明手续。"具体方法如下：

在内地无住所的香港当事人从内地以外寄交或者托交的有关诉讼材料，需经我国司法部委托的香港律师公证，委托事项主要包括：(1) 凡发生在香港地区的法律行为、有法律意义的事实和文书的公证事项，均可由委托的香港律师办理；(2) 公证机关在受理内地与香港的一些公司、企业签订的经济合同时，如有需要，可要求港方当事人提供由司法部委托的香港律师出具的证明、该公司或企业登记注册的证明、银行资信情况证明、公司章程证明、委托代签合同的委托书的证明、公司或企业纳税的证明、银行担保证明等；(3) 香港公司、企业因经济合同纠纷在内地人民法院诉讼或在仲裁机关仲裁时，提交给人民法院或仲裁机关的法人登记注册证、委托书等有关材料的证明；(4) 关于港澳同胞到内地申请收养子女等与其有关的证明。公证书上应盖有中国法律服务（香港）有限公司转递香港公证文书专用章。

在内地无住所的澳门当事人从内地寄交或者托交的有关诉讼材料，应盖有中国法律服务（澳门）有限公司证明事务专用章。

在我国大陆无住所的台湾地区当事人从台湾地区寄交或者托交的有关诉讼材料，应当经台湾当地的公证机构或者其他部门、民间组织、律师出具证明，个人可以由其工作单位出具证明。对于公证文书的真实性如何认定，则应当依《海峡两岸公证书使用查证协议》和司法部 1993 年《海峡两岸公证书使用查证协议实施办法》的规定办理。此外，台湾当事人也可以通过香港、澳门当事人采用的办法办理公证事宜。

港、澳、台地区诉讼文书认定的事实对内地法院一般不具有预决的效力。但当事人对已为人民法院认可的台湾地区有关法院作出的民事判决所认定的事实无须举证。但如果对方当事人有相反证据足以推翻该判决所确认的事实的，则不能免除当事人的举证责任。对于香港、澳门地区法院的诉讼文书确认的事实，亦照此原则办理。

## 四、外法域法律的查明

涉港、澳、台民事案件的当事人可以选择有关的准据法。涉台民事诉讼的司法实践

中，有关当事人选择适用台湾地区“法律”的，人民法院应当称之为“台湾地区某某法”。如果应当适用的台湾地区的“法律”对有关问题未作规定或者规定不明确的，则适用内地的有关法律规定。适用台湾地区的“法律”应当坚持以下原则：第一，限于台湾地区的民商事“法律”；第二，不违反一个中国原则；第三，不违反我国的社会公共利益。

如何查明外法域法律，我国法律或者司法解释没有规定。可以参考《关于贯彻执行〈中华人民共和国民法通则〉若干问题的意见（试行）》第193条规定的查明外国法的途径：(1) 由当事人提供；(2) 由与我国订立司法协助协议的缔约对方的中央机关提供；(3) 由我国驻该国使领馆提供；(4) 由该国驻我国使馆提供；(5) 由中外法律专家提供。当事人选择的外国法不存在、已经失效或者没有规定的，可以适用我国法律的相关规定。但在涉港、澳、台民事诉讼中，外法域法律的查明只有当事人提供和相关法律专家提供这两种方式。法律专家提供的外法域法律，仍需要进行质证。经过质证仍不能确定的，案件由合议庭根据案件事实及提供的外法域的法律自由裁量；必要时，适用大陆地区法律的相关规定。

## 第三节　我国区际司法协助

### 一、我国区际司法协助概说

区际民商事司法协助，是指同一主权国家不同法域的司法机关之间在民商事司法领域内的合作与互助。送达文书和取证、相互承认和执行法院裁判和仲裁裁决，是区际民商事司法协助的主要内容。一般可以把区际司法协助分为消极的区际司法协助和积极的区际司法协助。[①]

#### (一) 消极的区际司法协助

民商事司法协助，无论采用哪一种形式，如邮寄送达、委托送达或者公告送达等，有些司法协助停留在消极的司法协助层次上，即一方法域的法院允许或者默认对方法域的法院、律师或者当事人在其法域内执行某些诉讼行为，而无须提供主动的协作。消极司法协助形式既简单便利，又不会与对方法域的利益发生冲突。例如，在实践中，大陆人民法院审理的涉台民事案件中，对居住在台湾的一方当事人送达诉讼文书极为不便。有的人民法院采用电话、电报、传真等方式传唤台湾当事人，这些方式于法无据，但能起到一定效果。其缺点是，如果台湾当事人拒不到庭或者拒不按有关文书的要求完成诉讼行为，人民法院很难确认“送达”的法律效力。

证据是法院审理案件的定案根据，除公证机关或者其他民间组织出具的证明文书外，

① 参见肖建华：《海峡两岸民商事区际司法协助制度之构建》，载《北京科技大学学报》（社会科学版），2003 (1)。

涉港台案件中，律师调查取证起到了特殊的作用。内地的一些律师事务所与港台律师事务所订立协议，建立业务联系，委托港台律师从事调查取证等活动，为涉港台民事诉讼的顺利进行提供了便利。

(二) 积极的区际司法协助

所谓积极的司法协助，是指一方不仅承认和同意对方（委托方）司法机关在其法域内执行一定的司法行为，而且给予积极主动的协助，代为完成民事诉讼行为。一般即指承认和执行相互间的判决与仲裁。

## 二、我国区际民商事司法送达和取证的有关规定

(一) 送达

根据最高人民法院《关于内地与香港特别行政区法院相互委托送达民商事司法文书的安排》、最高人民法院《关于内地与澳门特别行政区法院就民商事案件相互委托送达司法文书和调取证据的安排》，内地与香港和澳门特别行政区法院相互委托送达民商事司法文书有以下规则：

1. 内地法院和特别行政区法院双方委托送达司法文书，须通过各高级人民法院和香港特别行政区高等法院或者澳门特别行政区终审法院进行。最高人民法院司法文书可以直接委托香港特别行政区高等法院或者澳门特别行政区终审法院送达。

2. 委托方请求送达司法文书，须出具盖有其印章的委托书，并须在委托书中说明委托机关的名称、受送达人的姓名或者名称、详细地址及案件的性质。委托书应当以中文文本提出。所附司法文书没有中文文本的，应当提供中文译本。以上一式两份。受送达人为两人以上的，每人一式两份。受委托方如果认为委托书与前述安排的规定不符，应当通知委托方，并说明对委托书的异议。必要时可以要求委托方补充材料。

3. 送达司法文书，应当依照受委托方所在地法律规定的程序进行。委托方法院请求按照特殊方式执行委托事项的，如果受委托方法院认为不违反本辖区的法律规定，可以按照其特殊方式执行。受委托方对委托方委托送达的司法文书的内容和后果不负法律责任。

4. 不论司法文书中确定的出庭日期或者期限是否已过，受委托方均应送达。委托方应当尽量在合理期限内提出委托请求。受委托方接到委托书后，应当及时完成送达，最迟不得超过自收到委托书之日起2个月。

5. 送达司法文书后，内地人民法院应当出具送达回证；香港或者澳门特别行政区法院应当出具送达证明书。出具送达回证或证明书，应当加盖法院印章。受委托方无法送达的，应当在送达回证或者证明书上注明妨碍送达的原因、拒收事由和日期，并及时退回委托书及所附全部文书。

6. 委托送达司法文书费用互免。但委托方在委托书中请求以特定送达方式送达所产生的费用，由委托方负担。

7. 民商事案件包括劳动争议案件（澳门特别行政区称民事劳工案件），可以相互委托送达司法文书和调取证据。

8. 内地和澳门的司法协助规定特别规定，委托方法院收到委托书后，不得以其本辖区法律规定对委托方法院审理的该民商事案件享有专属管辖权或者不承认对该请求事项提起诉讼的权利为由，不予执行受托事项。

受委托方法院在执行受托事项时，如果该事项不属于法院职权范围，或者内地人民法院认为在内地执行该受托事项将违反其基本法律原则或者社会公共利益，或者澳门特别行政区法院认为在其特别行政区执行该受托事项将违反其基本法律原则或公共秩序的，可以不予执行，但应当及时向委托方法院书面说明不予执行的原因。

9. 内地与香港法院间可委托送达的司法文书在内地包括：起诉状副本、上诉状副本、授权委托书、传票、判决书、调解书、裁定书、决定书、通知书、证明书、送达回证；在香港特别行政区包括：起诉状副本、上诉状副本、传票、状词、誓章、判案书、判决书、裁决书、通知书、法庭命令、送达证明。内地和澳门法院相互委托送达的文书范围更宽，包括上述列举的司法文书以外的“其他司法文书和所附相关文件”。

### （二）取证方面的协助

根据最高人民法院《关于内地与澳门特别行政区法院就民商事案件相互委托送达司法文书和调取证据的安排》，内地与澳门特别行政区法院相互委托取证有以下规则：

1. 委托方法院请求调取的证据只能是与诉讼有关的证据。

2. 双方相互委托调取证据，均须通过各高级人民法院和澳门特别行政区终审法院进行。最高人民法院与澳门特别行政区终审法院可以直接相互委托调取证据。

3. 双方相互委托代为调取证据的委托书应当写明：委托法院的名称；当事人及其诉讼代理人的姓名、地址和其他一切有助于辨别其身份的情况；委托调取证据的原因，以及委托调取证据的具体事项、被调查人的姓名、地址及其他一切有助于辨别其身份的情况，以及需要向其提出的问题；调取证据需采用的特殊方式；有助于执行该委托的其他一切情况。

4. 代为调取证据的范围包括：代为询问当事人、证人和鉴定人，代为进行鉴定和司法勘验，调取其他与诉讼有关的证据。

5. 取证程序。受委托方法院取证时，被调查的当事人、证人、鉴定人等的代理人可以出席。如委托方法院提出要求，受委托方法院应当将取证的时间、地点通知委托方法院，以便对方当事人及其诉讼代理人也能够出席。根据委托方法院的请求，可以允许委托方法院派司法人员出席。必要时，经受委托方允许，委托方法院的司法人员可以向证人、鉴定人等发问。

6. 受委托方法院可以根据委托方法院的请求，并经证人、鉴定人同意，协助安排其辖区的证人、鉴定人到对方辖区出庭作证。

7. 证人、鉴定人在委托方地域内逗留期间，不得因在其离开受委托方地域之前，在委托方境内所实施的行为或者针对他所作的裁决而被刑事起诉、羁押，或者为履行刑罚或者其他处罚而被剥夺财产或者扣留身份证件，或者以任何方式对其人身自由加以限制。证人、鉴定人完成所需诉讼行为，且可自由离开委托方地域后，在委托方境内逗留超过7天，或者已离开委托方地域又自行返回时，前面所指的豁免即行终止。证人、鉴定人到委托方法院出庭而导致的费用及补偿，由委托方法院预付。

8. 受委托方接到委托书后，应当及时调取证据，最迟不得超过自收到委托书之日起3个月。受委托方法院完成委托调取证据的事项后，应当向委托方法院书面说明。

如果未能按委托方法院的请求全部或者部分完成调取证据事项，受委托方法院应当向委托方法院书面说明妨碍调取证据的原因，并及时退回委托书及所附全部文件。如果当事人、证人根据受委托方的法律规定，拒绝作证或者推辞提供证言时，受委托方法院应当以书面通知委托方法院，并退回委托书及所附全部文件。

此外，在内地与澳门上述区际司法协助的安排中，受委托方法院可以根据委托方法院的请求代为查询并提供本辖区的有关法律。

**【案例】澳门某公司诉内地某省粮油食品公司合同纠纷案**

2010年11月，某省粮油食品公司（卖方）与澳门某公司（买方）签订一份编号为00—15的大米买卖合同。该合同约定，卖方提供给买方大米500吨，每吨3 000元人民币，总计货款150万元；货款分两次付清：2010年12月15日前支付75万，余下75万于交货后10日内付清。2010年12月14日，买方支付给卖方75万元。2011年3月，卖方将500吨大米运至澳门。买方接受大米后，发现部分大米已经发霉，遂请澳门的检验机构对大米进行检验。经过检验，澳门检验机构出具了证明大米已经部分发霉的检验报告。买方以此为根据，拒绝支付余款75万元。为此，买卖双方发生争议，经多次协商，仍未达成一致的解决意见。于是，2011年10月，买方只好向人民法院提起诉讼。法院受理该案后，通知被告应诉。被告应诉之后，对澳门检验机构的检验报告提出了异议，请求法院查明。法院同意了被告的请求，遂请求澳门法院代为询问作出检验报告的鉴定人员。

## 三、相互承认和执行法院裁判和仲裁裁决

### （一）承认、执行香港地区法院裁判和仲裁裁决

目前最高人民法院还没有就内地与香港法院判决的相互执行作出司法解释。对于仲裁裁决的执行，在香港、澳门回归之前，按照中国内地承认与执行外国仲裁裁决的规定，由于英国参加了《纽约公约》并延伸适用于香港，同时中国也是该公约的参加国，香港仲裁裁决在内地的承认与执行较为简便，依照《纽约公约》办理就可以了。因此，内地仲裁裁决如在香港法院申请承认与执行，被视为香港《仲裁条例》所指的公约裁决，承认与执行的程序较为简便，法院对裁决的审查主要是程序方面的，并不重审案件的实体问题。

香港回归后，反而出现了问题，即不能用上述的方式运作。香港特别行政区高等法院曾经在其判决中明确表示，内地仲裁裁决在香港既不属于公约裁决，也不属于本地裁决，执行内地仲裁裁决的申请，香港法院无法接受。这种状况引起了中国内地和香港各界的关注。香港特别行政区高等法院于1998年年初一审驳回了承认和执行中国国际经济贸易委员会商事仲裁裁决的申请。为了解决内地与香港之间相互执行仲裁裁决的问题，最高人民法院根据《香港特别行政区基本法》第95条的规定，经与香港特别行政区政府协商，于

1999年达成《关于内地与香港特别行政区相互执行仲裁裁决的安排》，并以司法解释的形式予以公布，从2000年2月1日起施行。在《关于内地与香港特别行政区相互执行仲裁裁决的安排》生效后，中国内地的商事仲裁裁决在香港一般都可以得到承认与执行。该安排的内容已由香港立法会于2000年以修订《仲裁条例》的形式纳入其法律体系，实现了两地法律的协调一致。

该安排规定，1997年7月1日以后申请执行内地或者香港仲裁裁决的，按该安排执行。其要点如下：

1. 香港特别行政区同意执行内地仲裁机构按1994年《仲裁法》作出的裁决，内地法院同意执行香港特别行政区按照香港《仲裁条例》作出的裁决。有关管辖法院，在内地指被申请人住所地或者其财产所在地的中级人民法院，在香港指高等法院。

2. 申请人向法院申请执行仲裁裁决时，应当提交以下文书：执行申请书；仲裁裁决书；仲裁协议。执行申请书应以中文提出，裁决书或者仲裁协议没有中文文本的，申请人应当提交正式证明的中文译本。

3. 申请人申请执行内地或者香港特别行政区仲裁裁决的期限，依据执行地法律有关时限的规定。

4. 被申请人接到法院的执行通知后，提出证据证明有关裁决有下列情形之一的，经审查核实，有关法院可裁定不予执行：仲裁协议当事人依对其适用的法律处于某种无行为能力的情形，或者该项仲裁协议依约定的准据法无效，或者未指明应适用的法律，依裁决地的法律是无效的；被申请人未接到指派仲裁员的适当通知，或者因故未能陈述案件的；裁决所处理的争议不是交付仲裁的标的或者不在仲裁协议的范围之内，或者裁决载有关于交付仲裁范围以外事项的决定的；仲裁庭的组成或者仲裁程序与当事人之间的协议不符，或者在有关当事人没有达成这种协议时与仲裁地的法律不符；裁决对当事人尚无约束力，或者业经仲裁地法院或者按仲裁地的法律撤销或者停止执行的；如执行法院认定，依执行地法律，争议事项不能以仲裁方式解决的，或者执行裁决将违背法院地的社会公共利益或者公共政策的。

### （二）承认、执行澳门地区法院裁判和仲裁裁决

澳门地区在其回归之前，对于仲裁裁决没有适用《纽约公约》，澳门和内地也没有共同适用的其他相关条约，如果澳门裁决提交内地法院执行，只能按照互惠原则处理，很长一段时间内并没有承认和执行内地仲裁裁决。直到1998年上半年，中国国际经济贸易仲裁委员会的一份裁决才得到澳门法院的执行。这与澳门仲裁政策的变化密切相关，其随后实施的《涉外商事仲裁专门制度》，采用了联合国国际贸易法委员会《国际商事仲裁示范法》的普遍主义，只要符合其法律规定的条件，任何国家或者地区的仲裁裁决均可在澳门得到承认与执行，除非澳门法院确信外国或者外法域将拒绝承认和执行澳门的仲裁裁决。

在澳门回归后，对于澳门和内地相互间民事裁判之认可与执行本无法可依，双方只能在对等、平等互惠之下进行相互间民事裁判之认可与执行。

2006年2月28日，《内地与澳门特别行政区关于相互认可和执行民商事判决的安排》在澳门签署，于2006年4月1日起生效。该安排共有24条，涵盖的范围比较全面，主要

涉及：(1) 适用的范围、“判决”所涵盖的文书种类；(2) 受理认可和执行申请的管辖法院、在两地同时申请执行及其协调问题；(3) 请求认可和执行的申请书的内容、所附相关证明档、所附司法文书的文本及证明问题，以及上述文书所用语文问题；(4) 认可判决的程序、拒绝认可的情形、当事人的救济途径；(5) 受理认可和执行请求期间的财产保全、另行诉讼问题；(6) 公共机构文书的免除认证、诉讼费用及其减免问题；(7) 该安排生效前案件的处理问题；(8) 为执行该安排，最高人民法院与澳门特区终审法院的协作问题。

该安排是根据《澳门特别行政区基本法》第93条的规定，顺应澳门回归祖国后，两地经贸关系不断加强，涉及两地的诉讼案件以及需要到对方执行的判决不断增加的形势签署的。该安排的签署，是两地本着相互尊重、平等协商、积极探索、务求实效的原则，通过多次磋商、沟通，在充分交流、相互体谅的基础上实现的。该安排的签署，是一国两制下内地与澳门特区之间在民商事司法协助领域，继2001年8月关于相互委托送达司法文书和调取证据的安排达成之后，又一次成功的实践。相互认可和执行判决是这一领域最重要的环节，因此该安排的签署标志着两地司法协作向更紧密的层次迈出了强健的一步。该安排的实施，既节省诉讼成本和司法资源，又使两地居民、企业的合法权益得到更有效的保障；既体现了司法为民的理念，也有利于维护两地司法判决的效力和增强司法的权威，更好地为两地的发展提供有效的司法保障，从而促进两地在人员、物资、资金、信息方面的自由流动，有利于实现更紧密的经贸联系，促进中国经济的持续、健康、快速发展。

### (三) 承认、执行台湾地区法院裁判和仲裁裁决

1997年4月18日，台湾地区新修正通过的“两岸关系条例”第74条规定：“在大陆地区作成的民事确定裁判、民事仲裁判断，不违背台湾地区公共秩序或善良风俗者，得申请法院认可。前项经法院裁定认可之裁判或判断，以给付为内容者，得为执行名义。前两项规定，已在台湾地区作成之民事确定裁判、民事仲裁判断，得申请大陆法院裁定认可成为执行名义，始适用之。”第74条的规定体现了公共秩序保留原则与平等互惠原则，必须在不违背台湾地区公序良俗的前提下，并且内地也给予对等的区际司法协助时，才可以适用该“条例”予以认可相关的裁判或判断。在1997年7月1日该项条文实施之后，截至2002年1月止，至少有五十余个相关的大陆裁判在台湾地区获得认可。

根据这一规定，人民法院裁判和内地仲裁裁决都可以在台湾地区得到承认执行。最高人民法院于2015年以司法解释的形式表示承认台湾地区的裁判和仲裁裁决，发布了《关于认可和执行台湾地区法院民事判决的规定》和《关于认可和执行台湾地区仲裁裁决的规定》，其主要内容如下：

1. 申请条件

(1) 申请人

台湾地区法院民事判决的当事人和仲裁裁决的当事人可以作为申请人向人民法院申请认可和执行台湾地区的民事判决和仲裁裁决。

(2) 申请对象

台湾地区法院民事判决包括：1) 台湾地区法院作出的生效民事判决、裁定、和解笔录、调解笔录、支付命令等；2) 台湾地区法院在刑事案件中作出的有关民事损害赔偿的

生效判决、裁定、和解笔录；3）台湾地区乡镇市调解委员会等出具并经台湾地区法院核定，与台湾地区法院生效民事判决具有同等效力的调解文书。

台湾地区仲裁裁决是指，有关常设仲裁机构及临时仲裁庭在台湾地区按照台湾地区仲裁规定就有关民商事争议作出的仲裁裁决，包括仲裁判断、仲裁和解和仲裁调解。

（3）管辖法院

申请认可台湾地区法院民事判决和仲裁裁决的案件，由申请人住所地、经常居住地或者被申请人住所地、经常居住地、财产所在地中级人民法院或者专门人民法院受理。申请人向两个以上有管辖权的人民法院申请认可的，由最先立案的人民法院管辖。申请人向被申请人财产所在地人民法院申请认可的，应当提供财产存在的相关证据。

（4）提交相关文件

申请人申请认可台湾地区法院民事判决，应当提交申请书，并附有台湾地区有关法院民事判决文书和民事判决确定证明书的正本或者经证明无误的副本。台湾地区法院民事判决为缺席判决的，申请人应当同时提交台湾地区法院已经合法传唤当事人的证明文件，但判决已经对此予以明确说明的除外。

申请书应当记明以下事项：1）申请人和被申请人姓名、性别、年龄、职业、身份证件号码、住址（申请人或者被申请人为法人或者其他组织的，应当记明法人或者其他组织的名称、地址、法定代表人或者主要负责人姓名、职务）和通讯方式；2）请求和理由；3）申请认可的判决的执行情况；4）其他需要说明的情况。

申请人申请认可台湾地区仲裁裁决，应当提交以下文件或者经证明无误的副本：1）申请书；2）仲裁协议；3）仲裁判断书、仲裁和解书或者仲裁调解书。

申请书应当记明以下事项：1）申请人和被申请人姓名、性别、年龄、职业、身份证件号码、住址（申请人或者被申请人为法人或者其他组织的，应当记明法人或者其他组织的名称、地址、法定代表人或者主要负责人姓名、职务）和通讯方式；2）申请认可的仲裁判断书、仲裁和解书或者仲裁调解书的案号或者识别资料和生效日期；3）请求和理由；4）被申请人财产所在地、财产状况及申请认可的仲裁裁决的执行情况；5）其他需要说明的情况。

另外，申请人委托他人代理申请认可台湾地区法院民事判决和仲裁裁决的，应当向人民法院提交由委托人签名或者盖章并经当地公证机关公证的授权委托书。台湾地区、香港特别行政区、澳门特别行政区或者外国当事人签名或者盖章的授权委托书应当履行相关的公证、认证或者其他证明手续，但授权委托书在人民法院法官的见证下签署或者经中国大陆公证机关公证证明是在中国大陆签署的除外。

2. 申请认可程序与申请执行程序的关系

（1）申请人同时提出认可和执行台湾地区法院民事判决和仲裁裁决申请的，人民法院先按照认可程序进行审查，裁定认可后，由人民法院执行机构执行。

（2）申请人直接申请执行的，人民法院应当告知其一并提交认可申请；坚持不申请认可的，裁定驳回其申请。

3. 审查组织

对申请认可台湾地区法院民事判决和仲裁裁决的案件，人民法院应当组成合议庭进行审查。

4. 受理程序

对于符合法院管辖要求且提供相关文件合格的申请，人民法院应当在收到申请后7日内立案，并通知申请人和被申请人，同时将申请书送达被申请人；不符合本规定第4条和第7条规定条件的，应当在7日内裁定不予受理，同时说明不予受理的理由；申请人对裁定不服的，可以提起上诉。

5. 真实性证明

申请人申请认可台湾地区法院民事判决和仲裁裁决，应当提供相关证明文件，以证明该判决真实并且已经生效或该仲裁裁决的真实性。

申请人可以申请人民法院通过海峡两岸调查取证司法互助途径查明台湾地区仲裁裁决的真实性；人民法院认为必要时，也可以就有关事项依职权通过海峡两岸司法互助途径向台湾地区请求调查取证。

6. 保全措施

人民法院受理认可台湾地区法院民事判决和仲裁裁决的申请之前或者之后，可以按照民事诉讼法及相关司法解释的规定，根据申请人的申请，裁定采取保全措施。

7. 撤回申请

人民法院受理认可台湾地区法院民事判决和仲裁裁决的申请后，作出裁定前，申请人请求撤回申请的，可以裁定准许。

8. 审查期限

人民法院受理认可台湾地区法院民事判决的申请后，应当在立案之日起6个月内审结。有特殊情况需要延长的，报请上一级人民法院批准。通过海峡两岸司法互助途径送达文书和调查取证的时间，不计入审查期限。

人民法院应当尽快审查认可台湾地区仲裁裁决的申请，决定予以认可的，应当在立案之日起2个月内作出裁定；决定不予认可或者驳回申请的，应当在作出决定前按有关规定自立案之日起2个月内上报最高人民法院。通过海峡两岸司法互助途径送达文书和调查取证的期间，不计入审查期限。

9. 裁定结果

(1) 不予认可

台湾地区法院民事判决具有下列情形之一的，裁定不予认可：1）申请认可的民事判决，是在被申请人缺席又未经合法传唤或者在被申请人无诉讼行为能力又未得到适应代理地情况下作出的；2）案件系人民法院专属管辖的；3）案件双方当事人订有有效仲裁协议，且无放弃仲裁管辖情形的；4）案件系人民法院已作出判决或者中国大陆的仲裁庭已作出仲裁裁决的；5）香港特别行政区、澳门特别行政区或者外国的法院已就同一争议作出判决且已为人民法院所认可或者承认的；6）台湾地区、香港特别行政区、澳门特别行政区或者外国的仲裁庭已就同一争议作出仲裁裁决且已为人民法院所认可或者承认的。认可该民事判决将违反一个中国原则等国家法律的基本原则或者损害社会公共利益的，人民法院应当裁定不予认可。

对申请认可和执行的仲裁裁决，被申请人提出证据证明有下列情形之一的，经审查核实，人民法院裁定不予认可：1）仲裁协议一方当事人依对其适用的法律在订立仲裁协议时属于无行为能力的；或者依当事人约定的准据法，或当事人没有约定适用的准据法而依台湾地区仲裁规定，该仲裁协议无效的；或者当事人之间没有达成书面仲裁协议的，但申请认可台湾地区仲裁调解的除外；2）被申请人未接到选任仲裁员或进行仲裁程序的适当通知，或者由于其他不可归责于被申请人的原因而未能陈述意见的；3）裁决所处理的争议不是提交仲裁的争议，或者不在仲裁协议范围之内；或者裁决载有超出当事人提交仲裁范围的事项的决定，但裁决中超出提交仲裁范围的事项的决定与提交仲裁事项的决定可以分开的，裁决中关于提交仲裁事项的决定部分可以予以认可；4）仲裁庭的组成或者仲裁程序违反当事人的约定，或者在当事人没有约定时与台湾地区仲裁规定不符的；5）裁决对当事人尚无约束力，或者业经台湾地区法院撤销或者驳回执行申请的。依据国家法律，该争议事项不能以仲裁解决的，或者认可该仲裁裁决将违反一个中国原则等国家法律的基本原则或损害社会公共利益的，人民法院应当裁定不予认可。

（2）予以认可

人民法院经审查能够确认台湾地区该法院民事判决真实并且已经生效，或该仲裁裁决真实，而且不具有不予认可情形的，裁定认可其效力。

（3）驳回申请

《关于认可和执行台湾地区法院民事判决的规定》第 15 条第 2 款规定：不能确认该民事判决的真实性或已经生效的，或该仲裁裁决真实性的，裁定驳回申请。裁定驳回申请的案件，申请人再次申请并符合受理条件的，人民法院应予受理。

（4）仲裁裁决的中止认可或执行

一方当事人向人民法院申请认可或者执行台湾地区仲裁裁决，另一方当事人向台湾地区法院起诉撤销该仲裁裁决，被申请人申请中止认可或者执行并且提供充分担保的，人民法院应当中止认可或者执行程序。申请中止认可或者执行的，应当向人民法院提供台湾地区法院已经受理撤销仲裁裁决案件的法律文书。

（5）仲裁裁决的不予认可或终结执行

台湾地区法院撤销该仲裁裁决的，人民法院应当裁定不予认可或者裁定终结执行

（6）仲裁裁决的恢复认可或执行

台湾地区法院驳回撤销仲裁裁决请求的，人民法院应当恢复认可或者执行程序。

10. 一审终审

人民法院作出的认可或不予认可效力的裁定，一经送达即发生法律效力。

11. 一事不再理

人民法院受理认可台湾地区法院民事判决的申请后，当事人就同一争议起诉的，不予受理。一方当事人向人民法院起诉后，另一方当事人向人民法院申请认可的，对于认可的申请不予受理。

对人民法院裁定不予认可的台湾地区法院民事判决，申请人再次提出申请的，人民法院不予受理，但申请人可以就同一争议向人民法院起诉。

人民法院受理认可台湾地区仲裁裁决的申请后，当事人就同一争议起诉的，不予受理。当事人未申请认可，而是就同一争议向人民法院起诉的，亦不予受理，但仲裁协议无

效的除外。

对人民法院裁定不予认可的台湾地区仲裁裁决，申请人再次提出申请的，人民法院不予受理。但当事人可以根据双方重新达成的仲裁协议申请仲裁，也可以就同一争议向人民法院起诉。

## 【问题与思考】

1. 试分析我国区际司法协助的特点。
2. 试从两岸关系演进角度分析中国大陆与台湾地区区际司法协助的未来走向。

**图书在版编目（CIP）数据**

民事诉讼法学原理与案例教程/汤维建主编．—3版．—北京：中国人民大学出版社，2018.7
21世纪法学系列教材
ISBN 978-7-300-25463-0

Ⅰ.①民… Ⅱ.①汤… Ⅲ.①民事诉讼法-法的理论-中国-高等学校-教材 Ⅳ.①D925.101

中国版本图书馆CIP数据核字（2018）第017765号

全国法律专业学位研究生教育指导委员会秘书处推荐教材
21世纪法学系列教材
总主编　曾宪义　王利明
**民事诉讼法学原理与案例教程（第三版）**
主　编　汤维建
副主编　邵　明　肖建国
Minshi Susong Faxue Yuanli yu Anli Jiaocheng

| | | | |
|---|---|---|---|
| **出版发行** | 中国人民大学出版社 | | |
| **社　　址** | 北京中关村大街31号 | **邮政编码** | 100080 |
| **电　　话** | 010－62511242（总编室） | | 010－62511770（质管部） |
| | 010－82501766（邮购部） | | 010－62514148（门市部） |
| | 010－62515195（发行公司） | | 010－62515275（盗版举报） |
| **网　　址** | http://www.crup.com.cn | | |
| | http://www.ttrnet.com(人大教研网) | | |
| **经　　销** | 新华书店 | | |
| **印　　刷** | 北京溢漾印刷有限公司 | **版　　次** | 2006年7月第1版 |
| **规　　格** | 185 mm×260 mm　16开本 | | 2018年7月第3版 |
| **印　　张** | 36.75 插页1 | **印　　次** | 2018年7月第1次印刷 |
| **字　　数** | 872 000 | **定　　价** | 65.00元 |

## 《　　　　　　》※任课教师调查问卷

为了能更好地为您提供优秀的教材及良好的服务，也为了进一步提高我社法学教材出版的质量，希望您能协助我们完成本次小问卷，完成后您可以在我社网站中选择与您教学相关的 1 本教材作为今后的备选教材，我们会及时为您邮寄送达！如果您不方便邮寄，也可以申请加入我社的**法学教师 QQ 群：83961183（申请时请注明法学教师）**，然后下载本问卷填写，并发往我们指定的邮箱（cruplaw@163.com）。

邮寄地址：北京市海淀区中关村大街 31 号中国人民大学出版社 806 室收

邮　　编：100080

再次感谢您在百忙中抽出时间为我们填写这份调查问卷，您的举手之劳，将使我们获益匪浅！

**基本信息及联系方式：**※

姓名：＿＿＿＿＿＿ 性别：＿＿＿＿＿＿ 课程：＿＿＿＿＿＿＿＿＿＿

任教学校：＿＿＿＿＿＿＿＿＿＿＿＿ 院系（所）：＿＿＿＿＿＿＿＿

邮寄地址：＿＿＿＿＿＿＿＿＿＿＿＿ 邮编：＿＿＿＿＿＿＿＿＿＿

电话（办公）：＿＿＿＿＿＿ 手机：＿＿＿＿＿＿ 电子邮件：＿＿＿＿＿＿

**调查问卷：**※

1. 您认为图书的哪类特性对您使用教材最有影响力？（　　）（可多选，按重要性排序）

   A. 各级规划教材、获奖教材　　B. 知名作者教材

   C. 完善的配套资源　　D. 自编教材

   E. 行政命令

2. 在教材配套资源中，您最需要哪些？（　　）（可多选，按重要性排序）

   A. 电子教案　　B. 教学案例

   C. 教学视频　　D. 配套习题、模拟试卷

3. 您对于本书的评价如何？（　　）

   A. 该书目前仍符合教学要求，表现不错将继续采用。

   B. 该书的配套资源需要改进，才会继续使用。

   C. 该书需要在内容或实例更新再版后才能满足我的教学，才会继续使用。

   D. 该书与同类教材差距很大，不准备继续采用了。

4. 从您的教学出发，谈谈对本书的改进建议：＿＿＿＿＿＿＿＿＿＿

＿＿＿＿＿＿＿＿＿＿＿＿＿＿＿＿＿＿＿＿＿＿＿＿＿＿＿＿＿＿

＿＿＿＿＿＿＿＿＿＿＿＿＿＿＿＿＿＿＿＿＿＿＿＿＿＿＿＿＿＿

**选题征集：**如果您有好的选题或出版需求，欢迎您联系我们：

联系人：黄　强　联系电话：010-62515955

**索取样书：**书名：＿＿＿＿＿＿＿＿＿＿＿＿＿＿＿＿＿＿＿＿

书号：＿＿＿＿＿＿＿＿＿＿＿＿＿＿＿＿＿＿＿＿＿＿＿＿

**备注：※ 为必填项。**